suhrkamp taschenbuch
wissenschaft 230

Die Art des menschlichen Daseins und Zusammenseins wird in hohem Maße durch zwei Akte gekennzeichnet, von denen wir nur ganz unbefriedigende wissenschaftliche Kenntnis haben: zwar sind wir uns der Tatsache bewußt, daß wir in der Sprache und mit ihr etwas meinen und etwas verstehen, aber wenn wir eine wissenschaftliche Klärung dessen suchen, was denn »Meinen« und »Verstehen« heißen, und was das »Etwas« ist, das gemeint und verstanden wird – dann finden wir entweder ein zwar einheitliches terminologisches Begriffsgefüge, das aber den verschiedenen Aspekten des Phänomens keineswegs gerecht wird, oder wir finden ganz heterogene und divergierende Sicht- und Analyseweisen, die ohne Berücksichtigung jeweils anderer Positionen von linguistischer, philosophischer und psychologischer Seite herangetragen werden.
Um über Sprachliches sprechen, um etwas über sprachliches Geschehen wissen zu können, kann die Psychologie weder auf die Sprachwissenschaft noch auf die Philosophie der Sprache verzichten. Gerade die Psychologie bedarf der Hilfe dieser anderen Wissenschaften, um nicht in planlosen Empirismus oder aber in leere Begriffsklitterung zu verfallen. Aber auch Linguistik und Sprachphilosophie vermögen eine befriedigende Klärung nicht jeweils allein zu erreichen – sie benötigen die Psychologie, um durch den Widerstand der Realität allzu planvoller Spekulation zu entgehen.
Das vorliegende Buch ist als Grenzüberschreitung par excellence angelegt. Es will dem Leser nicht *ein* System oder Modell des Meinens und Verstehens oder gar der Sprache oder des Sprechens vermitteln, denn solche Modelle könnten beim gegenwärtigen Stand unseres Wissens nur entweder zwar realitätsnah, aber wenig aussagekräftig sein, oder allzu spekulativ. Was dieses Buch anstrebt, ist sowohl bescheidener als auch anspruchsvoller: es will durch ständiges Hin-und-her-Gehen zwischen Linguistik, Psycholinguistik und Sprachphilosophie dem Leser deutlich machen, was er berücksichtigen sollte, wenn er über Meinen und Verstehen nachdenkt, und wie er dabei besser nicht denken sollte.
Hans Hörmann (1924-1986) lehrte von 1960 bis 1969 an der Freien Universität Berlin, anschließend als ordentlicher Professor für Psychologie an der Ruhr-Universität Bochum. Mit seiner 1967 erschienenen *Psychologie der Sprache* hat er weltweite Anerkennung gefunden.

Hans Hörmann

(1994, 4. Aufl.)

Meinen und Verstehen

Grundzüge einer psychologischen Semantik

Orig. 1976

Suhrkamp

Die Deutsche Bibliothek – CIP-Einheitsaufnahme
Hörmann, Hans:
Meinen und Verstehen : Grundzüge e.
psycholog. Semantik / Hans Hörmann. – 4. Aufl. –
Frankfurt am Main : Suhrkamp, 1994
(Suhrkamp-Taschenbuch Wissenschaft ; 230)
ISBN 3-518-27830-4
NE: GT

suhrkamp taschenbuch wissenschaft 230
Erste Auflage 1978

Druck: Nomos Verlagsgesellschaft, Baden-Baden
Printed in Germany
Umschlag nach Entwürfen von
Willy Fleckhaus und Rolf Staudt

3 4 5 6 7 8 – 99 98 97 96 95 94

Inhalt

Vorwort

Linguistik und Psycholinguistik befinden sich gegenwärtig in einem Stadium, in welchem Nachdenken über die wissenschaftstheoretischen und begrifflichen Grundlagen ihres Zusammenhangs mehr als früher nötig ist. Das zeigt ein Blick in die wissenschaftliche Literatur, das ergab sich auch immer wieder in den sechs Jahren, die unsere Arbeitseinheit ›Sprachpsychologie und Informationsverarbeitung‹ nun an der Ruhr-Universität tätig ist.

Michael Bock, Hans-Georg Bosshardt, Johannes Engelkamp, Gerda Lazarus und Gregor Terbuyken haben durch ihre Anregungen, ihre kritischen Fragen und ihre Lösungsvorschläge entscheidend zum Entstehen der – immer noch vagen – Konzeption beigetragen, die hier vorgelegt wird. Dafür und für die Loyalität ihrer Mitarbeit danke ich ihnen sehr herzlich.

Zu danken habe ich auch Elke Stoelting und Angelika Hofmann für die Hilfe bei der Erstellung des Manuskripts und der Register.

Trotz dieser Hilfe hätte dieses Buch an einer deutschen Universität derzeit wohl nicht entstehen können – wer Hochschullehrer des Faches Psychologie ist, findet kaum mehr die Zeit und die innere Distanz, die man für die Integration scheinbar divergenter Gedankenstränge benötigt. In dieser Situation hat mir NIAS, das Netherlands Institute for Advanced Studies, ein Jahr lang Stille, unaufdringliche Anregung und exzellenten Service geschenkt. Dieser Institution sei daher das Buch in Dankbarkeit gewidmet.

Bochum, Juni 1976 — Hans Hörmann

Einleitung

In der Wissenschaft steht am Ende mancher Periode stürmischer Entwicklung die skeptische Feststellung, daß man zwar rapide fortgeschritten ist, aber nicht genau weiß, wohin und ob der erreichte Ort mit dem anfangs intendierten identisch ist. Solches Unbehagen regt sich aus einer Reihe von Gründen heute sowohl in der Linguistik wie auch in der mit deren Schicksal eng verbundenen Psycholinguistik. Die angry young men beginnen, die ersten Pamphlete gegen das selbst noch neue Establishment zu schreiben.

Dieses generelle Unbehagen, deutlich und drängend gefühlt, läßt sich freilich nur schwer formulieren. Wir wollen versuchen, es ganz oberflächlich und vorläufig durch einige böse Behauptungen zu charakterisieren, die aus ihm erwachsen könnten oder tatsächlich erwachsen sind – Behauptungen, die alle *so* nicht ganz richtig sind, die sich trotz ihrer Widerlegbarkeit im einzelnen vielleicht aber doch zu einer ersten Skizze dessen addieren, was dieses Unbehagen meint:

– die Modelle und Theorien der Linguistik nehmen immer mehr ein Kompliziertheitsniveau an, auf welchem das Bewundernswürdige nur noch durch einen schmalen Grat vom Lächerlichen getrennt ist;

– die Inflation der publizierten Makro- und Mikrosysteme macht (trotz extensiver Literatur über die Kriterien für die Bewertung solcher Systeme in einem wissenschaftstheoretischen Metasystem) auf jeden Fall eine gewisse Beliebigkeit des Theoretisierens deutlich; und dies wiederum weist auf eine Kluft zwischen linguistischer Theorie und sprachlicher Realität (was immer das auch sein mag) hin;

– die Hauptgruppe der modernen Linguisten (nämlich die Vertreter der Generativen Grammatik) müssen sich den Vorwurf anhören und vielleicht sogar gefallen lassen, voreilig zu glauben, die von ihnen untersuchte und beschriebene Sprache sei *die* Sprache, obwohl sie doch das Problem völlig ignoriert hätten, wie die *Funktionen* der Sprache in ihr Modell zu integrieren seien (COSERIU 1973);

– die Entwicklung der modernen Linguistik und die mit ihr

zusammenhängende der Psycholinguistik seit der Mitte der fünfziger Jahre haben für eine Klärung vieler aus der aktuellen Sprachbenutzung sich ergebender Probleme relativ wenig erbracht – haben sie uns etwa gelehrt, Sprachenlernen und Sprechenlernen so zu verstehen, daß daraus praktisch relevante Konsequenzen gezogen werden könnten? Wenn man früher simpel sagte, ein Mensch verstehe einen gehörten Satz, und jetzt formuliert, er versähe einen Input mit syntaktischen Beschreibungen, die dann semantisch interpretiert würden – bedarf es da denn außer einer intellektuellen Anstrengung nicht auch einer des guten Willens, um derartige Veränderungen als Zeichen des Fortschritts erkennen und anerkennen zu können?

Das sind ein paar Bemerkungen, die alle »so nicht richtig« und auch nicht ganz haltbar sind – selbstverständlich. Blendet man sie zusammen, läßt man sozusagen die rationale Kontur zwischen ihnen verschwimmen, so bleibt freilich doch ein Rest. Und dieser Rest ist der Vektor des Unbehagens, von dem wir gesprochen haben. Anspruch, Ausgangsbasis und Vorgehensweise der Linguistik einerseits – und andererseits die Konsequenzen, die sich daraus für die Psycholinguistik (historisch zufällig oder mit wissenschaftsimmanenter Notwendigkeit) ergeben haben, bilden sozusagen das Gelände, über welchem dieses Unbehagen liegt. Will man dieses Unbehagen nicht nur konstatieren, sondern – bis zum nächsten – durch eine etwas weniger unbehagliche »Zwischenlösung« zu ersetzen versuchen, so muß man es in seiner Genese durchsichtig machen.

Dabei sind in den uns interessierenden Bereichen eine Reihe verschiedener, aber vielfach verflochtener Entwicklungslinien zu berücksichtigen, die hier natürlich nur sukzessive aufgezeigt werden können. Sie dann simultan bewußt zu haben, ist nötig, um das zu verstehen, was wir bisher nur vage und emotional als Unbehagen bezeichnet haben.

Fragt man sich, warum dieses Unbehagen an und in zwei Wissenschaften emotional überhaupt als so irritierend empfunden wird, so findet man leicht eine Erklärung:

Die Art des menschlichen Daseins und Zusammenseins wird in hohem Maße durch zwei Akte gekennzeichnet, von denen wir nur ganz unbefriedigende wissenschaftliche Kenntnis

haben: Meinen und Verstehen. Zwar sind wir alle im Phänomen des Sprache-Habens uns der Tatsache bewußt, daß wir in der Sprache und mit ihr etwas meinen und etwas verstehen, aber wenn wir eine wissenschaftliche Klärung dessen suchen, was denn ›meinen‹ heißt, was denn ›verstehen‹ heißt, und was das ›etwas‹ ist, das gemeint und verstanden wird – dann finden wir entweder ein zwar einheitliches terminologisches Begriffsgefüge, das aber den verschiedenen Aspekten des Phänomens keineswegs gerecht wird – oder wir finden ganz heterogene und divergierende Sicht- und Analyseweisen, die ohne Berücksichtigung jeweils anderer Positionen von linguistischer, philosophischer oder psychologischer Seite herangetragen werden.
In jedem Falle scheitern diese Ansätze; sie scheitern nicht zuletzt an ihrer Abgeschlossenheit gegenüber dem, was man zwar freundlicherweise die Nachbardisziplin nennt, das zu berücksichtigen man sich aber oft geradezu hütet. Die Beschränkung auf die eigene (und selbst doch gar nicht so gut definierte) Wissenschaft wird sekundär rationalisiert mit Bemerkungen wie ›in der Linguistik müsse man linguistisch, in der Psychologie psychologisch denken‹. Weder dieses Argument ist akzeptabel noch der Einwand, Meinen und Verstehen seien rein psychologische Tatbestände und deshalb sei nur die Psychologie für ihre Klärung zuständig: um über Sprachliches sprechen, um etwas über sprachliches Geschehen wissen zu können, kann die Psychologie weder auf die Sprachwissenschaft noch auf die Philosophie der Sprache verzichten. Gerade die Psychologie bedarf der Hilfe dieser anderen Wissenschaften, um nicht in planlosen Empirismus oder aber in leere Begriffsklitterung zu verfallen. Aber auch Linguistik und Sprachphilosophie vermögen, wie das Unbehagen zeigt, von welchem oben die Rede war, eine befriedigende Klärung nicht jeweils allein zu erreichen – sie benötigen die Psychologie, um durch den Widerstand der Realität (wieder ein in sich schon höchst fragwürdiger Begriff!) allzu planvoller Spekulation zu entgehen.
Das vorliegende Buch ist also sehr bewußt als Grenzüberschreitung par excellence angelegt. Es will dem Leser nicht *ein* System oder Modell des Meinens und Verstehens oder gar der Sprache oder des Sprechens vermitteln, denn solche Mo-

delle könnten beim gegenwärtigen Stand unseres Wissens nur entweder zwar realitätsnah, aber wenig aussagekräftig sein, oder allzu spekulativ. Was dieses Buch anstrebt, ist sowohl bescheidener als auch anspruchsvoller: es will durch ständiges Hin- und Her-Gehen zwischen Linguistik, Psycholinguistik und Sprachphilosophie dem Leser deutlich machen, was er berücksichtigen sollte, wenn er über Meinen und Verstehen nachdenkt, und wie er dabei besser nicht denken sollte.

Viele dieser Hinweise werden, wie der letzte Satz schon andeutet, negativ formuliert sein. Insbesondere am Anfang, bei der Besprechung der Generativen Linguistik, wird der Tenor des ›So geht's aber nicht‹ überwiegen. Das hat seinen wissenschaftshistorischen Grund: die Generative Linguistik hat seit 1956 Erfolge verbucht wie kaum eine andere Wissenschaft in so kurzer Zeit. Sie stellt bei weitem das eindrucksvollste und geschlossenste System im Bereich aller Sprachwissenschaften dar. Gerade der fast messianische Anspruch, mit welchem sie vielfach vertreten wurde und noch vertreten wird, macht ihr Schweigen (oder ihre nichtssagenden Antworten) auf die Frage nach Meinen und Verstehen um so peinlicher.

Die Negativität mancher der folgenden Ausführungen hat aber noch einen anderen Grund: Wenn wir über Meinen und Verstehen nachdenken, so beginnen wir ja nicht mit Nichts, nicht mit einem vollständigen Nicht-Wissen. Aber wir wissen nicht genau, wie viel oder wie wenig wir wissen, und wir wissen nicht genau, was dabei ›Wissen‹ überhaupt heißt und was ein uns befriedigender Stand unseres Wissens wäre. Vor einer solchen Einsicht muß erst eine Reihe sich anbietender und Erfolg versprechender Denkmöglichkeiten mit- und bis an ihr Ende in der Sackgasse oder in der Wüste durchgedacht werden. Natürlich könnte man kühn versuchen, mit einer Definition von Meinen und von Verstehen zu beginnen, aber solche Formulierungen zeigen nur zu rasch: wenn wir zuwenig sagen, zerfließt unser Ansatz im Vagen, wenn wir zuviel sagen, zerbricht er an der Realität. Wir können Meinen und Verstehen auf der Landkarte unseres Wissens also nur zu lokalisieren versuchen, indem wir die Orte markieren, an denen unsere Ansätze auf dem Wege scheitern.

Trotzdem wird der Leser, so hoffe ich, am Ende mehr wissen, wenn auch vermutlich sein Wissen teilweise von der Art sein wird, die der heilige Augustinus so gekennzeichnet hat: wenn du mich nicht fragst, weiß ich es, wenn du mich fragst, weiß ich es nicht. Den wahrscheinlich sofort zu hörenden Einwand, ein derartiges Wissen sei keins, möge der Leser ignorieren: was ihm ein derartiges Wissen wert ist, hat keine Wissenschaftstheorie, sondern nur er selbst zu entscheiden.

Im ersten Kapitel wird anhand einer Diskussion des Zeichenbegriffs, seiner Implikationen und historischen Belastungen, eine Skizze der Problematik zu geben versucht. Dem fügt sich in Kapitel II ein Abriß der Entwicklung der Psycholinguistik in den fünfziger und sechziger Jahren an.

Damit ist die Szene vorbereitet für das Auftreten des Schlüssel-Begriffs der Generativen Linguistik, der Kompetenz. Wer Kompetenz sagt, braucht, wie die Geschichte lehrt, nicht auch Performanz zu sagen.

Kapitel IV zeigt die Generative Grammatik so, wie sie ihre Herrschaft über die Psycholinguistik (und über manches andere) ausgeübt hat: als Syntax, die unwillig eine arme Verwandte mit sich herumschleppt, nämlich die Semantik.

In Kapitel V wird der aus der orthodoxen Linguistik selbst kommende Ansatz behandelt, diese arme Verwandte ein wenig zu rehabilitieren; es gilt dem Lexikon und seinen Dimensionen. Bei der Eruierung dieser Dimensionen kommen wir bereits in ein sehr viel psychologischeres Klima, das vollends beherrschend wird in Kapitel VI, welches zeigt, wie man mit diesen semantischen Dimensionen und Eigenschaften das Funktionieren des Sprache verwendenden Menschen beschreiben und erklären kann. Es zeigt auch, was man mit Modellen dieser Art nicht kann.

Daraus wird in Kapitel VII eine relativ weitreichende Konsequenz gezogen: der Begriff der Sinnkonstanz wird eingeführt, um damit einiges von dem zusammenfassend beschreibbar und (vordergründig) erklärbar zu machen, was sich aus dem Vorangegangenen über Meinen und vor allem Verstehen ergeben hat.

Kapitel VIII schildert die Beiträge zu der uns interessierenden Problematik, welche durch die neueste Entwicklung der Linguistik selbst (die sog. Generative Semantik) geliefert werden. Auch die beiden folgenden Kapitel dienen der Heranziehung von Hilfs-Material: in Kapitel IX wird die Philosophie der Sprache von Wittgenstein bis Searle um Unterstützung angegangen, in Kapitel X die russische Sprachpsychologie und Sprachphysiologie.

Auf diese Weise wird die inhärente Gerichtetheit schon der ›Elemente‹ sprachlichen Handelns deutlich und die Tatsache, daß der sprachliche Akt eingebettet ist in einer noch-nichtsprachlichen Situation. Letztere wird in Kapitel XI durch kommunikationspsychologische und soziolinguistische Befunde erhellt.

Sprache hat verschiedene Anfänge: phylogenetisch, ontogenetisch, aktualgenetisch. In Kapitel XII wird versucht, in diesen Anfängen die Grundzüge von Meinen und Verstehen aufzuzeigen.

Das Feld, in welchem Sprache geschieht, ist immer um ein Ich zentriert: Kapitel XIII zeigt die Auswirkungen dieser Zentriertheit und die Mittel, mit denen die Lage des Zentrums dem Hörer signalisiert wird.

So entsteht die Konzeption, daß die sprachliche Äußerung als eine Reihe von Anweisungen zu interpretieren ist, nach denen der Hörer sein Bewußtsein zu ändern hat. Diese Anweisungen organisieren sich im Satz – deshalb fragt Kapitel XIV ›Was geschieht in einem Satz?‹

Im Verarbeiten sprachlicher Äußerungen ist der Hörer in gewissem Grade frei, er kann verschiedenen Strategien dabei folgen; immer bleibt dabei sein Ziel, durch die Wörter und den Satz ›hindurch‹ zu sehen auf das Gemeinte; Kapitel XV handelt dementsprechend von den Ebenen und Vektoren des Verstehens.

Kapitel I
Die Problematik des Zeichens als Zeichen der Problematik

Die Sprachwissenschaft wie auch die Psychologie der Sprache haben früh erkannt, daß für die wissenschaftliche Analyse der Sprache ein ganz besonderer Begriff erforderlich oder doch heuristisch fruchtbar ist, der sozusagen *das* in nuce faßt, was man als das entscheidende Charakteristikum der Sprache auffassen muß: daß sie das Nicht-Hier und das Nicht-Jetzt besprechbar und damit dem Bewußtsein, dem Denken, Planen und Berichten verfügbar macht. Dieser zentrale Begriff ist der des Zeichens. Eine Sprache kann als Sprache funktionieren, weil sie mit Zeichen operiert.

Der Begriff des Zeichens erscheint also zunächst als Charakteristikum der *Funktion* der Sprache. Unter diesem Aspekt kann man beispielsweise phylogenetisch untersuchen, wann und zu welchem Zweck Zeichen eingesetzt werden; dieser Aspekt liegt, wie wir noch sehen werden, auch noch der informationstheoretischen Konzeption des Zeichenbegriffs zugrunde; seine bis heute klarste Form erfährt er im Organon-Modell K. BÜHLERs (1934). Zeichen ist das, was uns dazu bringt, durch die Sprachlaute veranlaßt und sozusagen »durch sie hindurch« das zu verstehen, zu wissen und eventuell zu tun, was der Sprecher durch die Äußerung dieser Sprachlaute meint.

Machen wir uns aber klar, daß diese funktionalistische Konzeption des Zeichens für die Linguistik, jedenfalls in den meisten ihrer neueren Schulen, *nicht* kongenial war. Diese für jeden Nicht-Linguisten zunächst befremdliche Tatsache erklärt sich aus dem Verständnis, das die Linguisten von der Aufgabe ihrer Wissenschaft haben; es soll hier andeutungsweise skizziert werden.

Der von der allgemeinen Sprachwissenschaft zu bearbeitende, zu analysierende, zu beschreibende Gegenstand ist nicht die im Kommunikationsprozeß verwendete Sprache, sondern sozusagen die *Sprache an sich* oder, um es in den SAUSSUREschen Begriffen auszudrücken, nicht *la parole*, sondern *la langue*.

Diese Begriffsdichotomie war eine entscheidende Wegekreuzung für die Entwicklung der Linguistik. La langue ist das abstrakte System der Sprache, das im Gehirn jedes Mitglieds der betreffenden Sprachgemeinschaft fast wie ein weitverbreitetes Konversationslexikon existiert, von dem viele identische Exemplare verteilt worden sind. Das heißt: la langue existiert nach SAUSSURE in jedem Individuum, ist aber ein überindividueller Tatbestand!

La parole demgegenüber wird in jedem Augenblick der aktuellen Sprachverwendung neu geschaffen unter dem vorschreibenden Einfluß von la langue.

Man erkennt, daß diese Zweiteilung den Gegenstand der Linguistik aus dem sprachlichen Geschehen sozusagen heraushebt als das, was im Wandel und in den Zufälligkeiten dieses Geschehens überdauernden Bestand hat (jedenfalls für die hier allein interessierende synchronische Betrachtungsweise) und zugleich die formende Kraft dieses veränderlichen sprachlichen Geschehens ist. (*Ein* Grund für diese Vorgehensweise ist vermutlich das, was APEL [1973] das »Psychologismus-Verdikt« nennt, das über HUSSERL auf FREGE zurückgeht und die ganze Problematik des *Entdeckens* etwa vorhandener sprachlicher Strukturen als höchstens für die Psychologen interessant abtut, während wissenschaftslogisch relevant allein die logische *Rechtfertigung* der Struktur ist.)

Was die Linguistik mindestens seit SAUSSURE als das Objekt ihrer Wissenschaft betrachtet, ist also eine statische Struktur, die bereits einen Schritt hinter dem uns in der Realität zunächst allein begegnenden sprachlichen Geschehen steht.

Auf den Gedanken, dem Objekt Sprache eine von seiner Verwendung ablösbare und nach dieser Ablösung allein bearbeitbare Existenzform zuzuschreiben, wäre man übrigens vor der Erfindung der Schrift wohl nicht gekommen. Sie suggeriert ja in starkem Maße den statischen, produkthaften Charakter der Sprache – und das ist es auch heute noch, wie HARTMANN (1974) formuliert, wonach die Linguistik fragt: Produkt, nicht Produktion.

Mit dieser generellen Wendung von »Sprache als Funktion« zu »Sprache als statisches System« verändert sich ganz entsprechend auch die Konzeption des Zeichens. Aus dem Begriff für *die* charakteristische *Funktion* der Sprache wird »Zeichen« in der modernen Linguistik zum tragenden *Element* der Sprache.*

Zeichen als Element der Sprache: damit ändert sich auch die Frage, die man im Gang unserer Analyse nun konsequent als nächste stellt: hätte BÜHLER (oder übrigens auch ein marxistischer Semiologe wie SCHAFF) gefragt, was der sprachbenutzende Mensch mit Hilfe von Zeichen *tut*, so fragt der Linguist, was ein Zeichen *sei*. »Das Zeichen« hat sich verselbständigt – ein Vorgang, für welchen die Linguistik heute teuer dadurch bezahlen muß, daß sie eine eigene »Lehre von der Verwendung der Zeichen«, d. h. eine Pragmatik nachträglich hinzuerfinden muß.

Zunächst aber sind mit dieser Verselbständigung des Zeichens, dieser Abhebung aus dem jeweiligen Akt des (sprachlichen und außersprachlichen) Geschehens jene großartigen Analysen möglich geworden, die uns als Leistung der modernen, auf *la langue* konzentrierten Sprachwissenschaft imponieren. Zeichen als Element der Sprache ist eine Konzeption, die auch jener Auffassung kongenial war, welche Sprache im wesentlichen als Austausch von Information begreift: der Sprecher gibt von dem ab, was er hat, so daß der Hörer etwas bekommt, was er bisher noch nicht hatte.

Mit der Verselbständigung des Zeichens und der ihr korrespondierenden Vernachlässigung von *la parole* ist freilich auch die Möglichkeit entstanden, jene Systeme von Zeichen-an-sich und Systeme von Verkettung-an-sich-von-Zeichen-an-sich zu entwerfen, die *eine* Wurzel des Unbehagens sind, von dem wir ausgegangen sind.

Hat man dem Zeichen einmal den Charakter einer Substanz, eines Dings zugesprochen, so kann das Problem, es genauer zu definieren, auf zwei Wegen angegangen werden, die sich übrigens nicht völlig ausschließen; wir nennen sie schlagworthaft den referentiellen und den strukturalistischen.

Die referentielle Auffassung, um viele Jahrhunderte älter und daher noch nicht so an dem Schönheitsideal der Forma-

* Genau besehen sind wir einer derartigen Verschiebung auch schon in unserem obenstehenden Satz erlegen, Sprache operiere »mit Zeichen«. Wenn man schon das verführerische Substantiv »Zeichen« verwendet, so wäre es vermutlich besser zu sagen, Sprache operiere durch Zeichen – oder: die Sprachbenutzer operieren mit Zeichen.

listen orientiert, läßt wenigstens noch ahnen, daß sie einmal aus der Darstellungsfunktion der Sprache erwachsen ist. Zeichen wird nach ihr am besten charakterisiert durch das scholastische »stat aliquid pro aliquo«.

Auch wenn die Übersetzung dieses Satzes klar ist, lohnt sich zu überlegen, was damit gemeint sein kann. Ein Zeichen steht für etwas anderes, für das Bezeichnete. Und die Tatsache dieses Für-einander-Stehens, diese Relation wiederum läßt uns sagen, ein Zeichen habe Bedeutung.

Hält man hier einen Augenblick inne, so wird einem klar, wie unglaublich ansteckend offenbar der psychologische Vorgang der Verdinglichung ist, den wir schon beim Übergang vom »etwas meinen« oder »bezeichnen« zu »dem Zeichen« kennengelernt haben: jetzt »hat« »das Zeichen« sozusagen noch etwas Zusätzliches, nämlich »Bedeutung«. Präziserer Sprachgebrauch müßte die Tautologie betonen, die in einer Feststellung wie »ein Zeichen hat Bedeutung« steckt.

Ist man sich der gefährlichen Unschärfe der hier häufig verwendeten Ausdrucksweise bewußt, so kann man sich daran machen, die drei Probleme zu überlegen, die sich am jetzt erreichten Punkt stellen:

- wie »erhält« ein »Zeichen« »Bedeutung« (besser: wie wird aus dem, was später Zeichenträger genannt werden soll, ein Zeichen)?
- was ist unter »das Bezeichnete« zu verstehen?
- was heißt – last not least – »für-etwas-stehen«?

Wenn wir uns der ersten der eben aufgeworfenen Fragen zuwenden, so ist es sicher nötig, sozusagen den phylogenetischen Horizont zu erhellen, vor dem das Zeichen in der uns vor allem interessierenden Form des (menschen-)sprachlichen Zeichens steht. (*Gegen* eine derartige Berücksichtigung phylogenetischer, biologischer Fakten beim Durchdenken dessen, was die wesentlichen Merkmale der menschlichen Sprache ausmacht, hat sich merkwürdigerweise CHOMSKY gewandt; wir werden darauf und auf die Entgegnung TOULMINs bei der Diskussion des Kompetenzbegriffs noch einzugehen haben, s. S. 41.) Wir können zwar nicht erwarten, eine sozusagen lückenlose Entwicklungsreihe aufzudecken, die in der menschlichen Sprache endet, aber die Analyse dessen, was im Tierreich an »Zeichengebrauch« vorhanden ist (erinnert sei an die Untersuchungen von FRISCH, HEINROTH, LORENZ, SEBEOK und vielen anderen) und die Analyse dessen, was dort an Zeichengebrauch durch das Eingreifen des Menschen möglich wird und was nicht möglich wird (man denke an KÖHLERs Untersuchungen, an PREMACK, an die Schimpansin Washoe der GARDNERs), läßt uns erkennen, daß »Zeichen« im Duktus einer Handlung nötig und möglich wird. (Ausführlicher dazu HÖRMANN 1967, S. 8 ff. und S. 20 ff.) Das »Zeichenwerden« von etwas, das bisher nicht Zeichen war, kann dabei an eine spezifische Veränderung der Erbmasse gebunden sein, so daß das einzelne Individuum schon von Geburt an die Fähigkeit besitzt, *bestimmte* perzeptive oder kinästhetische Patterns als »Zeichen für etwas (bestimmtes) anderes« zu verwenden. Für den Menschen jedenfalls, vermutlich aber auch für höhere Primaten, wird viel wichtiger jedoch eine sehr viel generellere Fähigkeit, nämlich Zeichen durch Festlegung oder Übernahme von Konventionen zu schaffen. *Vor* jedem Lernakt muß diese von CASSIRER betonte *Fähigkeit* zum Als-Symbol-Auffassen schon vorhanden sein. Das ergibt sich zwingend, wenn man die Zufälligkeit und die Instabilität des bloßen Lernaktes betrachtet. Die interpersonale Sinnkonstitution der Zeichen (G. H. MEAD) ist nur in einem mehr als nur punktuelle Lernakte umfassenden Rahmen der kommunikativen Erfahrung möglich*. Was uns hier als Phänomen der Bedeutungstransparenz entgegentritt – daß wir *im* Laut, *in* der Geste der Hand und *durch* sie das wahrnehmen, was sie bedeuten, nämlich den Gruß oder die Drohung oder den Hinweis –, ist *als Prinzip* in der Wahrnehmung jedenfalls der höheren Lebewesen immer enthalten; BRUNER hat es einmal mit dem nicht ganz glücklichen Ausdruck ›going beyond the information given‹ benannt. Tatsächlich *schaffen* wir Information, indem wir über die (retinalen, auralen ...) Sinnesdaten hinausgehen. Etwas verstehen heißt in diesem Sinne, etwas durch die Sprache hindurch als das erkennen, was gemeint ist. (Ganz ähnlich: ein Kunstwerk als solches erkennen und schön finden, heißt: durch es ›hindurch‹ den intendierten ästhetischen Gegenstand erkennen.) Etwas verstehen

* Vgl. dazu K. O. APELs *C. W. Morris und das Programm einer pragmatisch integrierten Semiotik*, Düsseldorf 1973.

ist also eine Manifestation jener allgemeinen Fähigkeit, die in der menschlichen Sprache ihre vielleicht höchste, aber eben keineswegs einzige Ausprägung erfährt. Für HUSSERL ist *jedes* Wahrnehmen ein Akt des Deutens (*Log. Unters.* II, S. 363 ff.), und unter HUSSERLs Einfluß gewinnt diese Auffassung auch in der nicht-behavioristischen Psychologie Gewicht gegenüber der älteren, elementaristischen, wonach Wahrnehmung durch eine Addition von Sinnesdaten entsteht. Schon 1909 sagt v. ALLESCH:

> »Wir ergänzen ja die Formen zu Gestalten, wir erkennen sie als menschliche, wir denken Menschen in ihnen und in jeder Gebärde ist Menschliches ... Dieses Begreifen und Ergänzen ist nichts anderes als ein Auffassen der Erscheinungen *im Hinblick auf* ein bestimmtes Wissen. Die Ergänzung geht gleichsam von Stufe zu Stufe vorwärts, und wir sind ganz gelenkt von dem subjektiven Bedürfnis der Ausgestaltung unserer Anschauung« (1909, S. 498).

Und vierzig Jahre später sagt ARNHEIM ganz dem entsprechend

> »perception consists in the application, to the stimulus material, of perceptual categories ... which are evoked by the structure of the given configuration. These categories are the indispensable prerequisites which permit us to understand perceptually« 1947).*

Schon beim wahrnehmenden Erfassen eines Gegenstandes ist also ein Hinausgehen über die Sinnesdaten nötig; das Phänomen der Formkonstanz demonstriert uns die Dominanz des *intendierten* Gegenstandes über den Aussagewert des bloßen Netzhautdatums.

Die Manifestationen dieser einen Fähigkeit werden nun differenziert durch das Ausmaß der »Codiertheit«, in welcher sie sich jeweils vollziehen. Zwischen dem noch ganz »naturnotwendigen« Symptom im BÜHLERschen Sinne und dem ganz willkürlich vereinbarten Symbol sind eine Reihe von Abstufungen anzunehmen, Abstufungen des Grades sowohl der kommunikativen Verläßlichkeit als auch der freien

* Wir stellen diese Überlegungen, von denen es nur ein kleiner Schritt zum heute allgemein verbreiteten Analysis-by-Synthesis-Modell der Wahrnehmung ist, schon hier relativ ausführlich vor, weil sie als roter Faden dieses Buch vielfältig durchziehen.

Verfügbarkeit (was nicht dasselbe ist!) dessen, was da nun als sozial wirksames Signal verwendet wird. Der Ritualisierung auf der Senderseite (HUXLEY) steht auf der Empfängerseite eine zunehmende Semantisierung (WICKLER) gegenüber, die man sich nach dem oben Gesagten aber eben nicht als plötzliches Auftreten einer qualitativ neuen Dimension des Verhaltens vorzustellen hat. Wieviel man an grundlegenden Einsichten auch und gerade über das Sprachverhalten des Menschen aus Analysen solcher vorsprachlichen Kommunikationsformen gewinnen kann, zeigen, um nur zwei herausragende Beispiele zu nennen, PLOOGs (1972) Untersuchungen über die Kommunikation in Affengesellschaften und EFRONs Analyse des Traditionsfaktors in der Gestik italienischer und jüdischer Einwanderer in den USA (1941).

Die hier vertretene Annahme einer jeder Zeichenverwendung vorausgehenden und für sie grundlegenden *Fähigkeit*, etwas als Hinweis auf etwas anderes aufzufassen, steht übrigens keineswegs, wie SCHAFF (1960) meint, im Gegensatz zu der unter anderem auch von marxistischen Theoretikern vertretenen Ansicht, daß »Zeichen« sich aus Kooperation ergibt; die postulierte Fähigkeit, hinter die Sinnesdaten und durch sie hindurch zu sehen und etwas mit ihnen Gemeintes zu verstehen, ist ja nur die Voraussetzung für Entstehung und Funktionieren von Zeichen. Welches Sinnesdatum (oder in OSGOODs später zu besprechender Terminologie sign-to-be) dann durch die Herausbildung eines Codes zum Zeichen wofür wird, das hat wieder seine biologischen Grundlagen (LENNEBERG, PLOOG 1972, TOULMIN 1971), manchmal seine akustischen Prädilektionen (es sei an das Phänomen der Lautsymbolik erinnert: WERNER, ERTEL 1969) und in vielen Fällen seine lerntheoretisch zu beschreibende Entstehungsgeschichte (von PAWLOW bis OSGOOD). Fast immer aber wird man in der Genese eines Kommunikationssystems – wenn auch natürlich nicht jedes einzelnen Zeichens – das kooperative Handeln finden. Ein solches System beginnt sich zu formen, wenn Leitlinien des Tuns in ein abgehobenes, »nur« noch signifizierendes Medium verlagert werden – die Entstehung dieses ersten »Sprachspiels« hat WITTGENSTEIN (1960) klar skizziert: im Duktus gemeinsamen Handelns wird eine Anweisung symbolisch ausgedrückt.

Unsere erste Frage, wie ein Zeichen (wenn man schon den substantivierten Begriff verwenden will) entsteht, hat uns eine allgemeine Fähigkeit des Hinausgehens über das bloße Sinnesdatum und die Wichtigkeit des kooperativen Moments erkennen lassen: beides sind dynamische und nicht etwa statische Beziehungen. Das sollte nicht vergessen werden, wenn wir uns jetzt fragen, was denn unter »das Bezeichnete« zu verstehen sei.

SAUSSUREs erste Antwort: die Verbindung einer Lautgestalt (signifiant) mit einem Inhalt (signifié) – zusammengehörend wie »die beiden Seiten eines Blattes Papier«. BIERWISCH sagt mit Recht, SAUSSUREs Vorstellung habe »großen Einfluß auf die Sprachtheorie gehabt und zu vielen Versuchen geführt, alle sprachlichen Erscheinungen einer der beiden Seiten zuzuordnen. Dabei sind endlose Mißverständnisse entstanden« (1966, S. 57) – nicht zuletzt deshalb muß sie hier diskutiert werden.

Diese eminent statische Konzeption ist vielleicht gerade noch für das Paradigma der Referenz im engsten Sinne tauglich: die Person meines Freundes kann durch den ihr zugehörenden Namen sozusagen vertreten werden.

Für die meisten anderen Zeichen, vor allem für die meisten Sprachzeichen, wird SAUSSUREs Verweis auf das mit dem signifiant verbundene signifié zum Problem. Was heißt hier »Inhalt«, was ist »das Gemeinte«? Von TITCHENER und BLOOMFIELD bis zu OSGOOD und BROWN ist auch in neuerer Zeit auf die Beantwortung dieser Frage viel Scharfsinn verwendet worden. Wir wissen jetzt, daß die simple Antwort, »das Bezeichnete« sei der Gegenstand, der mit dem Zeichen assoziiert ist, uns ebenso in Schwierigkeiten bringt wie der Vorschlag, hierunter die durch das Zeichen hervorgerufene Vorstellung zu verstehen – was ist die Vorstellung von »aber« oder von »gerecht«? Die Auffassung, »das Bezeichnete« sei die durch das Zeichen aktivierte Disposition, führt uns dann schon hinaus über eine allzu statische Konzeption der Zusammengehörigkeit von Zeichen und Inhalt.

Alle diese Auffassungen, Zeichen und Bezeichnetes seien miteinander »verbunden« und deshalb könne das Zeichen

»für« das von ihm Bezeichnete stehen, verdanken jedenfalls einen Teil ihrer Eingängigkeit der Tatsache, daß die Psychologie für eine derartige Verbundenheit seit zwanzig Jahrhunderten einen Begriff und seit etwa einem Jahrhundert einen Mechanismus als Erklärung bereithält: die Assoziation. Seit THORNDIKE und PAWLOW kann man die Entstehung einer solchen Verbindung ad oculos demonstrieren, PAWLOW hat ausdrücklich die mögliche Zweistufigkeit dieses Vorgangs (Signale für Signale...) mit der Postulierung des zweiten Signalsystems anerkannt, OSGOOD hat mit faszinierender Akribie den Berührungspunkt zwischen Zeichen und Bezeichnetem in einem vermittelnden Zwischenglied beschrieben. Aber in einer – und zwar gerade in der uns hier interessierenden – Hinsicht bleiben alle diese Theorien unbefriedigend: sie alle operieren im Rahmen einer Stimulus-Response-Psychologie, die im Prinzip *eine* Response durch *einen* Stimulus hervorrufen läßt. Was aber auf den gehörten Stimulus »Regen« sich im Hörer vollzieht und was als Response auf diesen Stimulus sichtbar wird, das kann eine so riesige Variationsbreite aufweisen – Mantel holen, Schirm aufspannen, Wäsche abnehmen, Schuhe ausziehen und zuhause bleiben, gar nichts tun ... –, daß es auch nicht mehr als eine *generalisierte* Response oder eine Response-*Klasse* aufgefaßt werden kann, wenn der Begriff der Response den Sinn behalten soll, der ihn in der S-R-Psychologie so brauchbar erscheinen läßt. Der Schritt, der vielleicht hätte entscheidend werden können, nämlich statt »Response« »Wissen« oder »Bewußtsein« zu sagen (und dabei etwa an W. JAMES oder an N. ACH zu denken), dieser Schritt war der damaligen behavioristischen Psychologie nicht möglich.
Eine der frühesten Stimmen gegen die hier zugrundeliegende, auf dem Behaviorismus und PAWLOW basierende Konzeption vom Zeichen als einem Ersatzreiz für ein »natürliches« Reizsignal, ist die von S. LANGER. Für sie sind Symbole nicht Stellvertreter ihrer Objekte, sondern Vehikel für die Konzeption der Objekte (1942, S. 57 f.). Aber auch hier bleibt die traurige Frage, was Vehikel heißt, was conception of objects heißt und wieso es zum Vehikel-Sein kommt.
Das Problem, was denn das von einem Zeichen Bezeichnete sei, bleibt ungelöst. Aus der Schwierigkeit, in dieser Zweiheit

von signifiant und signifié den letztgenannten Pol präzise *und* inhaltlich zu fassen, hat der strukturalistische Ansatz einen Hauptteil seines Impetus erfahren und dementsprechend einen radikalen Ausweg gesucht und gefunden. Bevor wir darauf eingehen, sei die Schwierigkeit im Umgang mit einem substantivierten und statischen Zeichenbegriff noch unter dem Aspekt unserer dritten Frage beleuchtet, der eng mit dem der zweiten zusammenhängt.

Der Satz »stat aliquid pro aliquo« hat als problematische Glieder nicht nur aliquid und aliquo, sondern auch *stat*. Was heißt eigentlich »für etwas stehen«?

»Steht« denn das Zeichen, das Wort »Apfel« wirklich für den Apfel? Doch nicht, wenn ich Hunger habe und den Apfel essen will – dann steht (horribile dictu) eher eine Birne für den Apfel als das ihn bezeichnende Wort »Apfel«. Das Zeichen »Apfel« steht für einen Apfel, wenn ich es zu einem Obstverkäufer sage, der mir daraufhin einen Apfel reicht oder mit »ausverkauft« antwortet, wenn er keine Äpfel mehr hat. Das »Für-etwas-Stehen« entpuppt sich bei genauerem Hinsehen also nicht als statische Stellvertretung des einen (»Apfel«) für das andere (Apfel), sondern als eine eminent dynamische Beziehung: ein Teil der zwischen zwei Menschen in einer Situation wirksamen Dynamik – geboren aus der Intention, gesteuert durch Wissen und Realität – vollzieht sich im Medium der Sprache, des Zeichenhaften. *Ob* etwas für etwas steht, *wofür* etwas steht, und *was* dieses Für-etwas-Stehen heißt, kann offenbar nicht unabhängig von der dynamischen Situation betrachtet werden, in welcher gesprochen, mit Zeichen operiert wird. (BLOOMFIELD hat diese *Funktion* des Sprechakts als Verbindungsglied zwischen »praktischen Ereignissen« klar erkannt, sich aber durch sein Festhalten an einer behavioristischen, S-R-psychologischen Bedeutungsdefinition um den Ertrag dieser Erkenntnis gebracht. Vgl. dazu HÖRMANN 1967, S. 287).

OLSON hat (1970), wie später noch ausführlich zu besprechen sein wird, gezeigt, daß unsere Bezeichnung für ein Holzklötzchen sich ändert je nach dem, welche anderen Klötzchen daneben liegen: das runde, das weiße ... Hier wird ganz deutlich, daß »Zeichen« und »Bezeichnetes« *nicht* so zueinander gehören wie die beiden Seiten eines Blatts Papier. Wofür ein Zeichen steht und was ›für etwas stehen‹ heißt, bestimmt sich aus der Dynamik der Situation. Hier muß SCHAFFs Mahnung befolgt werden:

> »It is language which is the point of departure for the conception and interpretation of the sign – and not vice versa ... It is only by beginning with the process of human communication as a certain type of relationship that we can understand the meaning of such categories ... as ›sign‹, ›meaning‹, etc.« (1970, S. 114).

Man muß ganz klar sehen, daß sich sowohl OLSON als auch SCHAFF mit dieser durchaus sachgerechten Auffassung außerhalb des Bereichs von la langue begeben – und man wird nicht zuletzt deshalb immer weniger geneigt sein, jene künstliche Grenze der Linguistik zu respektieren. Das lateinische Wort ›stare‹ (stat aliquid pro aliquo) ist vielleicht – ebenso wie das deutsche ›Bedeutung *haben*‹ – als ein ausgesprochen statisches Verbum besonders schlecht geeignet, jenen dynamischen Aspekt deutlich zu machen, dem wir mit den Tätigkeitswörtern ›bezeichnen‹, ›meinen‹, ›bedeuten‹ vielleicht etwas näher kommen.

Blicken wir auf die Schwierigkeiten zurück, die wir anhand unserer drei Fragen an einem statischen, substantivierten Zeichenbegriff aufgedeckt haben, so wird ein Strang der Entwicklung der Sprachwissenschaft verständlicher (wobei diese Entwicklung freilich ihren Elan auch noch aus anderen Quellen bezog): Das verdinglichte Zeichen eignet sich in vorzüglicher Weise, mit anderen Zeichen nach den Regeln einer Kombinatorik verknüpft zu werden: hier liegt der Grund für das Vorherrschen der Syntaktik in der modernen Linguistik. Es hat Jahrzehnte gedauert, von PEIRCE über OGDEN und RICHARDS bis zu MORRIS, bis man erkannt hat, daß ein à la SAUSSURE konzipiertes Zeichen sich sehr viel weniger dazu eignet, in ähnlich präziser Weise die Beziehung zu dem herzustellen, worüber und wozu gesprochen wird. Man kam nur schwer aus der Attitüde heraus, das Zeichen zunächst und vor allem als eine Einheit anzusehen, die man mit anderen Einheiten dieser Art nach komplizierten Regeln kombinieren kann. Erst spät hat man die Frage weiter bedacht, was denn eigentlich ›das Bezeichnete‹ sei und wie der Vorgang des Hinweisens aufzufassen sei, als der der Zusammenhang zwischen Zeichen und Bezeichnetem erscheint und der in den Phänomenen des Meinens und des Verstehens in unser Bewußtsein tritt. Charakteristischerweise hat man sogar nach MORRIS noch die Forderung darauf beschränkt, der Syntaktik eine Semantik (und wenn man ganz weit ging, sogar eine Pragmatik) *zur Seite* zu stellen; das ist gleichbedeutend mit der Auffassung, es gäbe erstens Zeichen, zweitens hätten sie eine Bedeutung und drittens könnten sie sogar verwendet werden. Das MORRISsche Dreierschema ist, worauf APEL mit Recht hinweist, als drei voneinander trennbare und getrennt theoretisierbare Teilaspekte rezipiert worden, womit man hinter den Intentionen jedenfalls von PEIRCE sicher zurückblieb.

Die Ergänzung der Syntax (genauer: der Syntaktik) durch eine Semantik und schließlich auch noch durch eine Pragmatik ergibt sich, wie wir sehen, zwar mit innerer Notwendigkeit aus der Trennung der langue von der parole, aber die Trias Syntax, Semantik, Pragmatik bietet auch zusammen keine Gewähr dafür, daß die Unterscheidung langue/parole den besten Ansatz für ein Verständnis des Geschehens Sprache darstellt – die Funktion der Sprache wird dabei zu sehr ignoriert.

Wenn das vorliegende Buch im Untertitel sich eine Semantik nennt, so ist hier Semantik *nicht* als Drillingsschwester von Syntax und Pragmatik gemeint!

Kehren wir zu SAUSSUREs Zeichenbegriff zurück, so können wir mit BIERWISCH resumierend sagen:

> »Es erscheint nicht sonderlich sinnvoll, SAUSSUREs Bild durch ein anderes zu ersetzen. Wenn man aber will, so gleicht das Verhältnis zwischen signifiant und signifié eher dem zwischen den Blättern und den Wurzeln eines Baumes, die auch interdependent sind, deren Beziehung aber durch ein kompliziertes System von Verbindungen und Verzweigungen hergestellt wird.« Und: »Eben dieses Verbindungssystem ist es, was die Linguistik zu erforschen hat.« (1966, S. 59)

Wir setzen fragend hinzu: Ist dies eine Aufgabe *nur* für die Linguistik?

Die die Funktionen der Sprache ignorierende Grundhaltung der modernen Linguistik ist beibehalten worden bei einer im übrigen außerordentlich konsequenzenreichen Um-Definition des Zeichens. Auch sie geht auf SAUSSURE zurück, der vorschlägt, ein Zeichen durch das zu definieren, was es von anderen unterscheidet. Dieser Rückzug aufs Formale hat zu einem eminenten Fortschritt geführt.

Getreu dem SAUSSUREschen Diktum »dans la langue il n'y a que des différences, sans termes positifs« baut die ganze strukturalistische Sprachwissenschaft, inklusive CHOMSKY, auf einem Mechanismus des Unterscheidens, des Differenzen-Findens auf. Die ursprüngliche strukturalistische Linguistik gibt in diesen Mechanismus zunächst die primären Daten ein und legt von dort aufsteigend die Gleich/Verschieden-Schere auch an komplexere Tatbestände an. Die Generative Linguistik setzt den Unterschieds-Feststeller auf der Satzebene an, gibt ihm allerdings einen ganz spezifischen Auftrag: ihr geht es nicht mehr um Unterschiede überhaupt, sondern um *den* Unterschied zwischen grammatisch und nicht grammatisch. Doch wir greifen vor.

Die Suche nach den die Strukturen der Sprache konstituierenden Differenzen hat, wie man weiß, in der Phonologie zu ihren überzeugendsten Erfolgen geführt: Laute, die ein »native speaker« als gleichbedeutend, als keinen Unterschied machend akzeptiert, werden als *ein* Phonem klassifiziert, auch wenn sie als sog. Allophone akustisch ›tatsächlich‹ verschieden sind.

Aber schon hier wird deutlich: Unterschiede, Differenzen sind nicht einfach und »objektiv« da, sondern müssen in einem Entscheidungsprozeß festgestellt werden durch eine Instanz, die weiß, in den Duktus welcher Gesamthandlung diese Entscheidung gehört. Wie CHOMSKY zu diesem Vorgang selbst sagt »it may be necessary to guide and draw out the speaker's intuition in perhaps fairly subtle ways« (1965, S. 21 ff.).

Für dieses »Herausholen« wird der Linguist meist so vorgehen, daß er die zu beurteilenden Wörter oder Sätze in einen Kontext einbettet und sie so dem native speaker zur Entscheidung vorlegt. Der Linguist berücksichtigt dabei (vielleicht ohne darüber nachzudenken), jene Tatsache, auf die UHLENBECK (o. J., S. 102) hingewiesen hat: ein native speaker wird einen Satz oder ein Wort dann als korrekt erklären, wenn es ihm gelingt, »to think of an actual situation in which such a construction would fit«. Das heißt aber natürlich, daß hier sowohl die vorgefaßten Meinungen des Linguisten wie auch die »Weltkenntnis« des native speaker ins Spiel kommen. Auch die scheinbar so sauber-formale, scheinbar ohne Rekurs auf inhaltliches Wissen operierende strukturalistische Auffassung von Zeichen kann also ihre konstitutiven Differenzen nicht durch ein ganz objektives Verfahren in der »Natur der Sache« finden, sondern muß sie sich durch einen Informanten zeigen lassen, dessen Differenzen-Erkennungs-Mechanismus all den Einflüssen unterliegt, welche die kognitive Psychologie – von der Psychophysik bis zur Social Perception – herausgearbeitet hat. Das strukturalistische Definiens von Zeichen, nämlich die Unterschiedenheit von anderen Zeichen, kann eigentlich nicht ohne Rekurs auf die Gelegenheit der *Verwendung* des Zeichens festgestellt werden. Es gibt nicht Unterschiede an sich, sondern Unterschiede in bestimmten Situationen, für bestimmte Sprecher und Hörer, zu bestimmten Zwecken. Der strukturalistische Ansatz geht, eben weil auch er von »Sprache-an-sich« handelt, sozusagen von einer Null-Situation aus, in der durch nichts bewiesenen Annahme, die vielen verschiedenen Funktionen und Situationen der Sprache addierten sich zu Null. Der strukturalistische Ansatz meint, der native speaker kenne seine Sprache auch als ein vom Akt der Verwendung abstrahiertes System und könne beim Auskunftgeben lediglich aus *dieser* Kenntnis schöpfen.

Damit sind wir, von der Diskussion des Zeichenbegriffs her kommend, an jenem Punkt angelangt, an welchem die begriffliche Fassung dieser *Kenntnis*-Konzeption, d. h. der Begriff der Kompetenz und der ihm korrespondierende der Performanz, eingeführt werden müssen. Bevor wir uns aber einer Analyse dieser Begriffe und ihres sehr weitreichenden Einflusses auf die Psycholinguistik zuwenden, müssen wir in einem gesonderten Abschnitt die Entwicklung der Psycholinguistik bis zu dem Zeitpunkt darstellen, an dem sie mit Kompetenz und Performanz konfrontiert wurde.

Kapitel II
Anfänge der Psycholinguistik

In der Psychologie hatte der Siegeszug des Behaviorismus in den dreißiger und vierziger Jahren die Interessen der Wissenschaftler so geformt, daß man sich wenig mit dem Problem beschäftigte, *was* Sprache psychologisch sei, *wie* sie funktioniere und welche Funktionen sie gar im Leben des Menschen und im Miteinander der Menschen zu erfüllen habe. Diese Vernachlässigung ist nicht eben verwunderlich, denn der Behaviorist will ja Verhalten beschreiben und erklären – und Sprache ist sicher nur unter einem Teilaspekt erfaßt, wenn man sie lediglich als sprachliches *Verhalten* sieht.

Linguisten und Psychologen hatten damals offenbar die Zeit vergessen, in der es zwischen den beiden Wissenschaften, zwischen WUNDT und PAUL und STEINTHAL und DITTRICH einen fruchtbaren Dialog gegeben hatte; es hat bis 1970, nämlich bis zu BLUMENTHALs glänzender Archäologie der Psycholinguistik, gedauert, ehe man erkannte, daß die moderne Psycholinguistik eine Geschichte hat.

Für die Beziehung der damaligen Linguistik zur damaligen Psychologie ist kennzeichnend: Ausgerechnet die für den Strukturalisten BLOOMFIELDscher Provenienz am wenigsten wichtige Komponente der Sprache, nämlich die Bedeutung, wird in der Linguistik relativ stark im Sinne der damaligen Psychologie definiert: Bedeutung ist die Situation, in der das Wort geäußert wird, und die Response, die es im Hörer hervorruft.

Hier ist die Verbindung zu den Reiz-Reaktionstheorien ganz deutlich, mit denen in der damaligen Psychologie fast ausschließlich operiert wurde. Diese Theorien schienen für zwei (eng miteinander zusammenhängende, wenn nicht gar letztlich identische) Probleme des sprachpsychologisch interessierten Forschers Lösungen bereit zu halten: die Entstehung des Zeichens und der Erwerb der Sprache insgesamt wurden konzipiert nach dem Muster des instrumentalen oder operanten Konditionierens.

Anfang der fünfziger Jahre gab es nun *innerhalb* dieses insgesamt nicht sehr sprachfreundlichen Rahmens der behavio-

ristischen Psychologie zwei Entwicklungen, die zusammen doch stärkeres Interesse an sprachlichem Geschehen zu wekken vermochten: das Auftreten komplizierter Theorien der Reiz-Reaktionsverbindung einerseits, das Auftreten der Informationstheorie andererseits. (Dazu trat als ganz genereller Trend die Tatsache, daß der orthodoxe Behaviorismus am »point of diminishing returns« angelangt war.)
Die sogenannten Vermittlungstheorien (Mediationstheorien) nehmen zwischen äußerlich erkennbarem Reiz und äußerlich erkennbarer Response auch nicht-sichtbare (z. B. emotionale) Zwischenglieder an:

$$S - (r \ldots s) - R$$

Damit wird nicht nur der ganz orthodoxe Behaviorismus verlassen, sondern auch die beispielsweise für jede Sprachpsychologie so wichtige Funktion der Begriffsbildung und des Operierens mit allgemeinen Begriffen (und Wörtern) theoretisch eher handhabbar. Für OSGOOD nimmt dieses Vermittlungsglied eine zentrale Stellung in der Beziehung zwischen Zeichen und Bezeichnetem ein. (s. o. Kap. VIII)
Die Informationstheorie operiert mit den Auftretens- und Verbundwahrscheinlichkeiten bestimmter Signalreize und bestimmter Response-Elemente. Das brachte sie erstens in die Nähe des in der strukturalistischen Linguistik wichtigen Problems, wie die Einheiten zu entdecken sind, mit denen Sprache operiert, zweitens betonte es den serialen und probabilistischen Aspekt, der sprachlichen Äußerungen zukommt, und drittens blieb man damit vom Problem der Bedeutung genügend weit entfernt, um weder den Linguisten noch den behavioristischen Psychologen jener Zeit verdächtig zu werden. Die Leistungsfähigkeit dieses Ansatzes ist durch die frühen Arbeiten von G. A. MILLER (1951) über Sprache und Kommunikation eindrucksvoll bewiesen worden.
In den Jahren 1951 bis 1953 fanden nun auf Einladung des Social Research Council in den USA Konferenzen statt, auf welchen sich einige aus dem eben skizzierten Neobehaviorismus kommende Psychologen Gedanken machten über die Beziehung zwischen Linguistik und Psycholinguistik. Sie verwendeten nicht nur den Terminus »Psycholinguistik«, sondern sie versuchten mit Hilfe eines Schemas die Frage zu beantworten, was und wer ein Psycholinguist sei. Dieses

Schema, mit dem die Geschichte der modernen Psycholinguistik beginnt und das diese Geschichte durch viele Jahre geprägt hat, kann seine Herkunft aus der Kommunikationstheorie ebensowenig verleugnen wie die Terminologie, in der es diskutiert wurde.

Die Linguistik, so sagte man, beschäftigt sich mit der Struktur der Mitteilung. Interessanterweise gehen hier also auch die Psychologen auf jenen Begriff von »Sprache-an-sich« ein, mit dem die Linguisten operierten. Die isolierte, sozusagen unterwegs eingefangene, Mitteilung wird von der Linguistik auf ihre Struktur hin untersucht. Die Psycholinguistik sieht diese so konzipierte Mitteilung als Glied einer Kette an, die von einem menschlichen Sender (Sprecher) zu einem menschlichen Empfänger (Hörer) führt.

Sender → Mitteilung → Empfänger

Die enge Verwandtschaft dieses Schemas mit den S-R-Theorien liegt auf der Hand.

Wichtiger ist freilich die aus dieser Konzeption abgeleitete Aufgabenstellung der Psycholinguistik und das dadurch geprägte Verhältnis zur Linguistik. Die Psycholinguisten sollen sich mit den Vorgängen beschäftigen, durch welche im Sender die Mitteilung entsteht, und mit den Vorgängen, die durch die Mitteilung im Empfänger hervorgerufen werden. Für den ersten Abschnitt verwendete man den Fachausdruck *Encodieren,* für den zweiten *Decodieren,* also Übersetzung in einen sprachlichen Code und aus einem sprachlichen Code. Gut informationstheoretisch ausgedrückt, sollten Zustände der Mitteilung mit Zuständen im Sender und Zuständen im Empfänger in Verbindung gebracht werden.

Dieses Schema und seine Paraphrasierungen implizieren, daß die Beschreibung der »Mitteilung an sich« durch die Linguistik, also in der Theoriesprache der Sprachwissenschaft zu erfolgen hat. Die Linguistik, an die dabei gedacht wurde, war natürlich eine strukturalistische à la BLOOMFIELD; die dort gestellte Frage nach den relevanten sprachlichen Einheiten »paßt« vorzüglich z. B. in den Wahrscheinlichkeitsansatz dieser frühen Psycholinguisten. Der *Psycho*linguistik kommt die deutlich sekundäre Rolle zu, die vom Linguisten herausgearbeiteten Strukturen und Prozesse in der Realität des psychischen Funktionierens des Sprachbenutzers zu verankern. Sie wird damit ganz eindeutig auf die Rolle einer interdisziplinären, einer Brücken-Wissenschaft festgelegt: sie erfährt von der Linguistik, welche sprachlichen Strukturen relevant sind, und sie erfährt von der Psychologie, welche Kennzeichen die encodierenden und decodierenden Individuen haben.

Dieses Schema, seine Herkunft aus Behaviorismus und Informationstheorie und sein Entstehungsdatum muß man sich vor Augen halten, wenn man verstehen will, was sich dann ereignete und was die jetzt zwanzig Jahre alte Geschichte der modernen Psycholinguistik so entscheidend geformt hat: In dieses Schema trat wie ein Blitz aus heiterem Himmel eine völlig neue Art von Linguistik ein, die Generative Grammatik CHOMSKYs.

Diese neue Linguistik hat auf die Psychologen von Anfang an eine geradezu unheimliche Faszination ausgeübt. Das hat eine Reihe von Gründen, die hier zunächst nur vorwegnehmend erwähnt seien:

Erstens war sie klar antibehavioristisch eingestellt – und damals wurde es gerade chic, sich vom Behaviorismus abzuwenden. CHOMSKY fragt, was muß ein idealer Sprachbenutzer an Regeln *wissen,* um wohlgeformte Sätze (und nur solche) zu produzieren – und der Begriff des Wissens war in einer behavioristischen Psychologie, die sich mit Verhalten beschäftigt, natürlich tabu gewesen. Die behavioristische Psychologie mit ihrem Grund-Paradigma des Lernens durch Konditionierung hatte für alle kreativen Aspekte des Verhaltens (auch des sprachlichen Verhaltens) immer nur den Vorgang von Generalisation und Transfer anzubieten. Scheinbar Neues war erklärbar gewesen immer nur durch eine – im einzelnen unklare und ungewisse – Reduktion auf schon Dagewesenes. Das Wissen eines Regelwerkes, mit welchem CHOMSKY jetzt im Bereich der Sprache operierte, lag ungefähr auf derselben Denklinie, die LASHLEY (1951) und später MILLER, GALANTER und PRIBRAM (1960) beschritten, als sie von »Plänen« als der grundlegenden Organisationsform des Verhaltens sprachen: der Stimulus als Herrscher des Verhaltens wird entthront zugunsten einer im Menschen residierenden Hierarchie bereits vorhandener Handlungsschemata.

Für diese Um-Orientierung offerierte CHOMSKY einen Begriff – und das ist ein zweiter Grund für den »impact« der Generativen Linguistik –, der die Psychologen hypnotisch anzog: den Begriff des *Generierens*.

So wie die Grammatik wohlgeformte Sätze »generiert«, so – und das war der verhängnisvolle Kurzschluß – »generiert« der im Kopf des Sprachbenutzers eingebaute Mechanismus grammatikalisch richtige Äußerungen. Gegen CHOMSKYs ausdrückliche Warnung (das muß der historischen Gerechtigkeit halber betont werden) nahmen die Psycholinguisten damals an, daß die psychologischen Gesetzmäßigkeiten, die man in der Produktion und in der Verarbeitung von Sätzen entdecken kann, identisch seien mit den Gesetzmäßigkeiten, mit denen die Grammatik die Struktur wohlgeformter Sätze beschreibt.

Diese Identitäts-Annahme wurde noch bestärkt und gefördert durch den dritten Grund für die Fasziniertheit der Psycholinguistik durch die neue Generative Grammatik: das ist die von CHOMSKY eingeführte Unterscheidung zwischen Kompetenz und Performanz.

Kapitel III
Kompetenz und Performanz

Der Entstehung der Generativen Linguistik liegt ein eindrucksvolles Urerlebnis zugrunde. Das Urerlebnis bestand, wie dies bei tiefgreifenden Affekten manchmal der Fall ist, darin, daß einem aufmerksamen Menschen das Wunder bewußt und deutlich wurde, das in einem bestimmten Ausschnitt des alltäglichen Geschehens immer wieder sich ereignet – so selbstverständlich, daß man es gemeinhin übersieht: wer einer Sprache, seiner Muttersprache, mächtig ist, vermag ganz intuitiv und ohne jede linguistische Schulung »richtige« oder »wohlgeformte« Sätze von solchen zu unterscheiden, die dies nicht sind, auch wenn er diese Sätze noch nie gehört hat und wenn er keine Begründung für sein Urteil formulieren kann. Er kann – was eng mit der eben genannten Fähigkeit zusammenhängt – erkennen, daß Sätze wie

The shooting of the hunters was terrible

(syntaktisch) mehrdeutig sind, und schließlich weiß er, daß

John hit Mary

sich von

Mary was hit by John

nur durch eine recht oberflächliche (Aktiv/Passiv) Differenz unterscheidet.

Welches Vermögen kommt in derartigen Urteilen* zum Ausdruck?

CHOMSKYs Antwort: die intuitive, wenn auch implizierte oder »tacit«, d. h. nicht bewußt ausformulierte Kenntnis, die ein native speaker vom Regelwerk seiner Sprache hat. Hier setzt die große Aufgabe an, die sich die Generative Grammatik gestellt hat; sie folgt einem alten scientistischen Ideal, dem des DESCARTES: was als intuitive Fähigkeit geheimnisvoll bleibt, soll als Leistung eines Automaten abgebildet und damit durch- und schließlich einsichtig werden.

* Wir werden im weiteren Verlauf dieses Kapitels abkürzend immer nur von Grammatikalität bzw. Wohlgeformtheit sprechen und bitten den Leser, die damit zusammenhängenden Fähigkeiten der syntaktischen Disambiguierung und des Erkennens syntaktischer Ähnlichkeit jeweils stillschweigend hinzuzudenken.

Es soll ein formales theoretisches Modell konstruiert werden, das also, wie CHOMSKY (1962) schreibt, »without benefit of intuition« funktioniert und das *alle* in einer Sprache möglichen wohlgeformten Sätze und *nur* solche zu generieren vermag. Die intuitionsgetragene Entscheidung des native speaker, ob ein ihm vorgelegter Satz grammatisch sei oder nicht, wird ersetzt durch einen prinzipiell ohne Intuition ablaufenden Vergleich des vorliegenden Satzes mit den durch das Modell erzeugbaren Sätzen: wird zwischen dem vorgelegten Satz und irgendeinem Satz des Modells Identität festgestellt (und *dazu* ist keine Intuition nötig!), so gilt dieser Satz als wohlgeformt. (Vgl. dazu LYONS, 1968, S. 156).

Betrachtet man diesen Ansatz so weit, so liegt der Schluß nahe, den auch APEL (1973) zieht, daß nämlich »CHOMSKY im Gegensatz zum klassischen Strukturalismus das Subjekt der Rede und des Verstehens wieder in die Sprachwissenschaft einführte« (S. 13).

Aber diese Auffassung muß sofort in zweifacher Hinsicht ganz entscheidend korrigiert werden:

1. Die Wohlgeformtheit, über welche CHOMSKYs Sprecher zu urteilen hat, ist eine rein syntaktische Wohlgeformtheit, wie sich aus dem berühmten Satz »Colorless green ideas sleep furiously« ergibt, den CHOMSKY als Beispiel *der* Wohlgeformtheit der nicht wohlgeformten Wortkette »sleep green furiously ideas colorless« gegenüberstellt. Darauf werden wir später noch ausführlich einzugehen haben.

2. Das formale theoretische Modell, das hier angestrebt wird, soll die intuitive Leistung des native speaker durch eine rationale Theorie ersetzen und wieder einbringen lassen, welche einen *idealen* Sprecher/Hörer beschreibt:

> »Die linguistische Theorie bezieht sich primär auf einen *idealen* Sprecher/Hörer in einer völlig homogenen Sprachgemeinschaft, der seine Sprache vollkommen kennt und durch grammatisch irrelevante Bedingungen wie Beschränktheit des Gedächtnisses, Ablenkung, Wechsel der Aufmerksamkeit und des Interesses, durch zufällige oder charakteristische Fehler nicht daran gehindert wird, seine Kenntnisse der Sprache im tatsächlichen Gebrauch anzuwenden.« (CHOMSKY, 1965, S. 3)

Damit sind wir bei jener Begriffsunterscheidung angelangt, die für die Entwicklung der modernen Linguistik und der Psycholinguistik von weitreichender Bedeutung gewesen ist, der Unterscheidung von Kompetenz und Performanz. Das Wissen, welches dem sprachlichen Können des obengenannten idealen Sprechers/Hörers zugrundeliegt, wird *Kompetenz* genannt; Kompetenz ist demnach auch das Insgesamt der im Modell der Generativen Grammatik eingearbeiteten Information. Kompetenz ist das System jener Regeln, die vorhanden und wirksam sein müssen, wenn die Erzeugung aller (und nur) grammatischer Sätze einer Sprache möglich sein soll.

Performanz ist demgegenüber zunächst nur als defizienter Modus des In-Erscheinung-Tretens der Kompetenz gekennzeichnet, wobei die Defizienz, das Unvollkommene, das Den-Regeln-nicht-Genügen charakteristischerweise durch jene Schwächen zustande kommt, die unseres Fleisches Erbteil sind. Das »Subjekt der Rede und des Verstehens«, welches CHOMSKY angeblich wieder in die Sprachwissenschaft einführte, stellt sich bereits hier als ein interesseloser Automat heraus, der wenig Ähnlichkeit mit dem Menschen hat, der in der Sprache und durch sie lebt.

In dem Begriff der »Kompetenz eines idealen Sprecher/Hörers« stecken, genau genommen, sogar *zwei* von der Realität sprachlichen Geschehens wegführende Idealisierungsschritte: einmal ist »Kompetenz« schon ein idealisierender Begriff, denn sie ist definitionsgemäß bereits verschieden und abstrahiert von dem realen Geschehen, mit dem sie (bestenfalls) interagiert, und der »ideale« Sprecher/Hörer ist eine zweite Idealisierung. SCHLESINGER hält (1971a) »Kompetenz des idealen Sprecher/Hörers« deshalb auch für einen Pleonasmus. Man könnte geneigt sein, derartige Überlegungen für Haarspaltereien zu halten; ihre Relevanz wird aber in dem Augenblick deutlich, in dem man bedenkt, daß hier das Verhältnis der linguistischen Theorie zur Realität und damit auch das Verhältnis der Linguistik zur Psycholinguistik berührt wird. Wir werden im vorliegenden Kapitel vor allem die der Begriffsdichotomie Kompetenz/Performanz sozusagen inhärenten Schwierigkeiten unter dem Aspekt der Konsequenzen besprechen, die sich daraus für die Aufgaben-

verteilung zwischen Linguistik und Psycholinguistik ergeben.
CHOMSKY hat – »nach einer langen strukturalistischen Periode, in welcher Linguistik und Psychologie praktisch getrennt waren«, wie LEVELT (1972) in seinem ausgezeichneten kurzen Überblick sagt – der Linguistik eine neue und scheinbar viel Psychologie-nähere Position zugewiesen und damit auch das Verhältnis zwischen Linguistik und Psycholinguistik neu bestimmt. Der Linguistik weist er die Aufgabe zu »to account for linguistic competence, or the linguistic intuition of the speaker«. (Hinzuzufügen wäre korrekterweise schon hier: ... die linguistische Intuition eines idealisierten native speakers ...)
Der Begriff der Kompetenz bezieht sich also sowohl auf die Grammatik (als der die Kompetenz formulierenden Theorie der Sprache) als auch auf das intuitive Wissen, das der Sprecher/Hörer von den Regeln dieser Grammatik hat.
Akzeptiert man zunächst diese Definition von Kompetenz, so kann derjenige, der die Generative Linguistik und die ihr folgende Psycholinguistik längere Zeit beobachtet hat, eine Reihe von Fragen stellen: Gibt es *eine* einheitliche linguistische Kompetenz in dieser Form? Wenn ja, studiert die Generative Linguistik wirklich nur diese Kompetenz? Und kommen die Psycholinguisten zurecht, wenn sie sich von der Linguistik nur diese Kompetenz liefern lassen?
Für den Psychologen ist der Status von »Kompetenz« zunächst (LEVELT 1972, S. 21) dem des Konstrukts »Intelligenz« vergleichbar: ein theoretisches Konstrukt, das einen relativ autonomen Faktor bezeichnet, der eine Reihe menschlicher Verhaltensweisen mit bedingt. Aber im Gegensatz zum Begriff der Intelligenz hat ja Kompetenz eine ausgesprochen »kognitive Aura« um sich: Kompetenz soll das sein, was der Sprecher von seiner Sprache weiß. Wir fragen daher als erstes genauer: was heißt hier »Wissen«? INGRAM bemerkt (1968) mit Recht, daß

> »it turns out that ›knowledge‹ does not imply action or behavior of any sort; neither the ability to act on the knowledge, since the actual use of language is in the domain of performance; nor the awareness of ability to formulate the grammatical rules. The knowledge is tacit or implicit; in fact, it must be

understood as knowledge in an epistemological rather than in any psychological sense« (S. 318).

CHOMSKY selbst und viele seiner Sympathisanten sprechen von »tacit knowledge«, und es dürfte sich daher lohnen, dieser Begriffsbestimmung ein wenig nachzugehen; wir tun dies anhand von POLANYIs Ausführungen über »Tacit Knowing«.

»We perform a skill by relying on the coordination of elementary ... acts, and we are aware of having got these right by accomplishing our skillful performance. We are aware of them in terms of this performance and not (or very incompletely) aware of them in themselves ... There are vast domains of knowledge ... that exemplify ... that we are generally unable to tell what particulars we are aware of when attending to a coherent entity which they constitute. Thus, there are two kinds of knowing which invariably enter jointly into any act of knowing a comprehensive entity. There is (1) knowing a thing by attending to it, in the way we attend to an entity as a whole and (2) knowing a thing by relying on our awareness of it for the purpose of attending to an entity to which it contributes.« (1962, S. 601)

Diese Unterscheidung zwischen »fokalem« und bloß »subsidiärem« Wissen ist für eine Analyse des in der CHOMSKYschen Kompetenz steckenden Wissensbegriff zweifellos wichtig. Die geschichtliche »Wendung«, welche die Generative Linguistik vornimmt, besteht ja darin, daß in den Blickpunkt der wissenschaftlichen Aufmerksamkeit etwas gerückt wird, auf das man sich im normalen Ablauf sprachlichen Geschehens zwar verläßt, aber das dort zu einem übergeordneten und allein relevanten Akt nur *beiträgt*: nämlich die Fähigkeit, grammatische Sätze von ungrammatischen unterscheiden zu können. Sprachliche Kommunikation kann eine Reihe sehr verschiedener Ziele verfolgen, aber eines verfolgt sie »normalerweise« ganz sicher nicht: grammatisch richtige Sätze (und nur solche) zu produzieren. Die CHOMSKYsche Wendung will also, um POLANYIs Termini zu verwenden, subsidiäres Wissen zu fokalem Wissen machen. Ist dies möglich und welche Konsequenzen können sich daraus eventuell ergeben? POLANYI bezieht hier eine recht extreme Position:

»We subsidiarily know the particulars of a comprehensive whole when attending focally to the whole which they constitute; we know such particulars not in themselves but in terms of their contribution to the whole. To the extent to which things are known subsidiarily in terms of something else, they cannot be known at the same time in themselves. We may call the bearing which a particular has on the comprehensive entity to which it contributes its meaning, and can then say that when we focus our attention wholly on a particular, we destroy its meaning« (S. 601).

Sicher wird man POLANYIs Verdikt in dieser Absolutheit *nicht* für die Linguistik gelten lassen, welche die im Akt der sprachlichen Verständigung bloß subsidiäre Grammatikalität in den Fokus ihrer Bemühungen stellt. (Man hat ja vor fast einem Jahrhundert der Psychologie in ganz ähnlicher Weise vorgehalten, sie könne nicht die bewußte Selbstbeobachtung auf Vorgänge des eigenen Bewußtseins richten.) Aber man wird sehr ernsthaft zu überlegen haben, inwieweit eine durch diese »Wendung« zustandekommende Grammatik für die Klärung des sprachlichen Geschehens tauglich sein kann, in welchem Grammatikalität zweifellos nur subsidiär ist.

Damit wird auch von dieser Seite her die grundlegende Relation zwischen linguistischer Theorie und realem sprachlichen Geschehen, wie sie von CHOMSKY postuliert wird, in Frage gestellt: wir können das, was sich im realen sprachlichen Geschehen abspielt, nicht als bloß defiziente Manifestation eben jener Grammatik ansehen, welche der Linguist geschrieben hat, weil wir schon von der Form des sozusagen konstitutiven Wissens her nicht sicher sein können, welche »Verwerfungen« sich im theoretischen Bedingungsgefüge dieses sprachlichen Geschehens ergeben, wenn man die sonst nur subsidiäre Grammatikalität (die bei CHOMSKY mit *syntaktischer* Korrektheit und Vollständigkeit identisch ist) zum Fokus und Schwerpunkt der linguistischen Theorie macht.*

* UHLENBECK (o. J., S. 107) hat darauf hingewiesen, daß es für den Sprachtheoretiker immer schon verführerisch war »to make language more manageable by reducing it to one of its many aspects«. Aber »the trouble with language is that it is such a complicated, many-sided phenomenon ...«

Jedenfalls können wir jetzt schon sagen, daß die Unterscheidung Kompetenz/Performanz im Gegensatz zu CHOMSKYs eigener Aussage *nicht* parallel zu SAUSSUREs langue/parole-Dichotomie verläuft. SAUSSUREs Ansicht, daß »la langue n'est pas un entité, et n'existe pas que dans les sujets parlants« (1931, S. 19), würde CHOMSKY vermutlich in keiner Periode seines Arbeitens unterschrieben haben.

Trotzdem bleibt letztlich die Frage unentschieden, *wie* idealisiert die Kompetenz ist. Formt man diese Frage nämlich etwas um in »Wo findet sich die Kompetenz – als ›tacit knowledge‹ in jedem Sprecher oder als ›tacit knowledge‹ im idealisierten Sprecher«, so bleibt die Antwort unklar: CHOMSKY rückt den Begriff der »linguistischen Theorie« (die sich also nicht auf eine konkrete Einzelsprache, sondern auf Sprache schlechthin bezieht) bewußt ganz nahe an die angeborene Spracherwerbs-Disposition des Kindes heran:

> »Note that we are again using the term ›theory‹ ... with a systematic ambiguity, to refer both to the child's innate predisposition to learn a language of a certain type and to the linguist's account of this« (1965, S. 25).

Verschwimmt hier die Unterscheidung zwischen »eine Theorie kennen oder wissen« und »durch eine Theorie beschrieben werden?« (STICH, 1971).

Die Grammatik als Theorie der Sprache erscheint also sozusagen auf verschiedenen Ebenen. Natürlich »weiß« der native speaker einer Sprache etwas über seine Sprache. Legt man ihm Sätze vor, die er auf ihre Grammatikalität beurteilen soll, dann sagt er uns etwas über den Output der von ihm »gewußten« Grammatik, nicht aber etwas über die Grammatik selbst. (Vgl. G. H. HARMAN, 1967). Weicht man hier mit CHOMSKY vom native speaker auf den idealisierten native speaker aus, so ist der Output zwar von den »grammatisch irrelevanten Bedingungen wie Beschränktheit des Gedächtnisses« etc. gereinigt – aber wie kann der Linguist vom »grammatisch Irrelevanten« abstrahieren, wenn er erst dabei ist, aus dem Rest eine Grammatik zu machen?*

* Vielleicht ist hier der Ort, darauf hinzuweisen, daß die Idealisierung der Generativen Linguisten keine Abstraktion etwa der Art ist, wie sie in der Allgemeinen Psychologie vorgenommen wird: in der Linguistik

Diese Unklarheiten, mit denen CHOMSKYs Verwendung des Kompetenzbegriffes belastet ist, haben u. a. dazu geführt, daß andere Autoren mehrere Arten oder Stufen der Kompetenz unterscheiden. KATZ trennt die »tacit knowledge of an ideal speaker«, welche zu beschreiben Ziel der Grammatik ist, von der Kompetenz eines individuellen Sprechers, wobei er letztere eher als psychologisches denn als linguistisch-sprachphilosophisches Konstrukt ansieht und mit dem identifiziert, was dem Kind zur Verfügung steht (was freilich nicht unproblematisch ist) (1966). SCHLESINGER hat (1971a) in einem sehr klar geschriebenen Artikel »communal grammatical competence« von »individual grammatical competence« unterschieden. Damit will er zwei wichtigen Überlegungen Rechnung tragen: er will einmal das, was alle Angehörigen einer Sprachgemeinschaft wissen, von dem trennen, was ein bestimmtes Individuum weiß. Darüber hinaus soll die Einführung des einschränkenden Wortes »grammatical« dartun, daß mit dieser Art von Kompetenz nur ein bestimmter Ausschnitt des Wissens oder der Intuitionen eingefangen werden soll, den ein Sprecher beim Verwenden von Sprache einsetzt.

Damit haben wir einen sehr wichtigen Punkt erreicht: SCHLESINGER weist mit Recht darauf hin, daß eine Grammatik (im Sinne CHOMSKYs) allein nicht die Kompetenz des Sprachbenutzers bilden kann. Indem er die CHOMSKYsche Kompetenz als »grammatische Kompetenz« etikettiert, eröffnet er einmal die Möglichkeit, dieser Kompetenz eine Reihe weitergehender oder zusätzlicher Kompetenzen zur Seite zu stellen: semantische, pragmatische, kommunikative oder gar Universalkompetenzen – was natürlich zu einer Aushöhlung der ganzen Kompetenz-Performanz-Dichotomie führt. Darauf wird unten noch eingegangen werden (S. 88 ff.). Zum andern nimmt SCHLESINGER damit dem orthodoxen Generativen Linguisten aber die Möglichkeit, die Grammatik als einheitliche Gesamtkompetenz und gleichzeitig als *die* Theorie *der* Sprache zu konzipieren.

Der an sich faszinierende Ansatz CHOMSKYs, Grammatik

wird nicht von den individuellen Variationen der verschiedenen Sprecher bzw. Äußerungen abgesehen, sondern von einem großen Teil dessen, was an jedem Sprecher »allgemein menschlich« ist.

(und zwar Grammatik im Sinne von Syntax) zur Basis der Theorie der Sprache zu machen, indem er Sprache schlechthin so definiert, daß sie mit dem Bereich der Grammatik deckungsgleich ist – dieser Ansatz wird jedoch nicht nur durch diese (und andere) linguistischen Überlegungen in Frage gestellt. CHOMSKY koppelt seine Konzeption von Kompetenz als *der* einheitlichen Sprachfähigkeit mit ganz dezidierten Ansichten über den Sprach*erwerb*. Er leitet aus seiner linguistischen Konzeption ganz bestimmte Folgerungen in bezug auf die biologische Ausstattung ab, die der Mensch zum Spracherwerb als kleines Kind mitbringt. Das macht hier einen ersten Exkurs in die Problematik der Anfänge und Vorformen der Sprache nötig, bevor wir die Kompetenz der Performanz gegenüberstellen. In diesem Exkurs – wir werden noch mehrmals einen derartigen biologistischen Standpunkt einnehmen, wenn auch mit wechselnder Fragestellung – geht es lediglich um CHOMSKYs These, daß die menschliche Sprachfähigkeit eine *einheitliche* Kompetenz darstellt, die man entweder ganz oder gar nicht hat.

Unser Reiseführer in dieses Gebiet ist die wohl glänzendste Kritik der CHOMSKYschen Linguistik, die in jüngerer Zeit erschienen ist: TOULMINs Artikel »Brain and Language« (1971), dem vielleicht einmal eine ähnliche Rolle zugesprochen werden wird wie CHOMSKYs berühmter Kritik an SKINNER.

Das Problem, wie Sprache entsteht bzw. sich entwickelt, ist für CHOMSKY schon aus metatheoretischen Gründen wichtig. Ein Sprach-Erwerbs-Apparat (Language Acquisition Device, LAD) muß in jedem Menschen von Geburt so angelegt sein, daß er aus dem Wust gehörter Sprachlaute die linguistische Konzeption extrahieren und aufbauen kann, welche nach Ansicht des Generativen Grammatikers die Basis für die Sprache des Erwachsenen bildet. Dieses LAD kann, darin ist CHOMSKY zweifellos zuzustimmen, nicht als eine selbst nicht strukturierte allgemeine Lernfähigkeit konzipiert werden, sondern wir müssen annehmen,

> »that the general form of a system of knowledge is fixed in advance as a disposition of the mind, and the function of experience is to cause this general schematic structure to be realized and more fully differentiated«. (1965, S. 51)

Der CHOMSKYsche Begriff des LAD stellt also den interessanten Versuch dar, eine rational konstruierte Theorie der Sprache zu rechtfertigen dadurch, daß ein biologischer (oder anthropologischer) »Mechanismus« postuliert wird, der dafür sorgt, daß der Mensch zu jenem Kompetenz genannten Wissen kommt, das diese Theorie der Sprache zu beschreiben unternimmt. LAD reduziert – und das ist die andere Seite dieser Konzeption – den Input, d. h. die mit zahllosen Fehlern versehenen (der Performanz zugehörenden!) Äußerungen, die das kleine Kind hört, auf die »formalisierte Grammatik jener Sprache, von der sie eine Stichprobe darstellen«. (CHOMSKY, 1962)

LEVELT (1975) weist in einer ausgezeichneten Analyse dieser Problematik darauf hin, daß »this language-in-vitro approach was closely related to dominant opinions on the status of linguistic competence in the adult« (S. 13 f.). Nimmt man dazu dann die in der Generativen Linguistik übliche Geringschätzung von allem, was mit Performanz, mit tatsächlich verwendeter Sprache zu tun hat, so wird deutlich, warum diese Schule einerseits den *angeborenen* Strukturen und generativen Mechanismen so viel Gewicht beilegen mußte, also extrem nativistisch ist; es wird angenommen, daß das LAD durch formale und substantielle Eigenschaften *der* Sprache (also nicht einer bestimmten Einzelsprache) gekennzeichnet ist: die Betonung der Universalien wird verständlich.

Andererseits wird das »Committment«, das die Generative Linguistik mit dieser Betonung biologisch-anthropologisch determinierter Universalien gegenüber der Biologie eingeht, von CHOMSKY nicht eingelöst. Er nimmt zwar an, daß der als LAD dienende organismische Apparat »eingebaute« Strukturen hat, aber er weigert sich, in der Onto- oder der Phylogenese des Menschen nach Hinweisen auf die Art dieser Strukturen zu suchen. Der Grund für diese Selbst-Begrenzung liegt in CHOMSKYs Ansicht, daß die sprachliche Kompetenz eines (idealen) Sprecher/Hörers eine einheitliche »human language capacity« darstellt, die man entweder ganz hat oder gar nicht. Wenn ein Mensch diese eine einheitliche linguistische Fähigkeit hat, kann er mit dem ganzen einheitlichen System umgehen; es ist nach CHOM-

SKY nicht vorstellbar, daß er beispielsweise nur den Transformationsteil der Grammatik besitzt. Etwa auftretende Fehler bei der Benutzung des Systems werden ja sowieso nicht etwa einer Unvollständigkeit des Systems zugeschrieben, sondern als Fehler in der Performanz bezeichnet. Die Kompetenz-Performanz-Dichotomie macht die Kompetenz ex definitione nicht nur infallibel, sondern auch zu einer Alles-oder-nichts-Angelegenheit.

Nimmt man mit TOULMIN demgegenüber an, daß unsere Sprachtheorie auch den Ansprüchen der Biologie genügen sollte (S. 372), so kann man den menschlichen Besitz der Sprache erklären

> »by interpreting the ability to develop, learn and use language as the result, not so much of a single unitary capacity, as of a unique pattern of interrelated capacities (in the plural), all of whose components are present in the required constellation only in the case of human beings«. (S. 373)

Die damit angedeutete Heterogenität dessen, was man zusammenfassend als Sprache bezeichnet, wird uns später noch ausführlich beschäftigen; wir bleiben zunächst im Rahmen der Kontroverse zwischen CHOMSKY und TOULMIN.

Diese Kontroverse kommt nicht zuletzt dadurch zustande, daß CHOMSKY eine völlig andere und sehr viel engere Auffassung von dem hat, was an der Sprache »erklärenswert« ist: das ist für ihn letzten Endes nur die Intuition des idealen Sprachbenutzers in bezug auf die Grammatikalität der Sätze. Interessiert man sich aber, biologisch*er* orientiert, für das, was Menschen mit ihrer Sprache tun, nämlich für Meinen und Verstehen, so werden Anfänge und Vorformen der menschlichen Sprache bedenkenswert. Für CHOMSKY ist das Problem des Anfangs der Sprache »a total mystery«, über das er sich zu spekulieren weigert, zu dem er aber wenigstens ein Vor-Urteil hat, nämlich daß die DARWINsche Vorstellung der organismischen Entwicklung »eine große Tautologie« sei.

Und er fügt (1968, S. 59) mit Überzeugung hinzu, daß sogar die einfachsten Rudimente der Sprache weit jenseits der Möglichkeiten eines sonst durchaus intelligenten Affen lägen.

Hier mußte er sich dann allerdings durch eine Schimpansin namens Washoe korrigieren lassen ... (s. u. Kap. XII)

Natürlich gibt es auch biologische Gründe *für* eine rigorose Ablehnung jeder phylogenetischen Verbindung zwischen tierischer und menschlicher Kommunikation. So weist LENNEBERG, gerade weil er die Ontogenese sprachlichen Verhaltens von einem entwicklungspsychologischen Standpunkt aus beschreiben will, auf die Gefahren hin, welche sich durch ein unsystematisches Herausgreifen von mehr oder minder augenfälligen Homologien zwischen tierischem und menschlichem »kommunikativem« Verhalten ergeben. Er möchte (1969) solche Homologien nur dann als biologisch aussagekräftig anerkennen, wenn sie folgenden Kriterien genügen:

a) sie müssen sich auf eine nachweislich genetische Basis beziehen lassen;
b) sie dürfen nicht nur sporadisch und scheinbar zufällig über die verschiedenen Spezies verteilt sein.

Keine tierische kommunikative Verhaltensweise genügt diesen beiden Kriterien;

> »the fact that some bird species ... can make noises that sound like words, that some insects use discrete signals when they communicate, or that recombination of signals has been observed to occur in communication systems of a dozen totally unrelated species are not signs of a common phylogeny or genetically based relationship to language ... The similarities between human language and animal communication all rest on superficial intuition«. (S. 642)

Aus dieser skeptischen Einstellung zieht LENNEBERG eine radikale Konsequenz: die bisherige Geschichte der Sprache kann durch einen Vergleich mit zufällig herausgegriffenen Formen tierischer Kommunikation nicht erhellt werden, und: eine Rekonstruktion des Ursprungs der Sprache ist nicht möglich (1967, S. 265). Allerdings neigt LENNEBERG – im Gegensatz zu CHOMSKY – zu der Ansicht, daß die menschliche Sprachfähigkeit eine einmalige *Kombination* von Fähigkeiten ist, daß diese (einzelnen) Fähigkeiten aber doch die eine oder andere Gemeinsamkeit mit ähnlichen Fähigkeiten des Tieres haben.

Sobald man also das Ziel des Fragens etwas niedriger steckt und nicht mehr nach einer lückenlosen Deszendenzreihe *der*

(einheitlichen) menschlichen Sprache sucht, sondern aus einem Vergleich zwischen infrahumanen und humanen Formen oder Aspekten der Kommunikation Einsichten in die Funktion und in das Funktionieren der menschlichen Sprache gewinnen will, kann sich die *Arbeitshypothese* durchaus als fruchtbar erweisen, daß auch das Organon Sprache – wir verwenden wieder bewußt den BÜHLERschen Begriff* – eine (oder genauer gesagt: mehrere) Entwicklungsgeschichte(n) hinter sich hat und nicht, wie CHOMSKYs Position impliziert, das Resultat einer einmaligen genetischen Mutation ist.
So kann man mit TOULMIN zwei Hypothesen aufstellen: Die erste unterscheidet die physiologischen Voraussetzungen der Sprache von der Sprache selbst und nimmt an, daß diese nichtsprachlichen Voraussetzungen sich allmählich bis zu einem Punkt entwickelt haben, an dem sozusagen die Entdekkung gelang, daß auf der inzwischen geschaffenen Basis die Sprache (und zwar das vollständige System Sprache) möglich war.

> »Just as monkeys can *learn* to unwrap candies, and sealions can *learn* to balance large rubber balls on their noses, neither capacity having anything to do with the reasons why their evolutionary ancestors developed the fingers and noses they did – so men can learn to invent and use language.« (S. 377)

Aber die Unwahrscheinlichkeit dieser Annahme, daß nur durch allmähliche genetische Veränderungen der physiologischen Voraussetzungen eine Basis für die *vollständige* Sprachfähigkeit zustandekommt, *ohne* daß auf den Vor-Stufen zu diesem Endzustand schon einzelne protosprachliche Verhaltensweisen aufgetreten sein sollten, läßt ihn diese erste Hypothese doch zugunsten einer zweiten ablehnen. Diese zweite Hypothese

> »interprets the language capacity as something which developed in the hominid precursors of modern man by the gradual accumulation of physiological *and* behavioral changes which were advantageous, in part for ›proto-linguistic‹ reasons, in part for non-linguistic reasons. The pysiological changes which were progressively selected in this way were associated, be-

* K. LORENZ hat mehrfach gezeigt, daß Ethologie und Anthropologie die Entwicklungsgeschichte derartiger Werkzeuge mit großem Erkenntnisgewinn beschreiben können.

haviorally, first with the emergence of a partial language function, and eventually with a full language function ... We can even *state* this view only if we assume that there can be such a thing as a ›partial language function‹, i. e., if the language capacity is not an absolutely unitary thing, characterized by an all-or-nothing grasp of deep structure, but rather something which can be developed gradually, and by bits«. (S. 378)

Gestützt wird diese stärker an der Biologie orientierte Hypothese TOULMINs außer durch die bereits skizzierte Argumentation durch eine Reihe weiterer Gründe, die hier nur schlagwortartig genannt seien:

– Aus der Neurologie ist eine Fülle von Krankheitsbildern bekannt, die sich am besten als Ausfall von Teilkomponenten der Sprachfähigkeit interpretieren lassen.

– Die Aktualgenese der sprachlichen Äußerung, wie sie von der russischen Sprachpsychologie untersucht wird (s. Kap. X), ist leichter in eine Konzeption einzufügen, welche die human language capacity nicht als eine plötzlich vorhandene einheitliche Alles-oder-nichts-Fähigkeit auffaßt.

– Das sprechenlernende Kind erfaßt zunächst nicht das, was ein geäußerter Satz meint, sondern was ein Sprecher meint: und gesteuert von dem proto-linguistischen Duktus der Gesamtsituation, der Gestik, der Zuwendung, der Intonation lernt das Kind, die in dieser Situation produzierte verbale Äußerung so zu analysieren, daß es später weitgehend auf die Stützung durch derartige dann »zusätzliche« Fähigkeiten verzichten kann. Wir werden später (Kap. XII) sehen, daß wir unsere Konzeption sprachlichen Geschehens als eine »Fortsetzung des Handelns mit anderen Mitteln« (HÖRMANN 1967, S. 288) nur dann zu einer Analyse des Meinens und Verstehens ausbauen können, wenn wir den im Medium des Verbalen ablaufenden Handlungsstrang nicht als Manifestation einer ganz anderen, mit keiner der übrigen Fähigkeiten des Menschen verbundenen einheitlichen language capacity auffassen. Auch bei der Diskussion des Status und der Funktionsweise der »semantischen Merkmale« wird eine biologischere Auffassung es uns erleichtern, diese Merkmale als nicht rein innersprachliche Ordnungsgesichtspunkte, sondern als allgemein das Funktionieren des »psychischen Apparates« kennzeichnend aufzufassen (s. Kap. V).

CHOMSKYs Weigerung, biologische Gedankengänge bei der Konzeption seiner Sprachtheorie zu berücksichtigen, läßt dem Sprachpsychologen auch nicht die Möglichkeit, nach einer für ihn so dringend nötigen Brücke zwischen der cartesianischen Position CHOMSKYs und der funktionalistischen BÜHLERs zu suchen. TOULMIN malt ein verheißungsvolles Bild des Weges, der über eine solche Brücke führen würde:

>»... language, with all the characteristic forms of ›deep grammar‹, might be not the expression of a unitary and specific native capacity (as detailed in form as, and even isomorphic with, the linguistic behavior which is its expression) but the behavioral end-product of a much more general ›native capacity‹ which issues in behavior of the corresponding grammatical forms when put to work on objective external problems of the appropriate kind.« (S. 383)

Hier werden die Situation und die Intention des Sprecher/Hörers zum ersten Mal als formende Kräfte der sprachlichen Äußerung anerkannt, die der in der grammatischen Kompetenz liegenden formenden Kraft an Bedeutung nicht nachstehen!

>»The thesis of ›nature capacities‹ might still be retained, in a sufficiently generalized form; but the grammatical regularities in the resultant linguistic behavior would have to be accounted for in functional terms.«

Auf diese Weise könnte die Basis dafür geschaffen werden, die nativistische Auffassung der Sprache (deren Hauptvertreter heute CHOMSKY ist) mit einer funktionalistischen in Einklang zu bringen, wie sie von Linguisten wie BÜHLER vorgeschlagen worden ist.
CHOMSKYs Konzeption der Kompetenz als *einer* einheitlichen Sprachfähigkeit hat uns zu einem Exkurs in die Biologie geführt. Wir kehren von ihm, nicht mehr so selbstverständlich an diese Einheitlichkeit glaubend, zurück zur Diskussion des Begriffspaars Kompetenz/Performanz. Der Begriff der Kompetenz fordert den der Performanz. Um eine Theorie der Performanz oder auch nur um eine brauchbare Definition des Bereichs dieses Begriffs hat sich die Linguistik freilich kaum gekümmert; so war es naheliegend, daß die sehr viel eher »empirically minded« Psycholinguisten

hier zu arbeiten begannen, ohne sich über ihre Beziehung zur Linguistik bzw. zu der dort erarbeiteten Kompetenztheorie grundlegende Gedanken zu machen. Das OSGOOD-SEBEOKsche Schema von 1952/53 schwebte vage als Bezugssystem vor, obwohl es für eine Linguistik konstruiert worden war, welche weder die Dichotomie Kompetenz/Performanz noch einen idealisierten native speaker kannte.

Zu der Tatsache, daß man die Unschärfe dieser so relevanten Dichotomie lange Zeit nicht gesehen hat oder jedenfalls nicht bis in ihre Konsequenzen durchdenken wollte, hat sicher auch die Terminologie CHOMSKYs beigetragen. Er verwendet die Kategorien, mit deren Hilfe er den Satz analysiert, mal in mehr linguistischem, mal in eher psychologischem Sinn und erschwert eine klare Unterscheidung dadurch, daß er für die linguistische wie für die kognitive Analyse dieselben Termini einsetzt. Darauf hat UHLENBECK (1967, S. 269) nachdrücklich aufmerksam gemacht. Die vielen psychologischen Begriffe in CHOMSKYs Publikationen ließen in manchen Psycholinguisten die geheime Hoffnung (und in manchen Linguisten die geheime Furcht) aufkommen, jener apokalyptische Endzustand sei schon nahe, in welchem Linguistik zu »einem Zweig der kognitiven Psychologie« werde (CHOMSKY, 1968). Die stärkste Verführungskraft unter diesen Begriffen hat zweifellos der des »Generierens« ausgeübt.

Das generative Moment an der neuen Grammatik mußte für eine Psychologie besonders eingängig sein, welche schon auf anderen Gebieten (z. B. dem der Wahrnehmung) gelernt hatte, dynamischen Theorien den Vorzug vor statischen zu geben. Zwar blieb es natürlich klar, daß Hören und Sprechen in bestimmter Hinsicht verschiedene Vorgänge waren, aber dieser Begriff des Generierens eröffnete scheinbar *eine* Hinsicht, *eine* Möglichkeit (wenn man ihn nur ganz psychologisch nahm), das Gemeinsame dieser beiden Vorgänge – und damit das den Sprachpsychologen besonders Interessierende – herauszuheben. Kompetenz als die eine, einheitliche Fähigkeit, Sprache zu generieren – man sieht die Unschärfe, mit der hier abgeleitet wird.

Dabei ist die Psycholinguistik einem Mißverständnis zum Opfer gefallen, auf welches BLUMENTHAL (1965) ziemlich folgenlos aufmerksam zu machen versuchte: der Begriff des Generierens, der von den Linguisten der mathematischen Logik entnommen worden ist, besagt folgendes: die Zahl 2 »generiert« (das Beispiel stammt von LYONS [1968, S. 156]) die Reihe der Zahlen 2, 4, 8, 16, 32... Ist die generative Regel bekannt, so kann entschieden werden, ob eine bestimmte vorliegende Zahl (z. B. 9) in diese Reihe gehört. In *diesem* Sinne liefert die Generative Grammatik eine Entscheidungsprozedur (s. o.), nach welcher man feststellen kann, ob eine bestimmte Abfolge sprachlicher Elemente grammatisch ist oder nicht. Die Psycholinguisten haben »generieren« aber fast immer ganz anders, nämlich als (Mechanismus zur) Produktion von sprachlichem Verhalten verstanden. Bei dieser unzulässigen Gleichsetzung ist es kein Wunder, daß das Problembewußtsein für die Relation Kompetenz-Performanz müde wurde und daß man vergaß, daß alles

> »what is considered to be evidence of competence is always evidence obtained from projections of actual performance«. (UHLENBECK 1971, S. 103)

Performanz also zunächst ganz vordergründig als Leistung eines Generier-Mechanismus, der sozusagen gesprochene Sprache produziert und verständlich macht. Die Beziehung zwischen Kompetenz und Performanz wird noch ganz analog gesehen zu der zwischen langue und parole.

Treten wir jetzt für einen Moment aus dem Duktus unserer Überlegungen heraus, so erkennen wir, daß sich hier eine Entwicklungsfigur der Wissenschaftsgeschichte wiederholt, die wir bei der Besprechung des Zeichenbegriffs schon kennengelernt haben: zu einer statischen, vom Gebrauch abstrahierenden Konzeption von Sprache (Kompetenz) soll eine darauf zugeschnittene Verwendungslehre (Performanz) nachgeliefert werden, so wie dort zur Syntax eine Semantik und schließlich eine Pragmatik nachgefordert wurde.

Aus der wissenschafts*historischen* Situation ergibt sich also dieselbe Beziehung zwischen der Linguistik und Psychologie, die CHOMSKY aus wissenschafts*theoretischen* Gründen gefordert hatte, für den »eine Klärung der Performanz nur so weit gelingen kann, wie das Verständnis der zugrunde liegenden Kompetenz erlaubt« (1965, S. 9/10).

Hier wird ganz klar das formuliert, was SCHLESINGER

später (1971a) die Prioritätshypothese genannt hat, die ihre unbekümmertste Formulierung wohl durch WEKSEL erfahren hat, nach dessen Ansicht die Kompetenztheorie »rules out what appear to be fruitless approaches« (1965). SCHLESINGER lehnt diese Haltung mit dem generellen Argument ab, daß in keinem Grenzgebiet zwischen anderen Wissenschaften ein derartiger Anspruch erhoben werde: der Psychologe, der etwa eine Theorie der Kreativität entwerfen will, muß damit nicht warten, bis die Ästhetik ihm eine (vorrangige) Theorie der Kunst liefert. Die Tatsache, daß diese Prioritätshypothese von der Psycholinguistik trotzdem so lange klaglos akzeptiert worden ist, kann wiederum nur mit der Faszination durch die *neue* Art der Linguistik und durch das Vorliegen des für eine *andere* Linguistik entworfenen OSGOOD-SEBEOK-Schemas erklärt werden. Es kann nur als ein subtiler Beitrag zur Verwirrung angesehen werden, wenn CHOMSKY dann 1967 meint, ein Kompetenzmodell könne doch *nicht* als (Grundlage für ein) Performanzmodell taugen. Er bringt ausgesprochen psychologische Argumente gegen sein (von uns später im einzelnen zu besprechendes) syntaxzentriertes Modell vor.

> »Implying that the speaker selects the general properties of sentence structure before selecting lexical items (before deciding what he is going to talk about), such a proposal seems not only without justification but also entirely counter to whatever vague intuitions one may have about the processes that underlie production«. (in LENNEBERG 1967, S. 436)

Jetzt spätestens wird das Verhältnis Kompetenz-Performanz wirklich problematisch. Die zunächst wenigstens implizit akzeptierte Gleichung Performanz = Kompetenz plus menschliche Schwächen, die sich umformen läßt in Performanz = Kompetenz minus Idealisierung, wird der Zirkularität verdächtig: Man überlegt, wovon man beim Erstellen einer entsprechenden Theorie ausgehen kann: die empirisch vorfindbaren Äußerungen eines realen Sprechers sind ja alle mit den »Fehlern« und »Beschränkungen« behaftet, die Folge seiner biologischen Ausrüstung und Folge der Tatsache sind, daß die Sprache bestimmten Funktionen im Leben des Menschen dient.

Im Vorfeld dieser Frage sind die Diskussionen zu sehen,

welche 1966 auf der sog. Edinburgh-Konferenz über Kompetenz und Performanz geführt worden sind und deren Protagonisten zum Teil jene Psycholinguisten waren, die ihre Untersuchungen in der Überzeugung durchführten, am Nachweis der »psychologischen Realität der Grammatik« mitzuarbeiten.*

WALES und MARSHALL versuchen hier, die Unbestimmtheit des Verhältnisses Kompetenz-Performanz weniger spürbar zu machen, indem sie schreiben:

> »A theory of linguistic performance is ... a theory of how, given a certain linguistic competence, we actually put it to use, realize it, express it. It is also a theory of the limitations of the mechanismus, which enable us to express our linguistic competence with the idealization removed, as has been suggested by CHOMSKY. For we want to be able to explain *normal* performance ...« (1966, S. 30)

Aufgabe einer Performanztheorie ist für WALES und MARSHALL also, bei gegebener linguistischer Kompetenz, zu erklären, wie wir diese verwenden; Performanz also als Kompentenz plus (fehlerproduzierendem) Verwendungsmechanismus? Enthält also die Performanz die Kompetenz als Komponente? Die Antwort macht das Ganze noch unklarer: »competence and performance can be usefully and adequately integrated in the explanation of linguistic behavior« (S. 33) – BLUMENTHAL hat mit Recht auf die erstaunliche Tautologie hingewiesen, die hier vorliegt, denn was ist Performanz eigentlich anderes als »linguistic behavior«? Wenig später wird es von WALES und MARSHALL zwar als Gefahr angesehen, daß man die Kompetenz-Grammatik als zur Linguistik gehörend ansehe und demzufolge gar annehmen könnte, »psychological performance explanation will be distinct from competence« (S. 53) ... Die Verwirrung ist vollkommen. FODOR und GARRETT gehen noch »psychologischer« vor (1966); sie erkennen, daß eine Performanztheorie keinesfalls die linguistische Theorie *als solche* als

* Beispielhafte Befunde solcher Arbeiten sind etwa: die wahrnehmungsmäßige Lokalisation eines Klicks, der während eines Satzes dargeboten wird, richtet sich nach den Grenzen der Phrasen dieses Satzes; oder: komplexe Transformationen erfordern mehr Zeit als einfache. Ausführlich darüber: ENGELKAMP (1974) oder HÖRMANN (1967)

Teil in sich enthalten kann, sondern daß eine psychologische oder Verwendungs-Theorie von Sprache bestenfalls ein Analogon davon enthält:

»While there can be no serious doubt that a speaker who understands a sentence does so by recovering its structural descriptions, it is by no means obvious that the processes by which he converts a wave form into a structural description are identical to (or isomorphic with) the operations by which a grammar converts an axiom string into a structural description.« (S. 143)

Das ist zweifellos richtig – aber ist es eigentlich so sicher, daß die strukturelle Beschreibung, welche einem Satz nach Aussage der Generativen Grammatik zukommt, identisch ist mit der »strukturellen Beschreibung«, die beim Verstehen eines Satzes eine Rolle spielt? Wie man sieht, bleibt für FODOR und GARRETT der Primat der Kompetenz unangetastet, was FODOR an anderer Stelle noch einmal in dem bestätigt, was er seine »weak psychological reality position« nennt, welche den Anspruch erhebt,

»insofar as the grammar assigns the correct structural description to sentences, it ipso facto specifies the structures that the performance model must recognize and integrate. But ... the grammar is neutral with regard to the character of the psychological operations involved in sentence processing«. (1971)

THORNE hat auf der erwähnten Konferenz diese verborgene Dynamik im Verhältnis zwischen Kompetenz und Performanz glänzend und kritisch charakterisiert:

»Because we can produce such comprehensive and precise statements of our knowledge of linguistic structure, it becomes difficult for us not to think of the process of understanding utterances as involving the use of this knowledge. Even more dangerous it becomes difficult not to think of it as actually involving the use of these statements.« (1966, S. 9)

Es bleibt hier also bei der Priorität der Kompetenz und damit für die Psycholinguistik bei der Aufgabe, die Performanz-Version für das zu liefern, was in der Linguistik als Kompetenzmodell erstellt worden ist. Es bleibt also, wenn auch recht vage, daß Performanz die sozusagen in der Realität des sprachlichen Geschehens sich manifestierende Auswirkung der Kompetenz ist. Kann man dann, so läßt sich

die jetzt naheliegende Frage formulieren, sagen, ein Kompetenzmodell könne seinen Wert dadurch erweisen, daß es die Performanz eines Sprechers vorauszusagen gestattet?
Das ist natürlich das alte Thema von der Idealisierung in einer anderen Tonart. Aber Theorien – und die Generative Grammatik, welche die Kompetenz eines idealen Sprechers beschreibt, ist immer als die Theorie der Sprache bezeichnet worden! – werden bekanntlich auf ihre Güte, d. h. auf ihre Brauchbarkeit, allgemein dadurch geprüft, daß man aus ihnen abgeleitete Voraussagen mit in der Realität vorgefundenen Ereignissen vergleicht.
Spätestens hier wird der Anhänger der Generativen Grammatik die Notbremse ziehen und aus dem Zug unserer Gedanken aussteigen mit der protestierenden Bemerkung, die Gütekriterien für eine cartesianische Theorie à la CHOMSKY seien ganz anders als etwa »Verifikation von Voraussagen«. Tatsächlich hat CHOMSKY selbst diesem Problem des Gütestandards für Grammatiken eine Fülle scharfsinniger Überlegungen gewidmet. Er unterscheidet zwischen dem Anspruch einer Grammatik, deskriptiv adäquat zu sein, und dem, explikativ adäquat zu sein, wobei er freilich zwischen Beschreibung und Erklärung einen kategorischen Unterschied und nicht nur eine in der Geschichte der Wissenschaften sich wiederholende Stufenfolge von Auffassungen sieht. (Wird nicht das, was wir heute als Erklärung akzeptieren, morgen zu einer bloßen Beschreibung, für die man dann eine »weiterführende« Erklärung suchen muß?) Außerdem hat er die Abhängigkeit verschiedener Einfachheits-Indizes von bestimmten Voraussetzungen diskutiert. Immer aber spricht er über *formale* Gütekriterien, tauglich zur Abwägung verschiedener Kompetenztheorien untereinander.
Frühzeitig und von der gegebenen Kompetenzdefinition aus zu Recht haben die Generativen Linguisten darauf hingewiesen, daß eine Kompetenztheorie weder

- durch von ihr generierte Sätze, die von einem native speaker *nicht* anerkannt werden, noch
- durch von ihr *nicht* generierte Äußerungen, die ein native speaker akzeptiert,

in Frage gestellt oder gar invalidiert werden könnte, da die Kompetenztheorie sich ja nicht auf einen realen, sondern einen idealen Sprecher bezöge. (Hier liegt jetzt die Versuchung diabolisch nahe, den idealen Sprecher zu definieren als einen, der alle und nur die von der Grammatik generierten Sätze akzeptiert ...) Aber man kann eigentlich nicht gleichzeitig die Kompetenz so realitätsunabhängig *und* die Beziehung Kompetenz/Performanz nach der Prioritätsthese definieren! Da die Generativen Linguisten und die ihnen folgenden Psycholinguisten aber genau das doch getan haben, ergab sich diese an sich erstaunliche Lage: man hat sozusagen das Gebiet zwischen dem Kompetenzmodell und der »sprachlichen Realität« (besser: der Realität der von Menschen verwendeten Sprache) zum Aufgabengebiet der Performanztheorie erklärt und dadurch – eine solche Theorie war und ist ja nicht vorhanden und vermutlich auf dem Boden der Prioritätsthese auch nicht konstruierbar – die Kompetenztheorie vor jedem potentiell für sie gefährlichen Kontakt mit der sprachlichen Realität des Alltags geschützt. Wer will, mag die Leistung bewundern, die hier aus etwas nicht Vorhandenem einen Mantel gemacht hat. Diese »Leistung« ist freilich mit eine Quelle des Unbehagens, von welchem wir eingangs gesprochen haben.

Mit welcher Vehemenz trotz dieser allmählich spürbar werdenden grundsätzlichen Schwierigkeit gerade die führenden Psycholinguisten dieser Jahre die Wichtigkeit und die Beibehaltung der Trennung von Kompetenz und Performanz verteidigt haben, wird aus einer Bemerkung von BEVER, FODOR und WEKSEL deutlich:

> »Since the theory of verbal performance is directly concerned with the behavior of speakers, it may often be subject to fairly direct experimental examination. The theory of competence, on the other hand, is concerned with the formulation of the linguistic information underlying verbal behavior. The speaker's competence is only reflected in his behavior via the kinds of performance variables mentioned. The direct experimental verification ... is correspondingly difficult. This is not to say that the theory of competence is in any sense conventional or arbitrary. For its support rests not only on
> – occasional experimental confirmation,
> – but also on considerations of theoretical simplicity and power, fruitfulness, and availability for integration with theories of performance.« (1965, S. 494)

Dazu ist zunächst zu sagen, daß eine direkte experimentelle Verifikation wegen der prinzipiell »dazwischengeschalteten« Performanz unmöglich erscheint. Will man aber etwa Grammatikalitätsurteile als *direkte* Prüfung der grammatischen Kompetenz des Sprechers akzeptieren, so muß man darauf hinweisen, daß BLUMENTHAL (1966) und LEVELT (1972) die Unzuverlässigkeit derartiger Urteile empirisch demonstriert haben. Was theoretische »power« und »fruitfulness« anbelangt, so wird man fragen, wofür? Zur Voraussage empirisch beobachtbaren sprachlichen Verhaltens jedenfalls nicht... Wenn BEVER, FODOR und WEKSEL hinzufügen

> »It is obvious that the more a scientific theory concerns itself with the fundamental mechanism underlying the observables, the less susceptible it is to direct experimental test«,

so weiß man nicht recht, ob dies tröstend oder zynisch gemeint ist.

CHOMSKYs Kriterien für die Güte verschiedener Generativer Grammatiken weisen bereits darauf hin, daß es auch für ihn verschiedene Kompetenztheorien geben kann. Auch wenn diese alle »Idealisierungen« darstellen, so können sie doch der »sprachlichen Realität« (bei aller Unbestimmtheit dieses Begriffs) in verschiedenem Grade analog (oder neutraler gesagt: nahe) sein, die zu idealisieren sie sich bemühen. Wenn aber die Kompetenztheoretiker, die Performanztheoretiker (die es nicht gibt) und die Psycholinguisten davon sprechen, ihre Untersuchungen, Theoreme, Axiome, Postulate, Befunde bezögen sich auf die Realität, so meinen sie damit vermutlich Verschiedenes. Nicht alle diese Realitäten sind in gleichem Maße geeignet, Prüffeld einer Theorie zu sein. Der Psycholinguist aber, der an einer Theorie arbeitet, die reales Verhalten und Erleben realer Menschen beschreiben und voraussagen soll, ist jedenfalls an der Frage interessiert, auf welche »Realität« sich *die* linguistische (Kompetenz-)Theorie bezieht, welche er in seine Performanztheorie inkorporieren oder doch in ihr berücksichtigen soll. Die Linguistik konstruiert in hohem Maße ihren Gegenstand selbst, wie wir gesehen haben. Sie tut es völlig zu Recht, solange sie sozusagen für sich bleibt. Will sie aber eine solche Theorie linguistischer Konstrukte der Psycholinguistik zur weiteren Benutzung (bei der Klärung des Performanzbereichs) übergeben, so ist sehr ernsthaft zu überlegen, welche Schwierigkeiten daraus entstehen können, daß Kompetenz und Performanz mit verschiedenen Realitätsbegriffen operieren. (Es war übrigens nicht zuletzt CHOMSKY, der die Notwendigkeit einer engen Analogie zwischen einer Theory of Language und einer Theory of Mind immer betont hat, auch wenn er die Priorität vielleicht etwas seltsam gesetzt hat.) Und die nächste Überlegung ist dann natürlich die, ob die von CHOMSKY vorgelegte Generative Grammatik die für die Zwecke der Psycholinguistik am besten geeignete unter den vielen möglichen Grammatiken ist.

Damit ist eine in der Linguistik ganz unübliche Frage angeschnitten: für wen wird eigentlich eine Grammatik geschrieben? Das Verdienst, diese Frage sehr früh gestellt zu haben, gebührt M. A. K. HALLIDAY. Er vertrat (1964) den Standpunkt, verschiedene linguistische Theorien könnten für verschiedene »Verbraucher« verschiedene Grade von Nützlichkeit aufweisen:

> »Is there one single ›best description‹ of a language, or are there various possible ›best descriptions‹ according to the purpose in view?« (1964, S. 11). Schon mit dem nächsten Schritt geht er ganz konkret das Verhältnis Kompetenz-Performanz an, das wir bisher eher formal diskutiert haben: »It is difficult to measure the relative demands made on a theory by requirements such as, on the one hand, that ›the structural descriptions of a sentence must provide an account of all grammatical information in principle available to the native speaker‹ and, on the other hand, that the grammar should be of help to the student learning a foreign language or the paediatrician in his diagnosis and treatment of retarded speech.« (S. 13 f.)

Enthält die von der Linguistik unbestritten als zentral und grundlegend angesehene Kompetenzgrammatik vielleicht Regeln oder sonstige Bestände, die für die Benutzung der Sprache durch einen realen Sprecher im Alltag gar nicht nötig sind – und (wichtiger!) umgekehrt: enthält sie vielleicht Bestände *nicht*, die für eben diese Benutzung bzw. die theoretische Erklärung der Benutzung erforderlich sind? Diese Frage übersetzt sozusagen ins Wissenschaftliche jenes Unbehagen, das wir generell am Anfang skizziert und in einer ersten Erklärung mit der Vernachlässigung des Verwendungsaspekts bei der Konzeption des Zeichens in Verbindung gebracht haben.

Man hüte sich, dieser Frage dadurch auszuweichen, daß man sich wieder ins Dickicht der Kompetenz-Performanzdebatte flüchtet; das haben WALES und MARSHALL getan, indem sie HALLIDAY vorwarfen

> »we fail to see how conflict could, in principle, arise between the criteria for adequate competence and performance models. As a competence theory describes the knowledge which the speaker (kennzeichnenderweise fehlt das Wörtchen ›ideal‹ ... d. Verf.) possesses and a performance theory describes the overt realization of (parts of) this *same* knowledge in particular situations and under specific conditions, how can the two ever conflict?« (1966, S. 183)*

Wie dem aber auch sei – die scharfe Trennung zwischen Sprache einerseits und Verwendung von Sprache andererseits ist sicher eine der wenigen Positionen, die nahezu allen Linguisten, seien sie generativer oder anderer Couleur, gemeinsam ist. So beruft sich UHLENBECK bei der Betonung der Notwendigkeit dieser Trennung auf eine lange Ahnenreihe, die von HUMBOLDT über SAUSSURE in die Gegenwart führt. Aber gerade weil

> »linguists actually consider as their ultimate aim the study of Language with a capital L, in other words, language in general« (1967, S. 288)

muß der Psychologe doch die Frage aufwerfen, ob man *die* Sprache erfassen kann, wenn man *nur* die Sprache erfassen will, wenn man also ganz davon absieht, daß sie ohne den Menschen, der mit ihr etwas meint und sie versteht, nicht

* Von einer ganz anderen Seite her macht COSERIU (1973 a) die Schwierigkeiten verständlich, welche die Generative Linguistik in ihrer Beziehung zur sprachlichen Realität hat. Nach COSERIUs Ansicht, der allerdings sicher kein Psychologe zustimmen wird, liefert die generative Transformationsgrammatik eine generelle *Sprech*grammatik, die deshalb so allgemein ist und sich nicht ohne weiteres auf eine Einzelsprache beziehen läßt, weil sie sich auf die einheitliche außersprachlich vorgegebene Welt bezieht. Gerade das tut die Generative Grammatik nicht; COSERIU ist vermutlich der psychologischen Terminologie dieser Linguistik »zum Opfer gefallen«, auf deren Gefahren UHLENBECK (1963, 1967) hingewiesen hat.

ist. Es ist immer wieder betont worden, daß Sprache den Charakter der »Transparenz« habe, d. h. daß man sozusagen durch die Wörter und Sätze hindurch das Gemeinte erblickt – kann man dieses Charakteristikum der Sprache studieren, wenn man nicht durch sie hindurch auf ihren Benutzer und auf die Welt, sondern nur auf sie selbst blickt?

In dieser ganz allgemeinen Konfrontation von Linguistik und Sprachpsychologie wird noch einmal, wie in ähnlicher Form schon in der Kontroverse HALLIDAY contra MARSHALL und WALES, das Problem thematisiert, was bei den Idealisierungen und Abstraktionen eigentlich geschieht, die jede Wissenschaft vornimmt, wenn sie in der Fülle des Erfahrenen und des Denkbaren mühsam das Feld absteckt, das sie beackern will. Wenn der Generative Linguist von einem idealen native speaker spricht, der im Besitze linguistischer Kompetenz ist, dann läßt er all das weg, was einen menschlichen Sprecher/Hörer von einem automatischen Satz-Generator unterscheidet – genau das besagt ja die Definition von Kompetenz. Das ist durchaus legitim; SEARLE meint dazu:

> »Diese Methode der Konstruktion idealisierter Modelle entspricht dem Verfahren der Theoriebildung in den meisten Wissenschaften, z. B. der Konstruktion ökonomischer Modelle oder der Darstellung des Sonnensystems, in der die Planeten als Punkte aufgefaßt werden. Ohne Abstraktion und Idealisierung wären systematische Darstellungen unmöglich.« (1971, S. 87)

Zweifellos richtig. Aber es ist keineswegs gleichgültig, wovon man – für einen gegebenen Zweck – abstrahiert. In einem Planetenmodell, um bei SEARLE zu bleiben, sollte man die Planeten z. B. *nicht* unbedingt, von ihrer Masse abstrahierend, als Punkte darstellen, denn dann bleibt ihre gegenseitige Anziehung in *diesem* Modell unverständlich.

Der Linguist nimmt an, daß das von ihm beim Bau des Kompetenzmodells Weggelassene – nämlich die Dynamik des Prozesses der Sprachverwendung mit seinen Determinanten – belangslos ist für das, was er als Sprache zum Gegenstand seiner Wissenschaft machen will. Genauer: er definiert seinen Gegenstand *auch* durch das, wofür das Weggelassene belanglos ist.*

* UHLENBECK sagt: »the history of linguistics may be largely viewed as a sequence of different reduction-theories ...« (1971, S. 107)

Der Psychologe hat bisher kaum gefragt, ob für seine Belange nicht zuviel oder das Falsche weggelassen worden ist. Besteht die Aufgabe der Psycholinguistik immer noch im Ausfüllen des OSGOOD-SEBEOKschen Schemas von 1952, dann ist diese Frage natürlich schon mit nein beantwortet. Sieht sich der Psycholinguist aber eher als Sprachpsychologe, so erweitert sich sein Arbeits- und Zielgebiet über dieses Schema hinaus – und dies *muß* geschehen, wenn die dort eingesetzte Linguistik nur Aussagen über die Grammatikalität, d. h. die syntaktische Akzeptabilität von Sätzen macht. WALES und MARSHALL haben einmal die Generative Kompetenztheorie fälschlicherweise als »a theory of linguistic knowledge (which) attempts to account for our intuitions concerning the language ...« (S. 29) bezeichnet – das ist sie nicht, denn diese Kompetenztheorie befaßt sich nur (und bestenfalls) mit unseren Intuitionen in bezug auf die Grammatikalität von Sätzen. Das sind keineswegs alle Intuitionen, die ein Sprachbenutzer hat und nutzt.

Eine solche Theorie ist zu schmal, um darauf eine Theorie sprachlichen Verhaltens und Erlebens, eine Theorie der Handlungsakte Meinen und Verstehen aufbauen zu können.

Wir haben bisher die Trennung von Kompetenz und Performanz besprochen, ohne näher auf das einzugehen, was die Generative Linguistik als Gehalt der Kompetenz zu liefern hat, auf die Grammatik. Das soll im folgenden Kapitel geschehen.

Will man resumierend die Leistung und die Gefahr zusammenfassen, welche aus der Generativen Linguistik für die Sprachpsychologie erwachsen sind, so wird man CHOMSKY vielleicht am besten mit SCHILLER als einen »spekulativen Geist« bezeichnen, der

> »versucht wird, das Wirkliche nach dem Denkbaren zu modeln und die subjektiven Bedingungen seiner Vorstellungskraft zu konstitutiven Gesetzen für das Dasein der Dinge zu erheben ... Er muß ... einer leeren Subtilität zum Raube werden, weil er für das Einzelne zu hoch steht« (*Über die ästh. Erziehung des Menschen*, 6. Brief).

Kapitel IV
Grammatik: Syntax und eine arme Verwandte

In den vorangegangenen Abschnitten haben wir darzulegen versucht, wie die Konzeption des Zeichens-an-sich, d. h. des aus dem Akt seiner Verwendung abstrahierten, verselbständigten Zeichens, in ganz analoger Form auf sozusagen molarer Ebene wiederkehrt in der Konzeption einer von ihren realen Benutzern und von ihren Funktionen isolierten Sprache-an-sich, jener Sprache also, deren Strukturen die Generative Kompetenzgrammatik so als Regelwerk zu formulieren sucht, daß kommunikative Funktion und kommunikative Intention keine Rolle spielen. Für diese parallele und in der Linguistik wie in der mit ihr eng verbundenen Psycholinguistik recht generelle Entwicklung kann man vor allem zwei Faktoren verantwortlich machen, sozusagen eine vis a fronte und eine vis a tergo.

Die vis a fronte ist das machtvoll lockende Idealbild einer rein formalen Theorie, die mit der Notwendigkeit der reinen Logik oder gar der Mathematik funktionieren muß, ohne dabei auf die mehr oder minder genialen Intuitionen des Theoretikers angewiesen zu sein und auch ohne durch die akzessorischen Zufälligkeiten des realen Einzelfalles unklarer zu werden. Der Versuch, Sprache als formale Kombinatorik »reiner« Zeichen aufzufassen, mußte folgerichtig zu jener Präponderanz der Syntax führen, welche wir in der Linguistik der vergangenen Jahrzehnte überall beobachten.

Noch älter, nämlich auch in der strukturalistischen Linguistik BLOOMFIELDscher Art am Werke, ist die vis a tergo: der Abscheu vor allem, was mit »Bedeutung« zu tun hat. Von dieser unter ernsthaften Sprachwissenschaftlern fast endemischen Krankheit wird man nur zu leicht erfaßt, wenn man sich längere Zeit mit dem beschäftigt, was seit Jahrhunderten über »Bedeutung« an Hehrem und an Handfestem gesagt worden ist. Die Beziehung der Zeichen zu dem zu systematisieren, wofür sie stehen, hat sich als Sisyphusarbeit erwiesen. Kein Wunder, daß die Semantik, der diese Aufgabe zugedacht ist, nach der freundlich-eilfertigen Versicherung, sie sei auch wichtig, in die Rolle der »armen Verwandten« abgeschoben wurde (GREIMAS 1971, S. 2), die ihr neben der glanzvollen Syntax dann ja auch höchstens zukam. Bei dem von den primären Daten »nach oben« aufsteigenden Vorgang des Zusammenfassens, Unterscheidens und Einheiten-Bildens wird die Leitfrage »gleich oder verschieden«, mit welcher in der strukturalistischen Linguistik die Struktur gleichsam ertastet wird, streckenweise zwar als »bedeutungsgleich oder bedeutungsverschieden« formuliert – etwa bei der Identifizierung der Morpheme. Die so formulierte Frage ist aber, das muß man klar sehen, *nicht* eine Frage nach der Bedeutung eines Morphems oder eines Wortes, eines Satzes. Sie ist lediglich ein Ja/Nein-Formalismus zur Unterscheidung von Elementen der Sprache, wobei über den etwa festgestellten Unterschied zunächst nichts anderes ausgesagt werden kann, als daß er vorhanden ist. So als Elemente konzipierte sprachliche Einheiten eignen sich natürlich – und das ist der für das Überwiegen der Syntax verantwortliche Faktor – besonders gut als Einheits-Bausteine einer Theorie, welche sprachliche Äußerungen als regelhafte Sequenzen solcher Elemente auffassen und die Strukturiertheit solcher Sequenzen herausarbeiten will.

Ein letztes Mal tritt die Semantik in der vor-CHOMSKYschen Linguistik dort auf, wo BLOOMFIELD die Bedeutung einer linguistischen Form definiert als »die Situation, in welcher der Sprecher sie äußert, und die Response, die sie im Hörer hervorruft« (1933, S. 139). Sieht man diese Definition in ihrer historischen Perspektive, so wird eine denkwürdige Abschiedsszene erkennbar: mit dieser letzten behavioristischen Definition verschwindet aus dem uns interessierenden Bereich die Neigung zu jenen Stimulus-Response-Formulierungen, welche von ihren Verfechtern als skeptisch-klar gepriesen, von den Gebildeten (und den Halb-Gebildeten) unter ihren Verächtern als naiv und simpel abgetan werden. Sie wird in der historischen Entwicklung ersetzt durch eine Wendung, die man als eine Wendung zum Kognitiven zu bezeichnen sich gewöhnt hat, wobei »kognitiv« aber immer etwas recht Künstliches und jedenfalls nicht notwendig mit Bewußtsein Versehenes meint – über den Status des hier angesprochenen »Wissens« war oben ja schon die Rede.

Diese Wendung zum Kognitiven erfolgt, vom Ende des BLOOMFIELDschen Strukturalismus aus gesehen, weil *Bedeutung* nun einmal nicht in rein behavioristischen Begriffen zu fassen ist: wir verstehen einen Satz auch dann, wenn kein Verhalten auf ihn folgt; die letzte Fluchtburg der Söhne WATSONs (nämlich die Auffassung von Bedeutung als Disposition und die ihr entsprechende linguistische Konstruktion des »displaced speech«) fällt in sich zusammen, wenn man fragt, was denn Disposition, was denn Displazierung eigentlich sei.

Besieht man diese Wendung zum Kognitiven aber vom Anfang der Generativen Linguistik her, so erfolgt sie *nicht*, weil man sich etwa bemüht hätte, »Bedeutung« anders und besser als behavioristisch zu fassen, sondern weil man eine rein formale Theorie ohne jeden Rückgriff auf Bedeutung bauen wollte – Bedeutung soll zunächst überhaupt nicht erfaßt werden. Von hier aus gesehen gibt es zunächst gar keine Wendung zum Kognitiven – wenn man nicht schon den Verweis auf das »Kompetenz-Wissen« als solche bezeichnen will.

Die Generative Linguistik beginnt mit einem inzwischen berühmt gewordenen Satz, der ihr Nicht-Verhältnis zur Semantik bereits wie ein Fanfarenstoß verkündet:

Colorless green ideas sleep furiously.

Warum diese Wortfolge trotz ihrer Unsinnigkeit ein *Satz* ist, das gilt es zu analysieren. Das Programm der Generativen Linguistik ergibt sich aus der Gegenüberstellung der eben erwähnten Wortfolge mit einer anderen:

sleep ideas green furiously colorless,

und aus der Behauptung, die erste Wortfolge sei ein Satz, die zweite nicht. Die Satzhaftigkeit, die Sicherung der Grammatikalität eines Satzes zu erklären, das ist das eine Ziel der neuen Linguistik. (Das andere ist, diese Erklärung mittels einer rein formalen Theorie zu leisten.)

Wenn man dieses Ziel wie LAKOFF (1971, S. 267) als Frage nach den »regularities that govern which linear sequences of words and morphemes of a language are permissible and which sequences are not« formuliert, dann ist das ungenau in einer Weise, welche schon die ganze Präokkupiertheit durch die Denkweise der Generativen Linguistik deutlich

macht: »permissible« wird einzig und allein als »syntaktisch« permissible aufgefaßt. »Grammar is autonomous and independent of meaning« (CHOMSKY 1957, S. 17).
Man kann hier die gar nicht müßige Spekulation anschließen, wie sich die moderne Linguistik wohl entwickelt hätte, wenn es CHOMSKYs Ziel gewesen wäre, nicht die Belanglosigkeit der Bedeutung für das Satzhaft-Sein, sondern die Belanglosigkeit des Satzhaft-Seins für die Bedeutung aufzuzeigen. Hätte er beispielsweise dem »Satz«

Colorless green ideas sleep furiously

den Nicht-Satz

Ich essen gerner Fleisch braten

gegenübergestellt, so hätte man jedenfalls die vielleicht doch nachdenklich stimmende Erfahrung machen können, daß die zuletzt genannte Wortfolge kommunikativ eher »etwas sagt« als die vorletzte. War es wirklich so selbstverständlich, daß die Generative Linguistik die syntaktische Wohlgeformtheit und nicht die kommunikative Funktion zu erklären unternahm?
Für die Entscheidung der Generativen Linguistik, sich auf das Satzhafte und nicht auf Bedeutung oder kommunikative Funktion zu konzentrieren, war sicher die Philosophie bzw. die Logik mit verantwortlich, welche die handliche Unterscheidungsmöglichkeit zwischen Satz und Äußerung bereitstellte, um damit ihrerseits einen Beitrag zu jener Konzeption von »Sprache an sich« zu leisten, die die Linguistik mit ihrer Trennung von Kompetenz und Performanz aufbauen zu können glaubte. Indem man nicht mehr über menschliche Äußerungen, sondern über Sätze (als Objekte der Philosophie) nachdachte, hat man unbemerkt die Umkehrung jener Position vollzogen, welche einst die Gesetze der Logik psychologistisch aus den Gesetzen des Denkens ableiten wollte. Während »die psychologische Auffassung oder vielmehr Fehldeutung der Logik nach FREGE und HUSSERL als abgetan gelten darf« (PATZIG 1970, S. 7), muß man jetzt eher die Gefahr einer logizistischen Fehldeutung der Sprache befürchten. BAR-HILLEL hat (1954) davon gesprochen, daß Logiker und Linguisten ganz ähnliche Arbeitsziele haben (»attempting to construct language systems that stand in some correspondence to natural languages«, S. 235) –

eine Ansicht, der sich CHOMSKY nach anfänglichem Widerspruch angeschlossen hat. (Zu dieser Entwicklung UHLENBECK 1971, S. 86 ff.) Die Parallelität zwischen künstlicher und natürlicher Sprache wird *vorausgesetzt*, um, so hofft man, auf dem Weg über die Grammatik der künstlichen etwas über das Wesen der natürlichen Sprache zu erfahren. Die Kluft zwischen der Sprache, die wir machen, und der, die wir sprechen (UHLENBECK) wird ignoriert.

Nun, die Generative Linguistik hat sich für diesen Weg entschieden und die Psycholinguistik ist ihr in der damit eingeschlagenen Richtung gefolgt. Auch in der Psycholinguistik hat man sich – mit Ausnahme weniger Forscher, von denen OSGOOD genannt sei – weit mehr für Probleme interessiert, die mit der Syntax zusammenhängen, als für Probleme der Bedeutung oder der Verwendung sprachlicher Äußerungen. Gründe dafür sind – neben der in ihrer historischen Bedingtheit bereits skizzierten Führungsrolle der Linguistik – auch in der Entwicklungsgeschichte der Psychologie selbst zu finden. Die besonders differenzierten Gebiete der Psychologie, nämlich die Wahrnehmungs- und die Lernpsychologie, sind überwiegend nicht inhaltlich, sondern formal orientiert. So verschiedene psychologische Theorien wie die Gestaltpsychologie und der Assoziationismus haben ihre Erfolge jeweils dadurch errungen, daß sie den Verschiedenheiten des *Was* eine niedrigere theoretische Relevanz einräumten als den Unterschieden des *Wie*. Die eher an Inhalten interessierte Tiefenpsychologie andererseits war (und ist) wissenschaftstheoretisch so viel naiver, so viel weniger differenziert, daß sie als Vorbild für die in ihrer Methodologie inzwischen recht anspruchsvollen Psychologen nicht attraktiv war.

Hinzu kommt nicht zuletzt natürlich der große Erfolg, den die Generative Linguistik beim Entwurf eines »Generierungs«-Modells des Satzes hatte: die Kompetenztheorie stellt sozusagen ein Flußmodell* dar, durch dessen Instanzen

* Diese Auffassung als Flußmodell ist freilich nur eingeschränkt richtig: die Kompetenztheorie kennt eigentlich nur statische Strukturen und äußert sich über die *Prozesse zwischen* diesen Strukturen nur in so vagen Begriffen wie ›mapping‹ bzw. ›abbilden‹ und ›interpretieren‹. Diese »stratificational conception«, welche der Generativen Transformationsgrammatik zugrundeliegt, ist vor allem von CHAFE (1971 a, S. 6) angegriffen worden, der statt der jeweils in beiden Richtungen

die Genese von Satzproduktion und Satzverstehen verläuft. Hier wird zum ersten Mal deutlich, daß hinter der ausgesprochenen Wortkette eine Struktur steht, die *nicht* mit der an der Oberfläche der Artikulation erkennbaren identisch ist. Das mußte einer Psychologie kongenial erscheinen, die – erinnert sei etwa an LASHLEY und an die späteren Ausführungen bei MILLER, GALANTER und PRIBRAM – eben als einen Grund für die Ablehnung rein behavioristischer Erklärungen gelernt hatte, daß es hinter dem manifesten Verhalten eine Hierarchie von Plänen (und nicht nur eine Assoziation von Stimulus und Response) gibt.

Das Flußmodell der Generativen Linguistik hat seit den *Syntactic Structures* (1957) eine Reihe von Veränderungen durchgemacht; geblieben ist aber fast unverändert das, was in unserem Zusammenhang wichtig ist: die Syntax bildet immer Basis und Zentrum.

In den Syntactic Structures (1957) enthält das Modell zwei Komponenten, eine syntaktische (oder grammatische; hier ist die Gleichsetzung noch vollkommen) und eine phonologische. Die syntaktische, die CHOMSKY allein interessiert, enthält wiederum zwei Arten von Regeln: zunächst die Phrasenstrukturregeln, auf denen dann die Transformationsregeln aufbauen. Die Phrasenstrukturregeln »zerlegen« den Satz, indem sie ihn spezifizierend um-schreiben. An dem Output dieser Phrasenstruktur-Subkomponente greifen dann (diese »zeitliche« Bestimmung ist natürlich wieder sehr verführerisch für den Psychologen) die obligatorischen und eventuell die fakultativen Transformationen an. Der Output der Transformations-Subkomponente bildet dann den Input der phonologischen Komponente des Modells, deren Output in der Artikulation besteht.

Fragt man, wo in diesem Modell die Tatsache berücksichtigt werde, daß Wörter und Satz etwas bedeuten, so kann die Antwort nur schlicht lauten: nirgends*. Die Bedeutung, die

begehbaren Relationen zwischen Strukturen einsinnig gerichtete, d. h. nur in einer Richtung wirksame Prozesse annimmt.

* Diese Behauptung kann auch dann aufrecht erhalten werden, wenn man berücksichtigt, daß die letzte Um-Schreibung zu sog. Lexikoneintragungen führt, wie N → boy, girl, man, freedom, cholera . . ., denn dieses Modell gibt nicht an, wie aus der alle Nomina der betreffenden Sprache umfassenden Klasse N das Nomen mit der Bedeutung aus-

Semantik, soll zusätzlich zu der in der Grammatik dargestellten »Theory of linguistic form« in einer gesonderten »Theory of the use of language« behandelt werden: Bedeutung wird hier also schon dahin abgeschoben, wo im nächsten Modell die Performanz auftaucht. MACLAY schreibt über dieses erste CHOMSKYsche Modell mit Recht:

> »The status of meaning with regard to formal descriptions is much like that found in structuralist accounts. It is outside of linguistics proper and clearly secondary to the description of syntax« (1971, S. 169). Was CHOMSKY in dieser Hinsicht anstrebt, formuliert er selbst so: »we should like the syntactic frame-work of the language that is isolated and exhibited by the grammar to be able to support semantic description.« (1957, S. 102)

Hier wird also ganz klar Syntax (plus vielleicht Phonologie) mit Grammatik gleichgesetzt.

Fast noch einflußreicher als dieses erste wurde für die Linguistik und die Psycholinguistik das zweite Modell CHOMSKYs, das er (1965) in den *Aspects of a Theory of Syntax* zusammen mit jenem cartesianischen Hintergrund veröffentlichte, vor dem auch die Unterscheidung von Kompetenz und Performanz steht. Die Änderung, die sich vom 1957er zum 1965er Modell vollzog, geschah unter dem Eindruck der Publikation der *Structure of a Semantic Theory* von KATZ und FODOR, einer höchst einflußreichen Arbeit, welche die Einführung einer eigenen semantischen Komponente in das Modell möglich und nötig machte. Wir werden auf KATZ und FODOR noch sehr ausführlich eingehen und deshalb CHOMSKYs *Aspects*-Modell vorher abhandeln.

Zunächst war die für den Psycholinguisten dieser Jahre wichtigste Änderung die klare Unterscheidung von Tiefenstruktur (DS) und Oberflächenstruktur (SS).

Diese Unterscheidung von DS und SS stellt zweifellos eine der wichtigsten und fruchtbarsten Differenzierungen für die ganze neuere Linguistik und für die Psycholinguistik dar. Die Erkenntnis, daß zwei oberflächlich sehr ähnliche Sätze

gewählt werden soll, die im analysierten Satz vorkommt. Nach CHOMSKYs Meinung ist dies kein Manko, denn er will in seiner Theorie ja nicht erfassen, *was* gesagt wird, sondern nur, ob es grammatisch ist.

John is eager to please
und
John is easy to please
auf einer tieferliegenden Ebene radikal verschieden sind und daß dieser tieferliegende Unterschied von der Linguistik zu beschreiben und von der Psycholinguistik in seiner Auswirkung und in seinem Bedingungsgefüge zu erklären* ist – diese Erkenntnis stellt deshalb einen so großen Fortschritt dar, weil sie, wie bei einem echten Erkenntnisfortschritt in der Wissenschaft häufig, nicht eine neue Antwort auf eine alte Frage bringt, sondern eher neue Fragemöglichkeiten eröffnet. Fragwürdig, erklärungsbedürftig werden stärker als bisher jene Strukturen und Regelhaftigkeiten, die hinter dem stehen, was als sprachliches Verhalten in Erscheinung tritt. Es ist klar, daß damit jedoch auch erkenntnistheoretische Schwierigkeiten eingehandelt werden: das sprachliche Verhalten im engeren Sinne (die hintereinander ausgesprochenen oder gehörten Wörter) wird sozusagen zum Epiphänomen, bestenfalls als Indikator für das »eigentlich Interessante« tauglich. Das mag mit dazu beigetragen haben, daß die Performanz nicht interessierte.

Die damit angeschnittene und eingeführte Unterscheidung zwischen Tiefenstruktur und Oberflächenstruktur ist im früheren Modell schon angelegt in der zwischen kernel string, d. h. dem Output der Phrasenstruktur-Subkomponente, und dem aus diesem string durch die Wirkung der Transformation erzeugten (und dann ausgesprochenen) Satz. Gerade die Psycholinguisten waren hier aber sehr häufig dem Mißverständnis zum Opfer gefallen, der kernel string sei schon der einfache aktivische deklarative Satz. Jetzt, in der 65er Version, stellt CHOMSKY ganz klar, daß *jeder* Satz eine Oberflächen- und eine Tiefenstruktur (DS und SS) hat und daß die DS schon die Anweisung enthält, welche Transformationen vorzunehmen sind. (In der DS sollten hier also auch beispielsweise die syntaktischen Informationen enthalten sein, welche die Auflösung der in dem Satz

* So hat BLUMENTHAL beispielsweise (1967) nachgewiesen, daß die Wirksamkeit eines als Erinnerungshilfe gegebenen Wortes aus einem Satz von der Stellung abhängt, die es in der DS, nicht in der SS einnimmt.

»The shooting of the hunters was terrible«
enthaltenen Mehrdeutigkeit ermöglichen.) An der von der Basis der syntaktischen Komponente erzeugten DS kann also die Arbeit der semantischen Komponente ansetzen, die eine semantische Interpretation des Satzes liefert. Die DS wird andererseits auch der Transformations-Subkomponente der Syntax zugeführt, welche aus ihr die SS macht, welche wiederum den Input der phonologischen Komponente darstellt. Der Terminus »Interpretation«, der dem Linguisten so leicht über die Lippen kommt wie der analoge »mapping a syntactic structure onto a semantic representation« (oder auch umgekehrt), soll in diesem Buch freilich kein einziges Mal erwähnt werden, ohne daß gegen ihn protestiert würde. Er ist einer der effektivsten »Zudeckbegriffe« der neueren Wissenschaftsgeschichte.

Bevor wir untersuchen, wie diese neue semantische Komponente funktioniert, sei zuvor dargelegt, was sie nach den Überlegungen von CHOMSKY, KATZ, FODOR und der anderen M.I.T.-Linguisten leisten soll.

Das erste CHOMSKYsche Modell hatte *eine* ganz bestimmte intuitive Fähigkeit des idealen native speakers zu formalisieren versucht: seine Fähigkeit, grammatische Sätze von ungrammatischen Wortfolgen zu unterscheiden. (Die phonologische Komponente stellt darüber hinaus noch die richtige Aussprache sicher, was in diesem Zusammenhang aber nicht interessiert.) Auch nach KATZ' und FODORs Ansicht

> »antworten Grammatiken auf die Frage: was weiß der Sprecher über die phonologische und syntaktische Struktur seiner Sprache, das es ihm ermöglicht, jeden beliebigen ihrer Sätze zu gebrauchen und zu verstehen? ... Die Semantik übernimmt die Erklärung der Fähigkeit eines Sprechers, neue Sätze hervorzubringen und zu verstehen, genau an dem Punkt, an dem die Grammatik ausscheidet«. (1970, S. 207)

Auch die Semantik dient also dazu, ein Urteil über die Wohlgeformtheit von Sätzen zu ermöglichen, und zwar genau dort, wo die Grammatik (immer sensu CHOMSKY verstanden!) allein dazu nicht mehr imstande ist, so daß KATZ und FODOR die pointierte Gleichung aufstellen können: »Synchronische linguistische Beschreibung minus Grammatik ist gleich Semantik.« (S. 206)

Diese Parallelität in der Aufgabenstellung von Grammatik und Semantik ist in allen Beschreibungen dieses Grund-Modells betont worden. Die Fähigkeit des kompetenten Sprecher/Hörers

»to provide interpretations for sentences is resolved into the abilities to provide *structural descriptions* and *semantic readings* for sentences. These areas of competence may be elaborated in analogous ways. In both cases, speakers of a language are able to provide judgments of well-formedness, ambiguity, and intersentential relationship. That is on the one hand, grammatical competences include the abilities
1. to distinguish structurally well-formed utterances,
2. to note when and in what ways an utterance is susceptible to more than one structural interpretation,
3. to relate sentences to each other by virtue of their structural similarity or difference.

Semantic competences, on the other hand, include the abilities
1. to detect semantic anomaly,
2. to note when and in what ways an utterance may be semantically ambiguous,
3. to note paraphrase and synonymity among sentences.«

(GARRETT and FODOR, 1968, S. 452)

Lassen wir zunächst beiseite, daß hier wieder der Begriff der Interpretation seine verdächtige Rolle spielt und lassen wir auch beiseite, daß es statt einer sprachlichen Kompetenz jetzt deren sechs gibt (was z. B. für den Aphasieforscher eine außerordentlich wichtige Frage anschneidet), so wird klar, daß die Semantik im vorliegenden Modell eingesetzt wird als Nothelfer, dem das zur Behandlung überwiesen wird, was der Träger der Hauptrolle, die Syntax, nicht bewältigt. Was ist das?
Die Grammatik hat uns gesagt, daß

Colorless green ideas sleep furiously

ein wohlgeformter Satz ist – aber auch viele Generative Linguisten haben es nur zähneknirschend gesagt, weil sie es nach den Kriterien der CHOMSKYschen (Modell 1957) Grammatik sagen mußten. Das neue Modell mit seiner semantischen Komponente fügt jetzt beruhigenderweise hinzu: es ist zwar ein Satz, aber er ist semantisch anomal.
Ebenfalls nicht zu erfassen waren im Modell von 1957 *semantische* Mehrdeutigkeiten wie »The bill is large« – die

neu eingeführte semantische Komponente kann sie disambiguieren. Wir werden weiter unten uns zu fragen haben, auf welche Weise diese Beurteilung als Anomalie bzw. diese Disambiguierung erfolgt.
Die dritte der jetzt eingeführten Kompetenzen läßt uns entscheiden, daß die beiden syntaktisch *nicht* aufeinander reduzierbaren Sätze (aktiv/passiv *ist* syntaktisch aufeinander reduzierbar)

Two chairs are in the room

und

There are two things in the room and each is a chair

dennoch semantisch Paraphrasen darstellen oder gar synonym sind.
Gerade bei dieser Umschreibungs-Kompetenz wird aber deutlich, was im Prinzip auch für die beiden anderen semantischen Teilkompetenzen gilt: es geht auch hier *nicht* darum, die Bedeutung eines Satzes festzustellen, sondern es geht in der aus dem Strukturalismus her bekannten Weise um die Feststellung von Bedeutungs*gleichheit* oder *-verschiedenheit**.
Nachdem wir die Rolle skizziert haben, welche die semantische Komponente im zweiten CHOMSKYschen Modell spielt, wollen wir jetzt sozusagen eine stärkere Vergrößerung einschalten und die Struktur dieser semantischen Komponente daraufhin analysieren, wie sie die ihr übertragene Rolle erfüllt. Dazu wenden wir uns der bereits erwähnten Arbeit von KATZ und FODOR (1963) zu.
Die semantische Komponente enthält zwei Abteilungen: das Lexikon und die Projektionsregeln.
Im Lexikon sind die »Lexikalischen Items« verzeichnet oder, wie wir ungenauer, aber einfacher sagen wollen, die Wörter.

»Lexikalisches Item« ist natürlich ein Verlegenheitsausdruck. Man möchte eigentlich Wort sagen, aber die Linguistik besitzt keine

* Die Tatsache, daß die beiden genannten Sätze als bedeutungsgleich bzw. als einander paraphrasierend aufgefaßt werden, zeigt deutlich, welche enge Auffassung von ›Bedeutung‹ hier in die Generative Linguistik eingeführt wird: Bedeutung ist lediglich Referenz, die Benennung von Gegenständen. Daß der Synonymitäts- bzw. der Paraphrasiebegriff selbst problematisch ist, wird hier überhaupt nicht gesehen. Vgl. dazu HUSSERLs *Logische Untersuchungen* II, CHAFE (1970, 1971 a), COSERIU (1973), ZIFF (1972), UHLENBECK (o. J.)

überall brauchbare (und erst recht keine überall akzeptierte) Definition von Wort. Das gleiche gilt übrigens auch für Begriffe wie Lexem, Archilexem, Sem, Semem . . ., aus denen man ein Lexikon zusammengesetzt sein lassen kann. Das alles sind Begriffe, die so eng beieinander liegen, daß eine verläßliche Verwendung nur möglich ist, wenn man die Grenzen einer bestimmten Schule nicht zu überschreiten gedenkt.

Im Lexikon finden sich für jedes Wort

1. die für seine syntaktische Klassifikation erforderlichen Angaben (z. B. »Adjektiv«),
2. die semantischen Kennzeichen (markers),
3. die semantischen Unterscheider (distinguisher),
4. die Selektionsbeschränkungen, an denen nachher die Projektionsregeln ansetzen.

Die für die syntaktische Klassifikation eines Wortes nötigen Angaben müssen im Lexikon gespeichert sein, damit die am Wort »hängende« semantische Kennzeichnung sozusagen den richtigen Platz in der durch die (ja grundlegende und vorgeschaltete!) syntaktische Basiskomponente generierten Einheiten-Kette der Tiefenstruktur finden kann.

Die semantische Charakterisierung eines Wortes wird – und darin liegt ein großes Verdienst von KATZ und FODOR – so konzipiert, daß aus der Integration von *Wort*bedeutungen, so wie sie durch die syntaktischen Regieanweisungen der DS gesteuert wird, die Bedeutung des *Satzes* sich ergeben soll.

Um die Bedeutungen der Wörter und die Beziehungen zwischen diesen Bedeutungen in der geeigneten Weise systematisieren zu können, zerlegen KATZ und FODOR die Bedeutung jedes Wortes sozusagen in Bedeutungsatome.

Diese Bedeutungsatome oder -elemente können aufgefaßt werden als Dimensionen einer Matrix; jedes Wort (jedes lexikalische Item) ist in seiner Bedeutung bestimmt durch den Ort, den es in dieser Matrix einnimmt. (Die Analogie zur strukturalistischen Phonologie ist deutlich: dort sind für jedes Phonem die Oppositionen konstitutiv, die es von anderen Phonemen unterscheiden.)

Die Konzeption einer Matrix, also einer bestimmten strukturellen Anordnung aus elementaren Bedeutungsdimensionen, impliziert, wie wir hier gleich feststellen wollen, daß

ein Wort eine feststehende Bedeutung (nämlich eben seinen Ort in dieser Struktur) hat.
Die Bedeutungselemente werden von KATZ und FODOR, über das eben Gesagte noch etwas hinausgehend, in zwei Klassen eingeteilt:
1) die semantischen *Marker* (Kennzeichen) sind die eben erwähnten Bedeutungs*dimensionen*, auf denen also nicht nur das betreffende Wort, sondern auch andere im Lexikon vorhandene Wörter angeordnet sind, die ihm unter diesem Aspekt ähnlich oder gleich sind. So haben beispielsweise die Wörter »Frau« und »Hund« beide den Marker (lebendig); demgegenüber bezeichnet
2) der semantische *Unterscheider* (Distinguisher) das, was das betreffende Wort mit keinem anderen Wort des Lexikons gemeinsam hat (und was deshalb auch nicht als Dimension der Lexikon-Matrix dargestellt werden kann).
Als Beispiel bringen KATZ und FODOR (ganz im Einklang mit der in der Syntax üblichen Vorgehensweise übrigens auch als Baumdiagramm!) folgende Darstellung der Lexikoneintragung des Wortes »bachelor«.

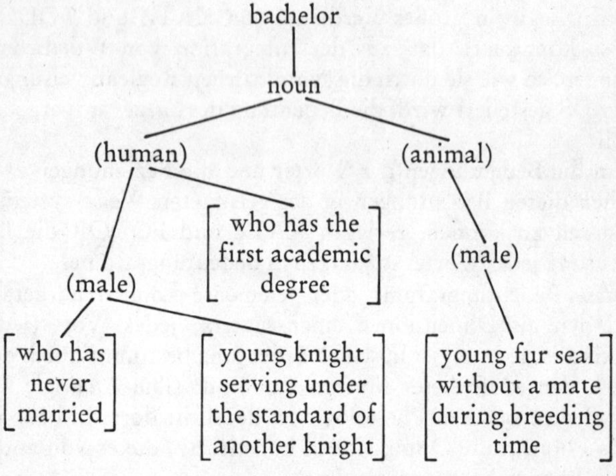

In diesem Diagramm steht die syntaktische Klassifikation ohne Klammer, die Markers stehen in runden Klammern, die Distinguishers in eckigen.

Hier wird bereits ein Problem erkennbar, welches uns später beim Umgang mit semantischen Markers noch mehrmals begegnen wird: was in dem von KATZ und FODOR angegebenen Beispiel als Distinguisher genannt wird, könnte ohne Schwierigkeit selbst auch wieder als eine Kombination verschiedener Markers aufgefaßt werden. So könnte die zweite und die vierte Bedeutung des Wortes bachelor (also knight und seal) auch unter einem gemeinsamen Marker (young) aufgeführt werden. Verallgemeinert lautet dieses Problem also (darauf hat z. B. BOLINGER 1965 hingewiesen): durch welche Kriterien wird die Anzahl und damit zusammenhängend die Korn- oder Rastergröße der in einem Lexikon anzusetzenden Markers oder Kennzeichen festgelegt? *Eine* mögliche, den Rahmen einer Kompetenzgrammatik aber völlig sprengende Antwort wird weiter unten von BIERWISCH vorgeschlagen werden: die semantischen Markers entsprechen in ihrer Art und Differenziertheit dem »Auflösungsvermögen« des apperzeptiven Apparates, mit welchem der Mensch ganz allgemein der Welt (und nicht nur der Sprache) gegenübertritt. Die »kognitive Realität« wird hier zum letzten Kriterium der »linguistischen Realität«.

Ein anderer, hier nur anzumerkender Punkt ist folgender: die schwache hierarchische Ordnung der KATZ-FODORschen semantischen Markers, ihre Abgeleitetheit aus der scholastischen Logik mit ihrem Vehikel von genus proximum und differentia specifica, haben zur Folge, daß jeder »Schritt aufwärts« in diesem System Redundanz erkennen läßt. Wer (männlich) meint, hat damit (animal) und (physisches Objekt) impliziert. Mit welchen Vorstellungen vom psychischen Funktionieren des Lexikons verträgt sich das? (Und solche Vorstellungen müßte man sich ja schließlich machen, wenn die Kompetenz wirklich die Leitlinie der Performanz sein soll.)

Selektionsbeschränkungen »drücken notwendige und hinreichende Bedingungen dafür aus, daß sich die Lesarten, in denen sie erscheinen, miteinander vereinbaren lassen« (KATZ 1969, S. 146).

Der über den Marker (human) laufenden Reihe ist zusätzlich also noch die Selektionsbeschränkung zugeordnet, daß »bachelor« in *dieser* Bedeutung nur auf menschliche Objekte angewandt werden darf, während die beim Marker (animal) stehende Selektionsrestriktion die Verwendung *dieser* Bedeutung auf Tiere beschränkt.

Damit sind wir beim zweiten Teil der Semantischen Komponente des Modells angelangt, den *Projektionsregeln*. Lexikon und Projektionsregeln gehören zusammen. Während das Lexikon

> »eine Darstellung der semantischen Kennzeichen der Morpheme gibt, die notwendig sind, um die Tatsachen über Sätze und die unter ihnen bestehenden Beziehungen zu klären, die die Grammatik unerklärt läßt« (KATZ und FODOR, 1970, S. 223),

regeln die Projektionsregeln die Anwendung der im Lexikon gespeicherten Informationen – wie wir sehen werden, allerdings nur in einem ganz spezifischen Sinne. Es sind

> »Regeln, welche die semantischen Beziehungen zwischen Morphemen und die Wechselwirkung zwischen Bedeutung und syntaktischer Struktur berücksichtigen, die bei der Feststellung der richtigen semantischen Interpretation für irgend einen der unendlich vielen Sätze, die die Grammatik hervorbringt, wirksam werden«. (1970, S. 225)

Die Projektionsregeln sollen also systematisch angeben, wie die Bedeutungen der einzelnen Wörter miteinander integriert werden sollen – aber sie tun dies natürlich nur innerhalb der sehr beschränkten Zielsetzung dieser ganzen Semantischen Komponente*: um semantische Anomalien zu vermeiden, um semantische Mehrdeutigkeiten aufzulösen, um Paraphrasen und Synonymie zu erkennen. Sie sagen schlechthin nichts darüber, *wie* ein Satz *verstanden* werden soll, sie sagen nichts darüber, *wie* sich beispielsweise Substantiv und zugehörendes Adjektiv beeinflussen oder *wie* sich die Bedeutungen der einzelnen Modifikatoren in »die liebe, gute alte

* Ganz ähnlich versuchen auch PORZIG mit seinen »wesenhaften Bedeutungsbeziehungen« und COSERIU (1970) mit seinen »lexikalischen Solidaritäten« Verbindungen bzw. Verbindungs-Beschränkungen rein syntaktisch zu regeln. Darauf weist SINGER (1973) hin, der anschließend fragt, ob man nicht doch besser »eine semantische Lösung wählt und die beiden Wörter zusammengehen läßt, weil die beiden Sachen zusammengehören. Das gehört dann natürlich nicht mehr zur Sprachwissenschaft« (S. 91). Diesen letzten Satz wird man freilich nicht ohne Kopfschütteln lesen – muß in einem »Semantik« betitelten Aufsatz die Semantik wieder außerhalb der Sprachwissenschaft stehen?

Großmutter« integrieren. Auf Fragen dieser Art wird erst bei OSGOOD, STEINBERG, LANGENDOEN, ENGELKAMP eingegangen werden – wir kommen darauf im Kapitel XIII zu sprechen.

Zunächst halten wir fest: Lexikon und Projektionsregeln liefern bei KATZ und FODOR Informationen, die zwar sozusagen im Vorfeld des Satzverstehens erforderlich und wichtig sind (über Anomalie, Ambiguität etc.), aber sie tragen zum Verstehen selbst nicht unmittelbar bei. Das wird man freilich nicht als Vorwurf gegen KATZ und FODOR auffassen dürfen, denn Verstehen und Meinen sind *psychologische* Akte, aber man wird auch an dieser Stelle wieder fragen müssen, ob es sehr zweckmäßig ist, ein Lexikon und einen kleinen Teil der Regeln zu seiner Verwendung zu konzipieren ohne jede Rücksicht darauf, wie ein so konzipiertes Lexikon (und die so konzipierten Projektionsregeln) in die »Mechanismen« oder Funktionen passen, die beim Gebrauch der Sprache tatsächlich am Werke sind. Hier wird die Antinomie erkennbar, in welche die Linguistik mit ihrer Konzeption einer (von ihrem Gebrauch abstrahierten) Sprache-an-sich gerät: sie muß mit dem Lexikon etwas so eminent Psychologisches wie ein Gedächtnis einführen und mit den Projektionsregeln wieder etwas so eminent Psychologisches wie Regeln zum Gebrauch dieses Gedächtnisses – aber sie tut es ohne jeden Blick auf die Psychologie. Hier sind sich Generative und Nicht-Generative Linguistik merkwürdig einig:

> »the whole history of linguistics furnishes a long list of illustrations of the danger in letting ourselves be guided by nonlinguistic considerations; that is, by considerations which are foreign to the object of our study«. (UHLENBECK, 1967, S. 289)

Ist der die Sprache gebrauchende, in ihr und mit ihr lebende Mensch wirklich »foreign to the object of our study«?

Doch zurück zu KATZ' und FODORs Semantischer Komponente. Sie ist, wie mehrfach erwähnt, konzipiert als eine Ergänzung zur Grammatik und dient denselben Zwecken wie diese, nämlich Urteile über Wohlgeformtheit von Sätzen zu formulieren. Ihr Wirksamwerden wird daher vor allem dort in Erscheinung treten, wo die syntaktische Grundstruktur dafür noch Spielraum läßt:

Viele lexikalische Items haben ja mehr als nur eine Bedeutung, unser oben angeführtes Beispiel »bachelor« hat vier. Die Projektionsregeln wählen innerhalb eines Satzes den jeweils angemessenen Sinn (die Lesart) für jede Lexikoneinheit aus, um für jede mögliche Struktur des Satzes die richtige Bedeutung zu liefern. Auf diese Weise wird z. B. auch die Mehrdeutigkeit aufgelöst, die in einem Satz wie

The bill is large

steckt. Wer Englisch kann, weiß, daß dieser Satz zwei Lesarten hat, weil sein Subjekt (deutsch) entweder »Schnabel« oder »Rechnung« bedeuten kann. Würde der Satz fortgesetzt etwa mit »... but need not be paid«, so würden die von den Projektionsregeln »zusammengeführten« Selektionsbeschränkungen die Wahl der Lesart »Schnabel« dadurch verhindern, daß sie die (markers und) Selektionsbeschränkungen des Wortes »paid« berücksichtigen.

Im Satz

The seal is on the letter

führen die mit den verschiedenen Lesarten von »seal« gekoppelten Selektionsbeschränkungen dazu, daß der Sprecher/Hörer nicht den »Seehund«, sondern das »Siegel« auswählt.

Am interessantesten wird die Wirkungsweise der Projektionsregeln dort, wo die Leistung und ihr (wie wir sehen werden, folgenschweres) Nichtgenügen ganz eng beieinander liegen: bei der semantischen Anomalie. Hier treffen wir Sätze wie

The paint was silent

und auch unseren guten alten Bekannten

Colorless green ideas sleep furiously.

Dieses sind semantisch anomale Sätze, weil in ihnen (nach gültigen Regeln der Syntax) Wörter kombiniert werden, deren semantische Kennzeichen nur unter Verletzung der angefügten Selektionsbeschränkungen, also unter Verletzung der Projektionsregeln, miteinander kombiniert werden können. Der »schweigsame Anstrich« ist semantisch abnorm, weil zu den semantischen Kennzeichen von »schweigsam« unter anderem auch (menschlich) gehört, was bei »Anstrich« natürlich nicht gegeben ist.

Das ist auf den ersten Blick eine bestechend elegante Lösung des für Linguisten von jeher dornigen Problems der Anomalie. Wenn die Selektionsbeschränkungen, die ja Teil der ein sprachliches Item spezifizierenden Lexikon-Eintragung sind, wirklich die »hinreichenden und notwendigen Bedingungen« für Vorliegen oder Nicht-Vorliegen einer semantischen Anomalie darstellen, wie KATZ (1969, S. 146) meint, so ist damit postuliert, daß eine solche Anomalie sich mit linguistisch determinierter, d. h. in der Kompetenz festgelegter Automatie ergeben *muß*, wenn immer entgegen dem Verbot inkompatible Wörter miteinander kombiniert werden. Ganz wie in der CHOMSKYschen Grammatik immer das Urteil über die (syntaktische) Wohlgeformtheit durch ein Regelwerk zustandekommt, das in der Kompetenz des Sprecher/Hörers ein für allemal festgelegt und damit transsituativ stabil ist, so sind im vorliegenden Modell auch die Matrix semantischer Kennzeichen, die ein Wort charakterisiert, und die Projektionsregeln in der Kompetenz gegeben und damit stabil: im kompetenten Sprecher/Hörer *muß* das Auftreten einer verbotenen Kombination immer die Alarmklingel »Semantische Anomalie« ertönen und damit jedes spätere Verständnis der Wortfolge zusammenbrechen lassen.

Dies ist in der Wirklichkeit unserer Sprache nicht der Fall, wie uns die Metapher zeigt. Darauf wird später (Kap. VII) noch sehr ausführlich einzugehen sein (vgl. auch HÖRMANN 1972/3). Vorläufig akzeptiere man unsere Behauptung, daß auch und gerade hier, d. h. in der – doch schon als Nothelfer eingeführten – Semantischen Komponente, die klare Trennung von Kompetenz und Performanz sich als fragwürdig und nicht mehr fruchtbar erweist. Die Notwendigkeit, diese Grenze aufzuheben, wird auch deutlich werden, wenn wir uns jetzt eingehend dem Lexikon, dem Status seiner Dimensionen und möglichen Vorstellungen seines Funktionierens zuwenden.

Kapitel V
Das Lexikon und seine Dimensionen

Schon unser erster Einblick in den Lexikonteil der Semantischen Komponente des 1965er Modells ließ uns ein wichtiges Charakteristikum erkennen: die Bedeutung eines lexikalischen Items (oder, wie wir etwas unschärfer, aber einfacher sagen können: eines Wortes) wird als Aggregat einzeln spezifizierter Dimensionen* angegeben.

Damit folgt man dem berühmten und erfolgreichen Vorbild der Phonologie, welche Sprachlaute als Bündel von Features (distinktiven Schallmerkmalen) auffaßt und dadurch eine enorme Reduktion der Beschreibungskategorien erreicht.

Eine solche Reduktion muß das Ziel auch der wissenschaftlichen Behandlung des Bedeutungsproblems sein. Etwas wissenschaftlich behandeln, heißt, Ordnung zu stiften. Und Ordnung stiften wiederum heißt, in der Fülle des realen Einzelnen die Wiederkehr von etwas feststellen, was dieses Einzelne übergreift.

Ansätze, die lexikalische Bedeutung durch Zerlegen in Bedeutungskomponenten zu bestimmen, hat es natürlich auch schon vor KATZ und FODOR gegeben. So werden im »reinen« Strukturalismus, etwa bei LOUNSBURY, in einer »Componential Analysis« aus der Zusammenstellung

Mann	Frau	Kind
Hahn	Henne	Küken
Stier	Kuh	Kalb

die (senkrecht stehenden) Dimensionen »männlich, »weiblich« und »kindlich« extrahiert.

Ganz so will auch KATZ seine semantischen Markers verstanden und entdeckt wissen:

* Wir sind uns hier und im folgenden darüber klar, daß wir strenggenommen zwischen dem von CHOMSKY verwendeten Begriff »Feature« und dem KATZ-FODORschen Begriff »Marker« unterscheiden müßten. Die semantischen Features sind zweiwertig (z. B. männlich + oder —) und *nicht* hierarchisch geordnet, die Markers sind hierarchisch geordnet. Da es uns aber keineswegs um eine Abwägung verschiedener linguistischer Theorien gegeneinander geht, werden wir in dieser Hinsicht nur dann differenzieren, wenn es von der Problematik gefordert wird. Eine Unterscheidung von Lexikon, Dictionary und – neuerdings – Thesaurus wird in der Linguistik nirgends konsequent durchgehalten.

»Consider the idea each of us thinks of as part of the meaning of the words ›chair‹, ›stone‹, ›hand‹, ›building‹, ›planet‹, etc., but not part of the meaning of such words as ›truth‹ ›togetherness‹, ›feeling‹, ›shadow‹, ›integer‹, ›departure‹, etc. – the idea that we take to express what is common to the meaning of the words in the former group and that we use to conceptually distinguish from those in the latter. Roughly, we might characterize what is common to our individual ideas as the notion of a spatially and contiguous material thing. The semantic marker (Physical Object) is introduced to designate that notion.« (KATZ, 1967, S. 129)

Kann man dem Strukturalisten à la LOUNSBURY die Frage stellen, wie er dazu kommt, seine Analogie-Reihen (Mann-Frau-Kind; Stier-Kuh-Kalb ...) gerade *so* zu bilden, wenn er doch die Semantischen Komponenten noch nicht kennt, die er durch diese Reihenbildung erst entdecken will (er muß schon ein rechtes »Welt«-Kind mit »Welt«-Kenntnis sein, um den Ochsen wegzulassen ...), so kann man KATZ diese Frage im Ernst ebenso wenig stellen wie seinem großen Vorgänger LOCKE, der genau die gleiche Ansicht vertreten hat: Ideen bilden sich durch einen Prozeß der Abstraktion, der von einer Anzahl von Objekten das abstrahiert, was diesen gemeinsam ist. Die dreimalige Verwendung des Substantivs »idea« im eben genannten Zitat deutet nicht nur auf die Verwandtschaft KATZ' mit LOCKE hin, sondern legt auch einen Verdacht nahe, woher KATZ weiß, *welche* Wörter er zusammenstellen muß, um die gewünschte gemeinsame Merkmalsdimension herausspringen zu lassen: der kompetente native speaker – geschult an der logischen Unterscheidung von genus proximum und differentia specifica – hat es ihm vermutlich gesagt. Man kann sich vorwitzige Fragen ausdenken wie diese: warum hat KATZ (1967) das Wort »Teufel« nicht in seine Liste von »Stuhl«, »Stein«, »Hand« und »Haus« aufgenommen, die zum Herausspringen des semantischen Markers (Physisches Objekt) führt? Oder: hätte er »Teufel« vielleicht doch in diese Liste aufnehmen können, wenn er dreihundert Jahre früher gelebt hätte ... ?

So fragen, heißt dies erkennen: was KATZ uns vorführt, ist keine Entdeckungs-, sondern allenfalls eine subjektive Rechtfertigungsprozedur für die Annahme gerade dieser und nicht beliebiger anderer semantischer Kennzeichen. Wie in der psychologischen Faktorenanalyse bestimmt die »intuitive« Zusammenstellung der Ausgangsvariablen, welche Faktoren als gemeinsame herausspringen.

Wohin führt uns diese Auffassung?

Bleiben wir noch einen Augenblick bei der eben erwähnten Analogie zu den faktorenanalytisch gefundenen Dimensionen oder Eigenschaften. In der Faktorenanalyse ist man sich heute nahezu einig, daß man statt psychologischer oder psychologieartiger Ausdrücke ebenso gut oder besser Ziffern oder Buchstaben zur Bezeichnung bzw. Identifizierung von Faktoren verwenden kann; manche Autoren tun dies denn auch ganz konsequent. In der Psycholinguistik hat ganz dem entsprechend (freilich ohne auf die Faktorenanalyse bezug zu nehmen) MARSHALL (1970, S. 191) darauf hingewiesen, daß

> »the names of semantic markers are heuristically useful, but the theory would not be changed if they were all replaced by numbers«.

Damit wird deutlich, daß die Dimensionen oder Markers oder Features selbst *keine* Wörter (oder Lexeme oder Sememe) darstellen, auch wenn sie, faute de mieux, mit Wörtern bezeichnet werden müssen.

Daran schließt sich allerdings sofort ein Rattenschwanz von Problemen an: das *Wort* »männlich« kann als Feature-Komplex aus (physisches Objekt), (lebendig), (menschlich), (etc.) aufgefaßt werden – kann man das *Feature* (männlich) auch wieder als Komplex aus – höheren, tieferen, primitiveren ... – Features auffassen? Was unterscheidet das *Wort* »männlich« von der Lexikon-*Dimension* (männlich)? Oder anders gefragt: Ist das Wort »männlich« nur auf der Dimension (männlich) lokalisiert oder auch auf (physisches Objekt), (animate) etc.? Mit dieser Frage kehren wir natürlich zu einem umfassenderen Problem zurück, das wir oben, bei der Darstellung der KATZ-FODORschen Lexikoneintragungen, schon angeschnitten haben:

Gibt es ein linguistisches Verfahren, nach welchem die Art (und damit die Anzahl) der ein Wort kennzeichnenden Markers eindeutig festgestellt werden kann? MACNAMARA (1971) verneint – nach ausführlichen Überlegungen – diese Frage. Er hat versucht, »semantische Bäume« in der Art von

KATZ, FODOR und POSTAL für einige Wörter zu bestimmen und dabei herausgefunden, daß es sozusagen beliebig differenzierte und damit beliebig viele Ähnlichkeitsdimensionen gibt, die zur strukturellen Gliederung herangezogen werden können. Auch die damit zusammenhängende Forderung läßt sich nicht erfüllen, daß

> »the relationship among semantic markers should remain constant from one word to the rest« (MACNAMARA, 1971, S. 363)

Es gibt keinen *master tree* im Lexikon, nach dessen Wuchs-Weise jeder einzelne Wort-Baum sich richten würde: Markers, die in einem Ableitungsbaum redundant sind, brauchen es in einem anderen nicht zu sein. (Der damit angeschnittene Aspekt der Ökonomie, der ja eine hervorragende Bedeutung für die Einführung eines dimensionierten Lexikons hatte, wird dadurch besonders problematisch.)

Hier wird eine Unschärfe der Lexikon-Konzeption sichtbar, die auch ihre psychologischen Konsequenzen hat: wenn man die Art und Zahl der ein Wort kennzeichnenden Markers nicht genau feststellen kann – wie ist dann zu erwarten, daß die Bedeutung dieses Wortes, wenn es in einem Satz verwendet wird, als Summe seiner Markers aufgefaßt werden kann? Und weiter: wie verhält sich zu dieser Problematik der psychologische Befund (vgl. dazu PERFETTI 1972, S. 248), wonach es von der Situation abhängt, welche und wieviele Markers eines Wortes wirksam werden? Wer »Wal« definieren soll, wird sich mehr Markers einfallen lassen als wer nur die Frage beantworten soll, ob »Wal« ein Tier sei.

Hier verschwimmt viel von dem, was unter dem schönen Stichwort Struktur dem inneren Lexikon Halt und Form gegeben hat. Doch nun zurück zum KATZ-FODORschen Modell! Wenn die semantischen Markers selbst keine Wörter, sondern ein Ordnungssystem für Wörter (oder Lexeme oder Sememe ...) darstellen, steht dann an jedem Knotenpunkt dieses Marker-Systems ein echtes lexikalisches Item, also ein Wort? Gibt es etwa neben den zahlreichen in diese Struktur einzuordnenden Wörtern einer Sprache auch noch »mögliche«, aber im Wortschatz dieser Sprache nicht vorhandene? CHOMSKY hat (1965) ganz diesen Überlegungen entsprechend auf »accidental« und »systematic lexical gaps« hingewiesen. Kann man von hier aus einen Sprung in die SAPIR-

WHORF-These machen und fragen: liegt nicht nur in den Eskimos, sondern auch in uns ein Raster aus semantischen Dimensionen bereit, das uns, wäre es nur mit entsprechenden Wörtern besetzt, auch befähigte, 18 Arten von Schnee unterscheidend zu benennen?

Solche Fragen lassen zweierlei deutlich werden:

1. von »Dimensionen des Lexikons« kann man eigentlich nur sprechen, wenn man auch eine theoretische Vorstellung vom Wirksamwerden, vom Funktionieren dieser Dimensionen und überhaupt des Lexikons hat – und das hat die KATZ-FODORsche Konzeption nicht. Damit hängt zusammen

2. der Verdacht, daß MARSHALLs Behauptung (die Theorie würde sich nicht ändern, wenn die »Namen« der semantischen Dimensionen durch Ziffern ersetzt würden) *deshalb* zu Recht besteht, weil diese Dimensionen noch gar nicht direkt mit Bedeutung zu tun haben, sondern erst das Material zu einem Kalkül liefern, dessen Resultat in einem wieder einmal hinausgeschobenen Schritt erst noch »semantisch interpretiert« werden muß. KATZ und FODOR haben die Semantische Komponente zwar eingeführt, um den durch den rätselhaften Akt der Interpretation zu überbrückenden Unbestimmtheitsbereich zwischen dem Formalen und dem Inhaltlichen des Satzes zu verkleinern, aber das könnte nur gelingen, wenn die Dimensionen (oder Markers oder Features) des Lexikons in einer Weise konzipiert wären, die nicht letzten Endes durch die arbiträren Grenzen der Kompetenz »borniert« wäre.

Besieht man sich unter diesem Aspekt die Position von KATZ und FODOR genauer, so findet man:

> »The semantic markers must be thought of as theoretical constructs introduced into semantic theory to designate language invariant but language linked components of a conceptual system that is part of the cognitive structure of the human mind.«

Die Markers bilden also ein zwar sprachgetragenes, von der *Einzel*sprache aber unabhängiges System, *weil* das Lexikon zur biologischen oder anthropologischen Ausstattung des nun einmal so gebauten homo sapiens (= homo loquens) gehört.

Damit haben wir einen außerordentlich wichtigen Punkt erreicht. *Erstens* werden die semantischen Kennzeichen als sprachinvariant bezeichnet. Das heißt, sie werden als sog. *Universalien* postuliert, als Eigenschaften *der* Sprache schlechthin, die nicht auf eine bestimmte Einzelsprache beschränkt sind.

Das Problem der sprachlichen Universalien zeigt uns natürlich wieder die prekäre Stellung, welche die CHOMSKY-KATZ-FODORsche Linguistik mit ihrer Kompetenzdefinition gegenüber der Biologie bzw. Anthropologie einnimmt und welche wir (Kap. III) oben skizziert haben. Wieder gibt es von CHOMSKY eine in die Richtung der Biologie weisende Äußerung, der keine Konsequenzen folgen:

> »The very notion ›lexical entry‹ presupposes some sort of fixed, universal vocabulary in terms of which these objects are characterized ... It is surely our ignorance of the relevant psychological and physiological facts that makes possible the widely held belief that there is little or no a priori structure to the system of ›attainable concepts‹.« (1965, S. 160)

KATZ, FODOR und POSTAL kennen in ihrem Lexikon nur *eine* Art von Struktur: die logische nach genus proximum und differentia specifica. Bei KATZ und FODOR wird – und damit sind wir beim *zweiten* Aspekt, unter welchem der jetzt erreichte Diskussionsstand wichtig ist – ganz dem Universalien-Postulat entsprechend auf die »cognitive structure of the human mind« rekurriert und damit, wenn auch nur implizit, die Beschränkung auf eine von allen biologischen Kennzeichen (Begrenztheit der Gedächtniskapazität, Informiertheit über die Außenwelt etc.) dieser Struktur »gereinigte« Kompetenz eines *idealen* Sprecher/Hörers wenigstens gelockert. Man kann ja, wenn man das Lexikon als strukturierten Speicher auffaßt, die wichtigsten Charakteristika einer derartigen Struktur nicht einfach ignorieren bzw. als Fehler in die Performanz abschieben: Speichern ist nur möglich, *weil* Kapazität, weil Aufmerksamkeit, weil Intention etc. vorhanden sind, und es ist sinnlos, zwar von Kapazität zu sprechen, sie aber als unbegrenzt anzusehen, von Aufmerksamkeit zu reden, aber sie nicht als fluktuierend aufzufassen usw.

Haben KATZ und FODOR also hier die unglückselige Spaltung in Kompetenz und Performanz überwunden? Sie haben es nicht. Trotz des eben erwähnten Hoffnung inspirierenden Ansatzes bleiben sie schließlich doch beim fensterlosen, zwar kompetenten, von der Welt aber nichts wissenden und in ihr nichts wollenden idealen Nur-Sprecher/Hörer. Bei der Diskussion des Einflusses, den die Umweltkenntnis z. B. auf die ihrer Theorie nach semantisch anomalen Sätze haben könnte*, bemerken sie, daß eine semantische Theorie, welche derartige Einflüsse berücksichtigen würde,

> »grundsätzlich nicht zwischen der Kenntnis, die ein Sprecher von seiner Sprache besitzt, und dem Wissen über seine Umwelt unterscheiden könnte ... Da (aber) keine wirkliche Möglichkeit zur Systematisierung des gesamten Umweltwissens, an dem Sprecher teilhaben, besteht und weil eine Theorie von der Art, wie wir sie erörtert haben, eine derartige Systematisierung erfordert, kann sie ipso facto nicht als Strukturmodell für die Semantik gewählt werden«. (1970, S. 218 f.)

Daß hier der Zweck einer Theorie ihrer Eleganz geopfert wird, erkennt man noch deutlicher dort, wo wir dasselbe Zitat bei der Diskussion der Metapher noch einmal antreffen werden (Kap. VII).

Konsequenter als KATZ und FODOR hält BIERWISCH die Erkenntnis durch, daß die Frage nach dem Status der semantischen Dimensionen von der Frage nach ihrem Ursprung und ihrem psychologischen Funktionieren nicht getrennt werden kann. Er betont zwar auch, daß semantische Dimensionen oder Markers formale Elemente darstellen, aber er schließt (1970, S. 271) sofort die Frage an: »in welcher Weise, durch welche Art von Erscheinungen sind sie außerhalb der Sprachstruktur im engeren Sinne motiviert?« Mit dieser Frage wird endlich die Beschränkung auf die Sprache »als solche« und »an sich« überschritten, jene Beschränkung, die KATZ zu der nicht weiterführenden Annahme gezwungen hatte, beim bloßen Anblick irgendwie zusammengestellter Objektklassen spränge ganz automatisch das (als Idee) heraus, was dieser Klasse jeweils als semantisches Merkmal entspricht.

Gerade an diesem Problem wird die Größe des Schrittes erkennbar, den BIERWISCH über KATZ und FODOR hin-

* Sehr viele derartige in der Theorie semantisch anomale Sätze werden von *realen* Sprechern/Hörern durchaus, nämlich als Metapher (»lächelnde Wiese«), verstanden.

aus tut. Er meint, die Ansicht sei unter Linguisten weit verbreitet, semantische Eigenschaften würden anhand von Objektklassen und Eigenschaften der uns umgebenden Welt definiert. Beim Erlernen der Sprache habe man eben diese Objektklassen, Eigenschaften und Relationen zu erwerben. Nach dieser Ansicht – die er selbst ablehnt, wie wir gleich hören werden –

> »können die semantischen Merkmale offensichtlich nur darum universal sein, weil die verschiedenen Sprachgemeinschaften in demselben Universum leben, und sie sind es nur in dem Maße, in dem die kulturelle Umgebung der verschiedenen Sprachgemeinschaften gleich ist«. (1970, S. 271 f.)

Hier werden sprachliche Universalien also auf ubiquitäre Züge der uns umgebenden Welt zurückgeführt. Ein ganz funktionales Charakteristikum, nämlich daß man auch über *nicht* offensichtlich Vorhandenes reden kann, veranlaßt BIERWISCH, diese eben skizzierte Ansicht abzulehnen: die Gleichförmigkeit der verschiedenen Sprachen, also das Vorhandensein von Universalien, kann nicht in der Gleichförmigkeit der Welt begründet sein, sondern nur in der Universalität des »psychischen Apparats« des dieser Welt gegenübertretenden Menschen. So vertritt BIERWISCH eine Position, welche die bei KATZ und FODOR ohne Konsequenzen nur angedeutete »Herkunft« der semantischen Merkmale ernst nimmt, nämlich:

> »daß die semantischen Merkmale in einer angemessenen Beschreibung einer natürlichen Sprache nicht Eigenschaften der uns umgebenden Welt im weitesten Sinne repräsentieren, sondern tief verwurzelte, ererbte Eigenschaften des menschlichen Organismus und des apperceptiven Apparates, Eigenschaften, die die Art und Weise determinieren, in der das Universum begriffen, adaptiert und verarbeitet wird«. (S. 272)

Mit diesem über HUMBOLDT auf KANT verweisenden Griff wird der Vorhang vor einer großen Perspektive aufgezogen: die Linguistik lehnt sich an die biologische Anthropologie und damit auch an die Psychologie an; der nur im Einbahnverkehr zu überschreitende Graben zwischen Kompetenz und Performanz wird zugeschüttet, eine gegenseitige Befruchtung von Linguistik und Psychologie möglich. Was zur linguistischen Erklärung sprachlicher Strukturen erforderlich ist – hier: die Annahme semantischer Merkmale bestimmter Art und Funktionsweise –, ist *auch* für die Beschreibung *anderer* Leistungen des psychischen Funktionierens tauglich und nötig. Und umgekehrt: was wir aus der Psychologie über die Vorgänge des Wahrnehmens, des Denkens, des Behaltens und Erinnerns wissen, erweist sich vielleicht auch als nützlich für den Sprachforscher.

Bleiben wir zunächst bei BIERWISCHs Konzeption, wonach die semantischen Merkmale »tief verwurzelte, ererbte Eigenschaften des menschlichen Organismus und des apperzeptiven Apparates« darstellen, so läßt ein erster Blick in die Psychologie schon ein Fundament erkennen, das sich zu einem Brückenschlag anbietet: die Gestaltpsychologie. Gehören die universalen angeborenen Dimensionen des Lexikons zur Gruppe jener Eigenschaften, die in der Wahrnehmungs- und in der Denkpsychologie ebenso vage wie überzeugend als Gestalteigenschaften beschrieben werden? Ist (belebt) im semantischen Raum ebenso eine »ausgezeichnete« oder »gute« Gestalt wie ›senkrecht‹ ein Wahrnehmungsraum? BIERWISCH hat zweifellos derartiges im Sinn, wenn er sagt, »basic components of this type might be

X greater Y

representing the general ability of comparison, ...

X change to P,

X cause P ...« (1970, S. 182)

Für eine derartige Auffassung sprechen eine Reihe von Gründen. Die ontogenetische Entwicklung einer Struktur des Lexikons ist nicht vorstellbar, wenn sie von einer tabula rasa ihren Ausgang nehmen sollte. Die Gliederung der uns begegnenden Welt in Figur und Grund, in Gegenstände überhaupt, erfolgt bei den verschiedenen Menschen so einheitlich, daß ihre doch wohl allzu verschiedenen Lern-Biographien dafür nicht verantwortlich gemacht werden können. QUINE hat (1960) von dem skeptischen Linguisten berichtet, der eine ihm bisher unbekannte Sprache erlernen will und dabei etwas hört, was vermutlich das Wort für »Kaninchen« sein könnte. Woher weiß er aber, daß hier nicht »Pelz« oder »Kopf« oder »Tier« oder »kaninchenähnliche Figur« oder »braun« oder die »Vorderpfote mit dem dazwischenliegenden Erdreich« gemeint sind? Offenbar weil sowohl der Linguist als auch sein Informant mit der gleichen kognitiven Ausstattung an die Welt herangehen. Das Kind bildet auf keiner Stufe seiner Entwicklung Begriffe oder Bezeichnungen z. B. für Füße plus Fußboden oder für die Zwischenräume zwischen den Zweigen eines Baumes.

Wenn etwas beim gliedernden Erfassen der Welt zur *Figur* vor einem *Grund* wird, so geschieht dies (jedenfalls auf der hier zur Diskussion stehenden Stufe) infolge von »Gesetzen«, die zur biologischen Grundausstattung der Gattung homo sapiens gehören. (Wir werden später die weiterreichende Tragfähigkeit dieser Figur/Grund-Gliederung zu überlegen haben.) Assoziationen reichen nicht aus als Erklärung dafür, daß ganz verschiedene Retinabilder, ganz verschiedene taktile Empfindungen, sehr verschiedene akustische Eindrücke zum Gegenstand »dieser Hund Beppo« sich zusammenschließen. Diese Konvergenz wird nur verständlich, weil der Mensch von seiner biologischen Ausstattung her auf eine Welt hin angelegt ist, in der es Gegenstände (und zwar in der durch seine Sinneswerkzeuge vorgegebenen Größenordnung) gibt. »Der Mensch kommt gegenstandsbereit zur Tür des Augenblicks herein« (v. ALLESCH).

So aufgefaßt wäre das semantische Merkmal (Physisches Objekt) freilich ganz anders zu begreifen – in seiner Genese und in seiner Wirkungsweise – als dies KATZ' und FODORs Liste von »Stein«, »Haus«, »Planet« und »Stuhl« nahelegt: das Merkmal springt nicht durch die abstrahierende Betrachtung einer irgendwie zusammengehörenden Gruppe von Gegenständen als Idee heraus, sondern wir gruppieren »Stein«, »Haus«, »Planet« und »Stuhl« zusammen, *weil eine* der in unserer biologischen Ausstattung *schon vorhandenen* Welt-Ordnungs-Kategorien auf »Stein«, »Haus« etc. in gleicher Weise anspricht. ARNHEIM hat (1947) den Vorgang der Wahrnehmung in ganz ähnlicher Weise beschrieben:

> »Perhaps perception consists in the application, to the stimulus material, of ›perceptual categories‹, such as roundnes, smallness, symmetry, verticality, etc., which are evoked by the structure of a given configuration ... There is a fitting of perceptual characteristics to the structure suggested by the stimulus material rather than a reception of this material itself.«

Mit diesem Zitat sind wir zu Überlegungen zurückgekehrt, die wir oben bereits (Kap. I) in anderem Zusammenhang angestellt hatten. Und ARNHEIM fügt eine Frage an, deren Formulierung uns wieder einmal die tiefgehende Verwandtschaft von Wahrnehmen und Verstehen ahnen läßt, auf die wir später kommen werden: »Are not these categories the indispensable prerequisites which permit us to understand perceptually?«

ARNHEIM nimmt hier eine Theorie vorweg, die zwanzig Jahre später durch Forscher wie NEISSER und andere unter der Beziehung »Analysis-by-Synthesis« weit verbreitet worden ist. Die »sensory«- oder »perceptual«-Kategorien, von denen er spricht – und analog zu denen wir die semantischen Kategorien des Lexikons zu konzipieren versuchen –, funktionieren in einer Weise, die *auch* für die Beschreibung des Vorgangs des Verstehens erste Hinweise liefert:

> »The individual stimulus configuration (wir fügen in Analogie hinzu: z. B. das gehörte Wort) enters the perceptual process only in that it evokes a specific pattern of general sensory categories, which stands for the stimulus (so wie das Bündel der angesprochenen semantischen Kennzeichen *stands for* the meaning of the resp. word) in a similar way that a scientific description of a network of general concepts is offered as the equivalent of a phenomenon of reality« ... »the elementary processes of perception, far from being mere passive registration, are creative acts of grasping structure ...«
>
> »Perceiving ... represents individual cases through configurations of general categories.«

Die Gestaltpsychologie liefert also, jedenfalls wenn man sie durch eine (ihrem Isomorphiebegriff ja keineswegs fremde) Analysis-by-Synthesis-Funktion ergänzt, erste Hinweise auf jene »tief verwurzelten, ererbten Eigenschaften des menschlichen Organismus und des apperzeptiven Apparates«, die in der Wahrnehmung und in der Sprache »die Art und Weise determinieren, in der das Universum begriffen, adaptiert und verarbeitet wird« (BIERWISCH, 1970, S. 272). Zu (Rundheit) und (Vertikalität), (Psychisches Objekt) und – vermutlich – (lebendig, beweglich) können wir sicher auch noch (Ursache/Wirkung) hinzufügen, eine auch im unanalysierten Phänomen unmittelbar gegebene Relation, wie wir seit MICHOTTE wissen.

Man könnte sicher noch weiter Belege für oder Hinweise auf solche angeborenen Erfahrungsweisen suchen und finden, vor allem, wenn man die ethologische Literatur genauer studierte, aber es wird doch rasch mühsam. Und bevor wir uns weiter anstrengen, sollten wir uns fragen, ob BIERWISCHs nativistisches Suchschema uns *genügend* Struktur finden läßt, um damit ein Lexikon à la KATZ und FODOR (und davon waren wir schließlich ausgegangen) zu gliedern. Wenn man mit BIERWISCH an POSTALs Forderung festhält,

> »daß jedes dieser Grundelemente eine invariante Relation zum Universum hat, die durch die biologische Struktur des Organismus determiniert«

(und, wie wir nach BIERWISCH hinzufügen müssen, ererbt ist), dann gewinnt man zwar Anschluß an die Ergebnisse der Gestaltpsychologie – aber diese Ergebnisse sind zu mager, zu undifferenziert, um auch nur größenordnungsmäßig jenes Raster zu liefern, welches der formale Kalkül einer Theorie à la CHOMSKY-KATZ-FODOR erfordert. BIERWISCH hat die aus der Festlegung auf *genetisch* determinierte Strukturen sich ergebende Zwangslage durchaus selbst gesehen. Er betont,

> »daß die Vorstellung von angeborenen Grundelementen der semantischen Struktur nicht eine biologische Determinierung der Begriffe oder Bedeutungen innerhalb einer gegebenen Sprache, sondern nur ihrer elementaren Komponenten impliziert. Diese Komponenten können in verschiedenen Sprachen ziemlich frei und unterschiedlich kombiniert werden«. (1970, S. 273)

Diese Ansicht, der »apperzeptive Apparat« des Menschen erhalte seine (auch in der Sprache sich manifestierende) Differenziertheit nur durch immer wieder andere Kombinationen einiger weniger genetisch festgelegter elementarer Komponenten, ist unserer Meinung nach nicht haltbar, so wenig die Beschränkung der (Berliner) Gestaltpsychologie auf die Wahrnehmung »angeborener« Gestalten haltbar gewesen ist. Letzten Endes mußte auch die Gestaltpsychologie die Wahrnehmung »erlernter Gestalten« (z. B. Buchstaben, Zahlen, Phoneme, Gesichter) in ihrem Theoriengebäude zulassen – und dabei das scheußliche Knacken in den alten Fundamenten überhören. Sie ist uns bis heute eine Erklärung dafür schuldig geblieben, wie man die zur Wahrnehmung »angeborener« Gestalten (Kreis, Quadrat ...) herangezogene physiologistische Isomorphie-Hypothese auch auf die Wahrnehmung »erlernter«, d. h. nicht a priori ausgezeichneter oder prägnanter Gestalten, ausdehnen kann.

Wie dem auch sei: will man die Strukturzüge des Lexikons so sprach-nah und damit differenziert konzipieren, wie dies KATZ und FODOR tun (bei denen ja fast jedes Wort, außer den Eigennamen, auch als Marker auftreten kann), dann darf keine vollständige genetische Determination dieses Systems angenommen werden. Der Mensch ist zwar biologisch auf die Bewältigung der Welt angelegt (und deshalb kann er Gegenstände wahrnehmen, oben von unten und Ursache von Wirkung unterscheiden), aber er spricht über eine Welt, die viel zu komplex ist, als daß er sie durch die Projektion bloß immer wechselnder Kombinationen weniger angeborener Markers erfassen könnte. Der apperzeptive Apparat muß sich neue Strukturen durch Lernen zulegen können, neue Ordnungs- und Bedeutungsdimensionen auf sehr verschiedenem Abstraktions- und Komplexitätsniveau.

Doch dies ist nicht die einzige Verkomplizierung. Die Fähigkeit, Gleichartiges als solches wahrzunehmen und zusammenzufassen, führt *nicht* notwendig dazu, auch das zu erkennen, was diese Gleichartigkeit ausmacht. DEESE weist mit Recht darauf hin, daß

> »as often as not the ability to perceive grouping does not lead to the correct identification of the underlying features which account for or justify the grouping«. (1969, S. 520)

Zwischen Gruppieren und dem Heraus-Sehen des verantwortlichen Attributs besteht nicht jener enge und notwendige Zusammenhang, auf den die Logiker seit LOCKE sich verlassen haben. Wie DEESE meint,

> »there is not always the kind of relation between these operations that there should be. There is, in fact, some slippage«. (1969, S. 520)

Die vielfache Überdeterminiertheit sprachlichen Geschehens läßt uns nur schwer die Strukturen erkennen, die »dahinterstehen«.

Damit sind wir freilich sozusagen aufs hohe Meer hinausgewiesen. Unsere bisherige Leitlinie (»genetisch determiniert«) ist nicht mehr erkennbar und das Ausgangsmotiv unseres Suchens (die KATZ-FODORsche Semantiktheorie) ist sowieso suspekt, weil zu sehr durch die Kompetenz-Performanz-Dichotomie kompromittiert. Besinnen wir uns also, was wir wollen.

Wir wollen etwas über die Struktur unseres »inneren Lexikons« erfahren und – was davon nicht zu trennen ist – über das Funktionieren dieses Lexikons im Vorgang der Verwendung von Sprache. Und: wir sind bei diesen Überlegungen nicht mehr gebunden an Grenzen wie die zwischen Kompetenz und Performanz, zwischen Linguistik und Psychologie und letzten Endes auch nicht an die zwischen Syntax, Semantik und Pragmatik (wie wir noch sehen werden).

Nicht mehr gebunden, aber auch nicht mehr gestützt durch vorgängige linguistische Festlegungen, wollen wir unsere Überlegungen über das Lexikon noch einmal beginnen, jetzt sozusagen einen Schritt näher am konkreten sprachlichen Geschehen selbst.

Wie schon erwähnt, ist der Versuch von KATZ und FODOR, die Bedeutung von Wörtern aufzufassen als Summe einer begrenzten Anzahl elementarer Bedeutungsdimensionen, in der Linguistik selbst nicht neu. MARSHALL weist darauf hin, daß

> »the notion that ... lexical items of a natural language are represented as compositional functions of more ›primitive‹ functional elements ... occurs ... under a wide variety of names: sememes in stratificational theory, ›meaning components‹ in componential analysis, ›minimal units of content‹ in the writings of HJELMSLEV, ›semantic markers‹ (or features) in transformational theory« (1970, S. 189).

Diese Bedeutungselemente sind »primitiver« als die Wörter in zweierlei Hinsicht: BIERWISCH hatte die Primitivität aufgefaßt, wie wir im vorigen Abschnitt gesehen haben, als »genetisch determiniert und damit *vor* den Wörtern vorhanden«. Primitivität kann aber auch anders aufgefaßt werden, nämlich als »einfacher, zahlenmäßig begrenzter« als die Wörter in dem Sinne, daß zur strukturellen Beschreibung der Bedeutung *vieler* Wörter eine *geringere* Anzahl von derartigen Elementardimensionen ausreicht. Wir betonen jetzt also folgenden Aspekt: *mehrere* Wörter haben *eine* derartige Elementardimension gemeinsam, wenn sie sich in bezug auf diese Dimension ähnlich oder gleich sind. Der damit in den Vordergrund der Betrachtung gerückte Begriff der Ähnlichkeit entspricht einerseits ganz der Vorgehensweise bei KATZ und FODOR, andererseits eröffnet er uns aber über die Methodik der Ähnlichkeits*feststellung* den Zugang zu einem breiten Spektrum psychologischen Wissens und – historisch nicht ganz zufällig – zu den ersten vor-generativistischen Regungen der modernen Psycholinguistik bei OSGOOD und CARROLL.

Ähnlichkeit als Ausdruck eines Zusammenhanges, einer »irgendwie gearteten« Zusammengehörigkeit – das läßt sich umkehren in: *Zusammenhang als Index der Ähnlichkeit.* Damit sind wir beim Grundbegriff jener Psychologie angelangt, die vor etwas mehr als hundert Jahren das Fundament zur neueren (oder gar modernen) Ära dieser Wissenschaft zu legen begann, dem Begriff der *Assoziation.*

Will man mit diesem Begriff operieren, so muß man eine Unterscheidung im Gedächtnis behalten: mit Assoziation bezeichnet man sowohl die *Tatsache des Zusammenhängens* und des deshalb erfolgenden Sich-gegenseitig-ins-Bewußtsein-Ziehens zweier psychischer Tatbestände (z. B. zweier Wörter) als auch die vermutliche *Ursache des Zustandekommens* dieses Zusammenhanges, nämlich den Mechanismus oder Vorgang des Assoziierens. Und von diesen Ursachen für das Zustandekommen eines Zusammenhanges kennt man seit alters zwei: zeitliche Kontiguität und – und damit sind wir wieder bei unserem gegenwärtigen Interesse angekommen – Ähnlichkeit.

Das bekannteste psycholinguistische Instrument zum Auffinden von Dimensionen des semantischen Raumes, OSGOODs Semantisches Differential (SD), verlangt zu seinem Verständnis die Heranziehung *aller* genannten Aspekte des Assoziationsbegriffs. Es stellt in der Komplexität seiner theoretischen Fundierung eine so glänzende Leistung des »aufgeklärten Neobehaviorismus« dar und die mit ihm erzielten Erfolge sind in ihrer Relevanz so beeindruckend, daß eine empirisch orientierte Sprachpsychologie es sich – trotz der Protestrufe der FODOR, GARRETT und anderen – einfach nicht leisten kann, das von CHOMSKY über den Komplex Lernpsychologie-Behaviorismus-S/R-Assoziation verhängte

Tabu länger zu beachten. Die Generative Linguistik war ja mit dem Ziel angetreten, die Intuitionen eines kompetenten idealen Sprecher/Hörers über die Grammatikalität von Sätzen in eine formale Theorie zu bringen – und *dazu* ist eine simple assoziationistisch-behavioristische Theorie sicher nicht geeignet. Aber die daraus von vielen Linguisten gezogene Konsequenz, alles als töricht abzutun, was assoziationistisch orientierte Theorien verbalen Verhaltens vorweisen können, stellt sich spätestens in dem Augenblick selbst als töricht heraus, in welchem man die selbstgebauten Mauern des Kompetenzgefängnisses überwinden will.

OSGOOD steht außerhalb dieser Mauern. Was will er? Während KATZ und FODOR das Lexikon des kompetenten Sprachbenutzers so strukturieren (und damit die Bedeutung von Wörtern so beschreiben) wollen, daß diese Strukturiertheit für eine Theorie des *Satzes* (z.B. zur Auflösung von Ambiguitäten) fruchtbar gemacht werden kann, will OSGOOD Wörter so beschreiben, daß

1) diese Beschreibung bestimmten Objektivitätskriterien genügt,
2) die Beschreibung für eine Theorie verbalen (und nichtverbalen) Verhaltens fruchtbar gemacht werden kann,
3) die Entstehung der so beschriebenen Struktur mit bereits bekannten psychologischen Theoremen oder Theorien vereinbar ist.

(Wir werden sehen, daß diese drei Zielsetzungen durchaus auch dann voneinander getrennt werden können, wenn man sich ein Gesamturteil über das Gelingen des »Unternehmens OSGOOD« bilden will.)

OSGOOD selbst hat verschiedene Darstellungen seiner Vorgehensweise und ihrer theoretischen Fundierung gegeben. Wir halten uns im folgenden vor allem an seine Veröffentlichungen aus den Jahren 1968 und 1971(a).

Vielleicht am günstigsten ist es, eingangs drei ganz verschiedene Denkmodelle zu unterscheiden, die im SD sich vereinigen: ein Raum-Modell, ein Meß-Modell und ein Verhaltens-Modell. Wir werden die Genese des Instruments SD zunächst unter Heranziehung der beiden ersten Modelle beschreiben, seine theoretische Fundierung (oder Rechtfertigung) später vor allem auf der Basis des dritten.

Ein semantischer Raum kann am ehesten begriffen werden in Analogie zu dem bekannten dreidimensionalen Farbraum (oder -körper). Der Nullpunkt dieses Raumes oder Körpers ist gekennzeichnet durch Farb-Losigkeit, d. h. ein neutrales Grau; der analoge semantische Raum hat als Nullpunkt die Bedeutungs-Losigkeit. Jede an einer anderen Stelle des Farbraumes lokalisierte Farbe (jeder an einer anderen Stelle des semantischen Raumes lokalisierte Begriff oder Wort) kann beschrieben werden durch den Vektor, der vom Nullpunkt zu ihr (ihm) führt. Die Länge dieses Vektors repräsentiert die *Sättigung* der Farbe (die Ausgeprägtheit der Bedeutung; meaningfulness), und die *Richtung* dieses Vektors repräsentiert die Helligkeit bzw. den Ton der Farbe. Was die Richtung dieses Vektors im semantischen Raum repräsentiert, kann zunächst nur formal definiert werden: die Dimensionen der Bedeutungs*qualität.* Im Falle des Farbraumes hat man empirisch festgestellt, welches die Dimensionen sind: die Helligkeitsdimension, welche physiologisch mit der Aktivierung bzw. Hemmung *aller* Rezeptorelemente zusammenhängt, und die Farbtondimension, die auf der differentiellen Aktivierung bzw. Hemmung verschiedener *Typen* von Rezeptoren beruht. Die Dimensionen des semantischen Raumes sind ihrer Zahl und Qualität nach zunächst noch unbekannt. Sie könnten erkennbar werden, wenn es gelänge, Länge und Richtung des Vektors zu messen, welcher einen bestimmten Begriff (ein bestimmtes Wort) jeweils mit dem Nullpunkt (Bedeutungslosigkeit) verbindet. Damit sind wir beim Meß-Modell angekommen.

Fragt man jemanden nach der Bedeutung eines Wortes, so wird der Betreffende, wenn er nicht die Möglichkeit einer ostensiven Definition hat, selbst wieder mit einer verbalen Äußerung antworten. Um zu interindividuell vergleichbaren Äußerungen zu kommen, muß den Befragten eine Standard-Stichprobe von Möglichkeiten zur Verfügung gestellt werden.

Diese anzubietenden Antwortmöglichkeiten müssen, so lautet die nächste Forderung, übersetzbar sein in das semantische Raum-Modell. Sie sind dies, wenn man dazu bipolare Skalen verwendet (groß / klein, schön / häßlich, langsam / schnell), die in ihrer Mitte einen (mit dem Nullpunkt des semantischen Raumes zusammenfallenden) Punkt der »Nicht-Ausgeprägtheit«, der »Neutralität in dieser Beziehung« haben.

Anzahl und Auswahl dieser Skalen sind zunächst in das Belieben des Experimentators gestellt. *Ein* Auswahlgesichtspunkt wird natürlich dieser sein: ihre Lage zueinander muß in einem nächsten Schritt so analysierbar sein, daß sich daraus die (bisher ja unbekannte) Dimensionalität des Raumes ergibt, von dem bisher nur der Nullpunkt festgelegt ist. OSGOODs Überlegung dazu: wer das Wort »Sünde« auf der Skala »gut/böse« nahe dem »böse«-Pol einstuft, wird meist dazu tendieren, »Sünde« auch eher als »häßlich« denn als »schön« einzustufen, eher als »verwerflich« denn als »erstrebenswert«. Finden sich solche Zusammenhänge zwischen Skalen nicht nur bei einem Begriff (»Sünde«), sondern bei mehreren oder vielen (»Krankenschwester« wird ganz dementsprechend eher als »gut«, »schön« und »erstrebenswert« eingestuft werden), so drückt sich in diesen verschiedenen Skalen offenbar etwas ihnen Gemeinsames, eine Ähnlichkeit aus, die für diese Zusammengehörigkeit verantwortlich ist: die verschiedenen, aber kovariierenden Skalen beziehen sich auf *eine* (ihnen gemeinsame) Bedeutungsdimension.

Kehrt man diese Schlußfolgerung um, so kann man aus einer Faktorenanalyse der Interkorrelationen solcher Skaleneinstufungen die Mindestzahl voneinander unabhängiger Dimensionen gewinnen, die für die mathematische Erklärung des Zustandekommens dieser Interkorrelationen erforderlich sind.

Ganz diesen Überlegungen entsprechend legt OSGOOD seinen Probanden also jeweils einen Begriff, ein Wort, einen Ausdruck vor (»Sünde«, »Amerika«, »ich bitte dich«) mit der Instruktion, ihn auf einer Anzahl bipolarer Dimensionen nach dem Schema einzustufen: ist »Sünde« eher »schön« oder »häßlich«... Er summiert die Einstufungswerte über die Versuchspersonen (da er an individuellen »semantischen Räumen« nicht interessiert ist), faktorisiert und gelangt auf diese Weise zu den bekannten drei Dimensionen des semantischen Raumes: Evaluation (E), Potency (P) und Activity (A).

Was sind das für Dimensionen?

»Application of the factor-analytic measurement model provides a framework of underlying dimensions which is common to both concept meaning and scale meanings and in terms of which both can be described in relation to each other. These underlying dimensions thus have the functional properties of semantic features.« (1971, S. 14)

Damit wird jener Begriff angesprochen, dessen Problematik wir im Zusammenhang mit der Konzeption des Lexikons im ersten Teil dieses Kapitels unter eher linguistischem Aspekt besprochen haben:
Was OSGOOD hier *semantic feature* nennt, muß nun natürlich erläutert werden – bisher wissen wir ja nur, auf welchem Wege er zu diesen Features kommt, aber noch nicht sehr genau, was sie sind. Die Antwort auf das damit angeschnittene Problem versucht OSGOOD mit Hilfe seines Verhaltensmodells zu geben. Dieses Verhaltensmodell (»representational mediation theory«) ist *neo*behavioristisch in dem Sinne, daß es Prinzipien der klassischen Lerntheorie (vor allem das Konditionierungskonzept) in relativ vager Weise zur Erklärung des Zustandekommens von »Verbindungen« heranzieht, die im Verhalten selbst nicht mehr direkt aufzeigbar sind:

»A stimulus pattern [S] which is not the same physical event as the thing signified S̊ will become a sign of that significate when it becomes conditioned to a mediation process, this process: (a) being some distinctive representation of the total behavior R_T produced by the significate, and (b) serving to mediate overt behaviors R_X to the sign which are appropriate to the significate.« (1971, S. 11)

Schematisch soll das so aussehen:

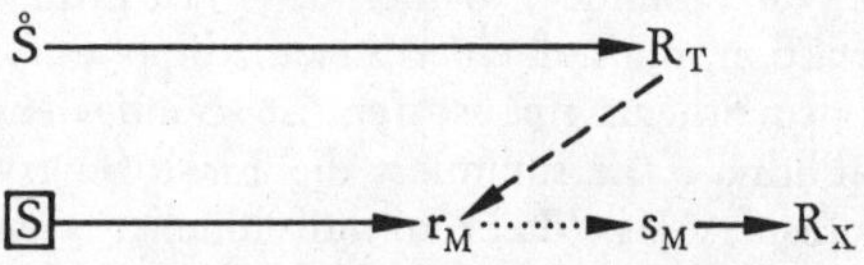

Hier feiert also die lerntheoretische Konzeption der Zeichen-Genese fröhliche Urständ: was häufig miteinander vorkommt (S̊ und [S]) wird assoziiert derart, daß später [S] die Reaktion auslösen kann, welche bisher nur durch S̊, das Signifikat, ausgelöst worden ist – nein, es ist doch kein vollständiger PAWLOW! Der kleine, aber wesentliche Unterschied besteht darin, daß OSGOOD ein unsichtbares Gelenk, eine Zweigliedrigkeit der S-R-Verbindung einbaut, nämlich einen »mediation process« $r_M \ldots s_M$. Dabei wird für dieses hypothetische Konstrukt zweierlei postuliert:

a) es fungiert als »innere Response-die-gleichzeitig-Stimulus-Charakter-für-nachfolgende-Verhaltensresponses-hat«. Im erwachsenen menschlichen Sprecher/Hörer sieht das so aus: »these mediating events have become purely cortical processes, whose neurological nature and locus will remain obscure for a very long time« (1971, S. 13);

b) ein Mediationsglied $r_M \ldots . s_M$ ist selbst wieder in Komponenten gegliedert: »a relatively small number of independent r_m components, by virtue of their combination in diverse simultaneons patterns, can serve to differentiate the meanings of a very large number of distinctive total r_Ms', each related to its source behavior (R_T) uniquely*, but uniquely as a whole, not in terms of unique components« (1971, S. 13). Im Gegenteil: die ein bestimmtes r_{M1} ausmachenden Komponenten $r_{m1}, r_{m2} \ldots$ können auch – in anderer Kombination – den Charakter von r_{M2} bestimmen:

$r_{M2} = [r_{m2}, r_{m8}, r_{m12}]$.

Das heißt: r_M ist auflösbar in ein »simultanes Bündel distinktiver Merkmale«, von denen dem Menschen weniger zur Verfügung stehen als r_Ms.

OSGOOD identifiziert also, so kann man jetzt, alle drei Modelle überbrückend, sagen,

– die semantischen Faktoren oder Features des Meß-Modells mit den affektiven Komponenten (den r_m's) des repräsentationalen Vermittlungsprozesses, und
– die die Bedeutung von Begriffen darstellenden Punkte des Meß- und des Semantischen Raumes mit den ganzheitlichen und spezifischen Vermittlungsprozessen (r_M's), die nach der Theorie durch Zeichen ausgelöst werden.

Selbst wenn man geneigt ist, die hier vorgeschlagene Ansicht

* Früher pflegte OSGOOD an dieser Stelle zu sagen, das Vermittlungsglied bestehe aus den besonders leicht konditionierbaren emotionalen Komponenten der Gesamtreaktion R_T.

von der *Genese* der »inneren Repräsentation« von Zeichen zu akzeptieren (man wird sich nur schwer dazu durchringen können, da Konditionierung weder durch zeitliche Kontiguität noch durch differentielles Reinforcement als tragfähiges Vehikel erscheint), so wird sich der heftigste Widerstand doch wohl dagegen wenden, daß die r_m an R_T verankert werden: *semantische* Verschiedenheiten werden zurückgeführt auf Verschiedenheiten des *Verhaltens* gegenüber den Dingen – und nicht auf Verschiedenheiten in der *Wahrnehmung* von Dingen.

Gegen diese Position hat sich in der Tat viel »metaphysical repugnance« gerichtet, wie OSGOOD selbst sieht, auch wenn er immer wieder betont hat, daß diese Verankerung für den erwachsenen Sprecher/Hörer eine historische und nicht eine jedesmal aktuelle ist.

Freilich hat OSGOOD in dieser Hinsicht eine Reihe von strange bedfellows:

– die marxistische Sprachpsychologie, von VYGOTSKY bis LEONTIEV, hat unter genetischem Aspekt »am Anfang war die Tat« betont;
– bei PIAGET entwickelt sich die kognitive Konzeptualisierung der Welt aus dem sensumotorischen *Verhalten* in dieser Welt.*

Für OSGOOD freilich dient diese Verankerung zwei Zielen:

1.) sie beseitigt die Zirkularität in der Definition semantischer Features als ›wahrnehmbare Unterscheidungen‹;
2.) sie gibt ein Kriterium dafür an, welche der zahllosen *wahrnehmbaren* Unterscheidungen tatsächlich einen Unterschied der *Bedeutung* ausmachen. (1971, b, S. 526)

Die »Verankerung in beobachtbarem Verhalten«, die OSGOOD postuliert und welche tatsächlich (wenn nachweisbar) einen ungeheuren Vorzug seiner Theorie ausmachen würde, leidet freilich an einer entscheidenden Schwäche: OSGOOD verlegt sie generell in irgendwelche nicht beobachteten Früh- und Vorzeiten und beschreibt ihr Zustandekommen mittels eines theoretischen Modells, welches, *wenn* es das Zustande-

* Man kann sich manchmal des Eindrucks nicht erwehren, daß PIAGETs Ansatz vor allem deshalb als kognitiv bezeichnet wird, weil er das Zustandekommen der Kognitionen weniger präzise beschreibt als der Behaviorist OSGOOD ...

kommen erklären kann, gerade die *Persistenz* des Zustandegekommenen *nicht* erklären kann: wer von Konditionierung spricht, darf Extinktion nicht ignorieren.

Wie dem auch sei: auf jeden Fall wird bei OSGOOD die Begrenztheit einer Auffassung deutlich, die einerseits am S-R-Schema hängenbleibt, andererseits gar nicht den Gedanken zuläßt, das Vermittlungsglied nicht als r_M-s_M-Aggregat, sondern als einen in der Sphäre der Befindlichkeit oder des Bewußtseins zu lokalisierenden Zustand anzusehen.

Nach OSGOODs Ansicht stellt der mit einem Zeichen verbundene Vermittlungsprozeß die Repräsentation einer »Serie simultaner Responses in verschiedenen Reaktionssystemen« dar. Nimmt man hinzu, daß die Komponenten des Vermittlungsprozesses (also die r_m's) jene Aspekte des Gesamtverhaltens (R_T) gegenüber einem Ding ($\mathring{S}$) darstellen, die differentiell bekräftigt worden sind – nur dadurch sind sie ja an $\boxed{S}$ angehängt worden! –:

> »it follows that the most common and therefore shared components of the meaning of different signs will be derived from those reaction systems which are behaviorally significant, which make a difference in meaning. The affective reactions underlying E, P, and A have just such properties«. (1971a, S. 16)

OSGOODs Anspruch, vielleicht mit seinem Mediations-Modell, jedenfalls aber mit dem Instrument des SD Grund-Dimensionen eines semantischen Raumes zu erfassen, muß sich nun natürlich jener Prüfung unterziehen, welche die empirische Wissenschaft für derartige Ansprüche gewöhnlich bereithält: er muß sich bewähren bei der Erklärung beobachtbaren Verhaltens. Für den eindrucksvollsten Beleg hält OSGOOD eine großangelegte interkulturelle Untersuchung, die an 25 Orten der Erde in zwanzig verschiedenen Sprachen das Semantische Differential durchführte und aus den anschließenden Faktorenanalysen überall die Faktoren Evaluation, Potenz und Aktivität extrahieren konnte.

E, P und A sind also Dimensionen der Bedeutung, die wie kaum andere als Universalien *der* Sprache angesehen werden können – wobei völlig offen bleibt, ob sie als »angeboren« im strengen Sinne anzusehen sind oder ob nur die Unvermeidbarkeit angeboren ist, sie im Laufe *nicht*-kulturspezifischer Lernprozesse zu erwerben.

Linguisten, welche OSGOOD, wenn auch widerstrebend, bis hierher gefolgt sind, können meist die Bemerkung nicht unterdrücken, das SD habe bestenfalls Dimensionen der konnotativen (oder affektiven) Bedeutung artikuliert. Da man den Umgang mit Gefühlen in allen Wissenschaften gerne der Psychologie zuschiebt, ist es sozusagen nicht verwunderlich, daß der Psychologe OSGOOD etwas über die konnotative Bedeutung herausgefunden hat – die »wahre«, »echte« und »wichtige« Bedeutung sei demgegenüber aber natürlich die denotative*. Genaueres Zusehen zeigt freilich, daß die reinliche Scheidung zwischen denotativ und konnotativ (wenn eine ostensive *und* vollständige Referenz nicht möglich ist) so leicht nicht durchzuhalten ist. Wo liegt bei Wörtern wie »Liebe« und »Freiheit«, »Jesus« und »Tier«, »weinen« und »müde« die Grenze zwischen Denotation und Konnotation?

Je schwieriger eine solche Grenze aber zu finden ist, desto gewichtiger werden OSGOODs Forschungen für die ganze Sprachwissenschaft. Um dieses Gewicht deutlich zu machen, wollen wir OSGOODs semantische Dimensionen noch einmal denen von KATZ und FODOR gegenüberstellen: bei KATZ und FODOR eine prinzipiell nicht begrenzte Fülle möglicherweise relevanter semantischer Kennzeichen: wir sagen *möglicherweise* relevant, weil diese Relevanz bisher nur für die Auflösung semantischer Ambiguitäten, die Ermöglichung von Paraphrasen und die Vermeidung von Anomalien (und da funktioniert's nicht, wie wir noch sehen werden) gezeigt worden ist. Die KATZ/FODORschen semantischen Kennzeichen wollen Wörter so beschreiben, daß diese Beschreibung für eine Theorie des Satzes fruchtbar ist. OSGOOD demgegenüber liefert durch ein präzises Entdeckungsverfahren (er verläßt sich nicht auf das »Herausspringen« des gemeinsamen Nenners) sehr wenig semantische Kennzeichen, mit deren Hilfe er Wörter so beschreiben kann, daß diese Beschreibung mit einer Theorie des Verhaltens vereinbar ist.

* So sagt z. B. BREKLE: »konnotative Bedingungen sind primär und prinzipiell in der Psyche des einzelnen Zeichenbenutzers situiert ... und gehören nicht zum System der Sprache« (1963, S. 31) – wo sind denn die anderen Bedingungen des Zeichens situiert? Im »objektiven Geist«?

Diesen »Anschluß« an eine allgemeine Theorie des Verhaltens gewinnt OSGOOD nicht nur durch seine lerntheoretische Erklärung für das Zustandekommen der Dimensionen, sondern auch dadurch, daß er die affektive Wortbedeutung mit der Rolle der Affekte im allgemeinen Verhalten in Zusammenhang bringt.

»Why E, P, and A? It has nothing to do with connotations of the term connotation (which I used to call what the SD measures), but rather, I think, with the importance of emotion or feeling in human affairs.« Er weist dann hin auf »the essential identity of our E-P-A factors to the dimensions fo feeling as described by WUNDT ... and in studies of communication via facial expression ... Consistent with my behavioristic theory of meaning, it is these pervasive affective features which dominate much of our behavior, including language behavior; we really are – CHOMSKY and the mentalists to the contrary – still animals at base ... what is important to us now, as it was way back in the age of Neanderthal Man, about the sign of a thing is: First, does it refer to something good or bad for me? ...
Second, does it refer to something which is strong or weak with respect to me? ... And third, for behavioral purposes, does it refer to something which is active or passive? ... These ›gut‹ reactions to things and their signs, by every criterion used by linguists, lexicographers, and philosophers have the properties of semantic features ...« (1971 a, S. 37 f.)

OSGOOD sieht selbst ganz genau, daß der durch die Technik des SD erzwungene »metaphorische« Gebrauch der Skalenadjektive (die Vp *muß* entscheiden, ob »Sünde« eher »süß« oder »sauer« ist) sozusagen eine Rotation dieser Skalen in das Kraftfeld des E-P-A-Raumes hervorruft und daß durch die gehäufte Verwendung von Skalen, die alle mehr oder weniger auf E, P oder A laden, sozusagen eine Betonung der affektiven (und dementsprechend eine Dämpfung der nicht-affektiven, d. h. denotativen) Features zustandekommt.

»This is why the SD does not provide a sufficient characterization of meaning. For example, both the pair ›Nurse‹ and ›Sincerety‹ and the pair ›Hero‹ and ›Success‹ have near identical E-P-A factor-scores, that is near identical affective meaning; yet I can say ›she's a cute nurse‹ but I cannot say

›she's a cute sincerety‹. But let me hasten to point out that any subset of semantic features must be equally insufficient; if I use only the familiar hierarchical features of Concrete/Abstract, Animate, and Human/Nonhuman, then all of the semantic ways in which humans differentiate humans ... will disappear, and »Wife« will have the same meaning as ›Husband‹ ... ›Beggar‹ and ... ›Boy‹ ...« (1971a, S. 38 f.)

Damit stellt OSGOOD selbst eines der schwierigsten Probleme heraus, die sich beim Arbeiten mit den Begriffen Lexikon und semantisches Kennzeichen ergeben: Diese Kennzeichen sind, wie wir bei KATZ wie auch bei OSGOOD gesehen haben, Bezeichnungen für *Kategorien* (von Wörtern, die unter dem angegebenen Aspekt als *äquivalent* angesehen werden können): alle Wörter, die das Feature (+ human) haben, unterliegen unter diesem Aspekt *denselben* »Rechten und Pflichten« im Satz, um diesen akzeptabel zu machen; alle Wörter, die durch E+ gekennzeichnet werden, lösen nach OSGOOD eher eine positive als eine negative Reaktion im Wortbenutzer aus. *Genügt* das, um das Wort zu verstehen? Und umgekehrt: ist die durch das Feature gekennzeichnete Eigenschaft immer *nötig*, um das Wort zu verstehen? Muß mir, um die Äußerung »sieh doch die schönen Tulpen« zu verstehen, (animate-) in den Sinn kommen?
Wir erkennen, daß die Suche nach den Dimensionen des semantischen Raumes letzten Endes nicht Selbstzweck sein kann, denn die Frage nach der Zahl und Qualität dieser Dimensionen läßt sich beantworten nur dann, wenn klar ist, welche Leistung des Sprachbenutzers damit erklärt werden soll und welchen Kriterien eine solche Erklärung genügen muß.
Statt in dieser Richtung jetzt schon weiterzugehen, wollen wir jedoch zunächst zu dem Punkt zurückkehren, von welchem wir zur Exploration des OSGOODschen semantischen Raumes aufgebrochen sind. Zwei miteinander eng zusammenhängende Fragen hatten uns damals bewegt: gibt es universale, d. h. für die Sprache kennzeichnende Dimensionen der Wortbedeutung und: sind diese (universalen) Dimensionen auch als Dimensionen nichtsprachlichen Verhaltens aufzeigbar? Wenn in OSGOODs Theorie ein bestimmtes r_m, das in den r_M so verschiedener Wörter wie »Heimat«

und »Krankenschwester« auftritt, durch sein Auftreten diese Wörter in gewisser Weise äquivalent erscheinen läßt, dann sollte sich diese Äquivalenz, ganz der dargestellten Theorie entsprechend, möglichst nicht nur bei der doch sehr spezifischen Verhaltensweise des Semantischen Differenzierens feststellen lassen, sondern auch in anderen Verhaltensweisen. CARROLL hat in diesem Sinne schon 1959 die Erwartung geäußert, gegensätzliche Einstufungen auf der Dimension der Evaluation sollten mit Hinwendungs- und Abwehrreaktionen einhergehen, gegensätzliche Einstufungen auf der A-Dimension mit der Notwendigkeit (oder Nicht-Notwendigkeit), Bewegungen auszuführen etc. SOLARS hat (1960) in einer empirischen Untersuchung dieser Frage festgestellt, daß Probanden »kompatible« Reaktionen (»angenehme« Wörter auf sich zu, »unangenehme« von sich weg bewegen) mit signifikant kürzeren Latenzzeiten durchführen als »inkompatible«. ERTEL und seine Schüler haben in einer Reihe von Untersuchungen versucht, die OSGOODschen affektiven semantischen Dimensionen in Verbindung zu bringen z. B. mit Selbstbeobachtungen und den hieraus extrahierten Persönlichkeitsfaktoren.

> »Extravertierte Probanden haben ein stark erregungspositives, darüber hinaus ein potenz- und valenzpositives Selbstkonzept, neurotoide Probanden ein valenz- und potenznegatives, rigide ein erregungsnegatives Selbstkonzept mit mittlerer Valenz und Potenz.« (ERTEL 1970, S. 264)

Dieses und eine Reihe anderer Resultate (ERTEL 1967, ERTEL und PRODÖHL 1969, ERTEL und THEOPHILE 1966) veranlassen ERTEL, die von OSGOOD aufgezeigten affektiven semantischen Faktoren zu interpretieren als Anzeichen für »tiefliegende« (stark gestaltpsychologisch konzipierte) Grundfaktoren oder besser: Vektoren sprachlichen und nichtsprachlichen Geschehens.

Damit wird eine Denkrichtung eingeschlagen, die sozusagen eine Vertiefung der von OSGOOD gefundenen Dimensionen zum Ziel hat – wobei daran zu erinnern ist, daß OSGOOD seine Dimensionen lange Jahre ›nur‹ als Dimensionen der Konnotation angesehen hat, während er erst in jüngster Zeit, wie wir eben gehört haben, diese Dimensionen mit den grundlegenden Dimensionen der Gefühle identifiziert.

Zunächst waren sowohl die KATZ-FODORschen als auch die OSGOODschen semantischen Kennzeichen Hilfsmittel zur Beschreibung der Struktur des Lexikons und letztlich der Sprache. Das heißt, sie gaben vor allem die Attribute zur *Identifizierung* sprachlicher Einheiten an, die an bestimmten Stellen des Satzes auftreten dürfen (KATZ-FODOR) oder an bestimmten Stellen des Verhaltens erkennbar werden. Semantische Kennzeichen dieser Art antworten auf die Frage *was ist das?*

Die Wendung, die OSGOOD in letzter Zeit vornimmt, und ebenso die (anders gerichtete) Wendung, die ERTEL von OSGOOD aus einschlägt, weisen in eine Richtung, in die beispielsweise BEVER, aber auch die Linguisten FILLMORE und CHAFE gehen. Sie tendiert zu einer etwas anderen Frage, nämlich, *was tut das?* Von den bloß *identifizierenden Attributen* verbaler Einheiten verlagert sich, wie wir in späteren Abschnitten noch ausführlich besprechen werden, das Interesse auf die *funktionale Rolle* semantischer (oder kognitiver oder konzeptueller oder relationaler) Einheiten.

ERTELs Bestreben ist es zunächst, OSGOODs assoziationistischen Ansatz, wie er in der Beschreibung des Semantischen Differentials zum Ausdruck kommt (›Vater‹ ist stärker mit ›eckig‹ assoziiert als mit ›rund‹), durch einen relationalen zu ersetzen. Das Urteilsobjekt O (›Vater‹) *paßt* phänomenal besser zu dem Bezugsobjekt A (›eckig‹) als zu dem Bezugsobjekt B (›rund‹). Daneben gibt es erlebnismäßig qualitativ noch andere Relationsarten; ERTEL findet schließlich deren drei: Stimmigkeit, Dominanz und Zusammenhang.* Unter Stimmigkeit ist dabei eine hohe Ähnlichkeit und Vereinbarkeit zwischen dem betreffenden Urteilsobjekt und dem Ich zu verstehen.**

Aus dieser formalen Relation entsteht die (affektive) *Allgemeinqualität* der Valenz, wie sie uns im OSGOODschen

* ERTELs Überlegungen werden nicht zuletzt auch durch Gedankengänge HEIDERs beeinflußt, die wir erst an einem späteren Punkt (Kap. XIV) aufnehmen werden.

** Damit rückt erstmals das bewußte Ich an den Ort, von dem aus das sprachliche Geschehen »zählt«. Wir werden dieses Thema in Kapitel XIII ausführlich besprechen.

Semantischen Differential gegenübertritt. Und ganz entsprechend ergibt sich aus der Relation der Dominanz des Ich über den Gegenstand die (inverse) Potenzqualität, aus der Komplexität der Zusammenhänge das, was im SD als Erregung oder Aktivität bezeichnet wird.
ERTELs Ansatz ist unter mehreren Aspekten wichtig und interessant. Einmal ist er der moderne Repräsentant der alten gestaltpsychologischen Tendenz, inhaltliche Verschiedenheiten auf formale zu reduzieren. Zum andern kann nicht übersehen werden, daß gerade dadurch die anfangs ja nur auf die Erfassung von Wortbedeutungen gerichtete Intention (OSGOODs) eine außerordentliche Verallgemeinerung erfährt:

> »Ein Kennzeichen der Theorie ist ihre Allgemeinheit, die es kaum gestattet, sie einengend als eine Theorie des Denkens, der Wahrnehmung, der Affektivität o. ä. zu klassifizieren. Sie ermöglicht Hypothesenbildungen für sehr verschiedene phänomenale Beobachtungsbereiche und für interphänomenale Beziehungen«. (ERTEL, 1967, S. 53)

ERTEL selbst hat, angeregt durch seine theoretische Auffassung, Befunde aus Untersuchungen zur Lautsymbolik – traditionellerweise ein dem Hauptstrom sprachpsychologischen Denkens sehr fremder Tatsachenbereich – voraussagen und erklären können. Den wohl eindrucksvollsten Hinweis, daß relationale Strukturen der von ihm konzipierten Art sprachliches *und* nichtsprachliches Handeln durchziehen, liefert ERTEL in einem Experiment, das er mit BLOEMER (1975) publiziert hat und das wir hier skizzieren wollen, obwohl es in manchem dem Duktus unserer Argumentation vorgreift:
Affirmation unterscheidet sich nach ERTEL von Negation dadurch, daß bei der Affirmation eine Übereinstimmung, eine Stimmigkeit im Sinne seiner Theorie betont wird, während bei der Negation zwei kognitive Einheiten, weil unstimmig, voneinander sozusagen getrennt werden. Affirmation fügt zusammen, Negation trennt.

> »If it is true that there are associative and dissociative components of action underlying the process of linguistic affirmation and negation, then these should also be effective as components of appropriate nonlinguistic action.« (1975, S. 337)

In einem diese Hypothese konkret prüfenden Experiment lernen

Vpn affirmative bzw. negierende Sätze und begleiten dieses Tun entweder mit dem Zusammenfügen oder dem Auseinandernehmen eines Papierquadrats. Stimmen die Aktionskomponenten der manuellen Aufgabe mit denen der Sätze überein, so wird signifikant rascher gelernt als bei Nicht-Übereinstimmung.

ERTEL interpretiert diesen Befund, indem er darauf hinweist, daß »dem Gebrauch von Sätzen eine allgemeinere konstruktive Handlungskomponente zugrundeliegt« (S. 335). Für uns bleibt hier zunächst festzustellen, daß ERTEL (durch seine Reduzierung der affektiven OSGOODschen Dimensionen auf formal-relationale) offenbar sehr tiefreichende und keineswegs nur auf verbale Bestände beschränkte Bedeutungsstrukturen erkennbar macht, die vielleicht den BIERWISCHschen Postulaten von allen bisher bekannten Bedeutungsstrukturen am nächsten kommen. Die elementaren kognitiven Impulse und Tendenzen, auf die wir hier einen ersten Blick werfen, werden uns später (z. B. Kap. XII) noch häufig und in sehr verschiedener Form begegnen.

Kehren wir von derartigen grundlegenden psychischen Strukturen zu ›sprachnäheren‹ zurück und erinnern wir uns an die Fragestellung, von der wir zu unserem Exkurs in die Arbeiten ERTELs aufgebrochen sind: das Interesse verlagert sich vom »Was ist das« der identifizierenden Attribute-Klassifikation zum »Was tut das« einer eher funktionalistischen Betrachtungsweise.

Natürlich lassen sich diese beiden Fragestellungen (was ist das – was tut das) nicht scharf trennen: Je mehr man sich, dem Ausgangstheorem der Generativen Linguistik entsprechend, auf die Beschreibung einer nicht funktional konzipierten Sprachkompetenz konzentriert hat, desto mehr wird die erste dominieren. Je funktionaler man sprachliches Verhalten (und seine Einbettung in nichtsprachlichem Verhalten) erklären will, desto eher wird man gerade bei der Beschreibung semantischer Faktoren deren dynamische Qualität in den Vordergrund stellen (und so eventuell übrigens die Trennung in Semantik und Pragmatik überflüssig machen). Was sich in der jüngeren Geschichte der Linguistik und der Psycholinguistik vollzieht, ist also eine Umakzentuierung des Problems: »Bedeutung eines lexikalen Items als Funktion des Ortes dieses Items in einer Struktur« zu einem anderen

Problem: »Funktion der Bedeutung eines lexikalen Items für die Struktur und die Funktion sprachlichen Geschehens.« Die Semantik ist der Ort, an welchem eine scheinbar selbstgenügsame Sprachwissenschaft sich dem Kontakt mit der Welt öffnen muß:

»La sémantique est la partie de la langue où ... la langue ne peut pas être envisagée elle-même, parce que c'est la partie par où l'on passe incessamment de la langue au monde, et du monde à la langue.« (MOUNIN, 1963, S. 138)

Der Leser möge, wenn wir uns jetzt in einem dritten Ansatz der Beschreibung der Struktur des Lexikons zuwenden, die zweite der oben genannten Fragen (was *tun* die in dieser Struktur angeordneten Einheiten?) als Suchschema im Gedächtnis behalten.
OSGOODs Semantisches Differential beschreibt Ähnlichkeitsrelationen zwischen einem im Lexikon stehenden Begriff (Wort) und den Dimensionen des semantischen Raumes. Die semantischen Kennzeichen (Features), welche für das Bestehen dieser Relation verantwortlich sind, werden in ihrem Zustandekommen durch eine Lern-Theorie – jedenfalls nach OSGOODs Ansicht – dargestellt.
Die Ähnlichkeit, das Zusammengehören von Wörtern (Lexemen) ist lange vor OSGOOD auch schon als Indikator der Bereichsgliederung des Wortschatzes einer Sprache verwendet worden, allerdings ohne daß dabei an ein dimensional strukturiertes Lexikon gedacht worden wäre: bei den Feldtheoretikern der deutschen Linguistik der zwanziger und dreißiger Jahre. Kennzeichnend für diesen Ansatz (und für die Diktion seiner Darstellung) ist folgendes Zitat:

»Nicht einem schon vorhandenen, klar begrenzten einzelnen Denkinhalt wird ein Wort zeichenhaft zugeordnet, sondern erst infolge des Vorhandenseins eines Wortes im Feld hebt sich ein Einzelinhalt aus dem vor ihm vorhandenen Inhaltskomplex klar heraus. Wir werfen ein Wortnetz über das nur dunkel und komplexhaft geahnte, um es gliedernd zu fangen und in abgegrenzten Begriffen zu haben. Die Begriffsbildung mit Hilfe des Wortes ist ein gliedernder Klärungsvorgang aus dem Ganzen heraus ... Das Sein selbst, das heißt das für uns gegebene Sein, ist nicht unabhängig von Art und Gliederung der sprachlichen Symbolgefüge.« (TRIER, 1931, S. 1 f.)

Was »weise« bedeutet, wird nur dem also ganz deutlich, der weiß, daß der Wortschatz der deutschen Sprache auch »klug«, »gescheit«, »intelligent« ... enthält.*

Was TRIER damit erreichen will, ist zweifellos etwas anderes und vielleicht »weniger« als das, was KATZ und FODOR bzw. OSGOOD mit ihren Ansätzen intendieren. KATZ/FODOR und OSGOOD geht es darum, die riesige Größenordnung von Wortbedeutungen so auf elementare Komponenten zu reduzieren, daß man mit diesen Komponenten »rechnen« kann: dieses »Rechnen« wird vorgenommen bei KATZ/FODOR bei der Analyse der Satzbedeutung, bei OSGOOD bei der Analyse des verbalen Verhaltens.

Die Feldtheoretiker wollen gar nicht wissen, auf welche (wenigen, elementaren) Bedeutungsdimensionen oder -features sich die Bedeutung eines Wortes (durch Vergleich mit der Bedeutung anderer Wörter) *reduzieren* läßt, sondern sie wollen ganz im Gegenteil durch einen derartigen Vergleich auch noch die feinsten Unterschiede zwischen den Wörtern feststellen.

Auch die Basis dieser Konzeption ist eine völlig andere als die, auf welcher wir bisher operiert haben. Sowohl die CHOMSKY-KATZ-FODORsche Linguistik als auch BIERWISCH als auch OSGOOD gehen davon aus, daß das, was im (als Zeichen aufgefaßten) Wortschatz »abgebildet« wird, bereits Struktur hat: sei es eine der Sprache inhärente Struktur (CHOMSKY und seine Schüler), sei es eine dem allgemeinen »psychischen Auffassungsapparat« entsprechende Struktur (BIERWISCH), sei es eine durch Verhalten und angeborene Lerngesetze determinierte Struktur des Verhaltens (OSGOOD).

* Von TRIERs Feldbegriff scharf zu unterscheiden ist der PORZIGs. Während es TRIER um die Klärung eines Inhaltsmosaiks geht – der Begriff des Mosaiks wird bei ihm kaum von dem ihm eigentlich widersprechenden des feldtheoretisch aufgefaßten Feldes unterschieden –, will PORZIG »wesenhafte Bedeutungsbeziehungen« etwa zwischen Prädikat und Objekt (»fällen« kann man nur einen »Baum«) oder zwischen Prädikat und Subjekt (»bellen« impliziert als Subjekt »Hund«) erfassen. Ihm geht es also ganz entschieden nicht um mosaikartiges Nebeneinander, sondern um dynamische Beziehungen, wie sie heute in manchen Ansätzen der Generativen Semantik wieder anklingen.

Demgegenüber setzt der TRIERsche Feldbegriff eine a priori undifferenzierte Substanz auf der Inhaltsebene (LYONS, 1968, S. 429) voraus, welche ihre Struktur erst dadurch erhält, daß das Vokabular einer bestimmten Einzelsprache ihr gliedernd übergestülpt wird.

Diese ganz verschiedene Stellung zur Frage sprachlicher Universalien bestimmt auch eine ganz verschiedene Annäherungsweise an das, was man von SAPIR bis WHORF das Problem der semantischen Relativität bzw. des semantischen Determinismus genannt hat. Wenn die Eskimos 18 verschiedene Bezeichnungen für verschiedene Arten von Schnee haben, so würde TRIER dazu sagen, Eskimotisch gliedere ein – »an sich« noch nicht strukturiertes – Gebiet der außersprachlichen Realität in 18 verschiedene Begriffe auf. CHOMSKY-KATZ-FODOR würden vermutlich sagen, die Matrix der betreffenden Bedeutungsdimensionen sei bei Eskimos dichter mit lexikalen Items besetzt (weise weniger »accidental lexical gaps« auf) als bei Sprechern europäischer Sprachen, während BIERWISCH, wenn er keine tiefgreifenden psychologischen Unterschiede zwischen Europäern und Eskimos annehmen will, auf die prinzipielle »attainability« der eskimotischen Begriffe auch für Europäer verweisen würde. OSGOOD würde die Differenziertheit der eskimosprachlichen Ausdrücke auf die Differenziertheit des eskimotischen Verhaltens im und zum Schnee zurückführen.

Die Gegenüberstellung der in die Feldtheorie und in die Lexikontheorie der Generativisten eingehenden Vor-Urteile (erst die sprachliche Benennung gliedert das betreffende Gebiet – es gibt eine »hinter« den sprachlichen Items stehende und mit diesen nicht völlig isomorphe Struktur des Lexikons) läßt uns übrigens auch die Gefährlichkeit des Operierens mit so harmlos und hübsch aussehenden Begriffen wie »lexical gap« erkennen. Eine lexikalische Lücke, die nach CHOMSKY auch noch verschiedener Art (akzidentell oder systematisch) sein kann, kann ja als solche überhaupt nur erkennbar werden, wenn unter dem »Loch im Wortschatz« sozusagen die Struktur des Lexikons weiterläuft. Nur wenn dies der Fall ist, kann man sagen, ein so und so großes Maß an vorhandener Struktur sei durch entsprechende lexikale Items nicht »gedeckt«. Wenn man von lexical gaps (oder von

»attainable« concepts) spricht, sollte man sich also stets fragen, ob man seine Angaben über die Struktur des Lexikons nicht eigentlich nur via Analyse des Wortschatzes gewonnen und dann die Zusatzannahme gemacht hat, daß diese Struktur auch dort vorhanden ist, wo der Wortschatz dies nicht erkennen läßt...
Die Theorie der semantischen Felder hat zweifellos gewissen Anregungswert, widersetzt sich aber jeder Präzisierung. GECKELER, selbst durchaus ein Vertreter dieser Konzeption, stellt (1971) bedauernd fest:

> »Einer der größten Mängel aller bisherigen Beschäftigung mit Wortfeldern besteht im Fehlen einer Methode ... Da keine ausgearbeitete Feldmethode existiert, wurden die Felduntersuchungen vorwiegend auf intuitiver Basis betrieben.« (S. 177)

Insbesondere ist es bisher nicht gelungen, sie so auszubauen, daß sie für eine Satzsemantik oder für eine Theorie ergiebig wäre, welche Wortbedeutung mit Kennzeichen des Verhaltens in Zusammenhang bringt. BAUMGÄRTNER hat (1966) ganz mit Recht darauf hingewiesen, die

> »entscheidende Vorbedingung wäre, daß man nicht bei der Bestimmung und Betrachtung ganzer Bedeutungen stehenbleibt, sondern zur Analyse von Bedeutungen in ihre kleinsten Bestandteile übergeht. Nur so lassen sich an die Stelle jeweiliger Lexemfelder, in denen die stillschweigend vorausgesetzten oder nur nachträglich genannten Bedeutungen überhaupt nicht vorkommen, faktische Bedeutungsfelder setzen«. (S. 169)

BAUMGÄRTNER geht dann selbst so vor, daß er Bedeutungsfelder im TRIERschen Sinne nun einer Komponentenanalyse unterzieht. Die Methode seines Vorgehens besteht darin, daß er die auch von KATZ und FODOR befolgten Forderungen ernst nimmt, die Anzahl der Komponenten müsse kleiner als die Anzahl der Bedeutungen sein. Wenn also in der Regel eine Komponente (ein Feature) mehr als nur einem einzigen Lexem (Wort) zukommt, so muß dies sozusagen eine kontextuale Komponente sein, d.h. eine Komponente, welche mehrere Wörter in denselben Kontext aufzunehmen vermag. »Pferd«, »Esel« und »Maultier« gehören alle *einer* (sprachimmanenten?) semantischen Klasse an, die mit »bereitbar« bezeichnet werden kann. Bei der direkten Erzeugung von Verbkomponenten stellt sich ganz entsprechend heraus, daß die wichtigsten Komponenten die Struktur und Funktion von Adverbialphrasen haben. Die Komponenten der Verblexeme werden also zunächst in der Tiefensyntax unter der Kategorie Adverb erzeugt und dann erst, in einem sekundären Schritt (der von der Objektsprache zur Metasprache führt), zu semantischen Komponenten erhoben.

Das ist eine mühsame Methode, gefährdet nicht nur durch die akzidentellen und systematischen Lücken des betreffenden einzelsprachlichen Wortschatzes (kann ich zwei Verben vielleicht nur darum nicht unterscheiden, weil mir keine differenzierenden Adverbien einfallen?), sondern natürlich auch durch Einfallsfülle und Einfallsarmut des betreffenden Linguisten.

Ganz ähnlichen Schwierigkeiten steht vermutlich auch COSERIU gegenüber, für den ein Wortfeld ein lexikalisches Paradigma ist, das durch die »Aufteilung eines lexikalischen Inhaltskontinuums unter verschiedene in der Sprache als Wörter gegebene Einheiten entsteht«. (1967, S. 294) Er geht von der Annahme aus, daß sich einfache lexikalische Strukturen (wie analog die Systeme der Phonologie) in kleinste unterscheidende Züge analysieren lassen. Wenn er aber gleichzeitig (und sicher zu Recht) betont, daß die für das Wortfeld konstituierenden Züge nicht mit Zügen an der »Sache« selbst zusammenzufallen brauchen (vgl. GECKELER 1971, S. 199), so wird das Auffinden dieser Unterscheidungen wieder ganz dem subjektiven Differenzierungsvermögen des Linguisten ausgeliefert.

Wir gelangen wieder auf sichereren Boden, wenn wir zu primär psychologischen Untersuchungen von Wortfeldern kommen. Beginnen wir mit einer noch in den Anfängen steckenden Forschungsrichtung, die ihre Bedeutung für psycholinguistische Fragestellungen selbst noch gar nicht festgestellt hat, den Untersuchungen zur »Semantischen Exzitation«. MEYER et al. (1974), SCHMIDT (1976) beschreiben eine Versuchsanordnung, in der die Vp zu entscheiden hat, ob eine ihr tachistoskopisch dargebotene Buchstabenfolge ein Wort darstellt oder nicht. Die Latenzzeit für diese Entscheidung ist kürzer, wenn die Vp unmittelbar vorher Wörter gehört oder gelesen hat, die dem gleichen semantischen Feld angehören wie das Testwort. Offenbar aktiviert das Verarbeiten der vorangehenden »Kontextwörter« auch die *Umgebung* der ihnen entsprechenden neuralen Korrelate. Das heißt, daß dem semantischen Feld auch neurologisch eine »zusammenhängende Struktur« entspricht.

Die theoretische Bedeutung dieses Untersuchungsansatzes liegt nicht zuletzt darin, daß über ihr die Wahrscheinlichkeitsüberlegungen wieder in die psycholinguistische Diskussion einbezogen werden könnten, mit denen MILLER (1951) Regelhaftigkeiten der Wahrnehmung von Sprache zu klären versuchte und die im Gefolge der durch CHOMSKY induzierten Syntaxbegeisterung zu Unrecht aus dem theoretischen Repertoire der Sprachpsychologie verschwunden sind. Doch dem ist hier nicht nachzugehen.

Zielen die Untersuchungen zur semantischen Exzitation darauf ab, dem Begriff des semantischen Feldes ein neuropsychologisches Korrelat zur Seite zu stellen, so gelten die Untersuchungen SZALAYs (1970, 1972, 1973) sozialpsychologisch und ethnopsychologisch zu beschreibenden Unterschieden in Umfang und Struktur semantischer Felder. Er geht dabei von einer Position aus, die der OSGOODs nahesteht. Die »subjektive Kultur«, die er zu erfassen sucht, ist für ihn eine gruppenspezifische kognitive Organisation. Sie ist die Gedankenwelt oder die Welt-Ansicht einer Gruppe, die sich ergibt, weil die Mitglieder dieser Gruppe ähnliche (à la OSGOOD zu verstehende) »Bedeutungsreaktionen« aufgebaut haben. SZALAY fragt: wie hängen diese Reaktionen im Individuum miteinander zusammen, wo überlappen sie sich, welche Felder bilden sie? Und von da aus sein Schritt in die Kulturpsychologie: unterscheiden sich diese Felder in ihrem Umfang, ihrer Zusammensetzung, ihrer Abgrenzung von Kulturgruppe zu Kulturgruppe? Für den Anhänger der Christian Science werden (SZALAYs Beispiel) eher »Haschisch« und »Hölle« zusammenhängen, für den Süchtigen eher »Haschisch« und »Himmel«.

Wie man an diesem Beispiel sieht, ist SZALAYs Feldbegriff weniger linguistisch als psychologisch orientiert; die Wörter werden von SZALAY nicht in ihrer »lexikalischen Bedeutung« aufgefaßt, sondern als einheitliche (aber in Komponenten analysierbare) Elementary Meaning Units*, d. h. als

Einheiten kognitiver Vorgänge, die aus sehr verschieden-*artigen* Komponenten sich zusammensetzen können:

> »an individual's meaning of ›drug‹ includes elements of visual images (white pill), contexts of use (headache), brands (Bayer), affective reactions (bitter taste, dislike), and function (restoration of health). The saliency of imagery, cognitive elements, and evaluations varies«. (1973, S. 34)

Durch ein Mehrfach-Assoziationsverfahren identifiziert SZALAY die Prioritäten, wie sie in verschiedenen Kulturen in bestimmten Bereichen gesetzt werden: während z. B. amerikanische Studenten um das Wort »educated« vor allem Begriffe gruppieren, die mit Wissen und Lernen zu tun haben, gehört für koreanische Studenten dazu der Aspekt der sozialen und moralischen Führerrolle. Das heißt, die semantischen Felder, welche in den beiden Kulturen den Begriff »educated« umgeben, sind offenbar verschieden. (Bei »education« ergibt sich übrigens eine viel größere Übereinstimmung.)

Hat OSGOOD mit seinem Semantischen Differential vor allem universale, d. h. über Sprachen und Kulturen invariante Strukturen des Bedeutungsraumes aufgedeckt, so zeigt SZALAY die Unterschiede auf, die zwischen Kulturen bestehen, auch zwischen Subkulturen der gleichen Sprache (vgl. SZALAY und BRYSONs Vergleich amerikanischer Neger und Weißer, 1973).

FILLENBAUM und RAPOPORT (1971) untersuchen semantische Felder nicht unter soziolinguistischem, sondern unter psycholinguistischem Aspekt. Sie gehen, wie TRIER und BAUMGÄRTNER, von intuitiv als solche erscheinenden Feldern aus (während SZALAY die Glieder und Grenzen von Feldern zu entdecken gesucht hat).

Theoretisch anspruchsloser, mathematisch aber aufwendiger als OSGOOD, unendlich präziser und kontrollierbarer als BAUMGÄRTNER, operieren sie ganz strukturalistisch, indem sie definieren »that the meaning of a lexical item is a function of the meaning relations obtaining between that item and other items in the same domain« (S. VII). Bedeutung wird also auch hier aufgefaßt als Funktion der Stellung

* Diesen Terminus übernimmt SZALAY von GREENBERG.

in einer bestimmten Struktur. Während der Feldtheoretiker sozusagen in sich hineinhorcht, welche Adjektive oder Adverbien ihm einfallen, wenn sein Blick über ein z. B. aus Verben gebildetes semantisches Feld schweift, fragen FILLENBAUM und RAPOPORT ihre Versuchspersonen ohne jede weitere analytische Spezifikation nach der Ähnlichkeit der ihnen vorgelegten Wörter – getreu dem erwähnten rationalen Rezept: was ähnliche Bedeutung hat, gehört im Lexikon zusammen – was im Lexikon »zusammen« angeordnet ist, läßt die dort vorliegende Struktur erkennen. FILLENBAUM und RAPOPORT erfreuen sich bei ihrem Versuch, diese Strukturen sichtbar zu machen, bereits des milderen postbehavioristischen Klimas: sie brauchen ihren Vpn nicht mehr eine angeblich das Assoziations*verhalten* untersuchende Methode vorzulegen wie OSGOOD, sondern können direkt nach der Ähnlichkeit verschiedener lexikaler Items fragen. Sie haben eine Reihe mathematisch z. T. recht anspruchsvoller Klassifikations- und Skalierungsverfahren entwickelt und diese auf verschiedene vermutete Teilbereiche des subjektiven Lexikons (Verwandtschaftsbezeichnungen, Präpositionen, Verben des Beurteilens ...) angewandt. Bei dem durch MILLER in die Erforschung semantischer Probleme eingeführten Klassifikationsverfahren werden dem Probanden beispielsweise eine Anzahl Wörter mit der Instruktion vorgelegt, sie in beliebig viele Gruppen so zu sortieren, »wie sie zusammengehören«. Um das zu tun, muß der Proband

> »ignore some of their distinguishing features. The fewer the features distinguishing two terms or the less important these features, the more likely that the terms will be assigned to the same group ... The issue then becomes one of trying to discover which conceptual features have been ignored and thus, by indirection, what the features are«. (1971, S. 187)

Hier klingt ein außerordentlich wichtiger Gesichtspunkt an, der bei KATZ und FODOR keine klare, bei OSGOOD keine Rolle spielt: die ein lexikalisches Item kennzeichnenden Features sind verschieden wichtig, es gibt unter ihnen eine Ordnung, eine Hierarchie der Wichtigkeit. Bei KATZ und FODOR und in ihrer geistigen Umgebung werden die Wörter ja, wie WEINREICH es einmal kritisch ausgedrückt hat, als »unstructured heap of features« behandelt. (Diese Kritik besteht zu Recht, auch wenn KATZ und FODOR die Bedeutung eines Wortes gerne als Baumdiagramm angeben: *alle* semantischen Kennzeichen eines Wortes sind bei ihnen gleich wichtig, und es gibt keine begründete Aussage darüber, in welcher Reihenfolge sie beim Generieren eines Satzes »angewandt« werden sollen. OSGOOD gibt ganz ausdrücklich an, daß seine EPA-Features nicht hierarchisch geordnet sind.) Dieses Problem der verschiedenen Wichtigkeit der Features hängt natürlich sehr eng mit der Anzahl und der Ordnung der Features zusammen, auf welches wir schon mehrfach hingewiesen haben.

FILLENBAUM und RAPOPORT wollen also, über »the study of dimensionality of semantic spaces« (und damit auch über OSGOOD) hinausgehend, ein höher gestecktes Ziel erreichen:

> »employing graph and clustering techniques which make minimal assumptions about the data we have attempted to extract additional structural properties«. (S. 4)

Wenden wir uns als Beispiel ihrer Analyse des Feldes der Verwandtschaftsbeziehungen zu, so haben wir auf diesem Gebiet sozusagen als außersprachlichen Ankerpunkt zwei rivalisierende anthropologische Modelle:

WALLACE und ATKINS (1960) schlagen ein dreidimensionales System vor: die Dimension Geschlecht (mit den Ausprägungen männlich/weiblich), die Dimension Generation (2 über Ego, 1 über Ego, Ego, 1 unter Ego, 2 unter Ego) und die Dimension Linealität.*

Dem steht das Modell von ROMNEY und D'ANDRADE (1964) gegenüber, dessen erste Dimension ebenfalls Geschlecht ist, dessen zweite (Generations-)Dimension aber nur drei Ebenen kennt (ego, ego ± 1, ego ± 2) und dessen dritte Dimension als Reziprozität bezeichnet wird (z. B. grandfather/grandson) und in dem es schließlich noch den Kontrast zwischen direkten und kollateralen Begriffen gibt.

Die verschiedenen von FILLENBAUM und RAPOPORT

* »Lineals are persons who are ancestors or descendants of ego, co-lineals are non-lineals all of whose ancestors include, or are included in, all the ancestors of ego; ablineals are consanguineal relatives who are neither lineals nor co-lineals . . .«

hier verwendeten Methoden erbringen Resultate, die eindeutig zugunsten des ROMNEY/D'ANDRADE-Modells sprechen. So werden z. B. »grandfather« und »grandson«, die im WALLACE/ATKINS-Modell durch einen weiten Abstand getrennt sind, von den Vpn tatsächlich als einander sehr nahe eingestuft – was sie durch ihre Reziprozitätsdimension leicht erklären können.

Darüber hinaus geben die Resultate – und damit gewinnen sie generelle psycholinguistische Relevanz – jedoch auch Hinweise darauf, daß nicht allen Dimensionen bei der Bestimmung der Ähnlichkeit das gleiche Gewicht zukommt. So ergibt sich z. B.

> »that terms differing only with regard to sex characteristically fall very close together, while collaterals are usually considerably displaced from the direct terms, etc.«. (S. 82)

Das ist eine Bemerkung, die jeden lexikologisch Interessierten zum Nachdenken anregen muß. Kann man aus der Tatsache, daß »Vater« und »Mutter«, daß »Onkel« und »Tante«, daß »Sohn« und »Tochter« jeweils als einander besonders ähnlich bezeichnet werden, wirklich den Schluß ziehen, daß der Dimension (Geschlecht) geringeres Gewicht zukommt als etwa der Dimension (Generation), die zwischen »Sohn« und »Enkel« differenziert? Kann man so generell von »geringerem Gewicht« sprechen oder müßte man die Überlegung anschließen »Gewicht bei welcher Entscheidung«? Hier werden ja – so lautet wenigstens die Instruktion – Wörter »an sich« skaliert, nicht aber Wörter, die in einer bestimmten Mitteilung eine Rolle spielen. Würde, so kann man diesen Gedanken weiterspinnen, (Geschlecht) plötzlich doch wichtig werden, wenn die Skalierung nicht nach Ähnlichkeit schlechthin, sondern etwa nach Ähnlichkeit in-bezug-auf-Eignung-zur-Kinderpflege oder gar nach Ähnlichkeit-in-bezug-auf-Eignung-für-Sexualbeziehungen erfolgen würde?

Wird die Tatsache der Geschlechtszugehörigkeit und die Rolle, die diese Tatsache im Rahmen einer bestimmten kommunikativen Situation spielt, durch extralinguale Faktoren repräsentiert? Oder ist sie in unserem sprach-fundierenden Weltwissen so tief verankert, daß die Wörter dafür nur ein relativ geringes Gewicht haben? Vielleicht könnte man sagen, die Dimension (Geschlecht) sei ganz offenbar und selbstverständlich so wichtig, daß sie von den Vpn gar nicht mehr berücksichtigt wird, wenn man nach der Ähnlichkeit zweier Wörter fragt...

Bevor man geneigt ist, derartige Fragen ungescheut in die Diskussion aufzunehmen, sollte man freilich bedenken, wohin sie eventuell führen können. Wenn bei der Ähnlichkeitsskalierung bestimmten Dimensionen des Lexikons ein größeres Gewicht zukommt als anderen – was heißt das für unsere Konzeption von Lexikon? Es heißt auf jeden Fall, daß die bloße Aufzählung der Dimensionen eines lexikalischen Items ergänzt werden muß durch eine Darstellung des *Wichtigkeits-Profils* der im gegebenen Fall angesprochenen Dimensionen. Und hier liegt dann die weitere Frage nahe, ob ein bestimmtes lexikalisches Item durch Dimensionen beschreibbar ist, die *immer und unter allen* Umständen in der gleichen, durch dieses Wichtigkeitsprofil angegebenen hierarchischen Relation zueinander stehen. Sobald wir auch nur die Möglichkeit zu bedenken beginnen, daß die Rangfolge dieser Dimensionen unter dem Einfluß äußerer, linguistischer und nichtlinguistischer Faktoren *variieren* könnte, wird die ganze Konzeption des Lexikons als eines passiven Speichers von Items in Frage gestellt. Wenn FILLENBAUM und RAPOPORT als ihr Ziel dargestellt haben »to determine how people ›reckon‹ in assessing the relations among terms in a given domain« (S. 235), dann wird diese Rechenmöglichkeit maßlos dadurch kompliziert, daß zusätzliche (lexikalische und nichtlexikalische) Faktoren bestimmen, mit welchem »Wert« eine bestimmte Dimension eines bestimmten Items jeweils in die Rechnung eingeht.

Ein anderes Problem der mit dem Begriff des semantischen Feldes operierenden Bedeutungsforschung wird von ULLMAN (1962) so charakterisiert:

> »The neatness with which words delimit each other and build up a kind of mosaic, without any gaps or overlaps, has been greatly exaggerated: This is true only of specialised and rigidly defined systems such as army ranks; in ordinary language, vagueness, synonymy, ambiguity, and similar factors will produce a much less tidy picture.« (S. 249)

FILLENBAUM und RAPOPORT haben ihre Methode auch zur Analyse solcher schlecht definierten Felder eingesetzt;

für unsere Überlegungen besonders interessante Resultate liefert die Analyse des Feldes der Have-Verben.
Die Autoren sind sich über die methodischen Schwierigkeiten klar, die ihnen hier begegnen.

»Just because a domain is ill-defined, it is impossible to exhaustively specify of identify all or its members, it is unclear how to sample from an extensive list of putative members, it is unclear what the effect may be of having a relative concentration of items (many quasi-synonymous and perhaps relatively infrequent) in some region of the conceptual space, or of omitting items that appear to be scattered widely over other regions of the space, and it is unclear where one domain merges or overlaps with some other domain.« (S. 169)

Die Ergebnisse der mit verschiedenen Methoden durchgeführten Analyse der Verben des Habens läßt vier Unter-Bereiche dieses Feldes erkennen. Auf einer Achse (Dimension?) liegen sich ein »dispose of«-Cluster und ein »acquire«-Cluster gegenüber. Der durch diese Wortgruppierung repräsentierte Unterschied läßt sich etwa so charakterisieren: man kann gegenwärtig etwas haben und im Begriff sein, es bald nicht mehr zu haben (z. B. sell, get rid of, give, offer, return, lend) – oder man ist im Begriff, etwas zu erhalten, was man derzeit noch nicht hat (z. B. receive, steal, take, find, buy, earn, accept, gain, get).
Eine zweite Dimension wird gekennzeichnet durch einen »own«- oder »have«-Cluster einerseits, einen »need«- oder »lack«-Cluster andererseits (keep, hold, belong, save, own bzw. need, lack, want).
Die Autoren überlegen aber (wobei sie die Resultate anderer Untersuchungen der Haben-Verben, z. B. von BENDIX und WEXLER heranziehen), ob eine derartige Interpretation wirklich adäquat ist. »What we seem to have obtained is a kind of meaning organization in which local, componential, or paradigmatic properties are *embedded* in an overall cluster structure« (S. 187/8). Wenn die einzelnen Wörter eher in konzentrischen Haufen als auf einer Achse angeordnet sind, sollte man dann das Konzept der »Dimensionen des Lexikons« beibehalten? Diese Skepsis wird auch schon von WEINREICH (1963) artikuliert:

»Whereas in the highly patterned or terminologized domains

of vocabulary such as kinship and color, distinguishing components recur in numerous sets of signs, the bulk of the vocabulary is of course more loosely structured and is full of *components unique to single pairs* or small numbers of pairs.« (S. 149)

Gibt man das Konzept der Dimensionen des Lexikons auf, so verliert man damit freilich auch die simpelste Vorstellung vom Funktionieren z. B. des Verstehens eines Wortes: Verstehen kann nicht mehr als vollständige cross-classification aller Dimensionen konzipiert werden, an denen dieses Wort Anteil hat.

Welche Vorstellung soll an die Stelle der (gleichberechtigten) Dimensionen treten? FILLENBAUM und RAPOPORT nehmen eine durch Inklusionsrelationen gekennzeichnete taxonomische Struktur des Lexikons etwa dieser Art an: »lending«, »granting«, »conferring«, »imparting« kann man alle als Arten des Gebens ansehen, denen jeweils eine spezifische Qualifikation hinzugefügt wird: »lending« ist ein Geben mit der zusätzlichen Qualifikation, das Gegebene später wieder zurückzuerhalten. »Find«, »take«, »steal« haben eine einheitliche Voraussetzung (Präsupposition), nämlich to acquire, aber »find« wird durch das zusätzliche Feature (zufällig) gekennzeichnet, »take« durch ein Feature der Aktivität (im Gegensatz zur »receive«), »steal« durch ein Feature der Illegalität.

Damit haben wir einen für die weitere Entwicklung unserer Überlegungen wichtigen Punkt erreicht: wir erkennen die ein Wort kennzeichnenden Features (oder semantic components oder Markers) als hierarchisch geordnet in dem Sinne, daß bestimmte Features anderen *vor*geordnet sind. Versucht man zu spezifizieren, was das logisch und psychologisch heißt, so weist der bereits erwähnte Begriff der Präsupposition darauf hin, daß in diesem Fall ein bestimmtes Feature (erhalten) *Voraussetzung* für ein anderes (z. B. zufällig) ist. Diese Relation ist logisch nicht umkehrbar.* Es muß Aufgabe der Sprachpsychologie sein, zu untersuchen, wie sich diese anisotrope, gerichtete Relation zwischen den ein Wort kennzeich-

* Das unterscheidet *diese* Art von Geordnetheit von der bei KATZ, FODOR und POSTAL angedeuteten, wo »Ordnung« immer einen hohen Grad von Redundanz involviert.

nenden Features in verschiedenen Vorgängen (Verstehen von Wörtern, von Sätzen, Produktion von Beschreibungen, Vergleich von Sätzen etc.) auswirkt.*

Festgehalten sei zunächst zweierlei:

1) Die Kennzeichnung der Bedeutung von Wörtern sollte offenbar nicht in einer Und-Summe gleichgewichtiger Charakteristika bestehen, sondern so etwas wie eine wort-inhärente Dynamik berücksichtigen. Damit wird ein neuer Problemkreis angeschnitten: wie verhält sich diese Dynamik zu der im Satz, in der kommunikativen Äußerung, im Erlebnisfeld des Sprechers und des Hörers herrschenden Dynamik?

2) Geht man nochmals zu der Auffindemethode der Cluster zurück, so wird man mit FILLENBAUM und RAPOPORT folgende Überlegungen anstellen müssen:

> »suppose that differences with regard to some features, as say (Acquire) versus (Dispose of), have much greater importance than differences in other features. Then it follows that items differing in regard to the former features will be assigned to different clusters and that items with these features in common but differing in other features will fall close together, i. e., in the same cluster, and that paradigmatic, componential distinctions among these items, which might be revealed if one were dealing with (different, d. Verf.) limited subsets, may be masked«. (S. 188)

Hängt das In-Erscheinung-Treten z. B. der Zufallskomponente in »lose« und »find« wirklich davon ab, daß sozusagen ›vorher‹ das Komponentenpaar acquire/dispose of angesprochen worden ist, so könnte dadurch freilich, wie oben schon angedeutet, die Grundannahme aller den Begriff des Lexikons verwendeten Operationen in Frage gestellt werden, nämlich die Annahme, daß ein Wort *eine* (seine) Bedeutung hat, unabhängig davon, wie nach dieser Bedeutung »gefragt wird« bzw. wie diese Bedeutung in den (oben beispielsweise erwähnten) psychologischen Prozessen ins Spiel kommt. Wir könnten dann auch nicht mehr mit KATZ und FODOR erwarten, die Satzbedeutung sozusagen als Funktion von syntaktischer Struktur plus Wortbedeutung zu begreifen, sondern müßten umgekehrt die Bedeutung der Äu-

* Beispiele hierfür werden wir unten in den Untersuchungen etwa von MILLER oder von QUILLIAN kennenlernen.

ßerung begriffen haben, um etwas über die Bedeutung der diese Äußerung konstituierenden Wörter ausmachen zu können.

Machen wir uns klar, daß wir mit dieser »Unterminierung« des Lexikonbegriffs also vielleicht auch Möglichkeiten gewinnen, solche Phänomene einer Analyse zugänglich zu machen, welche solange notorisch schwierig sind, als man die Bedeutung eines Wortes als ein für allemal festgelegt, gleichbleibend und immer *vollständig* wirksam ansieht: daß man »lächelnde Wiese« versteht, daß man weiß, was »ins Gras beißen« bedeutet, daß die Frage »Können Sie das Fenster öffnen?« keine Frage, sondern eine Aufforderung ist, etc.

Die Befreiung von einer Lexikon-Konzeption, welche die Wörter als Fertigteile ansieht, die unter dem Kommando der Syntax sich in eine Links-Rechts-Reihe anordnen – die Befreiung von einer derartigen Lexikon-Konzeption ist Voraussetzung dafür, daß wir uns in einer Funktionsanalyse sprachlichen Geschehens die intentionale Dynamik klarmachen können, welche Meinen und Verstehen als Akte handelnder Menschen durchzieht.

Kapitel VI
Funktionalistische Analyse semantischer Dimensionen

Vom jetzt erreichten Standpunkt aus sind zwei weiterführende Wege erkennbar: der eine wertet einen zweiten »Strang« der von uns bereits mit OSGOOD und mit FILLENBAUM/RAPOPORT angesprochenen Verwendung von Assoziationsverfahren zur Bedeutungserhellung aus; er führt vor allem zu DEESE und zu CLARK. Der zweite Weg greift den im vorangegangenen Kapitel erstmals aufgetretenen Begriff der Präsupposition auf und verfolgt ihn zunächst zu MILLER weiter.

Wir können nicht beide Wege gleichzeitig gehen. Da der zu MILLER führende uns bereits in den Übergangsbereich zur Satzsemantik bringen wird, wollen wir zunächst die Assoziationsverfahren unter einem neuen Aspekt betrachten.

OSGOOD hat zur Erklärung der Genese seiner repräsentationalen Vermittlungsglieder eine assoziationistische S-R-Theorie vorgelegt. Weil in unserer Kindheit bestimmte S-R-Verbindungen und S-S-Kombinationen sich öfter ereignet haben, können wir im sprachfähigen Alter eine Bedeutungsähnlichkeit von »Krankenschwester« und »Heimat« (beide sind hoch positiv evaluativ) feststellen. Wir stellen sie fest, indem wir diese Wörter als Stimuli in ein besonderes Assoziationsverfahren, nämlich das Semantische Differential, eingehen lassen.

S-R-Zusammenhänge werden seit Jahrzehnten durch Assoziationsverfahren geprüft. Fragte man ursprünglich nach der Assoziiertheit eines (Response-)Wortes mit einem (Stimulus-)Wort, um damit die Abfolge oder das Sich-vertreten-Können von Wörtern im Satz zu erklären, so hat man dieses Ziel bald als zu hoch oder vielleicht sogar falsch gesteckt aufgegeben. Die Abfolge der Wörter im Satz als Auswirkung assoziativer habits zwischen diesen Wörtern aufzufassen, hat zwar viel Erkenntnis eingebracht (wofür MILLERs »Language and Communication« ein bleibendes Zeugnis ist), aber aus prinzipiellen Gründen kann dieser Ansatz nicht vollständig gelingen – Stichwort: Kreativität der Sprache.

Die Psycholinguisten, welche auf Geheiß CHOMSKYs ihre S-R-Orientierung über Bord warfen, hatten aber als undergraduates die *Technik* des Assoziations-Experiments gut genug gelernt, um sich ihrer zu erinnern, als man sie fragte, wie der Psychologe wohl an die Erhellung von Bedeutungsstrukturen herangehen könnte.

Der Assoziations*begriff* fungiert jetzt also nicht mehr als Erklärung für das Zusammen-Vorkommen von Wörtern, sondern wird selbst erklärungsbedürftig. Aber das Assoziations*experiment* bleibt ein Mittel, um vorhandene Strukturen des Lexikons sichtbar zu machen.

Warum folgt auf das Stimuluswort »Mann« im Assoziationsexperiment mit so großer Wahrscheinlichkeit die Response »Frau«, mit geringerer Wahrscheinlichkeit die Response »Junge«? (Die Antwort: »Weil Mann und Frau miteinander assoziiert sind«, wird als tautologisch nicht länger akzeptiert.) Nicht nur die Tatsache des Miteinander-im-Assoziationsexperiment-Vorkommens, sondern auch der vom Input des Stimulus-Wortes zum Output des Response-Wortes führende Vorgang – beides wird als zusammengehörend und als zusammen erklärungsbedürftig angesehen. Wenn man so will, ist damit die Scheidung in die Untersuchung des zur Kompetenz gehörenden Lexikons und die Untersuchung der zur Performanz gehörenden psychologischen Prozesse des *Benutzens* dieses Lexikons überwunden, was nicht sehr verwundert, wenn man weiß, daß DEESE und CLARK, die hier hauptsächlich zu nennenden Forscher, Psychologen sind. Längst vor DEESE und CLARK, schon zu Beginn dieses Jahrhunderts hatte man festgestellt, daß die im Assoziationsexperiment auf ein Reizwort gegebenen Antworten nicht eine Zufallsstichprobe aus dem Vokabular der Versuchsperson, sondern in ganz bestimmter Weise dem Reizwort zugeordnet sind. THUMB und MARBE fanden, daß Erwachsene auf Substantive meist mit Substantiven, auf Adjektive mit Adjektiven antworten. Tangiert also das von der Versuchsperson gehörte Reizwort eine Struktur (des Gedächtnisses, des Lexikons?), die nach den Kategorien unserer Schulgrammatik gebaut ist? Auf Verwandtschaftsbezeichnungen wird meist mit Verwandtschaftsbezeichnungen, auf Gemüseart mit Gemüseart geantwortet: sind die Speicher unseres Gedächtnisses, welche das Reizwort aufschließt, wenn es verstanden wird, nach den Klassen geordnet, in welche die Welt zu gliedern wir gelernt haben? Auf »groß« folgt »klein«, auf »schön« »häßlich« – decken wir hier eine Zone auf, in welcher die Unterscheidung zwischen semantischer und logischer Struktur verschwimmt? Auf »Hund« wird häufig mit »Tier«, auf »Tier« aber seltener »Hund« geantwortet. Ist der Weg, den man im Speicher vom Unterbegriff zum Oberbegriff zurücklegen muß, in irgend einer Weise bequemer oder kürzer als der umgekehrte Weg?

Diese Fragen lassen einen für uns neuen, in der Denk- und Sprachpsychologie aber ehrwürdig alten Aspekt erkennen: die enge Verwobenheit der Problemkreise Bedeutung bzw. Lexikon und Assoziation mit dem Problemkreis *Gedächtnis*.

Während ein simpler assoziationstheoretischer Erklärungsversuch sich damit abquälen müßte, nachzuweisen, daß »groß« und »klein« früher (wann?) häufig miteinander vorgekommen sind, ändert sich für DEESE jetzt die Fragestellung:

> »The fundamental fact is not that A leads to B but that the interrelations of A, B and other verbal elements related to both imply a structure, an organization which cannot be in any sense described by the *elements* which enter into the manifest sequence ... the important fact in the manifestation of association is not that mother leads to father, hot to cold, and sleep to dream, not that these superficially similar pairs are contiguous or derived in any form from the law of contiguity but that they in their obvious differences ... reflect different organizational processes at work.« (1968 in DIXON und HORTON, S. 99)

Hier wird der Abstand zu OSGOOD deutlich: für OSGOOD geht es immer noch, auch wenn sich sein Behaviorismus über einen Neo- zu einem Kryptobehaviorismus gewandelt hat, um die vom Stimulus zur Response führende Kette, in der lediglich ein Bündel von semantischen Features als eine Art unsichtbares Verbindungsglied eingebaut ist (und er hat mit diesem Ansatz eindrucksvolle Erfolge aufzuweisen!).

Auch DEESE ist einmal Assoziationstheoretiker gewesen.

Die faktoranalytischen Untersuchungen, in denen er aus Assoziationsdaten so etwas wie semantische Dimensionen extrahiert hat (vgl. dazu HÖRMANN 1967, S. 177f.), waren nicht minder eindrucksvoll, aber heute sind für ihn Assoziationen »certainly not the cause of organization in recall« (1968, S. 100), sondern allenfalls Indizes einer Struktur, die selbst *nicht* aus miteinander assoziierten (und potentiell auch selbst im Verhalten auftretenden) Gliedern besteht.

Während OSGOOD unsere Fähigkeit, Sprache zu benutzen, auf die Tatsache zurückführt, daß sich in uns Assoziationen verschiedener Art gebildet haben, wird in DEESEs und CLARKs Sichtweise das Auftreten von Wortassoziationen zum Epiphänomen der Tatsache, daß wir unsere Sprache beherrschen.

Wie kann man die *dieser* Sprachbeherrschung zugrundeliegende Struktur beschreiben? Mit Hilfe einer *distinctive feature analysis,* wie man sie bei KATZ und FODOR und natürlich in der Phonologie findet.

DEESEs methodischer Ansatz war schon früh nicht die einzelne S-R-Verbindung, sondern die Überlappung der Responses, die auf zwei (und mehr) Stimulus-Wörter gegeben werden. Ist diese Überlappung groß, wie z. B. bei den Stimulus-Wörtern Mann und Frau, so liegt der Schluß nahe, daß diese Wörter sich nur in sehr wenigen der sie kennzeichnenden semantischen Merkmale unterscheiden.

Das ist eine inzwischen uns bekannte Schlußfigur aus dem Vorliegen von *Ähnlichkeit.*

Diese Merkmale (Features) konzipiert DEESE als binär; so hat die Dimension Geschlechtlichkeit beispielsweise die beiden Merkmalsausprägungen männlich und weiblich (oder männlich ±).

Wie funktioniert nun der im Assoziationsversuch ablaufende Vorgang? CLARK (1970) konzipiert ihn in enger Analogie zum üblichen Vorgang der Kommunikation, indem er drei Stadien unterscheidet:

1) der Hörer muß das Stimulus-Wort verstehen,
2) er muß darauf etwas der Instruktion entsprechendes tun,
3) er muß die so entstehende Antwort produzieren.

Nimmt man nun in Anlehnung an viele Linguisten und Psychologen an, daß beim Verstehen eines Wortes eine Analyse in Features abläuft, so wäre das Stimulus-Wort »Mann« verstanden, wenn es in

\+ Nomen
\+ Determiner
\+ count
\+ animate
\+ human
\+ adult
\+ male

zerlegt wäre. Im zweiten Stadium muß die Versuchsperson sich instruktionsmäßig verhalten, d. h. sie muß danach trachten, möglichst rasch mit einem Wort zu reagieren, das nicht das Stimulus-Wort ist. Eine naheliegende Möglichkeit, dies zuwege zu bringen, besteht darin, lediglich das Vorzeichen des letzten Features zu verändern, also aus +male –male zu machen. Im dritten Stadium, dem der Antwortproduktion, wird dann umgekehrt wie im ersten Stadium zu der bereits vorliegenden Feature-Kette das entsprechende lexikale Item gesucht und ausgesprochen: »Frau«.

Mit dieser »Regel des minimalen Kontrastes« wird nicht nur ein lange schon rätselhafter Befund der Assoziationsforschung, nämlich das Überwiegen von antonymen Responses, verständlich, sondern wir erfahren auch etwas sehr Wichtiges über die Struktur des Lexikons: die ein Wort kennzeichenden semantischen Features bilden offenbar doch nicht, wie WEINRICH es in seiner Kritik an KATZ und FODOR diesen vorwarf, einen ungeordneten Haufen, sondern sie haben eine ganz bestimmte Reihenfolge. Diese Reihenfolge ist aus der Häufigkeitsverteilung der Responses auf das betreffende Reizwort ablesbar: das Feature + adult wird, weil es das zweitletzte ist, seltener geändert werden als das letzte Feature + male. Das führt dazu, daß die Response »Junge« auf »Mann« seltener auftreten wird als die Response »Frau«.

Bemerken wir nebenbei, daß hier ganz offenkundig eine Untersuchung der Performanz zur Korrektur und Präzisierung einer Kompetenzkomponente dient ...

Blicken wir von hieraus nochmals auf OSGOOD und auf FILLENBAUM und RAPOPORT zurück (und auf MILLERs Sortierversuch voraus), so wird folgendes deutlich:

In allen diesen Versuchen werden die Probanden *direkt* nach der Ähnlichkeit von Wörtern gefragt. Der Lexikonbesitzer muß also etwas tun, was er im täglichen Umgang mit der Sprache nur sehr selten tut. DEESE und CLARK bauen dagegen ihre Überlegungen nicht auf solchen metasprachlichen Stellungnahmen, sondern auf den Ergebnissen recht alltagsnahen sprachlichen Verhaltens auf.

CLARK hat der schon erwähnten (von »Mann« zu »Frau« führenden) *Regel des minimalen Kontrasts* eine Reihe ähnlicher Regeln hinzugefügt, mit denen er die Auftretungshäufigkeiten bestimmter Responsearten im Assoziationsversuch plausibel machen kann. So erhält man z. B. durch die »Regel zur Streichung des letzten Features« die in den Responses so häufigen Oberbegriffe (»Apfel« führt zu »Frucht«, »Hund« führt zu »Tier«); eine »Kategorienerhaltungsregel« sorgt dafür, daß auf Substantive mit Substantiven, auf Adjektive mit Adjektiven etc. geantwortet wird, usw.

Eine der von CLARK angeführten Regeln ist die »Markierungs-Regel«: stellt das Reizwort eine »markierte« Form dar, so wird die Response häufig aus der unmarkierten Form desselben Wortes bestehen. Was ist hier mit *markiert/unmarkiert* gemeint?*

Der Linguistik ist seit längerem die Tatsache bekannt, daß bei bestimmten Wortpaaren der eine Paarling *auch* zur Bezeichnung des beide Paarlinge umfassenden Oberbegriffs verwendet wird, während der zweite (markierte) Paarling eine spezielle Ausprägung der durch den Oberbegriff bezeichneten Klasse darstellt.

1. Beispiel: dog/bitch: hier ist »dog« die unmarkierte Form, während »bitch« einen »dog« bezeichnet, der zusätzlich in bezug auf Geschlecht markiert ist; 2. Beispiel: groß/klein; »klein« bezeichnet eine besonders markierte Ausprägung dessen, was der andere Paarling (»Größe«) auch allgemein bezeichnet. Die verschiedenen Rollen, welche markierte und unmarkierte Wörter in Äußerungen spielen, erkennt man daran, daß man ganz allgemein die Frage stellen kann »wie gut war der Film«, während die Frage »wie schlecht war der Film« ungewöhnlicher ist, weil sie eine zusätzliche Vorentscheidung voraussetzt (daß der Film auf keinen Fall gut ist).

* Vgl. zum Folgenden BIERWISCH (1967).

Unmarkierte Adjektive beziehen sich also (das ist eine Wiederholung des oben Gesagten) sowohl auf eine bestimmte Region auf einer Skala als auch auf den Namen dieser Skala selbst. Das unmarkierte Adjektiv hat also sozusagen zwei Bedeutungen: eine nominale (etwa in der Frage »wie gut war der Film«) und eine kontrastive (wie in der Aussage »der Film war gut« – im Gegensatz zu »der Film war schlecht«).

CLARK faßt nun (ähnlich wie BIERWISCH 1967) den Unterschied zwischen der unmarkierten und der markierten Form als einen Unterschied in der *Anzahl* der kennzeichnenden semantischen Features: »bad« enthält alle Features von »good« plus dem zusätzlichen Feature (-polar). Diese Theorie macht den assoziationspsychologischen Befund verständlich, daß auf das markierte Reizwort »besser« häufiger mit der unmarkierten Response »gut« geantwortet wird als umgekehrt: das Weglassen eines zusätzlichen (markierenden) Features ist einfacher als das Hinzufügen eines Features.

Der Geltungsbereich dieser Assoziationsregel ist begrenzt: Auf »man« wird häufiger die (markierte) Response »woman« produziert als umgekehrt.

CLARKs verschiedene Regeln funktionieren sehr schön – bis man fragt, unter welchen Umständen denn welche Regel eingesetzt wird. Dann erkennt man, daß diese Regeln für sich genommen ein eindrucksvolles Geflecht von ad hoc-Erklärungen darstellen.* Es muß CLARK also daran gelegen sein, die heuristische Fruchtbarkeit dieser Regeln und – damit zusammenhängend – der entsprechenden Feature-Konzeption auch durch ihre Verwendbarkeit auf anderen Gebieten als denen des Assoziationsversuchs zu erhärten. Er tut dies in zwei verschiedenen Ansätzen: er untersucht, zusammen mit Eve CLARK, die entwicklungspsychologische Auftretensabfolgen und -formen der Verwendung von Adjektiven. Beherrschen kleine Kinder, so wird beispielsweise gefragt,

* MORAN, MEFFERD and KIMBLE haben (1964) idiosynkratische Bevorzugungen z. B. der zu Kontrastantworten führenden Regel nachgewiesen, d. h. die Dominanz einer Regel über eine andere als persönlichkeitsspezifisches Charakteristikum interpretiert. Dieser Ansatz ist in der ganz und gar nicht differentiell-psychologisch orientierten Sprachpsychologie bisher nicht aufgegriffen worden.

die »unmarkierte« Verwendung von »groß« früher als die »markierte«?
Der zweite Ansatz, mit welchem CLARK seine Konzeption eines Lexikons untermauern will, das nach hierarchisch angeordneten, teilweise markierten Features gegliedert ist, besteht darin, daß er in einer Reihe von Gedächtnisuntersuchungen Anschluß an Phänomene gewinnen will, welche bisher ohne Rückgriff auf derartige Konzepte interpretiert worden sind. Wir werden auf diese beiden Ansätze eingehen, weil in ihnen *psychologische* Bemühungen zur Klärung des Lexikon-Begriffs relativ weit vorangetrieben sind.
Wenden wir uns zunächst der Ontogenese der Features zu, so stehen zwei erstaunliche Beobachtungen am Anfang:
1. Drei- bis vierjährige Kinder können das unmarkierte Adjektiv eines Paares sehr viel besser verstehen als das markierte;
2. Sie verwenden die Komparative »more« und »less« synonym, und zwar im Sinn von »more«.
Zur Erklärung beider Befunde zieht CLARK nun seine Feature-Theorie heran: das unmarkierte Adjektiv steht zunächst nur in seiner nominalen Funktion zur Verfügung: »lang« bezeichnet also zunächst nur die *Dimension* Länge, aber noch nicht den einen (positiven) *Pol* dieser Dimension. Auch »more« und »less« werden vom Kind zunächst in diesem nominalen, also *nicht*-komparativen Sinne gebraucht. Da aber üblicherweise der nominale Begriff auch zur Bezeichnung des positiven Pols der Dimension verwendet wird, gebraucht das Kind sowohl »more« als auch »less« als Äquivalent für »a quantity of«. Wenn das Kind gleichermaßen sowohl »taller« als auch »shorter« versteht

> »as meaning ›having tallness‹, he should err more often on ›shorter‹ than on ›taller‹«. (CLARK 1970, S. 273)

Aber nicht nur diese weiterreichende Verwendungsfähigkeit des den Pluspol der Dimension bezeichnenden (unmarkierten) Wortes begünstigt seine Verwendung, sondern wahrscheinlich spielt auch ein Wahrnehmungsfaktor eine Rolle: das beste Beispiel für etwas, das »lang« ist, ist etwas, das sehr »lang« ist,

> »because that is the example which best distinguishes length as a dimension to be attended to from other dimensions«.

Hier klingen nicht nur BIERWISCHs Überlegungen über die grundlegenden Eigenschaften unseres apperzeptiven Apparates wieder an, sondern hier wird auch deutlich, daß CLARK keineswegs mehr auf einer orthodoxen kompetenzlinguistischen Herkunft seiner Argumente besteht: er führt hier plötzlich Überlegungen an, welche nicht aus der Linguistik, sondern aus der Psychologie die *Begründung für das So-Sein des Lexikons* ableiten. Diese Vorgehensweise, die von den CLARKs nicht weiter verfolgt wird, müssen wir in dem Augenblick wieder aufnehmen, in welchem der CLARKsche Ansatz in Schwierigkeiten gerät (s. u. S. 137 und später Kap. VII).

Eve CLARK legt (1973) eine dementsprechende allgemeine Theorie des Erwerbs der ersten Wörter durch das Kind vor: das Wort hängt zunächst nur an einem oder wenigen Features des ihm entsprechenden Gegenstandes, und zwar sind diese Ur-Features perzeptiver Natur: z. B. [vierbeinig], [groß], [läuft].

Die Nähe zu gestaltspsychologischen Grundkategorien des Auffassungsvorgangs ist ebenso deutlich wie die zu den noch zu besprechenden (s. Kapitel XII) aktionistischen Grundkategorien von PIAGET einerseits, FILLMORE, CHAFE, SCHLESINGER andererseits. Allmählich werden dann diesen ursprünglichen Kern-Features weitere hinzugefügt, die eine fortschreitende Spezifizierung der dem Wort entsprechenden Bedeutung bewirken und so die Übergeneralisation abbauen, welche für die ersten kindlichen Wörter so kennzeichnend ist. Jetzt treten, etwa in der Feature-Struktur von »vorher« und »nachdem«, Features hinzu wie [Zeit], [simultan], [früher].

Dabei bleibt freilich die Frage offen, *woher* jetzt diese eher linguistischen als perzeptiven Features kommen. Fällt auch Eve CLARK wieder auf den schon von LOCKE und KATZ und FODOR herangezogenen mysteriösen Prozeß der ›Abstraktion kritischer Attribute‹ zurück, auf den Vorgang

> »how people identify the commonalities among things in order to group together a set of things, resulting in a concept?« (NELSON 1974, S. 273)

Eine Schwäche dieses theoretischen Ansatzes besteht sicherlich auch darin, daß dem Kind unterstellt wird, sprachliche,

d. h. in sein Lexikon gehörende Features zumindest anfangs *direkt* aus der Wahrnehmung entnehmen zu können; hier werden wir später (Kapitel XII) differenziertere Auffassungen einfügen müssen.
Wer mit dem Begriff der Features operiert, neigt ganz verständlicherweise dazu, sich den Vorgang der Begriffsbildung und der Bedeutungsbildung via *Aggregation von Features* vorzustellen. Das *muß* vermutlich so lange der Fall sein, als man Features letzten Endes doch nur als die identifizierenden ›referentiellen‹ Attribute eines Wortes ansieht – so wie KATZ und FODOR es tun und wie es auch die CLARKs tun. Die Features liefern in ihrer Aufzählung ein Cross-reference-System, das die Kategoriezugehörigkeit des betreffenden Wortes so lange einengt, bis es identifiziert werden kann. Und umgekehrt: das Verstehen eines Wortes wird – stillschweigend – gleichgesetzt mit dem sukzessiven Ins-Bewußtsein-Rufen seiner Features, ganz ähnlich wie beim berühmten Twenty-Questions-Spiel der ›gemeinte‹ Gegenstand durch die Aufzählung (physisches Objekt) und (belebt) und (tierisch) und ... allmählich identifiziert wird. Wir werden in Kap. XIII Überlegungen kennenlernen, die zwar auch noch von einem derartigen Wort-Identifikations-Ansatz ausgehen, dann aber feststellen, daß die Features eines Wortes keine rein additive oder Und-Summe bilden, sondern eminent dynamische Beziehungen untereinander aufweisen.
CLARKs zweiter Ansatz, seine Feature-Konzeption des Lexikons mit psychologischen Daten zu untermauern, befaßt sich, wie schon erwähnt, mit *Gedächtnis*untersuchungen. Er greift dazu zwei scheinbar unvereinbare Befunde auf, einen aus der syntaxzentrierten Epoche der Psycholinguistik und einen eher »semantisch orientierten«.

MEHLER (1963) hatte in einem Behaltensexperiment seinen Vpn Passivsätze vorgelegt (John was given a book by Mary), als Erinnerungen aber häufig die aktive Form dieser Sätze (Mary gave a book to John) erhalten. Er interpretierte diesen Befund, der damals herrschenden Theorie folgend, so: der kernel string und die (Passiv-)Tranformation werden getrennt voneinander gespeichert und deshalb möglicherweise auch getrennt vergessen.
FILLENBAUM (1966) bringt für den gleichen und für ähnliche Befunde erstmals eine semantische, allerdings noch vage Theorie.

Er stellte fest, daß, wenn schon Fehler beim Behalten gemacht werden, diese Fehler sehr viel häufiger ›meaning-preserving errors‹ sind als ›meaning-changing errors‹. So wird der Satz »der Seemann ist nicht tot« z. B. erinnert als »der Seemann ist lebendig«. Der Proband stützt, so FILLENBAUM, seine Erinnerung auf erhalten gebliebene semantische Information, die nicht von der syntaktischen Form abhängig ist, in der sie ursprünglich präsentiert worden ist.

CLARK will nun, auf diesen beiden Untersuchungen aufbauend, zeigen, daß der Begriff der *semantischen Information,* den FILLENBAUM noch ganz global verwendet, differenziert werden kann: diese Information besteht aus Features, eventuell mit Markierungen, die einzeln vergessen werden können. Dazu ein Experiment:
Dreieinhalbjährigen Kindern werden Sätze vorgelesen, die jeweils einen Haupt- und einen untergeordneten Satz enthalten und sich auf zwei zeitlich verschiedene Ereignisse beziehen, z. B.

He tooted the horn before he swiped the cabbages,
oder
After he tooted the horn he swiped the cabbages,
oder
Before he swiped the cabbages he tooted the horn, etc.

Die Ergebnisse werden von den CLARKs durch die Annahme interpretiert, daß die Kinder offenbar drei semantische Unterscheidungen speichern: (a) die zeitliche Ordnung der Ereignisse, (b) die Reihenfolge ihrer Erwähnung, (c) die Haupt-/Nebensatzrelation der beiden Ereignisse. Nimmt man zusätzlich an, daß die Erwähnungsabfolge markiert sein kann (sie ist dann markiert, wenn das zuerst *genannte* Ereignis sich tatsächlich als zweites *abgespielt* hat), und daß die Haupt-Nebensatz-Relation dann markiert ist, wenn der Nebensatz zuerst genannt wird, dann fügen sich CLARKs Ergebnisse nahtlos dem schon genannten Prinzip ein, daß es zu den Eigenschaften des Lexikons gehört, Markierungen als unabhängig speicherbare (und damit unabhängig verlierbare) Gedächtnisbestände zu behandeln.
Nimmt man zu der Tatsache, daß es sich hier um *semantische* Unterscheidungen handelt, noch hinzu, daß eine syntaxzentrierte Interpretation à la MEHLER die vorliegenden

Ergebnisse *nicht* erklären kann, so wird man in CLARKs Feature-Theorie eine erfolgreiche Präzisierung der FILLENBAUMschen – die noch global von ›semantischer Information‹ reden mußte – sehen.
Einen Schritt weiter in Richtung auf die Psychologie geht Flores d'ARCAIS (1973): wenn man zwei Objekte oder Ereignisse (z. B. einen Satz und ein dazugehörendes Bild) sprachlich vergleicht, dann wird dieser Vergleichsakt rascher ausgeführt, wenn dazu ein unmarkiertes Wort verwendet wird:

> »the internal coding is more likely to be in terms of the polarity which corresponds to the unmarked adjective. The reason would be that we probably encode such properties according to some general principles of perceptual organization«. (1973, S. 10)

D'ARCAIS rekurriert hier also nicht auf linguistische, sondern auf perzeptuelle Gesetzmäßigkeiten, wie wir sie oben schon bei v. ALLESCH und bei ARNHEIM erwähnt fanden. Eine sprachliche Tatsache, so sagt Flores d'ARCAIS, nämlich das Vorhandensein einer gewissen Asymmetrie zwischen markierten und unmarkierten Wörtern, die von den Psycholinguisten zunächst als Basis für die Erklärung von Verhaltensdaten genommen wurde, kann selbst wieder auf allgemeinere kognitive Prinzipien zurückgeführt werden, die für unser ganzes Wahrnehmungssystem konstitutiv sind.
CLARK hat noch vorwiegend mit einem linguistisch definierten Markierungsbegriff operiert; d'ARCAIS betont weit mehr als CLARK die *kognitive Basis* des linguistischen Begriffs.
ERTEL schließlich findet (1974) die von CLARK linguistisch erklärte Asymmetrie polarer Adjektive (Markiertheit ist ja ein linguistischer Begriff!) *auch* bei Kunstwörtern, über welche in unserem Lexikon keine Eintragungen vorhanden sein können. Er spricht deshalb auch nicht länger von einer linguistischen, d. h. durch Markiertheit verursachten Anisotropie, sondern von einer konzeptuellen:

> »Immer dann, wenn ein Individuum einen von mehreren Teilen eines Ganzen zur Darstellung des Ganzen zu wählen hat, wählt es den Teil, der für das Individuum die größere affektive Dynamik besitzt. Der affektiv dynamischere, d. h. der

> phänomenal wichtigere, bedeutsamere, mächtigere Teil des Ganzen ist der nächstliegendere und verfügbare ...« (1974, S. 288)

Hier wird nicht nur der bei CLARKs entwicklungspsychologischen Überlegungen nur kurz anklingende (s. o. S. 130), bei d'ARCAIS aber schon betonte Gedanke der *perzeptiven* Wichtigkeit (»das beste Beispiel für Länge ist etwas, das sehr lang ist ...«) wieder aufgenommen, sondern auf die hier zu berücksichtigende *egozentrische* Dynamik verwiesen, auf welche wir in Kapitel XIII ausführlich eingehen werden. CLARKs Feature-Mechanik hat dafür keinen Platz; sie bewährt sich auch in anderen Untersuchungen nicht so sehr: CARPENTER fand (1974) bei bestimmten Aufgaben einen Einfluß des Faktors Markiertheit, bei anderen jedoch nicht. BREWER und LICHTENSTEINs Versuche

> »strongly confirmed the memory-for-meaning theory and contradicted the marked-feature theory whenever these two theories made opposing predictions«. (1974, S. 180)

Hat CLARK seine Theorie, die ja ursprünglich zur Interpretation der Befunde von Assoziationsversuchen entworfen worden war, »überzogen«, als er sie zu einer umfassenden Theorie des Behaltens ausbaute? Beim Assoziationsversuch wird bekanntlich in einer Liste von (z. T. markierten) Features eine Kleinigkeit geändert, so daß das Stimuluswort ›Mann‹ zu der Response ›Frau‹ führt, ›tot‹ zu ›lebendig‹ etc. – kann man diesen selben »Mechanismus« für die Vorgänge verantwortlich machen, die beim Behalten ablaufen? BARCLAY hat mit Recht gesagt, daß die Vpn, wenn sie nur ein bißchen vergessen würden, das Gegenteil von dem erinnern müßten, was sie vorher tatsächlich gehört oder gelesen haben: Frau statt Mann, tot statt lebendig, klein statt groß (1974).

Wir stehen also vor der Tatsache, daß eine Feature-Theorie jedenfalls *allein* nicht adäquat sein kann, weil sie die verschiedenen *Arten* von Vorgängen nicht differenziert genug berücksichtigt, die beim Umgehen mit Sprache ablaufen: Assoziieren ist ein anderer Vorgang als Behalten, Verifizieren ein anderer als Verstehen ...

Diese verschiedenen »Methoden« sind *nicht* äquivalente Instrumente zur Aufdeckung ein und derselben, immer identischen Gedächtnis- oder Lexikon-Struktur. Das Modell, wonach die Sprache *eine* Struktur hat, die nur in verschiedener Weise (Assoziieren, Vergleichen, Behalten ...) »verwendet« wird, ist verführerisch, aber lassen wir uns dabei nicht durch den Begriff »Struktur« zu sehr zu einer Reifikation, zu einer Ontologisierung drängen? Wir erinnern uns an jene fatale Konzeption, wonach ein Zeichen Bedeutung hat *und auch* verwendet werden kann ...

Wenn wir »Struktur« aber nie ohne den sie realisierenden Vorgang sehen und konzipieren können, dann wird eine differenzierendere Betrachtungsweise erforderlich; wir werden uns ihr später unter dem Schlagwort der *Ebene* des Verstehens zuwenden. Hier sei nur noch auf POSNER und WARREN (1972) verwiesen, die aus ähnlichen Gründen zu ähnlichen Konsequenzen kommen: ausgehend von den traditionellen Assoziations- und Sortiermethoden* bemerken sie, daß z. B. im Assoziationsversuch manche Antworten ganz automatisch, andere erst nach bewußtem Suchen kommen; sie stellen hier in Frage, ob nicht schon dabei – also *innerhalb* eines einzigen experimentellen Paradigmas – ganz verschiedene Prozesse am Werk sind. Darauf weisen auch die von Van LANCKER (1975) gesammelten Argumente hin, auf die wir noch eingehen werden. Doch jetzt zurück zu CLARK.

Daß CLARK die Tragfähigkeit seiner Theorie überschätzt, soll hier aber nicht nur bedauernd festgestellt werden, sondern wir wollen versuchen, durch eine genauere Analyse dessen, was diesen Ansatz unbefriedigend sein läßt, etwas für unser weiteres Vorgehen zu gewinnen. Wir wenden uns dazu noch einmal dem Gebiet zu, auf welchem diese Theorie scheinbar am erfolgreichsten ist, dem assoziativen Geschehen.

Die im Assoziationsprozeß produzierten Antworten fallen bekanntlich in zwei große Klassen: paradigmatische (Mann-Frau, alt-jung, Hund-Tier) und syntagmatische (Mann-groß, Baum-grün, singen-schön). Bei paradigmatischen Assoziationen gehören Stimulus und Response derselben syntak-

* Sortiermethoden haben wir bei FILLENBAUM und RAPOPORT schon kennengelernt; auf die MILLERsche werden wir am Ende dieses Kapitels zu sprechen kommen.

tischen Kategorie an, bei syntagmatischen Assoziationen gehören sie verschiedenen syntaktischen Kategorien an.

Syntagmatische Assoziationen, die bekanntlich bei Kindern dominieren, werden von CLARK so zu erklären versucht: Zu den ein Wort kennzeichnenden Features gehören auch solche, welche den potentiellen Kontext des Wortes (also den Satz, in welchem es auftreten kann) mit determinieren; er nennt sie *selectional features*.*

Das Wort ›young‹ kann und darf nur eine bestimmte Gruppe von Substantiven modifizieren. Die Tatsache, daß auf das Stimulus-Wort ›young‹ mit »Boy«, »Girl«, »Child« geantwortet wird, will CLARK durch die *selectional feature realization rule* klären:

> »Take the features specified by a selectional feature adding as many features as necessary for a surface realization; in addition, restrict yourself to the significant part of the selectional feature, the portion specifying a lexical word.« (1970, S. 281)

Was impliziert dieses Rezept? Es impliziert, daß zwischen dem Ausgangspunkt des Vorgangs, d. h. dem (oder den) aus dem Reizwort extrahierten Feature(s), und der Bereitstellung einer Antwortmöglichkeit eine *bestimmte* Anzahl von Features in einer *bestimmten* Reihenfolge eingefügt werden müssen, nämlich »so viele wie für eine Oberflächenrealisation erforderlich sind«. Kann man denn nur vom Endglied einer vollständigen Liste aus die Oberfläche und damit die Aussprechbarkeit eines lexikalen Items erreichen? Was heißt hier dann vollständig? Offenbar haben wir in unserer Vorstellung vom Funktionieren des Lexikons etwas als selbstverständlich mitgedacht, was so selbstverständlich gar nicht ist. Was CLARK vorher als Feature-Streichungsregel angab, konnte ja doch nur funktionieren, wenn die Produktion eines lexikalen Items von *verschiedenen* Ebenen der Feature-Hierarchie aus in Gang gebracht werden kann: Man kann Boskop sagen oder (ein Feature weniger berücksichtigend) Apfel oder (noch ein oder mehrere Features auslassend) Frucht. Bisher war es prinzipiell möglich gewesen, von jedem Punkt

* Das stellt eine interessante Veränderung gegenüber KATZ und FODOR dar. Während diese beiden Autoren ihre Selektionsrestriktionen an das Wort als ganzes hängen und selbst nicht als Feature konzipieren, sind sie für CLARK Features wie andere Features auch.

der lexikalen Struktur aus ein entsprechendes Wort zu produzieren – vorausgesetzt freilich, daß über diesem Punkt nicht die Leere eines »lexical gap« gähnte.*

CLARK tut *jetzt* so, als ob die wörtliche Realisation einer bestimmten Feature-Liste von der Länge bzw. Vollständigkeit dieser Liste determiniert würde. Er vermeidet damit eine bisher übersehene, aber weitreichende Schwierigkeit, die er sich mit seiner Feature-Streichungsregel (und übrigens auch mit der Feature-Hinzufügungsregel) unbemerkt eingehandelt, zu der er aber nie Stellung genommen hatte: Wenn eine Feature-Liste *mehr oder weniger* lang sein kann, bevor sie zur Spezifikation eines auszusprechenden Wortes herangezogen wird, dann kann man das Aussprechen dieses Wortes nicht mehr dadurch erklären, daß man sagt, hier wäre *die* dem Wort entsprechende Feature-Liste aktiviert worden, sondern man muß dann einen *zusätzlichen* Mechanismus einfügen, der darüber entscheidet, ob in einem vorliegenden Fall eine Feature-Liste von der Länge *X Features* zur Spezifikation des (dann auszusprechenden) lexikalen Items genügt oder ob dazu eine Feature-Liste von der Länge *X plus n Features* erforderlich ist.

Eine Feature-Liste allein ist also weder im Akt des Meinens als Wort-Generator tauglich noch im umgekehrt verlaufenden Akt als Generator des Verstehens, weil dieser Generator, diese automatische Zusammenfügung von bzw. Zerlegung in Features mit einem Grad an Rigidität operieren würde, der offensichtlich – schon die Assoziationsdaten zeigen es – nicht gegeben ist. Es muß hier (mindestens) ein weiterer Faktor eingeführt werden, der bestimmt, wie lange (über wieviele Features) der Analyseprozeß laufen soll. Wir werden zu diesem Zweck später (s. Kapitel VII) den Begriff der Sinn-Konstanz einführen, d. h. wir werden das *Erreichthaben des Verständnisses* einer Äußerung als den eine weitere Analyse beendenden Faktor ansehen.

Zuvor müssen wir eine andere Schwierigkeit für unser weiteres Vorgehen fruchtbar machen, in die CLARK gerät.

* BROWN hat in einer sehr lesenswerten Untersuchung *How shall a thing be called* (1958) die auf dieser Möglichkeit basierende Wahl verschiedener Bezeichnungen für denselben Gegenstand – ein Tier, ein Hund, ein Boxer, unser Fiffy – einer Motivationsanalyse unterzogen.

Was CLARKs Ansatz ebenfalls nicht berücksichtigt, ist die Wirkung verbalen oder nichtverbalen Kontexts z. B. auf das Assoziationsverhalten. Hier wird ein theoretischer Ansatz M. G. JOHNSONs, eines Schülers von DEESE (1970), fruchtbar. Nach JOHNSON kann das Ergebnis *jeder* kognitiven Tätigkeit (sprachlicher, wahrnehmungsmäßiger ...) in sog. *Elementary Cognitive Characteristics* (ECC), d. h. in Elementar-Einheiten analysiert werden. Diese entsprechen in gewisser Weise den semantischen Markers oder Features, sind aber nicht mehr linguistischer, sondern *kognitiver* Art. (Ähnliches klang oben bei SZALAY an.) Der Vektor der zu einem gegebenen Zeitpunkt aktiven ECCs konstituiert den Bewußtseinsinhalt. Adjektive sind durch wenige, Substantive jeweils durch zahlreiche ECCs charakterisiert. Werden in einem Assoziationsversuch mehrere Adjektive als einheitlicher Stimulus gegeben, so addieren sich die effektiven ECCs, so daß die Responses eine geringere Ungewißheit (im informationstheoretischen Sinne) haben als die Responses auf jedes einzelne dieser Adjektive. Werden jedoch mehrere Substantive zu einem einheitlichen Stimulus kombiniert, so addieren sich ihre ECCs nicht einfach, sondern die ›saliency‹, die Wichtigkeit jedes ECC wird *differentiell* angesprochen und für den folgenden Assoziationsvorgang wirksam: vor allem jene ECCs, die in *mehreren* der Substantive vorkommen, bestimmen die Response. Während z. B. keines der Wörter »river«, »milk« oder »story« einzeln die Response »flow« hervorruft, führt die Triade »river/milk/story« sehr häufig zu »flow«. Der gleiche Vorgang wird auch dafür verantwortlich gemacht, daß die Responses auf Adjektiv-Substantiv-Kombinationen eine höhere Ungewißheit aufweisen als die Responses auf das Substantiv allein.

Die Art, wie die ECCs verschiedener als Stimuli auftretender Wörter kombiniert werden, ist also keineswegs immer die gleiche. Manchmal erfolgt eine einfache Addition der eingebrachten ECCs, manchmal ein gegenseitiges Sich-Verstärken übereinstimmender und eine Abschwächung nicht-übereinstimmender ECCs. Was besagt das für unsere weiteren Überlegungen?

Zunächst dies: die semantischen Features oder ECCs eines Wortes sind offenbar kein Reisigbündel, in welchem jedes

Stück gleiche Valenz hat und deren Summe von der Anordnung unabhängig ist. Weiter: Das Gewicht, mit welchem ein bestimmtes Feature oder ECC das sprachliche Geschehen bestimmt, hängt offenbar sogar beim relativ isolierten Assoziationsversuch nicht nur von den anderen Features des betreffenden Wortes ab, sondern auch von den Features (ECCs), die durch den *Kontext* eingebracht werden. Kontext, so resumiert JOHNSON,

> »imposes constraint, but the constraint is on the size of the sets of elementary characteristics which underly verbal units and not on the overt verbal units themselves. This in turn provides an explanation for the fact that the consequences of context on meaning (i. e., the specification of meaning) are not necessarily the same as the consequences on free associations«. (1970, S. 291)

Damit wird eine große Perspektive eröffnet: Kontext ist nicht so sehr etwas, das »mit verarbeitet« werden muß, sondern der Kontext bestimmt Art, Anzahl und Zusammensetzung der (durch ein Wort sozusagen potentiell bereitgestellten) Elementarcharakteristika, welche überhaupt für die Verarbeitung der Äußerung relevant werden. Damit wird das CLARKsche Modell, welches prinzipiell die Wörter als Stimulus- bzw. Response-Einheiten sozusagen intakt läßt, überschritten: das Bündel von Features (oder ECCs), als welches das Wort uns von den Linguisten und vielen Psycholinguisten vorgestellt worden ist, wird aufgeschnürt.
Von hier aus ergibt sich, das sei in Parenthese bemerkt, eine interessante Querverbindung zu einer Behauptung, die UHLENBECK gegen die generativistische Betonung der Kreativität *des Satzes* richtet: »das Neue« an einer erstmals gehörten Äußerung liege nicht im Satz, sondern an der anderen linguistischen Einheit, dem Wort. Ein neuer Satz ist nicht deshalb neu, weil er altbekannte und immer gleiche Einzelteile (die Wörter) neu kombiniert, sondern die Wörter im Satz sind in gewisser Weise neu, weil zur bekannten Konstanz des Wortes »at the same time a certain mobility« gehört (1971, S. 81), die sich dadurch ergibt, daß die ein Wort konstituierenden Elementarcharakteristiken in ihrem Wichtigkeitsprofil sich gegeneinander verschieben unter dem Einfluß linguistischer und nichtlinguistischer Determinanten.

Die Unfähigkeit, diese Mobilität des Wortes und seine Konstanz begrifflich in einen befriedigenden Zusammenhang zu bringen, ist die Ursache dafür, daß weder die Linguistik noch die Psychologie bisher zu einer Konzeption des ›inneren Lexikons‹ gefunden haben, mit der sich sprachpsychologisch adäquat arbeiten läßt.

Wenn wir eben von einer Verschiebung der Wichtigkeit einzelner Features unter dem Einfluß des Kontexts gesprochen haben, so führt uns das in die Nähe einer großen Reihe gedächtnispsychologischer Experimente. Nach BOWERs *Multikomponententheorie der Gedächtnisspur* (1967) besteht das Auffassen eines Wortes darin, daß dieses Wort nach einer Anzahl verschiedener Aspekte oder Attribute oder begrifflicher Dimensionen »encodiert« wird. (Diese Attribute oder Dimensionen haben große Ähnlichkeit mit dem, was wir bisher Markers oder Features oder ECCs genannt haben; der Terminus »encodieren« besagt nichts anderes als »für Speicherzwecke als ... auffassen«.) Welches diese Dimensionen sind, läßt sich u. a. nach einer von WICKENS (1970) beschriebenen Methode der »Entlassung aus proaktiver Hemmung« bestimmen: läßt man hintereinander drei Wörter lernen, die alle einer bestimmten Klasse angehören (d. h. mindestens ein Feature gemeinsam haben), und dann Wörter aus einer anderen Klasse, so leidet das erste Wort aus der neuen Klasse nicht unter der proaktiven Hemmung, die sich während des Lernens der ersten Gruppe aufbaut. Der Wegfall der proaktiven Hemmung ist also ein Hinweis darauf, daß das neue Wort nach einem (oder auch mehreren) anderen Feature(s) aufgefaßt und encodiert worden ist als die Gruppe der vorausgegangenen Wörter, während die proaktive Hemmung des zweiten und dritten Wortes der ersten Gruppe zeigt, daß die Dimension (das Feature), nach welcher diese Wörter encodiert werden, in ihrer Wirksamkeit als Behaltenshilfe geschwächt wird, *weil* bereits ein anderes Wort nach derselben Dimension encodiert worden ist.*

* Die Validität dieser Methode zur Bestimmung behaltenswirksamer Codierdimensionen zeigt sich z. B. in folgendem: läßt man eine Reihe von Wörtern lernen, deren erstes bis drittes dem positiv evaluativen Pol des Semantischen Differentials zugeordnet sind, während das vierte dem negativen nahesteht, so wird dieses viel besser behalten als ein an vierter Stelle stehendes positiv evaluatives Wort. Ein linguistisch interessantes

Wechsel in der Wirksamkeit der einzelnen Features oder Bedeutungsdimensionen des Wortes unter dem Einfluß ganz verschiedener Faktoren – das ist ein Aspekt, dessen ganze Reichweite sich erst zeigen wird, wenn wir mehr über die Dynamik erfahren haben, die sich zwischen den Kommunikationspartnern und in der sprachlichen Äußerung abspielt. Halten wir jedenfalls fest:

- wenn Wörter nicht mehr stets dasselbe Bündel von Elementareinheiten darstellen,
- wenn diese Einheiten nicht mehr stets mit dem gleichen (»ihrem«) Gewicht in die Bestimmung der Bedeutung und des sprachlichen Verhaltens eingehen,

dann verliert eine Feature- (oder Marker- oder ECC- oder Dimensions-)Theorie viel von ihrer Attraktivität.

Diese Attraktivität hatte darin bestanden, daß man sprachliches Geschehen (sei es im Assoziationsversuch, sei es in Behaltensaufgaben, sei es in ganz andersartigen Verifikations- oder Denkaufgaben; CLARK 1969, CLARK und CHASE 1972) als mechanisch-automatisches Ineinandergreifen von Bedeutungselementen ansehen konnte. CLARKs Theorie des Gedächtnisses ist ja eine recht spezifische Theorie insofern, als sie Unterschiede des Reproduzierten, des Erinnerten dadurch erklärt, daß während des Speicherns und/oder beim Hervorholen an einigen der gespeicherten Einheiten etwas verändert wird, z. B. eine Markierung +Pol verlorengeht. Diese Theorie geht von einer stillschweigenden Voraussetzung aus, die nunmehr suspekt wird: daß nämlich zu Beginn der Speicherzeit alles »Aufbewahrte« im gleichen vollständigen Zustand gewesen sei. Das heißt, es wird angenommen, daß der Vorgang des Auffassens und Einspeicherns immer derselbe ist, unabhängig davon, in welchem Kontext und mit welcher Intention er vorgenommen wird. Gespeichert wird das, was man »verstanden« hat. Wir zweifeln nun, daß diese Voraussetzung realistisch ist. Ist sie es nicht, d. h. wird nicht immer und automatisch jeder sprachliche Input in »seine« Features zerlegt, so beschränkt sich die An-

Ergebnis aus diesem Untersuchungskreis: die grammatische Klasse, der die zu lernenden Wörter angehören, spielt für das Encodieren offenbar keine Rolle: unser Gedächtnis richtet sich (wenigstens unter diesem Aspekt) nicht nach ihr.

wendbarkeit einer solchen Theorie auf jene seltenen Fälle, in denen tatsächlich unser Auffassungs- und Gedächtnis-»Apparat« mit (allen beteiligten) Features operiert.

Wir ahnen allmählich, daß die »Verarbeitung sprachlicher Äußerungen« eine Melodie ist, die in vielen verschiedenen Tonarten und mit ganz unterschiedlicher Orchestrierung gespielt werden kann.

Im vorangegangenen Abschnitt haben wir eine für die moderne psycholinguistische Forschung geradezu programmatische These kennengelernt, die man (vage) etwa so formulieren kann: was der Linguist als Lexikon bezeichnet, hat mit dem zu tun, was der Psychologe unter Gedächtnis versteht.

Diese Gleichsetzung ist natürlich nicht überraschend: das Lexikon des Linguisten ist ein Speicher von Wort- (oder Morphem- oder Sem- oder Lexem- oder Semantem-...)Bedeutungen, die ja irgendwo aufbewahrt werden müssen, wenn sie dem Sprecher/Hörer zur Verfügung stehen sollen. Das vom Psychologen konzipierte Gedächtnis andererseits ist eben ein derartiger Speicher von (nicht stets Bewußtem, aber doch mehr oder minder) Verfügbarem. Man tut also keinen großen Schritt, wenn man postuliert, daß sich im Funktionieren des Gedächtnisses, so wie dies vom Psychologen untersucht wird, die gleichen Strukturen manifestieren, welche der Linguist annimmt, wenn er sein Lexikon so konstruiert, wie es für die Zwecke seiner Grammatik erforderlich ist.

Dieser Schritt ist jedenfalls so lange nicht groß, als die vom Linguisten zu entwerfende Grammatik der gleichen Sprache gilt, mit der sich auch der Psychologe beschäftigt. (Daß dies keine Selbstverständlichkeit ist, haben wir oben diskutiert.) Bisher allerdings haben die Linguisten ihr Lexikon meist so konzipiert, als ob es mit Gedächtnis nichts zu tun hätte oder als ob man über die Funktionsweisen unseres Behaltens und Vergessens nichts wüßte. Das ist nicht weiter verwunderlich, wenn man sich daran erinnert, daß CHOMSKY die Eigenheiten und Schwächen unseres Gedächtnisses ganz ausdrücklich in jenen großen Papierkorb verwiesen hat, in welchem unter der Überschrift Performanz all das gesammelt wird, worum der Linguist sich nicht zu kümmern braucht.

CLARKs und DEESEs Untersuchungen haben gezeigt, daß

aus der Linguistik übernommene Charakteristika des Lexikons (z. B. der Feature-Begriff) für die psychologische Erforschung sprachlichen Geschehens fruchtbar gemacht werden können, daß aber dieser Prozeß des Fruchtbarmachens dann auch mit immanenter Konsequenz zu Forderungen führt, die nun der Psychologe wiederum an die Konzeption des Lexikons stellt, *wenn* dieses etwas mit Gedächtnis zu tun haben soll.
Die Funktionsweise des Speichers manifestiert sich bei CLARK, wenn man so will, vor allem im Wegfall oder in der Vorzeichenänderung von Features beim Vorgang des Assoziierens oder beim Erinnern. Im jetzt folgenden Abschnitt soll das Funktionieren des Gedächtnisses weiter und prononcierter unter sprachpsychologischem Aspekt betrachtet werden.
CLARKs »Regeln für den Umgang mit Features« sind eingeführt worden, um bestimmte Resultate von Assoziationsversuchen, bestimmte Befunde beim Behalten von Adjektiven oder von Komparativen o. ä. zu erklären. Alle diese Regeln dienen dazu, einen unserem Bewußtsein normalerweise entzogenen Vorgang beschreibend zu erklären, nämlich den Weg von der Feature-Struktur des Lexikons zum ausgesprochenen Wort. Wir haben schon im vorangegangenen Abschnitt kritisch angemerkt, daß wir diesen Schritt keineswegs immer als so automatisiert ansehen können, daß der Übergang zum Wort immer und nur dann erfolgt, wenn eine in ihrer Länge ganz bestimmte Feature-Liste »fertig« vorliegt. Gibt es Möglichkeiten, diese dunkle Zone zwischen Feature-Struktur und Wort zu erhellen?
Eine dieser Möglichkeiten beruht auf einem uns allen bekannten Phänomen: dem Sich-Besinnen auf einen »vergessenen« Namen oder eine »vergessene« Bezeichnung. Wie heißt doch das Instrument, mit welchem man in der Schifffahrt die Winkelhöhe der Sonne mißt?
Machen wir uns klar, was die jetzt einzuschlagende Verfahrensweise von der unterscheidet, welcher CLARK etwa bei der Analyse des Assoziationsversuchs gefolgt ist. Im Assoziationsversuch stellt die (instruktionsgemäße) Umsetzung des Stimulus in die Response den eigentlich interessierenden Vorgang dar, der aber in Sekundenbruchteilen in einer

»Schicht« erfolgt, zu der unser Bewußtsein keinen Zugang hat. Was dort geschieht, wird von CLARK (und anderen) in immer noch recht behavioristischer S-R-Manier erklärt, indem nämlich die in der Black Box erfolgenden Vorgänge erschlossen werden aus der Differenz zwischen S und R. Wenn auf den S »Mann« die R »Frau« produziert wird, dann ist in der Black Box etwas vorgegangen, was als »Änderung des Vorzeichens des letzten Features« verstanden werden kann.

Wenn wir jetzt – mit W. JAMES, WITTE, R. BROWN – die Aktualgenese unserer eigenen Erinnerung analysieren, dann tun wir etwas ganz und gar Un-Behavioristisches: wir machen von der Tatsache wissenschaftlichen Gebrauch, daß wir in unsere eigene Black Box unter günstigen Umständen (nämlich wenn's nicht zu schnell geht) hineinsehen können. Sagt uns das, was wir beim Vorgang des Sich-Besinnens in uns selbst wahrnehmen, etwas über die Bestände, mit denen unser Gedächtnis operiert (also vielleicht über die Features, in welche zerlegt unsere Erinnerungen gespeichert sind) und/oder über die Art und Weise, wie der Apparat des Gedächtnisses im Vorgang des Erinnerns mit diesen Beständen operiert?

Das Phänomen, welches wir analysieren wollen, ist von William JAMES in unübertrefflicher Weise beschrieben worden:

»Suppose we try to recall a forgotten name. The state of our consciousness is peculiar. There is a gap therein, but no mere gap. It is a gap that is intensely active: a sort of wraith of the name is in it, beckoning us in a given direction, making us at moments tingle with the sense of our closeness and then letting us sink back without the longed-for term. If wrong names are proposed to us, this singularly active gap acts immediately so as to negate it. They do not fit into its mould. And the gap of one word does not feel like the gap of another, all empty of content as both might seem necessarily to be when described as gaps.« (1893, S. 251)

BROWN und McNEILL haben (1966) dieses »Es-liegt-mir-auf-der-Zunge-Phänomen« empirisch untersucht. Sie definieren dazu den Tip-of-the-tongue- (T.O.T.) Zustand als »failure to recall a word of which one has knowledge«

(S. 325). Sie legten 56 Versuchspersonen die Definitionen seltener Wörter (ohne das Wort selbst) vor: apse, nepotism, sampan ... und fragten sie nach den auf der Suche nach dem betreffenden Wort erlebten Zwischenstationen. So erhielten sie eine Fülle von Daten, die weit über die Beobachtungen hinausgingen, welche früher schon WENZL (1937) oder WITTE (1959) beigebracht hatten.

Die Befunde von BROWN und McNEILL können so zusammengefaßt werden:

> »When complete recall of a word has not occured but is felt to be imminent there is likely to be accurate *generic recall*. Generic recall of the abstract form is evidenced by the subject's knowledge of the number of syllables in the target and the location of the primary stress. Generic recall of the partial variety is evidenced by subject's knowledge of letters in the target word ... The accuracy of generic recal is greater when subject is near the target (complete recall is imminent) than when subject is far from the target. A person experiencing generic recall is able to judge the relative similarity to the target of words that occur to him and these judgements are based on the features of words that figure in partial and abstract form recall.« (1966, S. 333)

BROWN und McNEILL interpretieren ihre Befunde also auch unter Heranziehung des Feature-Konzepts. Die Versuchsperson entnimmt, so überlegen sie, der ihr vorgelegten Definition des Zielwortes (»wie heißt das Navigationsinstrument, mit welchem man die Winkelhöhe von Gestirnen mißt?«) semantische Features, z. B. (Navigation), (Instrument), (hat mit Geometrie zu tun), und durchläuft mit dem Suchbild dieser Features ihr lexikales Gedächtnis. Dabei produziert sie (als Stütznamen im Sinne WENZLs oder WITTEs) semantisch ähnliche Wörter wie astrolabe, compass, divider oder protractor.

Die als Suchbild vorschwebende Feature-Kombination führt aber in diesem ersten Erinnerungsschritt nicht nur zu ähnlichen Wörtern, sondern mit diesen jetzt einfallenden Wörtern wird noch zusätzliche Information verfügbar, nämlich die weiteren das doch nicht ganz passende Wort definierenden Features: der Versuchsperson fällt astrolabe ein, aber gleichzeitig auch so viel zusätzliche Information über astrolabe, daß der Versuchsperson klar wird, daß dies nicht das gesuchte, d. h. auf die vorgegebene Definition passende Wort ist. BROWN und McNEILL beschreiben das in ihrem Modell so: der erste Erinnerungsschritt sucht sozusagen eine Reihe von Karteikarten heraus, die alle die vorgegebenen Features (in unserem Beispiel: (Navigation), (Instrument), (hat mit Geometrie zu tun)) tragen. Die auf diesen Karteikarten stehenden Wörter passen mit ihrer vollständigen Feature-Liste aber in den meisten Fällen nicht zu der vom Versuchsleiter vorgegebenen Definition des Zielwortes.

Damit ist der eigentliche, als quälend empfundene T.O.T.-Zustand aber noch nicht erklärt. Dazu müssen BROWN und McNEILL, über das Feature-Konzept hinausgehend, etwas Neues einführen. Sie sagen – reichlich metaphorisch –, im ersten Erinnerungsschritt sei auch die richtige Karteikarte gefunden worden, die ja *auch* die drei genannten, als Suchbild dienenden Features trägt. Aber die Versuchsperson kann das auf dieser Karte stehende Zielwort Sextant »nicht lesen«, weil die Schrift sozusagen verwischt ist.

Damit wird freilich ein ganz neuer – und zweifellos nötiger – Aspekt in das Operieren mit dem Feature-Konzept eingeführt. Bisher waren die Features eines Wortes immer und ohne weitere Überlegung *zur Verfügung stehende Features,* die, wenn es sie überhaupt gab, gleichbedeutend mit dem »Haben« des Wortes waren. Jetzt tritt neben die ein Wort kennzeichnende Feature-Liste noch ein »Lesen« des Wortes. Wie stellen BROWN und McNEILL sich das vor?

Die Versuchsperson, welche die richtige Karteikarte hat (die also alle in der Definition aufgeführten Features enthält), kann das auf der Karteikarte stehende Wort nicht lesen, sondern erkennt nur, daß es mit S beginnt, zweisilbig ist und mit t endet. Die Versuchsperson »weiß jetzt also genau, daß sie das Wort weiß«. Sie beginnt, so BROWN und McNEILL, typischenfalls einen zweiten Suchlauf, jetzt geleitet nicht von semantischen, sondern von lautlichen Features. So produziert sie vielleicht Wörter wie secant oder sextet oder, ein Feature weniger berücksichtigend, sexton.

Sehen wir für einen Augenblick noch von den Implikationen dieses Erklärungsversuches ab, so demonstriert das Feature-Konzept wieder einmal seine Fruchtbarkeit: wenn die Versuchsperson verschiedene dem Zielwort lautlich ähnliche Wörter produziert hat, kann sie vielfach diese Wörter in eine korrekte Rangfolge der Ähnlichkeit mit dem Zielwort bringen, denn – so die Erklärung –:

»If the incomplete entry for sextant (die schwer leserliche Eintragung auf der herausgesuchten Karte) includes three features of the word, then words having only one or two of these features (e. g. sexton) should be judged less similar to the target than words having all three of them (e. g. secant).« (S. 334)

Zunächst ist nicht einzusehen, weshalb die Versuchsperson überhaupt noch einen (diesmal phonetisch gesteuerten) Suchlauf unternimmt: sie hat ja angeblich die richtige Karteikarte schon in der Hand. Auch die Beachtung noch so vieler phonetischer Features kann nicht zu einer anderen, besseren Karteikarte führen – aber das mit dem zweiten Suchlauf einhergehende *Bewußthaben* lautlich ähnlicher, aber falscher Wörter läßt die Eintragung auf der Karteikarte ›leserlicher‹ werden!

»We must explain how it happens that the faintly entered and at first illegible middle letters are made accessible in recall ... Perhaps it works like this: whenever a word similar in sound (such as secant) includes middle letters that are matched in the faintly entered section of the target then those faintly entered letters become accessible. The match brings out missing parts the way heat brings out anything written lemon juice. In other words, when secant is retrieved the target entry grows from S*extanT* to *SE*xt*ANT*.« (S. 335)

Das ist natürlich in keiner Theorie mehr unterzubringen, welche die ein Wort kennzeichnenden Features nur als eine Ansammlung von Attributen ansieht, denen eine logische Definition des Wortes genügen muß. Die *Aktivierung von Features,* so daß sie lesbar werden, wird zu einem zusätzlichen Problem. Im vorliegenden Fall erfolgt diese Aktivierung durch den Aufruf lautlich ähnlicher Wörter, der eine Art Analysis-by-Synthesis-Prozeß oder einen Hypothesen-Prüfungsprozeß auslöst (»könnte der dritte Buchstabe ein T sein ...?«). Kann dieser Feature-Aktivierungs-Prozeß auch durch andere Faktoren ausgelöst werden? Würde der Versuchsperson das Zielwort »Sextant« leichter einfallen, wenn man ihr z. B. während des zweiten Stadiums ein solches Gerät zeigen würde? Oder wenn sie es selbst benützen würde?

Derartige Fragen lassen uns erkennen, daß das, was BROWN und McNEILL hier als Kennzeichen des Erinnerungsvorganges beschreiben, vermutlich auch schon beim Auffassungsvorgang eine Rolle spielt: das Erfassen der Bedeutung eines Wortes, sein »Verstehen« involviert das *aktive* Anlegen von Schemata an das zu analysierende Wort, das Projizieren von Verstehensmöglichkeiten auf dieses Wort, das aktive »Ansprechen« dieses Wortes durch vom Hörer an es herangetragene Verstehensmöglichkeiten; wir haben diesen Vorgang schon beschrieben, als wir von der Verwandtschaft zwischen Wahrnehmen und Verstehen sprachen. Ein Wort *ist* verstanden, wenn dieses aktive Ansprechen, das *mehr* ist als bloß passive Resonanz (denn der Hörer kann, wie wir noch erfahren werden, *verschiedene* Schemata nach Wahl anlegen), sozusagen ein Echo aufklingen läßt, wenn das projizierte Schema »paßt«.

Mit einer derartigen Erklärung gewinnen BROWN und McNEILL Anschluß an einen sehr alten Befund der Gedächtnisforschung, daß nämlich Wiedererkennen leichter ist als freie Erinnerung. Dabei braucht das »Aufklingen eines Echos« oder das »Passen eines Schemas« nicht auf vollständiger Identität zu beruhen.

> »It is possible to recognize words when one has not stored the complete letter sequence. The evidence is that we do not store the complete sequence if we do not have to ... An incomplete entry will serve for recognition, but if words are to be produced (or recalled), they must be stored in full.« (S. 335)

Für BROWNs und McNEILLs brillante Analyse eines aus dem Alltag wohlbekannten Vorganges sind die Features (sowohl die semantischen als auch die eher formal-phonetischen) zunächst Leitkriterien für das Durchmustern des Lexikons. Sie führen im günstigen Falle zum Auffinden der »richtigen« Karteikarte, auf der man dann das entsprechende Wort »lesen« kann, wenn es deutlich genug ist.

Wenn man auf diese Weise die Bedeutung eines Wortes als die auf der betreffenden Karteikarte eingetragenen Features konzipiert, wie ist dann der Vorgang des Wortverstehens vorzustellen? Wenn der in einem T.O.T.-Zustand sich befindende Hörer in seinem Gedächtnis sucht, benötigt er offenbar keineswegs immer alle das Zielwort spezifizierenden Features, um dieses Zielwort zu finden. Dann ist aber auch nicht anzunehmen, daß beim Wortverstehen *alle* das Wort spezifizierenden (= auf der Karteikarte eingetragenen) Features aktiviert (oder angesprochen oder bewußt gemacht) werden müssen.

Wenn dies aber so ist, so ergibt sich zwingend eine ganz bestimmte theoretische Forderung: wenn das Verstehen eines Wortes nicht immer *alle* bedeutungskonstituierenden Features involviert, dann benötigt jede Theorie des Sprache-Verstehens eine »Instanz« (oder einen »Mechanismus«), welche von Fall zu Fall entscheidet, ob für den Verstehensvorgang noch weitere Features herangezogen (oder ausgewertet oder benutzt) werden sollen oder nicht. Wir werden diese »Instanz« später unter dem Stichwort *Sinnkonstanz* vorstellen.

Haben wir BROWNs Überlegungen bisher für den Vorgang des Verstehens fruchtbar zu machen versucht, so können wir auch einer BROWNschen Untersuchung folgen, wenn wir sie an den Akt des Meinens anlegen. In *How shall a thing be called?* (1958) stellt er dar, daß ein und dasselbe ›Wahrnehmungsereignis‹ die Äußerungen

»da ist ein Lebewesen«
»da ist ein Vierfüßler«
»da ist ein Hund«
»da ist ein Dackel«
»da ist unser Beppo«

nach sich ziehen kann; für jeden folgenden Satz müssen *mehr* Features, mehr kriteriale Attribute ›verwendet‹ oder ›zum Tragen gebracht‹ werden. Das heißt, der Sprecher/Hörer bestimmt – wenn auch in etwas verschiedener Weise – beim Meinen wie beim Verstehen, wieviele Features er wirksam werden läßt. BROWN betont mit Recht dabei das pragmatische Moment: wir unterscheiden dort, wo es für uns wichtig ist.

Unterscheiden setzt hier ein Entscheiden-Können voraus. Wir sehen, daß die ein Wort kennzeichnenden Features (weder in ihrer Summe noch teilweise) *allein* dafür verantwortlich gemacht werden können, wie ein Wort verstanden, wie ein Wort gemeint sein soll – zwischen der noch so vollständigen lexikalischen Spezifikation und der intendierten bzw.

erreichten Wirkung des Wortes gibt es noch Freiheitsgrade, ohne deren Berücksichtigung das Feature-Konzept von sehr zweifelhaftem Erklärungswert bleiben muß. Faktoren zum Schließen dieser Determiniertheits-Lücke werden wir noch ganz verschiedenartige kennenlernen: sprachimmanente, in den Intentionen von Sprecher und Hörer gelegene, situative (z. B. OLSON 1970), persönlichkeitsspezifische (z. B. HERRMANN und DEUTSCH 1976).

BROWNs und McNEILLs ›generic recall‹, von dem unser Überlegungsstrang eben seinen Ausgang genommen hat, ist aber auch unter anderem Aspekt noch interessant. Gerade zu Beginn des Suchprozesses kommen dem Probanden oft sehr schwer verbalisierbare Features des gesuchten Wortes ins Bewußtsein. WENZL weist (1937) darauf hin, daß in diesem Stadium meist nur die Stimmung des Klangbildes (düster, heiter, flüssig o. ä. klingend) gewußt wird. WITTE zieht (1959) eine Parallele zur Aktualgenese der Wahrnehmung:

> »Zuerst zeigt sich nur eine Anmutungsqualität; man weiß z. B., das Wort ist weich, voll, schwer . . .« (S. 516)

Nehmen wir andererseits zu diesem solche schwer formulierbaren Anmutungsqualitäten berichtenden Probanden jenen, der, nach »Sextant« suchend, sagt: »Ich sehe das Ding genau vor mir, so ein Viertelkreis dran, aber ich weiß nicht, wie es heißt« – dann wird uns klar, daß die ein Wort spezifizierenden Features offenbar keineswegs nur linguistischer Art sind.* Wie ist ein *Lexikon* vorzustellen, das auch derartige *nicht-verbale Eintragungen* enthält?

Was wissen wir von *dieser* Art von Features? Wir haben sie in anderen Bereichen und in anderen Epochen der Psychologie schon oft angetroffen: es sind Vorstellungen. Damit tut sich uns ein weiter Blick (nicht nur in die Geschichte unseres Faches) auf:

Für W. JAMES »the static meaning of concrete words consists of sensory images« (1890, S. 265). Aus dieser und gegen diese Position hat sich eine Kontroverse entwickelt, welche die Geschichte der Psychologie in der ersten Hälfte dieses Jahrhunderts entscheidend geformt hat (vgl. dazu etwa

* Wir erinnern daran, daß auch SZALAY oben schon ganz verschieden*artige* kognitive Elementarcharakteristika zur Kennzeichnung der psychologischen Bedeutung eines Wortes heranzog.

HEBB 1960, PAIVIO 1969, KESSEL 1972). Wir werden die heute erreichte Position nur von dem Gesichtspunkt aus betrachten, den wir im Laufe unserer Überlegungen jetzt erreicht haben.

Daß nicht jedem Wort *eine* bestimmte Vorstellung entspricht, wie dies etwa TITCHENER gemeint hat, dürfte heute unumstritten sein. Unumstritten ist andererseits aber auch, daß Vorstellungen (imagery) bei verbalen Lern- und bei Suchvorgängen der oben geschilderten Art eine große Rolle spielen. PAIVIO hat (1969), zunächst noch in einem ganz assoziationstheoretischen Bezugssystem arbeitend, Vorstellungen angesehen als »stimulus pegs from which associates can be hung and retrieved by means of mediating images« (1970, S. 388). Die Vorstellung nimmt hier also den gleichen Platz ein wie das s_M-r_M-Vermittlungsglied bei OSGOOD. Auch ihre Entstehung denkt PAIVIO sich in bekannter assoziationistischer Weise:

> »Images are regarded as symbolic processes which are linked developmentally to associative experiences involving concrete objects and events. In relation to language, they could be regarded as conditioned sensations for which appropriate words function as conditioned stimuli.« (1969, S. 243)

Wenn PAIVIO später Vorstellungen und verbale Prozesse als zwei alternative Codiersysteme ansieht – konkrete Wörter oder Sätze werden vorstellungsmäßig und verbal codiert und gespeichert, abstrakte Wörter oder Sätze werden nur verbal (also vermutlich unter Heranziehung verbaler »Features«) gespeichert – so bleibt dabei immer unbestimmt, ob die einem Wort (oder dem so bezeichneten Objekt) entsprechende Vorstellung immer etwas Einheitliches, Ganzes darstellt oder nicht. In unserem gegenwärtigen Gedankengang wäre es besonders interessant, wenn man auch mit Vorstellungs*elementen* theoretisch operieren könnte; anders ausgedrückt, wenn die ein lexikales Item kennzeichnenden Features *teilweise* vorstellungsmäßiger Art sein könnten.

Ein erster Hinweis auf die Fruchtbarkeit eines derartigen Ansatzes findet sich in der Untersuchung von M. G. JOHNSON über die Wirkungsweise von Mehrwort-Stimuli im Assoziationsversuch. Legt man der Versuchsperson drei Substantive als (einheitlichen) Stimulus vor, geschieht es, daß

»most of the subjects spontaneously reported seeing images as they read the noun triads. This suggests ... that there may be a very close relation between ECC's and perceptual experience« (1970, S. 291)

– was uns nach unseren Überlegungen über den eher projektiven als rezeptiven Charakter des »Erfassens der Welt« nicht mehr verwundert, was uns aber auch einen ersten Hinweis darauf gibt, daß im Verlauf der Verarbeitung von Bedeutungselementen und eventuell durch sie Bewußtseinsinhalte geschaffen werden können.

Im Assoziationsversuch steht die Versuchsperson unter einem gewissen Zeitdruck – könnte es sein, daß Vorstellungsfeatures besonders in frühen Stadien des Verstehensvorgangs wirksam werden?

MAY und CLAYTON haben (1973) den BROWN-McNEILLschen Es-liegt-mir-auf-der-Zunge-Versuch wiederholt und ihren Vpn dabei die Aufgabe gestellt, während des Suchens nach der richtigen Bezeichnung den Zielgegenstand zu zeichnen. Läßt man diese Zeichnungen durch Beurteiler nach ihrer Ähnlichkeit mit dem Zielgegenstand einstufen, so zeigt sich, daß Vpn, die weder die Bezeichnung noch eine Vorstellung des Zielgegenstandes erinnern können, signifikant ›schlechtere‹ Zeichnungen anfertigen als Vpn, welche im TOT-Zustand wenigstens eine visuelle Vorstellung haben. Die Zeichnungen der letztgenannten sind aber bereits nicht mehr unterscheidbar von den Zeichnungen solcher Vpn, denen die gesuchte Bezeichnung sofort einfiel. Die Erinnerung visueller Informationen kann also der verbalen Erinnerung vorangehen.

Wenn dies so ist, dann wird es offensichtlich sinnvoll, Vorstellungs*features* als eine zwar besondere Art von Features anzusehen, die mit andersartigen aber zusammenwirken. Ihre besondere Art bestünde u. a. darin, daß sie offenbar im Laufe des Verstehensvorganges besonders früh wirksam werden.

Auch WENZL und WITTE fanden vorstellungsmäßige und schwer verbalisierbare Erinnerungselemente im frühen Stadium der Aktualgenese, so daß sich die Frage aufdrängt: gibt es von hier aus eine Verbindung zu dem »inner speech« der russischen Sprachpsychologen, jenem ersten Stadium der

Aktualgenese des Satzes, welches *auch* durch dynamische Vorstellungen gekennzeichnet ist, die noch *nicht* verbalen Charakter tragen? ŽINKIN hat für dieses Stadium einen »inner speech code« postuliert, einen Code aus »images and schemes; or subjects' depicting code« (LEONTIEV 1972, S. 6). Diese Vorstellungen sind keineswegs immer visueller, sondern vielfach motorischer Art – darauf wird etwa im Zusammenhang mit SOKOLOVs Überlegungen noch einzugehen sein.

Hier bleibt für uns jedenfalls festzuhalten, daß der Psychologe offenbar gut daran tut, *wenn* er beim Erstellen einer Theorie der Bedeutung mit dem Begriff des Features arbeitet, auch nicht-verbale Features als zum Lexikon des Sprachbenutzers gehörend anzusehen. Auf das damit angesprochene Übergangsfeld zwischen Para-Verbalem und Prä-Verbalem wird in Kapitel XI noch ausführlich einzugehen sein.

Dieses Stichwort »frühes Wirksamwerden« ist für den weiteren Verlauf unserer Überlegungen von ausschlaggebender Wichtigkeit: es impliziert, daß in eine psychologische Konzeption des Meinens und Verstehens die Tatsache aufgenommen werden muß, daß sich die Vorgänge des Aktivwerdens von Features auf verschiedenen Ebenen oder in einer Art Phasenabfolge abspielen. Es wird also wieder ein Begriff angesprochen, der uns schon mehrfach begegnet ist und der uns auch später noch ausführlich beschäftigen wird, der Begriff der *Ebene*, auf welcher sprachliches Material organisiert ist oder wird. Machen wir uns dabei aber klar, daß dieser Ebenen-Begriff in zwei verschiedenen Bedeutungen verwendet werden kann und muß, die nicht miteinander zu verwechseln sind, auch wenn sie vermutlich miteinander zu tun haben: es geht einmal um *Struktur-»Ebenen« im Lexikon* bzw. im Modell des *Gedächtnisses* und zum zweiten um verschiedenartige, eventuell auf verschiedenen »Ebenen« ablaufende *Verarbeitungsprozesse* beim Meinen und Verstehen. Mit dem zuletzt genannten Ebenenbegriff werden wir uns erst dann beschäftigen können, wenn wir mehr über die *Vorgänge* des Meinens und Verstehens wissen – bisher beschäftigen wir uns ja sozusagen mit den »Materialien«, die in diesen Vorgängen eine Rolle spielen.

Das Konzept der Struktur-Ebenen des Lexikons bzw. des Gedächtnisses, dem wir uns jetzt wieder zuwenden wollen, ist bekanntlich schon in der KATZ-FODORschen Auffassung enthalten; dort sind die semantischen Markers in einer Art Baumdiagramm angeordnet, (animate) steht über oder vor (human), ohne daß aber immer deutlich würde, welche psychologischen Konsequenzen aus einer derartigen Anordnung zu ziehen sind. FILLENBAUM und RAPOPORT (s. o. Kap. V) nehmen an, daß bestimmte Features anderen in dem Sinne *vor*geordnet sind, daß z. B. die Analyse von »to find« ein als Präsupposition fungierendes Feature (acquire) zeigt, dem das Feature (zufällig) hinzugefügt werden kann, wenn man von der allgemeineren Form des Erhaltens zu der spezifischeren des Zufällig-Erhaltens kommen will. Bei CLARK ist der Gesichtspunkt der hierarchischen Ordnung der Ebenen besonders deutlich ausgeprägt: seine Erklärung des Assoziationsverhaltens etc. steht und fällt mit dem Postulat, daß die ein Wort kennzeichnenden Features in einer ganz bestimmten Reihenfolge »bearbeitet« (z. B. in ihrem Vorzeichen verändert) werden.

Eine derartige hierarchische Anordnung der Speicherplätze für verschiedene Gedächtniseinheiten oder Bedeutungsaspekte (was im gegenwärtigen Zusammenhang äquivalent ist) wird auch durch eine Reihe psychologischer Untersuchungsbefunde nahegelegt, die eher von der Gedächtnis- bzw. der Denkpsychologie als von der Psycholinguistik angeregt worden sind, die für uns aber im gegenwärtigen Zusammenhang relevant werden. Ihnen wenden wir uns daher jetzt zu.

QUILLIAN (1969) stellt sich die Aufgabe, ein computerisierbares Modell des Speichers semantischer (oder lexikalischer) Informationen zu entwerfen. In diesem Speicher- oder Gedächtnis- oder Lexikon-Modell sind Wörter als Knotenpunkte eingetragen, genauer als eine »Konfiguration von Hinweispfeilen auf andere Wörter«. Diese Konfiguration *ist* die Bedeutung des betreffenden Wortes.*

Wenn beispielsweise die Bedeutung des Wortes »Kanarienvogel« gespeichert wird als »gelber Vogel, der singen kann«,

* Vielleicht ist hier eine kurze Erinnerung nützlich: Bedeutung eines Wortes als die Assoziationen, welche das betreffende Wort mit anderen Wörtern verbinden – das ist eine in der Sprachpsychologie ehrwürdig alte Konzeptionsweise: man denke nur an NOBLE, OSGOOD, DEESE, etc. Vgl. dazu HÖRMANN 1967.

dann zeigt im QUILLIANschen Modell ein Hinweispfeil von »Kanarienvogel« auf »Vogel«, d.h. auf die auf der nächsthöheren Ebene stehende Kategorienbezeichnung (den sog. Superset). Zwei andere Hinweispfeile führen zu sogenannten Eigenschaften (den ›properties‹) »ist gelb« und »kann singen«, die beim betreffenden Wort (»Kanarienvogel«) selbst stehen. Spezifisch für dieses Modell ist nun die Tatsache, daß Eigenschaften nur jeweils bei dem Wort abgespeichert sind, welches das allgemeinste der Wörter ist, auf welche diese Eigenschaften zutreffen. Das heißt: Eigenschaften, die auf *alle* Vögel zutreffen (z. B. daß sie Federn haben und daß sie fliegen können), werden bei »Vogel« abgespeichert, nicht aber immer wieder einzeln bei »Rabe« und »Kanarienvogel« und »Adler«. Die Tatsache, daß ein Kanarienvogel fliegen kann, wird in diesem Modell gedächtnismäßig dadurch verfügbar, daß bei »Kanarienvogel« ein Hinweispfeil auf »Vogel« steht und bei »Vogel« dann »kann fliegen« abgespeichert ist.

Dieses »raumsparende« Speichersystem läßt uns einige empirisch untersuchbare Voraussagen machen. Soll z. B. der Satz »ein Kanarienvogel kann singen« auf seinen Wahrheitswert geprüft werden, so braucht die Vp lediglich die beim Wortknoten »Kanarienvogel« gespeicherten Eigenschaften sich ins Bewußtsein zu rufen. Soll dagegen über den Wahrheitswert des Satzes »ein Kanarienvogel kann fliegen« geurteilt werden, so muß die Vp vom Wortpunkt »Kanarienvogel« dem Hinweispfeil zum Superset folgend eine Ebene höher zu »Vogel« gehen, weil »kann fliegen« als Eigenschaft des Superset abgespeichert ist. Dieser Weg ist vermutlich »länger« oder jedenfalls »zeitraubender« als der vom Wortknoten zu den bei diesem direkt abgespeicherten Eigenschaften. Diese aus dem Modell abgeleitete Hypothese konnte von COLLINS und QUILLIAN (1969) verifiziert werden. Ganz entsprechend nimmt die Prüfung des Satzes »der Rabe ist ein Tier« längere Zeit in Anspruch als die des Satzes »der Rabe ist ein Vogel«: im ersten Fall müssen Knoten aus mehr Ebenen in Anspruch genommen werden als im zweiten Fall.

Mit dem QUILLIANschen Modell lernen wir ein sog. Netzwerk-Modell kennen, wie sie in jüngerer Zeit in der Psychologie häufig publiziert werden. Sie haben, wie leicht zu sehen ist, eine gewisse Verwandtschaft mit den früher besprochenen Semantischen Feldern (vgl. Kap. V), erlauben aber weit präzisere Aussagen über die gedächtnismäßige Anordnung und Verwendung dessen, was da im Sprachschatz gespeichert ist. Die Beziehungen, die innerhalb eines Netzwerkes zwischen zwei Knoten (Wörtern) bestehen, können unter zwei verschiedenen Aspekten betrachtet werden: der erste, der schon im COLLINS-QUILLIANschen Versuch angesprochen wird, ist der der *Semantischen Distanz*, die die betreffenden Knotenpunkte trennt. Der zweite Aspekt, auf den wir in diesem Kapitel noch nicht eingehen werden, betrifft die *Qualität* der vom Wort zum Superset (z. B. von »Kanarienvogel« zu »Vogel«) führenden Relation: diese Relation ist eine prädikative oder, wie RUMELHART et al. (1972) sie nennen, eine »isa«-Relation. Die vom Wort zu seinen Eigenschaften führende Relation dagegen kann als »has«-Relation aufgefaßt werden. Diese Möglichkeit, grundlegende *Relationen* als Lexikon-Qualitäten aufzufassen, wird uns später noch beschäftigen;* wir beschäftigen uns zunächst aber weiter mit der Problematik der »semantischen Distanz« und ihren Konsequenzen für jede Konzeption von Lexikon bzw. Gedächtnis.

Die meisten Netzwerkmodelle** gehen, wie schon KATZ und FODOR und die lange Reihe seit John LOCKE, davon aus, daß die Gedächtnis- oder Lexikonstruktur ein getreues Abbild der logischen Struktur sei: genus proximum und differentia specifica regieren immer noch die Stunde: der Adler ist ein Vogel und der Vogel ist ein Tier und Tiere sind belebt ... Doch die Verhältnisse, sie sind nicht so: Es zeigt sich nämlich, daß die Verifikation des Satzes »der Löwe ist

* Die Beschränkung auf ›isa‹ und ›has‹-Relationen zeigt wieder einmal den überwiegenden Einfluß der Logik. MacNAMARA hat (1971) darauf aufmerksam gemacht, daß es sehr viel mehr und andere Relationen in einem Lexikon geben kann: größer als, Vater von, Ursache von, impliziert durch ... Man wird hier an BIERWISCHs Überlegungen erinnert, wonach in diesen semantischen Dimensionen grundlegende Eigenheiten des apperzeptiven Apparats des Menschen einen Ausdruck kennen.

** Das gilt auch für die ihnen in dieser Hinsicht ähnlichen mengentheoretischen Modelle (z. B. SCHAEFFER und WALLACE 1970), welche die semantische Distanz zwischen zwei Begriffen als Schnittmenge der jeden Begriff kennzeichnenden Menge von Features auffassen. Vgl. hierzu und zum Folgenden RIPS, SHOBEN und SMITH, 1973.

ein Säugetier« längere Zeit in Anspruch nimmt (d. h. auf eine größere semantische Distanz hinweist) als die Verifikation des Satzes »der Löwe ist ein Tier«. Wollte man diesem Befund psychologisch dadurch Rechnung tragen, daß man postuliert, »Tier« stehe auf einer Art Zwischenebene zwischen jedem einzelnen Säugetier (Löwe, Pferd, Esel, Maus) und dem Superset »Säugetier«, so müßten die Vpn den Satz »alle Tiere sind Säugetiere« als richtig anerkennen, denn die logische Hierarchie hat ja ganz präzis definierte Konsequenzen für den Wahrheitswert derart zusammengestellter Aussagen; der auf die nächsthöhere Ebene führende (prädikative!) Pfeil darf nicht falsch sein. Wollte man umgekehrt annehmen (das wäre die zweite Rettungsmöglichkeit), daß »Tier« im System auf zwei verschiedenen Ebenen vertreten ist, nämlich einmal zwischen »Löwe« und »Säugetier« (wie die empirischen Befunde zur Distanz verlangen) und nochmals oberhalb von »Säugetier« (wie es die Forderungen der Logik verlangen), dann würde man natürlich zusätzlich eine Entscheidungsprozedur benötigen, welche festlegt, ob das im gehörten Satz enthaltene Wort »Tier« auf der ersten oder auf der zweiten Ebene zu »verstehen« ist.

Mit dieser Schwierigkeit hängt eine andere zusammen, der sich auch alle linguistischen Lexikonmodelle und die psychologischen Netzwerk- und die mengentheoretischen Gedächtnismodelle gegenübersehen. Alle diese Modelle gehen davon aus, wie es die Logik* befiehlt, daß der logisch übergeordnete Begriff (der Superset oder das die Kategorie definierende Feature) für *alle* darunter zu subsumierenden Wörter in gleicher Weise gilt. Bei KATZ und FODOR gilt (animate +) in gleicher Weise für »bachelor« wie für »Schnecke« oder »Löwe« oder »Tier«. Das Feature (animate) wird ja gerade mit dem Ziel eingeführt, alle Wörter, welche in die Klasse der (animate) fallen, in dieser Hinsicht äquivalent zu machen. Die Selektionsbeschränkungen, welche mit dem Feature gekoppelt sind, beziehen sich auf die ganze Kategorie ohne jeden Unterschied.

Aber operiert der sprechende und handelnde Mensch wirklich

* Hier erinnert man sich an CHAFEs Hinweis, daß eine enge Assoziation der Sprachwissenschaft mit der Logik der ersteren keineswegs immer zum Vorteil gereichte ...

mit solchen durch Features (oder Markers oder Attribute) definierend begrenzten, in sich aber in dieser Hinsicht nicht weiter strukturierten Klassen? Ist für ihn alles gleich, was in derselben Schublade liegt?

Die oben angestellten Überlegungen zum Feldbegriff müssen uns hier bereits skeptisch gemacht haben, wenn dabei auch noch keine klaren Aussagen über die hierarchischen Verhältnisse zwischen dem Oberbegriff und den einzelnen Mitgliedern des ihm subsumierten Feldes zu machen waren. Auch DEESEs frühe faktorenanalytische Untersuchungen von Assoziationsdaten enthalten deutliche Hinweise auf eine *psychologische Binnengliederung* der logischen Klassen und Kategorien. Eine Schülerin DEESEs, N. HENLEY, hat (1969) mit verschiedenen Methoden untersucht, welche Aspekte innerhalb der Kategorie »Tier« *psychologisch* als gliedernd wirksam sind. Dabei zeigt sich, daß diese Aspekte weder mit einem logischen noch mit einem zoologischen System zusammenfallen:

> »The general picture ... for the Ss of this study is one in which animals are preponderantly mammals, and in which mammals fit into a few fairly well-described categories. These categories are (1) small wild animals, (2) herbivores, including farm animals, (3) primates, and (4) other carnivores ... The elephant belongs to a separate class. The important dimensions in classifying these animals are those of size and ferocity.« (S. 183)

Hier werden zwei Punkte deutlich, welche die bisherigen Konzeptionen des Lexikons und der nach Kategorien gegliederten (Netzwerk- und mengentheoretischen) psychologischen Gedächtnismodelle revisionsbedürftig machen:

1. die Struktur unseres im Gedächtnis verfügbaren Wortschatzes ist keine logische Struktur; die ehrwürdig alte philosophische Unterscheidung zwischen analytischen und synthetischen Wahrheiten wird fragwürdig insofern, als nicht klar ist, auf welcher Basis analytische Urteile gefällt werden;
2. nicht alle zur Kategorie »Tier« gehörenden Arten bzw. Exemplare sind psychologisch in gleicher Weise »tierisch«; es gibt mehr oder minder typische Vertreter der Kategorie. Damit wird der Klassen- oder Kategorienbegriff fragwürdig, der ex definitione impliziert, daß alle Angehörigen einer bestimmten Klasse *als solche* gleich-gültig sind.

Die unter 2. angeschnittene Überlegung wird ausgeführt und präzisiert durch E. ROSCH-HEIDER. Sie geht ebenfalls von einer Kritik der in der Linguistik (und in der experimentellen Denkpsychologie) üblichen Ansicht aus, welche die semantischen Kategorien als Bündel diskreter Features behandelt, die die betreffende Kategorie klar von allen anderen Kategorien differenzieren und umgekehrt alle Angehörigen der Kategorie unter dem betreffenden kategorialen Aspekt ununterscheidbar machen.

»... there are categories in perceptual domains such as color and form which are not arbitrary. Neither a ›concept-formation model‹ of category formation in terms of learning the ›correct‹ (defined either by an experimentor or a culture) combination of discrete attributes nor an ›abstraction-process model‹ of category formation in terms of abstraction of the central tendency of an (experimentally or culturally determined) arbitrary grouping of distributions of attributes is adequate to account for the nature and development of categories in these perceptual domains. The following alternative account ... is proposed: there are colors and forms which are more perceptually salient than other stimuli in their domains. A working hypothesis is that salient colors are those areas of color space previously found to be most examplary of basic color names in many different languages ... and that salient forms are the ›good forms‹ of Gestalt psychology.« (1973, S. 113 ff.)

Was »rot« ist, was ein »Rechteck« ist, wird nach ROSCHs Überlegungen und den sie bestätigenden empirischen Untersuchungen nicht als Klasse aufgefaßt, die zwischen den sie definierenden Grenzen unstrukturiert ist, sondern als ein fokales Zentrum mit einem allmählich verschwimmenden Hof darum. Weit interessanter aber als der Befund, daß es ein typisches Rot und ein typisches Rechteck gibt, ist ein anderer: daß es bestimmte Früchte gibt, die weit besser die Kategorie Frucht repräsentieren als andere Früchte: der Apfel ist weit eher, weit prägnanter eine Frucht als etwa die Feige oder die Olive, Fußball ein weit prägnanterer Sport als Ringen oder Gewichtheben, Mord ist ein weit prägnanteres Verbrechen als Unterschlagung, Malaria und Krebs sind prägnantere Krankheiten als Rheuma oder Erkältung.
Auch wenn hier das Wort Prägnanz wie ein Wagnersches

Leitmotiv ertönt: es signalisiert nicht die Rückkehr der (Berliner) Gestaltpsychologie: man kann *diese* Prägnanz nicht als angeborene Eigenschaft des Nervensystems erklären. Die Gestaltpsychologie und BIERWISCH müssen die Möglichkeit einräumen, daß durch Lernvorgänge (die allerdings sicher nicht assoziativer Art sind) Schwerpunktbildungen in unserem Gedächtnis erfolgen, ausgezeichnete Strukturen sich entwickeln, auf die hin und durch welche hindurch wir die Welt erfassen. Was eine Frucht, was ein Verbrechen ist, wird nicht durch Aufzählung der für *alle* Früchte, *alle* Verbrechen zutreffenden Attribute bestimmt, sondern durch die Zentrierung um ein als konstantes Zentrum gesetztes Beispiel.*

Damit ist die Frage dringend geworden, welche Faktoren dafür verantwortlich sind, daß eine solche Konstantsetzung gerade hier und nicht an einem anderen Punkt des sich entwickelnden begrifflichen oder semantischen Feldes erfolgt. Warum wird Mord eher als das beispielhafte Verbrechen angesehen als Unterschlagung, warum ist ein Adler ein typischerer Vogel als eine Ente? Hier die Häufigkeit des Vorkommens als Erklärung heranzuziehen, wäre zweifellos verfehlt.

Einen ganz ähnlichen Standpunkt, allerdings unter Beibehaltung des Feature-Konzepts, nehmen SMITH, SHOBEN und RIPS (1974) ein. Sie gehen, übrigens angeregt auch durch WITTGENSTEINs Hinweis auf die Unmöglichkeit, *scharfe* Grenzen um einen Begriff zu ziehen (s. u. Kap. IX), davon aus, daß die semantischen Features, welche ein Wort kennzeichnen, jeweils auf einem Kontinuum angeordnet werden können,

> »along which some features will be more *defining* or essential aspects of a word's meaning, while others will be more accidental or *characteristic* features«. (S. 216)

Sie lassen, ganz ähnlich wie ROSCH, ihre Probanden einstufen, wie *typisch* ein ›Spatz‹, ein ›Adler‹, ein ›Huhn‹ für die Kategorie ›Vogel‹ ist. Der so erhaltene Wert der *Typisch-*

* Damit gewinnt übrigens der linguistische Feldbegriff einen neuen Aspekt: die Wörter eines Feldes begrenzen sich nicht, im TRIERschen Sinne, wie die Steine eines Mosaiks, sondern sind mehr oder minder weit von einem Zentrum entfernt.

heit (typicality) ist um so höher, je mehr *alle* Features des betreffenden Wortes mit denen der Kategorienbezeichnung identisch sind. Liegt eine Identität nur noch der definierenden, nicht aber mehr der charakteristischen Features vor (wie bei ›Huhn‹ – ›Vogel‹), so sinkt der Wert ab.

Einer Veränderung dieser typicality-Werte entsprechen ganz charakteristische linguistische Konstruktionen, die LAKOFF (1972) beschrieben hat. Je nachdem kann oder muß man in einem Satz, der Wort und Kategoriename als Nomina enthält, bestimmte »Hürden« oder »Hecken« einfügen, um ihn glatt akzeptabel zu machen: Ist der typicality-Wert hoch wie beim Wort ›Adler‹ für die Kategorie ›Vogel‹, so kann man sagen »Der Adler ist *ein echter* Vogel«. Sinkt dieser Wert ab, so kann oder muß eine »Hürde« eingeführt werden etwa in der Form: »ein Huhn ist *technisch gesprochen* ein Vogel«. Stimmt das Subjektsnomen nur noch mit einigen charakteristischen, nicht aber mehr mit den definierenden Features des Prädikatsnomens überein, so wird die Hürde (die dann zum Krückstock wird) erforderlich: ›loosely speaking‹ – ›wenn man so will, ist eine Fledermaus ein Vogel‹.

Wie nach der Darstellung der ROSCHschen Überlegungen, so müssen wir auch hier fragen, welche Faktoren dafür verantwortlich sind, welche Stelle der vom Definiens zum bloßen Charakteristikum reichenden Dimension ein bestimmtes Feature bei einem bestimmten Wort einnimmt. WETTLER hat (1970) in diesem Zusammenhang darauf hingewiesen, daß die Ordnung zwischen Begriffen nicht hauptsächlich durch Begriffshierarchien, sondern in mindestens ebenso starkem Maße durch andere Relationen bestimmt wird, welche funktionale und situative Beziehungen zwischen Begriffen und zwischen Begriffen und Handlungen beschreiben.

Wir stehen hier im Grunde vor der gleichen Frage, die wir oben schon gestellt haben, als wir überlegten, warum »lang« sowohl für den + Pol als auch für die ganze Dimension »Länge« verwendet wird; wir hatten (mit CLARK und ERTEL) auf erlebnismäßige Determinanten hingewiesen: das beste Beispiel für das, was »lang« ist, ist etwas, das *sehr* »lang« ist. So auch hier: die »typische« Krankheit ist eine schwere Krankheit, das »typische« Verbrechen ist ein besonders auffallendes Verbrechen. Wahrnehmen und Verstehen als An-

legen eines *Schemas* (und ein Schema stellt immer eine besonders prägnante Ausprägung dar) werden wieder deutlich.
Wir werden darauf im Zusammenhang der entwicklungspsychologischen Betrachtung (Kapitel XII) ausführlich einzugehen haben.
Die Strukturen des Lexikons sind, so können wir zwischendurch resümieren, offenbar nicht oder jedenfalls nicht immer nach der orthodoxen Logik von Begriff und Oberbegriff, von genus proximum und differentia specifica angeordnet – dies aber wäre die Anordnung gewesen, die für ein Operieren mit Features dann besonders nahegelegen hätte, wenn diese dazu als addierbare Kennzeichen von in sich nicht weiter differenzierten Kategorien aufgefaßt werden. Nun zeigen uns aber zahlreiche Untersuchungen (u. a. BOCK 1975), daß es von der Absicht abhängt, mit welcher der Proband an das Verstehen der Wörter oder Sätze ›herangeht‹, wie differenziert die Feature-Spezifikation vorgenommen wird, die dann z. B. für die Einprägung wirksam wird; darauf wird später noch einzugehen sein.
Im Laufe unserer Diskussion sind wir schon einmal auf eine Ansicht gestoßen, die von der orthodoxen, alle Features als festgelegt und gleichermaßen wirksam annehmenden, abweicht: FILLENBAUM und RAPOPORT (vgl. Kap. V) vertreten die Auffassung, daß bestimmte Features als Voraussetzung für das Gültig- oder Aktiv-Werden anderer Features fungieren, also in einem Verhältnis zu ihnen stehen, das nicht so sehr *logische* als vielmehr *kognitive* Implikation meint. Diese eher auf Welt-Wissen als auf logischer Deduzierbarkeit beruhende Relation steht auch bei SMITH, SHOBEN und RIPS, wie wir eben sahen, im Vordergrund. Wir greifen jetzt eine bei FILLENBAUM und RAPOPORT schon kurz geäußerte Überlegung auf, ob die verschiedenen ein Wort kennzeichenden Features vielleicht in einem *Präsuppositions-Spezifikations*-Verhältnis zueinander stehen.
Dazu wenden wir uns einer Untersuchung G. A. MILLERs zu, die, wir wir noch sehen werden, die Verbindung zu einer Entwicklung herstellt, welche seit dem Erscheinen des »Zweiten CHOMSKYschen Modells« in der Linguistik stattgefunden hat. MILLERs Untersuchung ist einerseits einzuordnen

in den großen Kreis jener Bemühungen, Grundzüge kognitiven Operierens als Sprach-Universalien herauszuarbeiten, zweitens gehört sie – und damit steht sie in der KATZ-FODOR-Tradition – zu den Arbeiten, welche semantische Kennzeichen so konzipieren wollen, daß sie Relevanz für die Satzbildung haben, und schließlich verwendet sie Klassifikationsverfahren, von denen wir einige schon dargestellt haben.
MILLER stellt, ganz im Einklang mit KATZ und FODOR, fest, es reiche nicht aus

> »to provide characterizations of the meanings of lexical items. The definition must be formulated in such a way that interpretations can be constructed, according to rule, for combinations of words that can occur in grammatical constructions. In order for any cognitive analysis of verbal concepts to have linguistic relevance, it must be compatible with this goal of linguistic theory«. (1968, S. 21)

MILLER will also nicht mehr, wie er es früher getan hat, die »psychologische Realität der Grammatik« nachweisen, sondern eher die »linguistische Relevanz kognitiver Analysen«. Wir werden allerdings sehen, daß seine »kognitiven Analysen« selbst wiederum schon von primär sehr linguistischen Konzeptionen ausgehen: die von SCHLESINGER so genannte Prioritätsthese lebt noch ...
Alle bisher diskutierten psycholinguistischen und linguistischen Bemühungen um die Erfassung semantischer Kennzeichen operieren in der einen oder anderen Weise mit dem Begriff der *Ähnlichkeit*. MILLER erhebt jetzt diese wichtige Frage: wenn ich Ähnlichkeit z. B. durch Substituierbarkeit feststellen will, dann muß ich dem Beurteiler der Substituierbarkeit sagen, was bei der Substitution erhalten bleiben soll: Grammatikalität, Wahrheit, Plausibilität ...? Damit führt MILLER, ohne es besonders zu betonen, einen funktionalistischen Gesichtspunkt ein: sprachliche Äußerungen – und auch die Ähnlichkeit sprachlicher Äußerungen – können nur beurteilt werden, wenn man die *Funktion* berücksichtigt, welche diese Äußerung hat. Das ist ein neuer Gesichtspunkt! Der native speaker, welcher angeblich seine Urteile auf Sprache-an-sich, also auf von ihrer Verwendung und ihrem Ziel abstrahierte Sprache beziehen kann, wird endlich auf eine realistische Proportion reduziert.

Dementsprechend geht MILLER auch in seiner eigenen Untersuchung vor:
Er schreibt 48 Substantive, bei deren Auswahl lediglich das Kriterium angelegt wurde, daß die Hälfte »Physische Objekte«, die andere Hälfte »Begriffe« darstellte, jeweils auf eine Karte. Auf der Karte steht außerdem

> »a dictionary definition of the particular sense of the word that was intended and a simple sentence using the word in that sense«. (1971, S. 576)

Diese scheinbar kleine Erweiterung gegenüber den üblichen Klassifikationsverfahren kann gar nicht wichtig genug eingeschätzt werden:
MILLER will die semantischen Kennzeichen der Wörter so konzipieren, daß diese Kennzeichen in der Dynamik der Satzbildung eine Rolle spielen können – und deshalb legt er (ohne dies auch nur mit einer einzigen Bemerkung hervorzuheben!) das betreffende Wort bereits in einem Satz (genauer: in zwei Kontexten: dem einer Definition und dem eines Satzes) vor. Das heißt, er geht davon aus, daß der Beurteiler den Satz kennen muß, in welchem ein Wort fungiert, um etwas über die satzkonstituierenden semantischen Features dieses Wortes aussagen zu können. Wir sind weit von jenem syntaxzentrierten Modell der Generativen Grammatik entfernt, in welchem die Satzkonstituierung allein Sache der Syntax und die Bedeutung von Wörtern allein Sache der semantischen Interpretation war. MILLER macht die *Wort*bedeutung abhängig von der umfassenden Bedeutung des Satzes.
50 Probanden sortieren diese 48 Substantive in jeweils so viele Häufchen, wie sie wollen. Wörter, die von sehr vielen Probanden zusammen klassifiziert werden, haben – das ist die Logik der anschließenden Cluster-Analyse – mehr Features gemeinsam als Wörter, die nur von wenigen Probanden in dieselbe Kategorie eingeordnet werden.
Auf diese Weise ergeben sich neben (oder genauer: unter) den von MILLER planmäßig »eingebauten« Kategorien ›Physisches Objekt‹ und ›Begriff‹ fünf spezifischere Kategorien: lebende und nichtlebende Objekte, und soziale, personale und quantitative Begriffe. Als Beispiel sei herausgegriffen: 49 der 50 Vpn gruppieren »cook« und »doctor« in eine

Gruppe, 44 nehmen in diese Gruppe auch »umpire« auf, 42 auch »mother«, 37 auch »knight«.
Die Verbindung zwischen diesem empirischen Befund und einer psychologisch wie auch linguistisch relevanten theoretischen Interpretation stellt MILLER durch eine ebenfalls ganz funktionalistisch orientierte Leitfrage her: wozu werden wohlgeformte Sätze geäußert? Seine Antwort: um Urteile auszudrücken. Der Kern sprachlicher Äußerungen besteht in der *Prädikation*, d. h. in einer ganz speziellen Relation zwischen Subjekt und Prädikat.
Damit gewinnt MILLER Anschluß an eine in der Linguistik sich vollziehende Entwicklung, auf welche wir im folgenden noch mehrmals eingehen werden. Er gewinnt aber eben auch Anschluß an eine so eminent psychologische Frage wie die nach der Intention des Sprechers. Wer nach der Intention des Sprechers fragt, konzipiert die Äußerung als Fortsetzung von etwas, was (in verbaler oder nichtverbaler Form) vorangegangen ist.* Die Äußerung vervollständigt (oder ändert) sozusagen die Annahmen des Sprechers, welche ihn diese Äußerung zu diesem Zeitpunkt angebracht erscheinen lassen, dadurch, daß auf der Basis dieser Vor-Annahmen jetzt ein Urteil abgegeben wird.
Dieses Ineinandergreifen von festgehaltener Basis und darauf weiterbauender Prädikation ist ein Grundzug sprachlichen Handelns, dessen Wichtigkeit gar nicht hoch genug eingeschätzt werden kann: wenn wir etwas aussagen, etwas behaupten, nach etwas fragen – immer knüpfen wir an etwas an, das schon vorher im Bewußtsein des Sprachbenutzers vorhanden und verfügbar gewesen sein muß: Sprechen ist immer *fortgesetztes* Handeln.
Ganz diesem Grundzug sprachlicher Äußerung entsprechend muß nach MILLER auch unser Lexikon eingerichtet sein: »our lexical memory must be organized to facilitate predications« (1968, S. 20). Zu diesem Zweck verlegt MILLER die dem Akt der Prädikation zugrundeliegende Unterscheidung von Präsupposition und Assertion, also von Vor-Annahme und darauf aufbauender Behauptung, *in das Wort*

* Vorläufig genüge hier der Hinweis auf die später zu besprechende Sprechakt-Theorie und auf unsere (1967) Konzeption der Sprache als »Fortsetzung des Handelns mit einem anderen Mittel«.

selbst; er macht ihn zur Grundstruktur des Lexikons. Präsuppositionen sind jene Features, welche das betreffende Wort mit anderen, ähnlichen gemeinsam hat.*
Präsuppositionen im Sinne MILLERs lassen sich daher am besten so umschreiben: indem der Sprecher in einer Äußerung ein bestimmtes Wort verwendet, setzt er die ›hierarchisch höheren‹ Features als Präsupposition voraus und ›behauptet‹ nur das letzte Feature bzw. den Distinguisher.

> »An adult speaker of English must have his lexical information stored in such a manner that he can distinguish the presupposition from the assertion of any commom noun. Since the presupposition of one noun may include the assertion of some more abstract noun, this requirement imposes considerable structure on the subjective lexicon.« (1968, S. 25)

Zur Verdeutlichung dieses Beispiel: »knight« ist definiert als »a man who has been raised to honorary military rank«. Die Äußerung »Is Leslie a knight?« fragt zwar, ob die Assertion »is a knight« auf Leslie zutrifft, geht dabei aber von der als zutreffend angenommenen Präsupposition aus, daß Leslie ein Mann ist.
Lassen sich nun die Resultate von MILLERs Cluster-Analyse in diesem Sinne interpretieren? Sortieren die Probanden wirklich aufgrund der in den Definitionen und Sätzen anklingenden (oder auch nur impliziten) Präsuppositionen und Assertionen der Wörter? Betrachten wir folgendes Cluster, das sich in MILLERs Untersuchung gefunden hat:

Cook, doctor, umpire werden fast immer zusammen gruppiert; etwas weniger häufig erscheinen sie in einer Gruppe mit mother und knight. MILLERs Interpretation:
cook – a person who prepares food by using heat,
doctor – a person who is licensed to treat diseases,
umpire – a person who rules on the plays of a game,
mother – a woman who has borne a child,
knight – a man who has been raised to honorary military rank.
Cook, doctor und umpire haben dieselbe Präsupposition, näm-

* Die Tendenz, die Präsuppositionen im Wort und damit nicht im Bereich der Äußerung, sondern im Lexikon zu verankern, findet sich, wie wir später sehen werden, auch bei einigen der sog. Generativen Semantiker, z. B. bei FILLMORE. Allerdings ist bei FILLMORE das Lexikon nicht nach Feature-Dimensionen, sondern nach Prädikat-Argument-Strukturen gegliedert.

lich person. Man kann sie in ein gemeinsames Cluster einordnen, indem man ihre verschiedenen Assertionen einfach ignoriert. Da mother eine Frau ist und eine Frau eine Person (und da knight ein Mann ist und Mann eine Person), haben mother und knight dieselbe Präsupposition wie cook, doctor und umpire, aber zusätzlich noch jeweils eine andere, nämlich Frau bzw. Mann.

> »Some judges might not be willing to ignore those additional presuppositions, and so the number putting mother and knight with the person-cluster would be correspondingly smaller. This pattern is confirmed by the results.« (S. 49)

MILLERs theoretische Überlegungen sind durch diesen Teil seiner Ergebnisse also augenscheinlich bestätigt worden: die Features, nach denen unser Lexikon dieser Theorie entsprechend strukturiert ist, nehmen auf die Tatsache Rücksicht, daß die Wörter (bzw. deren Features) in der *Äußerung*, also in einem Verhaltensakt zwischen Sprecher und Hörer, *Funktionen zu erfüllen* haben.

Wir erinnern uns: bei KATZ und FODOR haben die Wörter bzw. deren Features allenfalls Funktionen im *Satz*, nämlich ihn semantisch eindeutig, semantisch normal und paraphrasierbar zu machen.

MILLERs und unsere Freude, das Organisationsprinzip des Lexikons in so schön dynamischer Weise auffassen und verwenden zu können, wird allerdings bald gedämpft. STEINBERG weist (1971, S. 494) aus theoretischen Gründen darauf hin, daß ein Klassifikationsverfahren à la MILLER nur dann zu ›richtigen‹ Resultaten führt, wenn *alle* Beurteiler ihr Ähnlichkeitsurteil (das hier auf eine Ja/Nein-Entscheidung reduziert ist*) auf Grund *derselben* Kriterien fällen.

Nun gibt aber MILLER nach Durchsicht seiner Befunde selbst an, daß dies offensichtlich nicht der Fall ist. Er sagt

> »it is obvious that other considerations influenced many of the judges' decisions«. (1968, S. 51)

Wenn nämlich z. B. ›jack‹ und ›wheel‹ zusammengruppiert werden auf Grund von (nach MILLER) ›mutual entailment‹,

* Der STEINBERGsche Einwand bezieht sich nicht auf die z. B. von FILLENBAUM und RAPOPORT verwendete Multidimensionale Skalierung. Diese läßt beispielsweise zu, daß »Sohn« und »Tochter« einander ähnlich*er* sind als »Tochter« und »Vater«; auf diese Weise können hier eventuell mehrere Features als wirksam extrahiert werden, was bei MILLER nicht in dieser Weise möglich wäre.

und ›yacht‹ und ›skate‹ »because both imply recreational activities« – dann wird klar, daß die Beurteiler sich eben manchmal an das halten, was MILLER Präsupposition nennt, und manchmal nicht. Berücksichtigen sie *andere*, dem Psychologen nicht einsehbare Präsuppositionen als Gliederungskriterien? Gibt es eben nicht immer nur *eine*, ganz bestimmte Präsuppositions-Assertions-Zuordnung? Oder, so kann man weiter fragen, berücksichtigen die Vpn *keine* Präsuppositionen, weil sie die Wörter anders abgespeichert haben (d. h. ihr Lexikon im betreffenden Fall keine Präsuppositions-Eintragung aufweist), oder weil sie in der betreffenden Situation, angeregt durch die einkleidenden Sätze, nicht von der Präsuppositionsmarkierung Gebrauch machen? Oder tun sie es gar deshalb nicht, weil alle derartigen Markierungen etwas sind, was überhaupt nicht ein festes, transsituativ stabiles Kennzeichen des betreffenden Wortes darstellt, sondern lediglich eine Resonanz der Situation, in welcher das Wort verstanden wird?

So fragen ist natürlich Häresie. Das Lexikon mit seiner Struktur war ja doch eingeführt worden unter der stillschweigenden Voraussetzung, daß hier – wie in der Grammatik – etwas beschrieben wird, wonach der Generier- bzw. Interpretationsvorgang sich vollziehen *muß*. Für eine Entscheidungsfreiheit des Sprachbenutzers, von seinem Lexikon diesen oder einen anderen oder vielleicht auch gar keinen Gebrauch zu machen – für eine derartige Entscheidungsfreiheit war in keinem der linguistischen und auch in keinem der psychologischen Systeme, die wir bisher besprochen haben, Raum vorgesehen. Wir müssen erkennen, daß es keine ehernen Gesetze gibt, nach denen die Sprache sich vollzieht, sondern daß über der Sprache immer ihr Benutzer steht, der – mal so, mal anders – ›mit ihr umgeht‹. Der alte, von nahezu allen Linguisten vertretene Anspruch, Sprache müsse als ›etwas Selbständiges‹ betrachtet und nur aus sich heraus erklärt werden, erscheint immer weniger haltbar. Sprache benutzen können, ist nicht zuletzt offenbar das Beherrschen eines So-aber-auch-anders-Könnens. Wir werden auf diesen Unbestimmtheitsaspekt gegen Ende des Buches noch häufiger zu sprechen kommen, denn er ist die Voraussetzung für unsere Konzeption des Verstehens.

Eine ähnliche Unbestimmtheit muß übrigens nicht nur aus psychologischen, sondern auch aus rein linguistischen Gründen angenommen werden. So fragt z. B. WUNDERLICH (1970/71), ob in die lexikalische Eintragung von ›Walfisch‹ ein Merkmal (Säugetier) oder (Fisch) oder keines von beiden aufzunehmen sei. (Hier wird unter linguistischem Aspekt das diskutiert, was HENLEY unter psychologischem untersucht hat; s. o. S. 158.) Je nachdem, wie man sich entscheidet, ist der Satz

Der Walfisch ist ein Fisch

analytisch, kontradiktorisch oder synthetisch.

> »Als Konsequenz ergibt sich: es gibt eine Anzahl von semantischen Beziehungen, die im Lexikon eines Sprechers weder fest eingetragen noch nicht eingetragen werden können. Man kann sie nur in Abhängigkeit von bestimmten Sprechsituationen und Kommunikationsfunktionen annehmen, bzw. in Abhängigkeit von den Erfahrungen und den Lernprozessen eines Sprechers.« (WUNDERLICH 1970/71, S. 154)

Wenn es aber prinzipiell unentscheidbar sein kann, was in einem Lexikon eingetragen ist, so spricht dies natürlich gegen die heuristische Fruchtbarkeit dieses Konzepts. Nur im Vorübergehen sei auf die ebenfalls recht häretische Ansicht WUNDERLICHs hingewiesen, wonach erst Situation und Kommunikationsfunktion bestimmen, was in dem Lexikon stehen soll, das der Sprecher/Hörer zum Zwecke der Kommunikation ja sozusagen mit sich gebracht hat. Die Kommunikation ergibt sich hier – wie wir meinen mit Recht – nicht aus der Bedeutung der verwendeten Wörter, sondern die Bedeutung der verwendeten Wörter ergibt sich aus der Kommunikation – das wird in unserer weiteren Diskussion noch oft anklingen. Doch kehren wir jetzt zu MILLER zurück.

In eine ähnlich »gefährliche« Richtung zielt eine nächste Frage:

Durch die Untersuchungen MANDLERs (1967) wissen wir, daß bei Sortier- und Behaltensversuchen dieser Art Kategoriegröße und Kategoriezahl in einem bestimmten Verhältnis zueinander stehen; wer zu viele kleine oder zu umfassende Kategorien wählt, muß mehr oder minder automatisch Oberbegriffe als zusätzliche Gliederungsebene einführen. Art und Anzahl der Einheiten, die gebildet werden, hängen ab von der Belastung durch die Aufgabe, von der Verschiedenheit des einzuspeichernden Materials, von der Verfügbarkeit von Oberbegriffen etc.

MILLER hat seinen Probanden bekanntlich ziemlich freie Hand gelassen, in wieviele Kategorien sie die 48 Wörter sortieren wollten. Hätten die Probanden vielleicht nach ganz anderen Features organisiert, wenn man ihnen nicht 48, sondern 480 Wörter vorgelegt hätte? Hätten sie – und damit klingt etwas wieder an, dem wir schon mehrmals begegnet sind – zur Analyse des Wortes »mother« ganz andere Bedeutungsdimensionen herangezogen, wenn nicht »cook«, »umpire« und »knight«, sondern »grandmother« und die Namen dreier Tanten mit vorgelegt worden wären? Sind die Features, die MILLER gefunden hat, *immer* für das betreffende Wort kennzeichnend?

Diese und die oben schon gestellten Fragen sind nicht entscheidbar, aber von entscheidendem Gewicht. Wohin sie führen, wird durch den zweiten Schnee noch akzentuiert, der auf unsere Freude über MILLERs Befunde fällt:

MILLER hat seine 48 Wörter so ausgesucht, daß sie nicht nur als Substantive, sondern auch als Verben aufgefaßt werden können. Eine zweite Untersuchung fällt daher anders aus:

> »the verb senses of these words were defined and illustrated on the cards that the judges were asked to classify. When they are thought of as verbs, of course, the object/concept distinction that is so obvious for these words in their noun usages would not be expected to appear in the results of the verb classifications, and in truth it did not. The results of the verb study are not presented here, however, because I do not yet understand them. The object marker did not appear, but neither did anything else that I could recognize ...« (1971, S. 577)

Das Cluster-Verfahren verliert damit seine Validität, etwas über *die* Art der Eintragung im Lexikon zu sagen. Vielleicht sagt es etwas über *eine* Art von Lexikoneintragung aus, aber dann drängt sich natürlich eine Reihe weiterer Fragen auf:

- welche anderen Arten von Lexikon-Eintragungen gibt es?
- gibt es für ein bestimmtes Wort mehrere Arten?
- welche Faktoren entscheiden darüber, welche Art von Kennzeichen im betreffenden Fall relevant ist?

Wieder erscheint die Konzeption eines nach semantischen Features strukturierten Lexikons als modifikationsbedürftig. Wenn ein Wort (oder eine Gruppe von Wörtern) durch ganz verschiedene *Arten* von Kennzeichen spezifiziert sein kann, und wenn das In-Erscheinung-Treten einer bestimmten Kennzeichenart *nicht* automatisch mit dem Auftreten des betreffenden Wortes gegeben ist, dann muß das Lexikon offen für den Einfluß von Faktoren und Strategien sein, welche je nach Situation (und/oder Aufgabe?) regeln, welche Features verwendet werden und welche nicht.

Das heißt aber nicht mehr und nicht weniger als dies: das Lexikon als Speicher spezifischer Anweisungen für Wörter verliert sein theoretisches Gewicht, wenn man nicht mehr sicher sein kann, ob derartige Anweisungen immer auf der Wort-Ebene gegeben werden. MILLER selbst gibt als *eine* Erklärungsmöglichkeit für das Nicht-Gelingen der Verb-Klassifikation an:

> »perhaps verbs signify rather special formulae, complex functions into which particular nouns can be substituted as arguments«. (1971, S. 577)

Dieser Aspekt wird, wie wir in Kapitel VIII sehen werden, von der Generativen Semantik aufgenommen, in der das Verb vielfach als mit »seinen« (z. B. als Subjekt und Objekt erscheinenden) Nomina eine Prädikat-Argument-Struktur bildend aufgefaßt wird.

Aber der MILLERsche Ausdruck einer »Formel für« hat noch einen anderen, wichtigen Aspekt: Formeln sind nicht nur Handlungsanweisungen, sondern *allgemeine* Handlungsanweisungen. Das heißt, zwischen der Formel und dem, was nach ihrer Anweisung vorgenommen wird, besteht eine Differenz im Grad der Allgemeinheit. Bisher hat MILLER die größere Allgemeinheit dessen, was bei ihm als Präsupposition fungiert, dadurch zu erfassen versucht, daß er für die Definition der Präsupposition *weniger* Features heranzieht als für die der Assertion.

Um das tun zu können, muß er, wie wir mit STEINBERG gesehen haben, eine »natürliche Hierarchie« der Features, vom ganz allgemeinen ›Physischen Objekt‹ bis zum Distinguisher, als immer und für alle Personen relevant annehmen.

In einem neuen Versuch setzt MILLER (1972) noch näher an

der Psychologie (und weiter von der Linguistik entfernt) an. Er sieht jetzt als Problem, daß wir einerseits Sprache verwenden, um das auszudrücken und zu speichern, was wir erleben, und daß andererseits aber die sprachlichen Symbole, die wir dabei benutzen, selbst auch im Gedächtnis gespeichert sein müssen. Die Unterscheidung zwischen Lexikon und Gedächtnis verschwimmt, MILLER spricht folgerichtig von »lexikalischem Gedächtnis«, das die prä-linguistischen, begrifflichen Repräsentationen enthält, die wir speichern und erinnern und deren Form wiederum die Art unserer zu verbalisierenden Erinnerung determiniert.

Es liegt auf der Hand, daß damit das Problem nur verschoben wird, zu dessen Bewältigung der Lexikonbegriff eigentlich überhaupt eingeführt worden war (nämlich die »Übersetzung Begriff-Wort« und umgekehrt zu beschreiben). Wenn MILLER jetzt sagt, das im lexikalischen Gedächtnis Gespeicherte werde in vielen alternativen linguistischen Formen ausgedrückt (S. 335), so wird zusätzlich zu einer Theorie des lexikalischen Gedächtnisses eine Theorie der ›linguistic expression‹ der Gedächtnisinhalte erforderlich. Er ist sich selbst der Tatsache durchaus bewußt, daß

> »a bridge from the structure inherent in the lexicon to the psychological processes inherent in verbal thought must span a larger gap than one might at first suppose. A description of what a person knows tells us very little about the uses he can or will make of this knowledge«. (1972, S. 337)

Wenn MILLER in seiner vorausgegangenen Untersuchung so große Schwierigkeiten mit der Erfassung der hierarchischen Gliederung der semantischen Komponenten eines Wortes hatte, so will er diese Schwierigkeit jetzt also dadurch überwinden, daß er diese Komponenten nicht mehr als Komponenten der Bedeutung von Wörtern, sondern als Komponenten der Begriffe auffaßt, die den Wörtern unterliegen.*

* Diesen Ausweg kann MILLER nur wählen, indem er den Bedeutungsbegriff relativ unbestimmt sein läßt: er unterscheidet zwischen Referenz (die mit extralinguistischen Dingen zu tun hat) und Sinn (»being the semantic relations of the word to other words and phrases in the language«, S. 336), betont die Verbundenheit dieser beiden Teile der Bedeutung und konzentriert sich dann in seiner Untersuchung auf den zweiten.

Technisch geht MILLER jetzt so vor: er beschränkt seine Sortierversuche auf Untergruppen von zehn bis zwanzig Bewegungsverben, die er selbst durch Anlegen einer Reihe ganz verschiedener und von Gruppe zu Gruppe natürlich wechselnder Kriterien aus einer ursprünglichen Liste von 217 Bewegungsverben ausgesucht hat.

Auch in dieser Untersuchung geht MILLER also noch von der (uns inzwischen suspekt gewordenen) Annahme aus, daß das Sortieren von Wörtern sprachpsychologisch dasselbe »trifft«, was auch im Meinen durch Sätze und im Verstehen von Sätzen »beteiligt« ist, d. h. daß sein Sortierverfahren die *Kenntnis* beschreibt, welche die Vpn von den Strukturen im semantischen Feld der Bewegungsverben haben und nicht nur einen spezifischen *Gebrauch*, welchen die Vpn von dieser Kenntnis machen. Aber er sieht diese Einschränkung selbst sehr klar:

> »the present analysis does not tell us anything about mental processes whereby basic lexical information of this kind could be used to produce or comprehend intelligible, grammatical utterances«. (S. 367)

Auch nach MILLERs Untersuchung fehlt also noch eine Theorie der Benutzung des Lexikons – ihr Fehlen stört um so empfindlicher, als MILLERs Lexikon un-sprachlicher geworden ist. Wie sieht es jetzt aus?

Das Feld der Bewegungsverben hat als zentrales Konzept die Bewegung von einem Ort zu einem anderen. Zu diesem zentralen Konzept (dem *kein* Wort der englischen Sprache genau entspricht; das relativ ungenau aber durch ›to travel‹ angedeutet werden kann) treten dann in den anderen Bewegungsverben jeweils differenzierende Komponenten hinzu. Derartige semantische Komponenten sind z. B.

reflexiv/objektiv
kausativ
...
Richtung
Medium
...

So lassen sich z. B. als »Richtung abwärts/reflexiv« kennzeichnen

he descended the stairs
he dropped
he fell

Als »Richtung abwärts/objektiv« wären zu nennen

he lowered the baton
he depressed the pedal
he dropped the book
he felled the tree.

Oder ein anderes Beispiel: die Gruppierung walks – strolls – tiptoes – runs – sprints – jogs – trots weist auf eine Komponente ›travel on land by foot‹ hin, zeigt aber gleichzeitig, daß eine eigentlich zu erwartende Komponente ›Geschwindigkeit der Bewegung‹ offenbar keine Rolle spielt.

Wie man sieht, ergibt sich in MILLERs Untersuchung die Struktur eines Begriffsfeldes – und es bleiben uns zwei Fragen:

- wie steht das Begriffsfeld zum Vokabular und welche Mechanismen vermitteln zwischen beiden?
- ist die in *diesem* Begriffsfeld gefundene Komponentenstruktur auch in anderen Begriffsfeldern spezifisch, d. h. durchzieht sie als etwas Einheitliches unser ganzes ›lexikalisches Gedächtnis‹?

Ähnlich wie MILLER, umfassender, theoretisch anspruchsvoller will SCHANK (1972) die Abhängigkeiten, welche zwischen den einer Äußerung unterliegenden Begriffen bestehen, zum Ausgangspunkt einer Verstehenstheorie machen. Jedem Satz unterliegt mindestens eine Konzeptualisierung; Grundeinheit der Konzeptualisierung ist der Begriff (concept); es gibt drei elementare Begriffsarten:

Nominals
Actions
Modifiers.

Nominals sind jene Dinge, die man selbständig denken kann, ohne sie mit einem anderen Begriff in Verbindung zu bringen; sie sind ›picture-producers‹.
Eine Aktion ist etwas, das ein Nominal tut oder tun kann.
Ein Modifier ist ein Begriff, der nur in Verbindung mit einem Nominal und einer Aktion sinnvoll ist; er spezifiziert ein Attribut.
Zwischen diesen Begriffen können Beziehungen verschiedener Art bestehen; meist ist ein ›governor‹ und ein ›dependent‹ involviert.
SCHANKs Überlegungen, deren psychologische Implika-

tionen er empirisch nicht überprüft (und die wir deshalb auch nicht eingehender darstellen wollen), haben manche Ähnlichkeit mit den Gedankengängen der Generativen Semantiker, die wir noch kennenlernen werden.
Indem die Abhängigkeiten, die dynamischen Beziehungen, die ein Wort eingehen kann, schon in den dem Wort unterliegenden *Begriff* verlagert werden, überwinden MILLER und SCHANK natürlich in gewisser Weise die Unterschiedenheit von Syntax und Semantik und jedenfalls die nicht ganz so altehrwürdige Unterscheidung von syntaktischer Basisstruktur und interpretativer Semantik. MILLERs Ansätze verlegen bereits einen Teil der Dynamik, die im Satz sich vollzieht (und für deren Erklärung in den orthodoxen Modellen die Syntax zuständig ist) in die Lexikon-Eintragungen selbst. Aber die Anweisungen für den etwas meinenden und etwas verstehenden Sprachbenutzer stehen nur manchmal bei dem im Lexikon eingetragenen »Item« oder Wort; manchmal stehen sie bei sehr viel umfassenderen (und zwar verbale und nicht-verbale Bestände umfassenden) komplexen »formulae«, von denen wir bisher nicht wissen, ob sie in einem »Formeln«-Lexikon oder in einer Syntax stehen, die »inhaltlicher« ist als die bisher vorliegende. Nehmen wir als ein letztes Beispiel CHAFEs glänzende Analyse der Idioms (1970), in welcher er darauf hinweist, daß z. B. die Bedeutung von

George is on the wagon

eben *nicht* adäquat erfaßt werden kann, wenn überhaupt eine Analyse des Satzes in Wörter und der Wörter in die Features erfolgt, welche diese Wörter ›konstituieren‹. Was der Sprecher mit diesem Satz meint (nämlich daß George gegenwärtig abstinent ist) ergibt sich in einer ganz anderen Weise – wird sie in einem Satz-Lexikon nachgeschlagen? Müssen wir mit FELTKAMP (1971) annehmen, daß eine Sprecher/Hörer-Grammatik zwei keineswegs scharf getrennte Lexika enthält: ein atomares Lexikon von der in der systematischen Linguistik vorgeschlagenen Art, und ein molekulares Lexikon, in welchem größere Einheiten gespeichert sind: ganze Sätze, Prädikatphrasen etc.? Oder führen wir mit solchen Fragen den Lexikonbegriff ad absurdum?
Hier sehen wir etwas klarer, seitdem VanLANCKER (1975)

hierfür relevantes neurolinguistisches Material zusammengetragen und entsprechende Versuche durchgeführt hat:
Bei aphasischen Störungen, wie sie nach Verletzungen des (links gelegenen) »Sprachzentrums« auftreten, fällt meist die Fähigkeit zu konstruktiven, propositionalen sprachlichen Äußerungen weg, während Flüche, Zahlen, stereotype Redewendungen, konventionelle Formeln erhalten bleiben. Diese letztgenannten sprachlichen Erscheinungen werden offenbar in anderer Weise (und eventuell an einer anderen Stelle des Gehirns) produziert als »kognitive« oder propositionale Äußerungen. VanLANCKER nimmt an,

> »there is a functionally significant dimension describing language use called a ›propositional-automatic‹ dimension ... Propositional speech is made up of newly created, original, novel utterances. Automatic speech includes conventional and overlearned expressions, idioms, emotional language, and other modes ...« (S. 6)

Die heuristische Fruchtbarkeit einer solchen Dimension, die von VanLANCKER mit einer Fülle von Belegen aufgewiesen wird, ist nun mit einem Lexikonbegriff herkömmlicher Art freilich schlecht zu vereinbaren: jede oder nahezu jede sprachliche Äußerung setzt sich offenbar aus Komponenten zusammen, welche auf dieser Dimension »propositional-automatisch« *verschiedene* Orte einnehmen. Das heißt, zur Produktion und zum Verstehen einer Äußerung muß der Sprecher/Hörer dauernd auf dieser Dimension sich hin und her bewegen und je nach seinem augenblicklichen Standort in einem Wort-Lexikon oder in einem Kurzformel-Lexikon oder in einem Idiom-Lexikon oder in einem Sprichwort-Lexikon ... nachschlagen ...
Schon JESPERSEN hat die Wichtigkeit dieses Mehr-oder-minder-Formelhaften in der Sprache betont. LYONS (1968, S. 177 f.) hat scheinbar eine Patentlösung für den Umgang mit »vorfabrizierten Äußerungen« parat:

> »they might be classified as (grammatically unstructured) sentences, since they bear the same intonation as sentences generated by the grammar ... They are to be accounted for simply by listing them in the dictionary with an indication of the situations in which they are used and their meaning«.

Das ist freilich allzu einfach: ganz abgesehen davon, daß

man nicht weiß, was eigentlich ein »grammatisch unstrukturierter Satz« ist, wenn man Satz als umfassende grammatische Struktur definiert – wie kommt dieses Lexikon mit dem Problem zurecht, »George is on the wagon« *nicht* zu analysieren, wenn George abstinent ist, wohl aber, wenn er auf dem Wagen ist? Muß der Hörer etwa schon im voraus ahnen, was der Sprecher meint, um verstehen zu können, was er sagt?

Der Lexikonbegriff in seiner üblichen Fassung kann einen Grundzug des VanLANCKERschen Ansatzes nicht fassen: daß im täglichen Sprachgebrauch weit stärker als die Linguisten uns glauben machen wollen, formelhafte Wortkonstruktionen verwendet werden, idiomatische Wendungen, Wendungs-Teile, Schemata, und daß wir unsere Äußerungen viel weniger grammatisch konstruieren, sondern sie vielmehr als mehr oder minder große Einheiten aus den Speichern unseres Gedächtnisses nehmen. Kein Geringerer als BOLINGER hat gesagt:

> »Speakers do at least as much remembering as they do putting together.« (1974, zit. nach VanLANCKER, S. 174)

Sprachverwendung als Gedächtnisleistung, nicht nur als stets kreatives Nach-Regeln-Konstruieren – diese Überzeugung ist mit der Basis der Generativen Kompetenz-Grammatik nicht zu vereinbaren, in welcher Grammatik ja *definiert* wird als etwas, das vom Gedächtnis mit seinen Kapazitätsbeschränkungen und seinen Schwankungen unabhängig ist.

Wenden wir nochmals unseren Blick auf den Begriff des Lexikons, wie er in der Generativen Linguistik verwendet wird. Er ist konzipiert worden ohne Berücksichtigung dessen, was im Akt realer Sprachverwendung geschieht. Aber man kann nicht einen Hammer entwerfen und *dann* überlegen, was eigentlich hämmern ist.

Das Lexikon war in der Generativen Linguistik der Sack, in welchem die Syntax die Semantik mit sich herumschleppte, auf die sie nicht ganz verzichten konnte. Wenn eine derartige Trennung aber zu solchen Schwierigkeiten führt, so erheben sich zwei miteinander zusammenhängende Fragen: hat es noch Sinn, zwei getrennte »Anweisungskapitel« für den Sprachbenutzer, eine Syntax und eine Semantik zu unterscheiden? Und: wie wird eigentlich, in all den abenteuerlich komplizierten Geschehnissen im Satz, sichergestellt, daß wir diesen Satz verstehen?

Kapitel VII
Der Begriff der Sinnkonstanz

Hat es Sinn, zwei getrennte Anweisungskapitel ›Syntax und Semantik‹ zu unterscheiden? Mit dieser aus der Diskussion des Lexikonbegriffs erwachsenen Frage sind wir zu KATZ, FODOR und POSTAL zurückgekehrt, die eben eine solche Zweiteilung gefordert haben. Wir erinnern uns:

> »Grammatiken (in dem eingeschränkten Sinn, in welchem KATZ und FODOR diesen Begriff verwenden! d. Verf.) antworten auf die Frage: was weiß der Sprecher über die phonologische und syntaktische Struktur seiner Sprache, das es ihm ermöglicht, jeden beliebigen ihrer Sätze zu gebrauchen? ... Die Semantik übernimmt die Erklärung der Fähigkeit eines Sprechers, neue Sätze hervorzubringen und zu verstehen, genau an dem Punkt, an dem die Grammatik ausscheidet.« (KATZ und FODOR, 1970, S. 207)

Wir haben inzwischen gesehen, daß eine zur Ergänzung der Syntax geschaffene semantische Komponente (mit ihren Teilen Lexikon und Projektionsregeln) nicht fähig ist, das »Gebrauchen«, »Hervorbringen« und »Verstehen« von Sätzen zu erklären, von denen in diesem Zitat die Rede ist – jedenfalls dann nicht, wenn man von einer solchen Erklärung Einsicht in die Dynamik tatsächlich verwendeter, ihrer kommunikativen Funktion dienenden Sprache erwartet. Das Lexikon als »Einzelteillager« harmoniert mit der Syntax als »Reihenfolgeanweiser« nicht in befriedigender Weise.
Diesen Tatbestand haben wir in den vorangegangenen Kapiteln durch eine Diskussion des Lexikonbegriffs erkennbar gemacht; von hier aus ist zunächst kein weiterführender Weg erkennbar. Wir werden deshalb noch einmal anders ansetzen: auch von KATZ und FODOR ausgehend werden wir jetzt nicht die von ihnen verwendeten *Begriffe* untersuchen, sondern eine *sprachpsychologische* Analyse der *Leistungen* versuchen, welche sie durch ihre Theorie *linguistisch* zu fassen trachteten.
Die Einführung der semantischen Komponente durch KATZ und FODOR war bekanntlich an dem Punkt erfolgt, an welchem eine (syntaxzentrierte) Grammatik allein nicht mehr

ausreicht. Dieser Punkt war durch drei Leistungen gekennzeichnet, welche die Syntax allein nicht zustandebringen kann: semantische Mehrdeutigkeiten aufzulösen (»The bill was large«), Paraphrasen zu erkennen (»Two chairs are in the room« – »There are at least two things in the room and each is a chair«) und semantische Anomalien (»The paint was silent«) zu verhindern.

Nach KATZ' und FODORs Theorie muß also die (syntaktische) Kompetenz und die in den semantischen Kennzeichen bzw. Projektionsregeln enthaltene Information ausreichen, um beispielsweise das Produzieren bzw. Verstehen eines semantisch anomalen Satzes zu verhindern. Wir werden am Beispiel der semantischen Anomalie sehen, daß dies nicht der Fall ist und wir aus den Gründen für dieses Versagen weitere Konsequenzen zu ziehen haben.

Ein Satz ist dann semantisch anomal, wenn in ihm – nach den gültigen Regeln der Syntax – Wörter (Morpheme, Lexeme ...) kombiniert werden, deren semantische Merkmale miteinander nicht vereinbar sind. Der »schweigsame Anstrich« ist semantisch anomal, weil »schweigsam« unter anderem das Merkmal (lebendig) hat, was bei »Anstrich« natürlich nicht vorliegt. Wer von einem »flüssigen Beil« spricht, sagt etwas semantisch Abnormes, weil »Beil« unter anderem das Merkmal (fest) oder (hart) aufweist, welches mit den Merkmalen des Wortes »flüssig« nicht zu vereinbaren ist. Die Selektionsbeschränkungen, welche derartige Kombinationen verhindern, drücken nach KATZ und FODOR die notwendigen und hinreichenden Bedingungen dafür aus, daß sich die gewählten Lesearten miteinander vereinbaren lassen. Wenn aber diese Selektionsbeschränkungen, die ja Teil der die Bedeutung spezifizierenden Lexikoneintragung sind, wirklich die »notwendigen und hinreichenden Bedingungen« für das Vorliegen oder Nicht-Vorliegen einer semantischen Anomalie darstellen, so ist damit auch klargestellt, daß eine solche Anomalie sich mit intrasprachlich determinierter (nämlich in der Kompetenz festgelegter) Automatie ergeben *muß*, wenn immer entgegen dem Verbot inkompatible Wörter bzw. Merkmale miteinander kombiniert werden. Die Selektionsbeschränkungen gehören zu den semantischen Merkmalen – die Merkmale werden automatisch für das Generieren

und damit auch für Produktion und Verstehen* des Satzes herangezogen.
Ganz wie in der CHOMSKYschen Grammatik das Urteil über die (syntaktische) Wohlgeformtheit des Satzes durch ein Regelwerk zustandekommt, das in der Kompetenz des Sprecher/Hörers ein für alle Mal festgelegt und damit trans-situativ stabil ist, so sieht auch die KATZ-FODORsche Semantiktheorie die Matrix semantischer Merkmale, welche die Bedeutung eines Wortes im Lexikon repräsentiert, als ebenso trans-situativ stabil an wie die Art und Weise, in welcher im Vorgang des Meinens und Verstehens mit dieser Matrix »umgegangen« wird. Im kompetenten und ein KATZ-FODORsches Lexikon besitzenden Sprecher/Hörer *muß* das Auftreten einer verbotenen Kombination die Alarmklingel »Semantische Anomalie« ertönen und das Verstehen des betreffenden Satzes zusammenbrechen lassen.
Demgegenüber haben wir (1973) die Auffassung vertreten, daß der Kontakt zweier nicht völlig kommensurabler Bedeutungsmatrizen nicht eine das Satzverständnis abbrechende Alarmklingel ertönen, sondern eventuell ein Licht aufgehen läßt. Ob nämlich eine so spezifizierte Merkmalskonstellation (ABRAHAM nennt sie 1973 eine »inkompatible Lexemkookkurrenz«) vom Sprecher/Hörer als semantisch anomal *empfunden* wird oder nicht, hängt von einer Reihe von Faktoren ab, welche den Satz, manchmal auch die Sprache übergreifen, aber eben doch Faktoren des sprachlichen Geschehens – und im vorliegenden Fall sogar eines Wohlgeformtheitsurteils! – sind.
Zunächst zwei Beispiele.

Der Erfinder führte sein neues Verfahren zum Fällen von Bäumen vor. Ein Hochdruckwasserstrahl frißt sich in Sekundenschnelle durch den Stamm. Das flüssige Beil ist leiser und ökonomischer als das althergebrachte.
Hinter einer frisch getünchten Mauer wurde die Leiche eines Ermordeten gefunden. Trotz intensiver Suche ergab sich am Fundort kein Anhaltspunkt für einen Verdacht. The paint was silent.

Die Heranziehung eines Kontextes löst hier also jede se-

* Jedenfalls dann, wenn die Kompetenz, wie die Generativen Linguisten voraussetzen, die Basis der Performanz ist.

mantische Anomalie auf. Welche Funktion dabei der Kontext hat, wird aus einer Bemerkung OLSONs deutlicher:

> »that such anomalies are less a function of incompatible semantic components than of the limits of experience or imagination ... Imagination would here be construed as the ability to intellectually rearrange our perceptual experience ...« (1970, S. 260)

Das »intellektuelle Rearrangement«, von welchem OLSON spricht, kann nur so verstanden werden, daß wir gegenüber der Automatie der Syntaxregeln und auch gegenüber der Automatie der Selektionsbeschränkungen, die zu den semantischen Kennzeichen gehören, eine gewisse Freiheit besitzen, die Freiheit des Sprachbenutzers über sein Werkzeug.* Dies wollen wir feststellen und festhalten, bevor wir in einem späteren Abschnitt versuchen, die Vorgänge näher zu klären, welche zu einem Anomalie vermeidenden intellektuellen Rearrangement führen. Die Entscheidung, ob zwei Bedeutungsmatrizen miteinander vereinbar sind oder nicht, wird ganz offenbar *nicht* nach einem diesen Matrizen inhärenten und deshalb festliegenden Kriterium automatisch gefällt, sondern sie wird von einem Sprecher/Hörer getroffen, der in einer bestimmten Situation steht, von ihr etwas weiß, etwas erwartet, und die Tendenz hat, gehörte Sätze auch dann zu verstehen, wenn sie vielleicht nicht die üblichen Wortkombinationen enthalten; und dem von »der Sprache« die Möglichkeit gegeben ist, dieser Tendenz gegebenenfalls streckenweise zu folgen, solange »experience and imagination« es erlauben. Das Kriterium für das, was zulässig bzw.

* Von hier läßt sich durch eine Überlegung UHLENBECKs (o. J.) eine sehr interessante Verbindung zum Kompetenzbegriff herstellen: nach UHLENBECK wird ein vom Linguisten befragter native speaker einen ihm vorgelegten Satz dann als korrekt erklären, wenn es ihm gelingt »to think of an actual situation in which such a construction or form would fit« (S. 102).
Die Akzeptabilität von »farblose grüne Ideen schlafen wütend« ist demnach nicht so sehr ein Beweis für die grundsätzliche Trennbarkeit von Syntax (die der kompetente native speaker kennt) und Bedeutung, sondern eher ein Hinweis auf eine außergewöhnliche Phantasieleistung des befragten native speakers.
Jedenfalls setzt auch UHLENBECKs Argumentation jene Freiheit des Sprachbenutzers über sein Werkzeug voraus, von der hier die Rede ist.

normal ist, verlagert sich also aus der Sprache-an-sich in den Menschen, der Sprache-für-mich benutzt.

Man muß nun, ehe wir weiter gehen, den Einwand besprechen, der hier sicher erhoben wird, nämlich: KATZ und FODOR hätten diese Möglichkeit, Anomalien (und übrigens auch Mehrdeutigkeiten) durch Einbeziehung des Kontexts aufzulösen, durchaus selbst gesehen. Sie befassen sich tatsächlich kurz mit dem Problem, ob der Kontext eine Auswahlfunktion (bei Mehrdeutigkeit) haben kann. Wenn dies bei Mehrdeutigkeit möglich wäre, könnte man etwas Entsprechendes evtl. auch bei Anomalien konzipieren. Dabei kommen sie aber sofort zu folgender Feststellung:

> »Da eine vollständige Theorie der Auswahlfunktion des Zusammenhangs als Teil des Zusammenhangs einer sprachlichen Äußerung alle und jede Erscheinung der Umwelt wiedergeben muß, die vom Sprechenden benötigt wird, um die bevorzugte Bedeutung dieser Äußerung zu bestimmen ... kann eine derartige Theorie grundsätzlich nicht zwischen der Kenntnis, die ein Sprecher von seiner Sprache besitzt, und dem Wissen über seine Umwelt unterscheiden ... Da keine wirkliche Möglichkeit zur Systematisierung des gesamten Umweltwissens, an dem Sprecher teilhaben, besteht und weil eine Theorie von der Art, wie wir sie eben erörtert haben, eine derartige Systematisierung erfordert, kann sie ipso facto nicht als Strukturmodell für die Semantik gewählt werden.« (1970, S. 218 f.)

Es lohnt sich, diese Argumentation genau zu besehen, denn in ihr wird deutlich, daß die schon für die Syntax schwierige Dichotomie Kompetenz/Performanz zu fatalen Konsequenzen führt, wenn man auch in der Semantik an ihr festhält. Natürlich stimmt es, daß eine Semantiktheorie, welche den situativen Determinanten der Bedeutung jene Rolle zuerkennt, die sie offenbar spielen (und über die wir noch ausführlich sprechen werden), Komponenten und/oder Regeln enthalten müßte, welche das Wissen über die Umwelt eines gesprochenen Satzes zu verwerten gestatten. Aber da eine vollständige Systematisierung dieses Wissens angeblich unentbehrlich, jedoch nicht möglich sei, verzichten die Theoretiker dieser Semantik darauf und beschränken sich auf rein innersprachliche, in der Kompetenz zu lokalisierende Gegebenheiten. Es ist in der Wissenschaftsgeschichte, wie wir schon einmal gesagt haben, nicht häufig, daß der Zweck einer Theorie so eindeutig ihrer Eleganz geopfert wird.

Der Zweck auch einer Semantik-Theorie muß doch der sein, wie der Zweck von Theorien überhaupt, Voraussagen machen zu können. Das heißt in diesem Falle Voraussagen über das, was ein (kompetenter) Sprecher/Hörer als semantisch anomal empfinden wird. Aber gerade diese Voraussage kann ohne Einbeziehung der vom Kontext, von der Gesamtsituation ausgehenden Determination nicht gemacht werden.

Hier klingt – notwendig – das wieder an, was schon bei der Besprechung von Kompetenz und Performanz skizziert worden ist. Ist hier eine Semantik-Theorie für eine Art von Sprache entworfen worden, wie sie in »der« Realität nicht existiert? Sprache ereignet sich nicht in einem hermetisch von der Welt abgeschlossenen Raum. Wer Sprache als Gegenstand der Linguistik auf eine à la CHOMSKY-KATZ-FODOR zu verstehende Kompetenz hin konzipiert, sieht den kompetenten idealen Sprecher/Hörer als fensterlose Monade, die dieser prinzipiell aber auch dann nicht ist, wenn man ihn von den Schwächen und Fehlern eines realen Sprecher/Hörers befreit.

Die semantische Anomalie ist daher häufig überhaupt nur in jener a-situativen Kompetenz-Sprache anomal, die der Linguist mühsam und oft weit weg von *der* Sprache gebaut hat, in der wir uns täglich bewegen. Nehmen wir aber unsere Welterfahrung zu Hilfe, also genau das, was wir nach KATZ und FODOR nicht dürfen, dann ist der Satz »Der Mensch ist ein Wolf« nicht anomal, denn, wie ABRAHAM (1973, S. 9) mit Recht sagt,

> »unsere Erfahrung in dieser Welt erlaubt die Zuordnung von (blutrünstig), (wild), (gefräßig) als Definiens an das Definiendum ›Mensch‹«.

Die hiermit angeschnittene Schwierigkeit, linguistische und (wie wir summarisch sagen können) verhaltensmäßige Determinanten scharf zu trennen und eine Grammatik (einschließlich der sie komplettierenden Semantik) nur auf ersteren zu begründen – diese Schwierigkeit wird ganz klar auch von BEVER gesehen. Er stellt (1972) fest

> »that currently available grammars unavoidably take into account facts contributed by behavioral processes as well as

facts contributed by ideal linguistic structure ... I explicitly assume, along with CHOMSKY and others, that there is an actual linguistic structure. My doubts concern the extent to which current generative grammars describe that structure alone, free of facts introduced by behavioral properties of manifesting intuitions ...« (S. 411)

Die BEVERsche Position unterscheidet sich also, wie man sieht, ein wenig von unserer: Er bezweifelt, daß die gängigen Grammatiken tatsächlich nur die linguistische Struktur beschreiben – wir glauben den gängigen Generativen Grammatiken, wenn sie behaupten, nur die linguistische Struktur zu beschreiben. Unbestritten dürfte in beiden Fällen sein, daß eine rein linguistische Struktur nicht ausreicht.
Nicht ausreicht wofür? Zunächst zur Erklärung des Auftretens bzw. Nichtauftretens der semantischen Anomalie. Schon weiter oben haben wir thesenhaft behauptet, das Zusammenbringen zweier nicht sofort und völlig kompatibler Bedeutungsmatrizen in einem Satz führe nicht nur nicht immer und automatisch zu einer das Satzverständnis zerstörenden semantischen Anomalie, sondern lasse manchmal sogar ein dieses Verständnis förderndes Licht aufgehen.
Dem hiermit angeschnittenen Gedankengang wenden wir uns jetzt zu, weil er uns über die bloße Kritik der KATZ-FODORschen Theorie hinaus zu »konstruktiveren« Einsichten in das Bedingungsgefüge der Benutzung von Sprache gelangen läßt.
Es ist eines der bleibenden Verdienste der Generativen Linguistik, immer betont zu haben, daß der Satz das zentrale Phänomen und das Hauptziel der wissenschaftlichen Erklärung in der Linguistik sei: der Satz nicht als eine Ansammlung verschiedener (und verschieden klassifizierbarer) Wörter, sondern als Struktur, die insofern »dynamisch« ist, als sie die Erfüllung bestimmter Forderungen verlangt. Dieser Struktur des (geäußerten) Satzes »entspricht« oder »steht gegenüber« auf der psychologischen Seite des Hörers das Verstehen der Äußerung, wobei wir auf die *Art* dieser Entsprechung hier noch nicht einzugehen brauchen. Jedenfalls ist unbestreitbar, daß das Verstehen der Satzbedeutung etwas anderes ist als das Verstehen aller Bedeutungen der einzelnen im Satz enthaltenen Wörter. Kann aus linguistischen

Gründen kein regelrechter Satz zustandekommen, etwa weil eine semantische Anomalie vorliegt, so dürfte, jedenfalls nach den gängigen Modellen der Generativen Linguistik (mit der bei ihnen zentralen Stellung der Kompetenz), ein »regelrechtes« Verstehen dieses Satzes auch nicht möglich sein; das *Ereignis* der dynamischen Struktur kann sich, weil gestört, nicht vollziehen. Lesen wir aber im Kontext »the paint was silent«, hören wir in der adäquaten Situation von einer »lächelnden Wiese« sprechen, so ergibt sich, wie wir gesehen haben, durchaus ein sinnvoller Satz. Vielleicht bildet sich die entsprechende dynamische Struktur nicht so glatt, so reibungslos aus, wie wenn wir mit den alltäglichen Wortverbindungen operierten, aber eben durch dieses Stocken wird der Sprachbenutzer gezwungen, mehr oder andere Informationen für das Verstehen dieses ungewöhnlichen Satzes heranzuziehen.

Diese Sprachfigur, die durch erstes Nicht-Passen ein Zögern verursacht und den Verstehensvorgang durch Einbeziehung neuer Informationen und Perspektiven unter Umständen besonders treffend werden läßt, ist uns allen unter einem eigenen Namen bekannt: die *Metapher*.

Die Metapher »lächelnde Wiese« ist genau jene verbotene Kombination inkompatibler Merkmale, von der KATZ und FODOR sprechen: »lächeln« enthält die Selektionsbeschränkung (kann nur von Menschen gesagt werden), »Wiese« ist nicht (menschlich). ABRAHAM sagt mit Recht, »Metaphern entstehen uneingeschränkt durch Verletzungen der Kompatibilität zwischen Lexemen in syntaktischer Verknüpfung« (1973, S. 6) und stellt die These auf,

> »daß es der Zusammenfall von Widerspruch und irgendwie legitimiertem Anspruch auf Sinnvollheit ist, der die Prädizierung ›ist metaphorisch‹ . . . rechtfertigt«. (S. 8)

LEISI meint dasselbe, wenn er sagt, jede Metapher sei zwar unter dem Gesichtspunkt der semantischen Kongruenz »falsch«, erweise sich aber gewissermaßen auf einer höheren Ebene als »richtig« (1961).

Was ist dieses »erst falsch, dann doch richtig«? Oder dieser simultane Widerspruch von Anomalie und Anspruch auf Sinnvollheit, von dem ABRAHAM spricht? Warum finden wir uns bei der Metapher mit der Feststellung »der eben gehörte Satz ist semantisch anomal« sozusagen nicht ab?

Für den Sprachpsychologen eröffnet dieser Fragenstrauß eine sehr interessante Denklinie. Er benötigt eine motivierende Kraft, um erklären zu können, *warum* und *wie lange* das »innere Lexikon« durchwühlt, ein hilfreicher Kontext, eine situative Determinante gesucht wird, um die Sinnvollheit zu retten und – sogar auf einer höheren Ebene – Verständnis zu erzielen. ABRAHAM meint (mit einer sehr treffenden Metapher), die Erwartung der Sinnvollheit übe einen Sog aus. In diesem Sog muß eine Steuerung erfolgen; der Sprachbenutzer benötigt das, was FELTKAMP (1971, S. 234) ein »steering device« zur Handhabung der inneren Grammatik nennt. Wir wollen, funktionalistischer Psychologie folgend, für diesen zielgerichteten Sog, für motorische Kraft plus Steuerungsmittel, den Begriff der *Sinnkonstanz* einführen.

Zur Klärung des mit diesem Begriff Gemeinten ist es nötig, sich eine durchgängige Eigenschaft aller Modelle kurz zu vergegenwärtigen, welche die Generative Linguistik vorgelegt hat.

Der Vorgang des Generierens eines Satzes wird in diesen Modellen beschrieben in der Form eines Fluß-Diagramms: an bestimmten »Orten« und zu bestimmten »Zeitpunkten« des Generier-Vorganges werden bestimmte, in der Kompetenz des Sprecher/Hörers vorhandene Wissensbestände eingesetzt und wirksam. Das erste Modell von CHOMSKY, das CHOMSKY-KATZ-FODOR-POSTAL-Modell und die Modelle der verschiedenen Generativen Semantiker (s. u.) unterscheiden sich zwar darin, an welcher Stelle (und damit: in welcher Reihenfolge) welche Kompetenzbestände eingesetzt werden, aber sie unterscheiden sich *nicht* in einer Grund-These, die etwa so formuliert werden kann: ein »richtiger« (grammatischer, wohlgeformter, semantisch normaler . . .) Satz wird dann und nur dann generiert, wenn alle Stationen dieses Flußmodells in der vorgeschriebenen Reihenfolge tätig geworden sind.

Wenn die (linguistische) Theorie der Kompetenz überhaupt irgend eine vorschreibende Potenz für eine Theorie der Performanz und also das linguistische Modell überhaupt Aussagewert für tatsächlich verwendete Sprache haben soll, muß auch das Performanzmodell diesen essentiellen Grundzug aufweisen. Auch wenn das Beschreibungsziel im einzelnen verschieden formuliert wird, so gilt doch für alle Modelle, daß z.B. der gehörte Satz keinen »o.k.-Stempel« erhält, wenn er nicht alle vorgeschriebenen Stationen durchlaufen hat. Bleibt der Satz an irgend einer Stelle des »Processing« oder »generating mechanism« sozusagen stecken (weil z.B., wie in der semantischen Anomalie, zwei syntaktisch zu kombinierende Lexeme semantisch inkompatibel sind), so kann der Satz in Produktion und Verstehen nicht »richtig« sein.

Nun haben wir im vorangegangenen Abschnitt gesehen, daß die Realität des alltäglichen Sprachgebrauchs diesen theoretischen Erwartungen nicht entspricht: semantisch anomale Sätze werden sehr häufig *doch* verstanden, *doch* als völlig »richtig«, »wohlgeformt«, »normal« aufgefaßt – ja, sie eröffnen in manchen Metaphern sogar ein besonders einleuchtendes und tiefgehendes Verstehen.

Was hat der Modell-Bauer da zu tun? Er kann sein bisheriges Flußmodell dadurch zu retten versuchen, daß er es um weitere Kompetenzen erweitert, die in irgend einer (noch zu klärenden!) Weise auch das Generieren bzw. Verstehen eines metaphorisch gemeinten ›anomalen‹ Satzes erklärbar machen. Das geschieht am einfachsten dadurch, daß man über oder hinter der linguistischen Kompetenz mit ihrem Lexikon noch Kompetenzen annimmt, welche dafür sorgen, daß sozusagen kein Unsinn geschieht, auch wenn die linguistische Kompetenz dies vorschreibt. Diese zusätzlichen Kompetenzen müßten also vor allem in einem anderen Lexikon bestehen, in welchem z.B. dem Verb »lächeln« nicht die Selektionsrestriktion (kann nur vom Menschen gesagt werden) beigefügt ist, so daß die »lächelnde Wiese« nicht mehr das Stigma der Anomalie zu tragen brauchte. Aber abgesehen von der Schwierigkeit, Lexika auszudenken, in welchem Wörter mal wörtlich, mal nicht so wörtlich genommen werden, müßten derartige zusätzliche Kompetenzen auch eine Art Situations-Unterscheidungs-Fähigkeit enthalten, durch welche sichergestellt wird, daß sowohl ein situationsadäquates Lexikon als auch die situationsadäquate Korngröße der sprachlichen Analyse »eingestellt« werden. Sieht man unter diesem Aspekt das an, was von einigen Autoren dazu unter dem Stichwort »kommunikative« oder gar »Universalkompetenz« angeboten worden ist, so kann man nur zu dem Schluß kommen, daß die Problematik dieses Vorgehens manchmal kaum erkannt worden zu sein scheint. Wir beschränken uns hier auf eine kurze Darstellung.

Da es sich beim Begriff der »kommunikativen Kompetenz« sozusagen um die ›nächste Stufe‹ nach Syntax und Semantik handelt, nämlich um jene Stufe, auf welcher die *Verwendungs*adäquatheit der in Syntax und Semantik konzipierten Begriffe doch noch gesichert werden soll, wird die Diskussion oft in enger Anlehnung an jene geführt, die sich um den Begriff der *Pragmatik* entwickelt hat: Das Zeichen (oder hier: der Satz) kann nicht länger diskutiert werden, ohne seiner Verwendung eine entsprechende Rolle einzuräumen.

WUNDERLICH (1968) geht davon aus, daß man

> »das Vermögen von Sprechern und Hörern, sich in (idealisiert gedachten) Sprechsituationen verständlich zu artikulieren bzw. das Artikulierte zu verstehen«

als »pragmatische« oder »kommunikative Kompetenz« (1968, S. 19) in das Modell aufnehmen muß. Die – ganz der linguistischen Tradition entsprechende – Betonung des idealisierten Charakters der Sprechsituation wird dann besonders von HABERMAS (1971) in den Mittelpunkt gerückt. Das ist nur konsequent, wenn man überhaupt mit einem Kompetenz-Begriff operieren will. Aber sowohl WUNDERLICH als auch HABERMAS geraten sofort in einen regressus ad infinitum: jede neu eingeführte Kompetenz benötigt wieder eine Meta-Kompetenz, die darüber entscheidet, ob diese neue Kompetenz eingesetzt werden soll oder nicht. (Soll die Metaphern-Kompetenz eingeschaltet werden oder nicht?) WUNDERLICH sagt selbst,

> ». . . erst diese Meta-Kompetenz erklärt das Faktum, daß sich die Kompetenzen der Sprecher . . . differenzieren . . . und schließlich, daß Sprachsysteme veränderliche Systeme sind.« (1968, S. 20)

HABERMAS will diesem regressus entgehen, indem er kurzerhand eine ›Universalpragmatik‹ einführt,

> »weil Kommunikation, als eine Verständigung über Gegenstände, nur unter der Bedingung gleichzeitiger Metakommu-

nikation, nämlich einer Verständigung auf der Ebene der Intersubjektivität über den bestimmten pragmatischen Sinn der Kommunikation, zustande kommt«. (S. 106)*

Daran ist sicher beachtenswert die Tatsache, daß Kommunikation als ein Prozeß aufgefaßt wird, der auf mehreren »Ebenen« gleichzeitig verläuft und der eine Verständigung über Gegenstände nur vor einem Horizont der Verständigung über einen pragmatischen *Sinn* der Kommunikation möglich macht – hier greift HABERMAS die Gedanken auf, die sein Gegner LUHMANN (1971) geäußert hat und auf die wir unten noch eingehen werden. Aber abgesehen davon, daß der Begriff einer ›Universalpragmatik‹ oder einer ›kommunikativen Kompetenz‹ nicht gerade ein scharfes analytisches Instrument darstellt – alle diese Ansätze geraten in Schwierigkeiten, weil durch die Begriffsgliederung in Kompetenz und Performanz, die sie ja *voraussetzen*, der Kompetenz notwendig eine Sprach-Immanenz zugewiesen ist, die sie gegenüber den Einflüssen einer die Kommunikation steuernden und überhaupt erst ermöglichenden Realität unzugänglich macht. WUNDERLICH und HABERMAS sind gezwungen, auf idealisierte oder typisierte Situationen zu rekurrieren, ohne dabei angeben zu können, wie diese Typisierung bzw. Idealisierung ohne einen als primär performativ gedachten Sprachbenutzer zustande kommen könnte.

Ganz anders, sozusagen realitätsnäher wird der Begriff der kommunikativen Kompetenz unter dem Gesichtspunkt einer zu entwerfenden Texttheorie von S. J. SCHMIDT (1973) verwendet. Die Hinwendung von der den Satz in den Mittelpunkt stellenden Generativen Linguistik zu einer *Text*-Linguistik, die heute ja an einigen Stellen zu beobachten ist, vollzieht sich nicht zuletzt unter dem Eindruck des Nicht-Genügens oder der Unvollständigkeit eines nur auf *satzlinguistische* Komponenten beschränkten Modells. SCHMIDT definiert kommunikative Kompetenz als jene

* HABERMAS' Ansicht, daß »jede Rede eine faktische Vorverständigung darüber voraussetzt, was es heißt, in der Sprache zu kommunizieren« (S. 111), ist einer der vielen Punkte, die BAR-HILLEL (1973) in seiner beißenden Kritik der HABERMASschen hermeneutischen Sprachphilosophie angreift. Gerade in diesem Punkt scheint HABERMAS jedoch recht zu haben, wenn auch aus anderen als den von ihm angeführten Gründen.

»Faktoren, die den Vollzug sprachlicher Kommunikation allererst ermöglichen: also die Kenntnis einer natürlichen Sprache (ihres Lexikons, ihrer Grammatik) sowie die Kenntnis der Regeln für das Glücken von Kommunikationsakten«. (1973, S. 106)

Die bisherige linguistische Kompetenz (Kenntnis des Lexikons und der Grammatik der Sprache) wird damit zu einem *Teil* der kommunikativen Kompetenz; den anderen Teil bildet die Kenntnis der Regeln für das Glücken von (offenbar nichtsprachlichen oder prä-sprachlichen oder proto-sprachlichen) Kommunikationsakten. Da der Begriff der kommunikativen Kompetenz den der kommunikativen Performanz notwendig fordert, fragt man hier nach dem Verhältnis zwischen kommunikativer Kompetenz und kommunikativer Performanz einerseits, zwischen kommunikativer Performanz und sprachlicher Performanz andererseits. Diese Fragen zeigen, daß die von SCHMIDT angestrebte Befreiung aus dem Gefängnis des bloß Idealisierten und Nicht-Verwendeten solange nicht eindeutig gelingen kann, als man sich der im Begriffspaar Kompetenz/Performanz steckenden Dialektik ausliefert.

Durch die Einführung immer weiterer Kompetenzen kann man also die aufgezeigten Schwierigkeiten nicht vermeiden.

Will man andererseits das Unterscheidenkönnen zwischen Anomalie und Metapher in die Performanz abschieben, so kann man dies nur tun, indem man das wenige, was man über die Dichotomie Kompetenz/Performanz bisher zu wissen glaubte, auch noch ignoriert.

Es ist also an der Zeit, das zu Beginn dieses Abschnittes skizzierte allgemeine generative Modell des Produzierens und Verstehens in Frage zu stellen. Der Entschluß, dies zu tun, fällt uns um so leichter, als uns an verschiedenen Stellen unserer bisherigen Überlegungen auch schon deutlich geworden ist, daß dieses allgemeine Modell sich nicht bewährt: es ist uns nicht gelungen, die Eintragungen im Lexikon und die Wirkweise der syntaktischen Regeln so aufeinander abgestimmt zu konzipieren, daß das Entstehen und Verstehen eines »richtigen« Satzes *automatisch*, d. h. ohne Eingreifen einer im grammatischen Modell nicht vorgesehenen Instanz *sich ergeben muß*. Und weiter:

- CLARK braucht eine Instanz, welche darüber entscheidet, wann eine Feature-Liste als ausreichend für eine Verbalisierung angesehen werden kann;
- BROWN und McNEILL brauchen eine Erklärung dafür, warum beim Tip-of-the-Tongue-Phänomen die Suche nach dem richtigen Wort manchmal vorzeitig abgebrochen wird, manchmal nicht;
- MILLER braucht eine Instanz, die darüber entscheidet, welche Art von Lexikon (das nach Präsuppositionen geordnete oder ein ganz anders strukturiertes) beim Auftreten des vorliegenden Wortes herangezogen werden soll;
- WUNDERLICH (1970) benötigt eine Instanz, die erklärt, daß der Satz »Entweder du gehst oder du gehst nicht« keineswegs stets eine immer wahre Tautologie, sondern eventuell eine Aufforderung zur Entscheidung oder einen Ausdruck der Indifferenz des Sprechers darstellt (S. 15);
- wir alle benötigen eine Instanz oder einen »Mechanismus«, der dafür sorgt, daß »Kannst du das Fenster öffnen?« (trotz Q-Transformation und Fragezeichen) als Bitte oder Handlungsanweisung verstanden wird.

Formt man diese Befunde in Forderungen um, denen ein (linguistisch *und* psychologisch brauchbares) Modell des Satz-Generierens oder Satz-Verstehens genügen muß, so ergibt sich: die bisherige Annahme, daß Produktion und Verstehen eines Satzes immer an ein und derselben Stelle des Flußmodells (d. h. nach Anlegen einer festliegenden Serie von Kriterien) als vollendet (»richtig«, »wohlgeformt«, »verständlich«, »sinnvoll« ...) erklärt werden, ist nicht haltbar. Also müssen wir annehmen, daß immer dann, wenn die Verarbeitung des Satzes am im Flußmodell »vorgesehenen« Ort (oder nach der im Flußmodell »vorgesehenen« Zeit?) den o.k.-Zustand *nicht* erreicht hat, die Funktionsweise des Verarbeitungsapparates so geändert werden kann, daß neue Determinanten der Verarbeitung (neue Kriterien für die Erteilung des »richtig«-Stempels) einbezogen werden.

Das macht eine grundsätzliche Veränderung der bisherigen Modelle erforderlich. Bei diesen Modellen war die Richtigkeit (Verständlichkeit, Normalität ...) eines Satzes eine abhängige Variable – abhängig von der Erfüllung einer ganz bestimmten und im Modell aufgezählten Reihe von Kriterien. Jetzt muß das Verarbeitungsmodell schon *vor* Beginn des Produktions- oder Verstehensvorgangs einen (formal definierten) »ausgezeichneten Zustand« gespeichert enthalten, mit dem das jeweils erreichte Ergebnis dieses Vorgangs verglichen werden muß. Die Verarbeitung eines Satzes ist nicht dann zu Ende, wenn ein festgelegtes Modell durchlaufen ist, sondern das Modell wird – vermutlich auf wechselnden Bahnen und unter Heranziehung wechselnder Wissensbestände – so lange durchlaufen, bis das Ergebnis jenem schon vorher festliegenden ausgezeichneten Zustand entspricht. Fällt der Vergleich des Verarbeitungs-Resultats mit diesem einen umfassenden Kriterium positiv aus, so wird die Analyse des Satzes nicht weiter fortgesetzt – der o.k.-Stempel »richtig« wird erteilt.

Was aber ist nun dieser »ausgezeichnete Zustand«, auf den hin ein Satz gebaut und analysiert wird? Die Antwort: *Sinnhaft-sein.*

Das heißt zunächst: während in den bisherigen Modellen das Sinnhaft-sein eines Satzes sich aus der Analyse dieses Satzes ergibt (oder auch nicht ergibt, wenn z. B. eine Anomalie vorliegt), postulieren wir, daß Sinnhaft-sein ein *vorgegebenes* Kriterium ist, dem zu genügen die Analyse des Satzes sich »bemühen« muß.

Nehmen wir einmal an, die Analyse des Satzes »the paint was silent« sei nach dem KATZ-FODOR-Modell abgelaufen und habe zu einer zunächst inkompatiblen Lexemkookkurrenz geführt. Damit hört die Analyse aber ja nicht auf, sondern sie wird, *weil* sie zu einem nicht sinnvollen Ergebnis geführt hat, weiter und anders fortgesetzt: neue Determinanten werden einbezogen, neue Informationen vielleicht aus Kontext oder Umwelt herangeführt, ein andere Lesarten enthaltendes »Lexikon« durchsucht. Vielleicht werden die Präsuppositionen revidiert, von denen stillschweigend ausgegangen worden war, vielleicht nach eventuell noch verborgenen syntaktischen Gliederungsmöglichkeiten gesucht.

Einen Satz als sinnvoll verständlich auffassen, ist nach unserer Meinung also keine (genauer gesagt: nicht nur eine) abhängige Variable des Analyseprozesses, sondern (auch) eine unabhängige: die *Tendenz zu einer sinnvollen Auffassung steuert und bestimmt den Analyseprozeß.* Was der Analyse-

prozeß erbringen muß, ist die Realisation dieses allgemein schon vorgegebenen Schemas im konkreten Einzelfall.
Das sinnvolle Verständnis eines gehörten Satzes wird also sozusagen von zwei Seiten, vom Allgemeinen und vom Konkreten her zu erreichen versucht. An etwas derartiges hatte wohl auch OLDFIELD gedacht, als er (1966) schrieb:

> »The existence, in practice, of a rather fuzzy margin between understanding and not understanding an utterance suggests that a number of functional levels are involved in the process and that, while within certain limits it might be possible to describe each of these separately, they are likely to modify each other working.« (S. 21)

Und wenn LEISI (1962) meinte, ein semantisch anomaler Satz könne sich »auf einer höheren Ebene als richtig erweisen« und dann (z. B. als Metapher) verstanden werden, dann stellt sich für den Sprachpsychologen eben die Aufgabe zu erklären, warum überhaupt eine andere Ebene aufgesucht wird (das geschieht ja keineswegs immer), wie man auf diese höhere Ebene gelangt und was auf ihr geschieht.
Diese Aufgabe wird uns erleichtert, wenn wir uns klarmachen, daß dieser »Mechanismus«, diese »Instanz« keineswegs nur für bestimmte Sonderfälle sprachlichen Geschehens postuliert werden muß, sondern sprachliches Geschehen ganz generell determiniert, ja, daß hier etwas vorliegt, was wir als Prinzip auch aus anderen Bereichen der Psychologie kennen.
Wird beispielsweise in einem Versuch zur optischen Wahrnehmung dem einen Reiz erwartenden Probanden buchstäblich nichts dargeboten, so nimmt er (z. B. KOLLIGS 1942) nebelartige, wolkige, flockige Gebilde wahr: das Wahrnehmungsgeschehen ist nicht passiv, sondern drängt *von sich aus* zu seinen sogenannten Reaktionen. v. ALLESCH hat weiter die Tendenz beschrieben, diese labilen und unbestimmten Eindrücke »gleichsam für sich selbst zu verfestigen, zu begrenzen, konstant zu halten und ihnen den Charakter bestimmter Dinge zu verleihen« (1942, S. 33). Er spricht von einer »Generaldetermination«, die dazu drängt, alle aufgenommenen Eindrücke, wo immer dazu sich eine Möglichkeit bietet, nach einem *»allgemeinen* Geltungsgrundsatz« zu formulieren.

Geht man einen Schritt weiter zur Wahrnehmung tatsächlich vorhandener Reize, so findet man dieselbe Determinante: Die menschliche Wahrnehmung ist darauf eingerichtet, im Dienste einer funktionierenden Gegendstands-Konstitution akzidentelle Beleuchtungsschwankungen zu ignorieren: wir sprechen von Helligkeits- und von Farbkonstanz. Verzerrungen der Abbildung auf der Retina, die durch Bewegungen des Auges oder des Beobachters entstehen, werden ausgeglichen: der Tisch, um den wir herumgehen, behält seine rechtwinklige Platte, obwohl keine der Ecken sich in unserem Auge konstant so abbildet: wir sprechen von Formkonstanz und Dingkonstanz. Der Besucher, der zwei Schritte auf uns zu tritt und uns die Hand reicht, wächst dabei nicht plötzlich auf das Doppelte seiner Größe: die Größenkonstanz »sorgt dafür«, daß der Organismus je nach Lage der Dinge verschiedene Rechenprogramme einsetzt für die Verrechnung der aus der Entfernungswahrnehmung, aus der Querdisparation, aus unserem Wissen, aus der Größe der Retina-Abbildung ... sich ergebenden Einzelinformationen. Die wahrgenommene Größe wird natürlich durch diese Einzelinformation bestimmt, aber sie ergibt sich nicht aus der Summe dieser Einzelinformationen. Der »Mechanismus« der Größenkonstanz bestimmt, welche dieser Einzelinformationen mit welchem Gewicht in das Gesamtergebnis eingehen; er tut dies, weil er sozusagen eine vorgefaßte Meinung hat, welchem formalen Kriterium dieses Gesamtergebnis genügen muß: es muß den betreffenden Organismus in die Lage versetzen, mit dieser wahrgenommenen Größe durch Einsatz seiner angeborenen und seiner erlernten Handlungsschemata umzugehen.

Eine »vorgefaßte Meinung« wird auch in den zahlreichen Untersuchungen zur Attribuierung deutlich, die auf HEIDERs (1944) Initiative gefolgt sind. Selbst wenn wir Punkte oder geometrische Figuren sich bewegen sehen, sprechen wir diesen Figuren Motive zu und sehen in ihren Interaktionen kausale Zusammenhänge; MICHOTTE hat (1963) gezeigt, daß die Wahrnehmung der Kausalität ihren Ursprung im Organismus hat.

Ganz dementsprechend postulieren wir etwas, das wir *Sinnkonstanz* nennen wollen. So wie der Mensch nicht nur dafür eingerichtet, sondern darauf ausgerichtet ist, Gegenstände – und zwar sinnvolle Gegenstände! – wahrzunehmen, wann immer nur die Möglichkeit dazu besteht, so ist er auch darauf ausgerichtet, durch ein »aus dem Lebensgeschehen Mensch aufsteigendes Tun« den bedeutungsverleihenden Akt zu vollziehen (v. ALLESCH 1942, S. 27). In der Sinnkonstanz äußert sich sozusagen in reinster Form jener »effort after meaning«, der nach BARTLETT (1932) Grundzug jeder kognitiven Aktivität ist.

Sinnvolles, Verstehbares konstituiert sich also nicht mühsam – etwa durch ständiges Übersetzen von Zeichen nach einem Code –, sondern es ist als Intendiertes immer schon da, bevor wir es durch eine semiotische Analyse zu konkretisieren beginnen.

Die philosophisch-psychologische Tradition, der wir uns damit nähern, ist erkennbar: sie führt von F. BRENTANO zu MEINONG und HUSSERL.*

Grundlegend ist die *Intentionalität des Bewußtseins:* die gerichtete (nicht bloß assoziative) Relation eines Akts meines Ich auf ein Objekt, das dadurch bedeutungshaltig, d. h. als empfangender Partner dieses Akts strukturiert wird. Wir begegnen in der Welt nicht »Dingen-an-sich«, sondern »Dingen-für-mich«, wobei in eben diesem »für« jener Zusatz beschlossen liegt, der die Welt aus einem Chaos zu etwas für mich Sinnvollem macht. In der Biologie hat vor allem J. v. UEXKÜLL (1928; neu aufgelegt 1973) entsprechende Gedankengänge vertreten.

Der *intentionale Akt,* in welchem sich das bewußte Ich mit der ihm gegenüberstehenden Welt in Beziehung setzt, ist unserer Ansicht nach (und das ist natürlich nicht mehr HUSSERLsch) nur durch kleine und unscharfe Unterschiede von dem getrennt, was man als den Kern oder die *Impulsfigur* jener Handlung ansehen kann, welche bei BRIDGMAN und – in wieder etwas anderer Form – beim späten WITTGEN-

* Daß wir damit nicht notwendig z. B. HUSSERLs Ansicht über das Sein idealer Gegenstände (Bedeutungen) übernehmen, sei ausdrücklich betont (vgl. dazu SCHAFF 1960/73). Uns geht es nicht so sehr um den logischen Inhalt eines Urteils, als vielmehr um den psychologischen Akt des Urteilens, der für HUSSERL nur »ein flüchtiges Erlebnis« (*Log. Unters.* 1913, Bd. 2, S. 44), für uns aber das hier interessierende Prinzip ist.

STEIN das Grundprinzip von Bedeutung ist, hinter das man mit Fragen vernünftig nicht mehr zurückgehen kann. Im besonderen Fall der Sprache kommt hinzu, daß diese Handlung, welche von intentionalen Akten getragen wird, ein dyadisches Ereignis ist, das zwei Menschen, Sprecher und Hörer umfaßt.

Wenn ein intentionaler Akt die Grundlage der Tatsache bildet, daß wir uns als in einer sinnvollen Welt lebend »verstehen«, dann wird durch den Wortstamm *intendere* schon gesagt, daß hier auch der Aspekt des Zeit-Bindens gesehen werden muß: die immer schon vorgedachte Beziehung des Ich-Hier-Jetzt mit dem Nicht-Hier und Nicht-Jetzt, die als eine Grundlage des Zeichenbegriffs gelten kann. Für BÜHLER ist dieses Bewußtsein des Ich-Hier-Jetzt bekanntlich die origo des Kommunikationsaktes. Wie schon der Begriff »origo« sagt, geht davon etwas aus: eben die Intention. Origo und Intention bilden nach WUNDERLICH (1972, S. 81) den kommunikativen Raum. Das Zentrum dieses kommunikativen Raumes ist das einheitliche Bewußtsein meiner selbst.

Damit sind wir an einem Punkt, an welchem psychologische und philosophische Problematik sich aufs engste berühren. Wir fragen: Wie kommt dieses einheitliche und steuernde Bewußtsein zustande? Ist es das Sediment meiner an mir selbst gemachten Erfahrungen? Dagegen spricht das wesentlichste Charakteristikum dieses Bewußtseins, nämlich daß es immer einheitlich ist (und daß z. B. diese Einheitlichkeit auch dann erhalten bleibt, wenn nach operativer Durchtrennung der Kommissur und der massa intermedia [SPERRY] das Verhalten des betreffenden Menschen sozusagen in eine linke und eine rechte Hälfte geteilt ist). Ist das einheitliche und steuernde Bewußtsein ein Epiphänomen meiner Handlungen? Dagegen spricht: weil es die Spitze einer Hierarchie bildet, kann das geordnete und ordnende Bewußtsein nicht vollständig als Auswirkung der niedrigeren Schichten dieser Hierarchie erklärt werden; POLANYI sagt mit Recht:

> »The hierarchic structure of the higher forms of life necessitates the assumption of further processes of emergence. If each higher level is to control the boundary conditions left open by the operations of the next lower level«,

– und genau das war ja unser Ausgangspunkt gewesen: eine höhere Instanz kontrolliert bzw. entscheidet, ob ›auf Anomalie oder Metapher geschaltet‹ ist –

»this implies that these boundary conditions are in fact left open by the operations going on at the lower level. In other words, no level can gain control over its own boundary conditions and hence cannot bring into existence a higher level, the operations of which would consist in controlling these boundary conditions.« (POLANYI, 1966, S. 44)

Aus der logischen Struktur der hier aufgezeigten Hierarchie leitet POLANYI also ab, daß eine höhere Ebene sich nicht aus Prozessen ergeben kann, die auch in den unteren schon manifest gewesen sind: die Grenzbedingungen, die den konkreten Prozessen den Bereich ihrer Möglichkeiten vorschreiben, müssen unabhängig schon vorhanden sein. Damit erweist sich die oben formulierte Frage, wie ordnet sich das Bewußtsein zu seiner Einheitlichkeit, als falsch gestellt. Das Bewußtsein ordnet, *weil* es eine Einheit ist, die alle Erfahrungen auf sich bezieht. Es stellt die »primäre Realität« (ECCLES 1970) dar, welche die Gegebenheiten der physischen Welt (und im Falle der Sprache auch solche der ›dritten‹ Welt POPPERs und ECCLES') zwar als notwendige Voraussetzung hat, nicht aber auf sie reduziert werden kann. Weil es unter diesem Aspekt »mehr« und »älter« ist als die von draußen kommende sprachliche Information, kann das immer schon vorhandene und immer schon sinnvolle Bewußtsein aus diesem Input Information extrahieren. Das Bewußtsein wird zwar verändert, aber nicht konstituiert durch das, was von draußen hereinkommt.

Weil in dieser Weise das bewußte Ich Ausgangs- *und* Endpunkt des Verstehensaktes ist, setzt der Mensch das ihm in der Welt begegnende Geschehen als prinzipiell nicht zufällig, sondern für ihn *intelligibel* voraus. Wer handelt (und Sprechen ist immer eine Form des Handelns), meint etwas; wer wahrnimmt (und Hören ist eine Form des Wahrnehmens), versteht etwas. Das heißt: er erfaßt im physikalischen Substrat und durch es hindurch eine Bedeutung, die über dieses Substrat hinausgeht und eine Beziehung zu der sinnvollen Einheit herstellt, die im Hörer schon vorhanden ist.

Auch und gerade wenn diese erwartete Bedeutungserfassung

im konkreten Fall nicht funktioniert, wenn der Hörer nicht versteht, muß er doch die Situation im Prinzip für sinnvoll und damit für verstehbar halten, denn nur dann kann er sein eigenes Lebensgeschehen so steuern, daß es seinen Zielen dient. Offenkundige Verletzungen dieser Intelligibilität, dieses Sinnvoll-seins des uns begegnenden Geschehens machen uns in einem Grade hilflos, daß wir uns häufig nur in Gelächter retten können:*

Herr A trifft spät nachts Herrn B, der auf allen vieren unter einer Straßenlaterne den Boden absucht. Es entspinnt sich folgender Dialog:

A: Was machen Sie denn da?

B: Ich suche meinen Geldbeutel.

A: Wo haben Sie ihn denn zuletzt gehabt oder gesehen?

B: Ich erinnere mich, daß er mir auf einer Wiese etwa 1 km von hier runtergefallen ist.

A: Ja glauben Sie denn, daß jemand ihn hierher gebracht hat?

B: Nein, aber ich suche hier, weil es unter der Lampe viel heller ist.

Wir flüchten uns in die humoristische Auffassung, weil wir anders die Nicht-Intelligibilität des Verhaltens von B nicht ertragen können. B's Verhalten ist auf einer Ebene ›anomal‹, die sozusagen noch hinter der semantischen steht und aus welcher eine semantische Anomalie eventuell erst entstehen kann. B's Verhalten ist nicht sinnvoll, weil die Tätigkeit »etwas Verlorenes suchen« nur intelligibel ist, wenn bei Ortsbestimmtheit des »Verlierens« auch das »Suchen« an diesem Ort stattfindet. Wer verliert und sucht, wer von Verlieren und Suchen spricht, handelt und spricht sinnvoll nur dann, wenn er die logische und psychologische Interdependenz dieser Handlungsweisen (und sekundär dann auch dieser Wörter) untereinander und mit dem Geschehensgeflecht der Welt zusammensieht und berücksichtigt. Sinn tritt zwar in immer abgegrenzten Zusammenhängen auf, verweist aber zugleich über diese Abgrenzungen hinaus.
Damit nähern wir uns den Ansichten LUHMANNs (1971), nach welchen

»Sinn ... ein Überziehen der Potentialitäten des aktuellen Er-

* Vgl. zum Folgenden auch FORGUSON (1968) und HÖRMANN (1972/3).

lebens durch ein Erfassen und Präsentieren von Nichtmiterlebtem ... leistet«. (S. 40)*

Kehren wir zu unseren beiden Freunden unter der Laterne zurück und analysieren wir unser Erstaunen weiter.

> »When someone's behavior is normally (at a glance) intelligible to me as the performance by him of such-and-such action my understanding is grounded on certain presumptions.« (FORGUSON, 1968, S. 93)

Damit begegnen wir wieder dem Begriff der *Voraussetzungen* oder Präsuppositionen, der in der modernen Sprachwissenschaft eine wachsende Rolle spielt. Waren bei MILLER (s. o. S. 162) diese »Voraussetzungen« aber noch stillschweigend mitgedachte Teildefinitionen des Wortes (und damit eventuell in einem Lexikon faßbar), so geht es jetzt um Tatbestände, welche jeder Sprachverwendung fundierend vorausgehen.

Zu diesen »presumptions« gehört die Annahme, daß der von mir Beobachtete Intentionen, Ziele, Motive, »beliefs« hat. Dieses Hineinstellen einer konkreten Verhaltensweise in einen sinnvollen Zusammenhang von Vor-Annahmen braucht natürlich nicht bewußt zu erfolgen

> »but any understanding of anyone's behavior in this manner is dependent upon my general ability to ascribe these beliefs to him meaningfully: any ability to ›place‹ his behavior as the performance of certain actions. For, if I could not ascribe these beliefs to him, I could not identify his behavior as his performance of an action«. (FORGUSON, 1968, S. 94)

Ein Netz von Annahmen, von Möglichkeiten muß also schon bereitstehen, um eine Handlung – und auch eine sprachliche Handlung! – als solche überhaupt identifizieren zu können. Dieses Bereitstehen hat sicher die Form des »tacit knowing«, von dem wir schon (s. Kap. III) gesprochen haben. Es rückt in den Fokus unserer Aufmerksamkeit nur dann, wenn das Netz seine Funktion nicht erfüllt, wenn wir das Wahrgenommene nicht in eine sinnvolle Struktur einordnen kön-

* Trotz unserer generellen Zustimmung halten wir LUHMANNs Formulierung nicht für glücklich. Sinn leistet nicht so sehr ein Überziehen der Potentialitäten, sondern ein Bewußtwerden dieser Potentialitäten durch ein Überziehen der *einen* aus der Fülle herausgegriffenen Möglichkeit.

nen. Wer je einem Baseballspiel zusah, ohne von den Regeln eine Ahnung zu haben, weiß, was nicht-intelligible Handlungen und Äußerungen sind. Er weiß dann aber auch, daß der unkundige Zuschauer dauernd versucht, irgend einen Sinn in diesen Handlungen und Äußerungen zu sehen: »human nature abhors a semantic vacuum«, sagt SCHLESINGER (1971 c, S. 68) mit Recht.

Woher kommt dieses Netz von Annahmen über die Ziele, Motive, Ansichten unserer Mitmenschen? Nach dem oben schon Gehörten erwarten wir nicht mehr, daß es nur ein Produkt unserer Erfahrung ist. So wie die Dimensionen unserer Wahrnehmung im Wahrnehmenden, wie die Persönlichkeitsmerkmale eines Beurteilten in hohem Maße in dem Attribute-Reservoir des Beurteilenden verankert sind, so gehört auch zur biologischen Ausstattung des Menschen eine »naive Handlungstheorie«, durch deren Projektion er die Verhaltensweisen seiner Mitmenschen interpretiert, wie vor allem LAUCKEN (1973) überzeugend dargelegt hat.

Wie wichtig es ist, sprachliche Äußerungen in ein solches sprachübergreifendes Netz von Annahmen, beliefs etc. hineinzustellen, ist uns schon bei der Diskussion des Begriffs Präsupposition deutlich geworden. Auf seiten der Sprachpsychologie wird ein derartiger Ansatz vor allem von OLSON (1970) vertreten. Nach ihm haben Wörter die Funktion

> »to signal, or specify an intended referent relative to the set of alternatives from which it must be differentiated ... Thus, the meaning of an utterance is dependent on the context of alternatives«. (S. 264)

Aber OLSONs Ansatz, den wir später (S. 410) noch ausführlicher kennenlernen werden, befaßt sich nur mit der Relation des ›intended referent‹ zu den anderen Möglichkeiten, die man *statt dessen* auch meinen könnte – uns geht es hier um eine sehr viel stärker hierarchische Struktur: Bedeutung ist mehr als nur die Beseitigung der Unsicherheit der Referenz. Bedeutung wird erfaßt, indem etwas hineingestellt wird in einen ebenfalls im Bewußtsein anklingenden *allgemeineren* Horizont von Zusammenhängen. OLLER sagt dazu mit Recht:

> »Meaning in even the simplest of sentences involves relations

with settings. Linguistic structure does not exist apart from the knowledge of the world which the speaker/listener communicates about. Neither meaning nor syntax exists in a vacuum; nor do the two of them together exist independent of situational settings.« (J. W. OLLER, 1972, S. 48)

Diese Differenzierung zwischen einem sinnvollen und sinnverleihenden allgemeinen Zusammenhang und einem herausgehobenen (angesprochenen) konkreten Einzelnen darf also auch nicht mit der Relation verwechselt werden, die zwischen Zeichen und Code besteht. Bei ›Zeichen‹ und ›Code‹, überhaupt beim Informationsbegriff, steht immer ein Wahl-Vorgang im Mittelpunkt, mit dem ein Zeichen aus einem Ensemble anderer (aber nun eben nicht gewählter) Zeichen herausgegriffen wird. Ist es einmal herausgegriffen, so spielt die Qualität der nichtgewählten Zeichen keine Rolle mehr. Die gewählten und die nichtgewählten Möglichkeiten stehen unter informationstheoretischem Aspekt auf ein und derselben ›Realitätsstufe‹ – anders beim Begriff des Sinns, der einen (den informationstheoretischen Vorgang der Wahl des Zeichens überdauernden) *allgemeinen* Hintergrund darstellt, der prinzipiell immer nur teilweise ins Real-Einzelne sich konkretisieren kann.

»Dieses Über-sich-Hinausgewiesensein, diese immanente Transzendenz des Erlebens steht nicht zur Wahl, sondern ist jene Kondition, von der aus alle Freiheit der Wahl erst konstituiert werden muß ... Die Aktualität des Erlebens ... (wird) mit der Transzendenz seiner anderen Möglichkeiten integriert.« (LUHMANN, 1971, S. 31)

So wird auch deutlich, daß eine Mitteilung durch Wiederholung zwar ihren Informationswert, nicht aber ihren Sinn verliert. Wer Sprache als bloße Informationsübermittlung auffaßt, muß sich über den Liebenden wundern, der so redundant immer sein »ich liebe dich« wiederholt. Wer eine sprachliche Äußerung als (partielle) Artikulation eines immer vorhandenen Sinngeflechts begreift, weiß, warum dies geschieht: aus dem Horizont des sinnvoll Möglichen wird etwas konkretisierend ins Bewußtsein gerückt. Oder anders gesagt: das Einzelhaft-Konkrete wird verständlich, indem wir es in Worte fassen; die Worte lassen sozusagen das Allgemein-Sinnhafte in den realen Einzelfall hinein.

Unsere Laternen-Freunde haben uns an einem Handlungsbeispiel gezeigt, was wir als Sinnvollsein (bzw. Nicht-Sinnvollsein) ansehen. Wir haben dieses Beispiel vorangeschickt, weil es die generelle Denkfigur skizziert, nach der wir hier vorgehen. Die gleiche Denkfigur verdeutlichen wir jetzt an einem spezifisch sprachlichen Beispiel: »It's raining, but I don't believe it.«*

Wogegen verstößt dieser Satz so sehr, daß wir ihn als »outrageous« (FORGUSON) empfinden? G. E. MOORE will diese Frage beantworten, indem er unterscheidet zwischen dem

> »what a man means by a given assertion and what he *expresses* by it. Whenever we make any assertion ... we are always expressing one or other of two things – namely, either that we think the thing in question to be so, or that we know it to be so ...« (1972, S. 78)

Das Unerträgliche des Satzes ergibt sich also *auch* aus einer Unvereinbarkeit, aber nicht aus einer Unvereinbarkeit verschiedener Satzelemente, sondern aus der *psychologischen* Unvereinbarkeit des Satzinhaltes mit der Tatsache seines Geäußertwerdens. Dabei tritt diese Tatsache des Geäußertwerdens nur ganz undeutlich in Erscheinung, sie wird praktisch nur erschlossen aus dem Vorhandensein des Satzes – und doch genügt dies, um den Horizont des Sinnvoll-seins zu zerstören, vor welchem Wahrheit und Unwahrheit, Wohlgeformtheit und Abweichung, Happiness und Unhappiness dieses Satzes überhaupt nur bedacht und beurteilt werden können.**

Machen wir uns klar, zu welch entscheidender Wendung unsere Überlegungen uns damit geführt haben:

Die Kompetenztheorien haben über das Generieren (Produzieren und Verstehen) von »Sätzen an sich« gesprochen und die tatsächliche Äußerung dieser Sätze mit all den dabei entstehenden Fehlern der Performanz überantwortet. Aus

* Vgl. zum Folgenden wieder L. W. FORGUSON (1968).

** Bei WUNDERLICH wird in ganz ähnlicher Weise »Ottokar weiß, daß der Mond quadratisch ist« ungrammatisch – es sei denn, die Äußerung beziehe sich auf einen z. B. schwachsinnigen, d. h. »weniger kompetenten« Sprecher ... (1970/71, S. 162). Über Grammatikalität wird also danach entschieden, wie die Welt (und nicht nur wie die Sprache) des Beurteilers aussieht.

anderen Gründen haben manche Philosophen (genannt sei nur BAR-HILLEL) scharf zwischen (nicht notwendig geäußertem) Satz und Äußerung unterschieden. Nun erkennen wir, daß wir über Sätze-an-sich nicht sprechen können, daß die Trennung des Satzes von seiner Äußerung ebenso unhaltbar ist wie die des Zeichens von seiner Verwendung. Der Satz rechnet sozusagen damit, daß er vor einem Hintergrund außersprachlicher Daten gesprochen und verstanden wird, so formuliert UHLENBECK (o. J., S. 148) diesen Tatbestand. Wir werden im nächsten Kapitel einen entscheidenden Beitrag zur Lösung der damit angeschnittenen Problematik kennenlernen – er kommt charakteristischerweise weder von der Linguistik noch von der Psychologie, sondern von der Philosophie.

Bevor wir dazu aber weitergehen können, müssen wir das Umfeld des von uns eingeführten Begriffs der Sinnkonstanz noch von einer anderen Seite etwas zu erhellen suchen: wenn wir davon sprechen, daß die Sinnkonstanz das Verstehen eines Satzes garantiere – was verstehen wir dabei unter Verstehen?

Natürlich können wir nicht hoffen, die Antwort auf diese Frage in einem einzigen Abschnitt zu erreichen, wenn doch das ganze vorliegende Buch nicht viel mehr sein will als Prolegomena zu einer Diskussion der damit angeschnittenen Problematik. Worum es uns hier geht, ist: noch einmal deutlich zu machen, daß jener Prozeß der »semantischen Interpretation«, vor dessen Analyse die Linguisten sich bisher mit Erfolg gedrückt haben, nicht vernachlässigt werden darf, wenn man überhaupt von Sprache und Grammatik redet. Dieses Sich-Drücken führt ganz notwendig zu einer Krise im Denken des Sprachwissenschaftlers und des Sprachpsychologen, wie sie vielleicht am deutlichsten von J. DEESE (1969) artikuliert worden ist.

Er beginnt mit der Frage:

> »what happens when we understand something? How is a failure to understand different from understanding?« (S. 515)

Die erste Antwort, die er darauf gibt: »certain linguistic segments ... can be interpreted by the use of other linguistic segments.« Diese Interpretationsmöglichkeit wird üblicherweise *Paraphrase* genannt.

> »The basic fact of paraphrase is that one individual can take a segment of language uttered by another individual and restate it in such a way that the hearer is pleased to accept the restatement as equivalent to the original.« (S. 515)

Interpretation ist nach DEESEs Ansicht also möglich, wenn Verstehen vorliegt. Verstehen ist ein psychologischer Begriff, die paraphrasierende Interpretation (auch) ein linguistischer. Hier wird also ganz klar der kausale und zeitliche Zusammenhang der beiden Tatbestände, wie ihn die linguistische Theorie behauptet hat, umgekehrt: war dort die Interpretation der Schritt von der erfaßten linguistischen Struktur zum introspektiv zu beschreibenden psychischen Zustand des Verstandenhabens, so signalisiert bei DEESE dieser bewußte Zustand des Verstandenhabens unsere Bereitschaft und Fähigkeit, jetzt z. B. eine Paraphrase (oder eine Antwort oder eine »passende« Handlung) zu produzieren:

> »Understanding is the inward sign of the potential for reacting appropriately to what we see or hear ... The important point, however, is that understanding leads to no particular behavior.« (1969, S. 516)

Ganz ähnlich, aber noch etwas präziser faßt WITTGENSTEIN den Zustand des Verstandenhabens:

> »Wir reden vom Verstehen eines Satzes in dem Sinn, in welchem er durch einen anderen ersetzt werden kann, der das Gleiche sagt; aber auch in dem Sinne, in welchem er durch keinen anderen ersetzt werden kann.« (1960, S. 452)

Damit ist noch nichts darüber gesagt, *wie* dieser Zustand des Verstandenhabens entsteht, durch welche »Mechanismen« er herbeigeführt wird – manche Aspekte dessen, was sich dabei abspielt und nicht abspielt, haben wir in vorangegangenen Kapiteln schon kennengelernt. Jetzt muß überlegt werden, wie sich dieses Verstehen zu dem vorher besprochenen Sinnvollsein verhält.

Die Geschehnisse in der Welt, das Verhalten unserer Mitmenschen wird von uns als sinnvoll, als intelligibel vorausgesetzt. Dieses Sinnvollsein hat, wie wir oben ausführten, einen Status des Latenten, des potentiell konkret Realisierbaren. In der kommunikativen Situation beabsichtigt der Sprecher, den Hörer z. B. durch das Äußern eines Satzes dazu zu bringen, diese konkretisierende Realisation an einer ganz bestimmten Stelle zu vollziehen: der Sprecher *meint* etwas. Das Gefühl des Verstandenhabens (DEESE spricht kennzeichnenderweise von einem »introspectively discovered inward sense«) zeigt dem Hörer, daß er in der Lage ist zu beweisen, daß er die vom Sprecher gemeinte Realisation vollzogen hat. Dieser »Beweis« kann in ganz verschiedener Form erfolgen: ein paraphrasierender Satz, eine Handlung, ein Schweigen. Verstehen ist keinesfalls mit einer *bestimmten* Verhaltensweise oder einer *bestimmten* Verhaltensdisposition verbunden.*

Etwas verstehen, heißt nach unserer Auffassung also, eine Mitteilung dadurch erfolgreich verarbeiten zu können, daß man die in ihr enthaltene Information in einer Weise auf einen Horizont des Allgemein-Sinnvollen bezieht, die dem Meinen des Sprechers entspricht.

Was heißt dabei »erfolgreich«? Der Erfolg, der Verstandenhaben kennzeichnet, kann »eigentlich« nur vom Sender der Mitteilung attestiert werden, z. B. indem er eine Äußerung des Hörers als Paraphrase seiner eigenen Mitteilung akzeptiert: ja, so habe ich es gemeint. Verstehen entspricht also dem Meinen.

Nun kann man aber natürlich den Sprecher mißverstehen, der dann antwortet: »nein, so habe ich es nicht gemeint.« Was ist bei einem derartigen Mißverständnis geschehen? Das Gefühl des Verstandenhabens liegt im Hörer doch vor ... Es hat sich eingestellt, weil der Hörer die Relation zwischen dem Gehörten und dem ihn umgebenden Horizont des Sinnvollen zwar hergestellt hat, aber an einem Ort, der nicht mit dem identisch ist, welchen der Sprecher intendierte. Eines der besten Beispiele dafür hat LASHLEY schon 1951 gegeben: LASHLEY sprach zunächst über schnelles Schreiben (rapid writing) und las dann seinen Hörern folgenden Satz vor: »Rapid righting with his uninjured hand saved from loss the contents of the capsized canoe.«

Beim Auftreten des Wortes »capsized« geht im Hörer etwas in unserem Zusammenhang außerordentlich Interessantes vor: er muß einsehen, daß er den Satz bis dahin »falsch« ver-

* Eine derartige Verbindung hat die behavioristische Psychologie und die behavioristische Linguistik immer dann herzustellen versucht, wenn sie das Problem der Bedeutung nicht länger umgehen konnte.

standen, durch Bezug auf eine falsche Welt-Stelle sinnvoll gemacht hat: es ist gar nicht vom Schreiben, sondern vom Aufrichten eines Kanus die Rede. Aber auch der »falsch verstandene« Satz war bis »capsized« ja durchaus sinnvoll, allerdings nicht in dem Sinne, den der Sprecher meinte.
ZIFF bringt (1972) in einer ganz ähnlichen Argumentation den Satz

> »I watched her duck when they were throwing rotten eggs; it swam out to the middle of the lake«

als Beispiel für die Notwendigkeit der Einführung eines (mit einem »belief-System« verbundenen) Kohäsionsfaktors: wir verstehen hier »das, was gesagt wird« erst, wenn wir es in den Zusammenhang dessen stellen können, was der Sprecher gemeint hat. Und dies können wir tun, wenn und weil wir in uns ein System von Ansichten über die Ereignisse der Welt haben, das dem System im Sprecher des Satzes prinzipiell ähnlich ist.
Wir sehen jetzt, inwiefern Verstehen und Meinen einander entsprechende Begriffe sind; wir sehen auch, daß sie nicht notwendig immer symmetrisch zu sein brauchen.
Diese Überlegung läßt uns auch das Verhältnis erkennen, in welchem die beiden Begriffe »sinnvoll« und »verstanden« zueinander stehen. Eine Äußerung ist *sinnvoll*, wenn es dem Hörer gelingt, sie als eine Realisation jener Strukturen zu erfassen, welche die Intelligibilität von Verhalten und Welt ausmachen. Sie ist *verstanden*, wenn eine Überprüfung – durch Paraphrase, Handlung ... – zeigt oder gegebenenfalls zeigen würde, daß die vom Hörer vollzogene Realisation der vom Sprecher gemeinten entspricht.
Daraus folgt, daß Verstehen eine durch zusätzliche Kriterien gekennzeichnete Form des Sinnvoll-seins darstellt. Daraus folgt zweitens, daß es zwischen den Polen Verstandenhaben und Sinnvollsein eine ganze Skala fließender Übergänge gibt – erinnert sei an das oben (S. 194) erwähnte Zitat OLDFIELDs. Hier erstreckt sich eine Dimension, die für jede theoretische Konzeption kommunikativen Geschehens wichtig ist. *An welcher Stelle* dieser Dimension zwischen den Polen Verstandenhaben und Sinnvoll-sein die Auffassung einer bestimmten Äußerung zu lokalisieren ist, wird nicht zuletzt vom *Sprecher* bestimmt, der darüber zu entscheiden hat, was

er als Kriterium des Verstandenhabens akzeptiert. Aber *daß* die Äußerung überhaupt auf dieser Dimension eingeordnet werden kann, ist die Leistung der Sinnkonstanz.
Der Mechanismus der Sinnkonstanz, zu dem wir damit zurückgekehrt sind, sorgt dafür, daß »the click of understanding« (R. B. BROWN) auch dann ertönt, wenn ein Verstehen im Sinne eines Hörer/Sprecher-Konsens nicht zustandegekommen ist.* Sinnkonstanz führt also *immer* zu jenem Gefühl eines »discovered inward sense«, von dem DEESE spricht, aber dieses Gefühl – und damit entfernen wir uns etwas von DEESE – sollte durch den Beobachter nur dann mit dem Etikett »Verstehen« ausgezeichnet werden, wenn der Sprecher damit einverstanden ist. Da der Hörer jedoch auf der Basis des von ihm Wahrgenommenen handeln muß und dies nur tun kann, wenn er das Wahrgenommene (z. B. die gehörte Äußerung) sinnvoll in die ihn umgebende Welt einordnen kann, muß das *Gefühl* des Verstandenhabens auch autonom, ohne Zustimmung des Senders der Äußerung, zustandekommen können. Was durch die Sinnkonstanz konstantgehalten wird, ist also nicht das durch den Sender der Äußerung bestätigte Verstandenhaben dieser Äußerung, sondern das mit dem Gefühl des Verstehens einhergehende Sinnvollsein einer Äußerung, das nicht mehr identisch zu sein braucht mit dem vom Sprecher Gemeinten; aus diesem Grunde ist der Begriff der Sinnkonstanz besser als etwa der der Verstehenskonstanz.
Wie funktioniert die Sinnkonstanz? Sehen wir uns an, was ABRAHAM schreibt, einer der wenigen Linguisten, bei dem sich ähnliche Überlegungen finden. ABRAHAM kommt (1973), auch durch die Analyse der Metapher, dazu, von einem »Sog der Erwartung der Sinnvollheit« (S. 9) zu spre-

* Wenn ich HABERMAS richtig verstehe, meint er Ähnliches, wenn er sagt: »Die ideale Sprechsituation ist dadurch charakterisiert, daß jeder Konsensus, der unter ihren Bedingungen erzielt werden kann, per se als wahrer Konsensus gelten darf. Der Vorgriff auf die ideale Sprechsituation ist Gewähr dafür, daß wir mit einem faktisch erzielten Konsensus den Anspruch des wahren Konsensus verbinden dürfen; zugleich ist dieser Vorgriff ein kritischer Maßstab, an dem jeder faktisch erzielte Konsensus auch in Frage gestellt und daraufhin überprüft werden kann, ob er ein zureichender Indikator für wirkliche Verständigung ist« (1971, S. 136).

chen. Auch bei ihm wird nach einem akzeptablen Zustand gesucht:

»Die Suche nach einer Interpretation einer inkompatiblen Lexemkookkurenz ist die Suche nach einem Kontext (nach einer zu der vorgegebenen alternativen Welt), der diese Lexemkookkurenz kompatibel macht.« (S. 14)

Der akzeptable Zustand ist gefunden, wenn die gehörte Äußerung so auf eine Welt bezogen werden kann, daß sie in ihr sinnvoll ist. Unsere subjektive Ansicht von der Welt (und nicht eine linguistische Kompetenz!) entscheidet also über die Akzeptabilität!

Hier kann natürlich nicht mehr davon die Rede sein, daß die Kompatibilität der Lexeme sich aus dem Lexikon und den Regeln zu seiner Benutzung ergibt, wie dies KATZ und FODOR gefordert haben.*

Das Beziehen der (zunächst nicht sinnvollen und daher nicht akzeptablen) Äußerung auf eine andere Welt, in welche diese Äußerung sinnvoll eingeordnet werden kann – dieser bei der Metapher vorliegende Schritt ist *eine* der Manifestationsmöglichkeiten der Sinnkonstanz.

Dabei braucht der Schritt übrigens keineswegs immer so groß zu sein, wie man denken könnte, wenn man von einer »anderen Welt« redet: »He bent his handkerchief« ist sofort verständlich, wenn man es auf eine Welt bezieht, in der Taschentücher gestärkt werden (FILLMORE 1968 b, S. 390). OLLER hat (1972) beschrieben, wie der Satz »The theory of relativity is blue« so lange verschoben wird, bis wir bei einer Situation angekommen sind, in welcher das Buch »Re-

* Trotzdem will ABRAHAM das Kompetenzkonzept der Generativisten retten, wobei er aber zu Argumenten greifen muß, die für Generativisten eigentlich tabu sein müßten: »Die Abweichung wird eine Funktion der Sinnvollheit ... Das heißt, durch Kontextsog und Erwartung (jeweils höchst pragmatische Phänomene) wird die Funktion auf ihr Resultat hin überprüft: mit dem Erkennen der Interpretierbarkeit ändern sich nicht die Kompetenzregeln, sondern es wird nur (sic!) nach linguistisch-enzyklopädisch jeweils zu spezifizierenden Regularitäten Sinnvollheit zugeordnet. Dies ist ein Prozeß der systematischen Sprachverwendung ...« (S. 20). Hier werden die Begriffe Kompetenz, pragmatisch, Regularität, Sprachverwendung und Interpretierbarkeit in einem Zusammenhang gebracht, der – um es vorsichtig auszudrücken – mit dem in der Generativen Grammatik üblichen nicht identisch ist.

lativitätstheorie« nach der Farbe seines Einbands gesucht wird.

»Until such a setting is inferred, sentences like this one do not make sense. They leave us groping ... The inferred setting ... is crucial to our understanding. A theory which treats meaning as independent of settings cannot explain them.« (S. 47 f.)

Noch sehr viel deutlicher kommt die von uns postulierte Tatsache des Durchlaufens *verschiedener* Teile und Bahnen des Satzverarbeitungsmodells in CHAFEs Untersuchung der Idiome zum Ausdruck, auf welche wir schon hingewiesen haben, als wir die Notwendigkeit der Einführung des Konzepts der Sinnkonstanz begründeten. Wenn der Satz

George is on the wagon

sozusagen als ganzer schon sinnvoll verstanden werden kann (in etwa dem Sinn »George ist derzeit Abstinenzler«), so wird er nicht weiter in andere, kleinere Einheiten analysiert. Die Notwendigkeit, z. B. Features von ›wagon‹ zu aktivieren (und dann eventuell durch eine zusätzliche ›Idiom-Kompentenz‹ wieder streichen zu lassen), ergibt sich gar nicht erst. Je nach dem Sinnbezug, in welchen der Hörer den Satz hineinstellt – was eine aktive Leistung des Hörers ist und sich nicht von selbst ergibt! – muß er die syntaktische und semantische Analyse weiter vorantreiben oder nicht. In

der arme Ludwig hat ins Gras beißen müssen

ist vom Sterben die Rede – aber darauf kann der Hörer nur kommen, wenn er sein Wörter- oder Morphem-Lexikon *nicht* verwendet, d. h. wenn er ›Gras‹ und ›beißen‹ nicht als selbständige Einheiten anerkennt. Das heißt aber wieder, daß er einen Entscheidungsspielraum zwischen Anerkennung und Nicht-Anerkennung haben muß. Die Entscheidung wird unter einem Sinnhorizont getroffen, der der Analyse (oder Nicht-Analyse) in kleinere Einheiten vorgeordnet ist.

Um die sprachliche Analyse »richtig« vornehmen zu können, muß der Hörer also sprach-relevante Entscheidungen aus nichtsprachlichen Gründen heraus treffen. Zugespitzt können wir formulieren: man kann Sprache nur verstehen, wenn man mehr als Sprache versteht.

Es hat sich eingebürgert, hier metaphorisch von verschiedenen Ebenen des Verstehens zu reden; die semantische Anomalie ist (LEISI) auf einer anderen Ebene eine Metapher. Aber es genügt nicht, die verschiedenen *Ebenen* zu sehen und zu beschreiben: wir haben gesehen, daß die Theorie eines Mechanismus' bedarf, der das Bewußtsein des Sprechers von der einen Ebene auf die andere bringt. Auf das Problem der Ebenen sprachlicher Verarbeitung, das in jüngster Zeit in der Sprachpsychologie viel Interesse findet, werden wir noch zurückkommen (Kap. XV).

Wenn wir (wie gesagt: metaphorisch) von Änderung der Verarbeitungsebene sprechen, so kann dies eine weitreichende Änderung des ganzen Kontexts sein, wie dies in den LASHLEYschen und ZIFFschen Beispielen deutlich wird: die »sinnvolle Welt«, mit welcher die Äußerung in Beziehung gesetzt wird, wird geändert. Das Wirken der Sinnkonstanz kann sich aber auch eher molekular manifestieren, indem sich etwa die Bedeutung eines einzelnen Wortes der Äußerung ändert, um Sinn aufrecht zu erhalten. Wir wollen, dieses Kapitel abschließend, in einem Selbstversuch demonstrieren, wie sich eine solche im Dienste der Sinnkonstanz erfolgende Bedeutungsänderung im Bewußtsein des Hörers bemerkbar machen kann.

Von jeher gilt ein Typus von Sätzen als leicht verständlich und der Analyse keine Schwierigkeiten bietend: die in der Philosophie sogenannten analytischen Sätze.

Der Kreis ist rund
Der Junggeselle ist ein unverheirateter Mann
Alle Frauen sind weiblich.

Gerade weil sie so einfach sind, sind diese analytischen Sätze gegen Verneinung sehr empfindlich: die Inkompatibilität zwischen Subjekt und Prädikat macht den Satz sinnlos – oder sie demonstriert die Wirkung der Sinnkonstanz! Greifen wir den letztgenannten Satz heraus und beobachten wir uns, wenn wir seine verneinte Form lesen:

Nicht alle Frauen sind weiblich.

Sofort ändert sich die in uns anklingende Bedeutung von »weiblich« (und/oder eventuell die von »Frauen«) derart, daß jetzt auch dieser verneinte analytische Satz durchaus sinnvoll ist: »weiblich« ist jetzt nicht mehr die bloße Geschlechtszugehörigkeit, sondern eine besonders typische Form der Manifestation dieser Geschlechtszugehörigkeit, die durch ganz bestimmte Eigenschaften (Körperformen, Charme, Gefühlshaftigkeit etc.) gekennzeichnet ist. Und diese typische Form von »weiblich« ist nach Aussage des Satzes nicht bei allen Frauen vorhanden.

Die Sinnvollheit des Satzes wird also konstant erhalten dadurch, daß die Negation kompensiert wird durch die Bedeutungsveränderung eines Wortes. Hier haben wir die Funktions- und Wirkungsweise der Sinnkonstanz in einem besonders eindrucksvollen Beispiel vor uns.

Die Einführung der mit dem Bewußtsein des Verstandenhabens operierenden Sinnkonstanz macht unseren Ansatz – das sei abschließend bemerkt – in einem viel weiterreichenden Maße zu einem kognitiven als dies bei den Generativen Linguisten der Fall ist. CHOMSKY nennt seine Theorie bekanntlich (zu Recht) kognitiv, weil sie mit *ge*wußten Regeln und Lexikonbeständen operiert. Der erlebnis- bzw. *be*wußtseinsmäßige Status dieses Wissens braucht dabei nicht weiter spezifiziert zu werden; der kompetente Sprecher »weiß« die Regeln der Grammatik, so wie er »weiß«, wie man Rad fährt.

Der von uns vorgelegte Ansatz sieht nicht nur *ge*wußte Regeln, sondern *be*wußtes Verstehen als Determinante sprachlichen Geschehens vor.

Die Begriffe des Meinens und des Verstehens haben jetzt die zentrale Stellung gewonnen, die ihnen in der Linguistik, besonders jedoch in der Sprachspychologie zukommt, und die ihnen die Generative Grammatik bisher nicht eingeräumt hat. Wir werden den damit angesprochenen Aspekt des Geschehens, des Akt-Haften in der sprachlichen Äußerung und um sie herum in späteren Kapiteln weiter verfolgen.

Dazu ist es freilich erforderlich, uns zuvor noch Arbeits- und Denkmaterial aus anderen Bereichen zu verschaffen: aus der sog. Generativen Semantik, aus der Sprachphilosophie und aus der die Aktualgenese der Äußerung untersuchenden russischen Sprachpsychologie. Diesen Themen gelten die folgenden drei Kapitel.

Kapitel VIII
Die Generative Semantik

In den vorangegangenen Kapiteln haben wir einige der psychologisch interessanten Implikationen und Konsequenzen des CHOMSKY-KATZ-FODOR-Modells, also eines syntaxzentrierten Modells mit nachgeschalteter (interpretativer) semantischer Komponente, sozusagen an *einem* Strang bis zu ihrem Ende verfolgt: das Konzept der ein Lexikon strukturierenden semantischen Merkmale hat sich mancherorts bewährt. Schließlich wurde jedoch deutlich, daß diese semantischen Merkmale nicht als statische kategoriale Attribute aufgefaßt werden können, welche

– immer in derselben Weise
– jedes zu der betreffenden Kategorie gehörende Wort
– vollständig

kennzeichnen. Wir haben gesehen, daß man beim Konzipieren derartiger Merkmale nicht wieder in denselben Fehler verfallen darf, den man in der Semiologie begangen hat: erst zu überlegen, was ein Merkmal *sei*, und dann, wie es *funktioniere:* wir haben gesehen, daß wir erst sehr viel mehr über den »Umgang mit semantischen Merkmalen« erfahren müssen, wie er sich im alltäglichen Sprachgebrauch vollzieht.

Die Tatsache, daß wir bei KATZ und FODOR ansetzten, hat zwei wichtige Konsequenzen gehabt, die uns auf unserem Gang durch das Lexikon immer begleiteten:

– der ›Ort‹, an welchem das Lexikon beim Generieren akzeptabler Sätze wirksam wird, war festgelegt: die Basiskomponente des syntaxzentrierten Modells erzeugt eine Tiefenstruktur, die dann semantisch interpretiert wird. Das heißt umgekehrt: die Tiefenstruktur selbst ist semantisch noch weitgehend unbestimmt – eine extrem unglückliche Annahme, wenn man daran festhalten will, das linguistische Kompetenzmodell (das akzeptable Sätze generiert) als Grundlage für ein psychologisches Performanzmodell (welches Meinen und Verstehen erklären soll) anzusehen;

– das bisher diskutierte Lexikon war immer eines, in welchem Wörter eingetragen waren. (Wenn wir gelegentlich von ›lexikalischem Item‹ sprachen, dann nur als Hinweis, daß

wir uns der linguistischen Problematik des Wort-Konzepts bewußt sind.)
Diese in unsere bisherige Diskussion eingegangenen Voraussetzungen haben sich endgültig als nicht haltbar erwiesen, als wir – vor allem im letzten Kapitel – die Zielgerichtetheit der kommunikativen Dynamik in ihrer Wirkungsweise und ihrer Reichweite für die Erklärung konkreten sprachlichen Geschehens herangezogen haben.
Es ist nötig geworden, bei gleichzeitiger Ausweitung des Erklärungsbedürftigen und -würdigen, zur Erklärung sprachlichen Geschehens nicht nur im engeren Sinne linguistische, sondern auch außersprachliche Faktoren heranzuziehen. Die Sinnkonstanz, von der wir eben gesprochen haben, kann am besten als ein anthropologischer Faktor bezeichnet werden, der sprachliches Geschehen determiniert, weil dieses Geschehen zwischen Menschen sich abspielt.
Wir wenden uns jetzt, nicht mehr behindert durch die selbstgesteckten Grenzen des orthodoxen generativ-grammatischen Modells, einer neueren Entwicklungslinie in der Linguistik zu, die auch als in stärkerem Maße anthropologisch orientiert zu bezeichnen ist als ihre Vorgänger. Sprache wird nicht mehr so »an sich« konzipiert; es wird stärker berücksichtigt, daß es Menschen sind, die diese Sprache sprechen.
In der Linguistik vollzieht sich gegenwärtig, vermutlich *auch* unter dem Eindruck des Unbehagens, von dem wir eingangs gesprochen haben, eine gewisse Veränderung. So konstatiert UHLENBECK (o. J., S. 132 f.)
– zunehmendes Interesse an der Semantik,
– nüchternere Ansichten über die Rolle der Syntax,
– zunehmende Einsicht, daß der Satz nicht das einzige Bezugssystem für die Beschreibung sprachlicher Fakten ist

und dementsprechend einen Rückzug von extremen theoretischen Positionen, aber auch einen tiefen Pessimismus angesichts der deutlicher gewordenen Komplexität der Sprache.
Die führende »Schule« dieser neueren Entwicklung, die sog. *Generative Semantik* wird eigentlich nur durch das Aufgeben *eines* Dogmas der CHOMSKY-KATZ-FODOR-POSTAL-Linguistik als zusammengehörig definiert: die scharfe Trennung in syntaktische Basis und semantische Interpretation wird in Frage gestellt.

Mit dieser Entwicklung werden wir uns jetzt zu befassen haben. Bedeutung ist hier nicht mehr etwas, das sich erst ergibt, wenn die fertige Tiefenstruktur sozusagen noch mit den Farben des Lexikons illuminiert wird, sondern Bedeutung bekommt einen »status as an integral part of linguistics«, wie McCAWLEY es ausgedrückt hat. Inhaltliche, »bedeutende« Strukturen sind ebenso primär wie syntaktische.
Mit einer derartigen Revision wird natürlich sowohl das Konzept der Tiefenstruktur als auch das des Lexikons in Frage gestellt. Die Bewegung der »Generativen Semantik« kreist um die Problematik dieser Begriffe und ihrer Beziehung zueinander.
Erinnern wir uns: Die Generative Grammatik hatte mit einer Frage begonnen, die LAKOFF (vgl. oben Kap. VI) so formuliert hatte:

> »What are the regularities that govern which linear sequences of words and morphemes of a language are permissible and which sequences are not.« (1971 a, S. 267)

Die charakteristische Unvollständigkeit dieser Zieldefinition besteht – wie oft genug gesagt – darin, daß überhaupt nicht erwähnt wird, daß ›permissible‹ nur in einem ganz eng umgrenzten Sinn gemeint ist: als *syntaktisch* permissible: nur dann ist ja ›Colorless green ideas sleep furiously‹ permissible. Verzögert durch den glänzenden Erfolg der CHOMSKYschen Theorie, zeigte sich erst spät, daß diese LAKOFFsche Frage nicht unabhängig von einer anderen beantwortet werden kann:

> »what are the regularities by which the surface forms of utterances are paired with their meanings?«

KATZ und FODOR hatten erkannt, daß eine nur aus Syntax und Phonologie bestehende Grammatik keinesfalls ausreicht, um die Kompetenz, also das Wissen zu beschreiben, das ein idealer Sprecher/Hörer von seiner Sprache hat. Aber was in ihrem Modell als Zusatz zur CHOMSKYschen Basis geliefert wird, ist noch nicht die jeden Sprachbenutzer interessierende geheimnisvolle »semantische Interpretation« selbst, sondern allenfalls »yet another algorithmic operation defining structures« (SEUREN, 1972, S. 245). Für die Vorgänge des Meinens und Verstehens bringt das KATZ-FODOR-Modell allenfalls Erklärungs*beiträge*.

Die Problematik, wie sich Syntax und Semantik zueinander verhalten und wie ihre Beziehungen in einem generativen Modell zu regeln seien, wird in der Linguistik verständlicherweise auch weiterhin in der Terminologie diskutiert, in welcher auch die großen Leistungen der CHOMSKYschen Theorie formuliert waren: Tiefenstruktur, Transformation, Oberflächenstruktur. Hier stellt sich nun

> »in diesen Jahren verschärft die Frage, in welcher Form syntaktische Beziehungen zwischen Sätzen und Satzteilen repräsentiert werden und ob das Repräsentationssystem wie in CHOMSKYs Tiefenstruktur ein Bindeglied zwischen Syntax und Semantik sein kann oder muß. Diese Frage ... kann aber offenbar nicht unabhängig von einer klaren Vorstellung der Rolle und der Struktur der Semantik gelöst werden. Im Bereich der Semantik kommt es besonders darauf an, die Beiträge der Logiker kritisch zu sichten und mit den bisherigen Ergebnissen der sprachwissenschaftlichen Semantik, die besonders im Zusammenhang mit der Lexikologie entwickelt wurden, zu vergleichen«. (SCHNELLE 1970, S. 12/13)

SCHNELLE sieht aber auch, wenn er die hierher gehörenden Arbeiten von FILLMORE, LAKOFF, McCAWLEY etc. durchmustert, ganz klar, welche weitreichenden und gerade den Sprachpsychologen interessierenden Konsequenzen solche Neu-Ansätze haben können:

> »Eine genaue Diskussion der Frage, inwieweit man in der Semantik überhaupt von der normalerweise starken Kontextabhängigkeit der Sprache abstrahieren kann, bzw. wie fruchtbar eine solche Abstraktion für die Zwecke der Linguistik ist, ist dringend erforderlich. Hier muß zugleich eine neue Diskussion über die Zwecke und Grenzen der Linguistik einsetzen.« (1970, S. 13)

Was, angestoßen durch das Unbehagen mit dem CHOMSKY-KATZ-FODOR-Modell, seit etwa 1967 oder 1968 in dieser Richtung in der Linguistik entstanden ist, kann nur als ein grandioses Durcheinander bezeichnet werden. Zur Rettung eigener und zur Erschütterung fremder Positionen wurde eine Fülle von Formalismen erfunden. Liest man beispielsweise die Auseinandersetzung, die CHOMSKY, LAKOFF, SEUREN im Jahre 1971/72 miteinander geführt haben, so erfährt man u. a., daß CHOMSKY seine Position als »Standardtheorie« bezeichnet, während LAKOFF ihm im selben Buch (*Semantics*, 1971) vorwirft, es sei unklar, ob CHOMSKY jemals ernsthaft diese Position eingenommen habe ...

Ein Teil dieser Unklarheiten ist zweifellos auf die Tatsache zurückzuführen, daß in dem Moment, in welchem größere Abweichungen oder Präzisierungen im CHOMSKYschen System vorgenommen werden sollten, die Unbestimmtheit vieler Termini dieses Systems deutlich wurde. Das gilt vor allem für den zentralen Begriff der Tiefenstruktur.

> »In which form is deep structure supposed to exist: is it a preterminal, or a terminal string, or a bracketed sentence, or something else (letting alone the problem of what it consists of from the point of view of content, about which practically nothing reliable can be found yet)? ... Deep structure is the most important category and lack of clarity concerning it is disappointing. The transformational generative grammar in whole has not yet achieved a more precise notion of this most interesting category (and it is not by chance, for this category is immediately connected with semantics).« (1972, S. 91)

Der Verfasser dieser Kritik ist kennzeichnenderweise ein Russe: V. RASKIN. Aber auch CHOMSKY selbst gibt jetzt zu, daß der Begriff der Tiefenstruktur und die Beziehung der semantischen Repräsentation zur syntaktischen Struktur ganz natürlicherweise kritisch betrachtet werden müssen, denn »no area of linguistic theory is more veiled in obscurity and confusion« (1971, S. 191).

Das für den Psycholinguisten zunächst wesentliche dieser primär ja intra-linguistischen Diskussion hat FILLENBAUM (1971a) so zusammengefaßt:

> »There have been changes in CHOMSKYs views since then; for example, surface structure now is regarded as relevant, in some cases at least, to semantic interpretation. And it is no secret, even to psychologists, that various linguists (see, e. g. McCAWLEY) have argued that ›deep‹ structure of the sort postulated is just not deep enough, that indeed there is no warrant for assuming an autonomous level of deep structure, that semantics must be generative, not simply interpretive, that semantic and syntactic representations are essentially of the same formal structure, and that (a somewhat enriched) symbolic logic constitutes the most appropriate general framework for the representation of meaning ...« (S. 254)

Was diese neue Entwicklung insgesamt für den Psycholinguisten bedeutet, ist derzeit keineswegs klar, aber eines ist doch ganz deutlich:

> »To the extent that psycholinguistic work is based on some linguistic formulation, it may be embarrassing, or likely much worse, to find that linguists have now rejected that formulation, making very difficult indeed the interpretation of any results.« (FILLENBAUM, 1971 a, S. 254)

Damit proklamiert FILLENBAUM das Ende einer Epoche der Psycholinguistik, jener Epoche, die vom OSGOOD-SEBEOK-CARROLLschen Schema ausgehend und durch G. A. MILLERs frühe Untersuchungen angeregt, die Psycholinguistik als jene Wissenschaft auffaßte, welche Strukturen der Mitteilung in Beziehung zu setzen hatte zu Zuständen der Sender und Empfänger. Diese Epoche des theoretischen Geführtwerdens der Psycholinguistik durch die (die Strukturen der Mitteilung beschreibende) Linguistik geht zu Ende, weil die Linguistik zu lange zu ausschließlich die Syntax in das Zentrum der Grammatik und ihres Denkens gestellt hatte.
Wir haben oben den gegenwärtigen Zustand der Generativen Linguistik als grandioses Durcheinander bezeichnet. Die grandeur liegt zweifellos in den Zukunft-weisenden Blitzen, die ab und zu aus dem Gewölk dringen. Besehen wir aufmerksam, was sie erhellen.
Das Entscheidende an der hier ansetzenden und von uns im folgenden auf ihre »psychologische Relevanz« zu untersuchenden Bewegung der Generativen Semantik scheint allerdings nicht zuletzt darin zu bestehen, daß diese linguistische Revolution, wenn es sich überhaupt um eine solche handelt, in ihrer Größenordnung nicht überschätzt werden darf. MACLAY sagt in einer sehr guten Übersicht:

> »The battle between CHOMSKY and his critics is being fought according to rules which CHOMSKY himself developed and is essentially a sectarian war among scholars who share a common understanding as to the general goals of linguistic analysis.« (1971, S. 178)

Neu ist die Behauptung, daß Syntax und Semantik nicht getrennt werden können, aber es bleibt, wenigstens im engeren Kreis der Generativen Semantiker, beim Festhalten am Begriff des »Generativen« (das LAKOFF, 1971a, S. 232, jetzt allerdings synonym mit ›complete and precise‹ ansieht ...) und am Begriff der Kompetenz. Daraus folgt, daß auch hier die Einbeziehung der Tatsache schwierig bleibt, daß die Sprache eine Funktion für den Menschen hat.

Warum können Syntax und Semantik nicht scharf getrennt werden? Weil das, was auf der untersten Ebene des Modells, also im Output der Basiskomponente, als *Relationen* zwischen den Elementen eines Satzes erscheint, nicht unabhängig ist von der *Bedeutung* dessen, was da in (syntaktische) Relation gesetzt wird. Wenn diese sprachlichen Grund-Elemente (oder ›Begriffe‹) schon ›an sich‹ eine Richtung haben, gewissermaßen Vektoren sind, die von sich aus in ganz bestimmte Richtungen tendieren, dann *braucht* und dann *kann* auch die Kombination dieser Begriffe im Satz nicht vollständig und allein durch inhaltsblinde syntaktische Regeln erfolgen. So verschwimmt die Grenze zwischen Syntax und Semantik.*

Der Schritt, der die Generativen Semantiker definitiv von CHOMSKY wegführt, ist folgerichtig dieser: wenn prinzipiell keine scharfe Scheidung zwischen Syntax und Semantik vorgenommen werden kann, dann ist es unangebracht, eine besondere Ebene der syntaktischen Tiefenstruktur anzunehmen. Beibehalten wird freilich – und dies stellt offenbar eine der »bleibenden« Leistungen der Generativen Linguistik dar – die Unterscheidung zwischen einer Oberflächenstruktur und tieferliegenden Strukturen, beibehalten wird auch das sehr generelle Konzept des Lexikons, aber Uneinigkeit besteht schon darüber, was dieses Lexikon enthält, an welcher Stelle es in Aktion tritt – oder ob es gar an mehreren Stellen des Generier-Prozesses in Aktion treten kann.

Wenn keine klare Trennung von Semantik und Syntax mehr möglich ist, dann ist damit natürlich das alte Modell der »autonomen Syntax« mit der angehängten »interpretativen Semantik« erledigt. SEUREN kann daher jetzt sogar statt der Bezeichnung »Generative Semantik« »semantische Syn-

* Umgekehrt hat dies aber auch zur Folge, daß die Kookkurrenz scheinbar inkompatibler Lexeme (wie ABRAHAM die semantische Anomalie und die Metapher genannt hat) nicht mehr automatisch das Stigma des Falschen, Ungehörigen, sprachlich Abnormen in Erscheinung treten läßt. Man wird, wie McCAWLEY treffend sagt, den Sprecher des Satzes »Meine Zahnbürste ist lebendig und will mich fressen« dem Psychiater und nicht mehr dem Grammatiklehrer überweisen.

tax« (1972, S. 257) vorschlagen, weil »both the syntactic and the semantic properties of the same objects, sentences, can be adequately predicted by one single set of rules, the syntax« – aber »Syntax« ist hier natürlich nicht mehr das, was es bei CHOMSKY einst gewesen ist, sondern diese Syntax hat inzwischen die Semantik geschluckt.

Die hier anklingende Tatsache, daß in der Generativen Semantik manche Termini aus der orthodoxen Generativen Grammatik mit einer veränderten Bedeutung verwendet werden, muß man sich vor Augen halten, wenn wir nachher einen Schritt weitergehen.

Zuvor muß aber noch eine andere in der Generativen Semantik wichtige Tendenz erwähnt werden. Syntax und Semantik im alten Sinne sind nicht klar trennbar; ihre Rollen werden übernommen durch etwas, was man als »semantische Syntax«, als »Semantax« oder manchmal auch als »Abstract Syntax« bezeichnet. Autoren wie McCAWLEY (1968) versuchen, zur Darstellung der hierin enthaltenen linguistischen Bedeutung das Instrumentarium der symbolischen Logik zu verwenden.

Damit wird freilich eine sehr unglückliche Neigung noch verstärkt, die CHAFE (1971a) so kennzeichnet:

> »Linguistics – in the area of semantics more seriously than elsewhere – has been and continues to be impeded by ideas carried over from philosophy.« (S. 11)

Eine dieser Ideen ist, daß man über die »Wahrheitswerte« von Sätzen z. B. bestimmen könne, ob ein Satz die Paraphrase eines anderen sei. Da sowohl

Bertrand Russell died

als auch

Bertrand Russell kicked the bucket

nur wahr sind, wenn Bertrand Russell wirklich gestorben ist, hält man diese Sätze für Paraphrasen, für gleichbedeutend, so wie Generationen von Linguisten den »Morgenstern« für ein Synonym des »Abendsterns« gehalten haben, nur weil beide Wörter auf denselben Himmelskörper hinweisen.*

* Erst in neuester Zeit beginnt man in der Logik selbst die Abhängigkeit der Wahrheitsbedingungen von den Lebensbedingungen zu sehen; vgl. dazu PATZIG (1970).

Dieser Tendenz, sprachliches Geschehen mit einem dafür nicht adäquaten logisch-philosophischen Instrumentarium zu analysieren (und dabei natürlich wieder einmal die Funktionen der Sprache zu ignorieren) kann man im Bereich der Generativen Semantik sehr häufig begegnen; wir werden versuchen, uns ihr fernzuhalten, wenn wir uns jetzt in dieses Gebiet hineinbegeben.

Die bisher dargestellten Modelle der semantischen Analyse sprachlicher Äußerungen hatten als eine Art Grundannahme, daß die Bedeutung einer Äußerung sich ergibt – wie dies im einzelnen auch immer konzipiert sein möge – aus den Bedeutungen der Wörter plus den Relationen der Wörter untereinander. Auch in der Generativen Semantik wird die Frage nicht überflüssig, was ein Sprecher/Hörer von den Wörtern seiner Sprache wissen muß, um Sätze oder Äußerungen produzieren und verstehen zu können. Bezeichnet man die Summe dessen, was über Wörter gewußt wird, als Lexikon, so lautet die Frage also wieder: was muß im Lexikon stehen?

KATZ und FODOR haben diese Frage bekanntlich dadurch zu beantworten versucht, daß sie die Wörter im Lexikon nach ihrer Kategorienzugehörigkeit (belebt, flüssig ...) aufführten. Die die Kategorienzugehörigkeit kennzeichnenden Features sind bei ihnen Gegenstand einer formalen »Verrechnung«, die praktisch in einer Addition bzw. logischen Konjunktion besteht.

WEINREICH hat in einer Kritik dieses Ansatzes schon 1966 darauf hingewiesen, daß hier

> »the meaning of a complex expression (such as a phrase or a sentence) is an unstructured heap of features – just like the meaning of a single word. The projection rules as formulated by KATZ and FODOR destroy the semantic structure and reduce the words of a sentence to a heap«. (1971, S. 321)

So muß beispielsweise die Analyse der Sätze

(1) Cats chase mice and

(2) Mice chase cats

zu nicht unterscheidbaren Interpretationen führen, weil sie die Dynamik nicht berücksichtigt, welche zwar *auch* aus der Bedeutung der verwendeten Wörter stammt, in den Features dieser Wörter aber nicht erfaßt wird. Der Versuch, Jäger und Gejagte *syntaktisch* zu unterscheiden, nämlich durch die Kennzeichnung als Subjekt und Objekt, führt bekanntlich (z. B. beim Passiv) zu endlosen Schwierigkeiten, so daß CHOMSKY diese in seinem ersten Modell noch angedeutete Möglichkeit ganz wieder aufgab.

Auch die WEINREICHsche Kritik läuft darauf hinaus, die Konzipierung einer *semantischen* Struktur zu postulieren, einer spezifischen Gerichtetheit der Beziehungen, welche ein bestimmtes Wort (genauer: eine bestimmte semantische Einheit) fordert und erträgt.* Man benötigt, wie BIERWISCH (1971) es ausgedrückt hat, »additional machinery for the combination of semantic features«, und diese wird jetzt dadurch bereitgestellt, daß man die Features neu und anders konzipiert, nämlich als Prädikatskonstanten im Sinne des Prädikatenkalküls.

Hier setzt FILLMORE an; sein Beitrag kann unter die Überschrift gestellt werden »The Agent Hit the Patient with an Instrument.« Versucht man, ihn in dem Spannungsfeld zwischen interpretativer und Generativer Semantik zu lokalisieren, so wird einem zunächst nochmals die ganze Unübersichtlichkeit dieses Feldes bewußt. Er selbst sagt, die Annahme der zentralen Stellung der Syntax sei für ihn wie für jeden anderen Vertreter der Generativen Grammatik »nach wie vor voraussetzungslos gültig« (dt. S. 4). Was er nach dieser Einleitung aber tatsächlich vorschlägt, ist eine *semantische* Basis par excellence, so daß MACLAY und G. LAKOFF ihn unter die Generativen Semantiker rechnen. (ABRAHAM wiederum führt die Generative Semantik einerseits, FILLMOREs sog. Kasustheorie andererseits jedoch als *zwei* »im Gefolge der Vernachlässigung der semantischen Komponente im Sprachbeschreibungsmodell CHOMSKYs ... im Feld der Linguistik aufgeworfene neue Gräben«** an [*Kasustheorie* 1971, Einleitung]. FILLMORE selbst bekennt sich [1972b] zur »interpretativen Semantik«, fügt

* Einen ersten Vorgeschmack dieser Art von Gerichtetheit haben wir bei der Diskussion der Markiertheit und ihrer psychologischen Folgen (s. S. 127 f.) bekommen.

** Man ist versucht, über die Bedeutung des hier verwendeten Wortes »Gräben« zu spekulieren: Entwässerungsgräben, Schutzgräben gegen ein weiteres Vorwärtskommen, Suchgräben, von kühnen Sappeuren vorgetriebene Sturmgräben ...

aber sofort hinzu, daß die Operationen des Interpretierens bei ihm etwas anderes bedeuten als bei CHOMSKY, weil in seinem »Lexikon« andere Dinge eingetragen sind ...)
Die Kernbegriffe von FILLMOREs Ansatz sind *Prädikat* und *Argument*.

»A predicate is a term which identifies some property of an object or some relation between two or more objects. The objects concerning which a predicate asserts something are the arguments of that predicate.« (1968, S. 373)

Der Satz »Harry hits Mary« kann nach dem Muster $P_{a,b}$ als Beispiel für ein zweistelliges Prädikat (d. h. ein Prädikat mit zwei Argumenten) geschrieben werden als $Hit_{Harry, Mary}$*
Damit werden Vektoren als Elemente der semantischen Struktur eingeführt, Einheiten, die *von sich aus* Tendenzen haben und diese nicht (oder jedenfalls nicht primär) durch eine heteronome, nämlich syntaktische, Struktur erst aufgeprägt erhalten. Die Relation zwischen Prädikat und Argument(en) sieht FILLMORE – und das ist von größter Wichtigkeit – sehr viel inhaltlicher, wenn man so will psychologischer, als dies bei der formalen Relation »Subjekt-von« oder »Objekt-von« der Fall ist. Freilich muß auch er eine Typisierung dieser Relationen vornehmen, denn sonst könnte er ja nichts Generelles über sie sagen.

»I believe that human languages are constrained in such a way that the relations between arguments and predicates fall into a small number of types. In particular, I believe that these role types can be identified with certain quite elementary judgements about the things that go on around us: judgements about who does something, who experiences something, who benefits from something, where something happens, what it

* Die für uns wichtige Frage, was diese Schreibweise nun genau angibt und was nicht, wird von FILLMORE allerdings nicht mit befriedigender Präzision beantwortet. Er sagt, sie repräsentiere »the claim that in the act of hitting Harry is the one who did it and Mary is the one who felt it«, setzt aber leider sofort hinzu: »Viewed as an abstract relation, of course, it is irrelevant which role in a hitting situation is assigned to the left element, which to the right« (1968, S. 374). Dem ist natürlich nicht zuzustimmen, denn es kann dem Empfänger der Information »chase (cats, mice)« nicht gleichgültig sein, ob die Katzen die Mäuse jagen oder umgekehrt.

is that acts, what it is that moves, where it starts out and where it ends up. Since judgements like these are very much like the kinds of things grammarians have associated for centuries with the uses of grammatical ›cases‹, I have been refering to these roles as case relationships, or simply cases.« (FILLMORE, 1968 b, S. 382)

Das einem einfachen Satz zugrundeliegende Prädikat (Verb) steht also in bestimmten Kasus-Relationen zu einer beschränkten Anzahl ihm zugehörender Argumente. FILLMORE verdeutlicht dies durch ein Gleichnis: Die in einem einfachen Satz ausgeführte Idee ist wie die Szene in einem Theaterstück, die Sprecher einer Sprache sind Schauspieler, die in einer Tradition stehen, die nur eine bestimmte Anzahl von Rollentypen zuläßt. Jede Szene kann einen (oder keinen) Prinzen, Schurken, Boten, Clown ... enthalten, aber der jeweils auftretende Schurke kann natürlich alt oder jung sein. Je nachdem, wie reich die Szene ausgestaltet sein soll, können verschieden viele dieser Rollentypen besetzt sein.
Vom Theater wieder zur Linguistik: In dem Satz »The man split the rock with a wedge« ist »split« ein dreistelliges Prädikat, dessen erstes Argument »man« im *Kasus* des *Agenten* steht. Das zweite Argument »rock« ist im Kasus *Patient*, das dritte Argument »wedge« im Kasus *Instrument*.
In dem Satz »The wedge split the rock« tritt »split« als zweistelliges Prädikat auf mit »wedge« im Kasus Instrument als erstes Argument und »rock« im Kasus Patient als zweites Argument.
Hier wird deutlich: während bei CHOMSKY *Kasus* eine (relativ sekundäre) Angelegenheit der Oberflächenstruktur war, gehören die FILLMOREschen Kasus der Tiefenstruktur an. Das sogenannte grammatische Subjekt dagegen wird zum Oberflächenphänomen; in den beiden letztgenannten Sätzen fungiert einmal der Agent, einmal das Instrument als Satzsubjekt: man sieht, daß sich diese *syntaktische* Rolle relativ sekundär erst ergibt aus der Entscheidung des Sprechers, wieviele und welche Möglichkeiten, die das Verb ihm bietet, er in seiner Mitteilung verwenden will. Verzichtet er darauf, etwas über den Agenten der Felszertrümmerung zu sagen – weil dies z. B. uninteressant ist –, so kann »wedge« Satzsubjekt werden, ohne dadurch seine tiefenstrukturelle Rolle als

Kasus Instrument zu verlieren. Sind die Rollen des Agenten und Patienten dagegen ausgefüllt (»The man split the rock«) und soll zusätzlich noch etwas über das Instrument gesagt werden, so wird »wedge« mit der Präposition »with« eingeführt. »With« gibt in *diesem* Falle an, welche Kasusrolle »wedge« hier spielt. (Aber »with« ist nicht etwa ein feststehendes Signal für diese Kasusrolle; im Satz »I went for a walk with Peter« bezeichnet »with« natürlich nicht die Instrumentenrolle.) Auf das damit angesprochene Problem der Oberflächenrealisation der Argumente werden wir später nochmals stoßen.

FILLMORE geht es also um »understanding the propositional core of simple sentences« (1968, S. 393). Dieses Ziel ist nicht mehr identisch mit dem der orthodoxen Generativen Grammatik, dem Verstehen des Zustandekommens der Wohlgeformtheit. Proposition ist etwas, was ein Sprecher gegenüber einem Hörer tut, um etwas zu erreichen. Die Wohlgeformtheit, die sowieso kein realer Sprecher bewußt intendiert, wäre demgegenüber etwas eher Autistisches. Die semantische Analyse von tatsächlich in der Alltagssprache vorkommenden Sätzen muß, so sagt FILLMORE (1972), Mittel und Wege finden, die Teilnehmer am Sprachakt selbst einzukalkulieren. Indem FILLMORE einen Kasus also analog den Rollen konzipiert, welche menschliches Handeln, menschliches Tun kennzeichnen, wird der Graben zwischen Kompetenz und Performanz schmaler. Verben, Zeitwörter haben in diesem Sinn bei FILLMORE sozusagen einen Anfangs- und einen Endpunkt, zwischen denen etwas geschieht. Dieses Geschehen spielt sich im Satz ab, der Satz aber, so fügen wir hinzu, spielt sich in einer Handlung ab. Die Wörter haben, je nach ihrem semantischen Gehalt, verschiedene Rollen in diesem Spiel.

Das kann manchem Generativisten als eine Über-Interpretation erscheinen, die FILLMOREs Intentionen und Aussagen Gewalt antut. Das mag vielleicht so sein, aber machen wir uns klar, daß wir dadurch Anschluß an eine große und lange verschüttete Tradition der Sprachforschung und der Sprachpsychologie gewinnen:

Kasus ist ein zentrales Konzept der WUNDTschen Sprachpsychologie. WUNDT unterscheidet Kasus der äußeren und

Kasus der inneren Determination (Dativ, Lokativ, Ablativ und Instrumentalis). Als Bestimmungen des Wohin, Wo, Woher und Womit geben sie Relationen an, die große Ähnlichkeit mit jenen haben, die bei FILLMORE auftreten. Für WUNDT, dem die Entwicklungsgeschichte der Sprache(n) natürlich nicht gleichgültig sein kann, entwickeln sich aus diesen Kasus der inneren (oder lokalistischen) Determination die der äußeren (oder grammatisch-logischen), nämlich Nominativ, Genitiv, Akkusativ. Ob wir diesen Entwicklungsaspekt akzeptieren oder nicht: *wenn* hier so etwas wie eine Entwicklung sich einmal vollzogen hat, dann wohl über jene Strecke hin, die bei FILLMORE die Tiefenstruktur von der Oberflächenstruktur trennt. Das heißt: um FILLMOREs mit WUNDTs Ansatz vergleichen zu können, müssen wir die auf verschiedenen Ebenen befindlichen WUNDTschen Kasus auf jene eine tiefe Ebene projizieren, auf welcher sie bei FILLMORE fungieren. Was wir dabei erkennen, hat K. BÜHLER, im übrigen weiß Gott kein Anhänger WUNDTs*, bereits im Jahre 1934 unter der Überschrift »Das indogermanische Kasussystem als Beispiel eines Feldgeräts« beschrieben: BÜHLER stellt, zunächst nur für das Indogermanische, fest, daß irgendwie eine Bevorzugung stattfindet des *Geschehens,* welches von handelnden, lebenden Subjekten nicht nur ausgeht, sondern sie auch als Handlungspartner wieder trifft.

> »Stelle ich zwei Sätze einander gegenüber wie ›Paul pflegt den Vater‹ und ›Paul trinkt (das) Wasser‹, so liegt selbst für unser heutiges Sprachgefühl noch ein gewisser Unterschied vor ...: Was sich zwischen Paul und dem Vater abspielt, ist (nach unseren Denkgewohnheiten) ein Tun zwischen zwei menschlichen Handlungspartnern; wir können uns die Rollen vertauscht denken, so daß ein andermal der Vater den Paul pflegt. Was sich zwischen Paul und dem Wasser abspielt, ist (nach unseren Denkgewohnheiten) auch ein Tun; doch will es uns nicht recht in den Kopf, daß ein andermal auch das Wasser den Paul trinken könnte; es sei denn, man ließe sich auf eine von unserem Wege ablenkende, übertragene Sprachweise ein.« (1934, S. 239)

* Aber: »Die wohldurchdachte und sehr umsichtige Kasuslehre WUNDTs ... hat die Probleme soweit gefördert, daß heute keiner, der selbst weiterkommen will, an der Leistung WUNDTs vorübergehen sollte« (1934, S. 236).

BÜHLER arbeitet das *Handlungsklischee* als das grundlegende und übergreifende Schema der indogermanischen Sprachen heraus und erkennt, daß das Anlegen dieses Schemas einen Nullpunkt, einen Koordinationsausgangspunkt erfordert. Ganz deutlich ist dieser Nullpunkt in der Oberflächenstruktur des Englischen, das hier das Schema Noun-Verb-Noun zeigt. BÜHLER gelangt aber über diese Beschränktheit auf die Oberflächenstruktur hinaus, indem er einsieht,

> »daß die tiefere Weisheit in der Vermutung liegt, es sei der Platz vor und nach dem Verbum gar nichts anderes als das bequemste, sparsamste Mittel, um die grundlegenden Connotationen des Verbums kenntlich zu machen«. (S. 243)

Für BÜHLER steht hier ganz deutlich das Verbum im Mittelpunkt. Am Beispielsatz Caius necat leonem fragt er:

> »Warum provoziert das Verbum die Fragen wer und wen? Weil es der Ausdruck einer Weltauffassung im ursprünglichsten Wortsinn ist, einer Auffassung, die Sachverhalte unter dem Aspekt des (tierischen und) menschlichen Verhaltens begreift und zur Darstellung bringt.« (S. 249)*

Hat man ein Verbum, welches das Denkschema der Aktion impliziert, dann »connotiert« es zwei Leerstellen, an denen dann, so BÜHLER, der Nominativ bzw. Akkusativ oder Dativ als »Platzmarken eines bestimmten Symbolfeldes« angebracht werden, welches damit beschrieben wird. Diese »Platzmarken« treten bei FILLMORE als Argumentstellen wieder auf.

Daß BÜHLER neben diesem Satzplan auch noch andere kennt und beschreibt, braucht uns im Augenblick nicht zu beschäftigen. Festzuhalten ist aber:

BÜHLERs funktionalistische Vorgehensweise läßt uns auch hier wieder einmal zwei Dinge als wichtig und fruchtbar erkennen: generell die Offenheit gegenüber einer biologisch-anthropologischen Denkweise (wir denken kurz an TOULMINs Kritik an CHOMSKY zurück), speziell die *Fundie-*

* Dabei ist BÜHLER übrigens vorsichtig genug, den Erlebnis-Aspekt, der hier anklingt, nicht hochzuspielen: »nein, diese erlebnispsychologische Interpretation ist keine conditio sine qua non; auch das behavioristische Denkmodell vermag die Verhältnisse verständlich zu machen« (S. 250).

rung semantischer Kategorien in einer Psychologie des Aktes. Daß damit auch BIERWISCHs Forderung beachtet wird, die Strukturen unseres Lexikons sollten denen unserer psychischen Ausstattung konform sein, sei hier nur am Rande erwähnt.

Gehen wir von BÜHLER zu FILLMORE »zurück«, so stoßen wir auf TESNIÈRE (1959) mit seiner ebenfalls dem Verbum eine zentrale Stellung einräumenden Dependenzgrammatik. Hier hat das Verb keine, eine, zwei ... Valenzen, die keinen, einen, zwei ... Aktanten regieren. Auch BRINKMANN (1962) nennt »die Fähigkeit des Verbums, weitere Stellen im Satz zu fordern«, *Valenz* und »die Stellen selbst, die für weitere Beziehungen ... offen sind, Mitspieler«.

Trotzdem darf ein großer Unterschied nicht übersehen werden, der zwischen der Betonung der Kasus bei WUNDT, BÜHLER etc. einerseits und bei FILLMORE andererseits besteht: die frühen Versuche, den Kasusbegriff als für die semantischen Relationen im Satz zentral aufzufassen, operieren immer und verständlicherweise mit *den* Kasus, die wir aus der von der Schulgrammatik allein beschriebenen Oberflächenstruktur kennen – FILLMORE dagegen erfreut sich bereits der inzwischen durch CHOMSKY so weit verbreiteten Unterscheidung zwischen Oberflächen- und Tiefenstruktur.* Seine Kasus strukturieren den propositionalen Kern (core), der in der Tiefenstruktur das repräsentiert, was in der Oberflächenstruktur dann ein Satz ist; sie brauchen also keineswegs identisch zu sein mit den Kasus der Schulgrammatik. Darauf hat übrigens auch COSERIU (1973) hingewiesen, der »Agens« oder »Instrument« zu den Funktionskategorien des *Sprechens,* »Subjekt«, »Instrumental« oder »Plural« aber zu den einzel*sprachlichen* Kategorien zählt und damit freilich eine wahre Pandorabüchse von Problemen öffnet: während FILLMORE vor der für ihn relativ harmlosen (und von uns oben schon angeschnittenen) Frage

* CHOMSKY ist übrigens, das sei nur der Vollständigkeit halber hier angemerkt, keineswegs bereit, dem Verbum eine dominierende Stellung einzuräumen: »There is no alternative to selecting verbs in terms of nouns ... rather than conversely« (1965, S. 115). Glücklicherweise gab's doch eine. Zu dieser Problematik vgl. J. ENGELKAMP (1973).

der Oberflächenrealisation der Argumente steht, sieht sich COSERIU an der gleichen Stelle vor dem Problem, wie sich Sprechen und Einzelsprache zueinander verhalten. Und der Psychologe, der in aller Harmlosigkeit bis hierher mitgekommen ist, muß sich sagen, daß zwischen Sprechen und Psychologie vermutlich nicht die gleichen Beziehungen bestehen wie zwischen einer (Einzel-)Sprache und Psychologie. Womit er wieder einmal auf BÜHLER verwiesen wäre...

Die Kasustheorie läßt uns die Strukturen im Satz als »bedeutende«, d. h. gerichtete Strukturen eines Geschehens erkennen, das wir, BÜHLER folgend, als ein Grundschema menschlichen Handelns überhaupt auffassen können. Je nachdem als wie tiefgehend und grundsätzlich man die Veränderung anzusehen bereit ist, die sich mit dieser Zentralisierung einer so konzipierten Semantik gegenüber der bisher primären Rolle der Syntax ergibt, wird man die Größe der Schritte wählen, die man von hier aus tut.

Wollte man von hier aus sich direkt psychologischen Fragestellungen zuwenden, so wäre zu fragen, ob das als Prädikat fungierende Verbum bei der Verarbeitung des Satzes tatsächlich jene zentrale Rolle spielt, welche eine derartige Kasustheorie ihm zuweist. Hier wird eine Untersuchung interessant, welche HÖRMANN und LAZARUS (1975) im Bereich der Sprachwahrnehmung durchgeführt haben.

Den Probanden wurden vom Tonband Sätze zu Gehör gebracht, die durch beigefügtes weißes Rauschen schwer verständlich waren. Die Sätze sollten jeweils unmittelbar anschließend ganz oder wenigstens teilweise wiederholt werden.

Die Befunde zeigen einerseits, daß das Verbum die am schwersten wahrnehmbare grammatische Klasse darstellt. Andererseits: ist das Verbum richtig wahrgenommen, so ist die Wahrscheinlichkeit, daß auch Subjekt und Objekt wahrgenommen werden, signifikant höher als umgekehrt die Wahrnehmung des Verbums bei richtiger Erfassung des Subjekts oder des Objekts. Ganz im Gegensatz zu CHOMSKYs vorher zitierter Ansicht (»there is no alternative to selecting verbs in terms of nouns«) nimmt also offenbar das als Prädikat fungierende Verbum die Schlüsselposition bei der Wahrnehmung eines Satzes ein.

Bevor wir jedoch von hier aus weiter »in die Psychologie hinein« gehen und zu den Arbeiten ENGELKAMPs kommen (wir werden sie später besprechen), bleiben wir vorerst noch in der Generativen Semantik und stellen, jetzt auf das Verb zugeschnitten, FILLMOREs Ausgangsfrage noch einmal: welche Eintragungen im Lexikon kennzeichnen ein Verb? (Oder anders: was ›weiß‹ ein Sprecher, der ein bestimmtes Verb verwendet?) Ein letztes Mal soll uns im jetzt beginnenden Abschnitt die Frage nach den nötigen Lexikoneintragungen als harmloser Ausgangspunkt dienen, als Ausgangspunkt für eine Überlegung, die nun jedoch nicht so sehr – wie im vorangegangenen Abschnitt – die Handlung im Satz, sondern den Satz in der Handlung zum Gegenstand haben wird. Der Sprecher/Hörer eines Satzes muß auch etwas wissen* über Tatbestände, die im Satz nur indirekt angesprochen werden. So wie in den vorangegangenen Abschnitten die Trennung in Syntax und Semantik fragwürdig geworden ist, so wird die jetzt beginnende Überlegung die Beschränkung des Interesses auf den Satz in Frage stellen und damit eine Öffnung in Richtung auf eine Textlinguistik einerseits, eine handlungsorientierte Sprachpsychologie andererseits ermöglichen.

FILLMORE hat, indem er Konstruktionen der Prädikatenlogik auf Sätze (bzw. auf Teile von Sätzen) projizierte, uns den propositionalen Charakter solcher Satz- oder Phrasenstrukturen zu erkennen gelehrt. McCAWLEY (1971) macht an einer kleinen, aber wichtigen Stelle deutlich, in welcher Hinsicht eine in den Begriffen der Prädikatenlogik abgebildete sprachliche Äußerung sich doch noch unterscheidet von einer »echten«, d. h. in einem realen Gespräch sich ereignenden Äußerung. Indem er uns zeigt, daß die formale Logik bestimmte für das Verständnis des Satzes entscheidende Bestände *nicht* abbildet, führt er uns natürlich wieder einmal vor die alte Kluft zwischen Kompetenz und Performanz, in der sich so viele psycholinguistische Ansätze wenn nicht das Genick, so doch die Beine gebrochen haben:

Die symbolische Logik ist zunächst ja eine Möglichkeit, den Gehalt mathematischer Propositionen darzustellen. Der Ma-

* Dieses notwendige Wissen wird ja in der konventionellen Generativen Grammatik als Lexikoneintragung bezeichnet.

thematiker zählt die Objekte auf, über welche er Aussagen machen will (oder definiert andere Objekte in den Termini dieser erstgenannten)

> »and confines himself to a discussion of objects which have either been explicitly postulated or explicitly defined and which thus have been assigned explicit names ...« (1971, S. 223)

Im Falle einer sprachlichen Mitteilung oder Äußerung liegen die Verhältnisse aber ganz anders:

> »One does not begin a conversation by giving a list of postulates and definitions. One simply starts talking about what ever he intends to talk about, and the bulk of the things which he talkes about will be things for which either there is no proper name ... or the speaker does not know any proper name ... Moreover, people often talk about things which either do not exist or they have identified incorrectly.« (McCAWLEY, 1971, S. 223)

Der Satz

(1) The man killed the woman

kann, wenn man etwa FILLMORE folgt, in seiner unterliegenden Struktur verdeutlicht werden, indem man einen Tötungsvorgang Y einsetzt und den Mann (X_1) als Agent, die Frau (X_2) als Patient auffaßt und dazu noch anmerkt, Y liege zeitlich vor der vorliegenden Aussage (Past). Der mit dem Instrumentarium der symbolischen Logik arbeitende Forscher

»might propose that the semantic representation of (1) is obtained simply by conjoining all these assertions:

(2) $kill_Y (X_1X_2) \wedge Past (Y) \wedge Man (X_1) \wedge Woman (X_2)$.*

Daß eine derartige Darstellung aber unvollständig ist, wird klar, wenn man Satz (3) ansieht:

(3) I deny that the man killed the woman.

Dieser Satz (3) stellt keine Leugnung von (2) dar, denn die Verneinung einer Konjunktion besteht ja in der Behauptung, daß mindestens eines der Konjunkte falsch ist; wer Satz (3) äußert, behauptet aber eben *nicht*, daß irgend einer der vier Terme in (2) falsch ist, sondern meint ganz spezifisch,

* Diese Vorgehensweise des »conjoining of all assertions« liegt, wie wir gesehen haben, allen bisherigen Ansätzen, von KATZ/FODOR bis ENGELKAMP, zugrunde.

daß der erste Term falsch, die drei anderen aber wahr sind. (Wäre Satz (3) korrekt, wenn der Sprecher der Ansicht wäre, X_1 habe tatsächlich X_2 getötet, aber X_1 sei kein Mann?)
Aber woraus wird das ersichtlich? Es wird gar nicht *ersichtlich*, aber es wird *vorausgesetzt*, daß *Y* der zentrale Term des Satzes ist.
Offenbar spielen in (2) die Terme X_1 und X_2 gegenüber Y eine irgendwie untergeordnete Rolle, wobei die symbolische Logik in der hier bisher verwendeten Form dieses Über/Unterordnungsverhältnis nicht zu erfassen vermag. Sie vermag nicht zu erfassen, daß der Satz (1) sozusagen *um Y's willen geäußert* worden ist und daß deshalb auch die Verneinung sich auf Y bezieht. Das heißt umgekehrt, daß die Funktion, welche die Äußerung des Satzes in der Intention des Sprechers hat, bekannt sein muß, um eine korrekte Analyse möglich zu machen. Mit einem Blick auf das vorangegangene Kapitel könnten wir überspitzt formulieren: man muß schon wissen, was der Sprecher meint, um zu verstehen, was er sagt. Die Voraussetzungen, unter denen ein Satz geäußert wird, gehen in seine Analyse ein.
Das Ganze nun vom Logischen ins Psychologische gewendet: wer den Satz (3)

I deny that the man killed the woman

oder irgend einen anderen Satz ausspricht, beginnt nicht ab ovo, sondern setzt etwas fort, was immer schon läuft. Er baut auf einer Basis auf, die nicht nur ihm zu Verfügung steht, sondern die nach seiner Ansicht auch dem Hörer zur Verfügung steht. Er setzt etwas voraus, er macht eine *Präsupposition.*
Beginnen wir noch einmal einen zweiten Anlauf, um mit dem so wichtigen Begriff der Präsupposition ins reine zu kommen, diesmal geführt von keinem Geringeren als CHOMSKY selbst (1971). CHOMSKY schlägt eine scheinbar harmlose Veränderung seines Grundmodells vor: auch die Oberflächenstruktur soll für die semantische Interpretation herangezogen werden, damit die in der Betonung enthaltene Information ausgenutzt werden kann. Zu dieser Revision sieht er sich veranlaßt, weil auch für seine ›restringierte‹ Zielsetzung, nämlich nur die Wohlgeformtheit zu erfassen, die Einbeziehung von Fokus und Präsupposition wichtig sind.

Fokus und Präsupposition hängen miteinander zusammen: *Fokus* ist, grob gesagt, jene ›Schwerpunktbildung‹ in der Mitteilung, die dadurch entsteht, daß diese Mitteilung ja üblicherweise etwas Neues sagt, etwas Neues hinzufügt zu dem, was schon da und bekannt ist. *Präsuppositionen* umgekehrt sind das, was der Sprecher im Hörer voraussetzt – auf den ›Status‹ dieses Vorausgesetzten werden wir gleich noch eingehen. Der Zusammenhang zwischen Fokus und Präsupposition zeigt sich etwa bei folgender Frage eines Fußballfans an einen anderen:

Haben die Bayern gegen Stuttgart gespielt?

Hierin wird vorausgesetzt, daß entweder

– die Bayern gegen irgendwen gespielt haben, oder
– daß irgendwer gegen Stuttgart gespielt hat, oder
– daß die Bayern irgendetwas getan haben, oder auch nur,
– daß irgend etwas geschehen ist, an das man mit dieser Frage anknüpfen kann. Woran der Sprecher im konkreten Fall tatsächlich anknüpft, das wird bestimmt durch den Fokus, der durch die Betonung dargestellt wird. Wurde z. B. gefragt

Haben die Bayern gegen Stuttgart gespielt?

so wird offenbar von der Präsupposition ausgegangen, daß ein derartiges Spiel nicht sicher, aber mit einiger Wahrscheinlichkeit zu erwarten war. Dementsprechend ›paßt‹ die Antwort

Nein, es hat zu sehr geregnet, während

Nein, Frankfurt hat gegen Stuttgart gespielt

von einer Präsupposition ausgeht, die nicht mit dem in der Frage betonten Fokus korrespondiert.

Man ist zunächst geneigt – und CHOMSKY bekräftigt diesen Eindruck – die eben dargestellte Revision als geringfügig anzusehen. Schließlich scheint es ja nicht so wichtig zu sein, ob auch die Betonung (und damit die Oberflächenstruktur) für die semantische Interpretation herangezogen wird. Man lasse sich aber nicht täuschen!

Stellen wir die harmlose Frage, an welcher Stelle der *linguistischen* Kompetenz das Wissen anzusetzen ist, welches der ideale Sprecher/Hörer haben muß, um mit Präsuppositionen und Fokus operieren zu können, so konfrontieren wir den Linguisten mit einem unlösbaren Problem. Ob eine sprachliche Äußerung als passend, eine Betonung als richtig empfunden wird, das hängt in unserem Beispiel von der Kenntnis ab, die der Sprecher/Hörer vom Tun und von den Absichten des FC Bayern München hat, also von der *Weltkenntnis* des individuellen, an dieser Situation beteiligten Sprachbenutzers. Zur vollen Beschreibung eines Satzes sind offenbar Kennzeichnungen erforderlich, die nicht nur diesen Satz überschreiten (auf diese Notwendigkeit hatte auch schon die Analyse der Pronomina hingewiesen), sondern die sogar eventuell die Sprache überschreiten – wenigstens in dem Sinne, daß sie vom Sprecher/Hörer nicht sprachlich formuliert werden. Solche Kennzeichnungen gehören zu jenem prinzipiell nicht völlig systematisierbaren Teil der Weltkenntnis, von welchem KATZ und FODOR sich schon in Horror abgewandt haben (s. o. S. 183).

Im konsequenten Verlauf der Diskussion über die Generative Semantik wird hier eine Tür geöffnet, welche die orthodoxen Generativen Linguisten durch Jahrzehnte hindurch entweder schlicht ignoriert oder aber als unnötig, gefährlich, tabu ... bezeichnet hatten, die Tür zur *kommunikativen Funktion* der Sprache. Sehen wir zu, wie die Linguistik (oder besser: manche Linguisten) dieser Konsequenz auszuweichen suchen, vor welche sie durch unsere oben gestellte »harmlose Frage« gestellt werden:

McCAWLEY (1968) bringt dazu zwei Beispielssätze:

(4) My neighbor hurt himself

(5) My neighbor hurt herself

und stellt

> »the question of whether the choice between ›himself/herself‹ is made on the basis of linguistic properties of the antecedent noun phrase or on the basis of one's knowledge about the intended referent of that noun phrase« (1968, S. 257)

– wobei dieses letztere Wissen natürlich nicht mehr ein zur linguistischen Kompetenz gehörendes Wissen ist.

McCAWLEY will die damit angesprochene linguistische Schwierigkeit dadurch umgehen, daß er zwischen *Präsupposition* und *Bedeutung* unterscheidet: die im Satz (5) enthaltene Information, daß der Nachbar weiblichen Geschlechts ist, gehört für ihn zur Präsupposition, aber nicht zur Bedeutung des Satzes (5), denn

> »one would not utter such a sentence in order to convey the information that the neighbor is a female but only the infor-

mation that the individual has suffered an injury«. (1968, S. 257)

Damit kommt McCAWLEY freilich vom Regen in die Traufe: wenn er Bedeutung in dieser Weise als zu übermitteln *intendierte* Information auffaßt, muß er erst recht außersprachliche Tatbestände in seine Überlegungen einbeziehen, nämlich die Absichten des Sprechers. Wenn nach Ansicht McCAWLEYs der Sprecher eines Satzes entscheidet, was er in die Präsupposition eingehen läßt und was er als Information auf der Basis dieser Präsupposition formuliert, dann kann über die Adäquatheit des Baus dieses Satzes nicht mehr ohne Rücksicht auf die Intentionen des Sprechers diskutiert werden. Darauf werden wir gleich noch einzugehen haben.

Zunächst aber zu der hier vorgeschlagenen Trennung von *Bedeutung* und *Präsupposition.*

Diese Trennung ist eine sehr fragwürdige Sache, wenn man sich daran erinnert, daß Bedeutung vor gar nicht langer Zeit einmal als das aufgefaßt worden ist, was man von einem lexikalen Item wissen muß, um es im Satz richtig zu verwenden. Auch FILLMORE, der ebenfalls Präsupposition von der »eigentlichen« Bedeutung trennt, wird mit diesem Problem nicht ganz fertig: einmal definiert er Präsupposition als »happiness conditions for the use of the lexical *item«* (1969, S. 109) und will sie dementsprechend als zusätzliche Lexikoneintragung für dieses *Item* verstanden wissen. Elf Seiten später bringt er als Beispiel dafür jedoch den Satz

(6) Please open the door

»which can be *used* as a command only if the (hearer) is in a position to know what door has been mentioned and only if that door is not, at (that time), open«. (1969, S. 120)

Hier wird das Wissen, daß eine bestimmte Tür vorhanden und geschlossen ist, als Präsupposition des *Satzes* (6) aufgefaßt – aber schon auf der folgenden Seite heißt es wieder,

»the presupposition about the closed state of the door is a property of the *verb* ›open‹«.

Hier gehen offenbar mehrere Dinge durcheinander: hängen die Präsuppositionen am lexikalischen Item oder am Satz?

Bei MILLER gibt es Präsupposition und Assertion sozusagen innerhalb des Worts (s. S. 164), bei McCAWLEY steht die

Präsupposition im Satz, bei FILLMORE bleibt unklar, wer »happy« sein soll: das Lexikon-Item, der Satz, in welchem es vorkommt, oder der Sprecher, der ihn äußert. Bei SEARLE treten, wie wir im folgenden Kapitel sehen werden, präsuppositionsähnliche Bedingungen als psychische Bestände im Sprachbenutzer auf, CHAFE (1971b) will Präsuppositionen als kontextuelle Features abbilden ...
KATZ hat denn auch (1973) wütend darauf hingewiesen, daß es bisher noch keine brauchbare Definition von Präsupposition gibt und daß dies verantwortlich für die große Verwirrung sei – die große Verwirrung, die dadurch zustande komme, daß man jede neu gefundene Eigenschaft eines Satzes als Präsupposition bezeichne.
Aber auch in seinem Stoßseufzer geht KATZ noch selbstverständlich von der Annahme aus, daß Präsuppositionen Eigenschaften von *Sätzen* sind – sind sie das wirklich?
Oder muß man fragen, ob sie überhaupt zur Grammatik gehören? Nach CHOMSKYs Ansicht sind sie Teil der Grammatik; er versucht, sie dadurch einzubeziehen, daß er dem Lexikon sozusagen noch eine Betonungsdimension hinzufügt. Aber Fokus und Präsupposition übergreifen ja den Satz – und die Wohlgeformtheit von *Sätzen* zu beschreiben ist das Ziel der Generativen Grammatik. LAKOFF (1971b) meint, die Wohlgeformtheit von Sätzen könne nur diskutiert werden, wenn man Präsuppositionen über »the nature of the world« als Basis einbeziehe. Die *Art* dieser Einbeziehung solle in der linguistischen Kompetenz geregelt werden, die tatsächliche Beurteilung in Relation zu der außersprachlichen Weltkenntnis dagegen in der Performanz. Das bringt uns nicht weiter.*
Am klarsten ist vielleicht wieder einmal CHAFE (1971b). Er vergleicht beispielsweise die beiden Sätze

(6a) Yesterday I met a man who crossed the Atlantic in a row boat.
(6b) Yesterday I met the man who crossed the Atlantic in a row boat.

* Nach LAKOFFs Ansicht sollte eine Grammatik nicht nur Beschreibungen von Sätzen generieren, sondern Paare (P, S), die aus einem Satz S und der Präsupposition P bestehen, in Bezug auf welche S grammatisch ist. Hier wird zwar der Begriff der Grammatikalität in einer uns sympathischen Weise an den der Intelligibilität der Welt angenähert, aber die dazu erforderliche *Psychologisierung* der Präsupposition wird nicht geleistet. Darauf wird unten noch ausführlich einzugehen sein.

Natürlich würde man (6b) nur verwenden, wenn man annehmen würde, daß der Hörer über das Ereignis der Atlantiküberquerung schon informiert wäre. Als Linguist muß er jetzt fragen, an welchem linguistischen Bestand diese Information »hängt«. An »Atlantic« (= crossed by a man in a row boat) oder an »row boat« (= used by a man for crossing the Atlantic) oder an einem fiktiven früheren Satz der Art »A man crossed the Atlantic in a row boat«? CHAFE fährt fort:

> »I have the impression that such knowledge is not tied to particular sentences, but that it is instead capable of being plugged into a variety of semantic structures of particular sentences, of which (6b) is but one of many possible examples.« (S. 66)

Damit wird (wieder einmal) semantische Struktur als etwas nicht auf sprachliche Bestände Beschränktes erkennbar: semantische Strukturen durchziehen nicht nur die Sprache, sondern die kognitive Welt des Sprachbenutzers; sie werden, wie wir CHAFE ergänzend hinzufügen, lediglich für die Akte des Meinens und Verstehens teilweise verbalisiert. (Das ist ein Gedankengang, dem wir in den kommenden Abschnitten dieses Buches noch oft begegnen werden.)

Noch einmal zu CHAFE: er sieht deutlich das Problem, das darin liegt, daß man etwas als Präsupposition bezeichnet. Während der Linguist sich mit der Frage beschäftigte

> »what kind of knowledge allows us to treat ›man‹ in (6b) as definite, we (should) ask instead what the definiteness of ›man‹ in that sentence tells us about underlying knowledge – what it ›presupposes‹ about such knowledge. We don't ask how knowledge influences what we say, but instead how what we say provides clues to what is known«. (S. 68)

Das ist eine ganz entscheidende Wendung: Sprache-an-sich wird zurückgeführt auf Sprache-in-ihrer-Funktion-für-mich.

Die Diskussion der Präsuppositions-Problematik zeigt uns (wieder einmal), daß Bedeutung und Verwendung von Sprache sich nicht trennen lassen; der Schatten WITTGENSTEINs erscheint auf der Szene. Wir werden ihn im nächsten Kapitel eingehend zu befragen haben.

Anhand eines FILLMOREschen Beispiels wollen wir dieser Problematik aber noch eine anders gerichtete, den Begriff der ›Welt-Sicht‹ ins Zentrum stellende Anregung entnehmen:

(7) That Harry is still living with his mother proves that he is a bad marriage risk.

Dazu FILLMORE:

»It is apparent that if I were to say (7) about somebody who is an orphan nobody would say that I was speaking falsely, only that I was speaking inappropriately. If ›prove‹ has a ›that‹-clause subject and a ›that‹-clause object, we say that the truth of the first ›that‹-clause is presupposed, and that the verb is used to assert a causal or logical connection between the two clauses and thus (when used affirmatively) to imply the truth of the second clause.« (1969, S. 121)

Bringt uns dieses ›Nicht falsch, aber unpassend!‹ nicht ganz weit zurück, wenn möglich bis zu CHOMSKYs wütend schlafenden farblosen grünen Ideen, die vielleicht auch nicht falsch, aber ›inappropriate‹ waren? ›Falsch‹ wie auch ›unpassend‹ kennzeichnen einen Verstoß gegen eine Norm. Dieser Verstoß weckt in uns ein Gefühl des Unbehagens. Die *Art* der Normen, gegen welche im CHOMSKYschen und im FILLMOREschen Beispiel verstoßen wird, ist sicher verschieden. Aber wir sollten klar erkennen, daß die Null-Linie, von welcher aus mit diesen Normen operiert wird, in jedem Fall an unser höchst eigenes Bestreben gebunden ist, die Welt, der wir begegnen, und die Mitteilungen, die wir in ihr hören, intelligibel zu machen. Der logisch durchaus akzeptable Satz*

(8) Dryaden dürfen sich nicht an der Universität Hamburg immatrikulieren

verursacht Unbehagen, weil die beiden in ihm stillschweigend enthaltenen Präsuppositionen miteinander unvereinbar sind:

– Dryaden existieren in der Mythologie,
– wer sich immatrikulieren lassen will, muß in der Realität existieren.

Wenn wir fragen, warum dieses Unbehagen geringer wird, wenn der Satz (8) nun so lautet

(9) Ich träumte, Dryaden dürften sich nicht an der Universität Hamburg immatrikulieren,

dann führt uns die Antwort zurück in die Überlegungen des vorangegangenen Kapitels: das ›ich träumte‹ verweist den darauffolgenden Satz aus der Welt unserer alltäglichen Rea-

* Vgl. dazu GUTKNECHT (1971).

lität in eine andere, in welcher das Sich-Stoßen unvereinbarer Präsuppositionen nicht so hart empfunden wird. In der Welt der Träume ist das Netz der Annahmen, mit dessen Hilfe wir die Welt intelligibel und sinnvoll machen, lockerer. Die Sinnkonstanz kann ihre Aufgabe leichter erfüllen, wenn wir den Ausweg in die Träume öffnen.

Speziell auf das Problem der Präsuppositionen bezogen, zeigt uns diese Überlegung: die Präsuppositionen ›verankern‹ den Satz in *der* Welt, die Sprecher und Hörer kennen. Von der Position in *dieser* Welt aus (und nicht von einer Linguistik- oder Sprach-immanenten Welt aus!) wird die Angemessenheit dessen bestimmt, was in der Äußerung erscheint.

Unter wieder einem anderen Aspekt freilich zwingt uns FILLMOREs Versuch, Präsuppositionen und Bedeutung scharf zu trennen, geradezu zum Fortschritt: Wird der Satz (6) verneint:

(9) Please don't open the door,

dann bleiben nach FILLMORE die präsuppositionalen Bedingungen unverändert: der Sprecher muß weiterhin annehmen können, daß der Hörer weiß, welche Tür gemeint ist und daß diese Tür geschlossen ist. Was sich ändert, ist nach FILLMORE die ›Bedeutung‹ des Satzes – aber was wird jetzt plötzlich unter Bedeutung verstanden? Der Begriff Bedeutung erhält einen Sinn, den er in der bisher diskutierten Linguistik keinesfalls gehabt hat: Bedeutung erscheint als Verwendungszweck der Äußerung!

> »If the presuppositional conditions are satisfied ..., the sentence can be appropriately used for asking a question, issuing a command, making an apology ... or an assertion.« (1969, S. 121)

Damit gewinnt auch bei FILLMORE der pragmatische Aspekt an Gewicht. Präsuppositionen beziehen sich nicht auf Items, nicht auf Sätze, sondern auf die kommunikative Funktion, welche die Äußerung hat. Am klarsten hat dies S. J. SCHMIDT erkannt, wenn er sagt

> »daß Sprecher Präsuppositionen machen/haben, die für Sätze/Texte gelten sollen ... d. h. Präsupposition ist ein Begriff auf der Ebene der Kommunikation, nicht auf der Ebene der Grammatik«. (1973, S. 93)

Das heißt aber auch, daß man das Meinen und Verstehen von Äußerungen studieren muß, bevor man die Grammatik zu beschreiben beginnt, die in diesen Äußerungen steckt. Oder anders ausgedrückt: die Bedeutung einer Äußerung kann von der Funktion nicht getrennt werden, welche diese Äußerung in dem Sprechakt hat, der Sprecher und Hörer verbindet.

Die Zeit, in welcher es für das Erstellen einer Grammatik genügte, die Monologe des Linguisten durch einen native speaker korrigieren zu lassen, ist dann vorbei, wenn diese Grammatik den Anspruch erhebt, eine Theorie der Sprache zu sein. Der Linguist (und der Psychologe) muß jetzt mindestens zwei native speakers zuhören, die miteinander leben und *dazu* miteinander sprechen. BÜHLER hat schon in seiner *Krise der Psychologie* gesagt, der »Ursprung der Semantik sei nicht beim Individuum, sondern bei der Gemeinschaft zu suchen« (S. 38).

Die Genese der Bedeutung aus den sozialen Akten des Meinens und Verstehens hat selbstverständlich auch ihre philosophischen Aspekte; ihnen wenden wir uns im folgenden Kapitel zu.

Zuvor müssen wir uns jedoch noch mit einem anderen Beitrag befassen, den die Sprachpsychologie aus einer nun eher semantisch orientierten Linguistik übernehmen und nützen kann. Es ist der Beitrag CHAFEs – neben und mit dem FILLMOREs zweifellos der wichtigste, der in neuerer Zeit aus der Linguistik kommt.

CHAFE (1970) legt drei Argumente vor, welche ihn die Generative Grammatik CHOMSKYscher Provenienz unbefriedigend erscheinen lassen:

– ein moralisches: die Arroganz, mit welcher diese Schule ihre Ansichten vertritt, wenn doch

  »the complexities of the universe, linguistic or otherwise, are so vast that one cannot help but be awed and humbled by them, and arrogance in a linguist betrays at least a lack of perspective on the problems which confront him«. (1970, S.2)

– ein ästhetisches: die semantische Komponente des CHOMSKY-KATZ-FODOR-Modells ›hängt nur unglücklich an der Seite‹ und wird der Rolle der Semantik nicht gerecht;

– ein pragmatisches: dieses Modell ist zu weit von jeder

Theorie der Performanz entfernt: es kann die Verwendung von Sprache nicht erklären.

Diesem Modell stellt CHAFE ein eigenes gegenüber, das von der These ausgeht, Sprache sei eine Art und Weise, Bedeutung in Laut zu verwandeln. Dabei betont er mit Nachdruck die einsinnige Gerichtetheit dieses Weges: obwohl der Mensch Sprecher *und* Hörer sein kann, verläuft *die* Richtung des Sprachprozesses immer von der Bedeutung zum Laut, nicht umgekehrt. Sein Hauptargument dafür ist:

> »The speaker creates a semantic structure and converts it into sound. The hearer does not create a phonetic structure and convert it into meaning. The hearer normally assumes that the sound which he hears has a meaning underlying it, already produced by the speaker. Presumably the hearer retrieves that meaning by applying the phonological, symbolization, and postsemantic processes of his language in reverse, but he applies them to something which has already been produced by these processes during their original application ... The hearer's role is a matter of recovering what the speaker began with, a second-hand role at best.« (1970, S. 59)

Geht das nicht zu weit? (Es sei daran erinnert, daß OLSON umgekehrt behauptet hat, für den Sprecher sei alles redundant ...) Uns geht es nicht darum, ob nun Sprecher oder Hörer die wichtigere Rolle spielen. Wir entnehmen dem CHAFEschen Zitat einen wichtigen Hinweis: daß der Hörer immer schon voraussetzt, daß das Gehörte sinnvoll ist! Das ist genau die These, welche wir oben schon vertreten haben (Kap. VII); sie wird später noch durch andere Überlegungen gestützt werden können.

Sprache als Mittel, um Bedeutung in Laut zu verwandeln. Dieser These entsprechend wird die Haupt- und Ausgangskomponente des Modells von der *semantischen Struktur* gebildet. Diese semantische Struktur besteht aus Einheiten, die CHAFE als kognitive Konzepte auffaßt.* Kognitive Konzepte entsprechen jedoch keineswegs immer Wörtern; vermutlich würde CHAFE der in diesem Buch vertretenen ›psychologistischen‹ Auffassung durchaus zustimmen. Er setzt sich auch klar ab gegenüber dem Begriff der Vorstellung und meint zu Recht, die Sprecher einer Sprache

* Einen ähnlichen Ansatz haben wir in anderem Zusammenhang bei SCHANK (1972) und bei MILLER (1972) kennengelernt; s. o. S. 164 f.

»have in their minds a piece of knowledge which can be called the concept *dog*. This piece of knowledge is not an image of a particular dog on a particular occasion, but rather an underlying unity of which images of dogs are only particular and accidental manifestations«. (1970, S. 75)

Natürlich sieht auch CHAFE die Schwierigkeit, semantische Konzepte dieser Art präzise zu fassen, jene Schwierigkeit, aus welcher sowohl der Strukturalismus BLOOMFIELDs als auch der ›Syntaktizismus‹ CHOMSKYs ihren Elan bezogen haben, als sie Bedeutung in die Rolle der »armen Verwandten« abdrängten –, aber CHAFE hält diese Schwierigkeit nicht für unüberwindbar:

»If concepts have their locus within our minds, that is the place to look for them«. (1970, S. 76)

Damit wird einer Bewußtseinspsychologie der Sprache Vorschub geleistet, die unserer Ansicht nach der am ehesten Erfolg versprechende Weg ist, Sprache und Sprachverwendung ›zu verstehen‹. Auch wenn die Erforschung dieser semantischen Konzepte sicher viel schwieriger, weil komplexer ist als etwa die Erforschung lautlicher Einheiten, so kann dies keine Entschuldigung dafür sein, sie nicht zu betreiben.

Diese semantischen Konzepte haben nach CHAFE einen Fokus ›and a gradual, perhaps irregular fading away from that focus‹ (S. 79). Damit setzt er sich ausdrücklich gegen die etwa von KATZ und FODOR vertretene Annahme ab, die Begriffe des Lexikons stellten Klassen dar, welche zusammen die erfahrbare Welt mehr oder minder vollständig abdecken und die jeweils in sich nicht weiter differenziert sind. (Vgl. dazu auch ROSCH-HEIDERs Befunde.)

Semantische Einheiten sind niemals isoliert, sondern immer in mehr oder minder komplexen Konfigurationen eingebettet. Die semantische Struktur, die sich aus ihnen »zusammensetzt«, ist schon Träger auch der feinsten (Bedeutungs-)Unterschiede. Während für die orthodoxe Generative Grammatik (die ›Syntaktizisten‹) die Phrasen

a bachelor
unmarried adult human being
a man who was never married
human being who is adult, male, and has never had a wife

lediglich verschiedene Abbildungen ein und derselben Tiefenstruktur auf der Oberflächenstruktur darstellen, sind es für CHAFE *keine* Paraphrasen einer einheitlichen Tiefenstruktur, sondern Manifestationen verschiedener (allerdings ähnlicher) semantischer Strukturen.

Dies genüge zur Kennzeichnung dessen, was CHAFE unter semantischer Struktur versteht. Für uns wichtig und hervorhebenswert ist die Tatsache, daß er kognitive, also bewußte, intentionale Konzepte als das Material ansieht, aus welchem sich die grundlegende Struktur der sprachlichen Äußerung bildet. Fast noch wichtiger für den Sprachpsychologen ist jedoch CHAFEs Ansicht über das, was im Akt der Sprachverwendung mit dieser Struktur geschieht:

Sie wird durch verschiedene post-semantische Prozesse über eine mehr oder minder große Zahl von Zwischenstufen in eine Oberflächenstruktur umgeformt. An dem Satz

It is raining

ist beispielsweise das Wort ›rain‹ in verhältnismäßig direkter Weise mit dem kognitiven Konzept des vom Himmel fallenden Wassers verbunden; hier kann eine relativ direkte Symbolisierung erfolgen. Dagegen ist das Wort ›it‹ hier keineswegs in ähnlich direkter Weise mit der semantischen Struktur verbunden; es wird erst durch einen postsemantischen Prozeß eingeführt. (Sagt man dagegen von einem herannahenden Zug ›it is coming‹, so ist ›it‹ hier mit dem Konzept Zug in einer direkteren Weise verbunden.)

Ein Schritt auf dem Weg von der semantischen zur Oberflächenstruktur ist die *Linearisierung*, durch welche die semantischen Strukturen (z. B. ›cat‹ für Katze und ›-s‹ für Plural) auf einer einheitlichen Dimension aufgereiht werden (›cats‹ für Katzen).

Am Beispiel des Idioms (›Henry is dragging his feet‹, s. o. S. 210) zeigt CHAFE überzeugend, daß die einheitliche semantische Struktur (hier zu kennzeichnen als ›procrastinate, delay, temporize‹) erst durch postsemantische Prozesse in eine postsemantische Konfiguration umgewandelt werden muß, bevor sie der Artikulation zugeführt werden kann. Es besteht also eine Diskrepanz zwischen der semantischen Einheit (dem Konzept) und ihrer *Literalisierung:* ›feet‹ und ›dragging‹ haben, wenn sie *so* verwendet werden, keine direkten

Entsprechungen auf der Ebene der semantischen Struktur mehr.

Damit zeigt sich, daß CHAFEs Ansatz als einziger in der modernen Linguistik Raum für die Forderungen hat, die nach den Überlegungen VanLANCKERs (s. o. S. 177) gestellt werden müssen: in den verschiedenen postsemantischen Prozessen können jene in verschiedenem Grade »vorfabrizierte« Formeln eingesetzt werden, die einen so hohen Anteil am sprachlichen Output ausmachen. Es gibt differenzierte semantische Konstellationen, die postsemantisch in *eine* einheitliche Formel gekleidet werden; es gibt andererseits relativ einfache semantische Konstellationen, die in recht differenzierte und »neuartige« postsemantische Konfigurationen überführt werden müssen, bevor sie geäußert werden.

Diese Notwendigkeit, im Akt des Meinens wie in dem des Verstehens über den Grad der Literalisierung der einzelnen Äußerungskomponenten entscheiden zu müssen, stellt, wie wir im vorangegangenen Kapitel gesehen haben, einen wichtigen Beweggrund für die Einführung des Begriffs der Sinnkonstanz dar.

Auf die weiteren von CHAFE konzipierten Stufen und Prozesse-zwischen-den-Stufen brauchen wir hier nicht mehr einzugehen, da sie vor allem der Umsetzung der phonologischen in die phonetische Struktur gelten. Sein Modell sieht schließlich so aus:

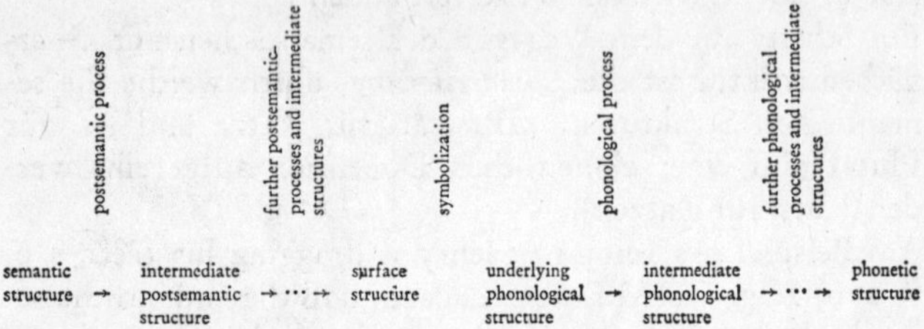

CHAFEs Überlegungen sollen und werden an einer Reihe von Stellen in diesem Buch wieder anklingen. So werden Linearisierung und Literalisierung bei unserer Besprechung der russischen Sprachpsychologie (Kap. X) aufzugreifen sein. Besonders wichtig aber wird CHAFEs grundlegendes Konzept werden: der Akt des Meinens und Verstehens durchläuft eine (von Fall zu Fall *verschiedene)* Anzahl von Stufen, durchläuft qualitativ verschiedene Prozesse, die ihn jeweils ein (verschieden großes) Stück mitnehmen auf dem Weg von der Bedeutung zum Laut – das wird für unser letztes Kapitel ausschlaggebend werden.

Die Diskussion der Überlegungen, welche in einer jetzt eher semantophilen Linguistik aufgetaucht sind, hat uns eine Reihe von wichtigen Hinweisen gebracht, nicht zuletzt den auf die Genese von Meinen und Verstehen aus *in sich* schon gerichteten Relationen und auf die Komplexität dieser Akte. Die so gesehene ›Genese von Bedeutung‹ hat natürlich auch ihre philosophischen Aspekte; ihnen wenden wir uns jetzt zu.

Kapitel IX
Die Sprachphilosophie als Freund und Helfer

Wir haben in den vorangegangenen Kapiteln Meinen und Verstehen erstmals als Akte skizziert, durch welche die Intentionen des Sprechers und des Hörers – in einem Geflecht von Voraussetzungen, Erwartungen, Annahmen und Wissensbeständen verankert – konkretisiert werden.

Die damit angeschnittene Einbeziehung von Intention, Kontext und Handlung in die Diskussion darüber, wie »Bedeutung« wohl am besten zu fassen und zu erfassen sei, ist zuerst weder von der Generativen Linguistik noch von der ihr folgsam folgenden Psycholinguistik, sondern von der Philosophie vorgenommen worden. Man kann zwar nicht sagen, daß die Generative Linguistik in ihre semantophile Phase gegangen sei, ohne die Überlegungen zur Kenntnis zu nehmen, die in der Philosophie gleichzeitig oder einige Jahre früher über das angestellt worden sind, was Bedeutung denn nun eigentlich sei – aber »systemverändernde« Einflüsse haben MOORE, RYLE, AUSTIN, WITTGENSTEIN und SEARLE nicht ausgebübt. Das sowieso schon dornige Problem der Einbeziehung einer semantischen Komponente in das generative Modell der Sprache wollten die Linguisten nicht dadurch noch verkomplizieren, daß sie gleichzeitig auch fragten, wie man denn die »semantische Beziehung« zwischen einem Zeichen und dem von ihm Bezeichneten am besten konzipieren sollte. Die alte Auffassung, Bedeutung sei die referentielle Beziehung eines (Wort-)Zeichens zu dem ihm »zugehörenden« Gegenstand, zieht sich unausgesprochen sowohl durch alle Diskussionen über das Lexikon als auch durch die psychologischen Überlegungen über Encodieren und Decodieren. Diese referentielle Beziehung zwischen Zeichen und Bezeichnen bleibt unproblematisch, weil vom Panzer der Kompetenz geschützt, zu der sie ja gehört.

Eine Sprachpsychologie, welche die Zweiteilung der Welt in Kompetenz und Performanz nicht anerkennt, kann aber auf das Studium jener Philosophie nicht verzichten, welche gerade die Beziehungen zwischen »Wort«, »Bedeutung«, »Gegenstand« und »Gemeintem« zu ihrem Problem macht.

Und für die Philosophie der Gegenwart sind – diese »sweeping generalization« darf man wohl wagen – gerade diese Beziehungen zum zentralen Thema geworden. War eines der großen Themen früheren Philosophierens die Frage, »Wie können wir das wissen, was wir wissen«, so hat sich jetzt die skeptische Frage davorgeschoben, »Wie können wir über das sprechen, was wir wissen?«*

Die Richtung dieses philosophischen Fragens ist also sicher eine methodisch-kritische. Während jedenfalls seit DESCARTES eine Kritik der Methoden der Philosophie immer dazu eingesetzt wurde, die Gültigkeit und Verbindlichkeit philosophischer Aussagen zu verbessern, wird jetzt der erstaunlicherweise immer noch vorhandene Mangel an Gültigkeit und Verbindlichkeit dieser Aussagen auf die Unklarheit ihrer sprachlichen Form zurückgeführt. Man stellt sich deshalb Fragen wie »Was bedeutet es eigentlich, zu sagen, x bedeutet das und das?« »Was ist darunter zu verstehen, wenn man sagt, dieses Wort sei synonym mit jenem, oder dieser Satz sei eine Paraphrase jenes Satzes?« »Was heißt eigentlich, ein Satz sei analytisch, d. h. wahr auf Grund seiner Bedeutung?«

Die Sprache, in der und mit der Philosophie getrieben wird, wird also selbst zum problematischen Objekt, weil der Verdacht aufgetaucht ist, sowohl die Existenz als auch die Unlösbarkeit (bzw. beliebige Lösbarkeit) vieler Probleme der Philosophie sei nicht so sehr durch die Schwierigkeit dieser Probleme »an sich« verursacht, sondern eher durch die Tatsache, daß sogar die Philosophen durch die Sprache sich behexen ließen. So definiert WITTGENSTEIN Philosophie als »ein Kampf gegen die Verhexung unseres Verstandes durch die Mittel unserer Sprache« (1960, S. 342).

Gegenüber dieser Gefahr kann man sich einmal so verhalten wie jener

> »projecting reformer (RUSSELL, QUINE, GOODMAN), who sits down in an armchair to determine how we should speak clearly in the light of reason«. (HAMPSHIRE in RORTY, 1967, S. 242)

Man kann aber auch von *der* Sprache ausgehen, die wir alle sprechen, der »ordinary language«.

* Zum Folgenden vgl. vor allem v. SAVIGNY (1969).

Der aus diesem Motiv erwachsenen »ordinary language philosophy« wenden wir uns jetzt zu. Dabei sollen die folgenden Abschnitte nicht etwa eine systematische Darstellung oder auch nur einen Abriß der Gedanken der zu besprechenden Autoren geben, sondern allenfalls die subjektiven Anmutungen registrieren, die einem Sprachpsychologen bei der Lektüre dieser Gedanken kommen. Es handelt sich also durchaus um eine durch vorgefaßte Ansichten gesteuerte Auswahl, wobei wir die Auswahl auch zu dem Zweck anführen, die vorgefaßten Ansichten dadurch etwas deutlicher zu machen.

Die lehr-reichsten dieser Philosophen sind der spätere WITTGENSTEIN und AUSTIN mit dem ihm folgenden SEARLE.

WITTGENSTEINs zweite Philosophie (also die der *Philosophischen Untersuchungen* und der *Brown* und *Blue Books)* ist vorwiegend negativ formuliert. WITTGENSTEIN ist ein Genie des »so geht's nicht« und schon allein deshalb dem heutigen Psychologen zutiefst verwandt. Er wendet sich, vereinfachend gesagt, gegen jene unkritische Semantik, die man einmal als »myth of a museum in which the exhibits are meanings and the words are labels« bezeichnet hat (QUINE 1971, S. 142). Die Tatsache, daß man im Deutschen das Substantiv »die Bedeutung« und im Englischen »the meaning« bilden kann, verführt allzu leicht dazu, die Bedeutung eines Wortes oder Satzes selbst wieder als Objekt, als Gegenstand aufzufassen. Damit wird nicht nur neben die reale Welt und die Welt der Wörter noch eine Welt von Bedeutungen gestellt, sondern verhängnisvollerweise auch fest- oder doch nahegelegt, daß ein Wort oder ein Satz *eine* feste Bedeutung habe, nämlich eben seine, die man mit dem Wort etikettieren kann, wenn man es kennt.

Man *hat* Rumpelstilzchen, wenn man weiß, wie es heißt. Die Bedeutung eines Wortes kennen, heißt also, dieser von WITTGENSTEIN abgelehnten Theorie zufolge, das Y identifizieren zu können, das in der Gleichung auftritt »X hat die Bedeutung Y«.

> »Jedes Wort hat seine Bedeutung: diese Bedeutung ist dem Wort zugeordnet, sie ist der Gegenstand, für welchen das Wort steht.« (1960, S. 289)

Dagegen wendet sich nun WITTGENSTEIN. Versucht man allerdings, WITTGENSTEINs eigene Ansichten den von ihm kritisierten entgegenzustellen, so gerät man in Schwierigkeiten, die sich nicht so sehr aus der Schreib- als aus der Informationsweise dieses Autors ergeben.*

WITTGENSTEIN läßt sich nicht darauf ein, den zahllosen aus Philosophie und Linguistik bekannten Bedeutungen von »Bedeutung« (Denotation, Designation, Referenz, Meinung, Sinn, Konnotation ...) eine weitere hinzuzufügen, sondern er verändert die Fragestellung. Er fragt nicht mehr »Was ist die Bedeutung eines Wortes«, weil man dann fast automatisch in die Falle der Reifikation läuft, sondern er fragt »Wie kann man die Bedeutung eines Wortes erklären?« Das heißt, er *geht aus* vom kommunikativen Akt, in welchem das Wort »Bedeutung« fungieren soll, im Gegensatz zu den anderen Ansätzen, welche *erst* die »Bedeutung« bestimmen, die *dann* (später, vielleicht, auch) in einem kommunikativen Akt fungieren kann. Wie kann man erklären, was z. B. ein »Spiel« ist?

> »Betrachte z. B. einmal die Vorgänge, die wir Spiele nennen. Ich meine Brettspiele, Kartenspiele, Ballspiele, Kampfspiele usw. Was ist allen diesen gemeinsam? – Sag nicht: es muß ihnen etwas gemeinsam sein, sonst hießen sie nicht Spiele – sondern schau, ob ihnen allen etwas gemeinsam ist. – Denn, wenn du sie anschaust, wirst du zwar nicht etwas sehen, was *allen* gemeinsam wäre, aber du wirst Ähnlichkeiten, Verwandtschaften sehen ... Nun geh von den Brettspielen zu den Kartenspielen über: hier findest du viele Entsprechungen mit jener ersten Klasse, aber viele gemeinsame Züge verschwinden ... Sind sie alle unterhaltend? Vergleiche Schach mit dem Mühlfahren, Oder gibt es überall ein Gewinnen und Verlieren oder eine Konkurrenz der Spielenden? Denk an die Patiencen ... Und das Ergebnis dieser Betrachtung lautet nun: wir sehen ein kompliziertes Netz von Ähnlichkeiten ... So verwenden wir ja das

* SAVIGNY sagt mit Recht: »Die philosophischen Untersuchungen machen den Eindruck eines schlecht geordneten Zettelkastens; das Buch ist unverständlich: nicht der Sprache wegen, die klar und einfach ist, sondern weil der Gedankengang sprunghaft ist und weil WITTGENSTEIN seine Ergebnisse oft gar nicht ausspricht« (1969, S. 15). Der verwirrte Leser kann sich damit trösten, daß auch RUSSELL drei Tage mit WITTGENSTEIN diskutieren mußte, um ein Gutachten von etwa drei Sätzen über diese Philosophie machen zu können. (Autobiogr. II, 1973).

Wort ›Spiel‹. Wie ist denn der Begriff des Spiels abgeschlossen? Was ist noch ein Spiel und was ist keines mehr? Kannst du die Grenzen angeben? Nein. Du kannst welche *ziehen*: denn es sind noch keine gezogen. (Aber das hat dich noch nie gestört, wenn du das Wort ›Spiel‹ angewandt hast.)« (1960, S. 324 ff.)

Machen wir uns, bevor wir die eher philosophischen Überlegungen fortsetzen, klar, was das eben Gesagte für die Linguistik ganz unmittelbar impliziert: hiermit wird ein Lexikon abgelehnt, welches nach Klassen oder Kategorien gegliedert ist, die durch ihre *Grenzen* definiert sind – wir verweisen auf das oben Ausgeführte. Damit distanziert man sich aber auch insgesamt von einer Linguistik, welche die *Richtigkeit* sprachlicher Äußerungen als ihr oberstes Erklärungsziel ansieht und diese Erklärung liefern will durch ein Regelwerk, das im Grunde in der Addition derartiger logischer Klassen besteht. Gerade weil es so schwierig ist, zwischen Spielen und Nicht-Spielen scharf zu unterscheiden, sollte man die Entscheidung über das korrekte versus inkorrekte Auftreten von »Spiel« nicht zum zentralen Thema der linguistischen Erklärung machen. »Das hat dich noch nie gestört, wenn du das Wort ›Spiel‹ angewandt hast . . .«
Nun aber zu WITTGENSTEINs weiteren Überlegungen. Er fragt ja, wie man etwa (einem Hörer) erklärt, was ein Spiel sei.

»Man gibt Beispiele und will, daß sie in einem gewissen Sinne verstanden werden. Aber mit diesem Ausdruck meine ich nicht: er wolle nun in diesen Beispielen das Gemeinsame sehen, welches ich – aus irgend einem Grunde – nicht aussprechen konnte. Sondern: er solle diese Beispiele nun in bestimmter Weise verwenden.« (1960, S. 327)

Das ist eine für uns außerordentlich wichtige Feststellung. Der Weg, Bedeutung zu erklären, ist also *nicht* das Erkennen des einer Reihe von Beispielen Gemeinsamen, wie es das uralte Paradigma philosophischer und psychologischer Ansätze zur Erklärung der Begriffsbildung und der Bedeutung will – über LOCKE bis zu KATZ und FODOR (vgl. oben). Die zu erklärende Bedeutung springt nicht als das den Beispielen Gemeinsame automatisch heraus, sondern der Erklärende muß *wollen*, daß der Hörer die Beispiele in einem ganz bestimmten Sinne auffaßt. Und der Hörer muß die

Impulsfigur dieser Intention mit-wollen, muß den ihm angetragenen Akt mit- oder nachvollziehen: wieder zeigt sich *Verstehen* als: dort Sinn realisieren, wo der Sprecher *meint.* Um die Erklärung des Sprechers zu verstehen, was ein »Spiel« sei, muß der Hörer sozusagen im voraus ahnen, was der Sprecher wollen, d. h. meinen könnte. WITTGENSTEIN verwendet nicht zufällig in dem eben erwähnten Zitat die Worte »wollen« und »sollen«: damit verweist er auf den intentionalen Anspruch, der sich durch die Akte des Meinens und Verstehens zieht.

Was weiß man nun, wenn man verstanden hat, was ein Wort bedeutet? Dieses Wissen ist natürlich »nicht irgend ein ›Äquivalent einer nicht ausgesprochenen Definition‹« (S. 328). Was man weiß, ist, wie dieses Wort gebraucht wird. Man kann für eine *große* Anzahl von Fällen (wenn auch nicht für alle Fälle) seiner Benutzung das Wort »Bedeutung« so erklären: »Die Bedeutung eines Wortes ist sein Gebrauch in der Sprache« (1960, S. 311).

Natürlich sagt auch diese Definition noch nicht genug. Eines ist aber doch deutlich: die Linguistik ging bisher ziemlich selbstverständlich davon aus, daß man ein Wort gebrauchen kann, wenn und weil man seine Bedeutung kennt. Jetzt sagt WITTGENSTEIN: wir kennen seine Bedeutung, wenn und weil wir es gebrauchen können. (Bezieht man hier noch einmal die unglückselige Kompetenz-Performanz-Dichotomie ein, so geht jetzt die Performanz klar der Kompetenz voraus.) Meinen oder Bedeuten einerseits, Verstehen andererseits werden als intentionale Akte deutlich, die eine sprachgetragene »Fortsetzung des Handelns mit anderen Mitteln« sind (vgl. dazu HÖRMANN, 1967).

WITTGENSTEINs Mahnung »Don't ask for the meaning, ask for the use« zeigt uns, daß wir wieder einmal auf uns vertrautem Gelände sind:

- ein Zeichen »hat« nicht Bedeutung und wird dann *auch* gebraucht;
- wer das Bedingungsgefüge der Sprache erklären will, darf ihre Funktionen nicht außer acht lassen.

Wenn wir zu WITTGENSTEINs Gedankengang zurückkehren, so muß vor einem naheliegenden Mißverständnis gewarnt werden. Er befürwortet ganz sicher nicht, die Semantik auf Pragmatik (im üblichen Sinne) zu reduzieren, denn er wendet sich deutlich gegen die Ansicht, Bedeutung sei irgend ein Etwas, das verwendet werden könne, *oder auch nicht* – und dies ist häufig ja die Konzeption, welche hinter der Trias Syntaktik, Semantik, Pragmatik steht.*

WITTGENSTEIN vertritt auch nicht eine simpel instrumentalistische Theorie der Bedeutung, wie dies etwa SKINNER tut, für den ein Befehl (mand) ein Befehl ist, weil er befolgt wird. WITTGENSTEIN kann das, was Wörter, Sätze, Äußerungen bedeuten, nur erklären, indem er »das Ganze: der Sprache und der Tätigkeiten, mit denen sie verwoben ist« (S. 293) in den Blickpunkt stellt. Dieses Ganze nennt er ein *Sprachspiel*.

Es gibt unzählige solcher Sprachspiele:
– Befehlen und nach Befehlen handeln;
– Berichten eines Hergangs;
– eine Hypothese aufstellen und prüfen;
– eine Geschichte erfinden;
– Rätsel raten;
– Schach spielen und darüber sprechen;
– bitten, danken, fluchen, grüßen, beten ...

»Eine Sprache vorstellen, heißt, auch eine Lebensform vorstellen« (S. 296).

Die Beziehung zwischen Wort und Sprachspiel ist eine eminent strukturalistische, wie WITTGENSTEIN (ohne den Terminus strukturalistisch zu verwenden) an seinem Beispiel der Erklärung der Königsfigur im Schachspiel zeigt:

> »Wenn man jemandem die Königsfigur im Schachspiel zeigt und sagt, das ist der Schachkönig, so erklärt man ihm dadurch nicht den Gebrauch der Figur, es sei denn, daß er die Regeln des Spiels schon kennt bis ... auf die Form der Königsfigur. Man kann sich aber auch denken, einer habe das Spiel gelernt, ohne je Regeln zu lernen ... Auch diesem könnte man die Erklärung geben ›Das ist ein König‹, wenn man ihm z. B. Schachfiguren von einer ihm unbekannten Form zeigt. Auch diese Erklärung lehrt ihm den Gebrauch der Figur nur darum, weil, wie wir sagen könnten, der Platz schon vorbereitet war, an den sie gestellt wurde ... Und er ist es hier ... dadurch, daß er in einem anderen Sinne schon ein Spiel beherrscht. Betrachte noch diesen Fall: ich erkläre jemandem das Schachspiel und fange damit

* Vgl. dazu APEL (1973).

an, indem ich auf eine Figur zeige und sage: ›Das ist der König. Er kann so und so ziehen.‹ In diesem Falle werden wir sagen: die Worte ›das ist der König‹ sind nur dann eine Worterklärung, wenn der Lernende schon weiß, was eine Spielfigur ist. Wenn er also etwa schon andere Spiele gespielt hat, oder dem Spielen anderer mit Verständnis zugeschaut hat *und dergleichen.*« (S. 304/05)

Wenn man nach der Bezeichnung eines Gegenstandes oder nach »der Bedeutung« eines Wortes fragen will, muß man also schon vorher etwas wissen oder können. Hier wird eine Analogie der Relation sichtbar, die wir in den vorangegangenen Kapiteln zwischen einem sinnvollen Allgemeinen und der mit dem Bewußtsein des Verstandenhabens einhergehenden konkreten Realisierung dieses Allgemeinen skizziert haben. Und es wird wieder einmal jenes Ineinandergreifen von (Wort-)»Bedeutung«, Satz, Wissen und Absicht deutlich, dieses gegenseitige Sich-Bedingen und -Kompensieren, das wir im Vorgang der Sinnkonstanz gesehen haben.
Die hinweisende Definition (Ur-Paradigma fast aller Philosophen, die sich über die Entstehung der Sprache äußern) genügt offensichtlich nicht. Wer ein Sprachspiel erlernen will, muß

»wissen oder erraten, worauf der Erklärende zeigt. Ob also z. B. auf die Form des Gegenstandes, oder auf seine Farbe, oder auf die Anzahl ...« (S. 305)

– und dieses Wissen kann natürlich nicht durch eine hinweisende Definition vermittelt werden (»Zeig auf ein Stück Papier! Und nun zeig auf seine Form, nun auf seine Farbe, nun auf seine Anzahl ... !«). Das vage Wissen dessen, was der Sprecher meinen könnte, muß schon da sein, bevor der Erwerb (besser gesagt: die Ausdifferenzierung) eines Sprachspiels beginnen kann. Und dieses »wissen, was der andere meinen könnte«, kann sich nur ergeben aus dem wenigstens generellen Gleichklang der Lebensart von Sprecher und Hörer.*

* »Denke, du kämst als Forscher in ein unbekanntes Land mit einer dir gänzlich fremden Sprache. Unter welchen Umständen würdest du sagen, daß die Leute dort Befehle geben, Befehle verstehen, befolgen, sich gegen Befehle auflehnen? Die gemeinsame menschliche Handlungsweise ist das Bezugssystem, mittels welches wir uns eine fremde Sprache deuten« (WITTGENSTEIN, 1960 S. 383).

Wenn FREGE gesagt hat, ein Wort habe nur im Satzzusammenhang Bedeutung (was WITTGENSTEIN zustimmend zitiert), so kann damit natürlich nicht gemeint sein, ohne Satzzusammenhang sei das Wort ein semantisches Nichts. Aber wir sollten nicht nach den Eigenschaften des Wortes fragen, sondern nach der Rolle, die es im jeweiligen Sprachspiel spielt. »Die Frage ›Was ist eigentlich ein Wort‹ ist analog der ›Was ist eine Schachfigur‹« (S. 342). Das heißt, auch hier kommen wir mit einer Eigenschaftsanalyse des Wortes nicht weiter.

Die Überlegungen über die Rolle, in der ein Wort gebraucht wird, darf uns nicht

> »dazu verleiten zu denken, daß, wer einen Satz ausspricht und ihn meint, oder versteht, damit einen Kalkül betreibt nach bestimmten Regeln«. (S. 332)

Die Anwendung eines Wortes ist nicht überall von Regeln begrenzt; die Weg-weisende Regel ist schon in Ordnung, wenn sie unter normalen Verhältnissen ihren Zweck erfüllt.

(Diese Ablehnung des Kalkülhaft-Automatischen im Meinen und Verstehen berührt sich auf das engste mit jenem Geschehen, das GARFINKEL als im *Vorfeld* des Codierens sich abspielend geschildert hat und auf das wir in Kapitel XI eingehen werden.)

Das heißt aber, daß das Ausmaß der Geregeltheit eines Sprachspiels vermutlich auch von der Funktion abhängen wird, die dieses Sprachspiel zu erfüllen hat – wieder wird uns die »Instanz« vor Augen geführt, welche darüber entscheidet, wie lange und bis auf welche Ebene eine Äußerung analysiert werden soll (wir verweisen auf die vorangegangenen Kapitel). Man muß sich hüten zu glauben, eine ›unexakte‹ Erklärung sei unbrauchbar – die fundamentale Tatsache

> »ist hier: daß wir Regeln, eine Technik, für ein Spiel festlegen, und daß es dann, wenn wir den Regeln folgen, nicht so geht, wie wir angenommen haben ... Das Verfangen in unseren Regeln ist, was wir verstehen, d. h. übersehen wollen. Es wirft ein Licht auf unseren Begriff des Meinens«. (S. 345)

Diese nie ganz aufgelöste Spannung zwischen allgemein sinnvoller Regel und einzelheitlicher Konkretisierung des Allgemeinen (s. Kapitel VII) ist es, was uns im Verstehen Kenntnis nehmen läßt vom Gemeinten – wir haben über die bewußtmachende Wirkung des Nicht-ganz-Passens bei der Metapher (Kap. VII) ausführlicher gesprochen. Für WITTGENSTEIN wird die Nicht-Identität von allgemein Sinnvollem und Verstandenem, die Lücke zwischen Realität und Regel, zur Quelle des Kenntnisnehmens. »In der Sprache berühren sich Erwartung und Erfüllung« (S. 438).

Wir haben oben gesagt, WITTGENSTEINs Erklärung dessen, was ein Wort bedeutet, habe etwas Strukturalistisches an sich. Es bedeutet etwas, weil es in Zusammenhängen von Wissen, Handlungen, Wörtern als Träger einer Rolle eingefügt werden kann. Dürfen wir überhaupt die Frage stellen, was das Wort sei, *bevor* es irgend eine bestimmte Rolle in einem bestimmten Sprachspiel spielt? Wenn wir es »nur« hören? »Es ist, als könnten wir die ganze Verwendung des Wortes mit einem Schlage erfassen.«*

Aber wie ist der künftige Gebrauch schon im Akt des Erfassens gegenwärtig? Im Regelverzeichnis des Sprachspiels und in dem, was »einer Regel folgen« heißt. Die Regel schreibt nicht starr vor, der eine kann ihr so, der andere etwas anders folgen. »Der Regel folgen« ist eine Praxis.

> »Man fühlt nicht, daß man immer des Winkes der Regeln gewärtig sein muß. Im Gegenteil. Wir sind nicht gespannt darauf, was sie uns jetzt wohl sagen wird, sondern sie sagt uns immer dasselbe, und wir tun, was sie uns sagt ... Das Wort ›Übereinstimmung‹ und das Wort ›Regel‹ sind miteinander verwandt. Lehre ich Einem den Gebrauch des einen Wortes, so lernt er damit auch den Gebrauch des anderen.« (S. 387)

Zur Verständigung durch die Sprache gehört also eine Übereinstimmung in den Urteilen, aber das ist »keine Übereinstimmung der Meinungen, sondern der Lebensform« (S. 389). Und Lebensformen sind – so könnte man sagen – das Hinzunehmende, das Gegebene (S. 539).**

* »Aber hast du dafür ein Vorbild? Nein. Es bietet sich uns nur diese Ausdrucksweise an. Als das Resultat sich kreuzender Bilder. Du hast kein Vorbild dieser übermäßigen Tatsache, aber du wirst dazu verführt, einen Über-Ausdruck zu gebrauchen. (Man könnte das einen philosophischen Superlativ nennen)« (S. 377).

** Diese Verwobenheit von Sprache und Lebensform hat eine interessante Analogie: während in der Philosophie der normalen Sprache Situation und Intention als Mittel zur Bestimmung der Bedeutung der

Ähnlich wie WITTGENSTEIN, aber lange vor der Veröffentlichung der ›Philosophischen Untersuchungen‹, hat AJDUKIEWICZ* diese zwischen ›Bedeutung‹ und ›Gebrauch‹ ausgespannte Problematik behandelt. Sein zentraler Begriff ist der des Sinnes, den er definiert:

»Der Sinn, den die Ausdrücke in einer Sprache besitzen, bestimmt gewissermaßen die Regeln ihres Gebrauchs.« (1934, S. 106)

Präziser als WITTGENSTEIN schildert AJDUKIEWICZ das Verfahren, mit dessen Hilfe darüber entschieden wird, ob jemand einen Satz in demselben Sinn gebraucht wie wir – ein für den Psychologen eminent wichtiges Verfahren, denn von hier aus ist der Schritt zum Vorgang des Verstehens nicht mehr groß:

»Wir suchen für diesen Satz eine gewisse besonders ausgezeichnete Art von Erlebnissen aus, die so beschaffen ist, daß Erlebnisse dieser Art uns zu einer entschlossenen Anerkennung des gegebenen Satzes genügen. Stellen wir dann fest, daß die betreffende Person trotz des Innewerdens eines Erlebnisses dieser Art den betreffenden Satz verwirft, so schließen wir daraus, daß sie ihn mit einem anderen Sinn verknüpft als wir.« (1934, S. 107)

Zwischen dem Sinn, den man mit den Ausdrücken einer Sprache verknüpft, und der Art, wie man dieser Sprache sich bedient, besteht also ein Zusammenhang:

»Nur derjenige verbindet z. B. mit dem Satz ›es schmerzt‹ den ihm in dieser Sprache zugeordneten Sinn, der beim Innewerden einer Schmerzempfindung bereit ist, diesen Satz anzuerkennen.« (1934, S. 110)

Damit wird ein ausgesprochen psychologisches Moment eingeführt. In der Bereitschaft zur Anerkennung einer Äußerung wird eben jene Übereinstimmung nicht der Meinungen, sondern der Lebensform sichtbar, von der WITTGENSTEIN

sprachlichen Äußerung dienen, wird umgekehrt in der Soziolinguistik das Auftreten bestimmter Formen sprachlicher Äußerungen als Mittel zur Bestimmung von soziologischer Position und Intention des Sprechers angesehen (vgl. z. B. ERVIN-TRIPP 1972). Bilden das Verstehen der sprachlichen Äußerung und die Kenntnis des Sprechers zusammen ein sich stabilisierendes, konstanthaltendes System?

* Den Hinweis auf AJDUKIEWICZ verdanke ich Herrn Prof. J. Pelc, Warschau.

(s. o.) gesprochen hat. DEESEs Umschreibung des Verstehens als des »inneren Gefühls, man sei in der Lage, adäquat zu reagieren« (1969) ist mit dieser Bereitschaft zur Anerkennung verwandt: der Gleichklang der Lebensformen von Sprecher und Hörer wird, sprachgesteuert, an der konkreten, vom Sprecher mit der Äußerung ›gemeinten‹ Stelle manifest.

Wenn Sprache nach WITTGENSTEIN und nach AJDUKIEWICZ immer Teil einer Lebensform ist, dann enthält jede Einzelsprache (z. B. die deutsche) eine Mehrheit von Sprachen in sich, die sich zumindest in ihrer Sinngebung unterscheiden. Verfolgt man diesen Gedanken einen Schritt weiter, so wird man auch für die einzelne sprachliche Äußerung postulieren können, daß in ihr simultan verschiedene (intentional verschiedene, historisch verschiedene*, soziologisch verschiedene ...) »Sprachen« oder »Sprachspiele« enthalten sind. Diese gleichzeitig vorhandene Heterogenität ist erforderlich, damit stets genügend code-überschreitende Anweisungen für die Decodierung durch den Hörer verfügbar sind; auf diesen an GARFINKEL anschließenden Gedanken wird unten (S. 322) noch eingegangen werden.

Es wäre verführerisch, in der weiteren Diskussion den AJDUKIEWICZschen Begriff des Sinns zu verwenden, weil er bei diesem Autor ganz eindeutig an die Gebrauchsregeln der Sprache geknüpft ist:

> »Zu der Frage, ob man lieber sagen soll, daß die Regeln der Sprache den Sinn bestimmen, anstatt daß der Sinn die Regeln bestimmt, bemerke ich, daß diese Bestimmung eine gegenseitige ist. Das bedeutet: wenn der Sinn eines Ausdrucks der und der ist, so beziehen sich auf den Ausdruck die und die Regeln, aber auch umgekehrt, wenn sich auf den Ausdruck die und die Regeln beziehen, so hat er den und den Sinn.« (1935, S. 166)

Aber ›Sinn‹ wird nun einmal von vielen Autoren dieses Problemkreises gar nicht, von manchen in ganz anderem ›Sinne‹ verwandt; wir würden eine Geordnetheit der Terminologie vortäuschen.

Festzuhalten bleibt jedoch: ein Sprachspiel, wie WITTGEN-

* Auf das Vorhandensein verschiedener historischer Schichten in der Äußerung weisen z. B. MATHESIUS und UHLENBECK hin. Vgl. UHLENBECK (o. J., S. 130).

STEIN es nennt und wie AJDUKIEWICZ (ohne diesen Terminus selbst) es meint, ist immer Teil einer Lebensform, ist immer ein »complete system of human communication«. Macht man auf diese Weise die Handlungsform der Kommunikation zur Ausgangsbasis, so entgeht man jener Schwierigkeit, auf welche »Sprache als Zeichensystem« stößt: nämlich eine Kluft zwischen dem Zeichen und seiner Verwendung überbrücken zu müssen.* Aber man handelt sich dafür eine andere Schwierigkeit ein: beendet man die Lektüre WITTGENSTEINs, so fühlt man sich fasziniert und verlassen. Ein Weg von den Sprachspielen zur Lösung konkreter linguistischer oder sprachpsychologischer Probleme ist zunächst nicht erkennbar. Wenn man sagen kann, WITTGENSTEIN habe durch überwältigendes, aber völlig unsystematisches Hin- und Her-Argumentieren davon überzeugt, daß man das »Problem der Bedeutung« nur angehen könne, wenn man auf den Gebrauch der Sprache achte, so müßte ein nächster Schritt in der Erarbeitung einer Systematik, einer Typologie dessen bestehen, was man mit Wörtern *tun* kann. Eine solche Typologie ergibt sich vielleicht, wenn man sich die vielen verschiedenen »Äußerungen-zwischen-bestimmten-Menschen-in-bestimmten-Situationen« auf Ähnlichkeiten und Gemeinsamkeiten hin ansieht. Es geht also um eine Typologie dessen, was einer tut, der das und das äußert.

Das ist das Ziel der Sprechakttheorie, wie sie zuerst von AUSTIN und auf ihm weiterbauend von ALSTON und von SEARLE konzipiert worden ist. Ihr wenden wir uns jetzt zu.

Für die ganze weitere Diskussion, vor allem aber auch für gewisse später zu erwähnende Schwierigkeiten, ist eine Tatsache wichtig: die Sprechakttheoretiker operieren fast ausschließlich mit sog. explizit performativen Verben als Ausgangsbeispielen. Wer die Worte äußert »ich verspreche, dir morgen 5 DM zu zahlen«, spricht nicht nur einen Satz aus,

* Vgl. dazu S. J. SCHMIDT (1973), S. 45 ff., der das, was WITTGENSTEIN Sprachspiel nennt, als »kommunikatives Handlungsspiel« bezeichnet, um damit die Relation zwischen sprachlichen und nichtsprachlichen Faktoren zu betonen, »deren Zusammenspiel erst die ›ontologische‹ Referenz bzw. die soziale Relevanz sprachlicher Akte garantiert« (S. 45).

sondern vollzieht *durch* die Äußerung dieses Satzes und *mit* (oder in) ihr den Sprechakt des Versprechens:

> »The action he is performing is related by means of the rules of the language he uses to the very fact that he utters the words mentioned. I promise, and I am committed to my promise by the fact that I produce, in a given social, psychological and physical context the sounds corresponding to ›I promise‹.« (L. APOSTEL, 1972, S. 208/09)

Doch wir sollten langsamer und systematischer vorgehen: beginnen wir mit AUSTIN (1956/57, 1962). Auch AUSTIN geht von den Gefahren aus, in die man sich begibt, wenn man sich beim Philosophieren der Sprache überläßt. Auch er fragt »Was tut einer, der das und das äußert?« So untersucht er beispielsweise in einem Artikel »A plea for excuses«, auf welch verschiedene Art und Weise unsere Sprache uns die Feststellung »Er tat das und das« zu modifizieren erlaubt und durch diese Modifikation die Wucht und die Implikationen dieser Äußerung vergrößert oder verringert: die Adverbien ›deliberately‹, ›intentionally‹, ›on purpose‹, ›by mistake‹ usw. weisen diesen Äußerungen jeweils einen ganz bestimmten Platz in einem System an, das sowohl durch den Wortlaut der Äußerung als auch durch die Intention des Sprechers und die Wirkung auf den Hörer charakterisiert ist.* Was tut einer, der »Er tat das absichtlich« äußert? Er vollzieht den Sprechakt des Beschuldigens. Was tut einer, der »Er tat das aus Versehen« äußert? Er will mit seiner Äußerung und durch sie entschuldigen.

Wenn jemand sagt »draußen regnet es«, dann spricht er damit (vielleicht) eine Empfehlung aus, nämlich lieber den Regenschirm mitzunehmen. Oder er gibt (vielleicht) eine Erklärung für das Glänzen der Straße. Oder er vollzieht (vielleicht) den Sprechakt des Warnens, man solle nicht hinausgehen.

Und zum jeweils vollzogenen Sprechakt gehört auch, daß der Hörer vielleicht zur Garderobe geht, um den Schirm zu holen, oder die Neugier des Hörers befriedigt ist, oder er beschließt, zu Hause zu bleiben.

* Hier wird eine interessante und bis heute nicht beachtete Denklinie erkennbar, welche die Sprechakttheorie mit der Wortfeldtheorie verbinden könnte.

Der Sprechakt ist also ein umfassendes Phänomen

> »the only actual phenomenon which, in the last resort, we are engaged in elucidating«. (AUSTIN 1962, S. 147)

Der Sprechakt bildet die Analyseeinheit des Sprachphilosophen.

Betrachtet man das eben beschriebene Geschehen unter einer etwas stärkeren Vergrößerung, so kann man mit AUSTIN drei verschiedene Aspekte unterscheiden:

– das Aussprechen der Worte »draußen regnet es« nennt er den lokutionären Akt,
– die darin enthaltene Empfehlung (Erklärung, Warnung) den illokutionären Akt,
– die dadurch hervorgerufene Verhaltensweise des Hörers den perlokutionären Akt.

Mit dieser Aufgliederung wird deutlich, daß der alle drei Aspekte (oder Sub-Aspekte) umfassende Begriff des Sprechakts etwas merkwürdig Heterogen-Unbestimmtes ist. Was ist das Gemeinsame von Lokution, Illokution und Perlokution – was heißt hier »Akt«? CERF (o. J.), der sich mit dieser Frage kritisch befaßt, meint, AUSTIN sei etwa über folgende Ableitungskette zu seinem Aktbegriff gekommen:

> »to speak or to say something – to issue an utterance – to do something – to perform an action – to perform an act«. (S. 361)

Während ›action‹ nicht auf Lokution, Illokution *und* Perlokution angewandt werden könnte, ist »to perform an act« unbestimmt genug, um alle drei Aspekte, wenigstens oberflächlich betrachtet, in sich fassen zu können.*

In der praktischen Verwendung des Sprechaktbegriffs zeigt sich denn auch, daß es schwierig ist, diese drei Akte in einem immer klar zu unterscheiden – oder daß die Verwendung des Begriffs häufig nur unter dem lokutionären Aspekt *oder* unter illokutionärem *oder* unter perlokutionärem Aspekt gerechtfertigt werden kann.**

* Der sich aufdrängenden Erklärung, AUSTIN habe »Akt« in Erinnerung an die BRENTANOsche Aktphilosophie gewählt, wird man keinesfalls folgen dürfen. CAMPBELL hat (1973) darauf hingewiesen, daß für AUSTIN »intentionality is entirely excluded from illocutions« (S. 288). AUSTINs Ansatz ist in diesem Sinne recht un-psychologisch.
** V. SAVIGNY versucht, den lokutionären vom illokutionären Akt dadurch zu trennen, daß er für letzteren das Bestehen einer Konvention

SEARLE (1969/71) läßt dementsprechend diese Unterscheidung wieder fallen und definiert, sozusagen in einem neuen Anlauf, Sprechakt in einer Weise, die dem Sprachpsychologen zumindest auf den ersten Blick sehr »ansprechend« erscheint. Er geht von der uns schon durch WITTGENSTEIN bekannten Hypothese aus, »daß das Sprechen einer Sprache eine regelgeleitete Form des Verhaltens ist« (1969/71, S. 29) und sagt dann:

> »Die Grundeinheit der sprachlichen Kommunikation ist nicht, wie allgemein angenommen wurde, das Symbol, das Wort oder der Satz, oder auch das Symbol-, Wort- oder Satzzeichen, sondern die Produktion oder Hervorbringung des Symbols oder Wortes oder Satzes im Vollzug des Sprechakts.« (S. 30)

Hier wird ganz deutlich gegen das Operieren mit isolierten, d. h. ohne Blick auf diese Operation definierten Zeichen Stellung genommen. SEARLE fährt fort:

> »Die Produktion eines Satzzeichens unter bestimmten Bedingungen stellt einen Sprechakt dar, und Sprechakte sind die grundlegenden, kleinsten Einheiten der sprachlichen Kommunikation. Eine Möglichkeit, sich diesen entscheidenden Punkt klarzumachen, besteht darin, daß man sich fragt, welchen Unterschied es macht, ob man etwas als ein Beispiel sprachlicher Kommunikation betrachtet oder nicht ... Wenn ich einen Laut oder ein Zeichen auf einem Stück Papier als ein Beispiel sprachlicher Kommunikation, als Mitteilung auffasse, so nehme ich damit u. a. an, daß der Laut oder das Zeichen von einem mir mehr oder weniger verwandten Wesen produziert, und zwar mit bestimmten Intentionen produziert worden ist. Wenn ich in dem Laut oder Zeichen ein Naturphänomen ... sehe, so schließe ich sie damit aus dem Bereich sprachlicher Kommunikation aus.« (S. 30)

Eine Sprachtheorie muß also auch nach SEARLE Teil einer Handlungstheorie sein, weil eben Sprechen eine regelgeleitete Form des Verhaltens ist. SEARLE setzt sich hier selbst mit dem Einwand auseinander, der an dieser Stelle (z. B. von einem Kompetenz-Performanz-Dichotomie-Anhänger)

fordert: »nach den Konventionen ... bedeutet es eine Warnung, jemandem, der auf einen Hund zu geht, zuzurufen ›der Hund ist bissig‹. Die Äußerung wird deshalb als Warnung aufgefaßt« (S. 130). Aber natürlich bedarf es auch schon einer Konvention, damit der lokutionäre Akt vollzogen werden kann. Vgl. dazu auch HOLBOROW 1972.

vorgebracht werden könnte, daß nämlich mit diesem Ansatz nur der Schnittpunkt der Gegenstandsbereiche einer Sprachtheorie und einer Handlungstheorie erfaßt werde, die getrennt behandelt werden könnten. SEARLE wendet dagegen ein, als regelgeleitet weise das Sprechen zwar formale Züge auf, die isoliert untersucht werden könnten, aber was dabei herauskäme wäre so, »als ob man das Baseballspiel untersuchte und es nur als formales System von Regeln und nicht als Spiel begriffe« (S. 31).

An dieser Verteidigung SEARLEs wird deutlich, daß seine Definition von »Sprechen einer Sprache als regelgeleitete Form des Verhaltens« zwar richtig, aber nicht ausreichend ist. Nicht jede »regelgeleitete Form des Verhaltens« kann in eben jenem Sinne Teil einer Handlungstheorie sein, wie das Sprechen einer Sprache Teil einer Handlungstheorie ist. Wie man weiß, ist Klavierspielen auch eine regelgeleitete Form des Verhaltens (jedenfalls wenn ein Könner ein bestimmtes Stück spielt), aber damit ist noch nicht gesagt, daß eine Theorie des Klavierspielens neben einer Sprachtheorie ein »gleichberechtigter« Bestandteil einer Handlungstheorie wäre. Was SEARLE vergißt, ist, daß das Sprechen einer Sprache eine ganz besondere Form regelgeleiteten Verhaltens ist, nämlich die Form, in welche andere Verhaltensformen überführt bzw. in der andere Verhaltensformen abgebildet werden können (Klavierspielen ist eine regelgeleitete Verhaltensform, welche diesem Anspruch nicht genügt). Eine Sprachtheorie ist nicht zuletzt deshalb Teil einer Handlungstheorie, weil Sprechen, wie wir mehrfach betont haben, eben die Fortsetzung (oder Vorbereitung) des Handelns mit anderen Mitteln ist.

Bei der Analyse dessen, was ein Sprechakt ist, geht SEARLE ähnlich wie AUSTIN vor. Vergleicht man die nachstehenden vier Sätze:

(1) Sam raucht gewohnheitsmäßig.
(2) Raucht Sam gewohnheitsmäßig?
(3) Sam, rauch gewohnheitsmäßig!
(4) Würde Sam doch gewohnheitsmäßig rauchen!

– so stellt der Sprecher in (1) eine Behauptung auf, in (2) stellt er eine Frage, in (3) gibt er einen Befehl, in (4) drückt er einen Wunsch aus. Beim Vollzug eines jeden dieser vier verschiedenen Akte vollzieht der Sprecher gleichzeitig bestimmte andere Akte, die allen gemeinsam sind: er verweist auf ein bestimmtes Objekt Sam (Referenz) und »prädiziert das Objekt, auf das er verweist, als ›raucht gewohnheitsmäßig‹ (oder eine der flektierten Formen dieses Ausdrucks). Wir können also sagen, daß bei der Äußerung sämtlicher vier Sätze Referenz und Prädikation die gleichen sind« (S. 39), obwohl sie in verschiedenen Sprechakten vorkommen.

Vollständige Sprechakte wie behaupten, befehlen, fragen ... nennt SEARLE illokutionäre Akte, während er Referenz und Prädikation als »Vollzug eines propositionalen Aktes« zusammenfaßt, von welchem der Äußerungsakt in eigentlichem Sinne, also das Aussprechen von Wörtern, Morphemen, Sätzen zu unterscheiden ist. Er betont, daß es sich bei diesen verschiedenen Akten (illokutionäre, propositionale ...) nicht um getrennte Dinge handelt, die der Sprecher zufällig gleichzeitig tut (»wie man gleichzeitig rauchen und sich am Kopf kratzen kann ...«, S. 40).

Diesen drei Akten fügt SEARLE dann noch AUSTINs Begriff des perlokutionären Aktes hinzu, worunter er die Wirkung versteht, die ein illokutionärer Akt auf den Hörer hat; dazu gehören z. B.: überzeugen, erschrecken, belehren ...

Illokutionäre und propositionale Akte sind demnach

> »dadurch charakterisiert, daß Wörter im Satzzusammenhang, in bestimmten Kontexten, unter bestimmten Bedingungen und mit bestimmten Intentionen geäußert werden«. (S. 41)

Propositionale Akte können nicht selbständig vorkommen, d. h. man kann nicht *nur* prädizieren, ohne eine Behauptung aufzustellen, eine Bitte zu äußern oder einen anderen illokutionären Akt zu vollziehen. Nach SEARLE kommt in den Sätzen (1) bis (4) die gleiche Proposition vor, aber nur in (1) wird sie behauptet.

Tritt man hier einmal einen Schritt zurück, um Abstand zu gewinnen, so wird man dem eben Gehörten teils zustimmend, teils skeptisch gegenüberstehen. Zustimmen wird man der Betonung von Kontext, Bedingungen, Intentionen – aber sind wirklich illokutionäre und propositionale Akte in gleicher Weise dadurch charakterisiert, daß »Wörter im Satzzusammenhang in bestimmten Kontexten unter bestimmten Bedingungen und mit bestimmten Intentionen geäußert«

werden? Wäre es nicht klarer, wenn man die Bezeichnung »illokutionärer Akt« für den durch Kontext, Bedingungen, Intentionen sozusagen »verankerten« oder »in Position gebrachten« oder »orientierten« propositionalen Akt verwenden würde?

Aber auch die Verwendung des Begriffs propositionaler Akt kann nicht befriedigen: wird in den Sätzen (1) bis (4) wirklich immer der *gleiche* propositionale Akt vollzogen, aber nur in (1) auch behauptet? Was ist eine nicht-behauptete Proposition psychologisch?

Hier wird zweierlei erkennbar: erstens der oben schon erwähnte Versuch, das genügend unbestimmte Konzept des »Akts« als Gleichmacher zu verwenden, um Proposition, Illokution und gar noch Perlokution als Angehörige desselben Genus ausgeben zu können. Zweitens wird der Einfluß eines vagen Transformationskonzepts deutlich. Nur mit dessen Hilfe kann man die Ansicht vertreten, in den Sätzen (1) bis (4) bleibe Referenz und Prädikation unverändert. »Prädizieren« wirklich

(1) Sam raucht gewohnheitsmäßig und

(2) Raucht Sam gewohnheitsmäßig?

dasselbe? Man ist versucht, à la WITTGENSTEIN zu sagen: du *kannst* sagen, eine Behauptung und eine Frage prädizierten dasselbe, und wenn du es sagst, werden sie es tun. Aber tun sie es auch, wenn du es ihnen nicht sagst?

Für den Sprachpsychologen jedenfalls ist es keineswegs klar, daß »die Proposition von ihrer Aussage oder Behauptung streng zu unterscheiden ist« (S. 48).

Mit dieser skeptischen Überlegung, ob man wirklich *den* propositionalen Akt als etwas ansehen kann, was in verschiedenen illokutionären Akten identisch ist, sind wir natürlich beim Problem angekommen, wie sich *Bedeutung* und *Sprechakt* zueinander verhalten. Und hier bestätigt sich sofort die Befürchtung, die sich uns vage schon aufgedrängt hat:

> »Der Sprechakt ... der mit der Äußerung eines Satzes vollzogen wird, bildet allgemein eine Funktion der Bedeutung des Satzes.« (S. 32)

Die Enttäuschung ist groß. Alle unsere bisherigen Überlegungen (und auch manche bisher zitierten Ansichten SEARLEs) hatten uns eher die umgekehrte Formulierung erwarten lassen: die Bedeutung eines Satzes sei eine Funktion des Sprechaktes, der mit diesem Satz vollzogen wird. Nach der jetzt gehörten Auffassung hält SEARLE den Sprechakt für sekundär gegenüber der primären Bedeutung des – nicht oder noch nicht in einem illokutionären Akt eingebetteten – Satzes. Wie ist dies mit der zwei Seiten vorher geäußerten Meinung vereinbar, Sprechakte seien die grundlegenden Einheiten der sprachlichen Verständigung? Weil SEARLE hier nicht scharf und konsequent genug unterscheidet (wobei es doch »prinzipiell für den Sprecher immer möglich ist, genau zu sagen, was er meint«, S. 32), kommt er zu der Feststellung, daß jeder Sprechakt durch einen gegebenen Satz oder durch eine gegebene Reihe von Sätzen eindeutig bestimmbar sei, »wenn die Voraussetzungen erfüllt sind, daß der Sprecher aufrichtig spricht und daß der Zusammenhang passend ist« (S. 33) – aber gehören Aufrichtigkeit und passender Zusammenhang denn nicht zu den Konstituenten des Sprechakts? SEARLE verwechselt hier offenbar »eindeutig bestimmbar« mit »ausreichend beschreibbar« – letztere Formulierung würde den Primat des Sprechakts über den Satz nicht in Frage stellen.

Nur bei den explizit performativen Verben kann man sagen, daß der Satz den Sprechakt bestimmt, in dem er geäußert wird. In jedem anderen Falle kann der Sprechakt durch einen oder mehrere Sätze *beschrieben* werden, diese beschreibenden Sätze sind aber nicht identisch mit dem im Sprechakt selbst ausgesprochenen Satz. SEARLE will dieser Unklarheit dadurch entgehen, daß er sofort anschließend sagt:

> »Die Untersuchung der Bedeutung von Sätzen (ist) nicht grundsätzlich verschieden von einer Untersuchung der Sprechakte. Richtig verstanden handelt es sich in beiden Fällen um die gleiche Untersuchung. Da jeder Satz, der Bedeutung hat, auf Grund seiner Bedeutung verwendet werden kann, um einen bestimmten Sprechakt ... zu vollziehen, und da jeder mögliche Sprechakt im Prinzip exakt als Satz oder als eine Reihe von Sätzen formuliert werden kann (unter Voraussetzung eines geeigneten Zusammenhangs, in dem die Äußerung gemacht wird), handelt es sich bei der Untersuchung der Bedeutung von Sätzen und bei der Untersuchung von Sprechakten nicht um zwei voneinander unabhängige Untersuchungen, sondern um eine Untersuchung unter zwei verschiedenen Gesichtspunkten.« (S. 33)

Das bleibt natürlich unbefriedigend: wenn der Satz seine Bedeutung schon hat und auf Grund dieser Bedeutung zum Vollzug eines Sprechaktes verwendet werden kann, dann sind wir im Grunde wieder bei der alten Auffassung vom Zeichen angelangt, das seine Bedeutung hat und *deshalb* (dann auch) verwendet werden kann. Unsere Hoffnung, durch eine Analyse des Sprechaktes etwas über die Bedeutung des Satzes zu erfahren, durch dessen Äußerung er vollzogen wird, scheint sich nicht zu erfüllen. Ist man allerdings versucht zu fragen, wozu dann die Einführung von Sprechakten, wenn man das gleiche auch via Untersuchung der (vom Sprechakt unabhängigen) Bedeutung von Sätzen leisten kann, so zieht SEARLE sich auf eine liebenswürdige Position zurück, die man gerne konzediert: es handelt sich nicht um zwei Theorien, sondern um zwei Forschungsstrategien, die sich gegenseitig ergänzten ... (S. 33).

Das Problem, das uns in Händen bleibt, ist dies: was unterscheidet eine syntaktisch korrekte und (jedenfalls auf den ersten Blick) semantisch »unauffällige« isolierte Wortfolge wie

(5) »sie hatte es nicht dabei«

von der gleichen Wortfolge, die ein Sprecher im Laufe eines Gesprächs einem Hörer sagt, der weiß, auf wen sich »sie« und »es« und überhaupt der Satz beziehen?*

Angenommen, man findet den eben genannten Satz auf einem Stück Papier, so würde man den Satz auf dem Zettel lesen und als Satz erkennen können, aber man würde ganz sicher fragen, was er bedeutet, obwohl man die Bedeutung der Wörter und ihre syntaktische Verknüpfung kennt. Hier berühren wir eine Diskussion, die seit langem – von FREGE (1879) bis zu SINGER (1973) – versucht, durch Gegenüberstellung immer anderer Begriffe und Begriffspaare jenen feinen Unterschied zu erfassen, der den inneren Zustand des Zettellesers von dem des Gesprächsteilnehmers trennt: Bedeutung, Meinung, Sinn, Referenz, Urteil ... Aber eben weil man dabei ganz unpsychologisch vorgeht und nur mit Begriffen operiert, gerät man ins Beliebige: man kann z. B. leicht sagen, Bedeutung sei kontextabhängig – was heißt psychologisch denn »kontextabhängig«? Wie unterscheidet

* Vgl. dazu SINGER in KOCH (1973), S. 83 ff.

sich für den Hörer eine Bedeutung ohne Kontext von einer mit Kontext? (Und man antworte nicht etwa mit der leeren Behauptung, mit Kontext sei eine Bedeutung nicht mehr Bedeutung, sondern Sinn!)

Eines jedenfalls wird deutlich: bewegt man sich vom Satz auf dem Zettel zur Äußerung des gleichen Satzes in einem kommunikativen Akt, so entspricht dem im Leser bzw. Hörer des Satzes eine Bewegung von etwas Allgemeinem zu einem realen Einzelnen, weil im kommunikativen Akt (und damit greifen wir auf das im Abschnitt über Sinnkonstanz Gesagte zurück) im Leser/Hörer auch schon etwas Allgemeines vorhanden ist, mit dem sich die Äußerung konkretisierend verbindet.

Gehen wir einen Schritt weiter und sehen wir zu, wie SEARLE doch aus einer Analyse des Sprechakts des »Versprechens« etwas über die Bedeutung des Wortes »Versprechen« erfährt.

> »Wenn ein Sprecher S im Beisein eines Zuhörers H einen Satz T äußert, dann verspricht er dem Zuhörer, daß P, vermittels der aufrichtigen Äußerung von T wahrhaftig und vollständig dann und nur dann, wenn die folgenden Bedingungen erfüllt sind.« (S. 88)

Zu diesen den Sprechakt konstituierenden Bedingungen gehören unter anderem

- indem S ausdrückt, daß P, sagt S einen zukünftigen Akt A von S voraus;
- S glaubt, H sähe lieber die Ausführung von A als dessen Unterlassung;
- es ist sowohl für S als auch für H nicht offensichtlich, daß S bei normalem Verlauf der Ereignisse A ausführen wird;
- S beabsichtigt, A zu tun;
- es liegt in der Absicht von S, sich mit der Äußerung von T zur Ausführung von A zu verpflichten ...

Was SEARLE hier vorlegt, ist etwas durch und durch Psychologisches (womit ich den Philosophen SEARLE nicht beleidigen möchte): er beschreibt, wie die psychische Situation dessen aussieht, der z. B. den Satz äußert

(6) »ich verspreche, dir morgen 5 DM zu zahlen.«

Und wir finden genau das, was wir nach unseren früheren Überlegungen in einer solchen Beschreibung finden müssen:

Angaben über Handlungserwartungen des Sprechers, Angaben über die Ansichten, die der Sprecher von den Ansichten, Wünschen und Intentionen des Hörers hat, Angaben über Intentionen des Sprechers. Wir erfahren etwas über die Präsuppositionen*, von denen ausgegangen wird, über die Erwartungen, die geweckt werden, und über die Verhaltensweisen, welche als adäquat empfunden werden, wenn dem Versprechen die Erfüllung und wenn ihm die Nicht-Erfüllung folgt. Das »Sprachspiel des Versprechens«, das sich hier aus dem Dämmer eines allgemeinen Sinnvoll-Seins der Äußerung artikuliert, wird als strukturierter Zusammenhang psychischer *und* verbaler Tatbestände sichtbar.

Wir werden also durch SEARLE auch wieder auf die sprachbestimmende Wirkung der Welt-Ansicht des Sprachbenutzers verwiesen, auf die »naive Verhaltenstheorie«, die Teil dieser Welt-Ansicht ist und an der LAUCKEN (1973) den Handlungsentwurf betont, der als kognitives Produkt

> »Angaben über tatsächliche Umstände und sich darin realisierende Verhaltensweisen, durch welche bestimmte angestrebte Effekte verwirklicht werden wollen« (S. 71)

enthält.

So sehr also der Psychologe hier mit SEARLE einverstanden sein kann, so schwierig ist freilich die Frage, die SEARLE damit für den Linguisten schafft: wenn der Sprecher des Satzes (6) nun aber während der Äußerung tatsächlich schon die Absicht hat, die 5 DM nicht zu bezahlen, die vorletzte der genannten Bedingungen also nicht erfüllt – welche *Art* von Regularität wird dann verletzt? Eine linguistische, d. h. wird das *Wort* »Versprechen« falsch verwendet? Oder eine verhaltensmäßige, d. h. wird die Grammatikalität der Gesamthandlung (die eine Integriertheit von verbalem und nicht verbalem Handlungsstrang erfordert) gestört? Oder wird »nur« eine moralische Regel verletzt?**

* Während die Analyse der Präsuppositionen etwa bei FILLMORE z. B. auf das hinweist, was das Subjekt des Verbs voraussetzt, analysiert SEARLE das, was an Bewußtheiten und Intentionen im Sprecher vorhanden sein muß. Die Möglichkeit, beide Fälle unter der Rubrik »Analyse von Präsuppositionen« zu diskutieren, weist wieder einmal darauf hin, daß man zwischen Satz und Äußerung nicht so scharf trennen sollte, wie dies etwa BAR-HILLEL tut.

** Vgl. dazu HOLBORROW 1972.

Dieses Problem liegt im engen Umkreis einer von uns vorher schon diskutierten Frage, die wir jetzt so formulieren können: welche Kenntnis ist grundlegend, die des Sprechakt-vollziehen-Könnens oder die der Bedeutung des betreffenden Satzes; oder anders: können wir den Sprechakt des Versprechens vollziehen, wenn und weil wir die Bedeutung des Wortes «versprechen« auf diese Weise ins Psychologische zu projizieren vermögen – oder kennen wir die Bedeutung des Wortes »versprechen«, wenn und weil wir dieses Wort als das verbale Etikett einer psychischen Konstellation kennen?*

Die Antwort auf diese Frage wird verschieden sein, je nach dem Sprachspiel, in dessen Rahmen sie gestellt wird: für den Entwicklungspsychologen, der sich für den Erwerb der Muttersprache durch das Kleinkind interessiert, wird es vermutlich fruchtbarer sein, vom Sprechakt auszugehen; der Psychologe, der die Verarbeitung gelesener Sätze erforscht, sollte vielleicht davon ausgehen, daß das Wort den Inhalt und die Struktur des betreffenden Sprechakts ins Bewußtsein ruft: wir sind tatsächlich bei den beiden SEARLEschen Forschungsstrategien angekommen...

Aber das ist leider noch nicht alles. Das nächste Problem wird durch einen Satz wie

(7) ich verspreche dir nicht, dir morgen 5 DM zu zahlen

aufgeworfen. Hier wird ganz offenbar *kein* Sprechakt des Versprechens vollzogen, obwohl das Wort »versprechen« verwendet wird.** SEARLE erschwert eine Lösung durch die Festlegung,

> »jede Analyse der Bedeutung eines Wortes (oder Morphems) muß mit der Tatsache vereinbar sein, daß dasselbe Wort (oder Morphem) in sämtlichen grammatisch verschiedenen Arten von Sätzen, in denen es vorkommen kann, dasselbe bedeuten kann.« (S. 208)

* Das gleiche Problem hat HARTMANN im »Sprachspiel« der Textlinguistik so gekennzeichnet: man wird berücksichtigen müssen, daß »Wörter nicht nur eine Bedeutung im Text bekommen, sondern daß sie auch eine mitbringen, denn wenn sie nichts mitbrächten, würde gar kein Text zustande kommen« (1968, S. 211). Aber welche Bedeutung bringt das Wort »Tier« mit?

** Zum folgenden vgl. R. HARE (1970).

Das verwendete Wort »versprechen« soll also in den Sätzen (6) und (7) dasselbe bedeuten; in (6) wird mit seiner Hilfe der Sprechakt des Versprechens vollzogen – wie ist die Beziehung zu konzipieren, die zwischen »ich verspreche dir *nicht* ...« und dem mit dieser Äußerung vollzogenen Sprechakt besteht?

Hier liegt eine Versuchung verführerisch nahe, nämlich wieder einen vagen Transformationsbegriff heranzuziehen. HARE sagt dazu:

> »We have shown ... that there are some expressions whose meaning has to be explained in terms of speech acts ... When it has been explained, the explanation can be extended to cover the meaning of utterances in which the speech act in question is not performed, provided that the utterance is generated by a transformation, whose form we understand, of the original speech act.« (S. 14)

Für den Linguisten mag dieser Rückgriff auf einen bekannten Formalismus befriedigend sein. Auch der Sprachpsychologe wird ihm z. B. im Fall der sog. performativen Verben – Lieblings-Paradigma der Sprechaktphilosophen – zu folgen bereit sein: da der performative Gebrauch dieser Wörter (versprechen, leugnen, behaupten, zweifeln, grüßen, bitten ...) ihr primärer ist, kann ihr interrogativer, negierender usw. Gebrauch vermutlich aus ihm abgeleitet werden.

Aber welcher »Indikator der illokutionären Rolle«, um einen SEARLEschen Ausdruck zu gebrauchen, sagt mir, daß

(8) Könnten Sie das Fenster öffnen?

nicht als Frage, sondern als Aufforderung gemeint ist? Hier muß auf die *Intention* des Sprechers zurückgegriffen werden, welche der Hörer zum Verstehen des Satzes heranzieht, weil er und der Sprecher im Duktus einer gemeinsamen Handlung stehen. SEARLE sieht diese Problematik selbst (z. B. S. 112), ohne aber hier den nötigen Schritt über den Bereich des Verbalen hinaus zu tun.

In anderen Fällen bietet sich, um die Bedeutung einer Äußerung zu erfassen, der Rückgriff auf den perlokutionären Akt (die »Wirkung des Gesagten«) an. Vielleicht hatte BLOOMFIELD unter *einem* Aspekt nicht so unrecht, als er in seine behavioristische Definition von *meaning* »and the response it calls forth in the hearer« aufnahm: auch das Wissen dessen, was *normalerweise* als Folge einer Äußerung akzeptiert wird, bestimmt die Bedeutung der betreffenden Äußerung mit, *auch* dann, wenn die tatsächlich eintretende Folge nicht in die Menge der akzeptablen fällt.

Hier berührt sich eine im Grunde behavioristische Position mit derjenigen von AJDUKIEWICZ und von DEESE, von denen wir schon gesprochen haben: der Begriff der Akzeptabilität darf dann allerdings nicht auf das Verhalten beschränkt werden, sondern muß auch das bewußtseins- und erlebnismäßige Akzeptieren umfassen.

Die Akzeptabilität aber wiederum wird vom Kontext der Welt mit bestimmt, in der sich das Sprachspiel vollzieht. Wenn ich sage, meine Frau habe das Einhorn im Garten gesehen, werden entweder sie oder ich zum Psychiater gebracht, wie THURBER gezeigt hat; wenn ich aber sage, der Zwerg habe das Einhorn im Garten gesehen, glaubt man, ich erzähle ein Märchen – und die Welt ist wieder in Ordnung. Der Ring schließt sich gewissermaßen: wir sind wieder bei den Beweggründen der Sinnkonstanz und beim sichselbst-stabilisierenden Sprachspiel WITTGENSTEINs angelangt.*

Je weiter man sich aus dem Umkreis dynamischer (oder sogar im engeren Sinne performativer) Wörter entfernt, desto schwieriger wird es, durch ein derartiges Hin- und Her-Gehen zwischen Sprechakt und Satz etwas über Bedeuten, Meinen und Verstehen zu erfahren. Die Kontroversen werden unübersehbar (in jeder Bedeutung dieses Wortes), wenn man sich z. B. fragt, ob die Bedeutung von »gut« aus dem Sprechakt des Empfehlens, die Bedeutung von »wahr« aus dem Sprechakt des Anerkennens abgeleitet werden kann. STRAWSON (1949) sagt ja, HARE (1952) sagt ja, SEARLE sagt nein und HARE (1970) meint, er selbst habe es etwas anders gemeint und SEARLE sage ja und nein ...

Genug davon. Was wir von der Betrachtung der Sprechaktphilosophie mit auf unseren weiteren Weg nehmen, ist nicht eine Patentlösung zur Bestimmung *der* Bedeutung *aller* Arten

* Es wäre übrigens einer ernsthaften Untersuchung würdig, ob und wie die hier problematischen Relationen zwischen Satz, Äußerung, Verstehen und Wirkung durch eine Verbindung mit dem BÜHLERschen Organonmodell geklärt werden könnten.

von Wörtern oder Sätzen oder Äußerungen. Wenn aber M. FRYE (1973) sagt

> »The confusion of various pairs or triples of the notion of an utterance, an uttering, the meaning of a sentence, what a speaker says, what a speaker means by what he says, what a speaker intends to do in uttering an utterance, and understanding or grasping each of these, has put much of the contemporary literature and discussion on speech acts in a cloudy atmosphere of unnecessary muddles« (S. 294),

so können wir ihr nicht zustimmen: die »muddles« waren nicht unnötig! Natürlich kann man »saubere« Begriffsgymnastik treiben, wenn man diese Begriffe immer nur als in sich abgeschlossene logische Einheiten verwendet. Das große Verdienst WITTGENSTEINs und der Sprechaktphilosophen besteht aber gerade darin, ihre Begriffe immer mit der Absicht definiert und umdefiniert und verwendet zu haben, die Realität des alltäglichen Sprachgebrauchs zu beschreiben. Und die Schwierigkeiten und Unklarheiten, auf die sie bei diesem Unternehmen gestoßen sind, könnten durch ein »Reinhalten der Begriffe« nur dann vermieden werden, wenn man gleichzeitig auf die Relevanz dieser Überlegungen für die Klärung *realen* sprachlichen Geschehens verzichten würde.
Diese Tatsache bestimmt, was wir aus der Diskussion der Sprechaktphilosophie mit auf unseren Weg nehmen: es sind nicht einzelne Begriffe oder gar ganze Sub-Systeme von Begriffen, sondern eher Einsichten, Attitüden, Ahnungen, Warnungen.
Der Begriff des Sprechakts betont die Verwobenheit von Sprechen und Tun. Oder, wie APOSTEL formuliert:

> »It is not possible to separate the active and the symbolising component of human nature because they are factually (the perlocutionary forces) and institutionally (the illocutionary forces) tied up with each other. Moreover, the institutional link becomes itself a factual force and a factual force becomes an institutional force.« (1972, S. 220)

Diese Verwobenheit ist besonders deutlich bei einer bestimmten Klasse von Wörtern bzw. Ausdrücken, den sog. performativen*: Hier ist der Anschluß von der »lexikalischen«

* performative Verben vollziehen durch ihre Äußerung schon das was sie bezeichnen: ich verspreche, ich warne, ich begrüße ...

Bedeutung des Wortes zum Akt, den man durch Äußerung des Wortes vollzieht, ein direkter. Die Tatsache der Äußerung verwandelt die als Bedeutung sozusagen in kinetischer Form befindliche Energie in »illocutionary force«, in illokutionäre Wucht.

Dieser Übergang von einer »Energieform« in eine andere scheint uns einer der wichtigen Tatbestände zu sein, auf die uns die Sprechaktphilosophie aufmerksam gemacht hat: daß es der Akt der Äußerung – und nicht die Kenntnis bloß der Regel für den Aufbau des zu äußernden Satzes – ist, worauf Meinen und Verstehen sich gründen. Der Kern dieser Ansicht wird, wenn man so will, auch in der Generativen Semantik FILLMOREs sichtbar; die Sätze haben dort bekanntlich (vgl. das vorangehende Kapitel) ein »propositional core« – und eine Proposition ist eben *nicht* als vom Akt der Äußerung abstrahierter Gehalt anzusehen. Proponere ist eine Handlung, die ein Sprecher einem Hörer (oder sich selbst) gegenüber ausführt.

Das Erlebnis, daß hier ein Mensch sich äußert, gibt den Sätzen, welche da geäußert werden, im Bewußtsein des Hörers eben jene Dynamik, welche für die »Transparenz« erforderlich ist: nur durch so erlebte Sätze kann man auf das hindurchsehen, was der Sprecher mit ihnen meint.

Das führt wieder einmal zu der Frage, die ja eigentlich am Anfang aller Sprachwissenschaften stehen müßte, jedenfalls aber am Anfang der Sprachpsychologie steht: wozu spricht der Sprecher einen Satz aus? Die bekannte Antwort der Zeichen- und Informationstheoretiker »um Information auf den Hörer zu übertragen«, hat sich inzwischen als vorschnell erwiesen. Informationsübertragung ist *ein* möglicher Zweck, aber keineswegs der einzige. Die Vielfalt der von WITTGENSTEIN, AJDUKIEWICZ, SEARLE und anderen aufgeführten Sprachspiele zeigt, daß es noch ganz andere Zwecke von Äußerungen gibt. Kann man sie zusammenfassend ihrer Funktion nach kennzeichnen?

Der Sprecher will, daß sich im Hörer etwas ändert. Dazu gibt er ihm Instruktionen. Etwas soll sich ändern in seinem Wissen, seinem Tun, seinen Einstellungen, seinen Erwartungen, seinen Gefühlen, vor allem in seinem Bewußtsein. Die Änderung des Bewußtseins wird intendiert, weil aus dem

veränderten Bewußtsein heraus mit größerer Wahrscheinlichkeit als zuvor jene Konsequenzen akzeptabel werden, welche der Sprecher akzeptiert sehen möchte.
Aber diese Änderungs-Intention, die allen sprachlichen Äußerungen zugrunde liegt, muß sogleich relativiert werden: sie muß sozusagen vor dem Horizont der Veränderungen gesehen werden, die sich nach Ansicht des Sprechers *ohne* die betreffende sprachliche Äußerung vollziehen oder vollziehen würden. So kann ein Sprechakt durchaus darauf abzielen, daß der Hörer nichts tut, sich nicht ändert – aber in sinnvoller, intelligibler Weise nur dann, wenn ohne diesen Sprechakt, sozusagen aus der Trägheit des allgemeinen Geschehens heraus eine Veränderung zu antizipieren ist.
Der Sprecher will, daß sich im Bewußtsein des Hörers etwas ändert. (Wollte man einen Kalauer nicht scheuen, so würde man sagen, der Sprecher will den Hörer nach-richten.) Wir berühren uns hier aufs engste mit dem, was S. J. SCHMIDT »Instruktionssemantik« nennt:

> »Ein Lexem kann erkenntnistheoretisch aufgefaßt werden als eine Regel (im weiteren Sinne) oder Instruktion zur Erzeugung eines bestimmten sprachlichen und/oder nicht-sprachlichen ›Verhaltens‹ bzw. als Anweisung zu einem bestimmten, in einer Sprechergemeinschaft durch analoge Lernprozesse und Gebrauchsrekurrenzen stabilisierten und daher erwartbaren sprachlichen und/oder nicht-sprachlichen Handeln. Eine Semantik auf dieser Basis soll als Instruktionssemantik bezeichnet werden.« (1973, S. 56)*

Je weiter wir uns von den performativen Ausdrücken entfernen (sie bilden *nicht* eine geschlossene Klasse mit scharfen Grenzen!), desto undeutlicher wird jedoch der Zusammenhang zwischen dem, was in der Äußerung geschieht, und der Vor-Form, in der dieses Geschehen *vor* dem Sprechakt, also als das, was SEARLE »bloße Bedeutung« nennt, existiert. Bei Adjektiven z. B. müssen wir oft erst hypothetische Akte bereitstellen (bei »gut« den des Empfehlens...), um einen

* SCHMIDT setzt zwar das Wort Verhalten in Anführungszeichen, aber zusammen mit dem Terminus »Instruktion« ruft es doch den Verdacht hervor, daß Schmidt Veränderungen des Bewußt-Habens nicht die große Rolle zuerkennt, die sie unserer Ansicht nach haben. Aus diesem Grunde werden wir den Begriff Instruktionssemantik nicht übernehmen.

derartigen Übergang von Bedeuten zum eine Veränderung intendierenden Tun zeigen zu können. Hier verlagert sich der die Kommunikation bestimmende Faktor, der bei den performativen Äußerungen in der bloßen Tatsache der Äußerung des *diese* Bedeutung tragenden Wortes liegt, von dem verwendeten Wort auf den handelnden und sich dabei äußernden Sprecher bzw. auf die Situation. SEARLE sieht dies selbst, wenngleich wir nicht mit ihm in der Leichtigkeit übereinstimmen, mit der er das hier angeschnittene Problem abtun möchte:

> »There is still left a distinction between the literal meaning of a sentence and the intended force of its utterance... but that is only a special case of the distinction between what the sentence means and what the speaker means in its utterance, and it has no special relevance to the general theory of illocutionary force, because intended illocutionary force is only one of the aspects in which intended speaker meaning may go beyond literal sentence meaning.« (1968, S. 43)

Hier spielt SEARLE, wie man sieht, die Wichtigkeit der Differenz herunter, die zwischen dem besteht, was ein Sprecher meint, und dem, was der vom Sprecher geäußerte Satz meint oder bedeutet. Gerade dieser Differenz legen wir jedoch großes Gewicht bei. Zu welchen Einsichten würde man wohl SEARLE zwingen können, wenn man ihm verbieten würde, das Verbum ›to mean‹ einmal auf einen Sprecher, ein andermal auf einen Satz zu beziehen? Er würde vermutlich zu Überlegungen etwa dieser Art kommen: was ein Satz oder eine Äußerung meinen oder bedeuten, steht zu dem, was ein Sprecher meint, im Verhältnis von Mittel zu Zweck.

Damit wird einmal ein ganz anderer Weg zum Verständnis des Sprach*erwerbs* eröffnet (den wir in Kapitel XII an Hand von MacNAMARAs Überlegungen gehen werden). Zum anderen wird wieder einmal das Abbildungs-Verhältnis fragwürdig, von welchem sowohl der Codier-Begriff als auch die Generative Linguistik ausgeht, wenn sie etwa von der Abbildung einer Tiefen- auf einer Oberflächenstruktur o. ä. spricht.

Doch kehren wir zu den Sprechakten selbst zurück.

Wir müssen offenbar unterscheiden zwischen vollzogenen Sprechakten und solchen, die im Rahmen einer Äußerung und durch sie als möglicherweise vollziehbar bewußt gemacht werden; letztere nennt SEARLE einmal (1962, S. 425) Sprechakte »in the offing«. Sprechakte »in the offing« nehmen sozusagen eine dritte Position ein neben den vollzogenen Sprechakten und den eine kinetische Form der Energie verkörpernden Wörtern und Sätzen.

Übrigens kann ein Sprechakt auf ganz verschiedene Weise »in the offing« gehalten werden: durch die vom Sprecher extralinguistisch kommunizierte Intention, durch die aus der Situation erwachsende Dynamik, aber auch durch die syntaktische Form der Äußerung (Beispiel: Conditionalis).

So gesehen unterscheiden sich der ›bloße‹, d. h. nicht in einer Äußerung fungierende Satz, der ›in the offing‹ gehaltene Sprechakt und der tatsächlich vollzogene Sprechakt auf einer Dimension, deren Art wir zu betrachten haben. Diese Dimension hat offenbar etwas zu tun mit der Dynamik, die uns – im Phänomen der ›Transparenz‹ des Sprachlichen – durch die Laute und Worte und Regeln der Äußerung *hindurch* im Akt des Verstehens das Gemeinte erreichen und erkennen läßt. Diese Dynamik ist die der Intention.

Diese Dynamik ist aufs engste verwandt mit der ›Impulsiveness‹, welche schon W. JAMES als Kennzeichen des Gedankens hervorgehoben hat.

Etwas erkennen (und etwas verstehen) heißt immer, sich auf etwas zu bewegen, da

> »das Erkennen immer in einer dem natürlichen Entstammen entgegengesetzten Richtung dem Wirklichen nahekommt: es tastet sich von der Wirkung zur Ursache vor, vom Letzten zum Ersten«. (HEIDER, 1930, S. 388)

Was HEIDER hier in Anlehnung an BRENTANO und wohl auch an LIPPS formuliert, wird in BRUNSWIKs Intentionspsychologie zum zentralen Prinzip. Diese Psychologie, die er charakteristischerweise auch eine »Psychologie *vom* Gegenstande *her*« nennt, will die intentionalen Tiefenstaffelungen, die Längsschnittprobleme intentionaler Prozesse untersuchen. Für BRUNSWIK, den Schüler K. BÜHLERs, heißt »einen Gegenstand bewußt intendieren«, ihn »erlangen bzw. erkennen wollen oder auch ihn meinen« (1934, S. 18). Kennzeichnend für diese Tiefenbetrachtung der Intentionspsychologie ist die Unterscheidung

»von Gegenstand und Vermittlung in der Tiefenstaffel möglicher intentional erreichter Gegenstände. Was intentional ›davor‹ liegt, wird als Vermittlung verwertet, geht aber in seiner Vermittlerrolle unter, wird im Bewußtsein vernachlässigt, durch keine kovariante Gegebenheit vertreten«. (1934, S. 230)

Hier klingt das an, was POLANYI (s. o. Kapitel III) als fokales und subsidiäres Wissen unterschieden hat: auch dort hatte die Konzentration auf das eine den Ausschluß des anderen aus dem Bewußtsein zur Folge. In der sprachlichen Kommunikation liegt der Intentionspol des Hörers sozusagen ›hinter‹ dem gehörten Satz. BRUNSWIK sagt ganz dem entsprechend

»der intentionale Schwerpunkt verschiebt sich ›hinter‹ die Dingoberfläche, man nimmt ... durch die errötete Körperoberfläche des Mitmenschen ›hindurch‹ seinen Gemütszustand wahr ... während das Rot der Wange kaum noch bewußt ist ...« (S. 230)

Bei BRUNSWIK wird also, »was Philosophen und Psychologen von altersher gesehen und für wesentlich gehalten haben«, in den Mittelpunkt gerückt: die Dynamik der Beziehung des Subjekts zur Welt. Diese Dynamik (sie ist verwandt mit jenem »Sog des Sinnvollseins«, von dem wir im Zusammenhang mit dem Begriff der Sinnkonstanz gesprochen haben und der uns z. B. in der Metapher durch die oberflächliche Abnormität hindurch führt) – diese Dynamik läßt uns durch den Sprechakt hindurch das vom Sprecher Gemeinte verstehen. Daß diese Dynamik ihre Richtung bekommt und behält, wird einmal durch den Rahmen des gemeinsamen Sprachspiels gesichert, der Sprecher und Hörer umgibt, aber auch durch eine Vielzahl ganz verschiedenartiger Sicherheitseinrichtungen – von der Wahrscheinlichkeitsstruktur sprachlicher und außersprachlicher Ereignisse bis zu den Normen des Stils und der Syntax.
Der Vorgang des Durch-einen-Satz-hindurch-das-Gemeinte-Erfassens wird uns besonders anschaulich dort vor Augen geführt, wo Satzform und Gemeintes sozusagen auseinanderfallen. Es soll uns jetzt um das gehen, was CLARK und LUCY (1975) ›conversationally conveyed meaning‹ nennen. Die als Frage formulierte Äußerung

Kannst du das Fenster öffnen?

wird richtig verstanden, wenn sie (im betreffenden Fall) als Aufforderung verstanden wird. Wie ist das zu erklären?

Ging es bei den illokutionären Akten um die Verwendung solcher ›performativer‹ Konstruktionen wie ›ich verspreche‹, ›ich warne‹ zum Vollzug der Sprechakte des Versprechens oder des Warnens, so geht unser Interesse jetzt sozusagen in die umgekehrte Richtung: wie kann man, wie im eben angegebenen Beispiel, Aufforderungen durch eine Frage ausdrücken, oder Fragen durch Imperative (›Sagen Sie mir wie spät es ist‹)?

CLARK legt zur Erklärung folgendes Modell vor:

> »The listener goes about comprehending the intended meaning of an utterance by (1) constructing a literal interpretation for the utterance, (2) checking its plausibility against the context, and (3) if there is conflict, bringing to bear certain rules of conversation in order to deduce a conveyed interpretation.« (1975, S. 66)

Dieses Modell steht und fällt also mit dem Vorhandensein einer klaren Scheidung von ›literal‹ und ›conveyed‹ Bedeutung und dem Vorhandensein einer Instanz, welche über das Als-plausibel-Akzeptieren der Interpretation der Äußerung entscheidet. Letzteres ist zweifellos durch die von uns postulierte Sinnkonstanz zu leisten. Ersteres will CLARK dadurch nachweisen, daß er in einem Versuch aufzeigt, daß der Hörer länger zum Konstruieren einer ›conveyed‹ als einer ›literal‹ Bedeutung braucht: es wird, dem Modell entsprechend, zuerst die wörtliche und erst anschließend die übertragene oder konversationelle Bedeutung eruiert.
Es gibt aber ein gewichtiges Argument gegen die CLARKsche Ansicht vom Festgelegtsein der Abfolge erst ›wörtlich‹ – dann ›übertragen‹: die Äußerung kann auf zweierlei Weise »unrichtig verstanden« werden. Der Hörer kann den ›uptake of the illocutionary force‹, wie AUSTIN es nennt, mißverstehen und charakteristischerweise antworten »Ja, wenn ich kräftig daran ziehe«. *Aber* er kann auch gerade die illokutionäre Wucht erfassen, ohne die wörtliche Bedeutung der Äußerung zu verstehen, und etwa antworten: *Was* soll ich *tun?* Hier wird die Aufforderung als Aufforderung verstanden, *ohne* daß im Bewußtsein Information über den Inhalt dessen vorzufinden wäre, wozu aufgefordert worden ist.

In dieser doppelten Möglichkeit des Mißverstehens haben wir das Problem der Beziehung zwischen dem Sprechakt und dem Satz (durch dessen Äußerung der Sprechakt vollzogen wird) noch einmal in nuce vor uns: wenn der Hörer sozusagen den Sprechakt verstehen kann, ohne den Satz zu verstehen – können wir dann überhaupt noch davon ausgehen, daß der Sprechakt durch das Äußern des Satzes vollzogen wird? Und weiter: wen oder was hat man im ersten Falle mißverstanden, wen oder was im zweiten Fall? Wieder wird uns das Problem deutlich, daß man wohl eher davon sprechen sollte, einen *Sprecher* zu verstehen (mit seiner Intention) als einen Satz, wobei die Intention beim zweitgenannten Mißverständnis sozusagen auf einer zu allgemeinen Stufe aufgefaßt werden kann.

Das ganz allgemeine Problem, das wir hier anschneiden, ist natürlich dieses: »Was meint der Sprecher mit dem, was er sagt?« Oder anders formuliert: »Wie verhält sich das, was ausgesprochen wird, zu dem, was (damit) gesagt wird?«

ZIFF hat (1972) gezeigt: Um zu verstehen, was durch eine Äußerung gesagt wird, genügt es nicht, die Sprache zu verstehen, in welcher gesprochen wird. Was beispielsweise »by implication« gesagt wird, kann praktisch alles das sein, was *nicht* mit dem »wörtlichen« Sinn zusammenfällt. GRÜNDER hat (1975) auf die hier sich anschließende Reihe hingewiesen, die über die Exegese, die Typologie als exegetisches Verfahren, das Gleichnis, die Allegorie ... führt: wir erkennen eine faszinierende Staffelung von verschiedenen Verfahren, die alle unser Bewußtsein ausrichten, indem sie es anregen, durch das *hindurchzusehen*, was auf einer oberflächlicheren Schicht produziert wird. Indem wir diese oberflächlichere Schicht durchstoßen, gelangen wir, in POLANYIs Terminologie, von einer bloßen »from-awareness« z. B. der Wörter zu einer »from-at«-Kenntnis des aus diesen Wörtern sich zusammensetzenden Texts. Eine semantische Relation wird geschaffen:

> »The higher level comprehends the working of the lower and thus forms the meaning of the lower. And as we ascend a hierarchy of boundaries, we reach to even higher levels of meaning.« (1968, S. 1311)

Noch etwas wird hier jedoch deutlich: zwischen Sprecher

und Hörer muß offenbar *vor* einem geglückten spezifischen Verstehen schon ein generelleres Verstehen über die Art des Sprachspiels hergestellt sein, in dessen Rahmen dann die spezifischen Akte des Meinens und Verstehens sich abspielen sollen. Der naheliegende Slogan »die Metakommunikation geht der Kommunikation voraus« hilft uns freilich nicht weiter. Wir müssen vielmehr erkennen, daß der Freiheit des Meinens und Verstehens auf *irgend eine* Weise Grenzen gesetzt sein müssen, damit Meinen und Verstehen ihre kommunikative Funktion erfüllen können; diese Grenzen sind aber ganz verschiedener Art und Herkunft.
BÜHLER greift, um diese Verschiedenheit deutlich zu machen, auf PLATON zurück, der im Kratylos sagt, man müsse

> »zum Weber gehen, um die Prinzipien des Webens, und zum Zimmermann, der die Webelade verfertigt hat, um die Prinzipien des Organons Webelade zu erkunden ... Das korrekte Analogon zum Lehrgang beim Zimmermann ist das Studium der intersubjektiv geregelten Sprachkonventionen. Wohl wahr, daß ... auch die Sprache rezipiert sein will und ihre Auferstehung erleben muß im Monadenraum des Sprechers. Allein Rezeption und Selbstschaffen (Entnahme und Setzung) ist zweierlei; gehört zum Setzen die HUSSERLsche Freiheit der bedeutungsverleihenden Akte, so gehört als Grenze dieser Freiheit und korrelativ zu ihr die *Bindung* des Entnehmens, beim Entnehmen.« (1934, S. 68)

Was BÜHLER hier gegenüber HUSSERL anführt, gilt auch gegenüber den Verfechtern einer extremen Sprechaktphilosophie: die Behauptung, »Meinen kann ich schließlich alles mit allem«, »wäre, zum Prinzip erhoben, das sicherste Mittel, um jeden Sprechverkehr unmöglich zu machen« (1934, S. 231).
Dem Zusammenwirken von intentionalem, sozusagen Bewegung eröffnendem Akt und präzisierender Beschränkung werden wir unser Interesse besonders zuwenden müssen.

> »Sprachgebilde gebrauchen im intersubjektiven Verkehr, ... sie gebrauchen wie alle anderen Sprachgenossen ist das eine; und ihnen die im Sprachbau selbst vorgesehene Bedeutungspräzision von Fall zu Fall und darüber hinaus ihnen da und dort eine einmalige modifizierte Bedeutung verleihen, ist das andere. Und weil es zweierlei ist, so kann man nicht, wie es

die logischen Untersuchungen versuchen, vom Akt her das Ganze der Bedeutungslehre bewältigen.« (BÜHLER, 1934, S. 68 f.)

Wer den Sprechakt an den Anfang der Sprachwissenschaft stellen will, muß also auch etwas über spätere Stadien dessen zu sagen bereit sein, was da im Akt, in der Koinzidenz von Bedeutung und illokutionärer Wucht, anfängt. Das heißt, gerade die Betonung der Ansicht, daß z. B. ein Kind die Regeln der Sprachbeherrschung »nicht als isolierte Regeln zur Konstruktion von Ausdrücken lernt, sondern nur zusammen mit den typischen Handlungen – und Rollenbeziehungen seiner primären Umwelt« (WUNDERLICH, 1970, S. 13), verlangt als Pendant auch die Geschichte der Befreiung der Sprache von den bald als Stützen, bald als Fesseln wirkenden constraints der Umwelt.

»Es gibt im Anwendungsbereich der menschlichen Sprachzeichen einen Befreiungsschritt, der vielleicht einmal im Werdegang der Menschensprache zu den entscheidendsten gehörte ... Wir können ihn zwar nicht historisch ... aber systematisch bestimmen als die Befreiung, so weit sie geht und möglich geworden ist, von den Situationshilfen; es ist der Übergang vom wesentlich empraktischen Sprechen zu weitgehend synsemantisch selbständigen (selbstversorgten) Sprachprodukten.« (BÜHLER 1934, S. 366 f.)

Diese »Befreiung der Sprache aus der Situation« hat einen weiten Weg zurückzulegen. BÜHLER veranschaulicht seine Länge durch den Vergleich der sprachlichen Leistungen zweier Straßenbahnfahrgäste, von denen der eine, empraktisch ganz auf die Situationshilfen gestützt, nur zu sagen braucht »gradaus«, während der andere sich durch Syntax und Lexikon sozusagen absichern muß, um mitteilen zu können »der Papst ist gestorben«. Aber um diesen Weg sehen und gehen zu können, müssen wir – und dazu haben uns WITTGENSTEIN, AJDUKIEWICZ, SEARLE von der Philosophie her geholfen – bei den aus gemeinsamer Handlung entspringenden Sprechakten beginnen.

Der Genese des sprachlichen Aktes aus dem Duktus der (interpersonalen) Handlung, die wir im vorliegenden Kapitel auf einer sozusagen molaren Ebene betrachtet haben, waren wir schon einmal auf einer anderen Ebene begegnet: wir erinnern, daß FILLMORE das »propositionale Herz« eines

Satzes – dessen Dynamik er mit seinem Kasusbegriff zu erfassen sucht – auch als etwas ansieht, was ein Sprecher gegenüber einem Hörer *tut, um etwas zu erreichen* (vgl. o. S. 273). Und auch die Präsuppositionen McCAWLEYs sind uns in veränderter Form bei SEARLEs Bedingungen für den Vollzug des Sprechaktes des Versprechens wieder begegnet.
Im nächsten Kapitel werden wir das Problem des Sprechakts auf wieder einer anderen, dritten Ebene diskutieren, »molekular«, »mikrogenetisch«, als *Aktual*genese dieser bestimmten sprachlichen Äußerung dieses Menschen. Es liegt auf der Hand, daß wir dazu ein eher physiologisches Sprachspiel spielen müssen; das Handwerkszeug dazu wird, wie wir im folgenden Kapitel zeigen wollen, teilweise von der russischen Sprachpsychologie bereitgestellt.

Kapitel X
Die russische Sprachpsychologie

Die russische Psycholinguistik ist nie Psycholinguistik gewesen. Zwar nennt sie sich in englischer Übersetzung so, tatsächlich war sie von je her Sprachpsychologie. Das heißt, sie hat sich nie als eine Wissenschaft verstanden, welche die »psychologische Realität« primär linguistischer Begriffe oder Theorien oder Modelle aufzuzeigen hatte. Sie kam von der Psychologie her, und zwar nicht von der Sozialpsychologie, sondern von einer biologisch-physiologisch-genetisch orientierten Psychologie. A. A. LEONTJEV, einer der führenden Vertreter der russischen Sprachpsychologie, konnte (1972) befriedigt feststellen:

> »It is a quite indicative that the Soviet Union was almost the only country in which psycholinguistics though quite developed did not succumb to the Generative Grammar epidemic ... The explanation is to be found in the specific scientific tradition which Soviet Psycholinguistics from its very origination has been based on ... Unlike American Psycholinguistics which is consistently antipsychological, theories prevalent in Soviet Psycholinguistics in the 20-50ies were not in the least alien to the analysis of a man's speech activity, on the contrary, they were aimed at closing with psychology.« (1972, S. 2)

Die wissenschaftliche Tradition, auf die LEONTJEV hier verweist, ist durch zwei miteinander zusammenhängende Forschungseinrichtungen zu kennzeichnen: die erste fragt nach der Beziehung zwischen Denken und Sprechen und will diese Frage durch entwicklungspsychologische Untersuchungen über den Erwerb von Sprache klären. Die zweite Forschungsrichtung fragt nach den biologischen, physiologischen, vor allem neurophysiologischen Mechanismen, welche den Vorgang der aktuellen Verwendung von Sprache tragen und bestimmen, und setzt zur Beantwortung dieser Frage elektrophysiologische Untersuchungen und die Analyse pathologischer Fälle ein.

Der erwähnte Zusammenhang dieser beiden Forschungsrichtungen ergibt sich einmal aus der Tatsache ihrer weitgehend einheitlichen PAWLOWschen Orientierung, vor allem aber aus ihrer Herkunft aus einer gemeinsamen Wurzel.

Diese gemeinsame Wurzel heißt L. S. VYGOTSKY (1896–1934).* Seine Ausgangsfrage war die nach dem Zusammenhang von Denken und Sprechen – eine Frage, von der auch die heutigen Psychologen nicht mit Sicherheit zu sagen wagen, ob sie einem wichtigen oder einem Scheinproblem (oder beiden) gilt. VYGOTSKY will diese Frage unter phylogenetischem und unter ontogenetischem Aspekt klären.
Für den erstgenannten zieht er die (1934) vor allem relevanten Affen-Untersuchungen von KÖHLER und YERKES heran. Was er ihnen entnimmt, faßt er so zusammen:

> »1. Denken und Sprechen haben verschiedene entwicklungsgeschichtliche Wurzeln. 2. Die Entwicklung des Denkens und der Sprache verläuft unabhängig voneinander auf verschiedenen Wegen. 3. Das Verhältnis zwischen Denken und Sprechen ist im Verlauf der phylogenetischen Entwicklung keine konstante Größe.« (1964, S. 98)

Auch bei der ontogenetischen Betrachtung des Menschen lassen sich vorintellektuelle Wurzeln der Sprache feststellen: Schreien, Lallen, ja sogar die ersten geäußerten Wörter haben nach VYGOTSKYs Ansicht mit der Entwicklung des Denkens nichts zu tun, wohl aber mit der Entwicklung der Emotionalität und des sozialen Kontakts. Schon im ersten Lebensjahr finden sich also, aber noch getrennt, die Wurzeln, aus denen sich dann später der Komplex Denken-Sprechen ergibt:

> »Das Wichtigste, was wir über diese Entwicklung beim Kinde wissen, ist die Tatsache, daß etwa um das 2. Jahr die Entwicklungslinien des Denkens und des Sprechens zusammenfallen und eine neue, für den Menschen charakteristische Verhaltensform einleiten.« (1964, S. 99)

Das Denken wird sprachlich, die Sprache wird intellektuell. Nun ist für den psychologischen Laien VYGOTSKYs Behauptung, Denken und Sprache seien unterscheidbar, nicht eben überraschend. FODOR hat (1972) sehr kritisch darauf hingewiesen, daß VYGOTSKY sowohl Denken als auch

* Wenn LEONTJEV in dem obenstehenden Zitat stolz auf eine seit den zwanziger Jahren kontinuierliche Tradition der russischen Psycholinguistik verweist, so bleibt dabei unerwähnt, daß VYGOTSKYs Werk zunächst aus politischen Gründen auf »nearly thirty years of official disregard and lack of interest« gestoßen ist (PRUCHA, 1972, S. 42).

Sprache ganz eng definiert (als Problemlösen und als Sprechen) und dabei vergißt, daß es auch andere Formen und Zwecke des Denkens gibt und daß (FODOR ist immerhin ein Anhänger CHOMSKYs) Sprache mehr ist als nur Sprechen.

Wie dem auch sei: VYGOTSKYs fortwirkende Leistung bestand darin, daß er eine funktionalistische mit einer Stufen- oder Stadienkonzeption zu verbinden wußte: Stadien nicht nur der Genese der Sprache oder des Sprechenkönnens, sondern – dieses elegante Hin- und Hergehen-Können zwischen Phylogenese, Ontogenese und Aktualgenese macht ja den Charme und die Gefahr aller umfassenden Entwicklungspsychologien aus – auch der Genese der einzelnen sprachlichen Äußerung. Wie VYGOTSKY seine theoretische Position in Auseinandersetzung vor allem mit den (damaligen) Ansichten PIAGETs umrissen hat, sei im folgenden kurz dargestellt, weil sie uns Sprechen und Sprache in einem Licht erscheinen lassen, das der Sprachpsychologie insgesamt und auch heute noch leuchten sollte.

PIAGET war auf Grund seiner Beobachtungen über die von ihm so genannte egozentrische Sprache zu folgender Ansicht gekommen: bis etwa zum siebten oder achten Lebensjahr spricht das Kind vorwiegend für und zu sich selbst. Die Sprache hat noch keine oder kaum eine kommunikative Funktion, sondern ist im wesentlichen Monolog, ist *egozentrisch*. Und die Sprache ist egozentrisch, weil das Kind noch egozentrisch denkt. Ein spielendes, z. B. mit Klötzchen bauendes Kind, wird seine Tätigkeit so lange schweigend durchführen, bis es auf Schwierigkeiten stößt; dann spricht es. Aber es spricht für sich.

Nach PIAGET tritt die kommunikative Funktion also erst später in die Sprache ein – ganz im Gegensatz etwa zu BÜHLER oder zu WITTGENSTEIN. Für VYGOTSKY dagegen ist diese sog. egozentrische Sprache – das *Phänomen* der kindlichen Monologe greift auch er heraus – ein Stadium der Entwicklung von einer *inter*psychologischen zur *intra*psychologischen Funktion der Sprache, d. h. einer Entwicklung, die von Formen der sozialen kollektiven Tätigkeit des Kindes zu seinen individuellen Funktionen führt.

»Dieser Übergang ist ein allgemeines Gesetz der Entwicklung

aller höheren psychischen Funktionen, die ursprünglich bei einer Zusammenarbeit entstehen und erst zu eigenen psychologischen Tätigkeitsformen werden.« (1964, S. 275)

Ob man diese sehr allgemeine Ausgangsbasis – daß die Psyche sozusagen von draußen rein kommt – akzeptieren will oder nicht – es bleibt VYGOTSKYs ganz andere Interpretation der egozentrisch erscheinenden kindlichen Sprache:

»Die Sprache für den Sprechenden selbst entsteht durch die Differenzierung der ursprünglich sozialen Funktion der Sprache für andere. Nicht die von außen allmählich in das Kind hineingetragene Sozialisierung, sondern die allmähliche Individualisierung, die auf der Grundlage seines sozialen Wesens entsteht, ist der Weg der kindlichen Entwicklung.« (S. 273)

Die »äußere« Sprache, auf welche das spielende Kind zurückgreift, wenn es auf Schwierigkeiten stößt, »ist die Verwandlung eines Gedankens in Worte, ist seine Materialisierung und Objektivierung« (272). Das Kind mobilisiert mit diesem Für-sich-Sprechen die in seiner Erfahrung schon aufgebauten Möglichkeiten. Es wählt im Medium der *Sprache* und durch diese die adäquate unter den *Handlungs*möglichkeiten aus.

Diese egozentrische Sprache, die eine Vorstufe der Entwicklung zur inneren (genauer gesagt: zur völlig verinnerlichten) Sprache darstellt, ist noch voll vokalisiert und nicht gekürzt. In dem Maße, wie sich dieser Entwicklungsprozeß weiter vollzieht, zeigt sich eine weitere Verkürzung, eine »Verdampfung der Sprache in Gedanken« (S. 272): der Satz wird unter Beibehaltung des Prädikats und dazu gehörender Wörter verkürzt auf Kosten, d. h. durch Auslassung des Subjekts und der zu ihm gehörenden Wörter. Diese »Tendenz zum prädikativen Charakter der inneren Sprache« (S. 284), die VYGOTSKY hier feststellt, spielt, wie wir gesehen haben, in ganz modernen linguistischen, sprachphilosophischen und sprachpsychologischen Überlegungen eine ausschlaggebende Rolle – freilich nicht mit dem typisch VYGOTSKYschen Beiklang, daß die Konzentration auf die Prädikation das Endresultat eines Entwicklungsvorgangs, sondern daß die Prädikation sozusagen die Keimzelle der sprachlichen Aussage sei.

Der Wegfall des Subjekts ist nach VYGOTSKY möglich, weil es unmittelbar aus der Situation bekannt ist. Je stärker die Stütze, die Determination durch die Situation ist, desto fragmentarischer kann der verbale Strang der Kommunikation werden, wie VYGOTSKY an einer Szene aus TOLSTOIs *Anna Karenina* illustriert.

> »So wie in der mündlichen Rede die sprachlichen Äußerungen bei gemeinsamer Bewußtseinslage ... auf ein Minimum reduziert werden, wird auch in der inneren Sprache ... immer mehr reduziert. Die innere Sprache ist genau genommen eine fast wortlose Sprache.« (S. 294)

Brechen wir hier unsere Darstellung von VYGOTSKYs Sprachtheorie ab und tun den Schritt vom Jahre 1934 in die Gegenwart, so haben wir drei Aufgaben zu erledigen:

- Wir haben zur Kenntnis zu nehmen, wie der VYGOTSKYschen Ansicht durch LEONTJEV und LURIA eine massiv marxistische theoretische Basis nachträglich unterschoben wurde, weil auf dieser Basis die heutige russische Sprachpsychologie steht,
- wir müssen die Überlegungen kennenlernen, durch welche das, was bei VYGOTSKY Stadien der Entwicklung der *Sprache* waren, zu Stadien der Genese der einzelnen *sprachlichen Äußerung* werden, denn in dieser Wendung liegt meiner Ansicht nach der wichtigste Beitrag, welchen die russische für die allgemeine Sprachpsychologie leisten kann;
- wir haben uns mit der Kritik auseinanderzusetzen, welche vor allem durch FODOR (1972) am VYGOTSKYschen Ansatz geübt worden ist, so weit diese Kritik auf sprachpsychologisch relevante Konzeptionen sich bezieht.

VYGOTSKY basiert seine funktionalistisch-genetische Konzeption auf einer Grundansicht, die er durch einen Gedanken BÜHLERs kennzeichnet, den er zustimmend zitiert:

> »Man hat gesagt, am Anfang der Menschwerdung stehe die Sprache; mag sein, aber vor ihr ist noch das Werkzeugdenken, d. h. die Erfassung mechanischer Zusammenhänge und das Ausdenken mechanischer Mittel zu mechanischen Endzwecken, wie man kurz sagen könnte; vor dem Sprechen wird das Handeln subjektiv sinnvoll, d. h. soviel wie bewußt – zweckvoll.« (S. 98)

Machen wir uns klar, bevor wir weitergehen, daß der hier bezeichnete Punkt in ganz verschiedenen theoretischen Systemen von großer Wichtigkeit ist: bei W. KÖHLER markiert er das Wesen der Intelligenz vor ihrer Aufspaltung in die menschliche und tierische Form, bei L. BLOOMFIELD entsteht an dieser Stelle das Sprachereignis zwischen einem stimulierenden »practical event« und einem dadurch ausgelösten »speech event«, bei B. F. SKINNER das verbale Verhalten, das anders als andere Verhaltensweisen, nämlich durch Vermittlung anderer Menschen, lerntheoretisch »bekräftigt« wird. LEONTJEV und LURIA setzen in der Einleitung, die sie für die spätere Ausgabe des VYGOTSKYschen Buches geschrieben haben, ebenfalls hier an:

»Gerade durch den Gebrauch von Werkzeugen und anderen Hilfsmitteln, gerade durch diese mittelbare Beziehung zu den Existenzbedingungen unterscheidet sich die psychische Tätigkeit des Menschen grundlegend von der psychischen Tätigkeit des Tieres ... Das erste und wichtigste der gesellschaftlich entwickelten Mittel aber ist die Sprache, die nach den Worten von Marx das ›reale Bewußtsein‹ des Menschen darstellt.« (S. 4)

Durchaus im VYGOTSKYschen Sinne sehen die beiden Autoren die Konvergenz von Denken und Sprache sozusagen zum Paradigma erhoben im Wort: das Wort als Verallgemeinerung und das Wort als Verständigungsmittel bilden eine Einheit.

»Ein Wort vermittelt durch seine Bedeutung den Prozeß der unmittelbaren, sinnlichen Widerspiegelung der Welt: der Mensch sieht nicht nur etwas Rechtwinkliges, Weißes, mit Linien Bedecktes ... sondern ein Blatt Papier ... Das kommt einmal daher, daß er über früher gesammelte gegenständliche Erfahrungen verfügt, die er bei seiner praktischen, gegenständlichen Tätigkeit erworben hat, es kommt auch daher, daß diese gegenständlichen Erfahrungen auf mündlichem Wege in der entsprechenden Bedeutung (›Papier‹) gesammelt wurden. Wer nämlich nicht die Bedeutung des Wortes Papier kennt ... wird in der Tat nur etwas Weißes, Längliches usw. sehen. Wenn man aber Papier wahrnimmt, so ist es eben dieses reale Papier und nicht die Bedeutung ›Papier‹; die Bedeutung als solche tritt gewöhnlich nicht im Bewußtsein in Erscheinung, wenngleich sie einen sichtbaren Gegenstand in sich aufnimmt und verallgemeinert, bleibt sie selbst unbemerkt.« (S. 9)

Wenn wir uns nicht daran stoßen, daß wir nicht genau wissen, was der »durch die Bedeutung des Wortes« vermittelte »Prozeß der sinnlichen Widerspiegelung der Welt« ist, so können wir hier zwei für uns wichtige Dinge festhalten, auf die wir auch in früheren Überlegungen schon gestoßen sind:

- hier klingt der sozusagen projektive Charakter des Verstehens von Sprache an, von dem wir gesprochen haben;
- hier wird dem Wort eine Art Mittler-Rolle zwischen Allgemeinem und realem Einzelnen zuerkannt, die uns besonders im Zusammenhang der Sprechakttheorie problematisch geworden ist. Betrachten wir diesen Punkt noch einmal genauer:

> »Die Bedeutung eines Wortes erschöpft sich niemals durch den Hinweis auf eine individuelle Sache; vielmehr versteht man darunter jene Verallgemeinerung, wie sie durch die Bedeutung fixiert wurde.« (S. 9)

Das ist zunächst unlogisch, weil zirkulär (»unter Bedeutung versteht man ... jene Verallgemeinerung, wie sie durch die Bedeutung fixiert wurde ...«). Ignoriert man dies jedoch, so erkennt man wieder das Problem, ob und wie Allgemeines in einem individuellen Tatbestand »anwesend« oder bestimmend ist – ein Problem also, dem sich PLATON schon mit dem Begriff der Idee, ARISTOTELES mit denen des Eidos und der Entelechie zugewandt haben. Für unseren Begriff der Sinnkonstanz ist dieses Problem, wie im Kap. VII deutlich geworden ist, von zentraler Bedeutung. 1942 hat v. ALLESCH – weit von der russischen Psychologie, weit von der Linguistik entfernt, aber Sprache durchaus auch im Blick – diesem Problem eine kurze psychologische Analyse gewidmet, die man auch heute noch mit Gewinn liest und auf die wir oben schon eingegangen sind. Er interessiert sich speziell dafür, dieses Allgemeine im speziellen Vorgang aufzuspüren: die *allgemeinen* Grundzüge des Nestbaus in dem Nest, das *dieser* Vogel gebaut hat, das Allgemeine in diesem Wahrnehmungsakt *dieses* Menschen. Und er spricht in diesem Zusammenhang von dem

> »nur allgemein vorgezeichnetem Vorgang ..., jener Fähigkeit und jenem Drang zum Symbol, jenem Erfassen von Bedeutungen durch ein die Bedeutung tragendes Substrat hindurch«. (1942, S. 29)

Wenn LEONTJEV und LURIA Bedeutung als Widerspiegelung der Wirklichkeit *und* als Verallgemeinerung des individuellen Gegenstandes auffassen, den die Bedeutung in sich aufnimmt, so ist das freilich zusammen schwer auf einen Nenner zu bringen, ohne mit dem Begriff der Wirklichkeit in Schwierigkeiten zu geraten: ist das Verallgemeinerte die Wirklichkeit? In gewisser Weise muß man das wohl bejahen. Aber handelt es sich überhaupt um eine *Ver*allgemeinerung, ein Allgemein*er*-Machen – oder ist das Allgemeine schon da und wir setzen im Prozeß der Sprachbenutzung jenes Allgemeine mit dem realen Einzelnen in Beziehung? Der Begriff der Verallgemeinerung betont zu ausschließlich die »aufsteigende« Richtung. Das im Prozeß des Sprechens geschehende In-Beziehung-Setzen von Einzelnem und Allgemeinem ist keine Einbahnstraße. Ist es eine zu kühne Metapher, wenn wir sagen, Wörter seien Türen zwischen dem Allgemeinen und dem realen Einzelnen? Die Welt wird für uns verständlich, indem wir durch diese Türen gehen und so das Allgemeine für uns nutzen, das in der gemeinsamen Sprache und dem gemeinsamen Tun über uns allen sich spannt.
Von der Betrachtung des Wortes zurück zu LEONTJEV und LURIAs generellen Ausführungen.

> »Die Verallgemeinerung und der Verkehr der Menschen untereinander sind innerlich miteinander verbundene Prozesse. Folglich muß man gerade im Verkehr der Menschen untereinander die konkreten Bedingungen für die Entwicklung der Bedeutung suchen ... Ein Kind beginnt damit, daß es praktische Beziehungen zur Welt aufnimmt, d. h. daß es in ihr zu handeln beginnt. Im Anfang war die Tat.« (S. 15 ff.)

VYGOTSKY und seine Nachfolger stellen also Tätigkeit, Aktivität, Handeln als Grundzug sprachlichen Geschehens heraus. Sieht man von BÜHLERs funktionalistischer Sprachtheorie und von WITTGENSTEIN ab, so kann man diesem Grundzug als »westliches« Pendant etwa die Gedankengruppe Zeichen-Code-Information gegenüberstellen. Während die russische Auffassung funktionalistisch genannt werden kann, wird man die ihr entsprechende westliche eher als metrisch bezeichnen.
Wie weit die Auffassungen auseinanderliegen, wird durch einige Sätze A. A. LEONTJEVs verdeutlicht:

> »Der Begriff des Zeichens im allgemeinen (und der des sprachlichen Zeichens im besonderen) ist der Linguistik völlig fremd und in sie von außen hineingetragen worden.« (1971, S. 44)

Was aber ist dann Linguistik?

> »Nicht die Gesamtheit der isolierten Sprachakte konstituiert das Objekt der Linguistik, sondern das System von Sprachhandlungen, die Sprachtätigkeit.« (S. 32)

Die *Theorie* dieser Tätigkeit aber ist eine (funktionalistische) Psychologie.

Die funktionalistische Grundauffassung durchzieht auch die zweite »Erscheinungsform«, in welcher uns VYGOTSKYsches Gedankengut – neben der im engeren Sinne entwicklungspsychologischen – entgegentritt und der wir uns jetzt zuwenden: die Analyse der Aktualgenese der einzelnen sprachlichen Äußerung. Begeben wir uns jetzt nicht auf den Entwicklungsweg vom Kind zum Erwachsenen, sondern auf den vom »Gedanken« zur sprachlichen Äußerung, so finden wir wieder ein Nacheinander verschiedenartiger »Sprachen«. Mit diesem Modell von verschiedenen Stufen und Sprachen müssen wir uns ausführlich beschäftigen.

Das Entstehen einer sprachlichen Äußerung ist ein Prozeß der allmählichen Vermittlung einer kommunikativen Intention, der verschiedene Stadien durchläuft:

> »first by inner speech (by inner word), then by the meaning of outer words and finally in outer words themselves«. (LEONTJEV 1972, S. 3)

Zur Kennzeichnung von »inner speech« führt LEONTJEV zunächst die uns schon bekannten, von VYGOTSKY herausgearbeiteten Charakteristika an:

- die komprimierte, reduzierte Form der Komponenten
- der prädikative Charakter
- der hohe Grad situativer und kontextueller Stützung.

Der Gedanke, der ausgedrückt werden soll, liegt aber nicht sozusagen vorfabriziert bereit,

> »thought is not something ready to be expressed: Thought is working ... This thought-work is a process of transition from being aware of the task* and building up its meaning to the unfolding of the thought proper«.

* Hier tritt uns wieder jene enge Auffassung von »Gedanke« entgegen, der FODOR (s. o.) sich entgegengestellt hat.

Bei der Entwicklung von diesem Vor-Stadium aus spielen drei miteinander zusammenhängende, jedoch für Analysezwecke unterscheidbare Prozesse eine Rolle, die LEONTJEV (1969, S. 11 f)

– inner speaking (»outer speech for oneself«)
– inner speech und
– inner programming of speech

nennt.*

Was LEONTJEV hier vermutlich unterscheiden will, soll im folgenden durch Heranziehung einiger anderer russischer Autoren zu klären versucht werden.

Inneres Sprechen wird am besten skizziert durch die Untersuchungen A. N. SOKOLOVs. Sein Interessengebiet ist »speechmotor afferentiation and the problem of brain mechanisms of thought« (1967). Im Gegensatz etwa zu PENFIELD, der die Zentren des Cortex nur für Ausführungsorgane hält, die ihre Sprachimpulse aus den »ideationalen« Sprachzentren erhalten, betont SOKOLOV

> »that the motor link of the speech chain is not only an executive mechanism, but is at the same time a mechanism of the formation of the verbal code by means of reverse (kinesthetic) afferentiation of all cortical and subcortical speech structures«. (1967)

Die propriozeptive Rückmeldung der motorischen Aspekte einer Sprechhandlung wird also zum Kern der Herausbildung jener funktionalen Einheiten, welche in Sprechen und Denken anzutreffen sind. Damit wird nicht nur ein PAWLOWscher Gedanke wieder aufgenommen, sondern sogar auf SECHENOV zurückverwiesen, für den ein Gedanke ja ein »psychischer Reflex mit gehemmtem Endglied«, d. h. ohne manifeste motorische Auswirkung war. Auch HEBB sieht, das sei hinzugefügt, in der Motorik das integrierende Agens, das äußeres und verbales Handeln mit jenen »various in-

* Der Versuch, dies näher auszuführen, wird – jedenfalls mir – außerordentlich dadurch erschwert, daß mir die russische Literatur nur in englischen und deutschen Übersetzungen zugänglich ist, so daß ich nicht entscheiden kann, ob die Unschärfe und der dauernde Wechsel der Begriffe zu Lasten des Übersetzers oder des Übersetzten geht. SOKOLOV z. B. verwendet den Begriff »internal speech«, aber weder »inner speaking« noch »inner speech«.

ternal codes of thought« verbindet, von denen noch zu reden sein wird.
Diese die Rolle der Motorik betonende Auffassung der aktualgenetischen Reihe vom »Gedanken« zur »Äußerung« liefert SOKOLOV zunächst eine Methode, empirisches Material sammeln zu können: er untersucht elektromyographisch den Grad der Spannung der Sprechmuskulatur bei verschiedenen Arten von »mental activity«.
Diese Spannung oder, wie SOKOLOV operationalisierend sich ausdrückt, »speech-motor discharge«, steigt mit der Schwierigkeit der zu lösenden Aufgaben an. Differenziert man diese allgemeine Spannung in eine tonische und eine enger mit unterschwelligen Artikulationsbewegungen korrelierte phasische Komponente, so zeigen sich etwa bei schwierigeren Aufgaben der *Progressive Matrices* von RAVEN

> »along with an increase in the general tone of the speech musculature, separate outbursts of speech-motor impulsation similar to those which arise during soundless utterance of words. The subjects firmly stated that sometimes they had ›to reason mentally‹ with the help of certain words or fragments of phrases which they uttered silently: ›yes‹, ›no‹, ›this minus that‹, ›a whole figure‹« . . . (1971, S. 90)

Diese reduzierte Form verbaler Äußerungen bildet eines der hauptsächlichen Kennzeichen des (visuellen) Denkens. Dabei muß keineswegs alles verbalisiert werden; es genügen

> »internal speech functions in a highly generalized and fragmentary way, only directing the process of visual analysis and synthesis and introducing certain correctives into them . . . Such an inclusion of speech into the processes of visual analysis and synthesis transforms them from an act of ›unconscious deductions‹ into a consciously directed and controlled process of logical thought«. (1971, S. 90)

Die sprachpsychologisch wichtigste Konsequenz, die SOKOLOV aus diesen elektromyographischen Belegen für Existenz und Art des »inneren Sprechens« zieht, ist, daß er »kinestethic codes of thought« postuliert. Damit schließt er natürlich an ein beliebtes Disputationsthema der Psychologie um die Jahrhundertwende an, die Kontroverse über die Rolle von Vorstellungen, über anschauliche und unanschauliche Gegebenheiten beim Denken und Sprechen. Für SO-

KOLOV ist deutlich, was den so verschiedenen Konzeptionen dessen zugrundeliegt, was als »Vorstellung« umstritten war: das Kind korreliert die kinästhetischen Empfindungen, die seine eigenen Artikulationen begleiten, mit den auditiven Wahrnehmungen seiner eigenen und der von anderen produzierten Laute: das bildet den Kern jener

> »various internal codes of thought such as soundless word articulation, orienting and watching movements of the eyes, inhibited indicatory movements of the arms and head, strain of the facial muscles, etc.«. (1971, S. 79)

HEBBs Begriff der Phasensequenz und PAIVIOs Ausführungen über »Vorstellungen als Codierform« (1969, 1970, 1971) sind derartigen Gedanken zweifellos verwandt, wir wollen uns ihrer erinnern, wenn wir uns später mit den verbalen und präverbalen Anfängen der Sprache (Kap. XI, XII) zu beschäftigen haben.

Während SOKOLOV in den bisher dargestellten elektromyographischen Untersuchungen wahrscheinlich machen konnte, daß Denkprozesse jedenfalls streckenweise eine Art subvokales Sprechen implizieren (was übrigens auch die Auffassung der orthodoxen Behavioristen war...), eröffnet der Begriff des »Codes« auch unmittelbar sprachpsychologische Konsequenzen: wenn dieser kinästhetische Code eine in der Genese (oder der Rezeption) der sprachlichen Äußerung *notwendig* zu durchlaufende Bearbeitungsform darstellt, ist zu erwarten, daß eine experimentell gesetzte (oder eine pathologische) Behinderung dieses »inneren Sprechens« auch Produktion und Wahrnehmung des äußeren Sprechens beeinflußt. SOKOLOV berichtet dementsprechend über Versuche, in denen Probanden Texte hören und sich merken müssen, während sie bestimmte Verse oder Silben vor sich hin sprechen.

> »Such hindrance at first greatly impeded the comprehension ... of the texts read to them. The subjects perceived only separate words on the basis of which they tried to guess the general content ... In our further experiments, when the pronunciation of the verse become more and more automatized, the subjects began to reproduce the texts more completely. But when excerpts from the work of HEGEL were read to them, motor interference again arose ...« (1971, S. 84)

Behindert man das innere Sprechen, indem man die Probanden auffordert, ihre Zunge locker mit den Zähnen festzuhalten, so wird diese Behinderung vielfach kompensiert

> »by means of a very rapid and reduced soundless articulation of some key words of the given text«. (S. 85)

Was beim inneren Sprechen wirksam wird, ist eine Art Denk-Plan (wir erinnern nochmals an JAMES's »thinking is impulsive«), eine Impulsfigur, die mehr oder weniger komprimiert sein kann. In sehr komprimierter Form enthält das innere Sprechen keine »words in their usual grammatical meaning« mehr:

> »the words are rather implied, being replaced by their kinesthetic code which only reminds of an articulation of the key words«. (S. 86)

Spätestens hier wird eine nachdenkliche Pause nötig, um die Frage zu überlegen, wie das von SOKOLOV beschriebene »innere Sprechen« sich zu dem verhält, was in der Generativen Grammatik als Tiefenstruktur bezeichnet wird. Sicher existieren Gemeinsamkeiten: hier wie dort wird hinter der im öffentlichen Kommunikationsprozeß manifesten Sprache eine unterliegende und sie tragende »Sprach«-Form angenommen; hier wie dort werden charakteristische Transformationen beschrieben, die sich zwischen den Ebenen abspielen. Aber damit endet die Parallele auch schon. Die Tiefenstruktur der orthodoxen Generativen Grammatik wurde erfunden, um gewisse Regelhaftigkeiten der Oberflächenstruktur besser erklären zu können. Die »innere Sprache« SOKOLOVs ist, wenigstens in ihren wesentlichen phänomenalen Zügen, weniger erfunden als gefunden.

Nehmen wir zum Vergleich freilich nicht eine CHOMSKYsche Tiefenstruktur, sondern beispielsweise eine FILLMOREsche, so wird dieser Vergleich sofort sehr viel interessanter: kann man die dynamischen Vektoren, welche die Prädikat-Argument-Strukturen mit ihren qualitativ verschiedenen Gerichtetheiten im Raum der sprachlichen Äußerung aufspannen, mit den kinästhetischen Vektoren identifizieren, welche den key words SOKOLOVs entsprechen, die »act like a quantum generator« (90)? (Wir werden auf S. 305 nochmals darauf zu sprechen kommen.)

Wie dem auch sei: die Ausführungen SOKOLOVs und

anderer russischer Sprachpsychologen über das »innere Sprechen« sagen uns etwas über das, was *vor* der sprachlichen Äußerung liegt, über ein Gebiet also, das in der westlichen Psycholinguistik fast nur mit dem Fähnchen »Encodieren« gekennzeichnet ist. In der russischen Sprachpsychologie wird auf eine ganz bestimmte Art ein Übergang zu dem hergestellt, was in der westlichen Forschung als »nicht-verbale Kommunikation« ein von der Sprachpsychologie relativ getrenntes Dasein führt (darauf wird in Kapitel XI eingegangen werden).

Für die russische Sprachpsychologie stellt die Dimension des Motorisch-Kinästhetischen sozusagen die Achse dar, entlang welcher der Übergang von der mehr oder minder bewußten Handlung zum Sprechakt erfolgt.

Freilich erfahren wir nicht genug. Nicht genug darüber, ob »internal speech« eine *Vorform* der in der alltäglichen Kommunikation fallenden Äußerung ist oder *neben* ihr existiert. Nicht genug darüber, wie man sich den Übergang von der inneren zur äußeren Sprache zu denken hat. War SOKOLOV 1967 noch der Ansicht, daß für den Übergang von der inneren zur äußeren Sprache lediglich eine »correspondingly stronger excitation of the speech musculature« erforderlich sei, so weiß er 1971 zu viel über internal speech, um diese Meinung noch zu vertreten; jetzt beschränkt er sich auf den Satz

> »at the moment of a transformation to external speech (oral or written), internal speech assumes an extended monological form«. (S. 91)

Zwar wird man bedauern, daß sich SOKOLOV hier durch Heranziehung eines unklaren Transformationsbegriffs über die Problematik hinwegsetzt; wichtiger für unseren Zusammenhang ist jedoch die Bemerkung, daß die »Versprachlichung« der semantischen Komplexe der inneren Sprache verschieden weit vorangetrieben werden kann:

> »When we convey our thoughts to other people, we, basing ourselves on such semantic complexes, evolve them depending on the given situation, and try to ensure their possibly fuller verbal expression.« (1971, S. 86)

Grad und Art der Verbalisierung werden also durch das Ziel bestimmt, das dem Hörer in der konkreten kommunikativen

Situation vorschwebt – eine Ansicht, die uns weit sympathischer ist als die der orthodoxen Generativisten, bei denen immer die gleiche Treppe mit der gleichen Stufenzahl zur Oberflächenstruktur führt.

Zu dem damit in den Vordergrund gerückten Verhältnis zwischen innerer und äußerer Sprache hat LEONTJEV Differenzierteres zu sagen; wir kehren zu ihm zurück.

LEONTJEV (1969, 1972) differenziert, was bei SOKOLOV unter der einheitlichen Bezeichnung ›internal speech‹ läuft: er unterscheidet zwischen »inner speaking« und »inner speech«. »Inner speaking« ist »covert physiological activity of the organs of articulation« (1969, S. 11); es tritt in zwei verschiedenen Situationen auf:

a) bei der Sprachwahrnehmung. Hier weist LEONTJEV auf die Motor-Theorie der Sprachwahrnehmung hin (in der westlichen Welt vor allem durch LIBERMAN vertreten), nach welcher ein nachvollziehendes andeutungsweises Mit-Artikulieren des Gehörten die Grundlage für die Sprachwahrnehmung bildet. Dieses Analysis-by-Synthesis-Schema wird heute in der kognitiven Psychologie allgemein gerne verwendet (vgl. NEISSER, 1967), wichtig scheint in diesem Zusammenhang jedoch LEONTJEVs Bemerkung,

> »there is reason to believe that not all speech perception takes place in conformity to the schema proposed by the motor-theory«.*

Bei der Wahrnehmung läuft ›inner speaking‹ ohne ›inner speech‹ ab (LEONTJEV interpretiert SOKOLOVs Experimente als diese Möglichkeit aufzeigend) und damit auch ohne Beziehung zu »deep-seated mental processes«. Mit dieser Bemerkung schneidet LEONTJEV freilich die von den Analysis-by-Synthesis-Theoretikern angebotene verführerische Möglichkeit ab, Sprachwahrnehmung und Sprachverstehen sozusagen als Sprachproduktion im Rückwärtsgang aufzufassen.

b) Die zweite Situation, in der »inner speaking« auftritt,

* Verfolgt man diesen Hinweis weiter, so könnte man unter Umständen interessante Befunde erheben, wenn man prüft, welche Teile der wahrzunehmenden Äußerung unter welchen Umständen nach dem Schema der Motortheorie apperzipiert werden und welche nicht. Wäre hier an VanLANCKERs (1975) Überlegungen anzuknüpfen?

ist der nicht-automatisierte intellektuelle Akt; hier wird ›inner speaking‹ immer von ›inner speech‹ begleitet.
›Inner Speech‹ ist das, was typischerweise in Problemlösungsaufgaben vor sich geht. Je »expandierter« die Form ist, in welcher ›inner speech‹ geschieht, desto wahrscheinlicher wird es von äußerem manifestem Sprechen begleitet. Der andere Pol der damit angedeuteten Dimension

> »is maximally compressed inner speech approaching the simple understanding of speech. According to the available evidence, it is least associated with speaking. The logical culmination of this series is the transition from verbal utterance to discharge of first-signal system stimuli and complete elimination of the intermediate stage or stages ...« (1969, S. 12)

Mit diesem Rückgriff will LEONTJEV also offenbar doch Sprechen und Verstehen als *eine* einheitliche Dimension psychischer Tätigkeit ansehen, wobei er die maximal komprimierte Form des ›inner speech‹ nun doch die Wahrnehmung begleiten läßt, während er kurz vorher noch gesagt hatte, die Wahrnehmung werde von ›inner speaking‹ *ohne* ›inner speech‹ begleitet ...
Ein dritter Prozeß, neben ›inner speaking‹ und ›inner speech‹, wird von LEONTJEV als ›inner programming‹ bezeichnet. Hier handelt es sich um die unbewußte Konstruktion eines Schemas, das als Grundlage der Produktion einer verbalen Äußerung dient. Dieses Schema bezieht sich ganz spezifisch auf die konkret zu äußernde Mitteilung; es enthält

> »that which is not automatically realized in speech production, which is not contained in the rules of production of any statement in a given language, i. e., the individual characteristics of the given, specific statement that make it possible to select the appropriate words from a lexicon and, from among all possible syntactic structures, that structure which is necessary in the given case«. (1969, S. 12)

Das ist freilich nicht wenig. Hier wird neben, unter, vor dem Wirksamwerden automatisierter grammatischer Regeln eine Existenzform der sprachlichen Mitteilung* (LEON-

* Genau genommen darf man hier weder von Satz noch von sprachlicher Mitteilung, noch von sprachlicher Äußerung sprechen, denn wenn das Stadium des inneren Programmierens nicht in »inner speech« über-

TJEV sagt sogar: des Satzes) postuliert, die am ehesten als »agglutinative string« von *meaning* im Sinne *A. N.* LEONTJEVs angesehen werden kann.
Wie bereits erwähnt, sieht LEONTJEV das innere Programmieren nicht nur als Vorstadium der Genese der sprachlichen Äußerung (outer speech), sondern auch des »inner speech« an. ›Inner Speech‹ ist strukturell dem inneren Programmieren sehr ähnlich, stellt aber eine entwickeltere Stufe dar als das innere Programmieren.
Die Relationen werden von LEONTJEV also so dargestellt:

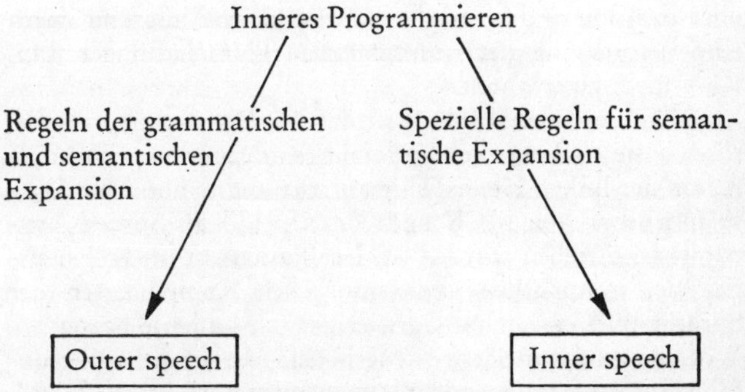

Inneres Programmieren kann demnach – durch zwei verschiedene Expansionsvorgänge – in äußeres oder in inneres Sprechen überführt werden. Die spezifische Struktur, die beim inneren Programmieren entsteht, wäre nach LEONTJEVs Meinung erkennbar, wenn sie nicht sekundär durch die grammatische Wortfolge deformiert würde, in der der Satz dann in der betreffenden Sprache erscheint. Auch LEONTJEV betont die Rolle der Prädikation, will aber nicht von *»prädikativem* Programmieren« sprechen,

> »since predicativeness is essentially a characteristic of a statement as a whole and is associated with the realization (in inner or outer speech) of an inner program. The predicative character of inner speech is a reflection of the minimal grammar contained in the rules for recording a program into inner speech«. (1969, S. 13)

geht, kommt nichts zustande, was man nach den konventionellen Kriterien als Satz, Mitteilung oder Äußerung bezeichnen könnte.

1972 legt LEONTJEV der Prädikation noch größeres Gewicht bei, indem er zusammenfassend sagt:

> »Two sets of rules are used in speech generation, following one another, they are the rules of content representation through a system of predicative ›utterances‹ in the inner speech code and the rules translating this system of ›utterances‹ into the code of natural languages.« (S. 8)

Das stellt (für mich) vermutlich das Äußerste an Präzision dar, was bei einer Interpretation LEONTJEVs erreichbar ist. Auf den Aspekt des Prädikativen werden wir unten (S. 304) noch einmal eingehen; wir wollen jetzt versuchen, über das innere dynamische Schema einer Äußerung durch eine Betrachtung der neurologischen Untersuchungen LURIAs mehr zu erfahren.

LURIAs zentrales Konzept ist das der *Dynamischen Aphasie*, wie sie als Folge der Verletzungen der hinteren Frontalregion der linken Hemisphäre auftritt und in ähnlicher Weise auch schon von PICK und von KLEIST als Sprach-Adynamie beschrieben worden ist. Der Patient ist im vollen Besitz der motorischen und sensorischen Komponenten der Sprache und kann ohne Schwierigkeiten Objekte benennen, Wörter und sogar Sätze wiederholen. Aber er ist völlig unfähig »to utter independent, expanded statements« (LURIA und TZVETKOVA 1969, S. 26). In weniger schweren Fällen treten Störungen nur auf, wenn der Patient eine zusammenhängende Geschichte erzählen, eine Situation beschreiben oder an einer Unterhaltung teilnehmen soll.

Welche Mechanismen sind in diesen Fällen gestört? LURIAs Antwort nimmt bezug auf VYGOTSKY: es handelt sich um einen Defekt des inneren Sprechens (inner speech). Inner speech aber ist, wie wir jetzt wissen, prädikativ. LURIA versucht deshalb, das Verhalten dieser Aphatiker als Störung der prädikativen Funktion deutlich zu machen.

Dabei geht er davon aus, daß »das Prädikative« einer Äußerung sozusagen im Verbum konzentriert ist*. In einem Versuch sollen gesunde Probanden und solche mit dynamischer Aphasie Objekte und Tätigkeiten benennen. Während

* Damit bezieht LURIA eine Position, die auch in der Generativen Semantik und in der modernen Sprachpsychologie eingenommen wird: das Verbum als Zentrum der Äußerung.

die gesunden erwartungsgemäß keine Schwierigkeiten haben, können die meisten der Aphatiker zwar Objekte, nicht aber die vorgeführten Tätigkeiten benennen.

Was heißt aber »Störung der prädikativen Funktion« genauer?

> »A result of a deficiency in the predicative function of internal speech*... may be a disturbance in the linear scheme of a sentence, which is necessary for the transition from the initial conception to an expanded spoken utterance.« (1969, S. 29)

Damit rückt genau jener Vorgang des Expandierens (und Komprimierens) in den Mittelpunkt des Interesses, der sich dem Sprachpsychologen immer wieder als ein Schlüsselprozeß aufdrängt und der mit dem Begriff des Umcodierens nur ganz unzulänglich gefaßt ist. VYGOTSKY hat von »Verdampfen der Sprache in Gedanken« gesprochen, von der fortschreitenden Reduktion bei der Herausbildung der inneren Sprache, SOKOLOV von der Beschränkung auf »key words«.

Wie steht dieses zwischen »innerem Programmieren« bzw. »inner speech« einerseits und »outer speech« andererseits sich abspielende Geschehen zu den Linearisierungen und Literalisierungen CHAFEs, von denen wir im Kapitel über Generative Semantik gesprochen haben? Wie steht es zu den Expansionen, die die Mutter vornimmt, wenn sie die sog. »telegraphische Sprache« ihres Kindes mit den zur vollgrammatischen Form fehlenden Bestandteilen anfüllt? Fragen dieser Art können wir nicht beantworten, aber es ist wichtig, sie zu stellen, weil sie die Perspektive ergeben, in welcher wir diese russischen Überlegungen sehen sollten.

LURIAs Annahme, einer Störung der prädikativen Funktion liege eine Störung des linearen Schemas zugrunde, das für die Überführung einer ursprünglichen Konzeption in eine gesprochene Äußerung erforderlich ist, kann auf zwei verschiedenen Wegen überprüft werden. Dem ersten folgend gibt man dem Patienten alle für einen Satz nötigen Wörter, nicht jedoch das lineare Schema dieses Satzes; dem zweiten folgend verfährt man umgekehrt.

* LURIA verwendet, wenn er VYGOTSKY zitiert, den Begriff »inner speech«; wenn er von seinen eigenen Untersuchungen zu diesen VYKOTSKYschem Bericht berichtet jedoch »internal speech« ...

Es zeigt sich, daß ein an dynamischer Aphasie leidender Patient, auch wenn man ihm alle Wörter vorgibt, daraus keinen Satz bilden kann. Das Ergebnis des zweiten, »positiven« Weges soll in LURIAs eigenen Worten dargestellt werden:

»We asked a patient with the syndrome of dynamic aphasia to give a sentence expressing a wish (›I am hungry‹ oder ›give me something to drink‹) or formulate a simple graphic situation (a woman cutting bread). After the patient demonstrated his inability ... a series of counters was placed on the table. None of the counters carried any additional information, but the number of counters in a row corresponded to the number of words in the required sentence ... A patient who had previously been incapable of constructing an expanded sentence was able to accomplish this task by touching each consecutive counter with his finger; when the counters were taken away, he was again helpless.« (1969, S. 30)

Das dem Patienten vorgelegte Modell des linearen Satzschemas wird also zum motorischen Hilfsmittel zur Kompensation des pathologischen Defekts.

Hier liegt ein kurzer Rückblick auf SOKOLOV nahe, der ja auch die Rolle der Motorik als eine Basis sprachlichen Geschehens betont hat. Nimmt man in bekannter Weise Elektromyogramme von der Unterlippe dynamisch-aphasischer Patienten ab, so zeigt sich bei der Aufforderung, den Satz innerlich »vorzubereiten«, ihn aber nicht auszusprechen, keine Veränderung im Grundverlauf des EMG. Nach LURIAs Ansicht ist dies der Beweis

»that in these patients disturbances do not occur in the motor stage itself (d. h. in der Phase des Aussprechens) but that the delay in speech impulses is localized in the preliminary stage of the process«. (S. 32)

Gibt man dem Patienten aber die oben beschriebenen Hilfsmittel vor, so ändert sich das EMG entscheidend:

»In this case, an intention to utter a sentence results in sharp changes in the background EMG and separate EMG outbursts, whose magnitude correspond to the individual components of the sentence in preparation. It is clear that external supports open a pathway for impulses from the motor speech apparatus.« (1969, S. 33)

Die nicht nur sprachpathologische, sondern allgemein sprachpsychologische Bedeutung dieser Befunde liegt auf der Hand: LURIA faßt sie zusammen, indem er den längst verstorbenen Psychiater JACKSON zitiert: »to speak is to propositionize«.*

Das muß nun aber sofort korrigiert werden. JACKSON hat nämlich auch darauf hingewiesen, daß in der Sprache neben den *propositionalen* Elementen (die durch linksseitige Hirnverletzungen stärker gefährdet sind) auch *automatisierte* Elemente zu finden sind (die durch Verletzungen der rechten Hemisphäre ausfallen können).

Das weist uns wieder zurück auf die schon erwähnte Ansicht VanLANCKERs (1975), daß

> »human language may be viewed to be made up of different subsets, which have various relationships to evolutionarily primitive human speech ... Language is heterogeneously processed in the brain«. (S. 58)

Wir dürfen also von diesen russischen Untersuchungen der Aktualgenese sprachlicher Äußerungen nicht erwarten, daß sie uns *einen* bestimmten Weg zeigen, den *alle* Äußerungen und *alle* Elemente von Äußerungen gehen müssen bis sie zur Artikulation kommen. Mit dieser Mahnung versehen, wieder zu LURIA!

LURIA hat am Komplex »innere Sprache« den Aspekt des Programmierens, des In-eine-Abfolge-Bringens, herausgegriffen; ein Problem, mit dem sich von anderer Seite aus schon LASHLEY beschäftigt hat. Was aber ist das, was da zu einem Abfolge-Programm geordnet, was da »linearisiert« wird? Der Fehlschluß, es handle sich dabei um die Wörter, aus denen der Satz bestehe, liegt nahe. LEONTJEV, zu dessen »innerem Programmieren« wir jetzt zurückkehren, ist von einem solchen Fehlschluß nicht weit entfernt, wenn er sagt:

> »The specific structure of programming is reflected by the word order in those cases in which this order is not deformed by the grammatical structure of the sentence in the concrete language. Such nongrammatical languages are the spontaneous mimetic language of the deaf-mute, the autonomic speech after the lexicogrammatical classes have already been constituted,

* In Kap. XII wird die Proposition als Kern der sich entwickelnden kindlichen Äußerung erkennbar werden.

but a grammatical paradigm is still lacking. All these ›languages‹ give the same sequence of ›propositional terms‹: S-At-O-V-Ad*.« (S. 13)

Wenn man sich den Genuß am ersten Satz des Zitats verkneift (wonach die grammatische Struktur die Wortordnung »*de*formiert«), so bleibt LEONTJEVs Behauptung, daß *vor* dem Wirksamwerden der Grammatik die innersprachlichen Wortfolgen schon eine sozusagen »natürliche« Ordnung aufweisen. So gesehen wäre die Reihenfolge S-At-O-V-Ad ein vorsprachliches Universal, allen Menschen gemeinsam, nur normalerweise (d. h. in der Phase des äußeren Sprechens) überdeckt bzw. »deformiert« durch die Auswirkungen der einzelsprachlichen Grammatik.

Dieser »string of agglutinative meanings« muß dann nach den »Regeln der semantischen Expansion« weiterverarbeitet werden. Hier wird eine tiefgehende Inkonsequenz des LEONTJEVschen Ansatzes deutlich: die »meanings«, die vom inneren Programm in eine Abfolge gebracht werden, sind selbst noch ganz statisch konzipiert; es sind *keine* »gerichteten« Strukturen. LEONTJEV lehnt es ja zunächst ausdrücklich ab, von »prädikativem Programmieren« zu sprechen.

Diese Haltung ist um so schwerer verständlich, als LEONTJEV ausdrücklich eine psychologische von einer linguistischen Prädikativität unterscheidet und scheinbar nominativische Äußerungen wie »Nacht, Sterne« auffassen will als Prädikationen wie »es ist Nacht« oder »es ist Nacht geworden«.

Was ist denn, so müssen wir also weiter fragen, ein vom inneren Programm in eine Abfolge gebrachter »agglutinative string of meanings«, wenn ihm der Charakter des Prädikativen erst noch durch das Tätigwerden des Regelwerkes einer Minimal-Grammatik hinzugefügt werden muß? Vergessen wir nicht, daß wir über ein Stadium in der Genese einer Äußerung (oder eines Stückes »inner speech«) diskutieren, das nach LEONTJEVs Meinung *vor* der Encodierung in die Wörter einer bestimmten Einzelsprache liegt (»programming does not depend on the language«, S. 14). Wollte man »meaning« also als etwas auffassen, das in irgendeinem Code ausgedrückt ist, so müßte man vermutlich an ZHINKINs

* S-At-O-V-Ad heißt Subjekt-Attribut-Objekt-Verb-Adjektiv.

(1967) aus Vorstellungen und Schemata zusammengesetzten »depicting code« denken.

Die Bedenken, die man gegen diese Ansicht vorbringen muß, können etwa so formuliert werden: Kann man diese wortlosen, in visuellen Vorstellungen und motorisch-kinästhetischen Schemata »codierten« Bedeutungen überhaupt so statisch auffassen wie LEONTJEV es tut? Muß man ihnen wirklich erst durch ein inneres Programm eine (S-At-O-V-Ad)-Abfolge, d. h. eine Dynamik beibringen lassen? Liegt nicht z. B. *im* kinästhetischen Schema des Verbums (man denke an »schlagen« oder »lieben« oder »hassen«) schon die spürbare Intention auf ein Objekt, das nicht erst durch den Pfiff einer separaten Minimalgrammatik herbeigerufen zu werden braucht?

Die Prädikat-Argument-Struktur der Generativen Semantik mit ihrer inhärenten Gerichtetheit bietet sich hier an.

Und weiter: erschwert der hier immer wieder verwendete Begriff des (Um-)Codierens es nicht, die Dynamik richtig zu begreifen, die nicht nur »hinter«, sondern »in« diesem Geschehen steckt? Die Dynamik, die ihren Ursprung nicht in einem Lexikon und nicht in einem mehr oder minder linearen Satzschema, sondern in dem Sprecher hat, der will, daß im Hörer sich etwas ändert? Auch in der russischen Sprachpsychologie wird, trotz der in ihr zu findenden Betonung von Motorik und Geschehen, zu sehr mit einem Schichtenkonzept operiert. Die Schichten werden ineinander umcodiert oder – mit einem leicht westlichen Zungenschlag – aufeinander abgebildet. Natürlich k a n n man dieses Konzept verwenden, aber es hat, wie alle Schichtenmodelle, keine Möglichkeit, d a s präzise zu fassen, was sich sozusagen senkrecht zu den Schichten ereignet: eine Abfolge von Querschnitten z. B. durch einen Muskel sagt uns noch nicht, daß und wie er sich verkürzt. Diese Analogie macht deutlich, was auch von der russischen Sprachpsychologie n i c h t geliefert wird (man denke an BRUNSWIKs Längsschnitt-Intentionalität!).

LEONTJEV sieht schließlich selbst, daß er hier ganz in der Nähe FILLMOREs angelangt ist; 1972 weist er darauf hin, »the interpretation of an utterance as a propositional function of the ›deep‹ structure (inner programming, in our interpretation)« sei durch die Publikationen FILLMOREs bekannt (1972, S. 9).

Die hier auftauchende Möglichkeit, die »Tiefenstruktur« der Generativen Grammatik (vor allem der Generativen Semantik) mit einer bestimmten Schicht des »inneren Sprechens« der russischen Sprachpsychologie zu identifizieren (z. B. mit dem inneren Programmieren) – diese Möglichkeit ist zu verlokkend, als daß man sie nicht wenigstens kurz noch einmal (s. S. 295) betrachten müßte. Sollten der auf eine Theorie der linguistischen Kompetenz zielende CHOMSKY und der auf eine Theorie der Genese sprachlicher Äußerungen zielende LEONTJEV sich hier doch getroffen haben? (Und sollten sich am gleichen Ort auch einige Sprachphilosophen eingefunden haben, für welche KANTs transzendentales Wissen auch schon Ähnlichkeit mit einer »Tiefengrammatik« hat: man denke an VENDLER (1967), aber auch an gewisse Aspekte der cartesianischen Linguistik CHOMSKYs.) Gewiß, man kann im einen wie im anderen System den Begriff der »Tiefenstruktur« verwenden, aber weiß man so genau, was Tiefenstruktur ist, daß man sicher sein kann, man wisse dasselbe? Ich glaube nicht, daß man sich gefunden hat; es ist allenfalls eine Begegnung von Schiffen in stürmischer Nacht – von beiden Seiten der Ruf »Tiefenstruktur« – vorbei ...

Auch wenn in das Modell LEONTJEVs Gedanken der Transformationsgrammatik eingegangen sind, so unterscheidet es sich von dieser vor allem in zwei Punkten, die LEONTJEV als Vorzüge seines Modells hervorhebt: es hat einen »undetermined, heuristic character« und es ist »not algorithmic at all« (LEONTJEV 1972, S. 10). Für diese letztgenannte Äußerung, die in der westlichen Linguistik oder Psycholinguistik geradezu eine Frage wissenschaftlichen Mutes wäre, möchte man LEONTJEV gerührt die Hand drükken: auch der Sprachpsychologe denkt so gern im Medium der Sprache über die Sprache ...

Beenden wir unsere tour d'horizon durch die russische Sprachpsychologie, um eine Fülle von Erkenntnissen und von Fragen reicher – und ein wenig verwirrt von dem Stil, in welchem diese Fragen und Erkenntnisse vorgetragen werden. Auch die genetische (und zwar die ontogenetische wie die aktualgenetische) Betrachtung der sprachlichen Äußerung läßt als Operationseinheit nicht das Zeichen oder ein grammatisches Element erkennen, sondern die Sprachhandlung, die verschiedene Stadien der Planung und der Ausführung durchläuft, ohne daß alle diese Stadien immer in das einer manifest werdenden Äußerung münden müßten.

Die russische Sprachpsychologie hat uns interessante Querschnitte durch diese Sprechhandlung gezeigt, Schichten, von denen wir zwar wissen, *daß* sie zeitlich aufeinanderfolgen, aber noch nicht, ob sie immer in der *gleichen* Reihung aufeinanderfolgen *müssen*, und auch nicht, durch welchen ›vertikalen‹ Mechanismus sie aufeinander geschichtet werden. Wir werden gegen Schluß des Buches zu einem ähnlichen Konzept der »Ebenen der Sprachverarbeitung« kommen und auch dort sehen, daß der Begriff der Ebene oder Schicht insofern kein optimaler ist, als er den »eigentlich relevanten« Vorgang nicht zu fassen vermag, der sich ›senkrecht‹ dazu abspielt, in der Intention auf das Gemeinte hin, in jener Dimension also, in die wir blicken, wenn wir durch die ›Transparenz‹ der Sprache hindurch auf den Sprecher sehen, den wir verstehen wollen.

Kehren wir nochmals zu VYGOTSKY zurück. Sein Ausgangspunkt war die ›Abbildung zweier Schichten‹ aufeinander gewesen und damit die sehr generelle Frage nach dem Verhältnis, in welchem Denken (und zwar in der Form des Problemlösens) und Sprache (und zwar in der Form des Sprechens) zueinander stehen. VYGOTSKY wollte diese generelle Frage durch eine genetische Analyse klären. FODOR hat (1972) darauf hingewiesen, daß man in dieser Frage eine noch allgemeinere entdecken kann, die frei sowohl von spezifisch genetischen als auch von spezifisch linguistischen Voraussetzungen ist: man kann nachdenken über

> »the routine ability of higher organisms to interpret information in any one input mode in terms of information from any other. What we see often determines how we take what we hear . . . It is tempting (perhaps it is mandatory) to explain such interactions by assuming that sensory channels transduce stimulus data into a central computing language rich enough to represent visual, tactual, auditory, gustatory and olfactory information as well as whatever abstract conceptual apparatus is involved in thought. In such a language are performed the calculations involved in evaluating the auditory implications of visual inputs . . .« (S. 85)

FODOR postuliert hier also einen meta-modalen und auch

metasprachlichen Zentral-Code, wobei wir ihm allerdings nur zögernd folgen, wenn er kategorisch meint,

> »it is self-evident that the language in which we integrate visual and auditory information cannot be either the language of vision or the language of audition, though it must contain both«. (S. 85)

Diese Art von self-evidence führt oft zu besonders peinlichen späteren Korrekturen. (Und immerhin gibt es ernsthafte Hinweise darauf, daß bei der Verarbeitung visueller Information ein Stadium der auditiven Codierung durchlaufen wird ...)

Wenn man ein derartiges Modell aber akzeptiert, dann kann man eine natürliche Sprache als eine Art Sinnesmodalität ansehen,

> »providing a channel through which input data can gain access to the central information handling system. Linguistic data, like sensory data, are subject to integration and interpretation in light of memory information and current experience (for the integration and interpretation for which they are in turn available). Presumably the computations underlying these integrative processes are effected in the central code. If this is so, then the production and comprehension of speech involve translating between this central code and a natural language«. (S. 85)

FODOR vergißt dabei freilich, ein wichtiges Phänomen zu berücksichtigen: daß das Verstehen von Sprache nicht in der Form eines mysteriösen »Zentralcodes« bewußt wird, sondern – to say the least – in einer recht ›sprachnahen‹ Form. Die Annahme einer letztendlichen Übersetzung in einen ›Zentralcode‹ stellt allenfalls eine sehr abstrakte *formale* Lösung der hier angeschnittenen Problematik dar, nicht aber eine dem *Phänomen* gerecht werdende. Und Verstehen ist *auch* ein Phänomen.

Jedenfalls: vergessen wir den großen Denkschritt nicht, zu welchem VYGOTSKY die Sprachpsychologie angeregt hat: weil ihm die verführerische (weil eingängige und doch wenigsagende) Vokabel vom Encodieren noch nicht zur Verfügung stand, hat er unsere Aufmerksamkeit für einige der Veränderungen geschärft, die ›auf dem Weg zur sprachlichen Äußerung‹ vor sich gehen.

Dieser Weg – und sein Pendant: der vom Ohr zum Verstehen – wird auch im nächsten Kapitel im Mittelpunkt stehen. Jetzt allerdings nicht mehr so sehr unter dem Aspekt der Entwicklung einer sprachlichen »Schicht« zu einer anderen, sondern unter diesem Gesichtspunkt: der Sprechakt entsteht in einer Situation von Noch-nicht-Sprachlichem. Er ist sozusagen eine »Verdichtung« von etwas, das noch nicht sprachlich, wohl aber durchaus schon kommunikativ sein kann.

Kapitel XI
Die nichtverbale Situation, in der Sprache geschieht

In der russischen Sprachpsychologie ist von so vielen verschiedenen inneren und äußeren Sprachen die Rede, daß etwas wieder zum Problem wird, was die Linguistik mindestens seit SAUSSURE und MARTINET nicht mehr in ihrem Problemkatalog führen zu müssen glaubte: was heißt eigentlich »Sprache«? Was meinen wir, wenn wir sagen, ein Organismus, »der Mensch«, »spreche«? Wann fängt »Sprechen« an? Um diese Frage in ihrer ganzen Komplexität zu erfassen, muß man sich klar machen, daß in ihr sich ganz verschiedene (oder vielleicht gar nicht so ganz verschiedene?) Arten von »anfangen« überlagern: eine phylogenetische, eine ontogenetische, eine aktualgenetische.
Auch OSGOOD sieht die Notwendigkeit des Gleichzeitig-Habens dieser drei verschiedenen Aspekte, wenn er bemängelt, daß

> »Philosophers and linguists have given precious little attention to pre-linguistic behavior, in any of its three senses – prior to language in the evolution of the human species, prior to language in the development of the individual or prior to language in the generation of particular sentences by ordinary speakers.« (1971 b, S. 498)

Natürlich wird man nicht von der gutgläubigen Hypothese ausgehen können, daß die Ontogenese eine verkürzte Replikation der Phylogenese sei oder daß die Aktualgenese einer Äußerung die gleichen Stadien durchlaufe wie das Sprechenlernen des Kindes. Aber wenn wir TOULMINs Mahnung beherzigen, daß eine Theorie der Sprache, der vielleicht menschlichsten aller Funktionen des Menschen, *auch* biologisch sinnvoll sein sollte, dann sollte man den Erkenntnisgewinn nicht von vornherein ignorieren, den man für Überlegungen zu einer solchen Theorie aus der Kenntnis des biologischen Geschehens ziehen kann, das uns dahin geführt hat, wo wir stehen, und das in jedem Augenblick der Sprachverwendung in uns abläuft.
Sowohl die Diskussion der WITTGENSTEINschen und der Sprechaktphilosophie als auch die der russischen Sprachpsy-

chologie hat uns gezeigt, daß der Sprechakt, die tatsächliche sprachliche Äußerung eines Sprechers, nicht erst beginnt, wenn dieser den Mund aufmacht.

Wir werden im jetzt folgenden Abschnitt überlegen, wie die Beziehungen zu strukturieren sind, die zwischen Schweigen, Noch-nicht-Sprechen und sprachlicher Äußerung sich erstrekken.

Wie werden die Grenzen des Feldes abgesteckt, auf dem eine »Unterhaltung«, eine »Bitte«, ein »Tadel« stattfinden soll? Nehmen wir diese Frage ganz konkret, so können wir sagen:

Kommunikatives Verhalten ist raumbezogen. Das heißt, wenn keine äußeren Einschränkungen vorliegen, nehmen Sender und Empfänger (um dieses vereinfachende Schema zu benutzen) ganz bestimmte Positionen zueinander ein: sowohl der Abstand der beiden Partner als auch die Orientierung ihrer Kopf-Schulter-Partie zueinander ist nicht beliebig, sondern hängt von kulturellen Normen wie auch von der Art der Kommunikation ab, die intendiert bzw. geführt wird. So stehen z. B. arabische Studenten bei einer Unterhaltung ihrem Partner auf kürzerer Distanz gegenüber als europäische oder nordamerikanische, sie berühren ihren Gesprächspartner häufiger, sie sehen ihn während des Gesprächs häufiger an. (WATSON und GRAVES, 1966). Wollen zwei amerikanische Kommunikationspartner sich an einen rechteckigen Tisch setzen, um eine freundliche Unterhaltung zu führen, so wird einer eine Schmalseite wählen und der andere sich über Eck in seine Nähe an die Längsseite setzen. Ist intime Kooperation das Ziel, so werden sich die beiden Partner nebeneinander an eine Längsseite setzen; handelt es sich eher um Wettbewerb oder Opposition, so werden gegenüberliegende Plätze an den Längsseiten gewählt (SOMMER, 1965, COOK, 1970).

Was hier zunächst als amüsante Aperçus erscheinen mag, zeigt sich bei genauerer Betrachtung als Manifestation eines ausgedehnten Netzes »nichtverbaler Kommunikation«, welches das verbale Geschehen vorbereitet, durchzieht, stützt und beeinflußt. (Ausführlich dazu v. CRANACH, 1971, DUNCAN, 1969, MEHRABIAN 1969, WIENER et al. 1972). Wir werden im folgenden versuchen aufzuzeigen, daß dieser

Einfluß auf das verbale Geschehen ganz verschiedene Grade von Spezifität annehmen kann. Wie wichtig eine Klärung dieses Einflusses auch und gerade für den *Sprach*psychologen ist, braucht nach den vorangegangenen Abschnitten wohl nicht mehr erläutert zu werden; wir erinnern nur noch einmal an UHLENBECKs »cardinal point«:

> »every single sentence, also a seemingly trivial sentence, has to be interpreted by the hearer with the help of extralinguistic data«. (1963, S. 11)

An dieser Mahnung ist uns nicht nur die Betonung der extralinguistischen Faktoren wichtig, sondern auch die der Interpretation. UHLENBECK meint Interpretation ja ganz sicher nicht im Sinne der orthodoxen Generativisten als ›nachträgliche semantische Interpretation‹ eines primär syntaktisch determinierten Satzes. Worauf UHLENBECK hinweisen will, ist die Tatsache,

> »that a sentence is not only a linguistic-grammatical act, but also a cognitive act« (1967, S. 268)

und daß zum Verständnis gerade dieser Doppelstellung die Einbeziehung jener ›important characteristics of performance‹ nötig ist, die sich aus der auch dem Linguisten ja durchaus zugänglichen Kenntnis der ›situational and other extra-linguistic factors operative in actual speech‹ (1967, S. 310 f.) ergeben. Diese interpretierende Einbeziehung situativer und kontextueller Faktoren gibt dem intentionalen Akt seine Richtung, der ›senkrecht‹ zu den von der russischen Sprachpsychologie beschriebenen Schichten auf das Gemeinte zu verläuft.

HALL (1959 und später) und GOFFMAN (1959 und später) waren unter den ersten, welche die räumliche Position der Kommunikationspartner zueinander als einen Faktor dieser Art erkannten; HALL hat für die damit sich befassende Forschungseinrichtung den Namen *Proxemics* eingeführt. Er geht von der Hypothese aus, daß es innerhalb einer bestimmten Subkultur Normen gibt, welche die »erlaubte« Distanz zwischen zwei Gesprächsteilnehmern regeln. In den USA

> »distances of from 6 to 18 inches are typical for intimate interpersonal relations, distances of from 30 to 48 inches are typical

of casual-personal interaction, distances of from 7 to 12 feet are characteristic of social-consultative situations«. (MEHRABIAN 1969, S. 362)

Die Tatsache, daß es sich hier um Normen handelt, impliziert, daß ihre Verletzung oder Nicht-Beachtung ganz bestimmte Folgen haben müssen. MEHRABIAN faßt eine Reihe diesbezüglicher Untersuchungen in ihren Ergebnissen so zusammen:

»communicator-addressee distance is correlated with the degree of negative attitude communicated to and inferred by the addressee ... Distances which are too close, that is, inappropriate for a given interpersonal situation, can elicit negative attitudes when the communicator-addressee relationship is not an intimate personal one ... The distance between two communicators is positively correlated with their status discrepancy«. (1969, S. 363)

Den verhaltenssteuernden Effekt der Nicht-Einhaltung einer derartigen Norm kennen wir aus einer Reihe von Situationen: stehen wir im Lift »enger als normal«, so fühlen wir uns gedrängt, diese Verschiebung des normalen Gleichgewichts zu kompensieren – entweder durch einen entsprechenden Gesichtsausdruck oder durch Abwendung wenigstens der Augen oder dadurch, daß wir eine verbale Äußerung machen, welche einen höheren Grad der Intimität herstellt oder umgekehrt betont, daß die geringe Distanz die Folge nicht einer freien Entscheidung, sondern äußeren Zwanges ist.
Versucht man eine theoretische Verallgemeinerung des eben Skizzierten vorzunehmen, so kann man mit GOFFMAN so formulieren:
Das Verhalten eines Individuums in einer Situation wird von sozialen Werten oder von Normen geleitet, die sein ›Engagement‹ (involvement) betreffen. Diese Normwerte beziehen sich auf die Intensität des Engagements, auf seine Verteilung auf Haupt- und Nebentätigkeiten und – was besonders wichtig ist – auf die Tendenz dieses Engagements, den Betreffenden mit anderen Anwesenden in Kontakt zu bringen.

»There will be then a patterned distribution or *allocation* of the individual's involvement ... We can link the involvement allocation of each participant to that maintained by each other participant, piecing together in this way a pattern that can be described as the structure of involvement in the situation.« (1963, S. 193)

Die so sich herausbildende Struktur der Involviertheit in der Situation bildet die dynamische Basis für die in Gang kommende und die laufende verbale Kommunikation; wir nennen diese Basis dynamisch, weil das auf ihr aufbauende verbale Geschehen verschieden sein wird je nach der Stelle, auf der dieses Geschehen gegründet ist. Weil schon seine präverbale Basis dynamisch ist, empfängt das verbale Geschehen in jedem Augenblick (auch in seinem allerersten) von da her eine vektorielle Ausrichtung, die es dem Sprecher erleichtert und in vielen Fällen überhaupt erst ermöglicht, vor dem allgemeinen Horizont des Sinnvollem etwas Bestimmtes zu meinen. Erfaßt der Hörer diese Dynamik der nichtverbalen Basis des verbalen Geschehens mit, so ermöglicht ihm dies, das Gemeinte zu verstehen. Sonst bleibt es allzu leicht bei dem Zustand, den der Hörer charakteristischerweise so beschreibt: »ich habe zwar gehört, was er gesagt, aber nicht verstanden, was er gemeint hat« – was wieder einmal unterstreicht, daß man nicht so sehr Sätze versteht, sondern Sprecher mit Hilfe ihrer Äußerungen.

Betrachtet man dieses Eingebettetsein der verbalen in der nichtverbalen Kommunikation von einem eher linguistischen Standpunkt aus, so fungieren Distanz der Partner, Zuwendung der Kopf-Schulter-Partie, Augenkontakt etc. als *Regulatoren* (EKMAN und FRIESEN, 1969), d. h. als Verhaltensweisen, »which seem to serve the unique function of regulating the communication interaction itself« (WIENER, et al., 1972, S. 202).

Freilich darf man nicht übersehen, daß mit einer derartigen Gegenüberstellung von nichtverbaler und verbaler Kommunikation – schaltet man nur eine genügend starke Vergrößerung ein – der Rand eines neuen Problemfeldes sichtbar wird, das wir durch drei miteinander zusammenhängende Fragen charakterisieren können:

– inwieweit gehört ein Regulator in diesem Sinne zur »Kommunikation«; d. h., was ist eigentlich noch Kommunikation und was ist keine mehr;
– kann man sagen, in derartigen nichtverbalen Verhaltens-

weisen sei etwas »encodiert«, was dann vom Empfänger »decodiert« werde;
- bis zu welchem Grad von Spezifität kann man die Interdependenz von verbalem und nichtverbalem Geschehen verfolgen?

Am Anfang der hier anzustellenden Überlegungen steht meist die relativ naive Gleichsetzung von »body language«, »Ausdrucksbewegung« und »nichtverbaler Kommunikation«. Besonders wenn man die kontinentaleuropäische Tradition der Ausdruckspsychologie und die psychoanalytisch inspirierte Theorie der »projektiven Verfahren« einbezieht, sieht man sich vor dem weitem Feld all des Verhaltens, welches vom Empfänger als »Hinweis auf etwas im Sender« (auf seine Stimmung, seine Intention, seinen sozialen Rang...) empfangen und aufgefaßt werden kann. Aber haben die vom Fieber geröteten Wangen wirklich eine »Bedeutung« in der »Sprache der menschlichen Leibeserscheinung«? Wann wird aus dem Symptom, das »quoad existentiam« mit dem ihm zugrundeliegenden Zustand verbunden ist, ein Signal, das vom Sender eingesetzt wird »um zu«, d. h. um im Empfänger etwas ganz Bestimmtes zu bewirken? Und wann wird daraus ein Symbol, das »quoad essentiam« für etwas anderes als es selbst steht? (Dazu BÜHLER, 1934, S. 102 f., und HÖRMANN 1967, S. 21 ff.) WIENER et al. haben (1972) sehr klar auf diese Problematik hingewiesen: wann und wodurch wird bloß »informatives« Verhalten zu »kommunikativem«? Informatives Verhalten *kann* vom Empfänger bewußt oder unbewußt als Anzeichen verwertet werden, z. B. als *Regulator* im oben erwähnten EKMANschen Sinne. Nimmt man dazu die tiefenpsychologische Grundhaltung, alle und jede Verhaltensweise als Ausdruck von etwas Verborgenem anzusehen, »it is seductively easy to make such a transformation« vom *Zeichen* zur *Kommunikation* (WIENER et al., S. 188), gerade wenn man glaubt, auch »with verbal material it is the latent rather than the manifest content which is taken to be most critical« (a. a. O.). So kommt WATZLAWICK (1967) beispielsweise dazu, alles Verhalten, das in Gegenwart eines anderen stattfindet, als Kommunikation zu definieren. Darin stecken etwas Gutes und eine Gefahr: das Gute besteht darin, daß dadurch sehr allgemein auf die Genese der sprachlichen Äußerung aus der sozialen Handlung verwiesen wird, auf den Horizont von Nichtcodiertem, vor dem sich jede Codieroperation abspielt, auf die Tatsache, daß Sprechen die Fortsetzung des Handelns mit einem anderen Mittel ist. Die Gefahr liegt natürlich in der damit in Kauf genommenen Vagheit des Kommunikationsbegriffs: wenn alles Verhalten, das in Gegenwart eines anderen Menschen stattfindet, kommunikativ ist – was für einen wissenschaftlichen Nutzen kann man dann noch aus der Kennzeichnung eines Verhaltens als »kommunikativ« ziehen? WIENER et al. wenden sich mit Nachdruck gegen die Verwendung des Kommunikationsbegriffs für jede Situation, in welcher »the observer can make an inference about an individual from his behavior« (das nennen sie »sign«); für sie

> »communication implies (a) a socially shared signal system, that is, a code, (b) an encoder who makes something public via that code, and (c) a decoder who responds systematically to that code«. (1972, S. 186)

Mit einer derartigen Definition kann man zwar »Kommunikation« sehr schön von »Zeichen« trennen, aber damit ist leider für eine Klärung des Zusammenhangs zwischen nichtverbaler und verbaler Kommunikation nicht viel gewonnen; man hat, um mit WITTGENSTEIN zu sprechen, lediglich eine Grenze gezogen, wo bisher keine war. WIENERs Definition von Kommunikation schließt vieles *auch* aus der sprachlichen Kommunikation aus, was man gemeinhin gerne eingeschlossen sehen möchte: auch sprachliches Verhalten kann ja nicht immer und vollständig darauf zurückgeführt werden, daß der Sprecher »is actively making his experience public via that code«, denn im sprachlichen Geschehen wird manches »veröffentlicht«, was vermutlich nicht in der bewußten Erfahrung (experience) des Sprechers vorhanden ist und was auch nicht immer bewußt zur Veröffentlichung bestimmt ist. Gerade dieses von WIENER geforderte Kriterium des bewußten Einsatzes einer Verhaltensweise *um* einen bestimmten kommunikativen Effekt *zu* bewirken, ist also nicht haltbar: wie wenig ein Sprecher auch über den Einsatz seiner *sprachlichen* Mittel zur Erreichung bestimmter kommunikativer Effekte weiß und berichten kann, wird jedem klar, der einmal einen Sprecher danach gefragt hat, warum er gerade diesen Satz und nicht eine Paraphrase desselben verwendet hat.

Formal am klarsten werden die Begriffe Kommunikation und Information wohl von MacKAY (1972) getrennt. Ein Ereignis liefert uns *Information*, wenn es uns veranlaßt, etwas zu wissen oder zu glauben, was wir bisher nicht gewußt oder geglaubt haben.

> »Information – about – X determines the form of our readiness-to-reckon-with-X in appropriate circumstances.« (S. 8)

Information ist also eine Interaktion zwischen zwei Organismen, in welcher Signale von A das zentrale Organisationssystem von B beeinflussen – von hier aus lassen sich Denklinien führen zu AJDUKIEWICZ (s. S. 256 f.) mit seiner Konzeption von Verstehen als Bereitschaft zur Anerkennung der Gültigkeit eines Satzes, aber auch zu DEESE (1969), der Verstehen als inneres Gefühl, adäquat (re-)agieren zu können, auffaßt.

Um aus der Information *Kommunikation* zu machen, ist es nach MacKAY nötig, daß B den A als ihm gegenüber zielgerichtet handelnd wahrnimmt (1972, S. 20 ff.). Damit wird der Intentionalität des kommunikativen Geschehens eine zentrale Rolle zugebilligt, aber der entscheidende »Zusatz«, der aus bloßer Information Kommunikation macht, ist nicht mehr die Absicht des Senders, sondern die *Attribuierung* einer Sendeabsicht durch den Empfänger!

Wenn man auf diese oder ähnliche Weise die Grenzen zwischen Information und Kommunikation, zwischen verbaler und nicht-verbaler Kommunikation (oder sollte man in vielen Fällen sagen »nicht-verbaler Information«?) diskutiert, so kann man offenbar ebensowenig eine vollständige Klärung dieses Problembereichs erwarten wie durch den entgegengesetzten Ansatz, der mit dem Prestigemantel des Kommunikationsbegriffs die verschiedensten Phänomene eher zudeckt als erklärt.

Ungeachtet der Klarheit oder Unklarheit derartiger Grenzen gibt es hier einige für uns relevante Untersuchungen; wir nennen die von SCHÖNBACH (1974); MÜLLER-ECKHARD (1974) und TERBUYKEN (1975).

SCHÖNBACH hat festgestellt, daß längere, wortreichere

Passagen in einem Gespräch beim Leser den Eindruck der Höflichkeit hervorrufen. TERBUYKEN hat Telefongespräche zwischen studentischen Interviewern und Befragten aus verschiedenen sozialen Gruppen (Pastoren, Professoren, Verwaltungsangestellte, Studenten, Freunde der Interviewer) schriftlich fixiert und dann analysiert. Je nach der »sozialen Gruppe« der Befragten verwenden die Frager verschiedene Satztypen, mehr oder weniger Adjektive etc. Das heißt, das Bestehen einer bestimmten sozialpsychologischen Situation zwischen Frager und Befragtem äußert sich in Form bestimmter »Formalzeichen«, wobei diese Formalzeichen zwar »an der Sprache hängen«, aber keineswegs ein linguistischer Code sind. Stellen die Formalzeichen überhaupt einen (eigenen) Code dar? Was wird hier encodiert, was wird kommuniziert? Kaum einer der Sprecher wird sich der Tatsache bewußt sein, daß er einen ganz bestimmten »Formalcode« verwendet, weil er zu einem Verwaltungsangestellten spricht.

Das erinnert uns wieder, daß fast alle Überlegungen über das Verhältnis der Begriffe Zeichen, Code und Kommunikation zueinander von einer stillschweigenden, aber weitreichenden Voraussetzung ausgehen: daß man das, was in der Äußerung ›publik‹ gemacht werden kann, in und mit demselben Sprachspiel beschreiben und diskutieren kann, in welchem die Äußerung selbst sich abspielt. Ist das so? Die Verwendung des Begriffs *Codieren* hat, wie nachgerade deutlich wird, Voraussetzungen, deren Fehlen in vielen Fällen nur deshalb nicht bemerkt wird, weil man sowieso nicht genau weiß, was codieren heißt.

In dem Übergangsfeld zwischen (bloß informativen) Anzeichen und Kommunikation, in welchem wir uns jetzt befinden, erhält der Begriff des *Code* eine wichtige Position: liegt ein Code schon vor, wenn nach seinen Regeln *de*codiert, d. h. diagnostisch geschlossen wird, oder erst dann, wenn nach seinen Regeln auch (und vielleicht sogar bewußt) *en*codiert, d. h. wenn er als Sendevehikel gebraucht wird?

Der Aspekt der Formalisiertheit, der im Begriff des Code anklingt, trifft sich hier mit dem der bewußten Intention des Code-Benutzers. So unterscheiden EKMAN und FRIESEN bloß informatives nicht-verbales Verhalten, also

»acts which have some decoded meaning in that such acts elicit similar interpretations in some set of observers«

von kommunikativem nichtverbalem Verhalten, nämlich

»those acts which are clearly and consciously intended by the sender to transmit a specifiable message to the receiver«. (1969, S. 55)

WIENER et al. weisen wieder mit gewichtigen Argumenten auf die Unhaltbarkeit auch einer solchen Unterscheidung hin: ein Sprecher braucht sich seiner Intention nicht immer (voll) bewußt zu sein oder er kann sich über seine eigenen Intentionen täuschen.

Diese Schwierigkeiten, genau zu bestimmen, was ein Code und was noch kein Code ist, wird besonders im folgenden deutlich:

Wenn GOFFMAN beispielsweise nicht nur »size and looks, posture, speech patterns, facial expressions, bodily gestures« (1959, S. 24), sondern auch die Art und Stellung der Möbel im Wohnzimmer als Beispiele für *Anzeichen* gibt, die ein aufmerksamer Beobachter als Basis z. B. für eine Einschätzung des Status oder der Gruppenzugehörigkeit des Sprechers verwenden kann, dann liegt natürlich ein fließender Übergang zwischen Anzeichen, Zeichen, Zeichenvehikel, Signal und Kommunikation (im WIENERschen Sinne) vor. (Aber wird dieser fließende Übergang nicht vielleicht gerade dem Sachverhalt gerecht, der an den Anfängen der Sprache vorliegt?) Ist es angebracht, hier schon von einem *Code* zu sprechen? Genügt dafür, daß manche Angehörigen des betreffenden Kommunikationskreises *manchmal* angeben, daß sie derartige Zeichen berücksichtigen, wenn sie in Interaktion mit ihren Partnern sind?

Oder müssen *alle* Angehörigen *immer* davon Gebrauch machen? Oder sollte man von einem Code erst sprechen, wenn *bewußt* in ihn und aus ihm übersetzt wird? (Aber dann dürften eben manche Teile unseres sprachlichen Codes auch nicht als Code bezeichnet werden, von denen nur einige Linguisten angeben können, daß und wie sie verwendet werden ...)

Man könnte nun versuchen, Code anders und brauchbarer zu definieren, indem man den Akzent nicht auf die bewußte Absicht des Benutzers, sondern auf die freie Verfügbarkeit des Zeichens als Zeichen legt. Damit einhergehen müßte der (ebenfalls zu Schwierigkeiten führende) Versuch, bei der Definition von Code die Tatsache zu berücksichtigen, daß sich in dem Übergangsfeld von bloß informativem zu codiert-kommunikativem Verhalten meist auch der Übergang von analoger zu digitaler »Abbildung« vollzieht.

Viel wichtiger als eine »endgültige« Definition von Code zu finden, ist für uns hier jedoch, die gedanklichen Konsequenzen aus der Tatsache zu ziehen, daß zwischen Informativem und Kommunikativem, zwischen Noch-nicht-ganz-Code und Code ein Übergangsfeld sich erstreckt, dessen manifeste und latente Spannungslinien für das Werden der Sprache (im phylogenetischen wie im ontogenetischen und vielleicht auch im aktualgenetischen Sinn) wichtig sind. MacNAMARA setzt deshalb seine Theorie des Spracherwerbs des Kindes genau in diesem Übergangsfeld an:

> »infants learn their language by first determining, independent of language, the meaning which a speaker tends to convey, and by then working out the relationship between the meaning and the language.« (1972, S. 1)

In dieser Behauptung – der wir in den weiteren Kapiteln noch mehrmals begegnen werden – steckt die Ansicht, daß das Kind allmählich lernen muß, nun via Codieroperationen sich *das* deutlich zu machen, was es zunächst, wenn auch sicher oft vager, ohne solche Operationen auch schon weiß oder erfährt.

Mit MacNAMARAs Bemerkung wird ein Problem angeschnitten, das für die Sprachwissenschaft und damit auch für die Sprachpsychologie unter drei Aspekten eigentlich viel wichtiger sein müßte als es bisher tatsächlich gewesen ist: wie entdeckt man Struktur in der Sprache, der man begegnet?* Oder anders und provozierender formuliert: nach welchem Code entscheidet man, welchen Code man verwenden will?

MacNAMARA stellt diese Frage unter ontogenetischem oder entwicklungspsychologischem oder auch lernpsychologischem Aspekt. Der Wahrnehmungspsychologe stellt sie etwa so: wo-

* Die Generative Linguistik hat dafür einen deus ex machina bereitgestellt: das Language Acquisition Device LAD, eine Art Nürnberger Trichter, dessen innere Struktur aus der vom Kind in seiner Umgebung gehörten Sprache die Regeln der Kompetenz der betreffenden Sprache extrahiert und dem Kind zur Verfügung stellt.

her erfährt der Hörer, welchen Code oder welches Sprachspiel er jetzt zu verwenden hat, oder auch wann ein Wechsel in der Gesprächsführung erforderlich ist, oder wann eine Äußerung zu Ende ist? (Dafür werden ja nur manchmal *verbale* Signale verwendet werden können.) Der Sprachethnologe schließlich, der erstmals dem native speaker einer ihm unbekannten Sprache begegnet, wird sich ebenfalls bemühen müssen, durch Anlegen irgend eines Code die Gliederung dessen zu erkennen, was ihm da zunächst als scheinbar undifferenzierter Fluß aus Sprache und Tun entgegenkommt. Er wird aber *auch* aus irgend welchen Anzeichen (die nach welchem Code zu lesen wären?) erfahren müssen, ob der native speaker ihm, dem Fremden gegenüber, vielleicht einen Angriff plant oder aber jedenfalls einen ganz anderen Code verwendet (›für höflich zu behandelnde Ausländer‹, ›für Barbaren‹ . . .), als es der im Umgang mit Gleichgestellten und Bekannten übliche ist.

Wir sehen, daß sich im Vorfeld jeder Code-Benutzung etwas abspielen muß, was noch nicht durch den Code geregelt sein kann. Was ist das?

Wir können es eingrenzen, wenn wir mit PLOOG (1972) daran denken, daß gerade entwicklungsmäßig frühe, also nicht verbal codierte Kommunikation vor allem auf soziale Information, nicht so sehr auf Information über die nichtsoziale Umwelt, sich bezieht. Die Tatsache, daß in einer scheinbar einheitlich kommunikativen Handlung verschiedene Subsysteme enthalten sein können*, die sozusagen nach verschiedenen Codes funktionieren (oder jedenfalls so funktionieren *können*), läßt sich durch ferngesteuerte Reizung bestimmter Hirnareale aufzeigen:

> »Die Modifikation des hirnphysiologischen Zustandes (z. B. durch Reizung bestimmter Hirnorte) bewirkt also eine Veränderung in den Hirnsystemen, die an der Signalerzeugung

* Es sei daran erinnert, daß – aus ganz anderem Blickwinkel – auch WITTGENSTEIN und vor allem AJDUKIEWICZ darauf hingewiesen haben, daß in *der* Sprache verschiedene Sprachen (oder Sprachspiele) simultan enthalten sind. (Vgl. Kap. IX) Unter neurolinguistischem Aspekt kann man mehr oder weniger automatisierte Subsets der Sprache unterscheiden, wie wir uns oben durch VanLANCKER (1975) sagen ließen.

Anteil haben. Diese Veränderung wird gleichzeitig durch die gerade gegebene Gruppenkonstellation mitbestimmt, die das Tier wahrnimmt ... Wenn aus diesen beiden Komponenten ein Verhalten mit Informationsgehalt resultiert, wirkt dieses wieder auf die soziale Situation zurück.« (PLOOG 1972, S. 148)

Der gleiche Ausgangspunkt, den PLOOG hier analysiert, nämlich die enge Verbundenheit entwicklungsmäßig ›früher‹ Kommunikationsformen mit dem Duktus des sozialen Geschehens, kann natürlich auch zu einem Gang in anderer Richtung benutzt werden. Geht man in die Sprachphilosophie, so erinnert man sich daran, daß sowohl bei WITTGENSTEIN als auch bei den Sprechaktphilosophen sozialbezogene sprachliche Äußerungen es sind, welche sozusagen als erste den Kopf aus dem Duktus der Handlung heraus und in den Raum des Symbolischen hineinstrecken: bei WITTGENSTEIN ist es der durch die Handlung in seinem »Gemeintsein« definierte imperativische Ruf »Platte«, bei SEARLE sind es die performativen Ausdrücke.

In diesem »Vorfeld« des Encodierens und Decodierens spielt sich also ein Geschehen ab, das weitgehend in das Bedingungsgefüge sprachlichen Geschehens eingreift. Was geschieht da? Welche Kenntnisse oder »Techniken« muß man haben, so können wir die Frage präziser formulieren, um überhaupt mit einem Code umgehen, ihn benutzen zu können? Die wohl ausführlichste Antwort darauf gibt GARFINKEL (1972).

Ausgangspunkt seiner Erfahrungen war ein Projekt, in welchem eine große Zahl von Krankengeschichten danach ausgewertet werden sollten, welche diagnostischen und therapeutischen Phasen ein Patient in einem großen Kliniksystem durchläuft. Diese Auswertung bestand zunächst in einem Codierprozeß, in welchem die Angaben der Krankengeschichten nach einem Code verschlüsselt wurden. Was mußten die Codierer dazu wissen? Die Krankengeschichte und die Codieranweisung genügten keineswegs:

»In order to accomplish the coding, coders were assuming knowledge of the very organized ways of the clinic that their coding procedures were intended to produce descriptions of. Such presupposed knowledge seemed necessary and was most deliberately consulted whenever the coders needed to be satisfied that they had coded ›what really happened‹ ... no matter how apparently clear coding instructions were. Agreement in coding results was being produced by some other procedure with unknown characteristics ... what actual activities made up coders' practices called ›following coding instruction‹?« (1972, S. 311)

Es zeigt sich, daß die Codierer ganz bestimmte ad hoc-Techniken (GARFINKEL bezeichnet sie mit dem an WITTGENSTEIN erinnernden Ausdruck *ad hocing games)* einsetzen, um die Relevanz oder Nichtrelevanz der Codierinstruktion für das zu encodierende Klinikereignis einschätzen zu können. Derartige ad hoc-Überlegungen sind unumgänglich – und damit sind wir im Zentrum des Problems – für die Entscheidung über

»the fit between what could be read from the clinic folders and what the coder inserted into the coding sheet. No matter how definitely and elaborately instructions had been written and despite the fact that strict actuarial rules *could* be formulated for every item, and with which folder contents *could* be mapped into the coding sheet, insofar as the claim had to be advanced that coding sheet entries reported real events of the clinic's activities, then in every instance, and for every item,
–›et cetera‹
–›unless‹
–›let it pass‹
–›factum valet‹
accompanied the coder's grasp of the coding instructions as ways of analysing actual folder contents.« (1972, S. 312 f.)

Dabei bezieht sich die ad hoc-Technik des »Etcetera« auf eine Art praktischen Rat, den der Codierer beim Befolgen seiner Codierregeln beherzigen soll: »Verstehe die Regel so ... und so weiter«. D. h.: »Verlängere die Regel über das in ihr Aufgezählte hinaus«. Damit sind wir natürlich (ohne daß GARFINKEL dies erwähnt) wieder bei WITTGENSTEIN angekommen (vgl. Kap. IX): Wenn dieser etwa fragt, wie man einem Hörer erklärt, was ein »Spiel« sei (anders ausgedrückt: was man als »Spiel« encodieren würde), so ist seine Antwort:

»Man gibt Beispiele und will, daß sie in einem gewissen Sinne verstanden werden« (S. 327)

oder an einer anderen Stelle:

»die Worte ›das ist der König‹ sind nur dann eine Erklärung, wenn der Lernende ... schon andere Spiele gespielt hat, oder dem Spielen Anderer mit Verständnis zugeschaut hat *und dergleichen.*« (S. 305; im Original gesperrt gedruckt.)

Im Codierer oder im Sprachbenutzer wird also stillschweigend die Fähigkeit vorausgesetzt, einem in den Codierinstruktionen nur angedeuteten (nicht aber fixierten) Trend auch über das hinaus zu folgen, was in der Instruktion selbst erwähnt wird.

Sprachliches Codieren ist also, wie wir sehen, überhaupt nur möglich im Rahmen eines prinzipiell nicht selbst wieder völlig in Codieroperationen auflösbaren ›Spiels‹. Dies ist eine grundlegende Eigenschaft, deren Wichtigkeit kaum zu überschätzen ist: die Verwendung von Sprache ist immer die Verwendung eines (oder mehrerer?) prinzipiell unvollständigen Systems, eines offenen Systems, das man überschreiten muß, um es verwenden zu können. Die Konkretisierung durch Codieren muß orientiert sein auf einen umfassenden Sinnhorizont, von dem aus der Vorgang des Codierens gesteuert wird – wir sind ganz in der Nähe dessen, was wir oben (Kap. VII) über den Vorgang des Verstehens skizziert haben.

Das wird bestätigt auch durch die anderen ad-hoc-Techniken, die GARFINKEL nennt: ›unless‹ und ›let it pass‹ bezeichnen die Entscheidungsmöglichkeit, die Codierinstruktion *nicht* anzuwenden, auch wenn es bei einem oberflächlich wörtlichen Verständnis gefordert erscheint.* Hier werden Überlegungen wirksam:

»Which any member knows need not and cannot be cited before they are needed, though no member is at a loss when the need is clear. That is, you presumably can recognize circumstances and cases to which no one in their right (professional) mind would take the rule as applying, though not stated.« (GARFINKEL 1972, S. 312)

GARFINKEL spricht hier kennzeichnenderweise von den ›members of a profession‹, die in der Lage sind, diese Tech-

* Die vierte der GARFINKELschen ad-hocing-Techniken, »factum valet« bezieht sich ganz ähnlich darauf, daß »an action that is otherwise prohibited by a rule is to be treated as correct; it happens nevertheless« (1972, S. 312).

niken anzuwenden, wenn sie Ereignisse in dieser ›profession‹ codieren. Das heißt, diese zusätzlichen und für die Benutzung des Code essentiellen Kenntnisse entstammen der professionellen Praxis, der Lebensform, die ja Teil des Sprachspiels ist.

Die *Kenntnis*, welche eventuell codierbar ist, baut auf einem *Können* auf, das nicht codiert ist. Gerade die Tatsache, daß diese Techniken vage und *nicht* völlig spezifizierbar sind, sondern immer durch den Elan des Mit-Tuns und des Mit-Lebens ausgerichtet werden müssen (man denke an AJDUKIEWICZs ›Bereitschaft zur Anerkennung‹, welche auch diesen Elan voraussetzt! s. o. S. 256) – gerade diese Tatsache verschafft diesen ad-hocing-games ihre

> »irremediable priority over the usually talked about ›necessary and sufficient‹ criteria« für das Encodieren und Decodieren. (GARFINKEL 1972, S. 313)

Im Spielfeld dieser ad-hocing-Techniken, also in dem Bereich, in welchem Entscheidungen über Gebrauch und Nichtgebrauch von Codes gefällt werden, in diesem Bereich wirkt vieles von dem, was man als nichtverbale Kommunikation bezeichnet. Wenn wir – anders ausgedrückt – die Funktion dieser nichtverbalen Kommunikation u. a. auch darin sehen, den Einsatz dieser ad-hocing-Techniken zu bestimmen, so wird die nichtverbale Kommunikation, die bisher sozusagen als separates (und weniger angesehenes) System neben *dem* System der Sprache stand, zu einer notwendigen *Voraussetzung* für Sprache. Genauer: wir erkennen wieder einmal, daß Sprache eben nicht *ein* System, sondern gerade durch das notwendige Ineinandergreifen verbaler und nichtverbaler Subsysteme gekennzeichnet ist. Und wir erkennen weiter: das, was unter *einem* Aspekt als selbständiges Subsystem erscheint (z. B. das der nichtverbalen Kommunikation), ist unter einem *anderen* Aspekt die prinzipiell nicht völlig systematisierbare Basis eines anderen Systems (im Beispiel: der verbalen Kommunikation). Man muß das eine haben, um die Möglichkeiten des anderen nutzen zu können.

Unter wieder einem anderen Gesichtspunkt vollzieht sich im Grenzgebiet zwischen nichtverbaler und verbaler Kommunikation der Übergang vom direkt auf etwas hinweisenden Tun zu einer Stufe der Kommunikation, auf welcher dadurch *präziser* gemeint und verstanden wird, daß man die Intention des Sprecher/Hörers durch die Transparenz einer *codierten* Mitteilung ausrichtet. Wenn man so will, ist hier der Übergang vom etwas meinenden Sprecher zur Formalisierung dessen, ›womit‹ er meint.

Betrachten wir jetzt die nichtverbale Kommunikation selbst wieder als ein (natürlich auch nicht geschlossenes) System und kehren wir zu GOFFMANs Situationsstruktur zurück, die sich aus dem verschiedenen »involvement« der Teilnehmer ergibt und unter anderem auch in der nichtverbalen Kommunikation sich ausdrückt. Diese Involvement-Struktur wird bestimmt durch das, was die Teilnehmer sozusagen zur Situation mitbringen (dazu gehören Alter, Status, Bekanntheit der Partner, etc.), und durch die »Zielsetzung« der Situation, die sich aus dem Zusammenspiel (und damit natürlich aus den Intentionen und Möglichkeiten) der Teilnehmer ergibt. Die Auswirkung dieser präverbalen Strukturiertheit der Situation auf das sprachliche Verhalten im engeren Sinne wird besonders deutlich (und ist besonders gut untersucht worden) am Beispiel der Wahl der Anredeform.

ERVIN-TRIPP hat in einer sehr differenzierten Analyse festgestellt, daß in den USA etwa sieben formell verschiedene Anredeformen verwendet werden; sie reichen von gar keiner spezifischen Anrede über Vorname, Verwandtschaftsbezeichnung plus Vorname, Mr./Mrs./Miss plus Nachnamen bis zu Titel plus Nachnamen (wobei besondere Fälle wie Anrede eines Priesters oder des Präsidenten oder eines Gerichtsvorsitzenden etc. natürlich nicht berücksichtigt sind). Die Wahl der Anredeform kann in ERVIN-TRIPPs Schema durch die Aufzählung von 14 Selektoren beschrieben werden (z. B. verwandt: ja/nein, Alter des Angesprochenen über/unter 15 Jahren, verheiratet ja/nein ...) Dabei unterscheidet ERVIN-TRIPP nur ganz grob zwischen statusbetonter und nicht-statusbetonter Situation. Würde man hier feinere Differenzierungen einführen, z. B. die Situation spezifizieren als eine, in welcher der Angeredete dem Sprecher einen Gefallen erweisen soll o. ä., so würde sich die Anzahl der Selektoren natürlich stark erhöhen.

In unserem Zusammenhang interessiert die Tatsache, daß eine große Zahl dieser Selektoren durch die nichtverbal kommunizierte Involvement-Struktur der Situation mit repräsentiert oder sogar vor-entschieden wird. Sprecher und Anzuredender gehören – äußerlich erkennbar – bestimmten Gruppen an oder möchten ihnen zugerechnet werden, der Anzuredende läßt durch Variation des Abstandes vom Sprecher und von anderen Anwesenden seine »Geneigtheit« erkennen, angesprochen zu werden, etc.

Andererseits können nichtverbale Anzeichen auch bereits – und damit gehen wir über den speziellen Fall der Wahl der Anredeform hinaus – signalisieren, welcher Diskurs-Stil generell gewählt werden soll. Derartige Stilverschiedenheiten können z. B. die zwischen Dialekt und Hochsprache sein oder zwischen formellem und informellem Stil oder zwischen dem, was BERNSTEIN restringierten und elaborierten Code genannt hat. Während BERNSTEIN jedoch (1964) ursprünglich davon ausging, daß das Individuum Gefangener seines ihm von seiner Klasse aufgezwungenen Codes sei, wird dies durch neuere Untersuchungen wieder in Frage gestellt. Nach ihnen hängt es vom Kommunikationspartner bzw. vom in der Situation erkennbaren Ziel der Kommunikation ab, welcher »Code« verwendet wird. CAZDEN findet (1970), daß mit steigender persönlicher Involviertheit am Gespräch die strukturelle Komplexität der Äußerungen wächst. RICKHEIT (1975) hat gezeigt, daß zwischen erzählender, berichtender und beschreibender Thematik Unterschiede der verschiedenen Code-Variablen zu finden sind, die weit größer sind als die auf Verschiedenheit der Sozialschicht zurückführbaren: der Sprecher kann offenbar in gewisser Weise *wählen*, welchen Code er zum Erreichen eines bestimmten Zieles einsetzen will.

BLOM und GUMPERZ (1972) sehen derartige Entscheidungen über die Wahl des kommunikativen Stils als Teil einer umfassenden Verhaltenstheorie an, der sie einen prominenten Platz innerhalb der verbalen Kommunikation zuweisen:

> »The determinants of this communicative process are the speaker's knowledge of the linguistic repertoire, culture, and social structure, and his ability to relate these kinds of knowledge to contextual constraints.« (1972, S. 422)

Mit diesem Wissen, aus dem heraus über die Verwendung bestimmter kommunikativer Strategien entschieden wird, sind wir natürlich wieder einmal in die Nähe eines Kompetenzbegriffs gekommen: HYMES nennt es (1970) denn auch Kommunikative Kompetenz. Wir sind oben schon mehrfach darauf eingegangen, daß weder der Kompetenzbegriff als solcher noch die Vervielfachung der erforderlichen Kompetenzen viel zur Klärung der Probleme beitragen kann, welche eine Theorie der tatsächlichen Sprachverwendung zu berücksichtigen hat. BLOM und GUMPERZ selbst gehen einen wichtigen Schritt über die in einem Kompetenzbegriff implizierte Annahme einer bloßen Norm hinaus:

> »behavioral regularities are no longer regarded as reflections of independently measurable social norms; on the contrary, these norms are themselves seen as communicative behavior.« (1972, S. 432)

Statt als besondere Kompetenz sollte man einen umfassenden Sprachstil eher auch als ein (generelles) Sprachspiel ansehen, dessen Wahl von der Intention und der (sozialen) Kognition des Sprechers und natürlich von dem Repertoire an Sprachspielen bestimmt wird, das dem Sprecher zur Verfügung steht. Der Begriff des Sprachspiels erlaubt uns nämlich, die fließenden Übergänge zu sehen, welche zwischen der Wahl eines bestimmten, generell für eine ganze Diskussion gültigen formalen Stils einerseits und andererseits der Wahl der für einen bestimmten Sprechakt »angebrachten« Kommunikationsart bestehen. Die nichtverbale Kommunikation signalisiert ja nicht nur so grobe Unterscheidungen wie »formeller« versus »informeller« Stil, sondern sie stellt auch Anzeichen zur Verfügung, die dem Angesprochenen bestimmte Intentionen schon deutlich machen, welche der Sprecher hat. Wer auf einem holländischen Autobahnparkplatz bis auf 40 cm an mich herantritt, wird mir eher eine billige Uhr verkaufen wollen als mich nach dem Weg fragen. Das heißt, nicht-verbale »Anzeichen« informieren mich bereits darüber, welche Art von Sprechakt zu erwarten, welche Art von Sprachspiel zu spielen sein wird.

Diese durch nichtverbale Information bewirkte Vor-Bestimmung des kommenden Sprechakts kann unter formalen und inhaltlichen Aspekten betrachtet werden. Der formale Aspekt gilt der Ausgliederung des betreffenden Sprechakts aus dem »Strom des Verhaltens«, der inhaltliche engt die Wahlmöglichkeiten der Qualität des zu erwartenden Sprechakts ein. Wir wenden uns dem ersten Aspekt zu.

Der Begriff des Sprechakts, der hier auftritt, war uns früher als ein Versuch begegnet, die Einheit aus psychologischen Annahmen, Intentionen, Erwartungen etc. und tatsächlicher verbaler Äußerung zu umreißen, welche als Baustein der Kommunikation fungiert. Wir wollen hier diesen Baustein-Charakter besonders in den Vordergrund stellen und fragen, ob und in welcher Weise nichtverbale Anzeichen zur Absetzung des betreffenden Sprechakts von dem beitragen, was ihm vorangeht und was ihm folgt.

Diese Frage der *zeitlichen Strukturierung*, der zeitlichen Begrenzung einer sprachlichen Äußerung, ist im alltäglichen sprachlichen Geschehen viel wichtiger und problematischer als manche Linguisten gemeinhin annehmen, für welche ein Satz durch einen Großbuchstaben am Anfang und einen Punkt am Ende deutlich begrenzt ist. Wer tatsächlich gesprochene Kommunikation untersucht, ist immer wieder überrascht von dem

> »incredible amount of sharing that takes place during communication and which applies not only to the discrete properties (i. e., classes of behavior) but to the continuous properties (i. e., the segmentation of the temporal continuum) as well«. (DE LONG 1974, S. 43)

Es ist also keineswegs so selbstverständlich, daß schon vier- bis fünfjährige Kinder durch ihr Verhalten zeigen, daß sie recht genau wissen, ob ein Sprecher mit seiner Äußerung zu Ende ist und eine Äußerung des Hörers erwartet oder ob er bloß eine Pause macht und danach selbst weiter zu sprechen beabsichtigt. Da die Grenzen einer Äußerung keineswegs immer klar *linguistisch* gekennzeichnet sind, muß der Hörer also vermutlich *nichtverbale* Signale empfangen, die ihm erlauben, die vom Sprecher intendierte Gegliedertheit der verbalen Äußerung zu erkennen.

CONDON und OGSTON haben schon 1966 eine wechselseitige Regelung zwischen dem verbalen Verhalten des Sprechers und dem nichtverbalen Verhalten des Angesprochenen aufgezeigt. Dabei spielt der Augenkontakt eine große Rolle (jedenfalls im angloamerikanischen Kulturkreis. Ob dies auch für den arabischen gilt, für den die Normen des Augenkontakts ganz anders sind [HALL 1966], sei dahingestellt). KENDON entdeckte ein regelmäßig sich wiederholendes Blick-Pattern bei sich unterhaltenden Partnern: Je mehr sich der Sprecher A dem Ende seiner Äußerung nähert, desto mehr wird er seinen Partner B anblicken; er sieht ihn auch noch an, wenn B dann zu sprechen beginnt. B hingegen beginnt seine Äußerung mit sozusagen abgewandtem Blick. Wird dieses Pattern nicht eingehalten, beendet also beispielsweise A seine Äußerung, ohne B anzusehen, so tritt eine signifikante Verzögerung oder gar ein Ausfall der Antwort von B ein.

> »Speech while looking is faster and more fluent, and gaze behavior at juncture pauses (defined grammatically) is distinctively different from that at hesitation pauses. Speakers tended to look at their interactants just before and during the first part of juncture pauses, but tended to look away during hesitation pauses. The listener complements this behavior by doing about half his looking during the speakers juncture pauses.« (DUNCAN 1969, S. 131)

KENDON unterscheidet auf Grund seiner Befunde vier Funktionen des Blickkontakts:

- kognitiv: der Sprecher sieht bei schwierigen Encodierungen weg;
- monitoring: der Sprecher blickt seinen Partner an, um ihm den Abschluß einer Gedankeneinheit zu signalisieren und sich von der Antwortbereitschaft des Partners zu überzeugen;
- regulativ: durch Blickkontakt können Äußerungen des Partners gefordert oder auch unterdrückt werden;
- expressiv: das Anblicken des Partners kann den Grad der Erregung oder der Ichbeteiligung des Sprechers ausdrücken.

Was KENDON uns hier vorführt, kann natürlich auch wieder als das Vorhandensein von vier verschiedenen und teilweise ineinandergreifenden Subsystemen der Kommunikation verstanden werden.
Über die Rolle des Blickkontakts hinausgehend hat vor allem DE LONG (1974) an Kindergartenkindern eine hoch signifikante Anhäufung von *kinesic activity* (d. h. Kopf-, Arm-, Hand- und Fingerbewegungen) am Ende einer Äußerung, nicht aber vor oder an ihrem Anfang festgestellt. (Die Bereitschaft, selbst zu sprechen, wird offenbar durch generelle Hal-

tungsänderung signalisiert.) Diese End-Ankündigungen bestehen großenteils aus nach links und nach unten gerichteten Bewegungen. Dabei wird das Ende einer Phrase *innerhalb* einer umfassenderen Äußerung durch sehr viel geringere kinesische Aktivität signalisiert als das Ende der ganzen Äußerung – das heißt aber auch, daß derartige Bewegungen die innere Struktur einer umfassenden Äußerung signalisieren und so dem Hörer wichtige clues dafür liefern, wie er das *Gehörte* zu gliedern hat: Hierher gehört auch KENDONs Befund, wonach zusammengehörende Wörter innerhalb einer Äußerung durch das Gleichbleiben der Kopfhaltung auch nichtverbal als zusammengehörend signalisiert werden.

Bei der Darstellung des Spracherwerbs (Kapitel XII) werden wir erkennen, wie wichtig gerade für die schon erwähnte MacNAMARAsche Position (s. S. 320) es ist, daß das kleine Kind durch derartige ›Hilfsmittel‹ in die Lage versetzt wird, dem schon vorsprachlich erfaßten Meinen des Sprechers nun die Struktur der sprachlichen Äußerung zuordnen zu können, mittels derer der Sprecher das spezifiziert oder kundtut, was er meint.

Eine außerordentlich interessante Perspektive ergibt sich durch einen Nebenbefund DE LONGs. Teilt man die Äußerungen der Kinder auf in solche, die primär an den Partner gerichtet waren, und in eher »egozentrische«, und vergleicht dann das Ausmaß an Bewegungen am Ende der jeweiligen Äußerungen, so zeigt sich

> »as previously found, kinesic activity tends to increase significantly toward the ends of utterances, but only in the case of other-directed speech. Self-directed utterances did not display this characteristic!« (1974, S. 65)

Es ist kaum ein eindrucksvolleres Beispiel für die Funktion dieser nichtverbalen Regulatoren des verbalen kommunikativen Geschehens denkbar.

Ihre Wichtigkeit wird dort besonders deutlich, wo die verbale Kommunikation so primitiv ist, daß sie ohne eine sie begleitende und stützende nichtverbale Kommunikation in ihrer Leistungsfähigkeit beeinträchtigt ist. RULE (1967) weist darauf hin, daß

> »the least evolved human groups, e. g., the natives of the Kalahari desert, simple food gatherers and hunters, have a voca-

bulary estimated at 80 words, and their communications system is so embedded in posture and gesture that they have difficulty communicating in the dark«. (1967, S. 161 f.)*

Überblicken wir die verschiedenen Beispiele nichtverbaler Kommunikation, so erkennen wir, daß die meisten von ihnen (Zeit-)gliedernde Bewegung als wirksames Agens zu enthalten scheinen. Das wollen wir im Auge behalten, wenn wir jetzt »näher an die Sprache herangehen«.

Wir haben während unserer Diskussion der Rolle nichtverbaler Faktoren im verbalen Geschehen immer schon nahezulegen versucht, daß – horribile dictu – der Übergang vom Nichtverbalen zum Verbalen ein fließender ist, daß eine scharfe Grenzziehung zwischen linguistisch Codiertem, nichtlinguistisch Codiertem und Noch-überhaupt-nicht-Codiertem nicht möglich ist, ja nicht einmal einen Erkenntnisgewinn darstellen würde. So möchten wir jetzt auch die Kleinheit des Schrittes betonen, der uns von den eben besprochenen Bewegungs-Signalen zu den im Redefluß eingestreuten und ihn gliedernden Pausen führt.

Ein wie wichtiger Faktor diese Pausen sind, wird schon durch die Tatsache nahegelegt, daß Pausen etwa 40 bis 50% der gesamten Sprechzeit einnehmen und daß die Variation der Sprechgeschwindigkeit kaum durch Veränderung der Artikulationsgeschwindigkeit, sondern fast ausschließlich durch Veränderung der Pausenzahl und -dauer reguliert wird.

Wir sind zur Besprechung der Pausen gekommen über eine Analyse der Rolle nichtverbaler Information für die Bestimmung der (vor allem sozialen) Situation, in welcher Sprechereignisse stattfinden und durch welche sie einen Teil ihrer Determiniertheit erfahren. Pausen sind natürlich für den Hörer in hohem Maße informativ, aber die Information, die durch sie vermittelt wird, bezieht sich weniger auf soziale als auf psychologische oder gar physiologische Determinanten des Sprechereignisses.

Worüber informieren nun die in die verbale Äußerung eines Sprechers eingestreuten Pausen? Dazu muß man wissen, wie sie entstehen.

Die Antwort auf diese Frage wird hauptsächlich durch die

* Den Hinweis auf RULE verdanke ich Herrn Prof. Angermeier, Heidelberg.

Untersuchungen F. GOLDMAN-EISLERs geliefert. Die Pausen beim spontanen Sprechen sind offenbar jene Teile des gesamten sprachlichen Ereignisses, in welchen Planung und Selektion durchgeführt, d. h. Information generiert wird. Die durch Pausenzahl und -länge bestimmte Geschwindigkeit, mit der ein Sprechereignis abläuft, hängt mit der Wahrscheinlichkeitsstruktur sowohl der der Pause vorangehenden als auch der ihr folgenden Wörter zusammen. Das ist ein erster (und allein noch nicht viel sagender) Hinweis darauf, daß vermutlich gerade in den Pausen jene verbale Planung abläuft, die in der russischen Sprachpsychologie als »inneres Programmieren« bzw. als »Expansion« eines zeit-komprimierten Stadiums in das der inneren oder äußeren Sprache beschrieben wird.

Wie »weit hinab« das Bedingungsgefüge der Pausen reicht, wird in einer Untersuchung GOLDMAN-EISLERs (1967) deutlich, in der sich bei relativ langsamem Sprechen (d. h. wenn die Pausen mehr als 30% der Gesamtzeit ausmachten) eine gewisse Rhythmik zeigte, d. h. ein regelmäßiger Wechsel zwischen schnelleren und langsameren Perioden. GOLDMAN-EISLER meint

> »that even the most fluent passages of an output in rhythmic speech are under some kind of inhibitory restraint as compared with the fluent passages of nonrhythmic speech. This may indicate that here a negative feedback operates even after speech action has left the phase of planning and entered the executive phase, whereas in the non-rhythmic samples the acceleration is more absolute, the action impulsive and the process seemingly uncontrolled«. (1967, S. 131)

GOLDMAN-EISLER interpretiert diesen Unterschied zwischen einer rhythmischen Sprechart, in welcher rasche und eher zögernde Passagen abwechseln, und einer nicht-rhythmischen in Analogie zu der Unterscheidung zwischen Bewegungen, die während ihres Ablaufs durch feedback bzw. afferente Korrekturen modifiziert werden können, und sog. ballistischen Bewegungen, welche durch eine kurze und im voraus völlig festgelegte Kraft in Gang gesetzt und in ihrem Ablauf bestimmt werden.

Es ist verführerisch, daran eine durch unsere früheren Überlegungen nahegelegte Spekulation anzuknüpfen. Wir haben oben (Kap. VI, VII) darauf hingewiesen, daß weder beim »Encodieren« noch beim »Decodieren« einer Äußerung mit Einheiten von stets derselben Größenordnung operiert werde: manchmal muß auf ein »Wort-Lexikon« zurückgegriffen werden, manchmal (z. B. bei vielen idioms) bildet eine Kombination mehrerer Wörter eine Einheit, die nicht weiter zerlegt werden darf. Könnte es sein, daß die von GOLDMAN-EISLER festgestellte tiefgreifende Anisotachie des Redeflusses durch dieses Hin und Her zwischen verschiedenen Analyseebenen zustandekommt? Werden »präfabriziert« bereitliegende molare Phrasen (»George is on the wagon«) sozusagen als Ganze – und daher »ballistisch« – ausgesprochen? Hier öffnet sich in der Verbindung zur russischen Sprachpsychologie einerseits, zu den Überlegungen von CRAIK und LOCKHART (s. Kap. XV) andererseits, ein vielversprechendes Forschungsfeld. Doch kehren wir zu bereits besser Bekanntem zurück.

In späteren Untersuchungen (1972) hat GOLDMAN-EISLER einen noch engeren Zusammenhang der Pausen mit der linguistischen Struktur der Äußerung nachweisen können:

> »The speaker who thinks on his feet organizes his message in highly cohesive sentence units with a clear hierarchical structure whereby constituent clauses are temporally integrated into the sentence frame (if by this we mean uttered with fluency) to a far greater extent than sentences are into the whole discourse. The degree of this temporal integration ... diminishes as we move from relative subordinate [who, which, whose], other subordinate [because, which, since, if ...] to coordinate clauses [and, but, or, therefore] ...« (1972 a, S. 110)

Zwischen den Sätzen dagegen gibt es kaum Übergänge ohne Pausen. Das deutet GOLDMAN-EISLER mit Recht als Hinweis,

> »that a basic property is involved, marking sentences as distinct units of speech, occupying in the general stream of discourse a figure to ground position«. (1972 a, S. 111)

Mit dieser Formulierung – *der Satz als Figur vor einem Grund* – haben wir eine Denkmöglichkeit gewonnen, deren Wichtigkeit weit über den Kontext hinausreicht, in welchem diese Formulierung entstanden ist.

Das Analyseschema der Figur-Grund-Unterscheidung, zu

welchem GOLDMAN-EISLER durch die Untersuchung der Pausenverteilung im Ablauf sprachlicher Äußerungen kommt, kann durch eine Reihe weiterer (und »sprach-näherer«) Befunde präzisiert und in seiner Fruchtbarkeit demonstriert werden. Die rhythmische Struktur der sprachlichen Äußerung zeigt sich nämlich nicht nur in der Verteilung von Artikulations- und Pausenzeiten, sondern auch in der von Betonung und Nicht-Betonung (Akzent).

Ganz allgemein kann man auch hier zunächst sagen, daß die zeitliche Lokalisation der in einer Äußerung produzierten Silben nicht nur vom vorangegangenen Teil, sondern vom Ganzen der Äußerung bestimmt wird. (Eine Markoff-Theorie genügt also auch hier nicht.) Dabei beherrschen die betonten (akzentuierten) Elemente die zeitliche Organisation der Äußerung; sie werden daher auch (das ist MARTINs Interpretation) *zuerst* geplant. Planen bedeutet dabei

> »selecting the time at which syllables will be actualized ... One might think of accented syllables as the main targets in the organization of the articulatory program«. (MARTIN 1972, S. 499)

MARTIN nimmt an, daß in diesem frühen Stadium die inhaltliche Grundstruktur des zu äußernden Satzes programmiert wird – hier ergibt sich als Perspektive die Verbindung zu dem von den russischen Sprachpsychologen über frühe Phasen des inneren Sprechens Gesagten. Nimmt man hinzu, was wir im Kapitel VIII über die Generative Semantik gehört haben, so ist man versucht, MARTINs Ansicht so zu konkretisieren: eine der kommunikativen Intention entsprechende Prädikat-Argument-Struktur bestimmt schon in einem sehr frühen Stadium der Aktualgenese der Äußerung die oberen Äste eines »rhythmischen Baumdiagramms«*, während die unteren Äste, welche schließlich in Funktionswörtern münden, erst zu einem späteren Zeitpunkt organisiert werden.

Damit begegnen wir einem für die Sprachpsychologie wichtigen Entwicklungsstrang: JOHNSON hatte (1965) das planende Or-

* MARTIN stellt ausführlich dar, daß die Akzentverteilung einer Reihe aufeinanderfolgender Einheiten – wobei diese Einheiten Töne oder Silben sein können – sich gesetzmäßig nach dem Baumdiagramm ergibt, welches die Zusammenfassung und Zusammengehörigkeit dieser Einheiten beschreibt.

ganisieren einer sprachlichen Äußerung nach dem Vorbild des MILLERschen *chunk*-Konzepts als einen hierarchischen Codiervorgang beschrieben, in welchem Phraseneinheiten höherer Ordnung (z. B. NP oder VP) zu solchen niedrigerer Ordnung umgebaut werden, bis schließlich die Ebene der artikulatorischen Einheiten erreicht ist. Dieses Modell war dann von ENGELKAMP (1973) korrigiert und präzisiert worden, der nachwies, daß die in diesem Vorgang fungierenden Einheiten nicht syntaktischer, sondern semantischer Art sind, d. h. besser in der Terminologie von Prädikat-Argument-Strukturen als in der einer syntaktischen Tiefenstruktur beschrieben werden können.
Nun erfahren wir, daß diese semantische Struktur vermutlich eine sozusagen ›rein formale‹ Seite hat: ihr entspricht eine ganz bestimmte Akzentverteilung in der Zeit.

BOOMER und LAVER haben (1968) nachgewiesen, daß Äußerungsfehler in der Form von Sich-Versprechen sehr viel häufiger in einer Vertauschung von betonten Silben bestehen als in einer Vertauschung von unbetonten und erst recht einer betonten mit einer unbetonten Silbe. Anhand dieses und einer ganzen Reihe weiterer Belege weist MARTIN nach,

> »there is extensive information available in speech at the rhythmic level that can be used by the listener«. (1972, S. 501)

Damit wird die Erkennung der *Akzentfigur* eines der wichtigsten Hilfsmittel, um die für das sprechenlernende Kind lebenswichtige Brücke vom *Verstehen des Sprechers* zu einem *Verstehen der sprachlichen Äußerung* des Sprechers zu schlagen. Dies wird durch eine Untersuchung von WAKEFIELD, DOUGHTIE und YOM (1974) in eindrucksvoller Weise bestätigt:

Die Autoren haben zwei Gruppen von Vpn 16 Testsätze in einer ihnen völlig unbekannten Sprache (Koreanisch) zu Gehör gebracht. Jeder dieser Sätze wurde zweimal dargeboten: einmal mit einer Pause *zwischen* und einmal mit einer Pause *innerhalb* struktureller Komponenten (Wort oder Phrase). Die Vp hatte die Aufgabe, anzugeben, welche der beiden Versionen ›natürlicher‹ klang. – Die Vpn-Gruppe A hörte vor dem Test neun mal eine auf Tonband gesprochene, drei Minuten lange Geschichte auf Koreanisch, die andere Gruppe (B) hörte ebenso lang eine Geschichte auf Mandarin-Chinesisch.
Ergebnis: Gruppe A erkennt im Testversuch die natürlichen Gliederungspausen signifikant besser als Gruppe B. Das zeigt, daß bereits ein zeitlich sehr begrenztes Anhören einer Sprache, die man

nicht versteht, dazu verhilft, die Komponenten dieser Sprache als solche zu identifizieren. Dabei werden Satz-Konstituenten besser erkannt als Wörter. Derartige *organisatorische* Einheiten spielen beim Erwerb einer Sprache offenbar eine mindestens so große Rolle als ›acquisitional units‹ als die eher inhaltlichen Einheiten der Wörter.

Von hier aus führen recht direkte Wege zu HÖPPs Überlegungen über die Ontogenese der Sprache und zu BEVERs Strategien des Spracherwerbs; auf beides wird später noch ausführlich einzugehen sein.

Die Wichtigkeit der zeitlichen Gliederung durch nichtverbale Hilfs-Signale für Produktion und Verstehen von Sprache wird übrigens auch durch LEONTJEV betont:

> »Die völlige Beherrschung einer fremden Sprache setzt den Erwerb von Besonderheiten des nichtsprachlichen Verhaltens voraus, die die Sprache begleiten.« (1971, S. 42)

Noch eindrucksvoller ist der experimentelle Befund von ERTEL und BLOEMER (1975), daß bestimmte Handbewegungen einen begleitenden Lernvorgang fördern, andere ihn hemmen – darauf wurde (S. 105 f.) bereits ausführlich eingegangen.

Halten wir fest, was uns die Analysen von Pausen und Akzent an Allgemeinem sagen: die sprachliche Äußerung weist eine zeitliche Gliederung auf wie jede menschliche Handlung. Dieser zeitlichen Gliederung korrespondiert eine Figur-Grund-Gliederung der Wichtigkeit der Konstituenten der (sprachlichen oder nicht-sprachlichen) Handlung. Diese Parallelität des wichtigsten Aspekts der menschlichen Handlung, nämlich ihrer funktionsgesteuerten, zeit-bindenden Organisiertheit, bildet die Basis (vorsichtiger: *eine* Basis) dafür, daß die eine Art der Handlung *für die andere eingesetzt*, die eine ein Zeichen für die andere sein kann.

Doch auch hier ist Vorsicht geboten: wenn wir von Parallelität in der zeitlichen Gliederung sprachlicher und nichtsprachlicher Handlung reden, so ist darunter ganz gewiß kein glatter Gleichschritt zu verstehen:

Diese Beziehung, dieses Übergangsfeld zwischen nichtsprachlichen und sprachlichen Strukturen hat (darauf weist GOLDMAN-EISLER hin) auch WUNDT schon erkannt und für essentiell gehalten: er erkennt dem Satz eine ›psychologische

Realität‹ zu und faßt ihn als die Transformation einer *simultanen Gesamtvorstellung* in die sequentielle Struktur einer Wortfolge auf. Damit wird gerade dieser so schwer faß- und denkbare Übergang einer Zeitform in eine andersartige angesprochen, dieses delikate Ineinandergreifen von

Gleichzeitig-im-Bewußtsein-Haben und
Sequentiell-hierarchisch-Artikulieren

(das ja auch in den Übergängen zwischen den verschiedenen Sprachstufen der russischen Sprachpsychologie eine Rolle spielt). Dieses Ineinandergreifen zeigt sich in der Anisotachie des Redeflusses: Pausen und Akzente gliedern diesen Fluß so, daß simultane Bewußtheiten erfaßbar werden. Sie werden bewußt, weil die Intention des Sprecher/Hörers ein Transzendieren der einzelnen Zeit-Horizonte erzwingt und eben dadurch das Gemeinte durch die Äußerung hindurch erkennbar werden läßt.

Wenn wir die Äußerung als Figur vor einem Grund auffassen, oder wenn wir in der Äußerung Figuren vor einem Grund unterscheiden, dann wird in dieser Relation zwischen Figur und Grund also auch das wieder aufgenommen, was wir in Kapitel VII als Beziehung zwischen einem allgemeinen Sinn-Geflecht (das uns die Welt intelligibel macht) und der dieses Geflecht an einem spezifischen Ort konkretisierenden Äußerung gekennzeichnet haben.

›Figur vor einem Grund‹ sagt aber noch etwas anderes. Wir wissen durch Untersuchungen aus der physiologischen und aus der Wahrnehmungspsychologie, daß dem statischen Phänomen ›Figur vor einem Grund‹ eminent dynamische Prozesse, nicht so sehr stationäre Zustände zugrunde liegen (man denke an die sog. Kippfiguren!). Wenn wir jetzt also unter vor allem formalen bzw. strukturellen Gesichtspunkten zur Klärung sprachlichen Geschehens diesen Begriff eingeführt haben, dann sollten wir in den folgenden, eher inhaltlich orientierten Abschnitten nicht so sehr nach Relationen zwischen statischen Zuständen (etwa Zeichen/Bezeichnetes oder Ausdruck/Ausgedrücktes) suchen, sondern die Dynamik zu erfassen trachten, welche ein Sprecher auf einen Hörer oder ein Hörer auf einen Sprecher richtet und über welcher solche »quasi-stationären« Zustände wie Figur vor einem Grund nur entstehen können.

Kapitel XII
Anfänge der Sprache

Im vorangegangenen Kapitel haben wir zu skizzieren versucht, daß und wie sprachliches Geschehen aus einem nichtsprachlichen – informativen oder sogar kommunikativen – Geschehen sich heraushebt, wobei dieses nichtsprachliche Geschehen das sprachliche gliedernd, stützend und steuernd umgibt. Dieses Gliedern, Stützen, Steuern war dabei recht formal gesehen worden, so daß schließlich die sprachliche Äußerung auch durch eine sehr formale Kennzeichnung charakterisiert wurde: als Figur vor einem Grund. Dieser formale und strukturale Aspekt soll jetzt, sozusagen in einem zweiten Anlauf, durch einen inhaltlich-kognitiven ergänzt werden. Wir fragen jetzt nach dem Inhalt oder der Qualität dessen, was sich da aus dem Strom der Handlung in den Raum oder das Medium des (nur) Sprachlichen hineinzuheben beginnt. Dabei wollen wir wieder einen Entwicklungsaspekt suchen.

Wir haben schon mehrfach die Gefahren und den Erkenntnisgewinn gegeneinander abzuwägen versucht, die sich aus der Analyse der »Sprachanfänge« ergeben. Aber wir können, als der vollen sprachlichen »Kompetenz« mächtige Erwachsene, kaum etwas über die inhaltliche Qualität des »Kerns« der sprachlichen Äußerung zu erfahren hoffen, wenn wir nicht diesen »Kern« dort zu betrachten versuchen, wo er noch relativ wenig überlagert von späteren Zutaten ist. Dabei muß uns natürlich klar sein, daß diese Betrachtungsweise (»Kern«, »spätere Zutaten«, »überlagert« ...) eine Fülle von Voraussetzungen impliziert und nur durch ihren Erfolg (d. h. den aus ihr folgenden Erkenntnisgewinn) zu rechtfertigen ist.

Wo liegt ein dafür besonders vielversprechender Ansatzpunkt? Wenn man mit BRONOWSKI (1967, 1970) nacheinander die Unterscheidungskriterien durchgeht, die üblicherweise in der Kontroverse »Haben Tiere eine Sprache« herangezogen werden, so findet man – und das bringt uns ein wenig in die Nähe LENNEBERGs zurück, vgl. Kap. III –, daß die meisten dieser Kriterien für eine scharfe Grenzziehung zwischen tierischer und menschlicher Sprache nicht tauglich sind. *Eine* Unterscheidung allerdings hebt sich als allgemein wichtig heraus:

> »... The signals that animals make are (like most animal reactions) too direct and total, too immediate, to make them capable of the constructive assembly which characterizes human speech and thought.« (1967, S. 375)

Für BRONOWSKI stellt also die Möglichkeit, zwischen dem Auffassen des einlaufenden Signals und dem Aussenden einer (verbalen oder nichtverbalen) Antwort eine *Verzögerung* einzuschieben, »the central and formative feature in the evolution of human language« dar (S. 381).

Diese Betonung einer zeitlichen Verzögerung als Konstituens ist in mehrfacher Hinsicht wichtig: sie ist einmal eine sozusagen absolute Absage an jede S-R-Psychologie des Sprechenlernens, denn diese enthält – außer dem in dieser Hinsicht vagen Mediationskonzept – keine Möglichkeit für einen »Zeitpuffer«. Diese zeitliche Verzögerungs- und Verschiebemöglichkeit wird auch von der WUNDTschen Satzkonzeption vorausgesetzt, in der von der Umsetzung einer simultanen Gesamtvorstellung in die Sukzession der Wörterfolge die Rede ist. Sie wird, unter einer BRONOWSKI recht ähnlichen Begründung, von den Anhängern der ›Allgemeinen Semantik‹ KORZYBSKIs als Voraussetzung einer ›humanen‹ Verwendung der menschlichen Sprache betont. Und schließlich wird damit natürlich auch der bewußt-machende Aspekt dieser zeitlichen Verschiebungen wieder aufgenommen, von welchem wir schon mehrfach gesprochen haben.

Diese Verzögerung wird nach BRONOWSKI möglich durch (bzw. sie macht möglich)

a) eine allmähliche Trennung der affektiven »Ladung« einer Mitteilung von ihrem instruierenden Gehalt;
b) die Verlängerung der Referenz, d. h. die Fähigkeit, sich auf Vergangenes und Zukünftiges zu beziehen;
c) die Internalisierung des Sprechens (VYGOTSKY), so daß Sprache auch ein Instrument der Reflexion werden kann;
d) die Fähigkeit, in Analyse und Synthese Mitteilungen auseinanderzunehmen und zusammenzusetzen (BRONOWSKI spricht von ›Rekonstitution‹).

Die Fähigkeit, sich aus den unmittelbaren Duktus von Stimulus und Response wenigstens für Augenblicke zu lösen, stellt also eine Grundlage für jenen »kreativen«, rekonstituierenden Sprachgebrauch dar, welcher die menschliche Sprache kennzeichnet.

Daraus folgt, daß wir – wenn überhaupt – durch ein Studium der *tierischen* Kommunikation am ehesten dort etwas über Funktion und Funktionieren der *menschlichen* Sprache erfahren können, wo neurophysiologisch die Möglichkeit zu einer solchen Verzögerung gegeben ist: d. h. bei den Primaten. Bei ihnen findet sich bereits jenes Nicht-Gefangensein vom Stimulus, das sich auch als Neugier äußert.

Noch etwas anderes folgt aus BRONOWSKIs Überlegungen: daß durch die *Art* der Untersuchung des kommunikativen Verhaltens von Primaten jene Verzögerungsmöglichkeit angesprochen und begünstigt werden sollte, wenn eine solche Untersuchung nicht so sehr unser Verständnis der Primaten, sondern unser Verständnis der *menschlichen* Sprache erweitern soll. Es geht jetzt ja nicht darum, wie Primaten »normalerweise« miteinander kommunizieren (was unter einem hier zurücktretenden Aspekt natürlich auch interessant ist), sondern darum, wie Primaten kommunizieren *können*, wenn man ihnen in einem verzögerungsbegünstigenden Milieu ein auf diese Verzögerung zugeschnittenes Kommunikationsinstrument verfügbar macht.

Damit sind wir zum Empfang der Damen Washoe Gardner und Sarah Premack bereit.

Nachdem frühere Versuche, Schimpansen menschliche Sprache beizubringen (KELLOG, HAYES), trotz intensiver Mühen keine guten Resultate gehabt hatten, kam das Ehepaar GARDNER auf die Idee, den dafür vielleicht besonders ungeeigneten Artikulationsapparat der Affen sozusagen zu umgehen und statt dessen die bei diesen Tieren ausgezeichnet entwickelte Fingerfertigkeit einzusetzen: sie begannen, Washoe, einem jungen Schimpansenmädchen, American Sign Language, also die offizielle Taubstummensprache, beizubringen. Und zwar – das stellt den grundlegenden Unterschied zum Vorgehen PREMACKs dar – erfolgte der »Unterricht« in etwa der gleichen Weise, in der auch ein menschliches Kind »unterrichtet« wird: während eines großen Teils des Tages war ein Mensch mit Washoe zusammen und »sprach sie an«, kommentierte ihr Tun, stellte Fragen, reagierte auf ihre sprachlichen Äußerungen. Diese Vorgehensweise führte zu einem Erfolg, wie er wohl auch von den GARDNERs kaum erwartet und ganz sicher von jenen Linguisten nicht einmal befürchtet worden war, die mit CHOMSKY der Ansicht sind, daß »Acquisition of even the barest rudiments of language is quite beyond the capacities of an otherwise intelligent ape« (1968, S. 59). Washoe unterhielt sich, häufig spontan, mit den Menschen ihrer Umgebung, sie beherrschte nach etwa dreieinhalb Jahren ungefähr 85 verschiedene Zeichen; sie konnte Kombinationen bis zu 5 Zeichen produzieren. Niemand wird jetzt noch ernstlich zu behaupten wagen, die Sprachfähigkeit sei entweder ganz oder gar nicht vorhanden (vgl. Kap. III).

Um nun etwas über die Ausgangsfrage dieses Kapitels (*was* ist das, was sich aus der Handlung heraus und in das Medium der Sprache hinein verlagert?) zu erfahren, müssen wir Washoes Leistungen genauer betrachten. *Was* hat sie gelernt?

Wildlebende Schimpansen signalisieren durch ihre verschiedenen Kommunikationsmittel hauptsächlich affektive und motivationale Zustände. Es ist nicht bekannt, ob sie ihre Umgebung durch eine »kognitive Leistung« in Elemente oder Aspekte gliedern und die so herausgegriffenen Elemente mit einem (konstanten) Namen bezeichnen.

Gerade dies tut aber das menschliche Kind (STERN hat schon 1914 es als die wichtigste Entdeckung im Leben eines Kindes charakterisiert, daß jedes Ding einen Namen habe). Gerade dies *kann* auch Washoe. Sie lernt das Zeichen für »open« zuerst an einer bestimmten Tür. *Ohne* besonderes Transfertraining überträgt sie »open« dann aber sofort auf alle geschlossenen Türen, auf verschlossene Behälter, Aktentaschen, Schränke, schließlich verwendet sie dieses Zeichen auch als Aufforderung zum Öffnen einer Limonadenflasche oder eines Wasserhahns.

Das *Phänomen* der »Generalisation eines Wortes«, das durch die üblichen lerntheoretischen Annahmen nicht zu erklären ist, tritt also auch bei Washoe auf, die in einer Umgebung lebt, in welcher Lerneinflüsse sehr wohl kontrolliert sind.

Washoe hängt offenbar das neu erworbene Zeichen an etwas an, das schon vorhanden ist; wir wollen es – faute de mieux – *kognitive Struktur* nennen.

Das Problem, vor dem wir stehen, ist bisher natürlich anders gesehen worden: man hat gefragt: wie bildet das Kind (oder auch das Tier) einen Begriff, der zu dem Wort paßt? Oder: wie lernt das Kind, was ein Wort bedeutet? Offenbar müssen wir diese Fragen umdrehen und so stellen: eine bestimmte kognitive Struktur (›Öffnen‹) zieht sich anscheinend schon vorsprachlich durch (alles oder jedenfalls) vieles, was geöffnet werden kann und soll. Das heißt, die Aktion des Öffnens und ihr kognitives Pendant haben sich vorsprachlich bereits als aus dem Strom des Geschehens ausgliederbare Einheit konstituiert. Wir müssen also mit NELSON (1974) die Frage so stellen:

> »How does the child [oder Washoe] match words to his concepts?« (S. 268)

Man könnte diese Wendung in der Fragestellung natürlich auch in der Terminologie der Generativen Linguistik auszudrücken versuchen und dann fragen ›How does the child assign utterances to meanings‹. Mit genau dieser Formulierung wäre dann der Primat einer *semantischen* Tiefenstruktur vorausgesetzt. Damit wird nochmals die Wichtigkeit einer ›Generativen Semantik‹ unterstrichen: indem sie die Tiefenstruktur als *semantisch* konzipiert, macht sie eine psychologisch weit sinnvollere Diskussion des Spracherwerbs möglich, wie wir aus den Ausführungen über nichtverbale Kommunikation schon gesehen haben und aus dem Folgenden noch sehen werden: die Ausführungen dieses Kapitels wären ohne die Überlegungen der Generativen Semantiker sicher nicht möglich.

Wenn eine durchgängige kognitive Struktur (›Öffnen‹) schon vorsprachlich vorhanden ist, wird eher erklärlich, warum das Wort, das *einer* konkreten Manifestation dieser Struktur (einem token des type) angeheftet wird, sofort und *ohne weiteres* als ›match‹ für die ganze Struktur in allen ihren konkreten Einzelfällen verwendet wird.

Dieser *vorsprachliche Kern* dessen, was auf späteren Entwicklungsstufen *Bedeutung* genannt werden wird, ist es auch, der in MacNAMARAs Modell des Sprechenlernens als erste Stufe vorhanden sein muß:

> »Infants learn their language by first determining, independent of language, the meaning which a speaker means to convey and by working out the relationship between the means and the language.« (1972, S. 1)

Wenn man auf diese Weise den Primat kognitiver Strukturen vor linguistischen vertritt, so sieht man sich natürlich auch wieder genötigt, über die Kontroverse *Nativismus oder Empirismus* nachzudenken, die uns schon mehrmals begegnet ist (Kap. III).

Die logische Schlußfigur, nach welcher die extremen Nativisten vorgehen, läßt sich am besten an KATZ (1966) verdeutlichen:

1. Prämisse: es gibt linguistische Universalien,
2. Prämisse: es gibt keine alle Kultur- und Sprachkreise übergreifenden psychologischen oder soziologischen Faktoren, die einheitliches Lernen bewirken könnten.

Conclusio: also müssen die linguistischen Universalien direkt in der genetischen Ausstattung des Menschen gegeben sein.

Ganz ähnlich sagt McNEILL noch 1970:

> »Virtually everything that occurs in language acquisition depends upon prior knowledge of the basic aspects of sentence structure. The concept of a sentence may be part of man's innate mental capacity.« (1970, S. 2)

So kommt man also zu der Behauptung, daß die Konzeption des Satzes (also eine linguistische Konzeption!) angeboren sein muß.

Der schwache Punkt in dieser Argumentation ist das, was wir als KATZs zweite Prämisse formuliert haben: es gibt durchaus psychologische Faktoren, welche die Entwicklung *des* Menschen bestimmen (natürlich nicht vollständig bestimmen!), Faktoren, welche zwar auf einer angeborenen psychischen (nicht notwendig linguistischen) Disposition aufbauen, aber durchaus aus Lernen und Reifung sich entwickeln. Und nach dem, was gegen Ende des vorangegangenen Kapitels (s. S. 337) über die schon von WUNDT bemerkte Parallelität zwischen kognitiver und linguistischer Struktur gesagt worden ist, sollte es uns nicht schwerfallen, eine allmähliche Ver-Sprachlichung dieser primär kognitiven Strukturen anzunehmen und so dem ja doch immer etwas unguten Gefühl zu entgehen, das einen bei der kühnen Behauptung überfällt, »der Satz« sei angeboren.

Eine gewisse Zurückdrängung allzu weitgehender Hegemonieansprüche der Nativisten läßt sich so begründen: Eine genügend sorgfältige Betrachtung der psychologischen Entwicklung (unter onto- wie unter phylogenetischem Aspekt) läßt erkennen, daß linguistisch mehr oder minder universale Strukturen durchaus nicht vollständig genetisch determiniert zu sein brauchen, sondern auf kognitiven Strukturen aufbauen, welche (durchaus mit kulturspezifischen und individuellen Freiheitsgraden) aus der Auseinandersetzung des heranwachsenden Kindes mit seiner Umwelt und seinen eigenen Möglichkeiten sich ergeben.*

Eine solche weitgehend, aber durchaus nicht vollständig genetisch determinierte Entwicklung kognitiver und dann auch linguistischer Funktionen und Strukturen wird seit langem von PIAGET vertreten. Die Interaktion nativistisch und empiristisch zu konzipierender Faktoren zeigt sich besonders deutlich schon in seiner Auffassung von einem ersten, noch präverbalen Stadium der kognitiven Entwicklung, dem Stadium der »sensorisch-motorischen Intelligenz«.

Dieses Stadium, grob zwischen dem 6. und 18. Monat anzusetzen, ist gekennzeichnet durch die sich entwickelnde Koordination sensorischer und motorischer Aktionen. Nach PIAGETs Ansicht wird ein äußeres Ereignis als sensorischer Input einer inneren, schematischen Struktur zugeführt, die sich diesen Input unter Veränderung »einverleibt« (Assimilation). Der von dieser Struktur gesteuerte motorische Output wiederum wirkt verändernd auf das äußere Ereignis (Akkomodation). Das Kind »lernt« also etwas »kennen«, indem es mit ihm umgeht. Probierendes Umgehen mit dem,

* In der Linguistik und in der Psycholinguistik läuft die hiermit angeschnittene Problematik unter der Überschrift »starke oder schwache linguistische Universalien«, nachdem McNEILL diese Unterscheidung (1970) eingeführt hat: eine starke linguistische Universalie weist auf eine spezifisch *linguistische* Fähigkeit hin, die mit einer (allgemeineren) kognitiven Fähigkeit nichts zu tun zu haben braucht, während bei einer schwachen linguistischen Universalie die universale kognitive Fähigkeit notwendige und hinreichende Bedingung der linguistischen Universalie ist.

Daß es »schwache linguistische Universalien« in diesem Sinne gibt, dürfte heute von Psychologen kaum bezweifelt werden. LAKOFF hat (1973, zit. nach WASOW 1973) mit Recht darauf hingewiesen, daß für den Generativen Semantiker die Frage, ob es starke linguistische Universalien gibt, sozusagen entschärft ist, weil die in der Generativen Semantik angenommene Tiefenstruktur des Satzes eine primär semantische (und das heißt etwa bei CHAFE: eine kognitive) Struktur ist.

was sich *durch* dieses Umgehen in Objekt und Aktion zu gliedern beginnt (s. unten), führt also zu einer Veränderung des inneren Schemas, welches dieses Umgehen steuert.* So saugt das Neugeborene an der Brust, aber es legt dieses Schema auch an andere Objekte (Finger, Kissen ...) an. Diese Assimilation neuer Objekte an das Schema ist also schon *eine* Öffnung gegenüber einer streng genetisch determinierten Kategorie saugbarer Objekte. Andererseits führt die Assimilation auch notwendig zu einer »akkomodierenden« Veränderung der Aktion selbst: zum Daumensaugen sind andere motorische Aktionen nötig als zum Brustsaugen.

Der aus Rezeption und Handlung sich zusammenschließende Akt kann als »Kristallisationskern« also durchaus eine genetisch fixierte Figur/Grund-Unterscheidung oder auch einen genetisch fixierten Reflex haben, aber dieser Kern ist durch Erfahrung veränderbar. Die dem Kind allmählich verfügbar werdenden Koordinationen von Wahrnehmung und Handlung, die sich in immer besser »angepaßten« Akten äußern, sieht PIAGET als Intelligenz, als erste Form des Wissens an.

BRUNER (1972) weist dem *Spiel* bei Primaten und beim Kleinkind eine ganz ähnliche Funktion zu. Er beschreibt ausführlich die Fülle von integrierten Manipulationen und Perzeptionen, durch welche z. B. ein Schimpanse kennenlernt, was ein Tennisball ist:

> »The initial acts are then modified in a systematic manner to fulfil further requirements of the task. The acts themselves have a self-rewarding character. They are varied systematically, almost as if in play to test the limits of a new skill.« (S. 27)

Nicht zuletzt durch das Stichwort »skill«, das die Noch-nicht-Getrenntheit von Können und Kennen, von knowing how und knowing that andeutet, wird hier von der psychologischen Theoriebildung PIAGETs eine Brücke geschlagen zu dem, was wir schon mehrfach (Kap. IX, XI) betont haben: der aus *Handlung und Wahrnehmung zusammengeschlossene Akt* stellt den Kern jenes Wissens, jener Kognition dar, die dann sprachlich wird.

* Dabei ist MEHLER durchaus zuzustimmen, der die Vagheit der beiden Begriffe (Assimilation und Akkomodation) kritisiert hat, mit denen PIAGET diese Veränderung zu fassen versucht. (In: HUXLEY and INGRAM 1971, S. 131).

Diese frühen, zeitüberspannenden sensumotorischen Koordinationen haben eine Voraussetzung, der wir uns nun zuwenden müssen: das Kind (oder auch Washoe) muß die Fähigkeit haben, ein ›neuronales Modell‹ im Sinne SOKOLOVs aufzubauen, eine Gedächtnisrepräsentation des Reizes.

Der Psychophysiologe SOKOLOV braucht diesen Begriff zur Erklärung der Genese des Orientierungsreflexes: ein mehrfach einwirkender Reiz löst, wenn sich dieses neuronale Modell gebildet hat, keinen Orientierungsreflex mehr aus; wohl lösen jetzt Abweichungen von diesem Reiz, z. B. eine Veränderung seiner Intensität, diesen Reflex aus.

Dem läßt sich ein mentalistisch-bewußtseinspsychologisches Pendant zur Seite stellen. W. JAMES hat darauf hingewiesen, daß der Ausruf ›Thingumbob again‹ (›Wieder Dingsda!‹) eine ganz grundlegende menschliche (und wohl auch den Primaten verfügbare) Fähigkeit kennzeichnet, nämlich die Fähigkeit, sich Wiederholendes als solches zu erkennen. Der Mensch (und Washoe) hat die Fähigkeit, in der Flucht der Erscheinungen Bleibendes zu errichten, später auch in der Flucht der sprachlichen Laute. Dieser Vorgang wird (HÖRMANN 1967) als *Konstantisierung* bezeichnet, um damit den *setzenden* Charakter zu betonen (der gebräuchlichere Begriff des ›Gedächtnisses‹ legt eine Auffassung des Sich-Abbilden-und-Bewahren-*Müssens* nahe); eine Konstantisierung kann eventuell auch wieder aufgehoben werden.
Etwas Ähnliches hat auch BRONOWSKI im Blick, wenn er von ›prolongation‹ als einem essentiellen Kennzeichen der menschlichen Sprache redet.
PIAGET will hierfür den Begriff der Objektkonstanz verwenden: das Kind erfährt durch die im Stadium der sensumotorischen Intelligenz ablaufenden ›groupes de déplacements‹, d. h. die koordinierten Veränderungen von Aktion und Wahrnehmung, daß es in seiner Beziehung zur Umwelt immer wechselnde Zentrierungen vornehmen und auch wieder aufheben kann und daß dabei doch etwas konstant bleibt: der *Gegenstand*. An dieser Stelle berührt sich die genetisch festgelegte biologische Grundlage des Vorgangs eng mit seiner durch Erfahrung sich vollziehenden Ausgestaltung. Die Gestaltpsychologie Berliner Schule würde dabei der biologischen Grundlage einen größeren Einfluß zugestehen als

etwa HEBB, für den zwar die Figur-Grund-Unterscheidung angeboren, der Aufbau der Phasensequenzen aber gelernt ist (1949). Wie dem auch sei: hier entsteht jedenfalls jene

> »human capacity for analysing and manipulating the environment in the mind by subdividing it into units that persist when they are moved from one context into another«. (BRONOWSKI und BELLUGI, 1970, S. 673)

Wir sind mit diesem Gliederungsvermögen wieder in der Nähe jener schon im vorangegangenen Kapitel besprochenen Figur/Grund-Gliederungen angekommen. Aber jetzt sehen wir vor uns nicht mehr Gliederungen, die sich vollziehen *müssen,* weil es die Physik des Reizes und die Physiologie des Organismus sozusagen vorschreiben, sondern jetzt geht es um Gliederungen, die der Organismus aus seinem Mit-der-Welt-umgehen-Können lernt. Und dieses Können hat in sich immer ein Element des Willkürlichen, des *So*-Können-*Wollens.*
Das ist nicht nur eine menschliche Fähigkeit; auch Washoe zeigt sie, auch PREMACKs Sarah. Sarah kann aus Plastik gestanzte Wortzeichen sinnvoll kombinieren, weil diese ›Wörter‹

> »reflect some of the most basic features of experience . . . the consensus that perceptual experience can be divided into stable elements«. (PREMACK 1970, S. 110)

Wenn PREMACK allerdings hinzufügt

> »We are not free in how to divide this situation. We are free to choose this situation, but not free in our choice of how to divide it« (S. 112),

so hat er auf der »unteren Ebene« sicher recht; schon aus »rein physiologischen Gründen« werden sich die Pfoten eines Tieres (QUINEs Beispiel!) eher zu einer Figur zusammenschließen als die halbe Pfote mit einem Teil des Bodens. Aber wie ist es mit Washoes »Öffnen«? Hätte sich *diese* kognitive Struktur auch entwickelt in einer Umgebung, in der nichts geöffnet worden wäre? *Wie* frei sind wir in der Einteilung der Realität? Ist es nicht eine *Erfindung* des Menschen, die Pflanzenwelt in Kraut und Unkraut einzuteilen? Hier lassen sich leicht weitere Fragen anschließen:
– ist die Freiheit, *doch* eine andere Gliederung auf Geschehen (und auch sprachliches Geschehen) zu projizieren, vielleicht etwas, was die »Tiersprache« auch Sarahs und Washoes von

menschlicher Sprache unterscheidet? (Dann dürften Tiere nicht zwischen Idioms und »wörtlichen Bedeutungen« wählen können ...);

– kommen wir hier in die Nähe wieder der WHORF-Hypothese und der »systematischen« und »akzidentellen« Lücken in unserem Wortschatz? (Vgl. Kap. V.)

Wie dem auch sei: die Objektkonstanz ergibt sich als eine erste Invarianz (SINCLAIR-DE ZWART 1969), eine erste Form des Wissens, die sich als etwas Beständiges aus dem sensorisch-motorischen Akt heraushebt. Das Schema des überdauernden Objekts konstituiert sich als eine Repräsentation »von etwas«, und diese Repräsentation wiederum kann als Ansatzpunkt für das Ansetzen der semiotischen Funktion, für das »matching of words to concepts« dienen.*

Durch den Begriff der Objektkonstanz engt PIAGET allerdings in wohl nicht zu vertretender Weise den Wirkungsbereich dieses so wichtigen Vorgangs ein. Der Vorgang der Konstantisierung ist keineswegs auf das Permanent-Machen von *Objekten* beschränkt, sondern kann sich ebenso auf *Aktionen* beziehen: so wie ein Objekt auch nach einer »groupe de déplacements spatiales« noch seine Identität hat, so kann auch eine Handlung, wenn man sie von einer anderen raumzeitlichen Situation her beginnt, ihre Identität haben. Nicht nur das Objekt »Milchflasche« gewinnt seine Konsistenz in Raum und Zeit, sondern auch die Handlung »saugen«. Nur durch eine derartige Erweiterung des Bereichs, in welchem Konstantisierungen stattfinden können, werden wir später in der Lage sein, semantische Relationen (wie Aktor-Aktion-Objekt) zu begreifen.

Wenn sich in dem sensorisch-motorischen Akt an bestimmten Stellen durch den Vorgang der Konstantisierung Bleibendes herausbildet, so kann dies also prinzipiell auch die Aktion (im engeren Sinne) sein. Aber schon allein unsere physiologische Ausstattung begünstigt natürlich die Konstantisierung

* Dieser Vorgang der Herausbildung sensumotorischer Invarianten und die Steuerungsrolle derartiger Invarianten wird übrigens auch in der Wahrnehmungstheorie J. J. GIBSONs betont. Der z. B. der dreidimensionalen optischen Wahrnehmung »zugeordnete« Reiz besteht nicht aus bestimmten Stimuli, sondern aus invarianten Beziehungen zwischen (einzeln jeweils veränderlichen) Stimuli. Vgl. GIBSON (1950, 1966).

solcher Entitäten, welche Simultan- und nicht nur Sukzessivgestalten bilden. Besonders früh werden sich also zwei Konstanten aus dem Geschehensfluß herausheben: das Etwas, welches handelt, und das Etwas, welches das Ziel oder das Objekt der Handlung bildet.

Hier liegt ein konsequenzenreicher Irrtum so nahe, daß wir darauf eingehen müssen. Wenn wir eben von zwei Konstanten oder Entitäten sprachen, die sich aus dem Fluß des Geschehens herausheben, so meinen wir damit *nicht*, daß diese frühesten Konstantsetzungen »Dinge« im Sinne von »Substanzen« sind, sondern es sind »Rollen in einer Handlung«.

Diese Feststellung ist deshalb so wichtig, weil sie mit einer unauflösbaren Schwierigkeit des orthodoxen Modells der Generativen Grammatik zusammenhängt. Geht man nämlich fälschlicherweise von der Auffassung aus, »*Substanz* ist die primäre konzeptuelle Kategorie des Kindes«, so kommt man leicht dazu, auch die grammatische Kategorie des Substantivs als grundlegend anzusehen. Und dann wiederum ist nicht faßbar, wie das bloß Substanzhafte mit einer *Dynamik* verbunden werden soll.

Was sich als etwas Konstantes herausbildet, sind nicht statische »Gegenstände«, die einer anderswo herkommenden formalen Dynamik bloß »entgegenstehen«, sondern *Rollen im Sprachspiel.* Damit greifen wir auf eine Konzeption zurück, wie sie in ähnlicher Weise in der Linguistik z. B. von FILLMORE vertreten wird, der seine Kasus ja auch über die Analogie zu Rollen in einem Theaterspiel verdeutlicht. Aber wir stimmen den Linguisten nicht mehr bei, wenn sie – wie es CHOMSKY und die ihm folgenden LAD-Verfechter, z. B. McNEILL, tun – annehmen, daß schon in den ersten sprachlichen Äußerungen kleiner Kinder die grammatischen (und das heißt bei ihnen: die syntaktischen) Relationen entscheidend sind. Von dieser Annahme aus gelangt man natürlich dann leicht zu der Ansicht, diese grammatischen Kenntnisse müßten angeboren (d. h. eben Teil des Language Acquisition Device LAD) sein. Diese Meinung kann man dann noch durch das kategorische Urteil zu stützen versuchen, Grammatik könne gar nicht erlernt werden, weil der Input für das LAD gar nicht differenziert genug und die Lerntheorie sowieso nicht fähig sei, ein Erlernen grammatischer Strukturen zu ermöglichen und zu erklären. SCHLESINGER hat diese sogenannte Argumentation (1971) glänzend zurückgewiesen.

Sieht man die linguistische Form als das Primäre an, so muß man notwendig die unangenehme Frage anschließen, wie das in seine sprachliche Umwelt hineinhörende und hineinwachsende Kind von der linguistischen Form jemals auf die hinter dieser Form stehende Handlungsrolle kommen kann: LAD sieht ja *ausschließlich linguistischen* Input und keine nichtlinguistischen Vorkenntnisse oder Vor-Strukturierungen vor.*

Wir wollen im Gegensatz dazu jener Gruppe von Autoren (genannt seien nur SCHLESINGER, MacNAMARA, BLOOM, NELSON) folgen, welche derartige Rollen nicht primär linguistisch, sondern konzeptuell oder, wenn man so will, aktpsychologisch ansieht. Ihre linguistische Form erhalten diese Handlungsrollen erst später, wenn das Kind lernt, auf die konzeptuellen Vektoren des Geschehens, das sich zwischen Sprecher und Hörer abspielt, mit Hilfe sprachlicher Bezeichnungen und syntaktischer Relationen hinzuweisen.

Nimmt man in dieser Weise an, daß die Äußerungen kleiner Kinder primär von semantischen Konzepten (Agent, Aktion, Richtung, Patient, Lokation...) bestimmt werden, dann wird zum Problem, durch welchen Lernprozeß das Kind die Fähigkeit erwirbt, auf diese Intentionen und Relationen durch jene sprachlichen Strukturen *hinzuweisen*, die uns in der sprachlichen Äußerung des älteren Kindes und des Erwachsenen begegnen. (Die Ansicht, es könne hier kein Lernprozeß am Werk sein, weil wir keine dafür adäquate Lerntheorie zur Verfügung haben – klassisches und operantes Konditionieren sind dafür ja ebenso unbrauchbar wie Nachahmung – ist dann freilich nicht mehr akzeptabel.)

FILLMORE, CHAFE und andere haben uns *linguistische* Hinweise auf die *Art* solcher invarianter Rollenkonzepte gegeben. PIAGET hat uns – ohne direkt auf Sprache einzugehen – gezeigt, in welcher Weise die Genese kognitiver Konzepte psychologisch aufgefaßt werden kann. Wir fragen jetzt nach Belegen, die wir dafür aus der Entwicklungspsychologie der Sprache gewinnen können.

Konzepte der uns jetzt interessierenden Art sind, wie wir

* Die Entwicklung des LAD-Begriffs hat LEVELT (1975) vorzüglich dargestellt; bei ihm findet sich auch der Hinweis auf die enge Verbundenheit des LAD- mit dem Kompetenzbegriff.

schon mehrfach betont haben, *intrinsisch relational.* Das heißt, sie brauchen nicht erst durch einen zusätzlichen, selbst ganz inhaltsleeren Mechanismus (z. B. eine Syntax) miteinander in Beziehung gesetzt zu werden. Die zu Beginn dieses Kapitels gestellte Frage muß jetzt also differenziert werden:

– welche Hinweise auf welche konzeptuelle »Rollen« haben wir?

– wie ist die Relation zu denken zwischen der konzeptuellen Rolle und dem sprachlichen Ausdruck dieser Rolle in der Äußerung?

Bevor das Kind sprechen lernt, lernt es Sprache verstehen. Wie lernt es das? Wir haben MacNAMARAs Antwort schon mehrfach zitiert: indem es zuerst zu verstehen lernt, was der Sprecher meint, und diese Intentionen als Schlüssel zur schließlichen Beherrschung des linguistischen Codes verwendet. Die Intentionen des Sprechers dienen also als Input für das Modell, nach welchem Sprechenlernen und Sprachelernen vor sich geht. SCHLESINGER, einer der einflußreichsten Vertreter dieses Ansatzes, formalisiert diesen Input (in Analogie zu den P-Markern der orthodoxen Generativen Grammatik) als Intentions- oder I-Marker. Diese I-Marker beschreiben Konzepte in ihren Relationen zueinander. Welche Intentionen sind nun in der Äußerung (eines Erwachsenen zu einem Kind)

John fängt einen roten Ball

enthalten?

Zunächst ganz generell die Intention, etwas zu beschreiben oder mitzuteilen (oder noch allgemeiner: die Aufmerksamkeit des Kindes auf etwas zu richten), was sich gerade ereignet, also einen bestimmten Geschehensstrang in der Situation bewußtseinsmäßig zu akzentuieren. Das setzt die Äußerung schon einmal gegen zwei andere Möglichkeiten ab: gar nicht zu akzentuieren (also zu schweigen) oder etwas anderes zu akzentuieren. Die Intention des Sprechers ist also zunächst und ganz generell eine imperativische: er will das Bewußtsein oder die Aufmerksamkeit des Hörers lenken.

Damit haben wir eine so wichtige Position im Entstehungsgang von Sprache erreicht, daß wir einen kleinen Exkurs einfügen müssen. Beginnt Sprache mit dem Imperativ? Wir haben zwei Belege für ein Bejahen dieser Frage:

– die eben schon erwähnten Überlegungen MacNAMARAs und SCHLESINGERs,
– HÖPPs (1970) Überlegungen über die Evolution von Sprache und Vernunft.

Nach HÖPP beginnt die Entwicklung der Sprache mit dem »Einerspruch«* als dem akustischen Werkzeug des Menschen, »mit welchem die individuellen Beiträge zu resonanten oder arbeitsteiligen Handlungen mobilisiert werden« (S. 7).
Hier trifft sich also HÖPPs Ansicht mit der WITTGENSTEINs, der im gemeinsamen Handlungsspiel zweier Bauender den Ruf »Platte!« sich herausheben läßt (1960, S. 290 f.), aber auch mit der VYGOTSKYs und seiner marxistischen Nachfolger.
Dem imperativischen Einerspruch steht bei HÖPP der Eigenname zur Seite, der gleichfalls imperativen Charakter hat: er ist gezielter Aufmerksamkeitserreger und Komm-her-zu-mir-Ruf, der in seiner weiteren Entwicklung dann alle anderen Hörer als »nichtgemeinte« aus der Bedeutung ausschließt und so die sprachliche Anpassung an die Arbeitsteilung ermöglicht.
Um die Entwicklung des »Zweierspruchs« zu verstehen, muß man nach HÖPP das individuelle Einzelhandeln analysieren und dabei zwei voneinander trennbare Anteile erkennen: den auslösenden Sinneseindruck, der auch ohne anschließende Aktion vorhanden sein kann, und die Bewegung des Subjekts relativ zum Objekt, d. h. die Aktion selbst. Diese Gliederung läßt sich auf die arbeitsteilige Zusammenhandlung übertragen: der Sprecher kann sich mit dem Objekteindruck begnügen, indem er auf die anschließende Aktion zwar nicht völlig verzichtet, diese aber dem Angesprochenen überläßt. Was in der individuellen Handlung noch Eigenbewegung des Sprechers war, wird in diesem Stadium also ersetzt durch die Kommunikationsbewegung:

> »In dieser Handlungsform kann der Sprecher indirekt handeln, ohne sich selbst zu bewegen, indem er sich auf den nicht austauschbaren Teil beschränkt und die Erledigung des aus-

* Das heutige »Wort« ist zu sehr Montagebestandteil, als daß man die Sprache mit dem Wort beginnen lassen könnte. Der »Einerspruch« soll dagegen eine selbständige sprachliche Erscheinung, eine Einheit niederster Ordnung sein.

tauschbaren Teils mit Hilfe der Kommunikation einem anderen zuschiebt.« (1970, S. 14)

Mit dieser faszinierenden Konzeption kommt HÖPP einerseits in die Nähe BLOOMFIELDs, der eine ähnliche Verschränkung zweier Handlungsanteile (des praktischen und des sprachlichen) kennt. Vor allem aber ergibt sich von HÖPPs Position aus noch einmal die Einsicht in die Wichtigkeit jener handlungs-gliedernden Vorgänge in der nicht- und vorsprachlichen Kommunikation, von denen im vorangegangenen Kapitel die Rede war.

Der imperativische Charakter der ersten sprachlichen Äußerung ermöglicht also die Dualisierung in Objekt und Aktion – das wird man als wichtige Ergänzung der PIAGETschen Konzeption von Objekt- und Ich-Begriff hinzufügen müssen.

Hier beginnt jene Zweigliederung der besprochenen Welt in Gegebenheiten und Ereignisse/Zustände/Prozesse, welche CHAFEs semantischen Strukturen zugrunde liegt.

Vor allem aber wird hier die intentionale Gerichtetheit als das tragende Moment im Spracherwerb deutlich – wobei wir, von HÖPP abweichend, den Imperativ freilich nicht so sehr als Eingriff in die Handlung des Angesprochenen, sondern als Eingriff in das Bewußtsein des Angesprochenen auffassen: Sprache verstehen hat immer den befehlenden Charakter: »dies sollst du denken«.

Kehren wir zum Kleinkind zurück.

Das der Sprache noch nicht mächtige Kind wird die Intention eines Sprechers im Nachvollzug erfassen können, wenn es dem Duktus der Situation folgen kann, in welcher Aktion und Äußerung sich vollziehen. Und es kann diesem Duktus folgen, es kann sich in ihn einstimmen, weil er durch Pausen und Akzente eine Gliederung aufweist, welche Wichtiges von Unwichtigem trennt und dem Ganzen ein zielgerichtetes Gefälle gibt. Hier wird uns die Wichtigkeit der GOLDMAN-EISLERschen und der MARTINschen Befunde bewußt, die wir im vorangegangenen Kapitel besprochen haben. (Wir werden dieses Thema bei der Darstellung des BEVERschen Strategiekonzepts noch einmal aufzunehmen haben.) Das Kind wird mit einem gehörten Satz also ›nichts anfangen‹ können, wenn er ihm beispielsweise in einem nur verbalen Kontext aus einem Buch vorgelesen wird.

Eine andere, bereits spezifischere Intention des Sprechers dieses Satzes besteht darin, dem Kind mitzuteilen, daß es John (und nicht der Ball) ist, der die Aktion des Fangens ausführt. Das Kind wird diese Intention dann erfassen, wenn es sein sensorisch-motorisches Aktionsschema so weit artikuliert hat, daß es zwei Entitäten voneinander danach unterscheiden kann, welche eine (eher) aktive und welche eine (eher) passive Rolle im Geschehen spielt.* Der Aktor einer Handlung hebt sich aus mehreren Gründen leicht als Figur vor einem undifferenzierten Grund heraus: perzeptuell durch das, was die Gestaltpsychologen den »Faktor des gemeinsamen Schicksals« nennen, also durch die Tatsache, daß eine sich bewegende Gestalt eben wegen ihrer (integrierten) Bewegung als Ganzes, als Eines vor einem Grund erfaßt wird. Dem entspricht der kommunikative Faktor, daß man eher über das spricht, was sich ereignet, als über das, was seit längerer Zeit unverändert ist. (Dazu NELSON 1974, S. 281. Vgl. dazu auch die in Kap. XIII zu berichtenden Untersuchungen OSGOODs über »Simple Description« bei Erwachsenen).
Diese Differenzierung eines aktiven *Aktors* von einem als Ziel der Aktion dienenden und insofern eher passiven *Objekt* entstammt jenen Vorgängen, die wir oben in PIAGETs Beschreibung der Objektgenese kennengelernt haben. Wie sehr diese Differenzierung schon in dem Bereich des Sprache-*Verstehens* ausgebildet ist, bevor sie sich in aktiver Sprach-*Produktion* manifestiert, zeigt die Untersuchung von HUTTENLOCHER et al. (1968), in welcher kleine Kinder die Aufgabe hatten, mit Spielzeugautos Sätze nachzuspielen wie

The green truck is pushing the red truck

The red truck is pushed by the green truck

Wenn die Kinder diese Sätze nun nachspielen sollen, ist *eines* der beiden Autos bereits festgemacht, so daß sie das andere in Relation zu dem feststehenden plazieren müssen. Es zeigt sich, daß den Kindern das sehr viel leichter fällt, wenn sie den als Aktor fungierenden Lastwagen bewegen müssen, als wenn sie den als Objekt fungierenden Wagen bewegen müssen.

* HÖPP unterscheidet hier zwischen Aktionswort (das die Empfindungen unserer eigenen Bewegungen verkörpert) und Objektwort (in das die Summe der distanz- und kontaktsinnlichen Eindrücke eingeht).

Was hier über das Konzept *Aktor* gesagt wurde, gilt im Prinzip auch für das Konzept *Objekt-einer-Aktion.* NELSON hat diese Entwicklung am Beispiel von »Ball« beschrieben (1974, S. 277 f.). Sie beginnt, wenn das Kind – und hier sind wieder die neuropsychologisch zu beschreibenden Aufmerksamkeit-fokussierenden Mechanismen am Werk – ein Objekt zu konstantisieren beginnt, das *ein* Zentrum der Interaktion zwischen Kind und Umwelt (hier zwischen Kind und Mutter) bildet.*

> »out of this interaction emerge the following actions and relationships:
>
> Ball$_1$ {
> in living room, porch
> Mother throws, picks up, holds
> I throw, pick up, hold
> rolls, bounces
> on floor, under couch ...«

(NELSON S. 277)

»Ball« beginnt also, ein Konzept zu werden, indem sich eine *kognitive Landkarte* (TOLMAN) herausbildet, die aus dynamischen Beziehungen besteht: aus Beziehungen zwischen dem, was jetzt ein »Objekt« wird, einerseits, und andererseits dem Kind selbst, der Mutter, aber auch bestimmten Örtlichkeiten oder bestimmten Geschehensverläufen. Diese Beziehungen sind alle variabel – die Ko-Variation oder das »gemeinsame Schicksal« ist ja, wie bereits gesagt, ein besonders wirksames Mittel zum gegenseitigen Sich-Profilieren dieser verschiedenen Rollen –; das *unter diesem Aspekt* Konstantbleibende ist das Objekt, aber eben nicht als relationsloser Gegenstand, sondern immer als »Objekt-in-einer-Aktion«.

NELSON betont mit Recht, daß auf dieser frühen Stufe das Konzept sich direkt aus der Interaktion mit der Welt ergibt. Die Konstantsetzung von »Etwas« ist die unmittelbare Voraussetzung für das Erkennen von sich Wiederholendem. Jetzt können Ähnlichkeiten und Verschiedenheiten über Orte und Zeiten verglichen und zur weiteren Konturierung der Rollen verwendet werden. Wird beispielsweise in einer zweiten Situation

* Ein anderes Zentrum könnte *Aktor* sein oder *Aktion.*

Ball2 { On playground
Boy throws, catches
Rolls, bounces
over ground, under fence ...

in die kognitive Landkarte integriert, so konturieren sich in Wechselwirkung *verschiedene* Bälle und damit das *Ball*-konzept als solches heraus.

Ein Konzept dieser Art hat also einen *funktionalen Kern.*

> »From the child's interaction with people and objects, specific concepts emerge, each of which is composed of a functional core synthesized from the various relationships and acts into which each concept enters.«* (NELSON 1974, S. 278)

Die Tatsache, daß in diesem funktionalen Kern eines Konzepts relationale Informationen enthalten sind, kann uns später eventuell als Ansatz dafür dienen, die Beziehung zwischen Wort und Satz zu klären.

So wie wir die Konzepte »Aktor-einer-Aktion« und »Objekt-einer-Aktion« aus der Gesamthandlung sich herausheben sahen, weil es sich dabei um dynamische Zentren der Aktion handelt, so ergeben sich auch andere Konzepte dieser frühen Art aus Aktionen. Vergleicht man über verschiedene Sprachen, so findet sich recht konsistent eine kleine Liste solcher semantischer Relationen

Agent – Aktion
Aktion – Objekt der Aktion
lokalisiertes Objekt – Lokalisation
Besitzer – Besitztum
Hinweisender – Objekt des Hinweises
(nach BOWERMAN 1973, S. 208)

Es gibt aber auch sehr ursprüngliche *räumliche* Gerichtetheiten, wie sich z. B. in einem Fall zeigte, wo unter den ersten fünf Wörtern eines Kindes »up« auftrat. Erfährt man weiter, daß dieses Wort gleich am ersten Tag seines Auftretens sofort auf alle vertikalen Bewegungen des Kindes selbst oder eines Objekts angewendet wurde, dann sind wir damit wieder bei zwei uns schon bekannten Tatsachen angelangt:

* Ich würde die Formulierung vorziehen »... synthesized from the various relationships and acts in which each concept functions«, weil damit deutlicher unterstrichen wird, daß es *vor* diesen Beziehungen und Akten das Konzept nicht gibt.

– bei Washoe, welche ohne langes Generalisationstraining »open« für alles verwenden kann, was dieser konzeptuellen Struktur entspricht und bei
– PIAGET, der die Entstehung derartiger relationaler Beziehungen gerade aus der Interaktion von Ich und Umwelt (und nicht so sehr aus dem passiven Beobachten der Umwelt) erklärt.

NELSON schreibt dazu:

»Thus the child would use the word (›up‹) to name and identify a function, but the actors and objects involved in the function would neither be part of the concept nor would they be separately named – they would act as part of the ground of this conceptual figure.« (1974, S. 281)

Wenn wir nun davon überzeugt sind, daß der aktiven Sprachverwendung des Kindes eine ganz bestimmte kognitive Entwicklung vorausgehen muß, nämlich die präverbale Herausdifferenzierung von (rekurrierenden) Schwerpunkten in dem Geschehen, das sich um das Kind herum und mit ihm vollzieht, so bleibt natürlich die Frage, wie das Kind dazu kommt, aus dem auf es einströmenden linguistischen Input die *richtigen* Bezeichnungen für das zu entnehmen, was sich da als Geschehensschwerpunkt herausgebildet hat.
Das Kind muß dazu, wie wir von SCHLESINGER gehört haben, die Intentionen des erwachsenen Sprechers erkennen. Dies und auch MacNAMARAs Progression (von »meaning conveyed by the speaker« zu der Relation zwischen »meaning and language«) ist nur möglich, wenn die Intentionen des Sprechers sozusagen evident sind. Und tatsächlich dürfte dies auch in all jenen Situationen der Fall sein, in denen das Baby überhaupt Sprachliches lernt. Vermutlich kann man ein kleines Kind jeden Tag stundenlang einer Diskussion über politische Vorgänge in einem fernen Land zuhören lassen, ohne daß es daraus für seinen Spracherwerb Gewinn ziehen kann. Derartiger Input wird vermutlich so ausgefiltert, daß das Kind mehr oder minder ausschließlich von solchen sprachlichen Äußerungen erreicht wird, die für es bestimmt sind (vgl. dazu ERVIN-TRIPP 1971).
Und diese für das Kind bestimmten Äußerungen unterscheiden sich nun beträchtlich von Äußerungen, die der gleiche Sprecher an Erwachsene richtet: DRACH fand (1969, zitiert

nach ERVIN-TRIPP 1971, S. 192), daß die Mutter eines kleinen Kindes anderen Erwachsenen gegenüber mehr als zweieinhalb mal so viele Passivkonstruktionen, verbundene Phrasen oder Nebensätze verwendet als gegenüber dem Kind. Ihre zu Erwachsenen geäußerten Sätze waren doppelt so lang. Die Äußerungen gegenüber dem Kind enthalten besonders wenig falsche Ansätze, Zögern oder Fehler und besonders viele Wiederholungen, z. T. in identischer, z. T. in paraphrasierender Form.

Die Satzgrenzen werden besonders markiert (BROWN 1972), die Intonation ist »übertrieben«. E. CLARK (nach LEVELT 1975) fand regelrechte Konversationsspiele, die langsam und ausführlich geübt wurden.

Nehmen wir diese Befunde mit jenen Steuerungsmitteln nichtverbaler Kommunikation zusammen, die wir im vorangegangenen Kapitel dargestellt haben, so wird deutlich, daß die vom Erwachsenen an ein Baby gerichteten sprachlichen Äußerungen besonders dazu angetan sind, dem Kind das Wiedererkennen der Struktur der Intention in der Struktur der sprachlichen Äußerung zu ermöglichen*: Was der Erwachsene sagt, steht fast immer in so enger Beziehung zum Duktus der Situation, daß die sprachliche Äußerung noch wenig eigenen Informationswert für das Kind zu haben braucht. Weil aber der Duktus der Situation (nach den ersten von uns oben skizzierten Entwicklungsschritten) für das kleine Kind verständlich ist, kann es *dieses* Verständnis für den Erwerb des linguistischen Codes einsetzen. *Weil das Kind versteht, was der Sprecher meint, erhält die sprachliche Äußerung des Sprechers Bedeutung.*

In diesem frühen Stadium besteht also eine Asymmetrie zwischen Meinen und Verstehen: das Kind muß erst das, was der erwachsene Sprecher meint, durch dessen sprachliche Äußerung hindurch verstehen lernen, bevor es damit beginnen

* Diese Konzeption steht in starkem Gegensatz zu der des LAD, bei welcher angenommen wird, daß die auf das Kind einströmende Sprache eine Zufallsstichprobe aus dem Corpus gesprochener Sprache darstellt. Und weil normalerweise gesprochene Sprache nach Ansicht der orthodoxen Generativisten voller Fehler ist, *muß* das LAD eben schon von vornherein so eingerichtet sein, daß es die Kompetenz herausfiltert ... Vgl. dazu LEVELT (1975).

kann, das, was es selbst meint, auch mit sprachlichen Mitteln auszudrücken und zu präzisieren.
BLOOM sagt (1973) ganz dementsprechend:

> »Children learn that objects are acted upon, that people or movable objects do things, that objects and events exist, cease to exist, and recur. This is the basis of the perceptual-cognitive experience in the early years, and so it should not be surprising that these are the kinds of things that children talk about in early speech. But whereas children need to learn a linguistic code for *talking* about such phenomena, knowledge of the code is not necessary for their *understanding* such relations.« (1973, S. 55 f.)

Die hochgradige Redundanz der vom Erwachsenen an das Kind gerichteten sprachlichen Äußerungen ist also geradezu die Voraussetzung dafür, daß das Kind die Beziehung erkennen und erlernen kann, welche zwischen den Intentionen des Sprechers-in-der-Situation und der sprachlichen Äußerung dieses Sprechers bestehen. Weil das Kind schon weiß, was der Sprecher meint, kann es, indem es die Relation zwischen Meinung und Äußerung analysiert, lernen, *wie* man das sprachlich äußert, was man meint. SCHLESINGER sagt, das Kind erfasse die Situation »in terms of an I-Marker« und könne nun die Realisierungsregeln erlernen, durch welche I-Marker in sprachliche Äußerungen transformiert werden (1971).
Ganz charakteristischerweise verwendet der Erwachsene dabei zwei besonders »Verstehens-produktive« Formen außergewöhnlich häufig: Fragen und Befehle. Während in einer normalen Unterhaltung in der Familie zwischen 1% und 25% der Äußerungen Fragen sind, können es in den Äußerungen gegenüber dem Baby bis zu 50% sein. Bedenkt man die oben beschriebene Verzahnung von Handlung und Sprache, so wird klar, daß hier, im »Original Word Game«, das BROWN (1958) so glänzend geschildert hat, jene Abgrenzungen dynamischer Entitäten einen Namen erhalten, deren Genese wir oben dargestellt haben.
Kehren wir zu der Behauptung zurück, daß das kleine Kind die Redundanz der sprachlichen Äußerung gegenüber der Situation braucht und ausnutzt, um die *sprachliche Realisation* dessen zu erlernen, was der Sprecher in der Situation

meint. Das heißt, es muß eine kognitive »Bedeutung« schon vorhanden sein, wenn man die ihr entsprechende linguistische Form (Wort oder Struktur) erlernen will. (Wieder die Erinnerung an die übliche Gegenposition: »das Kind muß lernen, was die Wörter bedeuten«.) Wenn dies der Fall ist, so müßte das Erlernen gerade der Anfangsgründe einer Sprache (der Muttersprache oder einer Fremdsprache) besonders schwierig, ja vielleicht sogar unmöglich sein, wenn man den »Schüler« zwingt, erst inhaltsleere linguistische Strukturen zu lernen. Zwei hierher gehörende Untersuchungen liefern einen eindrucksvollen Beweis für die Richtigkeit dieser These:

MOESER und BREGMAN (1972) gehen von CHOMSKYs Behauptung aus, wonach

> »semantic reference may greatly facilitate performance in a syntax-learning experiment, even though it does not affect the *manner* in which the acquisition of syntax proceeds«. (1965, S. 33)

MOESER und BREGMAN ließen College-Studenten eine Miniatursprache erlernen, die nach Phrasenstrukturregeln gebaut war und statt der Wörter sinnlose Silben enthielt. In der ersten Gruppe von Vpn gab es für diese »Wörter« keine außersprachliche Referenz, d. h. sie bezeichneten nichts. In der zweiten Gruppe bezog sich zwar jeder Satz auf ein aus geometrischen Formen zusammengestelltes Bild, aber der Zusammenhang zwischen »Wörtern« und Bildern war völlig willkürlich. In der dritten Gruppe bezogen sich die zu einer bestimmten syntaktischen Klasse gehörenden »Wörter« jeweils auf visuelle Items einer bestimmten Klasse. In der vierten Gruppe schließlich kamen dazu noch syntaktische »constraints«, die den auf den Bildern erkennbaren logischen »constraints« entsprachen.

Das Ergebnis des Versuchs macht ganz deutlich, daß

> »learning of complex features of syntax was possible only when these reflected properties of, or constraints in, the reference field«. (1972, S. 759)

Im Gegensatz zu CHOMSKYs Behauptung zeigt sich nämlich, daß die *Art* des Lernens durchaus verschieden ist je nachdem, ob semantische Beziehungen vorhanden sind oder nicht.

»In the semantically empty condition, words are mapped directly onto sentence positions (position learning strategy). Under the semantic reference condition, words are associated to relevant aspects of the reference field and the field is structured into a meaningful organisation, and then this semantic information is used in the mapping process ... It is only when the elements in the reference field mirror the syntactic constraints of the language that complex grammatical conditions are easily acquired.« (1972, S. 769)

Fast noch überzeugender ist das zweite Beispiel (zit. nach ERVIN-TRIPP 1971, S. 195). Ein Selbst-Instruktions-Programm zum Erlernen der russischen Sprache führte 17 Wochen intensiven Trainings im Schreiben, Unterscheiden und Nachsprechen von russischen Silben und Phrasen durch, davon einen Monat lang ohne jeden Hinweis auf die Bedeutung dieser Silben und Phrasen. Erst später wurden dem Arbeitsbuch die Bedeutungen beigegeben. Als sich die Studenten des Programms (Armeeangehörige) am Ende des Trainings dem Army Language Achievement Test for Russian unterzogen, lagen ihre Ergebnisse unter dem, was nach reinem Zufall zu erwarten war. Daraufhin wurden diese Studenten dem üblichen Intensivprogramm des Defense Language Institute unterzogen, zusammen mit solchen Studenten, die noch keinerlei Vorkenntnisse in Russisch hatten. Die ohne Semantik vortrainierten Studenten blieben während des ganzen zweiten Kurses schlechter als die Anfänger »and never were able to learn as the neophytes«.

Wenn wir auf diese etwas optimistische Weise wahrscheinlich machen können, daß kognitive Einheiten und Relationen als Kristallisationskern schon vorhanden sein müssen, damit sprachliche Bezeichnungen gelernt werden können, so besteht die Gefahr, daß wir die erkenntnistheoretische Schwierigkeit des hier angeschnittenen Problems unterschätzen. Unter diesem erkenntnistheoretischen Aspekt – also unter dem Aspekt des »Wie können wir überhaupt wissen, was das Kleinkind weiß und tut?« – steht dieses Problem seit langem unter der Überschrift *Einwortsatz* zur Diskussion. Wir greifen es jetzt unter diesem Aspekt noch einmal auf, weil wir nur so einen großen Teil jener scharfsinnigen Beobachtungen und Überlegungen für uns fruchtbar machen können, die vor allem in Harvard und in Kalifornien zu dieser Thematik angestellt worden sind. Der Begriff des Einwortsatzes (oder der ›holophrastischen‹ Äußerung) geht ja von der Annahme aus, die ersten vom Kind produzierten und nur ein Wort umfassenden sprachlichen Äußerungen seien eben nicht Äußerungen eines einzelnen Wortes oder Nennung eines Gegenstandes, sondern Einwortsätze in dem Sinne, daß das Kind dabei schon ein Konzept dessen hat, was ein Satz ist (man denke an die oben dargestellte Position McNEILLs!), diese Konzeption jedoch wegen irgendwelcher Beschränktheiten seiner Verarbeitungskapazität nicht realisieren kann. Die Kompetenz wäre gegeben, aber die Performanz ist noch schwach ... Die These, daß die Einwortäußerung immer schon ein *Satz* ist, impliziert also, daß das Kind *immer* schon *Relationen* ausdrückt, wenn auch in sozusagen dem Erwachsenen nicht hörbarer Form. Tatsächlich kann aber eine solche Relation wie ›Aktor-einer-Aktion‹ oder ›Objekt-einer-Aktion‹ vom Erwachsenen und erst recht vom Sprachpsychologen nur dann ›guten Gewissens‹ als vorhanden registriert werden, wenn *die Äußerung selbst* schon eine als Relation interpretierbare Struktur aufweist – das aber kann im Bereich des Verbalen frühestens in der Zwei-Wort-Äußerung der Fall sein! Dort kann z. B. das Vorhandensein einer bestimmten Wort-Ordnung als Hinweis auf das Vorhandensein derartiger Strukturen aufgefaßt werden. Aber sind wir berechtigt, einen derartigen Schluß auch aus einer Einwortäußerung zu ziehen?*

* BLOOM hat (1973) mit Recht darauf hingewiesen, daß die Einwortäußerungen, mit denen die kindliche Sprachproduktion beginnt, auch ganz anders interpretiert werden können. So könnte das Kind z. B. zunächst ein Lexikon erworben haben ohne jede Grammatik.
Für den Generativen Grammatiker orthodoxer Schule ergibt sich die unangenehme Notwendigkeit, das Generieren von (echten) Einwortsätzen mit Hilfe von Tilgungstransformationen beschreiben zu müssen: es wird zunächst ein vollständiger Satz generiert, aus welchem dann alle Wörter bis auf eines wieder gestrichen werden – eine psychologisch absurde Annahme.
Wenn wir hier den Terminus ›Einwortsatz‹ verwenden, meinen wir damit zunächst nur eine verbale Äußerung mit einer mittleren Länge von 1 Wort – ohne uns auf die theoretische Position festzulegen, daß es ein *Satz* ist, der hier in unvollständiger oder komprimierter oder sekundär wieder reduzierter (z. B. durch das, was in der Linguistik ›Tilgung‹ genannt wird) Form geäußert wird.

R. BROWN exemplifiziert dieses Problem folgendermaßen: angenommen, wir beobachten ein Kind, das wiederholt Saft in einen Becher füllt und dann den Becher der Mutter gibt. Solange es dabei keine sprachliche Äußerung tut, wird der Sprachpsychologe sich vermutlich gar nicht »angesprochen« fühlen. Was aber, wenn das Kind »Saft« oder »gib« oder »Mama« oder »Becher« sagt? Dann *kann* man natürlich die Intention des Kindes so paraphrasieren: es will sagen »ich gebe Mama einen Becher Saft«. Aber unterschiebt man dem Kind damit zuviel (oder vielleicht gar zu wenig?) Intention? Die Frage ist sicher berechtigt.
Für BROWN (1973) ist diese Frage der Schlüssel zu einem der für ihn wichtigsten Probleme der Sprachpsychologie. Das Problem stellt sich ihm in dieser Schärfe, weil er ganz klar und präzise zwischen *Bedeutungen* (meanings) einerseits und *grammatischen Relationen* andererseits unterscheidet.

Dabei geht er natürlich davon aus, daß jedenfalls der Erwachsene das, was er meint, unter anderem auch mit Hilfe der grammatischen Relationen ausdrückt, in denen die Wörter einer Äußerung zueinander stehen. So ist z. B. das Objekt-des-Prädikats (›beißt den Hund‹) eine grammatische Relation, die dem Hörer sagt, daß dieser Gegenstand (Hund) passives Ziel der im Satz erwähnten Handlung (beißen) ist.

Für BROWN sind diese formalen grammatischen Relationen aber immer »peculiarly linguistic« (S. 201), auch wenn sie dazu verwendet werden, schon vor-sprachlich vorhandene *semantische* Relationen oder Intentionen auszudrücken. Wie und von wo aus ergibt sich der Übergang zu diesen grammatisch-syntaktischen Relationen?
Die ›Bedeutungen‹, die BROWN ja scharf von den (syntaktischen) Relationen unterscheidet, konzipiert er in Anlehnung an PIAGET:

> »I mean to suggest that the meanings [deriving from sensorimotor intelligence, Anmerkung des Verf.] are universal in mankind but not that they are innate. I mean, in addition, to suggest the possibility that these meanings probably are not exclusively human even as sensorimotor intelligence is not.« (1973, S. 201)

Aber wie werden, um auf BROWNs Kernfrage zurückzukommen, diese Bedeutungen in Relation zueinander gesetzt?

Haben Kinder im Ein-Wort-Stadium eine »prä-syntaktische Kenntnis der Grammatik«, wie BLOOM es formuliert? Haben eventuell sogar Washoe und Sarah eine solche Kenntnis? Hier wird einerseits die Nachwirkung des Kompetenzbegriffs auch bei BROWN und BLOOM deutlich (»Kenntnis der Grammatik«), andererseits wird verständlich, warum Washoe für BROWN erst in dem Augenblick interessant wurde, als sie ihre Zeichen in Ketten von zwei und mehr Zeichen verwendete (BROWN 1970). Wird hier, beim Schritt von *einem* zu *zwei und mehr* Zeichen, der Übergang von der bloßen *Semantizität,* die in gewissem Grade auch bei einigen Tierarten zu finden ist, zur *Produktivität* getan, d. h. zu der Fähigkeit, neue Mitteilungen für jede Art von neuartiger Erfahrung oder Bedeutung zu *konstruieren*?
Aber wiederum: was ist »bloße Semantizität«? Ist das Aktor- oder Agent-Konzept, das in »Daddy« steckt, wenn diese Äußerung Vaters Ballwerfen begleitet, noch so eindeutig der Semantik und nicht der Syntax bzw. der Grammatik zuzuordnen? Man erkennt, daß die von uns hier in Anlehnung an BROWN und BLOOM diskutierte Problematik nicht unabhängig von den Ansichten gesehen werden kann, die man über Wesen und Grenzen von Semantik, Syntax, Grammatik, Produktivität, Oberflächen- und Tiefenstruktur der Sprache hat.*
Wie sehr definitionsabhängig diese ganze Problematik ist, zeigt ein kurzer Vergleich zwischen BROWN (1973) und BLOOM (1973): Für BROWN gibt es vielleicht einen fließenden Übergang zwischen der von PIAGET beschriebenen sensorisch-motorischen Intelligenz und semantischen Intentionen, aber er sieht bisher keine feste Brücke zwischen diesen semantischen Intentionen und den grammatischen Relationen. Für BLOOM dagegen sind Semantik *und* Syntax *linguistische* Kategorien; die für sie wichtige Grenzlinie verläuft nicht zwischen Semantik und Syntax, sondern zwischen

* Arbeitet man mit einer FILLMOREschen Kasusgrammatik, so wird man beispielsweise finden, daß ganz verschiedene tiefenstruktur-semantische Rollen in der Oberflächenstruktur des Satzes als Subjekt erscheinen können: »John öffnete die Tür«, »die Tür öffnete sich«, »der Schlüssel öffnete die Tür«. Wie verhält sich das *eine* vom Kind geäußerte Wort in dieser Hinsicht?

linguistischen Kategorien einerseits und den kognitiven Kategorien andererseits, welche die »mental representation of experience« darstellen.
Je eher man ›Bedeutungen‹ als Vektoren aufzufassen geneigt ist, desto mehr löst sich BROWNs Problem auf. Je statischer man umgekehrt ›Bedeutung‹ faßt, desto mehr benötigt man ›zusätzlich‹ Relationen – und diese muß dann eine Grammatik liefern, deren Vorhandensein in der Einwortäußerung nicht mit Sicherheit festzustellen ist.
Man sollte sich durch unsere Diskussion aber nicht zu der Ansicht verleiten lassen, das sei alles nur ein Definitionsproblem und daher uninteressant – unsere Fähigkeit, die Verwendung von Sprache zu verstehen, hängt davon ab, über Sprache in definierten Begriffen denken und sprechen zu können. Auch wenn die Frage also unentscheidbar bleiben sollte

> »whether or not children do have any pre-syntax knowledge of grammar ... It is not clear that any kind or amount of evidence can demonstrate convincingly that children know about sentences before they say sentences. Why, then, should one bother to dispute the claim that they do? Essentially, the argument is worth pursuing because one would like to be able to explain ... why it is they begin to use syntax when they do, and ... what it is they know at this age, if *what* they know is not grammar«. (BLOOM 1973, S. 19 f.)

Für uns ist dieses Grenzgebiet zwischen Semantik und Syntax und zwischen Noch-nicht-Satz (oder Krypto-Satz?) und Satz aber auch noch unter einem anderen Aspekt interessant: Man kann, wie wir gesehen haben, die Frage formulieren: werden im ›Einwortsatz‹ vollständige semantische Relationen und Intentionen grammatisch *unvollständig abgebildet?* Diese Fragestellung setzt aber schon voraus, daß man sich grundsätzlich darüber klar ist, daß im Satz überhaupt etwas ›abgebildet‹ wird. Ist das so selbstverständlich? Jedenfalls müssen wir uns der Gefahr bewußt bleiben, daß das hier so stillschweigend mitgeführte und verwendete Konzept der ›Abbildung in der Sprache‹ eventuell überhaupt irreführend und damit vielleicht für einen Teil der ganzen Problematik jedenfalls verantwortlich sein könnte.
Wir sollten im folgenden also nicht nur nach Hinweisen auf

die »semantischen Intentionen« suchen, welche die Einwortäußerung zum verbalen Ausdruck eines präverbalen (sensorisch-motorischen) Handlungsschemas machen, nicht nur nach Hinweisen auf die formalen Relationen zwischen verschiedenen Ebenen und Stadien der Gesamtsituation, in welcher die Einwortäußerung eingebettet ist, sondern wir wollen die verschiedenen Aspekte des Lern- und Entwicklungsprozesses verfolgen, in dessen Verlauf das kleine Kind seine nichtsprachlichen Intentionen und Erfahrungen in geregelte Sprache umzuformen lernt. Wir sollten dabei aber auch offen sein für die Möglichkeit oder gar Notwendigkeit, diese ganze »Umformungskonzeption«, die dem Sprachspiel von Kognition, Intention, Transformation und unvollständiger Abbildung in der Syntax zugrundeliegt, eventuell einer sehr kritischen Betrachtung zu unterziehen. Dabei werden uns BROWNs und BLOOMs Überlegungen über vor-syntaktische Sprache ebenso wichtig sein wie GREENFIELDs et al. (1972) ausgezeichnete Untersuchung über vor-sprachliche Syntax.

Beginnen wir mit etwas, das sehr wohl bloß eine vage Analogie sein könnte: STOKOE (1974) sieht in der Tatsache, daß ein höherer Affe Symptome von Furcht zeigen und gleichzeitig auf die Ursache der Furcht (z. B. eine Schlange) hindeuten kann,

> »in ovo what generative semanticists would term a semantic structure, e. g., ›dangerous that‹. Or stated in FILLMORE's case grammar, ›threatening to me that‹«. (1974, S. 121)

Hat diese Verbindung zwischen Symptom und Deixis etwas Grammatisches oder etwas Semantisches an sich? Diese Frage ist nicht nur deshalb nicht beantwortbar, weil zwischen den beiden Zeichen keine sukzessive Ordnung (Ur-Kriterium der Syntax) erkennbar ist; dieses Beispiel zeigt uns darüber hinaus einen Aspekt, den die Zeichentheoretiker unter den Linguisten und Psychologen gemeinhin übersehen: daß nämlich der Begriff der Syntax ganz sicher, der der Semantik (oder genauer: der semantischen Relation) sehr wahrscheinlich impliziert, daß das Zeichen für den Sender frei verfügbar ist. Das *Symptom* ist für den Sender ex definitione (BÜHLER) nicht frei verfügbar – aber sind wir denn so sicher, daß das eine semantische Relation ausdrükkende *Symbol* für Washoe oder für das kleine Kind wirklich frei verfügbar ist? Kann das Kind sich »entscheiden«, einen bestimmten Teil oder Aspekt des sensorisch-motorischen Handlungsschemas verbal auszudrücken, andere Teile aber nicht?

Wie eingebunden die frühesten Symbole in den Duktus der Gesamthandlung noch sind, wird durch ein Beispiel PIAGETs erhellt:

Lucienne (1;4), die schon das Füllen und Leeren von Eimerchen und anderen Behältern geübt hatte, hat keine Schwierigkeiten, eine kleine Kette wiederzuerlangen, die Piaget in eine halbgeschlossene Streichholzschachtel steckt; das Kind dreht entweder die Schachtel um oder holt die Kette mit einem Finger heraus. Daraufhin macht Piaget die Öffnung so klein, daß Lucienne ihren Finger nicht mehr hineinstecken kann und die Kette beim Umdrehen der Schachtel auch nicht mehr herausfällt. Als Lucienne daraufhin die Schachtel hin und her bewegt, hält sie plötzlich inne, öffnet und schließt mehrmals den Mund, erst wenig, dann weiter und weiter, und dann schiebt sie plötzlich die Schachtel auf.

PIAGET interpretiert das als *präverbalen*, motorischen *Symbolismus.* Aber handelt es sich wirklich um ein Symbol? Geht man von der üblichen Definition von Symbol aus (ein Zeichen, das für etwas steht, das nicht es selbst ist), so gerät man schon wieder in Schwierigkeiten: das Öffnen des Mundes *steht* nicht in der gleichen Weise *für* das Öffnen der Schachtel wie etwa Washoes ASL-Zeichen »open« *für* das Öffnen der Tür steht. Das Öffnen des Mundes ist eine Manifestation (ein token) des kognitiven Schemas ›Öffnen‹ selbst (wobei wir dieses Schema dann als type ansehen können). Aber es ist bereits eine *verschobene* Manifestation, verschoben vom Öffnen-Schachtel zum Öffnen-Mund. Die Verschiebung erfolgt, weil die generelle Intention des Öffnens jetzt die Handlung des Kindes beherrscht; sie erfolgt zum Mund, weil dessen Öffnen für das Kind leichter ist als das der Schachtel – aber auch noch leichter als das Aussprechen des Wortes »auf«. Wir haben hier ein glänzendes Anwendungsbeispiel für HÖPPs oben dargestellte Ansicht vom Auseinandertreten der verschiedenen Bestandteile der primitiven Äußerung vor uns.

Stellen wir uns auf den in der Zeichentheorie der Sprache

üblichen Standpunkt, so muß unsere nächste Frage lauten: wie weit muß diese Verschiebung gehen, wie willkürlich muß sie sein, damit wir bereit sind, von einer »semantischen Relation« zwischen dem *Zeichen* und dem *Bezeichneten* zu reden? Solange wir diese Frage nicht beantwortet haben – und wir können sie nicht beantworten – bleibt auch BROWNs Frage offen, wie viel »semantische Intention« wir der Einwortäußerung des Kindes oder Washoes zu unterschieben bereit sind. Denn das, was wir mit BROWN semantische Intention nennen, überbrückt genau jene Strecke, über die hin das Zeichen vom Bezeichneten weg verschoben worden ist. Wie weit *kann* das kleine Kind das Zeichen vom Bezeichneten weg und in das Medium des Verbalen hinein verschieben? Von dieser Frage nach dem *Können* – im Sinne des Frei-Gliedern-Könnens des Handlungsschemas und der freien Beherrschung der einzelnen Glieder – hängt ab, was wir dem Kind an *Kennen* von semantischen und/oder grammatischen Relationen zuschreiben dürfen.

Ein ganz anderer, nicht-zeichentheoretischer Ansatz würde Luciennes Leistung als den Versuch interpretieren, den Vater genauer über das vom Kind im Duktus der Situation Gemeinte zu instruieren als es ohne das Mund-Öffnen möglich wäre – eine Instruktion, die freilich nicht erst wieder durch Übersetzen in einen Code (oder mit Hilfe eines Codes) verständlich gemacht werden muß, sondern die aus einem Stück des Handlungsduktus selbst besteht. Dieser Ansatz würde im Gegensatz zum zeichentheoretischen das Sprechen-Können nicht aus dem Sprache-Kennen erklären wollen, (wobei das Zustandekommen der Kenntnis das große Rätsel ist), sondern das Sprache-Kennen aus dem Sprechen-Können und dieses letzten Endes aus dem Miteinander-Leben- und -Handeln-Können.

Die von Lucienne uns vorgeführte Integriertheit von Können und Kennen, deren philosophische Diskussion uns natürlich wieder zu WITTGENSTEIN bringen würde, wird uns auf späteren Altersstufen dann wieder vor Augen geführt, wenn pathologische Störungen vorliegen. In manchen Aphasien steht z. B. das Wort »Bleistift« nicht mehr zur Verfügung, wohl aber sein funktionaler Kern, den der Kranke mit »zum Schreiben« paraphrasiert. Oft wird das Wort

»Bleistift« wieder verfügbar, wenn man den Kranken dazu bewegen kann, mit diesem Instrument sinnvoll zu handeln. Hier bietet sich eine Re-Interpretation des bereits (Kap. X) dargestellten Versuchs von LURIA an. Dort wurde dem an dynamischer Aphasie leidenden Patienten ein Modell des linearen Satzschemas vorgelegt, was dazu führt, daß der Patient nun Sätze der Art »Die Frau schneidet Brot« oder »Ich habe Hunger« bilden kann. Im dort diskutierten Kontext der russischen Sprachpsychologie hatten wir die enge Verflochtenheit dieses Satzschemas mit der Motorik betont, was uns die Perspektive eröffnet hatte, dieses lineare Satzschema sozusagen als ein Ur-Syntax anzusehen, die im Fall der dynamischen Aphasie ausfällt, während die Wörter erhalten bleiben. Jetzt können und müssen wir präzisieren: was in der dynamischen Aphasie verlorengeht (und durch das lineare Satzschema kompensiert wird), ist nicht ein leeres syntaktisches Schema, in welches die erhalten gebliebenen, aber ganz statisch konzipierten Wörter eingesetzt werden müßten, sondern verloren gehen die funktionalen Aspekte des Bedeutungskerns der Wörter.

Der nächste Schritt, den wir gehen, ist wichtig: wir wollen mit GREENFIELD et al. (1972) zeigen, daß auch auf einem Entwicklungsstand, auf welchem noch keine entsprechenden Wortkombinationen zur Verfügung stehen bzw. geäußert werden, die Handlungen des Kindes schon von *Regeln* durchzogen und geleitet sind, die man ohne Zögern als »grammatisch« bezeichnen würde, *wenn* nur entsprechende verbale Begleiterscheinungen dabei auftreten würden. Auch hier geht es, wenn man so will (und wie die Verf. selbst durchaus sehen), um eine ›bloße Analogie‹ – aber schreitet unser Verständnis nicht gerade durch das Anlegen von Analogien und das Bemerken ihres Nicht-ganz-Passens voran ...?

GREENFIELD will etwas demonstrieren, was es nach CHOMSKY nicht, nach PIAGET sehr wohl, nach BROWN vielleicht gibt: »a general isomorphism between language and other forms of cognition« (1972, S. 292). Aber sie will diese Isomorphie, im Gegensatz etwa zu BLOOM oder zu SCHLESINGER, nicht an Hand der semantischen Relationen (Agent, Patient ...) nachweisen, sondern an Hand von *nichtverbalen Verhaltensstrategien.* Sie beobachtet 64 Kinder im Alter zwischen 11 und 36 Monaten beim Spiel mit ›seriated nested cups‹, also mit ineinander passenden Bechern. Der Versuchsleiter stellt vor dem Kind 5 Becher verschiedener Größe auf, dann steckt er die Becher nach einer ganz bestimmten Regel (GREENFIELD nennt diese Regeln ›Strategien‹) ineinander.

Wenn die Kinder dann selbst mit den wieder auseinandergenommenen Bechern spielen, zeigt sich, daß 54 der 64 Kinder bei den verschiedenen Versuchsdurchgängen jeweils *einer* ganz bestimmten Strategie (keineswegs immer der vom Versuchsleiter demonstrierten, umfassendsten) folgen. Dabei ist diese Strategie unabhängig von der Anordnung der Becher vor dem Kind und davon, mit welchem Becher man das Kind beginnen läßt. Welche Strategie gleich beim ersten Durchgang gewählt wird, hängt vom Alter des Kindes ab. Die einfachste Strategie (eine oder mehrere Zwei-Becher-Kombinationen, die jeweils nur das Bewegen *eines* Bechers erforderlich machen) entwickelt sich dabei offensichtlich aus einer noch früheren ›motorischen Regel‹, die aber noch keine Lösung im Sinne der Aufgabe ermöglicht:

> »In the preceding stage ... the baby's two hands are limited to symmetrical manipulations. At that stage, two objects can be banged together at the midline of the table, but differentiated interaction is impossible ... When differentiated hand-use does appear at about 11 months, it seems that once a cup has become the acting or moving cup by virtue of being picked up by the child, he treats it as an extension of his hand. This relation of cup and hand is particularly apparent when the child puts one cup into a second and immediately withdraws that cup without ever letting go. This form of strategy was used by all 11 month-olds and seven out of eight 12 month-olds.« (1972, S. 299)

Bis zum 16. Monat wird »Größe« als binäres Konzept behandelt, d. h. für das Kind ist ein Becher der größte, alle anderen fallen in die Kategorie »klein«. Dann folgt ein Entwicklungsstadium, in welchem 5 Becher der Größe nach in Serie gebracht werden können, das Kind aber noch nicht imstande ist, von einem mittelgroßen sechsten Becher aus die Serie nach unten und nach oben zu konstruieren. Diese letztgenannte Leistung ist erst möglich, wenn, so PIAGET, die

Operation der Reversibilität erreicht ist, d. h. ein und dasselbe Element gleichzeitig oder in rascher Sukzession als »größer« *und* als »kleiner« erkannt werden und fungieren kann.

GREENFIELD zitiert dann aus der Literatur Belege dafür, daß Satzformen, die in ihrem Komplexitätsgrad den verschiedenen Becherstrategien entsprechen, in der gleichen Entwicklungssequenz auftreten wie diese, wenngleich als verbale Leistungen natürlich um Monate später. Daraus zieht sie insgesamt den Schluß:

> »rather than think of linguistic capacities as causing cup strategies or vice versa, and looking for a temporal relationship to prove it, we prefer to consider both as behavioral manifestations of underlying internal forms of organization which have many other concrete applications as well.« (S. 308)

Blicken wir nochmals auf das oben Gesagte zurück, so stellen wir fest, daß zu diesen »inneren Formen der Organisation«, die sich so früh entwickeln, die Fähigkeit gehört, mit einem (als Verlängerung der Hand dienenden) Objekt auf ein anderes Objekt einzuwirken: die Agent-Patient-Relation, die sich hier herausschält, ist eng mit dem Beginn des Werkzeuggebrauchs verbunden.

GREENFIELDs Untersuchung ist aber noch unter einem ganz anderen Aspekt interessant, den sie nicht erwähnt. Die Untersuchungssituation, in der das Kind spielt und beobachtet wird, ist *keine* kommunikative Situation! Das Kind folgt offenbar auch dort (schon) Regeln, wo es dadurch ›nichts erreicht‹. Es wäre ja durchaus nicht nur denkbar, sondern zu erwarten, daß das Kind in jedem Durchgang anders handelt, also nicht einer *Strategie* folgt. Haben wir hier eine *Konstantisierung der Aktion* vor uns, die sich vollzieht schon *bevor* daraus ein Hilfsmittel der sprachlichen Kommunikation wird? Hier wird zweierlei deutlich: ›Sprache verwenden‹ setzt sich aus einer Anzahl sehr verschiedener, mehr oder minder ›linguistischer‹ Komponenten zusammen. Und: TOULMIN hat offenbar recht (vgl. Kapitel III), wenn er CHOMSKY gegenüber behauptet, die menschliche Sprache habe insofern jedenfalls eine Ahnenreihe, als in ihr Fähigkeiten sich vereinigen, die vor-sprachlich schon einzeln erkennbar sind.

Es bilden sich Regeln im Verhalten heraus, auch wenn dies keinen unmittelbaren Gewinn bringt. Ist diese Tendenz zur Regelbildung die Ansatzstelle für den Erwerb oder den Aufbau intersubjektiv gleicher Regeln, die dann, *weil* sie intersubjektiv gleich sind, zu Kommunikationszwecken genutzt werden können? Die *Grammatik der Handlung*, von der BRUNER (1971) spricht und für welche GREENFIELDs Untersuchung ein Beispiel ist, wird von GOODNOW und LEVINE (1973) auch in den Nachzeichnungen entdeckt, die kleine Kinder von geometrischen Abbildungen machen: auch hier zeigen sich im motorischen Verhalten Regularitäten, die »eigentlich nicht nötig« sind, die aber dann unmerklich doch relevant werden, wenn wir von der bloßen Bewegung zur wahrnehmungskoordinierenden und -konstituierenden Bewegungs*regel* etwa in HEBBs Theorie der Phasensequenz übergehen.
Ein sehr interessantes Licht auf die Interaktion der hier angeschnittenen Regularisierung mit dem Faktor der Verbalisierung wirft eine andere Untersuchung GREENFIELDs (1972). Spielt die Mutter mit ihrem Kind Guguck-Dada, so stellt sich eine regelmäßige Lächeln-Reaktion dann am ehesten ein, wenn dieses Spiel von der Mutter durch sprachliche Äußerungen begleitet wird, während auf unbelebte Objekte eine derartige Reaktion ohne begleitende ›speech cues‹ sogar besonders schwer herzustellen ist. Offenbar läßt die begleitende verbale Äußerung die Kontur der Gesamthandlung deutlicher hervortreten. Indem sie den Handlungsduktus akzentuiert, hilft die verbale Begleiterscheinung dem Kind zu verstehen, was der Erwachsene meint – wir haben wieder einmal einen Hinweis auf die Wichtigkeit der Zeit-Gliederung für Meinen und Verstehen. Im vorangegangenen Kapitel haben wir auf nicht-verbale Gliederungen des (auch sprachlichen) Gesamtduktus hingewiesen; jetzt ist von verbalen Gliederungen des (auch nichtsprachlichen) Gesamtduktus die Rede. Nur *weil* es eine derartige Integration gibt, kann das Kleinkind in der von MacNAMARA geschilderten Weise seine Sprache erlernen. Gehen wir von den wortlosen Regeln GREENFIELDs einen Schritt näher ans Verbale heran, geleitet von unserer alten Frage, ob das eine in der Äußerung des Kindes auftretende Wort nur ein rela-

tionsloser Name ist oder eine semantische Relation oder gar einen »irgendwie« syntaktisch vollständigen Satz ausdrückt, der aus Kapazitätsgründen verkürzt ausgesprochen wird – und übersehen wir für einen Augenblick die weitreichende Problematik, die in dem Terminus »ausdrücken« steckt.

Hier wäre in erster Linie die Untersuchung von E. CLARK (1973) zu nennen, in welcher gezeigt wird, wie das Kind verbale Erwachsenen-Äußerungen auf eine bereits in ihm vorhandene kognitive, aber nichtlinguistische Struktur hin analysiert. Wir werden auf diese sehr wichtige Arbeit weiter unten eingehen (S. 384), wenn wir den dazu nötigen Strategie-Begriff diskutieren.

Verschiedene semantische Intentionen bei »demselben Wort« werden in einer anderen Untersuchung erkennbar: MENYUK und BERNHOLZ fanden (1969) in den Äußerungen eines anderthalbjährigen Kindes 5 Wörter, von denen die den Kontext kennenden Beobachter annahmen, daß sie nach ihrer Betonungskontur in drei verschiedenen semantischen Intentionen auftraten: als Feststellung, als Frage, als Emphase.

Das ist zunächst eine jener projektiven Interpretationen, vor deren Gefahren BROWN mit Recht gewarnt hat. Der nächste Untersuchungsschritt bringt uns aber darüber hinaus: von den fünf Serien von Wort-Tripletten wurden Spektrogramme hergestellt, auf denen deutliche Unterschiede zwischen diesen drei intentionalen »Modalitäten« zu erkennen waren. Man kann dieses regelhafte Auftreten der Kombination »Wort plus Betonungsart« zunächst als Beleg für das Vorhandensein jener relationaler Intentionen ansehen, nach denen wir suchen. Man kann den Befund aber auch ein wenig anders interpretieren, indem man die Konzeption des Sprechaktes heranzieht und etwa so formuliert: wir verstehen, was das Kind sagt, weil (und wenn) wir erkennen, wie es spricht – fragend, feststellend, emphatisch. Die Relation, die in dieser Interpretation im Mittelpunkt steht, ist keine semantische im engeren Sinne, keine zwischen Zeichen und Bezeichnetem, sondern eher eine zwischen Mittel und Zweck ....

Auf sicherem Boden sind wir, wenn wir Einwortäußerungen betrachten, in denen das geäußerte Wort nicht als Referenz

für ein Objekt aufgefaßt werden kann, sondern sozusagen essentiell relational ist. Washoe verwendet das Zeichen für »mehr« zunächst für Kitzeln, dann aber sofort auch für andere angenehme Vorgänge (Gebürstetwerden, Schaukeln), dann auch für eine zweite Portion Süßigkeiten. Allison Bloom (1;4) verwendet »more« zuerst für eine zweite Portion Essen, zwei Tage später als Aufforderung, der Babysitter solle sie nochmals kitzeln, dann als Bezeichnung für den zweiten Schuh. (Der erste war »shoe«.) BLOOM vermerkt ausdrücklich, daß Allison »more« (und andere Wörter wie »there«, »stop« ...) in Relation zu viel mehr Objekten oder Vorgängen verwenden konnte als in ihrem damaligen Wortschatz durch eigene Bezeichnungen vertreten waren; das Konzept der »More«-ness sei als Relation ablösbar geworden von den Relata. (Aber ist das gerechtfertigt? Gehört nicht ein wenn auch unbestimmtes Relatum immer dazu?)
Aber ist diese Frage beantwortbar? Oder würde sowohl die Antwort Ja als auch die Antwort Nein zu der Notwendigkeit führen zu bestimmen, was ein »unbestimmtes Relatum« eigentlich ist? Nicht zum ersten Mal drohen wir bei der Präzisierung unserer Befunde und Interpretationen in einen Regress zu geraten. Sollten wir wieder einmal am Rand des Sprachspiels angekommen sein, in und mit dem man über Sprache sprechen kann?*
Schwieriger als die essentiell relationalen Wörter sind Wörter wie »Ball« oder »Hut« in ihrem Auftreten zu interpretieren. Wann, unter welchen Bedingungen werden sie geäußert? Solange das Wort allein auftritt, bleibt die spezifische Funktion der Äußerung mehrdeutig:

> At 1;2 Allison and I were walking in the early evening and Allison looked up from her stroller at the moon. She said »moon« and several minutes later »Mimi«. The babysitter Mimi had pointed out the moon to her on other walks ... What was the function of »moon«? Was the word simply to name it ... or was »moon« somehow bound up with Mimi in Allison's mind? ... Further along in that same walk the words

* Wir werden auf diese »essentiell relationalen« Wörter unten (S. 384) noch einmal zu sprechen kommen, wenn wir die Genese ihres Verständnisses im Zusammenhang mit dem Strategie-Konzept diskutieren.

»moon«, »Mimi« and »Mama« occurred often ... At one intersection, Allison looked up at the moon and said »stop«. That night at the dinner table, she reported the events of her walk to her father ... and said, quite clearly, »moon stop«. (BLOOM, 1973, S. 97)

Hat das Kind seine eigene Bewegung im Kinderwagen von der des Mondes nicht zu differenzieren vermocht*, so daß an jeder Kreuzung tatsächlich auch der Mond anhielt? BLOOM sagt mit Recht, daß es unentscheidbar bleibt, ob »moon« in diesen Einwortäußerungen als *Aktor* oder als *Objekt* fungiert.

Aber wie steht es mit »Daddy«, »Mama«, »Mimi«? Von ihrem ersten Auftreten an (mit etwa 10 Monaten) werden diese Wörter, wie BLOOM sagt, entweder als ›announcement‹ verwendet, wenn die betreffende Person den Raum betritt, oder als ›Gruß‹, wenn Allison zu der Person hereinkommt (und sind das wirklich zwei verschiedene Formen, zwischen denen das Kind und der Wissenschaftler sich entscheiden müssen?) So auch im Folgenden:

»When she reached out for a package that Mama was opening, there was little doubt that she wanted to do the opening. But, her utterance ›Baby‹ in such a situation could have represented the desired location of the package (in Allison's hand), the goal of Mama's action (giving to Allison) as well as the desired agency of an action (Allison opening).« (S. 99)

BLOOM führt diese Liste von Möglichkeiten als Beleg für die Unentscheidbarkeit der Frage an, ob das Kind bei seiner Einwortäußerung semantische Intentionen habe oder nicht. Aber muß das Kind diese drei semantischen Intentionen kategorisch *unterscheiden* können – was schon dem erwachsenen Leser nicht ganz leicht fällt –, und darf sie nur *eine* von diesen drei haben, damit wir bereit sind, ihr *überhaupt* semantische Intentionen zuzugestehen? Hier wird eine dem Begriff »semantische Intention« inhärente Gefahr deutlich: semantische Intention ist bei BROWN und BLOOM ein Etwas, das man hat oder nicht hat und das, wenn man es hat, natürlich auch in einer bestimmten Qualität vorhan-

* Passives Bewegtwerden läßt, wie wir z. B. aus den Untersuchungen von HELD (1965) wissen, eine derartige Differenzierung nur sehr schwer zu.

den ist. So ist die semantische Intention auch etwas, das (z. B. durch eine entsprechende syntaktische Konstruktion) abgebildet werden kann, wenn es vorhanden ist. Sollten wir »semantische Intention« nicht eher als etwas auffassen, das man *tut*, denn als etwas, das man *hat?* Von da aus wäre es leichter zu denken, daß man eine Differenzierung dieses Tuns auch unterlassen kann, wenn es die (kommunikative) Situation nicht erfordert (wenn man eine Intention *hat*, bleibt sie einem sozusagen auch in der Hand, wenn man sie nicht braucht).

Noch einen Schritt näher an der Zweiwortäußerung und damit an der Entscheidbarkeit des BROWN-BLOOM-Problems sind wir bei der Betrachtung von *Ketten* von Einwortäußerungen; wir wollen sie ebenfalls durch ein Beispiel BLOOMs veranschaulichen:

Die 18 Monate alte Allison wird von ihrem Vater mit Pfirsichstücken gefüttert. Der Vater schneidet ein auf dem Löffel liegendes zu großes Stück mit dem Messer nochmals durch. Allison ißt beide Stücke, nimmt dann ein neues, hält es dem Vater hin und sagt dabei, deutlich abgesetzt, »peach« / »Daddy«
Dann ergreift sie den Löffel, sagt »spoon«
gibt Pfirsichstück und Löffel dem Vater und sagt »Daddy«
»peach«
»cut«.

Aus der Betonungskontur und dem zeitlichen Abstand geht klar hervor, daß es sich um getrennte Einwortäußerungen handelt, die aber nicht eine Serie von bloßen Objektnennungen darstellen. Allison verbalisiert hier sukzessiv verschiedene relationale Aspekte eines Handlungsschemas, das ihr dabei sicher von Anfang an als Ganzes gegenwärtig ist.

Das gleiche Problem kann aber auch noch von einer anderen Seite aus betrachtet werden:

BLOOM berichtet, daß ihre Tochter die (Zweiwort-)Äußerung »Mommy sock« in zwei ganz verschiedenen Situationen produzierte: beim Anblick der Strümpfe der Mutter und beim Anziehen ihrer eigenen Strümpfe mit Hilfe der Mutter. Ein und dieselbe Oberflächenstruktur kann also zur Realisierung zweier verschiedener Tiefenstrukturen (einer genetivischen oder »besitzhaften« im ersten Fall, einer Agent-Objekt-artigen im zweiten Fall) dienen. Damit wird natürlich sehr wahrscheinlich gemacht, daß eine solche Konvergenz *verschiedener* Tiefenstrukturen zu *einer* Oberflächenstruktur prinzipiell schon im Einwortstadium vorhanden sein kann.

Wir wollen also den Übergang vom Einwort-»Satz« zum Zweiwort-»Satz« nicht in der Weise auffassen, daß jetzt plötzlich eine Struktur im Kinde auftritt, die vorher nicht vorhanden gewesen ist. Viel eher können wir (z. B. mit SCHAERLAEKENS 1973) sagen, daß das Kind beim Zweiwortsatz *oft* eine bestimmte Wortfolge benutzt, um eine bestimmte semantische Funktion auszudrücken – aber das eben zitierte »Mommy sock«-Beispiel zeigt uns auch, daß auch im Zweiwortstadium noch nicht jede Verschiedenheit der verbalen Äußerung signalisiert wird. Wenn das Kind Mutters Strümpfe liegen sieht und »Mommy sock« sagt, so können wir Erwachsenen jetzt mit größerer Sicherheit als bei einer Einwortäußerung sagen, daß das Kind eine Besitzer-Objekt-Relation meint.

Wenn es »Mommy sock« sagt, während die Mutter ihm selbst Strümpfe anzieht, so können wir jetzt *mit größerer Sicherheit* hinter der Äußerung eine Agent-Objekt-Relation postulieren. Aber sagt das Kind *mehr* als im Einwortstadium? *Mehr* in dem Sinne, daß die Äußerung eine *vollständigere* Abbildung dessen gibt, was im sprechenden Kind »hinter« der Äußerung steht und was wir als Intention oder als kognitive Erfassung der Situation bezeichnen? Inwiefern unterscheidet sich die jetzt erreichte Phase vom Stadium der Einwortäußerung, in welchem das Kind vielleicht in beiden Situationen nur »Mommy« gesagt hätte? Auch dort hätte der Erwachsene das Kind *verstanden*, die kommunikative Leistung (von der in diesem Alter ganz wenig abhängt) wäre vermutlich nicht geringer gewesen. Aber der Hörer ist jetzt seiner Sache sicher*er*, er fühlt sich fest*er* an die Hand genommen, genau*er* instruiert ...

Wenn man in diesem Stadium immer häufiger die Wortfolge der kindlichen Äußerung als Hinweis auf die dominierende Reihenfolge der entsprechenden Konzepte ansehen kann, so sollte man dabei nicht vergessen, daß SLOBIN (1970) durch Vergleich verschiedener Sprachen deutlich gemacht hat, daß eine Kenntnis der intentionalen Strukturen vermutlich universal verbreitet ist, nicht jedoch eine linguistische Kenntnis syntaktisch zulässiger Wortfolgen.

Mit der hier vertretenen Konzeption von der zunehmenden *Präzisierung des Gemeinten durch das Gesagte* tritt die oft diskutierte, aber unscharf gefaßte Differenz zwischen dem, »was das Kind sagt«, und dem, »worüber es spricht«, in ein neues Licht. Bisher war man meist von einem Modell ausgegangen, nach welchem »das Gemeinte« allmählich immer vollständiger in der Äußerung abgebildet wird. Ist diese Konzeption jetzt noch fruchtbar? Wir ziehen jetzt Überlegungen heran, die GARFINKEL (1972) skizziert hat:

GARFINKEL stellte Studenten die Aufgabe, auf einem Blatt Papier links das aufzuschreiben, was in einer alltäglichen Unterhaltung zwischen Erwachsenen wörtlich geäußert wurde, und dem auf der rechten Seite das gegenüber zu stellen, »what they and their partners understood that they were talking about«.

Das Ausfüllen der rechten Seite erweist sich als überraschend schwierig, zumal, wenn der Leser darauf besteht, präziser über das informiert zu werden, worüber die Gesprächsteilnehmer reden. Die Studenten geben diese Aufgabe schließlich als unausführbar zurück. Woran scheitern sie?

Die Studenten (und wir fügen hinzu: der Erforscher der Kindersprache) gehen zunächst davon aus, daß das Gesagte unvollständig ist und daß diese Unvollständigkeit

> »makes necessary for the students to look elsewhere than to what was said in order (a) to find the corresponding contents and (b) to find the grounds to argue for the correctness of the correspondence«. (1973, S. 318)

Wenn sie so danach streben, eine »vervollständigte Beschreibung des Abgebildeten« zu liefern, so könnten sie dies aus der Kenntnis der Abbildung (d. h. der Äußerung) heraus nur dann leisten, wenn sie die Relationen genau kennen würden, die zwischen Abbildung und Abgebildetem vorliegen. Um aber umgekehrt diese Relationen zu erkennen (die von den Linguisten mit der magischen Formel »mapping a surface structure onto a deep structure« eingefangen werden sollen), müßten sie Abbildung und Abgebildetes vollständig kennen. Weil diese Antinomie nicht lösbar ist, verfallen die Studenten sozusagen auf eine Kurzschluß-Strategie:

»students would invoke their knowledge of the community of understanding, their knowledge of shared agreements, in order to recommend the adequacy of their accounts of what the parties had been talking about«. (S. 318)

Auf diese Weise kommen auch hier die Präsuppositionen herein, die stillschweigenden Voraussetzungen, ohne welche man nicht sprechen kann. Aber das erweist sich als eine Aufgabe ohne Ende; die Studenten beklagen sich schließlich darüber, »that the way of accomplishing the task multiplied its features«, weil hinter den Präsuppositionen gleich wieder die Notwendigkeit auftaucht, auch die Meta-Präsuppositionen zu spezifizieren, die in die Präsuppositionen eingehen. Wenn wir auf das zurückgreifen, was wir (in Kap. VII) über das Phänomen der Sinnkonstanz gesagt haben, so können wir das Scheitern der Studenten darauf zurückführen, daß sie versucht haben, den immer *notwendigen* Abstand zwischen Information und Sinn vollends in Information zu übersetzen. Wissen, worüber jemand spricht, wenn er etwas sagt, – dieses Wissen ist prinzipiell nicht vollständig spezifizierbar.

GARFINKEL schlägt denn auch eine radikale Änderung der Sichtweise vor:

»suppose we drop the assumption that we must at the outset know of what the substantive common understanding consists. With it, drop the assumption's accompanying theory of signs according to which a ›sign‹ and a ›referent‹ are, respectively, properties of something said and something talked about, and that as this fashion proposes sign and referent to be related as corresponding contents«. (S. 319)

Was GARFINKEL hier vorschlägt, würde natürlich den Abschied von der auch BROWNs und BLOOMs Überlegungen durchziehenden Überzeugung bedeuten, daß der Erforscher der Kindersprache die Aufgabe hat, jene ›Korrespondenzen‹ (zwischen sensumotorischem Schema und semantischer Intention, zwischen semantischer Intention und syntaktischem Ausdruck, zwischen kognitiver und linguistischer Kategorie ...) zu finden, welche zu *erlernen* die große Aufgabe des heranwachsenden Kindes ist.

Machen wir uns die Tragweite des Problems deutlich, vor welchem wir hier stehen:

– die Assoziationspsychologie hatte auf die Frage »Was erwirbt das Kind?« geantwortet: Verbindungen zwischen Zeichen und Bezeichnetem. (Aber sie hatte nicht erklären können, *wie* diese Verbindungen erlernt werden.);

– die Generativen Linguisten hatten auf die Frage, was das Kind erwirbt, geantwortet: »Kenntnis der Grammatik«. (Da sie aber auch nicht wußten, *wie* diese Kenntnis erworben wird, hatten sie das Erlernen prinzipiell für unmöglich erklärt und als ›Lösung‹ das LAD eingeführt);

– jetzt wird die Ausgangsfrage nicht mehr in der Form gestellt ›Was erwirbt das Kind‹, sondern vager und damit eine Antwort weniger vorwegnehmend so ›Was ändert sich beim Kind im Verlauf des Sprechenlernens‹ (Oder ›des Spracherwerbs‹)?

Zur Behandlung diese Problems gehen wir nochmals zu der schon mehrfach zitierten Ansicht MacNAMARAs (1972) zurück, wonach das Kind zuerst das versteht, was der Sprecher meint, und sich dann die Beziehung zwischen dem Gemeinten und der sprachlichen Äußerung des Sprechers erarbeitet. Diese Beziehung sollten wir, wie wir jetzt wissen, nicht so sehr als Korrespondenz zwischen zwei Entitäten (etwa der Abbildung und dem Abgebildeten) auffassen, sondern als Beziehung zwischen Zweck und Mittel. Der Sprecher instruiert den Hörer durch seine Äußerung, wie der Hörer den Sprecher verstehen solle. Aber er instruiert niemals vollständig und er setzt durch seine Instruktion keinen Endpunkt für das, was da im Hörer in Gang gesetzt wird.* Auch im Stadium der Einwortäußerung war der erwachsene Hörer für sein Verstehen nicht allein auf die verbale Äußerung des Kindes angewiesen gewesen: die Situation lieferte ihm eine Fülle von Verstehenshilfen, so wie sie auch dem Kind Hilfen liefert, den Erwachsenen zu verstehen. Aber diese situativen Verstehenshilfen haben zwei weitreichende »Schwächen«: sie sind nicht immer spezifisch genug – und: der Mensch will

* BROWN bringt dafür ein Beispiel: Eve sagt »Mommy lunch«. Die Mutter expandiert diese Äußerung so weit, wie sie ihren Verstehensvorgang hic et nunc vorantreiben *will*: »Ja, Mammy macht Lunch«. Sie sagt nicht etwa, »Ja, Mammy ist heute, am 4. Februar, seit einer Stunde mit der Zubereitung von Lunch beschäftigt, indem sie Eier kocht . . .«

auch etwas verstehen bzw. meinen, was sich auf eine vergangene bzw. zukünftige Situation bezieht. Wegen dieser prinzipiellen Beschränktheit der situativen Determination des Verstehens muß allmählich mehr von der Instruktion, die zum Verstehen auffordert und es lenkt, in die sprachliche Äußerung (des Kindes) gelegt bzw. aus der sprachlichen Äußerung (des Erwachsenen) entnommen werden. *Das* ist es, was sich beim sprechenlernenden Kind ändert.

Wie geht das Kind bei dem Versuch vor, der sprachlichen Äußerung des Erwachsenen »mehr« zu entnehmen? Die primitive Antwort: es erkennt mehr Regeln in ihnen, indem es seine Aufmerksamkeit sozusagen probierend bestimmte Aspekte oder Teile der Äußerung herausgreifen läßt und als Determinanten seines Verstehens konstant setzt. Das Kind wendet auf die gehörte Sprache etwas an, was es (wie GREENFIELDs Untersuchung uns gezeigt hat) auch auf seine nichtverbalen Handlungen anwendet: es stülpt seinem Tun ein Gerüst über, eine *Strategie*.

Diesem Konzept der Strategie im Prozeß des Spracheverstehen-Lernens hat BEVER (1970 b) eine wichtige Arbeit gewidmet. Strategien sind sozusagen ›Rezepte für das Vorgehen‹. BEVER wählt ein Beispiel aus der Wahrnehmung: wer entscheiden soll, welcher von zwei Punkthaufen auf einem Blatt Papier mehr Punkte enthält, kann verschiedene Strategien wählen:

– er kann, wenn er sicher gehen will (und zählen kann) abzählen;

– er kann den Punkthaufen wählen, der eine größere Fläche einnimmt (also das Rezept anwenden: mehr Gegenstände nehmen meist auch mehr Raum ein als weniger);

– er kann den Punkthaufen wählen, bei welchem die Punkte dichter beieinander liegen (nach dem Rezept: wenn viel aufbewahrt wird, liegt es meistens dichter, als wenn wenig aufbewahrt wird).

Die an zweiter bzw. an dritter Stelle genannte Strategie wird vermutlich dann gewählt werden, wenn der Betreffende nicht zählen kann oder die Mühe nicht für nötig hält oder es sehr eilig hat. Wir erkennen, daß das Konzept der Strategie in sich *Kapazitäts*faktoren, die im Organismus zu lokalisieren sind, mit Faktoren vereinigt, die sich aus *Aufgaben-*

Schwierigkeit und *Opportunitäts*überlegungen ergeben. Bei BEVER wird das nicht genauer diskutiert; so bleibt bei ihm auch unklar, ob diese Strategien als solche angeboren sind oder ob sie sich selbst erst – etwa in der Auseinandersetzung mit dem dem Kind begegnenden sprachlichen Input – herausbilden. Er neigt zu der Ansicht

> »that the child may extract particular perceptual strategies by selective induction over his early linguistic experience«.

Bevor wir auf einzelne derartige Strategien eingehen, sei festgehalten:

> »the child's systems for talking and listening partially determine the form of linguistic structure even as the structure is being learned and used by the child. Thus, the way we use language as we learn it can determine the manifest structure of language once we know it«. (BEVER, 1970 b, S. 281)

Für BEVER sind diese Strategien also Strategien der Ausnutzung von Prinzipien der Sprachwahrnehmung für das Sprachelernen – er bleibt auf den Kreis der Sprache beschränkt, ohne die Tatsache theoretisch zu nutzen, daß die Grenzen zwischen nichtsprachlicher und sprachlicher Handlung fließend sind. Wir werden sein enges Strategiekonzept gleich noch zu erweitern haben. Für BEVER ist das Strategiekonzept offenbar ein Mittel, das LAD ein wenig weiter dem Einfluß der Empirie zu öffnen. Wie sehr er aber noch im Umkreis der Theorie des Strukturen-aufeinander-Abbildens bleibt, zeigt sich in diesem Zitat:

> »The child will accept as linguistically relevant data those surface sentences for which he can understand the internal structure, and he will form perceptual inductions over those internal/external structure pairs.« (1970 b, S. 316)

Wir werden im folgenden eine andere, weniger festlegende Formulierung BEVERs vorziehen: das Kind wird solche sprachlichen Strukturen am leichtesten lernen, die am besten von seinem Wahrnehmungssystem erfaßt werden.

Und am besten vom Wahrnehmungssystem erfaßt werden solche sprachlichen Strukturen, welche den Strukturen des nicht- oder vor-sprachlichen Handelns korrespondieren.

In dieser These liegt einmal das, was wir in diesem Buch schon mehrfach über den »projektiven Charakter« des Wahrnehmens und Verstehens gesagt haben, zum anderen aber auch unser Postulat von den *fließenden* Übergängen zwischen nichtsprachlichem und sprachlichem Handeln, von der Wichtigkeit zeitgliedernder Faktoren, etc.

Wir postulieren also die Wirksamkeit *nicht-* oder *vorsprachlicher Strategien* bei der Analyse sprachlicher Erwachsenenäußerungen durch das Kind und damit potentiell auch beim Spracherwerb. Haben GREENFIELD und GOODNOW das Vorhandensein derartiger Strategien im Bereich des Nicht-Sprachlichen aufgewiesen und deren Korrelation mit Vorgängen des Spracherwerbs wahrscheinlich gemacht, so können wir an einer Untersuchung E. CLARKs das Ineinandergreifen solcher nichtsprachlicher Strategien und sprachlicher Hypothesen sozusagen »am Werke« sehen. Hier wird tatsächlich gezeigt, daß eine sprachliche Information nach einer kognitiven nicht-linguistischen Struktur analysiert wird:

E. CLARK untersucht (1973) das Verstehen relationaler Beziehungen (über deren Produktion wir in anderem Zusammenhang oben schon gesprochen haben). Kinder ab 1,6 Jahren hatten kleine sprachliche Aufforderungen auszuführen, z. B. ein kleines Spieltier mit einer größeren Holzfigur zusammenzubringen:

Put the doggie *in* the box oder
Put the pussie *on* the trunk oder
Put the crocodile *under* the table usw.

Die Ergebnisse bei den ganzen kleinen Kindern sind folgende: Ist das Zielobjekt (box, trunk ...) irgend ein Behältnis, so werden *alle* Instruktionen (also »in«, »on« und »under«) aufgefaßt, als ob sie »in« enthielten. Ist das Zielobjekt kein Behältnis, sondern mit einer ebenen Oberfläche versehen, so werden *alle* Instruktionen aufgefaßt, als ob sie »on« enthielten.

Das Kind verfährt offenbar nach einer nichtsprachlichen Strategie bei der Ausführung des gehörten Satzes, wie CLARK meint, »in the virtual absence of comprehension« (S. 169). Dabei kann man von einem Fehlen des Verständnisses freilich unseres Erachtens nicht reden: das Kind versteht durchaus recht gut, was der Erwachsene meint; es folgt dem Befehl in hohem Grade, nur die »Feinheiten« werden sozusagen noch nicht verstanden. Eve CLARK meint selbst,

»in«, »on« und »under« würden als Lokative verstanden – von da aus ist es dann nicht mehr weit bis zu der von H. CLARK vertretenen Ansicht (s. Kap. VI), wonach die verschiedenen Features eines Wortes, z. B. seine Markierung als +Pol, in einer ontogenetisch festgelegten Reihenfolge erworben werden. Doch bleiben wir bei Eve CLARK und beim Strategiebegriff.

Je vollständiger die im Kind vorhandene nichtlinguistische Strategie mit einem bestimmten sprachlichen Ausdruck korrespondiert, desto leichter und früher wird dieser Ausdruck vom Kind (im Meinen und im Verstehen) verwendet werden können. Unter diesem Aspekt kann man mit CLARK davon sprechen, daß bestimmte Bedeutungen (z. B. die von »in«) kognitiv einfacher seien als andere (z. B. als die von »under«); bei den ersteren kann das Kind auf seiner nichtlinguistischen Verfahrensweise leichter eine linguistische Hypothese aufbauen.

Die von E. CLARK vertretene (und wohl auch H. CLARKs Feature-Theorie kongeniale) These, daß die Reihenfolge des Erwerbs bestimmter linguistischer Formen durch die relative Komplexität der zugrundeliegenden kognitiven Strukturen bestimmt wird (wobei das Anwachsen dieser kognitiven Komplexität wiederum auf gut PIAGETsch als Folge zunehmender Entwicklungsreife angesehen wird), muß nach einer Untersuchung von KUCZAY (1975) allerdings noch differenziert werden. Das Kind geht zwar in der von CLARK beschriebenen Weise vor (d. h. es interpretiert kontextuelle Information bei der Konstruktion der Wortbedeutung), aber dabei spielen, vor allem in frühen Stadien, Determinanten aus der Umgebung eine Rolle, was zu großen interindividuellen Differenzen führt. Die späteren Abschnitte der Ausbildung eines semantischen Systems werden dann immer mehr von linguistischen Faktoren bestimmt, was sich vereinheitlichend auswirkt.

Kehren wir von CLARKs Strategien zu denen BEVERs und damit zu im engeren Sinne *sprachlichen* Strategien zurück. BEVER und nach ihm SLOBIN (1971) formulieren die wichtigsten dieser Spracherwerbs-Strategien etwa so:

– Fasse das als zusammengehörend auf, was zusammen ausgesprochen (d. h. nicht durch Pausen getrennt) wird;

– Achte auf die Betonung;
– Verstehe Kombinationen von Wörtern so, wie es dem Inhalt der Wörter und deiner Weltkenntnis nach am wahrscheinlichsten ist;
– Achte auf die Reihenfolge.

Schon diese Aufstellung zeigt uns, daß derartige Strategien sicher nicht jeweils *einzeln* das Spracheverstehen bzw. Spracheproduzieren bestimmen; es sind immer – und nicht nur beim kleinen Kind! – *mehrere* solcher Strategien am Werk.

Eine ausführliche Betrachtung der erstgenannten Strategie würde in weitem Maße das wiederholen, was wir im vorangegangenen Kapitel über die Gliederung der Äußerung durch psycho-physiologische Faktoren (Figur/Grund-Differenzierung) und durch nichtverbale Regulatoren (Blickzuwendung, Betonungskontur, Pausen) gesagt haben.

Die Strategie »achte auf die Betonung« zeigt besonders deutlich, daß Strategien, wie BEVER sagt, »shortcuts« sind; sie gibt dem Kind sozusagen das Rezept ›Wenn du schon nicht alles erfassen kannst, was da auditiv auf dich einströmt, dann konzentriere dich auf das, was besonders laut gesagt wird – es lohnt sich!‹ (Vgl. Kap. XI)

Die dritte Strategie ›kombiniere die Wörter so, wie es ihrem *Inhalt* nach am wahrscheinlichsten sinnvoll ist‹, knüpft einerseits unmittelbar an das an, was wir früher den Bedeutungskern der Wörter genannt haben, andererseits verkörpert sie sozusagen in nuce das Funktionieren der Sinnkonstanz. Wenn das Kind aus einer Äußerung die Wörter »Vati«, »Keks« und »ißt« heraushört, dann besteht die erfolgversprechendste Strategie darin, die Wörter zusammen als »Vati ißt einen Keks« zu verstehen, denn »Vati« ist von den drei Wörtern das einzige, was einen Agenten bezeichnen kann, »Keks« das einzige, was als Patient (oder Objekt-der-Aktion) wahrscheinlich ist. Das Rezept geht also dahin: mach Sinn daraus, wie es nach deiner Kenntnis der Wörter und der Welt am einfachsten geht.

Wie sehr auch ältere Kinder sich noch auf diese Strategie verlassen, zeigen folgende Befunde: wenn Kinder unter mehreren Bildern dasjenige auswählen sollen, das einem ihnen vorgesprochenen Satz entspricht, so haben sie relativ lange noch Schwierigkeiten, wenn dieser Satz im Passiv formuliert

ist. »The horse was followed by the cow« ist schwieriger als »The cow followed the horse«. Aber: dieser Schwierigkeitsunterschied zwischen Aktiv- und Passivsätzen verschwindet (SLOBIN 1966), wenn es sich um semantisch »nicht umkehrbare« Sätze handelt:
»The dog ate the cookie« ist nicht leichter als
»The cookie was eaten by the dog.«
Hier ist, von der »Kenntnis der Welt« her, dem Kind klar, was geschieht: Der Hund kann den Keks fressen, aber nicht umgekehrt. Weil das so ist, kann das Kind hier auch einen im Passiv formulierten Satz verstehen. Dieser Befund, der jeder syntaxzentrierten Erklärungsweise größte Schwierigkeiten macht*, weist uns noch einmal nachdrücklich darauf hin, daß das Kind hier nicht so sehr das versteht, was der Sprecher sagt, sondern das, was er meint. Es versteht natürlich noch nicht die Passiv-Transformations-Regel, aber es versteht die Äußerung des Sprechers hier so weit, daß es nach seiner »Meinung« handeln kann. »Verstehen« als inneres Zeichen für »the potential for reacting appropriately« – diese Definition DEESEs war uns schon einmal begegnet.
Wie sehr hier die »Weltkenntnis« die Sprachkenntnis bestimmt und nicht umgekehrt, zeigt ein Versuch BEVERs (1970, S. 305 f.).
Er gibt Kindern verschiedener Altersstufen Sätze wie
a) The mother pats the dog und
b) The dog pats the mother, und prüft das »Verstehen« dieser Sätze, indem er sie mit Spielfiguren nachspielen läßt. Dabei zeigt sich, daß Zweijährige den Satztyp (b) kaum schlechter (langsamer, fehlerhafter...) spielen als den Satztyp (a), während ältere Kinder den Typ (a) sehr viel leichter ins Spiel umsetzen als (b). Wenn BEVER daraus allerdings den Schluß zieht,

> »to invalidate any theory of early language development that assumes that the young child depends on contextual knowledge

* Schließlich sind *alle* Passivsätze von ihren aktiven Pendants durch ein und dasselbe Kennzeichen, nämlich eben die Passivtransformation, unterschieden. Wenn der syntaktische Faktor, nämlich die zusätzliche Transformation, verantwortlich für die größere Schwierigkeit wäre, müßten Passivsätze *immer* schwieriger sein als die entsprechenden Aktivsätze.

of the world to tell him what sentences mean independent of their structure«, (1970, S. 306)

so wird man ihm dabei sicher nicht folgen können. Sehr viel näher liegt der Schluß, den MacNAMARA andeutet: weil ältere Kinder mehr von der Welt wissen, wissen sie auch, daß die im Satz (b) beschriebene Situation weniger wahrscheinlich ist als die im Satz (a) beschriebene. Und deshalb haben sie größere Schwierigkeiten, wenn sie ihn ins Spiel übersetzen sollen. Hier kommen auf eine subtile Weise jene Auftretenswahrscheinlichkeiten wiederum ins Spiel, die MILLER schon Anfang der fünziger Jahre einzufangen versuchte – damals allerdings als Auftretenswahrscheinlichkeiten von Wörtern (oder Buchstaben), nicht von Tatbeständen dieser Welt.

Freilich kann man BEVERs Schlußfolgerung nicht einfach umkehren: Es geht darum, daß das Kind die Äußerung als Präszisierung dessen nimmt, was der Sprecher meint. Beim älteren Kind, das schon mehr von der Welt erfahren hat, ist deshalb beim Befolgen der Anweisung in Satz (b), die unter anderem durch die Syntax des Satzes gegeben wird, sozusagen ein größerer Widerstand der Weltkenntnis zu überwinden. Die Sinnkonstanz, von der wir in Kapitel VII sprachen, legt dem Kind vermutlich nahe, daß der Sprecher etwas anderes meint, und diese Diskrepanz zwischen dem, was der Sprecher wahrscheinlich meint, und dem, wodurch er das Kind über seine Meinung instruiert – diese Diskrepanz verzögert das Durchspielen: wir wissen aus der Allgemeinen Psychologie, daß in Konflikt stehende Reaktionstendenzen die Antwort verzögern.

Der eben zitierte BEVERsche Untersuchungsbefund ist aber noch unter einem anderen Aspekt interessant. Bei unserer Diskussion des »Lexikons« hatten wir verschiedene Versuche kennengelernt, das durch ein Wort »repräsentierte« Wissen darzustellen; der am weitesten verbreitete Ansatz ist die Aufgliederung in semantische Features. Die Features werden üblicherweise als Definiens des Wortes konzipiert; sie »gehören« zum Wort; durch ihre Aufzählung wird das Wort »semantisch bestimmt«. Dabei waren wir schon in Schwierigkeiten geraten, als wir mit CLARK (Kap. VI) die Reihenfolge überlegten, in welcher die zu einem Wort gehörenden Features erworben werden.

Jetzt erkennen wir eine weitere Schwierigkeit: durch die Erfahrung ändert sich offenbar die Wahrscheinlichkeit, mit der ein bestimmtes Feature für die Bedeutung eines bestimmten Wortes relevant wird. Für die kleinen Kinder gehört es – wenn wir die Sache unter diesem Aspekt sehen – zu den Features von »Hund«, daß der Hund auch die Mutter streicheln kann. Aber die Wahrscheinlichkeit dieses Könnens ändert sich mit der Erfahrung. Wie ist ein derartiges Wahrscheinlicher- oder Unwahrscheinlicher-Werden der Relevanz semantischer Features in ein Lexikon-Konzept zu integrieren?* Die Grundausrüstung der Generativen Grammatiker, nämlich Syntax plus Lexikon, erweist sich wieder einmal als ungenügend. Deshalb fällt uns auch das generellere Infragestellen der CLARKschen Position leichter: lernt das Kind die zu einem Wort gehörenden Features oder lernt es das Wort zu einem Konzept, das man, wenn man so will, als Aggregat von Features auffassen kann?

Doch kehren wir zu den Strategien zurück, die das Kind an den sprachlichen Input anlegt. Nicht alle Sätze, die es hört, lassen sich durch eine semantische Strategie der eben geschilderten Art als Verstehensinstruktion auswerten. Das kleine Kind braucht zwar nicht zu unterscheiden zwischen

»The dog ate the cookie« und
»The cookie was eaten by the dog«,

aber es muß (lernen zu) unterscheiden zwischen

The boy struck the girl und
The girl struck the boy.

Das Kind muß die Fähigkeit erwerben, sich durch das Gesagte über den Agenten, den Patienten etc. einer Handlung instruieren zu lassen, *auch dann*, wenn das Agent-Sein bzw. das Patient-Sein *nicht* zu den essentiellen Charakteristika des betreffenden Wortes gehört. Anders ausgedrückt: das Kind muß lernen, sich durch das Gesagte über den von seinem Verstehen einzuschlagenden Kurs instruieren zu lassen auch in solchen Fällen, in denen das Wort nicht »seine« (ihm

* Für dieses Problem hält die Linguistik eine elegante Scheinlösung bereit: sie sagt, solche Weltkenntnisse über die Wahrscheinlichkeit des Auftretens eines bestimmten Wortes oder einer bestimmten Wortkonstellation oder die Relevanz eines Features seien nicht im Lexikon, sondern in der Enzyklopädie repräsentiert ...

»wesentlich« zugehörende) semantische Rolle spielt, sondern eine Rolle, die es je nach Situation zu übernehmen hat oder nicht. Wenn »boy« und »dog« und »strike« zusammen vorkommen, kann der Hörer sich darauf verlassen, daß die Relationen dieser Konzepte untereinander sich nach den »eingebauten Tendenzen der von diesen Wörtern ins Bewußtsein gerufenen Konzepte zu gestalten haben: »the boy struck the dog« ist von da her die am meisten Erfolg versprechende Strategie. Aber der Sprecher muß den Hörer auch (und gerade!) dann instruieren, wenn er etwas nicht so Wahrscheinliches meint. Wenn »boy« und »girl« und »strike« zusammen vorkommen, muß der Hörer eine zusätzliche Instruktion darüber erhalten, wen er in die Agenten- und wen er in die Patientenrolle setzen soll. Diese Instruktion liefert ihm z. B. die Reihenfolge, in welcher die Wörter vom Sprecher geäußert werden. BEVER konzipiert dazu seine vierte, die ›Sequential Labelling Strategy‹:

> »any Noun-Verb-Noun (NVN) sequence within a potential internal unit in the surface structure corresponds to ›actor-action-object‹«. (1970)

Nach einem sehr gründlichen Überblick über die zu diesem Problem (wir können es »Rolle der Wortordnung für das Verstehen« nennen) vorliegenden Untersuchungen kommt BROWN zu dem Schluß, daß

> »word order in its role as evidence of relational intentions and as the first aspect of the syntax of the expressive medium to be learned is confirmed«. (1973, S. 160)

BROWN befaßt sich hier mit der *Verstehens*-Seite des Sprechenlernens; hier wird die BEVERsche Strategie offenbar vielfach verwendet. Er geht aber, wie seine Formulierung (›first aspect of the syntax of the expressive medium‹) zeigt, dabei von einer ganz bestimmten Voraussetzung aus, die sich gleich als unhaltbar erweist: BROWN meint, das Kind zeige durch seine »*De*codierleistung«, daß es eine Art »syntaktischer Kompetenz« besitze. Mit dieser Annahme geht man bereits einen entscheidenden Schritt zu weit, denn die Wiedereinführung eines derartigen Kompetenzbegriffes läßt ja sofort die Erwartung entstehen, daß das Kind von diesem »syntaktischen Wissen« auch Gebrauch machen wird, wenn es selbst Äußerungen *produziert*. So sucht denn BROWN auch nach dem danach zu erwartenden ›Second Aspect‹ der Syntaxkenntnis, nämlich nach der Wortordnung in den vom Kind *produzierten* Äußerungen; er erwartet, daß das Kind Wort-Ordnung nicht nur dann als Hilfsmittel verwendet, wenn es um präzise Extraktion der vom erwachsenen Sprecher gemeinten Relationen geht, sondern auch dann, wenn das Kind selbst solche Relationen einem erwachsenen Hörer gegenüber ausdrücken will. Gerade hier aber sind die empirischen Befunde außerordentlich widersprüchlich. (Sogar ein und dasselbe Kind, das [es handelt sich um ein Serbokroatisch/Ungarisch bilinguales Mädchen] in der einen Sprache komplizierte lokative Konstruktionen verwendet, also »kognitiv« dazu offenbar fähig ist, verwendet in seiner anderen Sprache in ganz ähnlichen Situationen die entsprechenden Konstruktionen nicht.) BROWN spricht nach einem Referat zahlreicher Untersuchungen aus verschiedenen Sprachkreisen von einer »extravaganten Variation der Daten«:

> »It is evidently not the case that human children everywhere find some single order sensible for cognitive reasons having to do with the order in which attention might be captured by an agent, an action, or an object. It is not ... the case that children will limit themselves to the orders that are dominant in the speech they hear from their parents ... or ... that they will always probability-match the orders they hear ...« (1973, S. 157)

Wir stehen also vor der Tatsache, daß kleine Kinder sich zwar durch die Wort-Ordnung der Erwachsenenäußerung sehr wohl über die Intentionen des Sprechers präziser instruieren lassen, daß sie aber selbst dieses Hilfsmittel (»Syntax«) noch lange nicht konsistent für diesen Zweck einsetzen. Wann und in welchem Ausmaß dieser aktive Einsatz von Wort-Ordnung erfolgt, hängt zu einem sehr großen Teil davon ab, welches Gewicht diesem Faktor in der betreffenden Sprache zukommt.

Dieser Sachverhalt ist mit einer Konzeption, wonach der Mensch *eine* grammatische Kompetenz *hat oder nicht hat*, nicht zu vereinbaren. Daneben ergibt sich daraus aber noch folgender Gesichtspunkt, auf welchen BROWN hinweist:

> »the child's lack of concern with making himself clear or ..

his assumption that if he speaks at all he will be understood«. (1973, S. 167)

Das Kind ist offenbar viel früher an einer Präzisierung interessiert, wenn es sich um einen Akt des Verstehens handelt, als wenn es sich um einen eigenen Akt des Meinens handelt. Meinen und Verstehen sind nicht zwei sozusagen symmetrische Manifestationen ein und desselben Kenntnisbestandes, sondern zwei verschiedene Zwecke, verschieden wichtig, zu deren Erreichen verschiedene Mittel eingesetzt werden. Hatten wir uns, indem wir im Meinen und im Verstehen nach den Manifestationen ein und derselben Syntax suchten, den Blick dafür verbaut?

Das führt uns zurück zu einer Betrachtungsweise, welche die *Funktion* als ausschlaggebend ansieht, die durch sprachliche Äußerungen bezweckt wird. Ein Kind setzt sprachliche Äußerungen im Akt des Meinens und in dem des Verstehens nicht in der gleichen Weise ein, weil es zum Erreichen seiner Zwecke dieses Mittels nicht in beiden Akten in gleicher Weise bedarf. Diese Zwecke sind in den beiden Akten verschieden weit gespannt: im Akt des Verstehens ist das Kind schon daran interessiert, etwas über die Nicht-hic-et-nunc-Aspekte zu erfahren, welche das vom Erwachsenen Gemeinte hat. Denn der Erwachsene meint Zukünftiges, Vergangenes, Anderswo-Befindliches. Aber das Kind ist selbst noch nicht daran interessiert, seinen erwachsenen Zuhörer über solche auf andere Zeiten und Situationen verweisenden Aspekte seines eigenen Meinens *so* präzise informieren zu können, daß ein Verstehen auch bei Wegfall situativer und probabilistischer Determinanten gesichert wäre. Das Kind ist daran noch nicht interessiert, weil seine semantischen Intentionen solche übergreifenden Aspekte noch nicht haben. Weil Sprache Fortsetzung des Handelns mit einem anderen Mittel ist, braucht das Kind dort noch nicht (so präzise) zu sprechen, wo es aus der Situation heraus auch noch nicht situationsübergreifend zu handeln braucht.

Eine derartige Betrachtungsweise wird unserer Ansicht nach den empirischen Befunden viel eher gerecht als jene andere, welche »*eine* Kenntnis *der* Syntax« postuliert und dann nicht damit zurechtkommt, daß diese Kenntnis sich unter bestimmten Umständen zeigt und unter anderen nicht.

Diese Erklärung darf einen Befund nicht übergehen, der sich aus einer Betrachtung der Untersuchungen über den produktiven Gebrauch der Wortordnung ebenfalls ergibt: Auch wenn dieser produktive Gebrauch der Wortordnung sich bisher keinen alle Kinder und Sprachen übergreifenden Regeln zu fügen scheint, so sind in den Äußerungen *jedes einzelnen* Kindes durchaus solche Wortordnungs-Regeln erkennbar. Jedes einzelne Kind setzt seine Worte durchaus nicht zufällig. »What all children do«, sagt BROWN,

> »is concatenate in *some* order the words relevant to the semantic intentions they seem to have«. (S. 244)

Wir werden hier an GREENFIELDs Befund erinnert, daß auch im präverbalen Bereich jedes Kind nach einer bestimmten Strategie vorgeht. Die Tendenz, immer mehr Aspekte und Teile der Kommunikation zu ver-regularisieren, scheint universell zu sein, auch wenn die Anwendung solcher Regeln sich nicht immer schon so früh »lohnt«, daß *eine* ordentliche Entwicklungsprogression solcher Regeln für *alle* Kinder zustande kommen würde. Was das Kind im Laufe seiner weiteren Entwicklung lernen muß, ist also nicht so sehr die Tatsache, (z. B. syntaktische) Regeln zu verwenden, um sein Meinen sicher verständlich zu machen, sondern

> »a major dimension of linguistic development is learning to express always and automatically certain things (agent, action, number, tense, and so on) even though these ... may be in many particular contexts quite redundant. The child who is going to move into the world ... must learn to make his speech broadly and flexibly adaptive. It may be that automatizing a certain number of meanings leaves the human's limited central channel capacity to cope with the exigencies of particular communication problems, which require that one say what is necessary, omit what is not, and use a lexicon and syntax familiar to the particular audience«. (BROWN 1973, S. 245)

Gerade weil wir die Verwendung von Sprache unter einem funktionalistischen Gesichtspunkt sehen, müssen wir beachten, daß das, was da erreicht werden soll, in vielfacher Weise überdeterminiert ist. Sprechen ist nicht Abbildung eines Wissens im Handeln, sondern ein vielfach verflochtenes Ensemble verschiedener Handlungs-Mittel, die variabel zu den Zwecken Meinen und Verstehen eingesetzt werden können.

Kapitel XIII
Die Ich-Zentriertheit des Äußerungsfeldes

Wir haben oben schon bemerkt, daß Verstehen die Konkretisierung eines allgemein schon vor der gehörten Äußerung vorhandenen Sinn-Horizontes darstellt. Wenn Erwachsener und Kind miteinander handeln, so meint der Erwachsene etwas, er bedeutet gewissermaßen dem Kind, auf welchen Ausschnitt des beim Kind noch vagen Sinn-Horizontes es sein aufmerkendes Bewußtsein richten soll. Dieses Meinen, das zunächst nur von der gemeinsamen Dynamik des Lebensvollzugs von Erwachsenem und Kind getragen wird, (soweit diese Gemeinsamkeit geht . . .,) kann und muß präzisiert werden, wenn der Horizont des Kindes sich so erweitert, daß er nicht mehr mit hoher Wahrscheinlichkeit vollständig von dem des Erwachsenen umgriffen wird. Die Präzisierung dessen, was der Erwachsene meint, erfolgt durch das, was der Erwachsene sagt; die Präzisierung des Verstehens des vom Erwachsenen Gemeinten wird möglich dadurch, daß das Kind allmählich lernt, die sprachlichen Äußerungen des erwachsenen Sprechers als Hinweise für das zu nehmen, was dieser meint. Weil Meinen und Verstehen älter als die Sprache sind, kann MacNAMARA Sprechenlernen (genauer: zunächst Verstehenlernen) als Extraktion sprachlicher Bedeutungen aus den Äußerungen des Sprechers ansehen. Die Äußerungen des erwachsenen Sprechers bedeuten für das Kind etwas, weil das Kind ahnt, was der Sprecher meint.

Als Kern und Ansatzpunkt dieser frühen sprachlichen Verstehens- und dann auch Äußerungsleistungen des Kindes haben wir im vorangegangenen Kapitel einfache kognitive Relationen kennengelernt (z. B. »Objekt-meiner-Aktion«). Sie sind in ihrem Ursprung vorsprachlicher Art und bilden sich heraus, weil durch die biologische Ausstattung und die Intentionen des Kindes das Verhalten im allgemeinen, die Wahrnehmungen und dann auch die sprachlichen Äußerungen im besonderen, in dynamische Einheiten gegliedert und organisiert werden. Diese intentionsgetragene dynamische Gliederung der zwischen Kind und Welt (dann zwischen

Kind und erwachsenem Sprecher) ausgespannten Beziehungsstrukturen involviert oft eine mehr oder minder »automatisch« sich einstellende Figur/Grund-Differenzierung, welche durch bestimmte (von PIAGET beschriebene) Entwicklungsvorgänge einen gewissen Grad zeitlicher Konstanz erhält. So entstehen *Objekt, Aktor* und *Aktion* als kognitive Relationen, die das Ich des Kindes mit den Vorgängen seiner Umwelt verbinden. Durch den Spracherwerb werden diese kognitiven Relationen versprachlicht, semantisiert, symbolisiert.

Dieser Prozeß des Ver-Sprachlichens ist im wesentlichen ein Prozeß der Regularisierung: gewisse Aspekte des Verhaltens werden Regeln unterworfen. Eine ganz allgemeine Tendenz zur Regularisierung ist ebenfalls schon im vorsprachlichen Verhalten aufweisbar (GREENFIELD). Diese Regeln erhalten ihre kommunikative Funktion dadurch, daß sie zunächst in Form von »Patent-Rezepten« (Strategien) vom Hörer dem von ihm empfangenen sprachlichen Input übergestülpt werden, um in einem fast »stochastischen« Verfahren möglichst rasch und möglichst sicher zu einer Präzisierung des Verstehens zu gelangen (BEVER, SLOBIN).

Auf diese Weise vermögen wir vielleicht die Ansatzpunkte von Spracherwerb und Sprachbenutzung zu kennzeichnen, aber die genannten Vorgänge reichen natürlich nicht aus, um auch das zu erklären, was sich in einem Erwachsenen abspielt, der einen komplizierten, noch nie gehörten Satz aufmerksam analysiert, um die diesen Satz kennzeichnenden (und die seinen Sprecher oder Schreiber bewegenden) Intentionen und Kognitionen zu erfassen. Der große Schritt, der uns jetzt zu tun bleibt, ist unter dem ontogenetischen Entwicklungsaspekt, den wir im vorangegangenen Kapitel eingenommen haben, nicht zu leisten; wir müssen diesen Aspekt jetzt aufgeben und wieder den *Akt der Sprachverwendung* zwischen erwachsenen Sprechern und Hörern analysieren.

Bevor wir das tun, sei unser Vorhaben auch kurz im Sprachspiel der üblichen Grammatik charakterisiert: hier geht es weithin »ganz einfach« um die Motivation der Syntax. Was wird beispielsweise Subjekt des Satzes, warum wird es das, wie wirkt es mit dem Prädikat zusammen? Dabei läßt sich gerade die Frage nach dem Warum jedoch in wieder sehr verschiedenen Sprachspielen erörtern: man kann sagen, Subjekt des Satzes werde dasjenige Substantiv, das im generativen Baumdiagramm direkt von S, dem Satzsymbol, dominiert werde – man kann in einem ganz anderen Sprachspiel aber auch sagen, das Subjekt des Satzes identifiziere das Thema, über welches in dem Satz etwas ausgesagt werde. Der globale Hinweis auf die Syntax (als Abfolge der Wörter oder Zeichen) reicht zur Richtungs-Kennzeichnung unseres psychologisch orientierten Vorgehens also nicht aus. Wir müssen eine sehr viel stärkere Vergrößerung (und sehr verschiedenartige Lupen und Mikroskope) verwenden, um das zu erkennen, was sich in und hinter dieser Abfolge von Wörtern oder Zeichen abspielt. Im vorliegenden Kapitel interessiert uns vor allem die *Zentrierung der Äußerung um das Ich des Sprechers.*

In den vorangegangenen Kapiteln hatte sich der Akt der Sprachverwendung mehrfach schon als eine für unsere Zwecke gut geeignete Basis erwiesen; wir werden uns also auch hier nicht mit einer nur auf innersprachliche (syntaktische) Relationen begrenzten Beobachtungsweise zufriedengeben dürfen, sondern die Tatsache des Geäußertwerdens durch einen Sprecher, des Gezieltseins auf einen Hörer, des Aufgenommenwerdens durch einen Hörer in ihrer im wahrsten Sinne des Wortes grundlegenden Bedeutung berücksichtigen müssen.

Die in Kapitel XII dargestellten kognitiven Relationen sind, das wollen wir uns ins Gedächtnis rufen, in hohem Grade ichzentriert. Das erste »Objekt«, das sich im sensu-motorischen Stadium PIAGETs durch Assimilation und Akkomodation ergibt, ist ein Schema, das vom Ich des Kindes noch nicht abgelöst ist. Das erste Objekt ist nicht schlechthin Objekt, sondern »Objekt-für-meine-Aktion«. Der erste »Aktor« ist das Kind selbst. BROWN hat mit dem Erkennen dieser in der Einwortäußerung enthaltenen *Relation zum Ich* so große Schwierigkeiten, weil er die Verankerung der Äußerung am Ich nicht sehen kann, da das Kind sie, *weil selbstverständlich*, nicht in sprachlicher Form äußert. Die Origo des Sprachfeldes, um einen BÜHLERschen Gedankengang aufzunehmen, wird vom Kind allein schon durch die Tatsache *seines* Sich-Äußerns markiert.

Dabei darf man nicht annehmen, das Kleinkind stelle das für es selbst Wichtigste als erstes sprachlich dar – man kann im Gegenteil annehmen, daß die zentrale Aktion relativ spät (als Verb) verbalisiert wird, *weil* das Kind ganz in ihr drinsteht, während das Objekt (oder auch der Aktor einer nicht selbst ausgeführten Aktion) eher schon in Worte gefaßt werden kann und auch in Worte gefaßt werden muß, weil anders schwer die Aufmerksamkeit des Hörers auf sie zu richten ist. Deshalb tritt auch die sprachliche Fassung der »Origo« (durch die drei Zeigwörter »jetzt, hier, ich«) im aktiven Sprachgebrauch des Kindes so relativ spät auf, obwohl das Kind das gehörte »jetzt hier ich« durchaus versteht. Die im »ich jetzt hier« steckende Forderung »schau auf mich als Klangphänomen und nimm mich als Augenblicksmarke das eine, als Ortsmarke das andere, als Sendermarke das dritte« (BÜHLER 1934, S. 102) braucht vom Kind in seiner Relation zum Erwachsenen noch nicht erhoben und deshalb auch nicht verbalisiert zu werden. Aber trotzdem ist dieses »Koordinatensystem der subjektiven Orientierung, in welcher alle Verkehrspartner befangen sind und befangen bleiben« (BÜHLER) ganz ursprünglich und ganz überdauernd vorhanden und der Sprachpsychologe muß es berücksichtigen.
Mit dieser Überlegung wird uns wieder deutlich, daß nicht so sehr ein Lexikon von symbolischen Bezeichnungen für Dinge den Grundstock der sprachlichen Verständigung bildet und ebensowenig eine Sammlung von Regeln zur Verkettung solcher symbolischer Bezeichnungen, sondern das Ich, welches einer – von Menschen bevölkerten – Welt aktiv gegenübersteht. Die in der *Origo des phänomenalen Feldes* (am vom Kind noch nicht benannten jetzt/hier/ich-Schnittpunkt), am bewußten Ich verankerten Zeigwörter

> »steuern den Partner in zweckmäßiger Weise. Der Partner wird angerufen durch sie, sein suchender Blick, allgemeiner seine suchende Wahrnehmungstätigkeit, seine sinnliche Rezeptionsbereitschaft wird durch die Zeigwörter auf Hilfen verwiesen, gestenartige Hilfen und deren Äquivalente*, die seine Orientierung im Bereich der Situationsumstände verbessern, ergänzen«. (BÜHLER, 1934, S. 105 f.)

* Vgl. das oben über »nichtverbale Kommunikation« Gesagte.

Dieses Zitat weist uns nicht nur wieder einmal darauf hin, daß die ursprüngliche Funktion der Sprachverwendung in einer »Verbesserung und Ergänzung« der auch schon nicht- und vor-sprachlich geleisteten Orientierung besteht, sondern es macht uns auch klar, daß die Steuerungs- oder Änderungsabsicht, die unserer Meinung nach ja der sprachlichen Äußerung eines handelnden Sprechers als Intention zugrundeliegt, ihre »illokutive Wucht« nur wirksam werden lassen und ihren Zweck nur erreichen kann, wenn sie sozusagen einen archimedischen Punkt hat, an welchem sie ansetzen kann: *das Ich*.

Beim kleinen Kind ortet also schon die bloße Tatsache der Äußerung diesen archimedischen Punkt; der erwachsene Sprecher verwendet *unter diesem Aspekt* die Lautzeichen der Sprache als akustische Verkehrssignale:

> »Für einen sehenden Signalempfänger ist nichts natürlicher, als daß er sich der Schallquelle zuwendet. Diese ist bei sprachlichen Verkehrszeichen der Sprecher und steht am Ort des Sprechers. Das *hier* und *ich* verlangen diese Reaktion gemeinsam. Soweit geht das Identische in ihrer Funktion als Zeigwörter. Dann aber spaltet sich die Intention, die sie empfehlen, um das eine Mal die Position und die Milieu-Umstände des Senders und das andere Mal den Sender selbst mit physiognomischem Blick zu erfassen.« (BÜHLER, S. 109)

Das *jetzt*, so fügen wir hinzu, ortet die Origo, von der aus »früher« und »später«, »vor«, »eben« und »dann« ihre anweisenden Rollen spielen können.

Daß die sprachliche Äußerung eine Origo, einen Ort ihres Ursprungs hat, zeigt sich besonders deutlich dort, wo aus irgendwelchen, in der kommunikativen Intention der Partner liegenden Gründen eine Verlagerung dieses Ortes vorgenommen wird. Dafür zwei Beispiele.

BÜHLER sagt mit Recht, wer »Nase gegen Nase« vor der ausgerichteten Front einer Riege von Turnern stehe, wähle für seine Kommandos »links um«, »vor« etc. das Orientierungssystem der Angesprochenen. ERTEL hat (1975 a) in einem sehr hübschen Satz-Interpretations-Experiment folgendes zeigen können:

Versuchspersonen gibt man eine perspektivische Zeichnung zur Hand, auf welcher vorne ein Sprecher (mit »Sprechblase«) zu sehen ist, hinter ihm ein Zaun, vor welchem eine Figur Gisela und hinter welchem eine Figur Inge steht. Die Versuchsperson soll angeben, auf welches Mädchen der Satz sich bezieht, der jeweils in die Sprechblase eingesetzt wird, z. B.:

»Ich hole mir gleich das Mädchen, das vor dem Zaun steht.«

Wie zu erwarten, gibt die überwiegende Mehrzahl an, der Satz »vor dem Zaun« bezieht sich auf Gisela.

Wird nun als ebenfalls hinter dem Zaun stehend ein Sprecher Hans in die Zeichnung eingeführt, so ändert sich diese Verteilung der Antworten in charakteristischer Weise, wenn der gleiche Satz als von Hans gesprochen interpretiert werden soll: etwa 58% der Versuchspersonen meinen jetzt, der Satz beziehe sich auf Inge, aber 42% tippen immer noch auf Gisela: die Origo des Ortes, von welchem aus vor »gerechnet« oder »gesehen« wird, geht beim größeren Teil der Versuchspersonen auf den als Specher perzipierten Hans über, bleibt aber doch noch in bemerkenswertem Ausmaß dort, wo sich die Versuchsperson selbst lokalisiert.

BÜHLER erweitert diese seine von ERTEL experimentell bestätigten Überlegungen über die Orts- und Zeitbestimmungen hinaus auf »ich« und »du«. Beide sind, wie »hier« und »jetzt« und »vor« und »hinter«, nicht Symbole mit einer Wasbestimmtheit (was ihre Aufnahme in ein nach Sachkategorien geordnetes Lexikon überhaupt erst ermöglichen würde!), sondern Signale mit Eigenschaften, die von Gebrauchsfall zu Gebrauchsfall wechseln, »denn ›ich‹ kann jeder sagen und jeder, der es sagt, weist auf einen anderen Gegenstand hin als jeder andere« (BÜHLER, S. 103). ›Ich‹ und ›du‹ weisen auf die Rollenträger der Sprechhandlung hin (S. 113), aber eben nicht auf sozusagen absolute Rollenträger, sondern auf von mir definierte, durch meine Augen gesehene Rollenträger. ›Ich‹ lenkt den Blick des Hörers sozusagen expressis verbis auf den Sprecher. ›Du‹ gibt, gerade wenn es appellativ gebraucht wird (»du, paß mal auf«) einen Auftakt im Nahverkehr, in welchem die Rollen der angekündigten Sprechhandlung verteilt werden. Wie der Eigenname ist das Du ein gezielter Aufmerksamkeitserreger, der alle anderen, welche die sprachliche Äußerung eventuell hören, aus dem ausschließt, was der Sprecher meint (HÖPP 1970, S. 11 f.). Anweisung für die Rollenverteilung, Hinweise in die Richtung, in welche das Ganze (der intendierten Kommunikation) sich entwickeln soll, sind also für den Aufbau des sprachlichen Verkehrs von zentraler Wichtigkeit. BÜHLER hat nicht zufällig die hinweisenden Signale *vor* den darstellenden Symbolen abgehandelt. Für ihn spielt das deiktische Moment, das Zeigen eine wichtige Rolle. Aber was heißt ›zeigen‹ genau? Wenn ich auf einen vorbeifahrenden Wagen zeige, lege ich ja nicht meinen Finger auf diesen Wagen, sondern ich strecke meine Hand *von mir aus* in Richtung auf den Wagen aus: Zeigen ist an meinem Ich verankert, es ist nicht eine am Gezeigten angebrachte aufmerksamkeitsheischende Marke. Ins Linguistische gewendet heißt das: die Pro-Nomina beispielsweise tragen ihre Bezeichnung zu Unrecht, denn sie sind nicht in dem Sinne Stellvertreter der Nomina (d. h. der Namen der Dinge und Menschen), daß sie sozusagen sekundär für diese stehen können, wenn die Namen gerade nicht verfügbar oder zu umständlich sind, sondern sie sind (zeitlich) *vor* diesen Namen da. BÜHLER weist solchen Wörtern denn auch ein eigenes Feld der Sprache an, das »Zeigfeld«, das er dem Symbolfeld gegenüberstellt, auf welchem bei ihm die Nennwörter wachsen.

Dem Begriff des Feldes sind wir (Kap. V) schon begegnet. Jetzt wird er nicht zur Bestimmung der Zusammengehörigkeit dieser Wörter verwendet, sondern zur Charakterisierung ihrer Wirkungsweise. Er weist darauf hin, daß das einzelne Wort (›du‹ oder ›dort‹ oder ›hier‹) und auch der einzelne Satz sozusagen nie isoliert auftreten: schon die Tatsache ihres Geäußertwerdens verankert sie in einem sinnvollen Zusammenhang, unter anderem in einem Zusammenhang mit dem Ich des Sprechers. Hier müssen wir den wichtigen Beitrag der Sprechaktphilosophie aufnehmen, daß die Tatsache des Geäußertwerdens konstitutiv für die Bedeutung ist und, anders gewendet, unser Argument, daß ein nur im Lexikon stehendes Wort, ein nicht-verwendetes Zeichen, nicht Grundelement eines Modells gesprochener Sprache sein kann.

Der Zusammenhang, in welchem die Äußerung steht, verbindet sie nicht nur mit dem Ich des Sprechers, sondern mit der Situation, welche Sprecher und Hörer umgibt. Die Situation mit den aus ihr sich ergebenden Beschränkungen steuert auch das Meinen und Verstehen, wie sie es beim Kleinkind schon in vorsprachlicher Zeit getan hat. Wir erinnern uns: die Konkretisierung, die sich zwischen allgemeinem Sinnvoll-Sein und spezifischem Verstehen des Gemeinten vollzieht, stellt einen Einschränkungsvorgang dar: wenn wir die Äußerung des Sprechers verstehen, wissen wir genau*er*, was er meint. In ganz diesem Sinne spricht auch ROMMETVEIT (1968) von der »deiktischen Verankerung der Äußerung«. Dabei ist es außerordentlich kennzeichnend für die hier zu besprechende Dynamik, daß deiktische Elemente eines Satzes sofort vergessen werden, wenn dieser Satz isoliert, d. h. ohne einen Kontext gegeben wird, auf welchen die deiktischen Elemente »zeigen« können. In einer Situation, in welcher die zu erinnernden Sätze jedoch angemessen »orientiert« sind, steigt dagegen die Behaltensleistung für diese deiktischen Elemente auf das Doppelte an: hier können sie ihre sinnvolle Funktion ausüben (BREWER und HARRIS, 1974).

Die Situation liefert »stoffliche Ordnungshilfen«, Aufmerksamkeitsausrichter, auf denen dann die sprachlichen Ordnungshilfen der Äußerung aufbauen können, weil

> »es zur Lebensgewohnheit der gewöhnlichen Gebraucher von Sprachzeichen gehört, dem, wofür sie als Symbole stehen, die ganze Aufmerksamkeit und eigene innere, schaffende oder nachschaffende Aktivität als Sprecher oder Hörer zuzuwenden ... Man läßt die konstruierende oder rekonstruierende innere Tätigkeit zum guten Teil vom Gegenstand selbst, den man schon kennt oder soweit er durch den Text bereits angelegt und aufgebaut ist, gesteuert werden«. (BÜHLER, 1934, S. 171)

Halten wir zunächst fest, daß auch BÜHLER die Verwendung von Sprache als Teil einer »Lebensgewohnheit« kennzeichnet, der die im Hörer ablaufende Tätigkeit mit steuert – wir denken an WITTGENSTEIN zurück und an unser Konzept der Änderungs-Intention des Sprechers.

Steuerung des Bewußtseins des Hörers durch vom Sprecher gesendete sprachliche Signale – das gilt bei BÜHLER zunächst und vor allem im Zeigfeld, das, wie wir gesehen haben, ich-zentriert ist. An der Grenze dieses Zeigfelds zum Symbolfeld hin liegen bei BÜHLER die anaphorisch verwendeten Zeigwörter und die Deixis am Phantasma: mit »dieser« und »jener«, mit »hier« und »dort« bezeichnen wir ja nicht nur Gegenstände im gegenwärtigen Raum, sondern auch »Plätze im Aufbau der Rede« (BÜHLER, S. 121) und Plätze im Raum der Erinnerung und der Phantasie. Die in diesen Räumen wege-weisenden Signale, die von einem gegenwärtigen oder vorgestellten Ich/Hier/Jetzt ausgehen, können ihre Funktion erfüllen, wenn Sprecher und Hörer

> »ein hinreichendes Maß harmonischen Orientiertseins besitzen. Des Orientiertseins in einer Ordnung, worin das zu Zeigende seinen Platz hat«. (BÜHLER, S. 124)

Diese Harmonie des Orientiertseins von Sprecher und Hörer ist genau das, was wir im Kapitel über die Sinnkonstanz als jene gemeinsame Basis vorgestellt haben, die *vor* jeder sprachlichen Kommunikation, jeder Übermittlung sprachlicher Information vorhanden sein muß.

Für das von ihm jetzt zu betretende Symbolfeld sucht BÜHLER nach anderen Ordnern, anderen Platzanweisern. Er sucht sie unter den »rein sprachlichen Mittlern« (S. 151), weil seiner Ansicht nach das Ich im Symbolfeld seine zentrierende und organisierende Rolle an die Syntax abgeben muß, genauer an die Relation zwischen syntaktischen und lexikalischen Momenten der Sprache. Wir wollen im folgenden, von BÜHLER abweichend, zu zeigen versuchen, daß die zentrierende und organisierende Rolle des Ich auf *beiden* Seiten der (in der Deixis am Phantasma und der Ellipse sowieso verschwimmenden) Grenze zwischen Zeigfeld und Symbolfeld spürbar und wichtig ist.

Mit der Anaphorie und der Deixis am Phantasma wird nämlich bereits ein Schritt getan, der größer ist als BÜHLER meint.

Zwar sieht BÜHLER ganz genau, daß jeder anaphorische Gebrauch der Zeigwörter voraussetzt, daß Sender und Empfänger den Redefluß als Ganzes vor sich haben, auf dessen Teile man zurück- oder vorgreifen kann, aber er wendet sich mit dem Hinweis, dies seien jedem Psychologen bekannte Operationen im Bereich des unmittelbaren Behaltens, von dem damit erst angeschnittenen Problem rasch wieder ab. Die Deixis am Phantasma mit ihrem Vor- und Zurückgreifen über das Jetzt des Augenblicks der Äußerung hinaus macht etwas deutlich, was für das Verstehen allen sprachlichen Geschehens von größter Wichtigkeit ist: die enge Verwobenheit dieses sprachlichen Geschehens und des Gedächtnis-Geschehens. Darauf werden wir noch häufig einzugehen haben.

Was heißt aber eigentlich den »Redefluß als Ganzes vor sich zu haben«? Erste und wichtigste Antwort: damit wird ein Zustand unseres Bewußtseins gekennzeichnet, ein Zustand, der in der Gegenwart Vergangenes und Künftiges mit enthält. Weil es sich um einen Zustand *unseres* Bewußtseins handelt, hat dieser Zustand einen Kern, *von dem aus* gesehen, gerechnet, gemessen und gedacht wird: das Ich. Das bleibt auch dann so, wenn dieses Zeigen im Raum der Erinnerung und der Phantasie, in einem Buch oder einer Erzählung erfolgt: ein Ich bleibt Ankerpunkt, aber dieses Ich hat nicht mehr meine eigenen Jetzt- und Hier-Koordinaten.

Das Ich erweist sich also, mehr noch als Jetzt und Hier, als ein Zentrum der Äußerung, nicht nur im physikalischen Raum, sondern auch im Bewußtseinsraum meines Gedächtnisses und meiner Phantasie. Der Zustand, die Lage des apperzipierenden Bewußtseins bestimmt, wie die Äußerung verstanden werden soll. Und das gilt nicht nur für die Deixis, nicht nur für »du« und »hier« und »davor«. Das gilt sogar schon außerhalb des Sprachlichen: wenn ich an den bethlehemitischen Kindermord denke, stelle ich ihn mir nicht aus der Vogelperspektive vor; wenn ich das Matterhorn mir vorstelle, wandern meine Augen langsam ein wenig nach oben: schon in der Vorstellung ist das Ich der Ort, *von dem aus* ich projiziere und denke und handle. Auf diese Rolle des bewußten Ich als vereinheitlichendes Agens aller unserer Erfahrungen hat vor allem ECCLES wiederholt hingewiesen (z. B. 1970). Auch bei WUNDT klingt diese Überlegung an: Wenn er den Satz als »Entfaltung-in-der-Zeit« einer simultanen Gesamtvorstellung ansieht, so ist diese simultane Gesamtvorstellung immer um *mein* Bewußtsein zentriert.

Wenn diese Ich-Zentriertheit eine so weitreichende Charakteristik darstellt, ist zu erwarten, daß auch in der Sprache ihr Einfluß nicht auf die Deixis beschränkt ist. Wir erwarten, daß die »Bedeutung« oder der »Wert« einer Äußerung, auch wenn sie kein weg-weisendes Signal im engeren Sinne ist – am Ich des Sprechers verankert und so eine Funktion des augenblicklichen Zustands dieses Ich ist. Dieser Zustand bestimmt immer mit, was eine Äußerung »wiegt«, weil sie immer *meine* Äußerung ist. Auch bei der Analyse der Bedeutung darstellender Symbole, z. B. bei Nomina und Verben, müssen wir deshalb diese Tatsache des »Geäußertwerdens durch mich« berücksichtigen.

Damit entfernen wir uns freilich von der gängigen Meinung, welche Nomina und Verben als in hohem Maße »selbständige«, höchstens durch andere Wörter des betreffenden semantischen Feldes mit definierte Symbole ansieht, die, eben weil sie Symbole, d. h. Zeichen für Gegenstände oder Ereignisse sind, nichts Symptomatisches an sich haben, d. h. keine Beziehung zu dem Sprecher haben, der sie verwendet. BÜHLERs klassische Unterscheidung von Symbol und Symptom, oder von Darstellung und Ausdruck, beruht auf der Annahme einer exakten Trennbarkeit, die aber unserer Ansicht nach nicht realistisch ist: nicht nur beim »Verstehen« der vom Fieber hervorgerufenen Röte der Wangen stelle ich eine Relation zwischen dieser Röte und dem »Besitzer« der roten Wangen her, auch beim Verstehen üblicherweise als Symbol klassifizierter Wörter spielt die Relation Wort-Sprecher eine wichtige Rolle, denn das Ich ist auch hier der Anker der produzierten und verstandenen Äußerung. Den empirischen Nachweis für die Richtigkeit und theoretische Fruchtbarkeit dieses Ansatzes liefert eine Untersuchung von HÖRMANN und TERBUYKEN (1974).

Die Ausgangshypothese war dabei folgende: wenn die Bedeutung eines von einem Sprecher/Hörer verwendeten Wortes in der augenblicklichen Ich-»Lage« dieses Sprecher/Hörers verankert ist, dann muß diese Bedeutung auch davon abhängen, wie dieser Sprecher/Hörer die Situation kognitiv erfaßt, in welcher dieses Wort geäußert wird. Ändert sich die Kognition, so muß sich auch die Bedeutung ändern.

Zur Prüfung dieser Hypothese wurden Zeichnungen (Cartoons) zusammengestellt, auf denen jeweils zwei Personen zu sehen waren. Diese Personen waren in einem ersten Versuchsabschnitt einzeln auf dem Semantischen Differential eingestuft worden und zeigten hohe (oder niedrige) Werte auf jeweils einer der drei Dimensionen Aktivität, Potenz bzw. Valenz und mittlere Werte auf den beiden anderen Dimensionen. In einem zweiten Versuchsabschnitt stuften 36 andere Versuchspersonen das Verb eines kurzen Satzes (z. B. »ich bitte dich«), der in der Zeichnung als von einer Person zur anderen gesprochen dargestellt wurde (Sprechblasen), ebenfalls auf dem Semantischen Differential ein. Die gleichen Verben wurden dann auch noch isoliert (d. h. ohne Zeichnung) eingestuft.

Das Ergebnis der Untersuchung läßt sich so zusammenfassen: die Bedeutung einer Äußerung, so wie sie mit dem Semantischen Differential erfaßt wird,

> »is determined not less by the persons perceived in verbal intercourse than by what is said«. (1974, S. 307)

Eine z. B. als »potent+« eingestufte Sprecher-Person verleiht sozusagen der von ihr getanen Äußerung eine hohe Ladung des Potenzfaktors auch dann, wenn eine a-situative Einstufung das betreffende Verbum als wenig potent erscheinen läßt. Oder: wenn ein isoliert als »aktiv+« eingestuftes Wort von einem als »aktiv–« eingestuften Sprecher geäußert wird, verliert es einen bedeutsamen Teil der Aktivitätskomponente seiner Bedeutung.

Dieser Befund kann unter einer Reihe von Aspekten betrachtet werden. Er wirft zunächst ein – »negatives« – Licht auf die Konzeption, welche Linguisten gewöhnlich von einem »inneren Lexikon« haben: die Bedeutung eines Wortes kann offenbar nicht als fixierter Schnittpunkt einer fixierten Menge von (in ihrem Null- oder Neutralitätspunkt ebenfalls fixierten) Bedeutungsdimensionen angesehen werden (s. o. Kap. V und VII). In unserem gegenwärtigen Zusammenhang wichtiger ist jedoch ein anderer Aspekt: der geäußerte (und von unseren Versuchspersonen eingestufte) Satz steht als ein Ganzes in einem Bewußtsein, das nicht neutral ist, sondern das selbst durch mannigfaltige Einflüsse von Biographie, Situation und Kontext einen augenblicklichen Ort angenommen hat, von welchem aus »Bedeutungen« sozusagen gerechnet oder gezählt werden, einen Ort, der an einem Ich verankert ist. Im Kap. XV werden wir auf die Konstitution dieser semantischen Gesamt-Situation wieder zurückkommen.

Und umfassender: die sprachliche Äußerung ist auch in ihrer Wirkung von der Handlung nicht zu isolieren, in welcher sie erfolgt und als deren Teil sie fungiert, auch wenn die Versuchsperson (wie in unserem Versuch) ausdrücklich zur Einstufung nur (des Verbums) der verbalen Äußerung aufgefordert wird:

> »In our experiment, the subject, when asked to rate the word uttered on the SD, is not able to discriminate the ›parts‹ of his consciousness which are traceable to the ›word per se‹ from those which are due to his perception of the situation. He therefore ascribes the unitary characteristics of his momentary conscious experience to the word.« (S. 309)

Weil Sprache *transparent* ist, können wir nicht genau feststellen, wo Bedeutung lokalisiert ist und wo sie herkommt. Das bewußte Ich als archimedischer oder Anker-Punkt »bringt etwas mit« zum Tatort und für den Vorgang der Äußerung. Das HÖRMANN-TERBUYKENsche Experiment hat gezeigt, daß dieses »Mitgebrachte« in einer Art Nullpunktverschiebung z. B. der konnotativen Bedeutungsdimensionen bestehen kann, auf denen das Semantische Differential lokalisiert. Die Versuchspersonen, welche auf der Zeichnung einen kräftigen »potent + « Sprecher sehen, wissen etwas anderes, gehen von einem anderen Punkt aus, sind anders »geankert« als Versuchspersonen, welche einen schwächlichen Sprecher sehen. Das kognitive Vor-Wissen, die kognitive (nicht linguistische!) Präsupposition erweist sich schon bei einem scheinbar so wenig umweltabhängigen Vorgang wie der Bestimmung einer Wortbedeutung als höchst einflußreich. Auch darauf wird in Kap. XV weiter einzugehen sein.

Sozusagen mit bloßem Auge sichtbar wird der Einfluß der kognitiven Ausgangslage dort, wo er sich in Wortwahl und Wortstellung äußert.

Unser nächster Schritt besteht demzufolge darin aufzuzeigen, daß und wie die augenblickliche kognitive Lage des Ich die Gestaltung der Äußerungen durch den Sprecher beeinflußt – wir wenden uns einer Untersuchung OSGOODs zu, welche wegen ihrer Klarheit und Originalität zu den klassischen Werken der Sprachpsychologie gerechnet werden kann. Sie ist eine der ganz wenigen psychologischen Untersuchungen, welche den Sprechakt nicht von der Hörer-, sondern von der Sprecherseite aus analysiert; sie stellt die einfache Frage »wo kommen Sätze her?« (Vortrag Universität Münster 1970, erweiterte Fassung 1971 b, S. 497-529).

OSGOOD geht es um die »Sprache der einfachen Beschreibung«: erwachsene Versuchspersonen sollen das, was sie beim Öffnen der Augen vor sich sehen, so beschreiben, daß ein sechsjähriger Junge, der draußen vor der Tür steht, weiß, was sich ereignet.

1. Schritt: Ein orangefarbener Plastikring wird, während die Versuchspersonen die Augen geschlossen haben, auf den Tisch gelegt. Sie öffnen die Augen und beschreiben, was sie sehen; sie sagen z. B.

an orange ring is on the table

oder

there is an orange ring on the table

Dagegen kommen Sätze wie

the ring on the table is orange

nicht vor.

2. Schritt: Während die Versuchspersonen die Augen geschlossen haben, entfernt der Vl den Ring. Er hält einen schwarzen Gummiball vor sich. Die Versuchspersonen öffnen die Augen. Ihre Beschreibung:

the man is holding a black ball

3. Schritt: Der Ball liegt jetzt auf dem Tisch. Die Versuchspersonen sagen:

the ball is on the table

4. Schritt: Ball wird entfernt; Vl hält eine rote Tasse in der Hand. Die Versuchspersonen sagen:

the man is holding a red cup

5. Schritt: Eine grüne Tasse steht auf dem Tisch. Die Versuchspersonen sagen:

the cup on the table is green

Dagegen tritt hier niemals ein der Nr. 3 analoger Satz auf:

the green cup is on the table

Das erste Ergebnis, das OSGOOD aus dieser Demonstrationsreihe zieht, formuliert er so:

> »it is obvious that non-linguistic, perceptual antecedents can create cognitive presuppositions in the same way that previously heard or uttered sentences do and that these presuppositions influence the form that descriptive sentences take«. (1971, S. 498)

Dieser gewichtige Satz zwingt geradezu den Leser zu einem kurzen Blick zurück auf KATZ' und FODORs semantische Theorie, in welcher aus Prinzip und a limine jede Einbeziehung nicht-linguistischer Kenntnisse abgelehnt worden ist und die eben deshalb, wie wir gesehen haben, auch nicht erklären konnte, warum Sätze so sind, wie sie sind. OSGOOD geht davon aus, daß jede Theorie sprachlichen Verhaltens

> »must enquire into the antecedents of sentences, and relate these antecedents to the forms and contents of particular sentences« (S. 498)

– das Ziel der Generativen Linguistik (nämlich die Wohlgeformtheit von Sätzen zu erklären) ist hier nur noch ein Teilziel eines sehr viel umfassenderen Programms. Zu diesen Antezedentien eines Satzes gehören die Präsuppositionen, die (jedenfalls auch) nicht-linguistischer Art sind. Präsuppositionen in diesem Sinne reichen von der allgemeinen Figur/Grund-Sonderung der Phänomene über die Permanenz der Objekte bis zu den psychologischen »Happiness-Conditions«, die erfüllt sein müssen, wenn man den Sprechakt z. B. des Versprechens oder des Tadelns ausführt. Auch SCHLESINGERs Intentionen und FILLMOREs Kasus können unter diesem Aspekt gesehen werden: in OSGOODs Untersuchung werden 84% der Ereignisse, in welchen »der Mann« als Aktor auftritt, auch durch einen Satz beschrieben, in welchem »the man« im Kasus agentivus steht, während dieser Kasus nur in 8% der Fälle vorkommt, in welchem »der Mann« im beschriebenen Ereignis diese Rolle nicht spielt.

Wir haben gesagt, Präsuppositionen bestimmen die Ausgangslage, von der aus die Äußerung erfolgt und der entsprechend sie gemeint, konstruiert, analysiert und verstanden wird. Ein spezifischer Aspekt dieser Ausgangslage besteht in den Erwartungen, die sie impliziert. So fand OSGOOD: weicht eine (von der Versuchsperson zu beschreibende) Handlung von einer impliziten Norm ab, die sich durch Erfahrung hergestellt hat, so steigt die Wahrscheinlichkeit an, daß diese Abweichung von einer kognitiven Präsupposition durch ein Adverb beschrieben wird:

the man reached with excruciating slowness for the ball

Rollt ein Ball zum ersten Mal über ein Brett, so treten nur in 8% der Fälle adverbiale Bestimmungen in dem Satz auf, der diesen Vorgang beschreibt. Rollt der Ball wieder über das Brett, jetzt aber mit geringerer Geschwindigkeit, so tritt in 68% der Fälle »slowly« und in 11% ein anderes Adverb auf.

Wieder sehen wir die sprachliche Auswirkung der Festsetzung eines kognitiven, nicht-sprachlichen Bezugssystems, von dem aus und in dessen Rahmen gesprochen wird, eines Bezugssystems, von dem der Sprecher weiß oder glaubt, daß er es mit seinem Hörer teilt. Die *Origo des Äußerungsfeldes* ist ein variabler Ort, dessen Verlagerung durch Situation und Erfahrung der Sprecher sensibel berücksichtigt.

Neben diesem Einfluß von Erfahrung, Situation und Kontext machen sich dabei auch sozusagen persönlichkeitsspezifische Prädilektionen bemerkbar: OSGOOD stellt fest, daß es in der subjektiven Auffassung des Zeitablaufs eine Null-Zeit gibt, die im Tempus des zur Beschreibung benutzten Verbs erscheint: ein Teil der Versuchspersonen bevorzugt konsistent einen Zeit-Nullpunkt, der mit der Beendigung des wahrgenommenen Ereignisses zusammenfällt, ein anderer Teil verwendet konsistent die Berichtszeit als Zeit-Nullpunkt.

Die in diesem Phänomen sich manifestierende Bezugssystem-Bildung ist ein Verhaltenstrend, der weit über sprachliches Verhalten hinaus erkennbar ist: wir sehen Analogien zu den geschilderten sprachlichen Phänomenen in der von HELSON beschriebenen Dynamik des Adaptationsniveaus und in der Tatsache, daß eine Diskrepanz zwischen dem SOKOLOVschen neuronalen Modell, das auch ein temporäres Bezugssystem darstellt, und dem Stimulus-Input einen Orientierungsreflex auslöst: hier wie dort: das Nicht-mehr-ins-Schema-Passende wird (sprachlich) mitgeteilt, weil es die wichtigste Präzisierung dessen darstellt, was sich in Informationsaufnahme und Kommunikation abspielt. Das neuronale Modell wiederum ist mit PIAGETs Schema verwandt: wir haben in uns ein schematisches Bild von Handlungen und Tatbeständen. Wenn wir diese Handlungen und Tatbestände beschreiben sollen, lenken wir die Aufmerksamkeit unseres Hörers vor allem auf die Abweichungen vom Schema, um das Bewußtsein des Hörers in der gewünschten Weise zu ändern.

OSGOODs Versuchspersonen verfertigen ihre Beschreibungen für »einen Sechsjährigen, der draußen vor der Tür steht«. Die Reihenfolge-Effekte, die sich in aufeinanderfolgenden Beschreibungen ergeben, zeigen uns, welches Bild sich die

Versuchspersonen implizit über die Vorgänge machen, die sich in dem imaginären Hörer vollziehen. So nehmen sie beispielsweise an, daß er gewisse Identifikationen speichert und dieses gespeicherte Wissen bei dann folgenden Ereignissen verwendet. Das heißt, sie setzen voraus, daß ihr Hörer nach Regeln oder Strategien handelt, welche sie selbst in einer vergleichbaren Lage ebenfalls zum Leitfaden ihres Handelns machen würden: – diese Annahme ist, wenn man so will, eine Projektion jenes Glaubens an die Intelligibilität der Welt, ohne welchen wir als Mensch in dieser Welt nicht bestehen können (vgl. Kap. VII).

Wie sensibel sich der Sprecher in seiner Äußerung nach dem Bilde richtet, das er sich von der augenblicklichen kognitiven Lage seines Hörers macht, wird in OLSONs kognitiver Theorie der Semantik (1970) deutlich:

Ausgangspunkt seiner Überlegungen ist die Ablehnung einer Referenztheorie der Semantik. Die Wörter, die in einer Äußerung verwendet werden, werden nicht in erster Linie gewählt nach der *einen* festen Beziehung zwischen ihnen und dem durch sie bezeichneten Gegenstand (die es nicht gibt), sondern nach der Wirkung, die ihre Äußerung auf die Kognition des Hörers ausüben soll. Ein intentionales Moment ersetzt das referentielle. Als Beispiel gibt er an:

> A small gold star is placed under a small wooden block. A speaker who saw this act is then asked to tell a listener who did not see the act, where the star is. In every case, the star is placed under the same block, a small, round, white . . . one.
> However, in the first case there is one alternative block present, a small round black one. In the second case, there is a different alternative block present, a small square white one. In a third case there are three alternative blocks present, a round black one, a square black one, and a square white one . . . In these situations the speaker would say in case 1 »it is under the white one«, in case 2 »it is under the round one«, in case 3 »it is under the round white one«. (S. 264)

Ein und derselbe Block wird also mit drei verschiedenen Bezeichnungen benannt je nach der Umgebung, in welcher er sich (nach dem Wissen des Sprechers) dem Hörer präsentiert. OLSON definiert *Bedeutung* in diesem Zusammenhang *als Information, die dem Hörer eine Wahl zwischen Alternativen erlaubt.* Damit wird natürlich das hinweisende, steuernde Moment wieder besonders betont, von dem in diesem Buch schon mehrfach die Rede war. Aber wir können es jetzt etwas schärfer artikulieren: eine sprachliche Äußerung spezifiziert nicht alle Eigenschaften des gemeinten Objekts (»physischer Körper aus Holz, mit Sägespuren an den Kanten ...«), sondern nur jene, die im geforderten Zusammenhang (nämlich für die Steuerung eines das Sternchen suchenden Hörers) erforderlich ist (vgl. BARCLAY 1974, Kap. XV).

Weil die Äußerung mit ihrer Erwähnung des kritischen Attributs auch bereits impliziert, welche Attribute als nicht-kritisch außer Betracht bleiben können (wer »unter dem runden« sagt, sagt damit auch, daß die Farbe keine Rolle spielt), hat die Wahrnehmung der sprachlichen Äußerung durch den Hörer einen höheren »Informationsgehalt«* als etwa die visuelle Wahrnehmung des Zeigens auf den »richtigen« Block: im zweiten Fall weiß der Hörer zwar, daß dies der richtige ist, aber nur im ersten Fall weiß er auch, warum es der richtige ist (weil er rund ist). OLSONs Hinweis auf diese Überlegenheit des sprachlichen Zeigens über das gestische trifft natürlich a fortiori zu, wenn die möglichen Alternativen nicht an einem vorhandenen Tatbestand »abgelesen« werden können, sondern sich auf einen erinnerten, im Bewußtsein befindlichen beziehen. Je komplexer die Alternativen im Hörer sind, zwischen denen der Sprecher durch seine Äußerung eine Entscheidung herbeiführen will, desto elaborierter wird die Äußerung sein müssen. OSGOOD sagt dazu mit Recht:

> »If the entity is presumed to be novel to the listener, and hence must be identified (or ›established‹ as a referent), the speaker is under pressure to elaborate the noun phrase; if it is presumed to be familiar already, and hence need merely be recognized by the listener, economy dictates stripping the noun phrase to the bare nominal bone.« (1971, S. 512)

In OLSONs Paradigma gehört zu dem präsupponierten Wissen, das der Sprecher vom Hörer hat, nicht nur dessen Unterscheidungsfähigkeit für weiß, schwarz, rund, eckig ..., sondern natürlich und vor allem das Wissen über die Inten-

* Wir setzen »Informationsgehalt« hier in Anführungszeichen, da es sich hier um subjektive Werte handelt, die mit einer SHANNON-WEAVERschen Formel nicht genau zu spezifizieren sein dürften, weil bei der visuellen Wahrnehmung eine unendliche Reihe von Spezifikationen möglich ist.

tionen des Hörers: dieser will ein Sternchen finden, von dem er schon weiß, daß es unter einem der vor ihm liegenden Klötzchen versteckt ist. Vor dem Hintergrund dieses Wissens funktionieren die *Symbole* in der Äußerung des Sprechers als *Signale* für den Hörer. In dieses Grenzgebiet zwischen Signal und Symbol (im BÜHLERschen Sinne) werden wir später noch zurückkehren.

Zunächst wollen wir uns aber den vornehmlich aus der Linguistik selbst kommenden Versuchen zuwenden, den Einfluß der Bewußtseinslage des Sprechers auf die sprachliche Äußerung mit einem Begriffssystem faßbar zu machen. Typisch für die hierher gehörenden Ansätze ist das Bestreben, dem grammatischen Subjekt des Satzes eine bestimmte Funktion zuzuweisen (zum Folgenden vergleiche auch ERTEL 1974 b, 1975a). Der bekannteste dieser Ansätze ist der von HOKKETT, der davon ausgeht, daß in europäischen Sprachen das Satzsubjekt meistens den Gegenstand, über den gesprochen wird, einführt oder nennt, und das Prädikat dann über diesen Gegenstand das Neue, Informative aussagt. Für diese Gegeben-Neu-Unterscheidung verwendet HOCKETT das Begriffspaar *Topic-Comment*. Freichlich: der vom Satz als größter Einheit ausgehende Linguist gerät in Schwierigkeiten, wenn er dem isolierten Satz ansehen will, was daran neu und was gegeben sei: LYONS sagt (1968) mit Recht, daß in

John ran away

»John« dann »comment« sei, wenn die vorangegangene oder implizite Frage gewesen sei »who ran away?«; war der Informationsbedarf aber als »what did John do?« zu formulieren, so ist »John« im Antwortsatz topic und »ran away« comment. Die Textlinguistik, welche ja über den Satz hinausgehende Zusammenhänge erfassen will, hat bisher noch keinen brauchbaren Ausweg aus dieser Schwierigkeit finden können, was nicht verwunderlich ist, weil ein solcher Ausweg, wie wir gesehen haben, Präsuppositionen verwenden muß, die nicht nur früher schon Geäußertes, sondern auch (Nur-) Bewußtes berücksichtigen. HOCKETT will grammatische Kategorien (Subjekt bzw. Prädikat des Satzes) durch scheinbar rein logische (Gegeben/Neu) ersetzen; er will aber nicht den Schritt zu psychologischen tun (im Bewußtsein vorhanden/neu ins Bewußtsein tretend).

Präziser auf diesen psychologischen Aspekt geht die *Thema/Rhema*-Dichotomie der Prager Schule ein. Das »Thema« ist nach HALLIDAY

»another component in the complex notion of subject, namely the ›psychological subject‹; it is as it were the peg on which the message is hung; the theme being the body of the message«. (1970, S. 161)

Aber was ist »the body of the message«? Das Thema ist auch insofern ein »point of departure of the message«, als es meistens am Anfang des Satzes steht. Aber es ist nicht *notwendig* so, daß »Thema« etwas Altes und »Rhema« etwas Neues bezeichnet:

»the association of theme with given, rheme with new, is subject to the usual ›good reason‹ principle – there is freedom of choice, but the theme will be associated with the ›given‹ and the rheme with the ›new‹, unless there is good reason for choosing some other alignment«. (S. 162)

HALLIDAYs etwas resigniert klingende Bemerkung »unless there is good reason for choosing some other alignment« ist eines kurzen Exkurses wert: sie spiegelt zunächst natürlich auch die Schwierigkeit, dem sog. grammatischen Subjekt des Satzes ein einheitliches, logisches oder psychologisches Prinzip zu unterstellen. Thema bzw. Topic haben *Einfluß* darauf, was Subjekt wird, aber auch die von HALLIDAY als »mood« bezeichnete kommunikative Rolle (deklarativ, interrogativ, imperativ ...) wirkt häufig als bestimmender Faktor. Wie vielfältig das Bedingungsgefüge ist, welches das Subjekt eines Satzes bestimmt, wird in einer Untersuchung von FLORES d'ARCAIS (1973) deutlich, in der es um *wahrnehmungsmäßige* Determinanten der Form produzierter Sätze geht.
Die Vpn haben die Adäquatheit bestimmter verbaler Beschreibungen für einfache Bilder (»Der Mann raucht eine Pfeife«) zu beurteilen. Dabei zeigt sich, daß ein Gegenstand, der zum *Topic* der Situation geworden ist, in der verbalen Beschreibung dieser Situation meist die erste Stelle der Oberflächenstruktur erhält. Topikalisierung wird aber auch von Faktoren wie Größe des Gegenstandes und Aktionsrichtung bestimmt: verläuft die abgebildete Aktion von links nach rechts, so hat das links abgebildete Objekt die höhere Chance, Topic zu werden: es wird vermutlich als Agent erfaßt.

Dieser Einfluß wahrnehmungsmäßiger Determinanten auf das Geschehen im Satz erinnert uns einerseits an die Figur/Grund-Differenzierungen, die GOLDMAN-EISLER und MARTIN bei der Gliederung der kommunikativen Situation aufgezeigt haben, andererseits an die vorher dargestellten Überlegungen OSGOODs zur »Herkunft von Sätzen«.

ERTEL kommt (1975) in seiner schon erwähnten zusammenfassenden Untersuchung zu dem Schluß, daß die Wahl des grammatischen Subjekts durch mehrere Klassen von Determinanten bestimmt wird:

a) unmittelbar vorangehende prozessuale Antezedentien, zu denen Intensität und/oder Priorität der Aufmerksamkeitszuwendung gehören;
b) eher überdauernde situative Antezedentien wie das Hervorstechen und die Valenz des zu verwendenden Nomens.

Gerade diese Überdeterminiertheit der Wahl des *Subjekts**

> »might account for facts which have long since puzzled linguists:
> – that subjects more often are agents than recipients, but that they are not always agents;
> – that the subject represents more often the given than the new, but it does not always represent the given;
> – that the subject more often represents the topic than the comment, but it does not always represent the topic;
> – that the subject noun mostly precedes the object noun, but this again is not always the case«. (S. 26)

Wenn wir OSGOODs Mahnung folgend nach den Antezedentien der Äußerungen suchen, dürfen wir also keine simplen und eindeutigen Relationen zwischen ganz bestimmten Antezedentien und ganz bestimmten Eigenschaften der Äußerung erwarten. Wir müssen uns vielfach mit relativ vagen Kennzeichnungen begnügen; so interpretiert ERTEL (1975a) das grammatische Subjekt des Satzes als »ichnahen Zuwendungsstützpunkt zur Verankerung der Satz-Binnenrelatio-

* Übrigens ein Wort zur Vorsicht: UHLENBECK hat (1967, S. 269) darauf hingewiesen, daß nicht wenig Verwirrung dadurch zustandekommt, daß die gleichen Termini (z. B. »Subjekt«, »Prädikat« . . .) sowohl für die linguistische als auch für die kognitive Analyse einer Äußerung verwendet werden.

nen«; er umreißt damit recht gut das, was diesen verschiedenen Relationen gemeinsam ist, die jeweils nur »häufig, aber nicht immer« aufzeigbar sind. (Wir erinnern daran, daß ERTEL das Ich auch als Ankerpunkt der Relationen ansieht, die er den Allgemeinqualitäten OSGOODs unterlegt.)

Das *Ich als Ankerpunkt des Feldes*, in welchem sich die Äußerung strukturiert – das stand im Mittelpunkt unserer bisherigen Betrachtung. Nicht nur im Zeigfeld sind die wegweisenden Signale an der Ich/jetzt/hier-Origo verankert; auch im Symbolfeld dirigieren wir das Bewußtsein unseres Hörers noch durch Zeichen, welche unseren persönlichen Stempel tragen und wenigstens einen Teil ihres Wertes durch diesen Stempel erhalten. Das Ich des Sprechers liefert einen festen Punkt, auf den unsere Änderungsintentionen sich stützen können; das ist eine der Präsuppositionen, die der meinende Sprecher und der verstehende Hörer bei ihrem Vorgehen berücksichtigen.

Andere Präsuppositionen bestehen, wie OSGOOD und OLSON gezeigt haben, darin, daß der Sprecher in seiner Äußerung damit »rechnet«, daß sein Hörer etwas Bestimmtes (schon) weiß und etwas Bestimmtes will. Die Äußerung wird dadurch so verankert, so orientiert, daß Anweisungen aus nur einem elliptischen Zuruf zu bestehen brauchen (in der Straßenbahn »einmal gradaus«); ein bloßes »unter dem weißen« (OLSON) reicht schon aus, weil diese Äußerung in einem dynamischen Feld inseriert ist, das Sprecher und Hörer umfaßt.

OLSONs Semantiktheorie beschränkt sich auf einen Sprecher, der weiß, daß sein Hörer etwas will und was er will. Aber nicht immer sind die Handlungsintentionen so prägnant, daß die Äußerung sich auf diakritische Hinweise beschränken kann, welche von zwei oder drei Verstehens- oder Handlungsmöglichkeiten nun gewählt werden soll. Nicht immer können die Intentionen des Hörers (bzw. das Wissen, das der Sprecher von diesen Intentionen hat) den größten Teil der kommunikativen Last tragen.

Das wird um so weniger der Fall sein, je weniger konzentrierte Handlungsintentionen der Hörer überhaupt im Augenblick hat. Zwar gilt immer der Satz, daß sprachliche Kommunikation ihren Ursprung in der Handlung hat und eine Fortsetzung des Handelns mit einem anderen Mittel ist, aber dieses Mittel wird ja auch dort verwendet, wo eine Verbindungslinie zu einer Handlung (einer vorangehenden oder einer folgenden) zu dünn geworden ist, um noch erkennbar und damit für die Akte des Meinens und Verstehens verwendbar zu sein. Das ist immer dort der Fall, wo der Hörer nichts mehr tun, sondern höchstens noch wissen will. Der Sprecher will freilich auch hier, wie in den bisher beschriebenen Fällen, den Bewußtseinsstand des Hörers ändern, aber die Änderung bezieht sich nicht mehr auf etwas, was unmittelbar mit der Handlung des Hörers zusammenhängt und von da her einen Teil seiner Determination erfährt. Der Sprecher will dem Hörer etwas zur (bloßen) Kenntnis bringen, das nicht in erkennbarer Weise mit seinem gegenwärtigen Tun verzahnt ist, was also auch nicht vor dem Grund von Handlungsintentionen seinen Figur-Charakter erhält. Wie versteht der Hörer Mitteilungen, die nicht steuernd in sein Handeln eingreifen? Das kann OLSONs Theorie nicht mehr erklären. Wie verstehen wir Mitteilungen, die uns nicht interessieren, die wir nur zur Kenntnis nehmen? Wir verstehen sie beispielsweise, indem wir die syntaktischen Anweisungen befolgen, mit denen der Sprecher uns etwa darauf hinweist, was *er* als ›Gegeben‹ und was *er* als ›Neu‹ angesehen haben *will:* wir wenden uns einer Untersuchung zu, die das, was OSGOOD (1971) unter Produktionsaspekt analysierte, unter dem des Verstehens sieht.

Die Einteilung in die psychologischen Kategorien »Gegeben« und »Neu« ist ja (auch ganz abgesehen von ihrer unklaren Beziehung zur grammatischen Dichotomie von Subjekt und Prädikat) für die Ausbildung eines Bezugssystems wichtig. HAVILAND und CLARK (1974) haben durch eine experimentelle Untersuchung wahrscheinlich gemacht, daß

> »the listener, in comprehending a sentence, first searches memory for antecedent information that matches the sentence's Given information; he then revises his memory by attaching the New information to that antecedent«. (1974, S. 512)

Dabei stehen dem Sprecher, wie wir gesehen haben, eine ganze Reihe von Mitteln zur Verfügung, um syntaktisch zwischen dem, was *Gegeben* und dem, was *Neu* ist, zu unterscheiden: so wird z. B. in dem Satz

The jokes Horace tells are awful

eine im Anfangsteil des Satzes stehende Relativphrase (that Horace tells) als Mittel verwendet, Information über Gegebenes zu vermitteln. In dem Satz

It was Einstein who searched in vain for the unified field

wird eine Satzkonstruktion verwendet, in welcher durch *it is* auf das Neue hingewiesen wird.

Will der Hörer mit der oben beschriebenen ›Strategie‹ Erfolg haben, so muß es ihm zunächst gelingen, die vom Sprecher als ›Gegeben‹ gekennzeichnete Information an etwas in seinem Gedächtnis schon Vorhandenem ›festzumachen‹. Gelingt es ihm nicht, ein derartiges Antezedens im Gedächtnis zu finden (und ins Bewußtsein zu rufen), so muß er einen ›Aufhänger‹ konstruieren, oder *alle* im Input enthaltene Information als ›neu‹ behandeln (wodurch sich aber ganz kennzeichnende Veränderungen ergeben können), oder noch einmal überlegen, ob die Gegeben/Neu-Gliederung vielleicht anders vorgenommen werden kann.

Ganz ähnlich findet auch HORNBY

> »that several different surface structures of English can be employed to distinguish between one part of an utterance that is presupposed and another part that is focal, and when used in combination these features produce a strong tendency for the listener to accept part of the utterance as true and to question or search for information relevant to the truth of only the focal assertion. The presupposition is taken for granted«. (1974, S. 537)

Wieder erkennen wir: der Sprecher will den Hörer ›manipulieren‹, in ihm etwas ändern, und dazu stehen ihm für einen ganz bestimmten Zweck (z. B. Präsupposition und Assertion zu trennen) bereits eine ganze Reihe von Mitteln zur Verfügung, die oft gleichzeitig verwendet werden. Diese Mittel werden um so wichtiger, je weniger das »Gemeintsein« einer Äußerung durch die umgebende Situation beschränkt und damit determiniert wird.

Bei dieser »Entbindung der Sprache aus der Situation« liegt die große Versuchung nahe, BÜHLER auch hier zu folgen, d. h. zwischen Sprechhandlungen einerseits und Sprachwerken andererseits scharf zu unterscheiden. In der *Sprechhandlung* ist das Sprechen erledigt (erfüllt) in dem Maße und in dem Augenblick, wie es die Aufgabe erfüllt hat, das praktische Problem, vor welchem Sprecher und Hörer standen, zu lösen. Aber

> »das *Sprachwerk* als solches will entbunden aus dem Standort im individuellen Leben und Erleben seines Erzeugers betrachtbar und betrachtet sein«. (BÜHLER, S. 53 f.)

BÜHLER spricht ganz charakteristisch von einer »Entbindung«, ein paar Seiten später sogar von der »Erlösung der Sprachgebilde (ihrem Funktionswerte nach) aus den Umständen der konkreten Sprechsituation« (S. 57) – für ihn ist eigentlich erst das selbständige, keiner Anlehnung an Sprecher und Situation bedürftige Sprachwerk (in seiner reinsten Form: das sprachliche Kunstwerk) *das* Produkt der menschlichen Sprachfähigkeit. Er feiert diese Erlösung als »Befreiungsschritt, der vielleicht einmal im Werdegang der Menschensprache zu den entscheidensten gehörte« (S. 366):

> »die Befreiung von den Situationshilfen, der Übergang vom wesentlich empraktischen Sprechen zu weitgehend synsemantisch selbständigen (selbstversorgten) Sprachprodukten«. S. 367)

Wir sind skeptisch, ob sich hier wirklich ein Schritt in etwas so wesentlich anderes vollzieht, weil wir heute die Entwicklung kennen, die eine derartige scharfe Scheidung von Sprachprodukt und Sprechhandlung nach sich zieht: wir kennen diesen Trend, dem SAUSSURE mit seiner Unterscheidung von language und parole die handliche und deshalb so konsequenzenreiche Terminologie geliefert hat. Wohin dieser Trend, diese Unterscheidung führt, haben wir in den ersten Kapiteln dieses Buches gesehen.

Aber auch noch unter einem anderen Gesichtspunkt ist die Erlösung des Sprachwerks aus den Umständen der konkreten Sprechsituation letztlich nur asymptotisch zu erreichen: auch bei einer Äußerung, die scheinbar auf jede Einbettung in die konkrete Situation verzichten kann, benötigen wir zum vollen Verständnis sehr oft die Herstellung einer sie übergreifenden Beziehung – wir kehren wieder einmal zu Phänomen und Begriff der *Präsupposition* zurück, von denen oben schon mehrfach die Rede war. Wenn wir auf dem Notizzettel eines Fußballfreundes lesen

Haben die Bayern gegen Hamburg gespielt?

so benötigen wir, *schon um ihn laut vorlesen zu können,* ein ganz bestimmtes Vor-Wissen: ob die Paarung Bayern/Hamburg sicher, aber die Zeit der Austragung des Spiels fraglich war oder ob die Austragung eines Spiels des FC Bayern feststand, der Gegner aber noch zu bestimmen war etc. (s. o. Kap. VIII).

Auch im scheinbar situationsentbundenen Satz werden also Präsuppositionen erforderlich und wirksam, d. h. es werden zur Präzisierung des Meinens und zur Sicherung des Verstehens Relationen ausgespannt, welche die Äußerung übergreifen.

Zum vollen Verständnis der Äußerung ist immer schon ein »point de départ« nötig (UHLENBECK 1967, S. 295), aber wo dieser Punkt liegt und in welcher Richtung man sich davon weg bewegt, das ist bei den verschiedenen mit dem Begriff der Präsupposition operierenden Ansätzen sehr verschieden.

- Bei Miller (s. a. S. 172) soll die Bedeutung eines dem Feld der Bewegungsverben angehörenden Wortes dadurch erkennbar werden, daß man das betreffende Wort als Spezifikation einer zentralen, bei allen Wörtern dieses Feldes mitgedachten Voraussetzung ansieht: »laufen« ist eine Spezifikation (nämlich als »schnell«) des schon vorausgedachten »sich von einem Ort zu einem anderen Bewegens«. Was hier präsupponiert wird, ist das Zentrum eines Feldes; die Spezifikation stellt aus einer ganz bestimmten Richtung des semantischen Raumes eine Beziehung zu diesem Zentrum her.
- Anders bei OSGOODs »Sprache der einfachen Beschreibung« (s. o. S. 407): hier beeinflußt das, was der Sprecher zeitlich vor seiner Äußerung erfahren hat (und was seiner Ansicht nach auch der Hörer weiß), die Art der sprachlichen Formulierung:

  »the cup on the table is green«

  wird nur auftreten, wenn vorher sowohl eine Tasse als auch eine nicht rote Farbe vorgekommen sind. Hier ist der Bezugspunkt – wie auch bei OLSON – nicht in einem nach semantischen Feldern geordneten Lexikon lokalisiert (wie bei MILLER), sondern in der persönlichen Erfahrung einer bestimmten Ereignisfolge der Vergangenheit.
- Wieder etwas anders liegt der Fall in einem Beispiel, das wir CHAFE (1971 b, S. 65 f.) entnehmen: der Satz

  I saw the false teeth that were worn by George Washington

  ist semantisch wohlgeformt, aber der recht ähnliche Satz

I saw the shoes that were worn by George Washington

ist es nicht, weil es zu unserem Welt-Wissen gehört, daß ein Mensch zwar mit *einem* falschen Gebiß, nicht aber mit einem einzigen Paar Schuhe in seinem Leben auskommen kann.

Der Begriff der Präsupposition ist also, *linguistisch* gesehen, eine Sammelbezeichnung für Relationen sehr verschiedener Art. Seine Einheitlichkeit erhält er erst – und deshalb müssen wir ihn hier nochmals prüfen – unter psychologischem Aspekt: die Präsupposition stellt das »Gefälle« her, durch welches das Gerichtetsein einer Äußerung auf den Sinn hin erkennbar und die Äußerung damit verständlich wird. Präsupposition und Assertion, Topic und Comment, Thema und Rhema sind linguistisch so schwer faßbare Begriffe, weil sie sich auf psychische Vorgänge im Sprachbenutzer beziehen; Sprache ist auch von hier aus nicht zu beschreiben (und erst recht nicht zu begreifen), wenn man sie »an sich« beschreiben will. Sprache ist immer »für mich« (oder für ihn): die Äußerung muß in einem sie übergreifenden Zusammenhang stehen und aus ihm eine Richtung erhalten, um *im Hinblick auf* eine sinnvolle, intelligible Welt verstanden werden zu können.
Die Präsupposition ist also gewissermaßen ein Anker, mit welchem die aktuelle Äußerung in der »kognitiven Lage« des Sprachbenutzers festgemacht wird. Wie sehr dieses Verankertsein die Verarbeitung der einlaufenden Äußerung durch den Hörer determiniert, ergibt sich aus einer Untersuchung von OLSON und FILBY (1972):
Während die orthodoxe Generative Linguistik impliziert, daß die Verarbeitung passivischer Sätze immer schwieriger ist als die entsprechender aktivischer Sätze (weil erstere die komplizierende Passivtransformation durchlaufen haben), konnten OLSON und FILBY zeigen, daß die Geschwindigkeit der Verarbeitung eines gehörten Satzes davon abhängt, wie der Hörer die (bildlich dargestellte) Situation codiert hat, welche der Satz sprachlich beschreibt. Konzentriert sich der Hörer bei der Bildbetrachtung auf den Aktor der dargestellten Szene, so fällt ihm die Beurteilung eines Aktivsatzes besonders leicht. Stand dagegen bei der Bildbetrachtung der Rezipient oder Patient im Zentrum der Aufmerksamkeit,

so wird ein dieses Bild beschreibender Passivsatz rascher verarbeitet als ein entsprechender Aktivsatz.

Kehren wir zu BÜHLERs »Entbindung des Sprachgebildes aus der Situation« zurück. Wir haben gesehen, daß diese Entbindung nie eine vollständige sein kann, weil »Situation« immer auch in dem Wissen ist, das wir zur Verarbeitung einer Äußerung mitbringen und mitbringen müssen. Dieses »Wissen« ist aber im Laufe der zeit-überbrückenden und zeitbindenden Kommunikation einer dauernden Umstrukturierung unterworfen. Was als Präsupposition wirkt, kann sozusagen immer nur von der folgenden Äußerung aus bestimmt werden. Oft wird das, was zum Zeitpunkt t im Fokus des Bewußtseins steht, für eine zum Zeitpunkt $t + 1$ erfolgende Äußerung als Präsupposition dienen. Auch wenn wir uns also als Sprechende aus der stützenden Situation des hic befreien zu können glauben, werden wir noch im Duktus des nunc stehen *müssen,* weil Sprechen immer, sei es in der Sprachhandlung oder im Sprachwerk, die *Fortsetzung* menschlichen Tuns (und sei es die Fortsetzung eines Schweigens) ist.

So zeigt uns auch die psychologische Analyse der Präsupposition, daß das Verstehen eine Bewegung ist, die von einer bestimmten kognitiven Ausgangslage her kommt. Im Vorgang des Meinens setzt der Sprecher in das von ihm angenommene (prä-supponierte) kognitive Feld des Hörers sozusagen einige magnetische Punkte hinein, damit es sich in ganz bestimmter Weise verändere.

Dieses Setzen magnetischer, ein »Gefälle« erzeugender Punkte kann mit sehr verschiedenen Mitteln erfolgen; Deixis und Imperativ sind wohl die ältesten. Aber auch wenn man BÜHLERs kategorische Unterscheidung von Sprechhandlung und Sprachwerk nicht für glücklich hält, wird man sich natürlich mit der Tatsache beschäftigen müssen, daß eine gewisse Akzentverschiebung sich dadurch ergibt, daß die Beziehung zwischen der sprachlichen Äußerung und der Handlung, in deren Duktus sie erfolgt, sich im Verlauf der Ontogenese lokkern kann. Der Unterschied zwischen der Sprache des Kindes und der des Erwachsenen ist unter anderem gekennzeichnet

> »by a progressive freeing of speech from dependence on the perceived conditions under which it is uttered and heard, and

from the behavior which accompanies it«. (DE LAGUNA, 1963, S. 107)

Auch wenn also nicht eine neue und qualitativ ganz andere Betrachtungsweise sprachlichen Geschehens nötig wird, wenn jetzt die Stützen von Situation und Handlung allmählich zurücktreten, so ist doch klar, daß dieses Zurücktreten durch das Entstehen anderer, zusätzlicher Determinanten des Meinens und Verstehens kompensiert werden muß. Die Sprache

»muß das Stadium einer amöbenhaften Plastizität* von Sprechsituation zu Sprechsituation aufgeben, um auf höherem Niveau mit teilweise festgewordenem, erstarrtem Gerät dem Sprecher in neuer Hinsicht Produktivität zu gestatten«. (BÜHLER, S. 144)

Wenn die aus Situation, Sprecher und Hörer entstehende Dynamik nur noch wenig hilft, Meinen und Verstehen zu dirigieren, so werden Meinen und Verstehen schwieriger, weil die bisher von Situationsdynamik und Äußerung gelenkte bewußte Aufmerksamkeit des Hörers nun überwiegend durch die Äußerung allein gesteuert werden muß. Wenn OLSON schon von der sprachlichen Äußerung-in-der-Situation gesagt hat, sie sei »informativer« als bloßes Zeigen (vgl. S. 411), so steigert sich die Informativität der sprachlichen Äußerung noch um so weiter, je mehr Aufmerksamkeit durch das Zurücktreten der Situation sozusagen freigesetzt wird: der sprachlichen Äußerung *kann* mehr Aufmerksamkeit geschenkt werden, es *muß* ihr aber auch mehr Aufmerksamkeit geschenkt werden, wenn die kommunikative Funktion erhalten bleiben soll.

Je mehr die Determination von Meinen und Verstehen durch die sprachliche Äußerung allein erfolgen soll, desto mehr Determinanten müssen in die sprachliche Äußerung gepackt werden. Mit so einfachen Aktionsschemata wie »Aktor-Aktion-Objekt« ist es nicht mehr getan. Wenn wir so oft betont haben, daß die sprachliche Äußerung eine Fortsetzung des Handelns darstellt, so können wir auch die jetzt erfolgende Komplizierung der sprachlichen Äußerung in Analogie zu komplizierter werdenden Handlungen auffassen: die sprachliche Äußerung kann selbständiger werden, weil sie eine Art Mehrfachhandlung wird: verschiedene »sub-routines«, d. h.

* ... unter dem runden, ... unter dem weißen

verschiedene einfache Handlungspatterns werden aneinandergereiht bzw. ineinander geschoben; die Äußerung wird zu einem »skilled act«, wie ihn BRUNER und ähnlich vor ihm LASHLEY schon im vorsprachlichen Bereich beschreiben. Schon dort galt:

> »one is struck by the extent to which such activity grows from the mastery of specific acts, the gradual perfecting of these acts into what may be called a modular form, and the combining of these into higher order, longer range sequences. Flexible skilled action may be conceived of as the construction of a sequence of constituent acts to achieve an objective (usually a change in the environment) while taking into account local conditions«. (BRUNER 1972, S. 6)

Die Analogie ist lehrreich: die Heterogeneität der Zusammensetzung und die Einheitlichkeit des Ziels wird deutlich. Wo BRUNER von einer durch die komplexe Handlung intendierten Veränderung der Umgebung redet, können wir spezifizierend die Intention »Veränderung des Bewußtseins des Hörers« einsetzen. Und die konstituierenden Einzel-Akte, von denen BRUNER spricht, sind in der sprachlichen Äußerung vielfältiger Art: die vom Sprecher im Hörer vorausgesetzte – oder durch den Kon-Text gezielt gesetzte – Präsupposition, die inhärente Dynamik bestimmter Verb-Arten und der Prädikation im allgemeinen (worauf wir im nächsten Kapitel eingehen werden), aber auch ins Kalkül gezogene ganz allgemeine Wahrscheinlichkeitszusammenhänge wie z. B. feste Redewendungen.

Die Vielfältigkeit der Zusammensetzung der Äußerung macht die Berücksichtigung solcher »vorfabrizierter Teile« möglich und nötig: nötig, weil sie Festigkeit liefern müssen für die an ihnen ansetzenden Vektoren des Meinens und Verstehens, möglich, weil vorfabriziert bereitliegende Teilstrukturen oder Wahrscheinlichkeitsketten die Handhabung der komplexen Äußerung erleichtern. Die Flexibilität und Verschiedenheit der Äußerungsakte, mit denen ein Sprecher ein und dasselbe Ziel verfolgen kann, ist ein deutlicher Hinweis auf die Überdeterminiertheit, welche sich durch dieses Ineinanderschachteln von verschiedenen Teilhandlungen ergibt:

> »the flexibility of skill consists not only of this constructive feature but also of the range of ›paraphrases‹ that are possible:

for a skilled operator, there are many different ways of skinning a cat; and the word paraphrase is not amiss, for there is in this sense something language-like about skill, the kind of substitution roles that permit the achievement of the same objective (meaning) by alternative means«. (BRUNER, S. 6)

Die Heterogeneität und Überdeterminiertheit der aus der unmittelbaren Situationsdynamik »entbundenen« sprachlichen Äußerung macht Paraphrase, macht schließlich auch sprachliche Produktivität (in der durch BÜHLER angedeuteten Richtung auf das sprachliche Kunstwerk) möglich. Dazu werden – als Ersatz für die in den Hintergrund tretende Stützung durch die Situationsdynamik – neue »archimedische Punkte« für Meinen und Verstehen benötigt, neues »festgewordenes, erstarrtes Gerät« (BÜHLER, S. 144).

Als einen »Kristallisationskern« schon des ganz ursprünglichen Meinens und Verstehens haben wir die Herausbildung von Einheiten kennengelernt, der Figur vor einem Grund, eines in und mit der Zeit konstanter werdenden Konzepts »Objekt-meiner-Aktion« u. ä. Diese Einheitenbildung vollzog sich, wie wir gesehen haben, teilweise unter weitgehender Determination durch die physiologischen Eigenschaften unseres apperzeptiven Apparates (wie es BIERWISCH schon erwartet hatte, siehe Kap. V), teilweise unter der Steuerung durch Entwicklungs- und Erfahrungsfaktoren. Im jetzt endenden Kapitel haben wir einen besonderen Aspekt dieser Einheitenbildung und -Differenzierung betont: ihre Zentriertheit um das Ich des Sprecher/Hörers. Dabei haben wir gesehen, daß mit zurücktretendem Einfluß der Situation der der verbal gegebenen Signale und Anweisungen wichtiger wird. Diese Richtung verfolgen wir jetzt (unter Absehen von der Ich-Zentrierung) weiter, indem wir nach der Interaktion und dem Sich-zusammen-Gruppieren der Wörter im Satz fragen.

Kapitel XIV
Was geschieht in einem Satz?

Ein Satz ist eine nach mehreren Gesichtspunkten oder Regeln organisierte Ansammlung von Wörtern (aber natürlich nicht alle solche Ansammlungen sind Sätze!). Die vielen und ganz verschiedenartigen Relationen der Wörter untereinander geben dem Satz seine innere »Festigkeit« und dem an dieser »Festigkeit« sich ausrichtenden Verstehen des Hörers seine Richtung. Aus der Tatsache, daß die sprachliche Äußerung in hohem Maße überdeterminiert ist, folgt natürlich auch, daß es keine einheitliche, psychologische Theorie des Satzes geben kann. Und daraus wiederum folgt, daß die Darstellung der psychologischen Faktoren im Satz notwendigerweise den Charakter einer Aufzählung, einer Und-Verbindung, haben muß. Jede sprachliche Äußerung ist zwar regelgeleitet, aber in keiner sind alle Regeln gleichzeitig wirksam.

Wenn wir von »organisierten« Ansammlungen von Wörtern sprechen, dann meinen wir damit zunächst, daß verschiedene Elemente des Satzes sich mit anderen Elementen in verschiedener Weise und verschieden eng zusammenschließen – aus ganz verschiedenen Gründen. Es bilden sich neue, größere Einheiten, die vielfach ineinandergreifen und nun als neue Einheiten wirksam werden. So entstehen Richtungen im Satz, Gefälle oder Tendenzen. Manches wird im Laufe dieses Geschehens möglich, sehr viel mehr wird unmöglich. Dabei »residieren« diese Tendenzen, Möglichkeiten und Einschränkungen auf eine merkwürdig zweifältige Weise sowohl in der sprachlichen Äußerung als auch im Bewußtsein des Hörer/Sprechers, der sie vollzieht und (for the time being) in ihr »ist«.

Die Elemente einer Äußerung »organisieren sich« und werden als neue Einheiten funktional wirksam – das ist eine psychologische Dynamik, die, wie wir gesehen haben, auch im vorsprachlichen kognitiven Bereich schon ihre Entsprechung hat. Während wir diese Dynamik in vorangegangenen Kapiteln unter linguistischem Gesichtspunkt (z. B. FILLMOREs Kasus) oder unter entwicklungspsychologischem (z. B. Kap. XII) betrachtet haben, wollen wir im jetzt beginnenden Kapitel zwar auch nochmals im vorsprachlichen Bereich ansetzen, aber dabei die Kognition »als solche«, d. h. als relativ von ihrem »Besitzer« abstrahierbare Einheiten betrachten, um dann von da aus zur Besprechung der Dynamik überzugehen, die sich zwischen verbalisierten Einheiten im Satz abspielt – immer eingedenk der Tatsache, daß wir nicht zu sehr in eine reine »ergon«-Betrachtung abrutschen dürfen, weil wir dann der »energeia« des sprachlichen Handelns nicht gerecht werden können.

Kognitionen als Einheiten, in und zwischen denen eine Organisationsdynamik abläuft, das ist das große Thema der Überlegungen und Untersuchungen HEIDERs.

HEIDER kommt von der gestalttheoretisch orientierten Wahrnehmungspsychologie her und untersucht die Dynamik von Wahrnehmungsprozessen, welche eine Person als Wahrnehmungsobjekt betreffen. Von der gestalttheoretisch orientierten Wahrnehmungspsychologie bringt er den Befund mit, daß jeder Beobachter das ihn umgebende Geschehen in Aktionseinheiten gliedert, die gegeneinander abgegrenzt sind und aufeinander wirken. Diese Figur-Grund-Separierung haben wir schon mehrfach angesprochen. Darüber hinaus wurde durch HEIDERs frühere Untersuchungen (und z. B. auch durch die MICHOTTEs 1963) deutlich, daß der Beobachter dazu tendiert (auch z. B. bei sich bewegenden geometrischen Figuren o. ä.), diese Aktionseinheiten um einen motivierten Aktor zu zentrieren: er sagt etwa beim Betrachten eines Trickfilms: »Der rote Kreis stößt das blaue Quadrat zur Seite.« Der Kreis verbindet sich also mit der Aktion des Stoßens. Oder in HEIDERs Terminologie: eine Einheit U bildet sich zwischen dem kognitiven Element p (Kreis) und dem kognitiven Element x (stoßen): pUx, d. h. p tut x, in unserem Beispiel: der Kreis stößt; p wird zum Akteur der Aktion x.

Das hier einzuführende Konzept der »phänomenalen Kausalität« besagt zunächst, daß der Beobachter dem beobachteten Gegenstand p* ein absichtsvolles Handeln unterstellt; er projiziert dieses Schema von sich aus auf die Ereignisse in

* Was in unserem Beispiel für eine geometrische Figur (p ist hier ja ein gezeichneter Kreis) Geltung hat, gilt natürlich erst recht, wenn p eine Person ist.

der Welt. Damit haben wir unmittelbar Anschluß gefunden einerseits an das Agent-Aktion-Schema der Entwicklungspsychologen, andererseits aber auch an das Kasus-Konzept FILLMOREs und an die Überlegungen CHAFEs: unsere *eingebaute* Kognition organisiert die Welt. Andererseits aber haben wir auch Anschluß gefunden an das von uns oben (Kap. VII) postulierte Intelligibel-Machen der Welt, das unser Handeln als Grundtendenz durchzieht und sich hier in der Form dieser Schematisierung äußert. Wir haben Anschluß gefunden an ARNHEIM, an von ALLESCH (s. o. S. 18).

HEIDER versucht, dieses Prinzip, wonach wir die Vorgänge in unserer Umgebung als von sozialen Akteuren motiviert ausgeführte Handlungen ansehen, auf die Wahrnehmung tatsächlicher sozialer Vorgänge zwischen tatsächlichen Personen anzuwenden. Dazu benötigt er noch ein zweites Prinzip, das der »sentiment«-Beziehung. Zwischen einer Person und den Dingen, die sie »gern hat«, besteht eine Beziehung, die sich unterscheidet von jener, die zwischen ihr und den von ihr abgelehnten Dingen besteht: im ersten Fall bildet sich leichter eine Einheit (pLx für »p likes x«) als im zweiten, deren Nicht-Einheit HEIDER mit p - Lx symbolisiert.

HEIDER fragt nun als nächstes, was für dynamische Vorgänge sich abspielen, wenn dieselben Elemente (z. B. p oder x) *gleichzeitig* in *qualitativ verschiedenen* Relationen zueinander stehen.

Die wichtigste Entdeckung, die HEIDER bei der Beantwortung solcher Fragen macht, ist das *Prinzip der Balance* oder des Gleichgewichts. Wenn z. B. einerseits p als mit x eine Einheit bildend perzipiert wird (pUx) und gleichzeitig p als x ablehnend (p - Lx), so wird man sich sofort einer Art von Widerspruch bewußt: die Ablehnung z. B. eines Konzepts x impliziert doch, daß die Person (p) auch nicht mit diesem zusammen sein möchte. Oder an unserem Beispiel illustriert: es wird ein Widerspruch bewußt zwischen pUx und p - Lx: p stößt, aber p mag Stoßen doch nicht.

Balance oder Gleichgewicht ist ein dynamischer Faktor, d. h. es gibt eine Tendenz zur Herstellung eines Gleichgewichts oder, wenn ein solches schon vorhanden ist, zur Erhaltung dieses Gleichgewichts. In unserem Beispiel: das Sentiment p - Lx und die Einheit pUx werden dadurch auszubalancieren versucht, daß das Vorzeichen einer der beiden Einheiten geändert und dadurch Stimmigkeit erreicht wird: wenn p Stoßen nicht mag, so wird p wohl auch nicht gestoßen haben – oder: wenn p gestoßen wird, wird p Stoßen doch wohl mögen.

Das Ganze eine Stufe komplexer:

Person P baut ein Haus x (pUx)
Person P mag Person O gerne (pLo)
Person O gefällt das Haus x nicht (o - Lx)

Es gibt wieder ein Ungleichgewicht. Dagegen wäre die Triade P, O, X im Gleichgewicht, wenn P die Person O, der das Haus x nicht gefällt, sowieso nicht mag, oder wenn O sich entschließt, das Haus x doch schön zu finden.

HEIDERs große Leistung besteht darin, daß er zwei qualitativ verschiedene Relationen in einem umfassenden System kommensurabel gemacht hat: die sentimentale oder *affektive Relation* pLx (bzw. p - Lx) und die *Einheit-Relation* pUx (bzw. p - Ux). Die Balance oder genauer die Imbalance zwischen den beiden Relationen ist der eigentlich dynamogene Faktor: sie läßt den wahrnehmenden Menschen dazu tendieren, eine oder zwei der konstituierenden Relationen zu ändern, damit insgesamt Gleichgewicht oder Harmonie hergestellt wird. Diese Dynamik ist durchaus jener verwandt, welche sich im oben beschriebenen Phänomen der Sinnkonstanz äußert; sie liegt natürlich auch dem zugrunde, was seit FESTINGER wechselweise mit Dissonanz- oder Konsonanztheorie bezeichnet wird.

HEIDERs Modell, das aus quasi-stationären Zuständen (ein Haus gebaut haben, einen Menschen mögen, ein Haus nicht mögen) eine auf Änderung (bzw. bei schon vorhandener Stimmigkeit auf Erhaltung) drängende Dynamik entstehen läßt, ist vor allem in der Sozialpsychologie von größtem Einfluß gewesen. Hier und in der Sprachpsychologie – der wir uns jetzt zuwenden – wurde eine Reihe von Kongruitätsmodellen entwickelt; das sprachpsychologisch wichtigste davon ist von OSGOOD und TANNENBAUM (zunächst für die Voraussage von Attitüden-Änderungen) entworfen worden (1955).

Die Bedeutung eines Wortes oder Begriffs wird von OS-

GOOD (s. o. S. 93 f.) bekanntlich als »Vermittlungsresponse« konzipiert. Werden in einem Satz zwei Wörter oder zwei Begriffe aufeinander bezogen, wobei die Art dieses In-Beziehung-Setzens noch zu präzisieren ist, so verändern sich die Charakteristika der beiden beteiligten Vermittlungsresponses in Richtung auf ein (größeres) Gleichgewicht.

Dieses In-Beziehung-Setzen zweier oder mehrerer Wörter im Satz kann auf verschiedene Weise erfolgen. Die einfachste Weise ist die bloße Aneinanderreihung von Wörtern; komplizierter werden die Relationen, wenn die aufeinanderfolgenden Wörter verschiedene Rollen im Satz spielen.

Beginnen wir mit den relativ einfachen Fällen, in denen (jedenfalls dem ersten Anschein nach) die Abfolge, die Aneinanderreihung von Wörtern es ist, welche funktional wirksam wird. Schon bei der scheinbar simplen Aufzählung (wenn man etwa die Eigenschaften eines Menschen nennt) findet man, daß die Reihenfolge der Nennung der einzelnen Attribute für das so entstehende Bild dieses Menschen nicht gleichgültig ist (z. B. ASCH, 1946). Das zeigt uns bereits, daß wir, um in dem hier zu betretenden Problemkreis operieren zu können, uns eine sehr simple, aber wichtige Tatsache ins Bewußtsein rufen müssen: was in jedem einzelnen Augenblick, an jedem einzelnen »Element« einer Äußerung psychologisch sich vollzieht, wird häufig erst durch Ereignisse determiniert, die später eintreten. Diese Ungleichmäßigkeit des Zeitflusses (wir könnten vornehmer von Anisotachie sprechen) in der Verarbeitung der Äußerung haben wir schon bei der Diskussion der russischen Sprachpsychologen und bei der Besprechung der Untersuchungen GOLDMAN-EISLERs über Pausen im Redefluß kennengelernt.

In unserem Zusammenhang spricht UHLENBECK (1963) vom Prinzip des »sustained memory«, nach welchem Satzelemente

> »may remain unconnected and kept present, until an element or elements appearing in the utterance much later on can be connected with them«. (1963, S. 13)

In einem Satz, der z. B. ein Nomen und einen oder mehrere Modifikatoren dieses Nomens (etwa Adjektive) enthält, können diese Modifikatoren oft teils vor, teils hinter dem Nomen stehen.

ROMMETVEIT und TURNER (1967) boten in einem Gedächtnisexperiment den Vpn gebogene Bleistiftlinien dar, welchen bestimmte Sätze als Beschreibungen zugeordnet waren. Eine solche Kurve konnte z. B. durch die Sätze
a) a leftward, jaggedly descending broken curve
oder
b) a jagged, broken curve descending leftward
beschrieben werden. Die Vpn hatten anschließend die Kurven zu identifizieren, deren Beschreibungen sie gehört hatten, und die Beschreibungen zu reproduzieren.

Dabei zeigt sich, daß Voranstellung der Adjektive zu besserem Behalten und zu einer klareren Abgrenzung der zu identifizierenden Objekte voneinander führt. Später haben DOLINSKY und MICHAEL (1969) diesen Befund noch präzisieren können, indem sie zeigten, daß das Behalten einer Reihe von Adjektiven davon abhängt, daß dieser Reihe ein durch die Adjektive zu modifizierendes Nomen folgt. Das Nomen wirkt als ein post-integratives Element, bei dessen Erscheinen sich die ihm vorangegangenen Adjektive mit dem Nomen zu einer neuen Einheit zusammenschließen, die *als solche* funktional (für das Behalten) wirksam wird.
Damit haben wir natürlich schon den Punkt erreicht, wo aus einer jedenfalls für den Anschein nur *sequentiellen* Anordnung der Satzelemente eine *hierarchische* wird: *weil* bestimmte Elemente aufeinanderfolgen, bilden sich Dominanz-Strukturen zwischen diesen Elementen bzw. zwischen der neu entstehenden Einheit und anderen Satzelementen aus.
Wie nahe sequentielle und hierarchische Strukturen einander stehen, sei ebenfalls an Modifikator-Konstellationen exemplifiziert. Linguistisch kann man koordinative von subordinativen endozentrischen Strukturen unterscheiden: bei den erstgenannten beeinflussen die beiden Modifikatoren das ihnen zugeordnete Nomen unabhängig voneinander: »ein kühler, feuchter Morgen«; bei der letztgenannten beeinflußt der erste Modifikator den zweiten und dieser zweite, *so modifizierte,* dann das Nomen: »die weit geöffnete Tür«. Hat diese linguistische Strukturverschiedenheit ein psychologisches Pendant?
DEGERMANN und MATHER können dies (1972) immerhin wahrscheinlich machen: läßt man Vpn nämlich Schemata

solcher Sätze zeichnen, so zeigen die Abbildungen subordinativer Wortreihen eine höhere multiple Geordnetheit als die Abbildungen koordinativer Reihen. Diese multiple Geordnetheit repräsentiert die in subordinativen Reihen enthaltene hierarchische und sequentielle Information.
Wieder wird deutlich, wie klein der Schritt von der bloßen Abfolge zur Über/Unterordnung ist.

Hier ist der Ansatzpunkt einer Entwicklung, die nach eindrucksvollen Erfolgen in eine Sackgasse geraten war, weil sie ein falsch gestecktes Ziel zu erreichen suchte: G. A. MILLER hat (in der Zeit vor dem Erscheinen seines Buches ›Language and Communication‹ 1951) versucht, beide Arten von Information, die über die Abfolge der Elemente nacheinander und die über die Abhängigkeit der Elemente voneinander, in eines zusammenzufassen. Die sequentiellen Übergangswahrscheinlichkeiten zwischen aufeinanderfolgenden Elementen einer Äußerung wurden als die Repräsentanten der Geordnetheit und auch als Substrat der psychologischen Verarbeitung von Äußerungen angesehen. Ein derartiger Ansatz trägt erstaunlich weit, muß aber scheitern, wenn man die Regeln der Grammatik auf »nichts weiter als« Übergangswahrscheinlichkeiten reduzieren will. Ein anderer Grund zum Scheitern dieses zu hoch zielenden Ansatzes ist ein kommunikationspsychologischer: die Veränderung, welche durch eine sprachliche Äußerung im Bewußtsein des Hörers vollzogen wird, tendiert eben nicht zum Wahrscheinlichen hin. Der dritte Grund schließlich ist in der Tatsache zu sehen, daß der (für das Operieren mit Übergangs- und auch mit Verbundwahrscheinlichkeiten erforderliche) Begriff des Elements zwar unter sequentiellen, nicht aber unter hierarchischem Aspekt eindeutig identifizierbar ist; die Hierarchie besteht aus ineinandergeschachtelten Einheiten verschiedener Größenordnung.
Wie üblich, hat man aber das Kind mit dem Bade ausgeschüttet (woran sich MILLER selbst kräftig beteiligt hat): man hat nach Erscheinen der Generativen Grammatik jegliche Wahrscheinlichkeitstheorien in der Sprachpsychologie als im Ansatz schon verfehlt hingestellt. Darauf ist zurückzuführen, daß die Sprachpsychologie bis heute nicht das Begriffs-Instrumentarium besitzt, mit welchem sie den verschiedenen Grad der »inneren Verkettung«, der »Automatizität« von Phrasen, Formeln und idiomatischen Wendungen erfassen könnte, welche unsere Äußerungen in wechselndem (aber meist erstaunlich hohem) Ausmaß durchziehen. Das wird bei der Lektüre VanLANCKERs (1975) besonders deutlich, die aus neurolinguistischen Befunden die Exi-

stenz und die spezifische Verarbeitung solcher Sprach-Fertigteile postuliert.

Will man die innere Dynamik eines Satzes erfassen, so muß man also hierarchische und sequentielle Information zunächst unabhängig voneinander zu konzipieren und dann in ihrer gegenseitigen Beeinflussung deutlich zu machen versuchen. Derartige Bemühungen, welche also die in einem Satz wirksamen Abhängigkeits- *und* Reihenfolge-Planungen in ihrem Ineinandergreifen zu analysieren versuchen, gehen auf die (in der ganzen Psychologie sehr einflußreichen) Überlegungen LASHLEYs (1951) zurück, wonach die sprachlich auszudrückende »Idee« in einer nicht zeitlichen Form repräsentiert ist*, z. B. in einer räumlichen, und im »Encodiervorgang« diese Repräsentation dann »abgetastet« wird, wobei die für den sprachlichen Ausdruck dieser »Idee« benötigten Morpheme zur Satzproduktion ausgewählt werden.

Sprachpsychologisch besonders deutlich erkennbar wird dieses Hin- und Her-Spielen zwischen Sequenz und Hierarchie im Problemkreis der »preferred adjective order«. Die Linguistik hat hierfür einige grammatische Regeln entwickelt (z. B. VENDLER 1963), die von anderen Linguisten jedoch wieder als nicht richtig bezeichnet wurden (z. B. KATZ 1964). MARTIN hat demgegenüber eine prozessual-orientierte, eher psychologische Hypothese aufgestellt, wonach die Reihenfolge des Erscheinens der Adjektive im Satz der umgekehrten Abfolge der Wahl der Adjektive im Abtastvorgang entspricht:

> »Adjectives produced closer to the noun were said to be chosen prior to the adjectives produced further from the noun ... In the case of normally ordered adjectives, the main antecedent of order of adjective choice is differential adjective accessibility.« (1969, S. 698)

Der Grad dieser Verfügbarkeit richtet sich nach der Beziehung, die zwischen der Bedeutung des zu modifizierenden Nomens und den durch das Adjektiv bezeichneten Eigenschaften besteht. In diese Beziehung geht ein normatives Moment ein; das sei an einem Beispiel verdeutlicht. Man kann den Gegenstand Fünfmarkstück als »groß« oder als »klein« bezeichnen: ist das zu modifizierende Nomen etwa »Mün-

* Das hat vor LASHLEY natürlich auch WUNDT schon gesagt ...

ze«, so wäre »groß« näherliegend als wenn das zu modifizierende Nomen »Scheibe« ist: Ein Fünfmarkstück ist eine große Münze, aber eine kleine Scheibe. BIERWISCH hat schon 1967 darauf hingewiesen, daß das Nomen z. B. bestimmt, ob und in welchem Grade durch das es modifizierende Adjektiv eine Norm impliziert wird oder nicht. Wie hier Nomen und Adjektiv ineinandergreifen und wie dabei eine Norm als Faktor erscheint, wird an folgender Gegenüberstellung deutlich. Wenn wir hören

a) das Flugzeug ist hoch
b) der Raum ist hoch
c) das Zimmer ist hoch

so wird dem Adjektiv »hoch« durch das Nomen eine Norm-Skala unterschoben, die seine Bedeutung präzisiert. Diese Norm-Skala ist bei »Zimmer« z. B. zweifellos klarer ausgeprägt als bei »Raum«: von einem »hohen Zimmer« wissen wir nämlich genau, daß es mindestens 3 m, aber wohl kaum mehr als 5 m hoch ist, aber wie hoch ein »hoher Raum« (Schlafraum, Kirchenraum, interstellarer Raum ...) ist, wissen wir nicht so genau. Die Verfügbarkeit eines Adjektivs wird also auch davon abhängen, wie rasch sich diese Norm-Vorstellung in bezug auf das zu modifizierende Nomen einstellt. Andererseits zeigt das erwähnte Beispiel, daß erst durch die Einheitbildung von Adjektiv und Nomen eine für das Verstehen des Satzes unerläßliche Bezugsnorm eingeführt wird, die weder am isolierten Adjektiv noch am isolierten Nomen »hängt«: durch die Einheitbildung entsteht ein »Mehr« an Information – darauf werden wir vor allem im nächsten Kapitel noch ausführlich zu sprechen kommen. Bleiben wir aber zunächst noch bei der Adjektiv-Reihe.

Der Abtast- oder Wahl-Vorgang, den MARTIN nach LASHLEYs Vorbild postuliert, wird im Fall der »normalen«, üblichen Reihenfolge (»der große rote chinesische Schal«, »die liebe alte Großmutter«) die Adjektive nach ihrer so determinierten Verfügbarkeit sozusagen in einem Durchlauf aktivieren können. Was aber geschieht in den Fällen, in denen eine nicht übliche Adjektiv-Reihenfolge vorliegt bzw. produziert wird? Unter welchen Bedingungen kommt »der chinesische rote große Schal«, »die alte liebe Großmutter« zustande und zu welchen Bedingungen führen sie im Hörer?

Das auffallendste Phänomen bei einer derartigen abweichenden Reihenfolge ist sicherlich die Pause, die sich jetzt zwischen die Adjektive schiebt. Wenn wir uns an GOLDMAN-EISLERs Untersuchungen erinnern (s. o. S. 333 f.) so können wir eine derartige Pause als Anzeichen für eine (andersartige) Einheitenbildung ansehen (vgl. auch O'CONNELL, KOWAL und HÖRMANN 1969). MARTIN (1970) postuliert, daß im Gegensatz zur üblichen Reihenfolge ein »Re-cycling« des konstituierenden Abtastvorganges stattfindet: beim ersten Durchlauf wird das dem Nomen nächststehende Adjektiv gewählt, beim zweiten wird der so gebildeten Einheit (»große Schal«, »liebe Großmutter«) dann ein die ganze Einheit (d. h. nicht nur das Nomen) modifizierendes weiteres Adjektiv zugeordnet.
Derartige Überlegungen haben eine über das Problem der Adjektiv-Reihenfolge und ihre psychologischen Korrelate hinausgehende Bedeutung: Strukturverschiedenheiten der sprachlichen Äußerung werden durch Differenzierung der strukturierenden *Prozesse* zu erklären versucht. Diese Denkfigur ist natürlich gerade der Generativen Linguistik nicht fremd. Erlebnispsychologisch interessant wird dieses Pausen involvierende Re-cycling durch die Tatsache, daß dadurch unsere Aufmerksamkeit präziser ausgerichtet wird als durch die übliche Adjektivabfolge. (Wir verweisen auf ein ganz ähnliches Phänomen bei der Metapher, wo auch das durch ein unerwartetes Nichtpassen entstandene Zögern Aufmerksamkeit und Verständnis »anspornt«. Vgl. dazu HÖRMANN 1973.) Pausen generieren Aufmerksamkeit: Erhöhung der Aufmerksamkeit generiert Pausen – wie die erwähnte Untersuchung von O'CONNELL et al. (1969) gezeigt hat.
Aufmerksamkeitswirkungen können nicht diskutiert werden, ohne auf die Intentionen des betreffenden Menschen einzugehen. Damit wird es (wieder einmal) nötig, auch zur Erklärung der Adjektivabfolge den Bereich *sprachimmanenter* Faktoren zu überschreiten – eine Tatsache, die durch BIERWISCHs bereits erwähnte Einbeziehung der zur »Weltkenntnis« gehörenden Bezugsnorm schon nahegelegt worden ist. DANKS und SCHWENK (1972) gehen davon aus, daß das Adjektiv, welches die Aufmerksamkeit des Hörers

besonders ausrichten soll, an den Anfang der Adjektivreihe gesetzt wird. Weiß der Sprecher z. B., daß der Hörer zwischen zwei roten Automobilen, einem großen und einem kleinen, unterscheiden soll, so wird er die übliche Reihenfolge (»das große rote Auto«) verwenden. Soll die Unterscheidung aber zwischen einem roten und einem blauen Auto stattfinden, so wird er vermutlich »das rote, große Auto« produzieren.

In der Untersuchung wurden den Vpn Karten mit jeweils 4 *Objekten* vorgelegt, z. B.:
(was hier in Worten beschrieben ist, wurde im Versuch also bildlich dargestellt)

large	small
red	brown
car	scissors
small	large
gold	green
key	car

Nach der Vorlage der Karte hörten die Vpn zwei Abfolgen (in unserem Beispiel »large red car« und »red large car«) und hatten zu entscheiden, welche der beiden Sequenzen »would better ensure a listener identifying the encircled criterion object from the set«.
Die Ergebnisse bestätigen die »pragmatic-communication«-Regel der Autoren: das für die Unterscheidung wichtige Adjektiv wird vorangestellt.

Die Verbindung dieses Befunds mit den Ansichten OLSONs (1970, s. o. S. 410) liegt auf der Hand: der perzeptuelle Kontext determiniert, was als »passend« vom Beurteiler empfunden wird. Der Beurteiler versetzt sich in die Lage eines Menschen, der zielstrebig im Duktus einer kommunikativen Handlung steht. Wenn es von diesem Aspekt aus erforderlich ist, wird ohne jedes Zögern das verletzt, was oft nur deshalb als grammatische Regel formuliert wird, weil es besonders häufig vorkommt.
Wir haben bisher Adjektiv- und Adjektiv-Substantiv-Sequenzen betrachtet und gesehen, daß die »bloße« Aneinanderfügung schon zu gegenseitiger Beeinflussung und zur Bildung hierarchischer Sub-Einheiten innerhalb der Äußerung führt. Nun enthalten bestimmte Wortarten bzw. Satzteile jedoch schon sozusagen »eingebaut« eine Anweisung zur Bil-

dung von derartigen Einheiten. Mit der Dynamik der Bildung solcher Einheiten im Satz werden wir uns auf den nächsten Seiten beschäftigen; der Leser sollte dazu sich das ins Bewußtsein rufen, was wir, wenn auch unter anderem Aspekt, in den Kapiteln über die »Generative Semantik« und die »Anfänge der Sprache« über die Genese von Einheiten und die in und um diese Einheiten festzustellende Dynamik gesagt haben.

Das einfachste Beispiel für eine »eingebaute« Anweisung zur Einheitenbildung im Satz sind die sog. transitiven Verben.

Versucht man, sich die Art der lexikalischen Repräsentation solcher Verben vorzustellen, so wird man bei transitiven Verben im allgemeinen in irgendeiner Art einen »Hinweis« auf eine diesem Verbum folgende Nominalphrase finden; bei intransitiven Verben ist dies nicht der Fall. Ein alleinstehendes intransitives Verb ist also eher »vollständig« als ein alleinstehendes transitives – POLZELLA und ROHRMAN fanden denn auch, daß einzelnstehende intransitive Wörter leichter behalten werden als einzelnstehende transitive (1970). Die gleiche »semantische Unvollständigkeit«, die sich für das Behalten negativ auswirkt, führt aber auch dazu, daß auf transitive Verben als Stimuli rascher und mehr Nomina assoziiert werden als auf intransitive.

Transitivität bzw. Intransitivität sind relativ allgemeine und, wenn man so will, »oberflächliche« Bestimmungen des Verbums, die allein noch keineswegs ausreichen, die zentrale Rolle zu beschreiben, welche das Verbum in dem »Prozeß Satz« spielt. Wir haben schon im Kapitel über die Generative Semantik den Ansatz kennengelernt, der uns mit dem Begriff der Prädikation (oder der Bildung einer Verb-Argument-Struktur oder einer Proposition ...) das Denk-Instrumentarium liefert, diese besondere Einheit-Bildung zu erfassen.

Wenn wir jetzt – sozusagen »psychologischer« orientiert als in jenem der Linguistik gewidmeten Kapitel – genauer danach fragen, unter welchen Umständen und mit welchen Auswirkungen sich diese verbzentrierte Einheitbildung im Satz vollzieht, so setzen wir am besten nochmals an der bereits erwähnten Untersuchung von HÖRMANN und LAZARUS

(1975) an, aus welcher der Befund berichtet worden war, daß das Verb unter erschwerenden Bedingungen von allen Satzteilen am schwierigsten zu erkennen ist.
Hat der Hörer jedoch das Verbum erkannt, so ist die Wahrscheinlichkeit für das Erkennen von Subjekt und Objekt hoch – aber das gilt nicht umgekehrt: die Wahrnehmung des Subjekts oder des Objekts erhöht *nicht* die Wahrscheinlichkeit der Wahrnehmung des Verbums des betreffenden Satzes. Das Verb steuert also das Verständnis; es gibt Anweisung, wie die durch die Wörter etc. repräsentierten Begriffe und Einzelinformationen in der *Prädikation* zusammenzufassen und zu organisieren sind.
Über Prädikation ist in diesem Buch schon mehrfach die Rede gewesen; wir wenden uns ihr jetzt in einer Weise zu, welche linguistische, logische und psychologische Aspekte zu vereinen und die heuristische Fruchtbarkeit dieser Vereinigung durch empirische Befunde zu stützen versucht.
Prädikation kann aufgefaßt werden als die (aus der aristotelischen Logik stammende) Form der »Aussage von etwas über etwas«. Hinter der Übernahme dieser logischen Beziehung in die Sprachwissenschaft stehen zwei Überzeugungen: die erste besagt, daß die physische Welt aus Dingen besteht, die bestimmte Eigenschaften haben, bestimmte Prozesse einleiten oder ihnen unterliegen, in bestimmten Relationen zueinander stehen oder eine bestimmte Lokalisation in Raum und Zeit aufweisen (vgl. dazu LYONS 1968, S. 271). Die zweite Überzeugung besagt, daß die Struktur der Sprache dieser (logischen) Struktur der Welt entspricht und daß deshalb die Welt durch die Sprache abgebildet werden kann.
Auf die vielen logischen und psychologischen Schwierigkeiten, die sich aus der Verzahntheit von Logik und Syntax ergeben, braucht hier nicht eingegangen zu werden, jedoch sei auf LISTs interessante Gegenüberstellung substantieller und instrumenteller Universalien ausdrücklich hingewiesen (1974). Wenn wir im folgenden »näher an der Psychologie« argumentieren, so heißt das vor allem, daß nicht so sehr das Ding im Zentrum steht, über das eine Aussage gemacht wird, sondern eine (verbalisierte) Handlung, durch welche Menschen und Dinge in Beziehung gesetzt werden.
Die Prädikation setzt also, wie wir ganz allgemein sa-

gen wollen, verbalisierte Tatbestände in Beziehung zueinander. War es bei der Adjektiv-Reihe zunächst eine bloße Addition von Kennzeichnungen, so liegt der Prädikation ein Urteilsakt zugrunde, und zwar – im zunächst zu betrachtenden einfachsten Fall – das Aufstellen einer Behauptung von der Form

X ist ein Y

oder

X hat ein Y.

Betrachten wir das einmal unter kommunikationspsychologischem Aspekt, so stellt der Sprecher verbal eine bestimmte »existentielle« Beziehung zwischen zwei Tatbeständen her, von der er (üblicherweise) annimmt, daß sie dem Hörer nicht als solche bewußt ist. Wenn man durch den Frühlingswald geht und zum Begleiter sagt: »Die Bäume sind grün«, so überträgt man natürlich keine Information auf den Hörer (falls dieser nicht blind ist). Was der Sprecher durch die Äußerung erreichen möchte, ist, daß der Hörer in seinem Bewußtsein eine ähnliche Relation (zwischen ›Bäume‹ und ›grün‹) herstellt, wie er sie selbst jetzt im Bewußtsein hat. Es soll also durch die prädikative Äußerung eine bestimmte Einheitenbildung im Bewußtsein des Hörers herbeigeführt werden; eine Einheitenbildung nicht per Addition wie bei der Modifikatorenreihe, sondern mit dem spezifischen Duktus des Urteils, der Behauptung, der Aussage.

Dabei wollen wir – eingedenk des im vorangegangenen Kapitel Gesagten – nicht in den Fehler verfallen, die Prädikation als psychologischen Urteils- und Behauptens-Akt mit dem syntaktischen Prädikat zu verwechseln – davor hat UHLENBECK (1967) mit Recht gewarnt. Wenn man eine derartige Gleichsetzung vornimmt, so läßt man sich sehr leicht dann auch zu der Aussage verleiten, das Verbum sage immer ›das Neue‹ über das Subjekt aus ...

Durch diese Zusammenfügung entsteht, *weil* es sich um eine Prädikation handelt, eine *Richtung* im Bewußtsein des Hörers. Wo diese Richtung, dieser Vektor unseres Verstehens ansetzt, das wird unter anderem durch die Präsuppositionen bestimmt, von denen wir schon mehrfach gesprochen haben, und durch die Zentrierung des Feldes der kommunikativen Handlung an einer Origo, von deren Ich-Bestimmtheit auch schon die Rede war. Diese Richtungsbildung kann mit Hilfe verschiedener Begriffs-Instrumentarien zu erfassen und zu zeigen versucht werden. Wir bedienen uns dazu zunächst wieder des HEIDER-OSGOOD-TANNENBAUMschen Balance- oder Kongruitätskonzepts.

OSGOOD verwendet in seinem Beispiel den Satz

Tom ist ein Dieb.

Dieser Satz stellt für den Polizisten, der Tom auf frischer Tat ertappt hat, eine »kongruente«, d. h. im Gleichgewicht befindliche Aussage dar: das als Präsupposition (im weitesten Sinne) in das Urteil eingehende Wissen ist mit der Formulierung des Urteils vereinbar. Wird der gleiche Satz aber zu Toms Mutter geäußert, die an ihrem Sohn hängt und ihn schätzt, so sind in deren Bewußtsein »Tom« und »Dieb« zunächst nicht miteinander vereinbar. Es muß – als Folge der stets vorhandenen Tendenz zum Gleichgewicht – eine Veränderung stattfinden: ausdrückbar entweder in einer Weigerung, den gehörten Satz zu glauben, oder in dem klassischen »du bist mein Sohn nicht mehr« oder in dem heutzutage eher fashionablen »ein bißchen sind wir ja doch alle Diebe«.

Sowohl im Falle des Polizisten als auch in dem von Toms Mutter spielt für die Einheitenbildung wie auch für die daraus entstehende Umstrukturierungs-Dynamik die Tatsache eine Rolle, daß die geäußerte Prädikation in Beziehung gesetzt wird zu einem schon vorhandenen (und »passenden« oder »nicht-passenden«) kognitiven Bestand, hier der Attitude gegenüber Tom. Das prädikative Urteil ist sowohl in seinem Zustandekommen wie auch in seiner Auswirkung aber nicht immer (oder jedenfalls nicht nur) auf das In-Beziehung-Treten zu einem schon vorhandenen und nicht in der Äußerung mitgeteilten kognitiven Tatbestand angewiesen; eine große Rolle spielt die Art der Beziehung zwischen den *verbalisierten* Tatbeständen, die durch den Akt der Prädikation miteinander verknüpft werden. Diese Tatsache hat auch ihre philosophischen Aspekte:

Wir haben oben die Prädikation als Behauptung von etwas über etwas bezeichnet. Dabei kann die Beziehung zwischen diesen beiden Tatbeständen von verschiedener Art sein. Es kann sein, daß das, was über einen Tatbestand ausgesagt wird, nichts *Neues* darstellt, sondern nur einen besonderen

Aspekt ins Bewußtsein ruft: dies wäre in der Philosophie ein sogenanntes analytisches Urteil (»der Kreis ist rund«). Hier wird sozusagen nur die Wortbedeutung »Kreis« spezifiziert. Die meisten Aussagen sind jedoch anderer Art: hier fügt die Aussage dem ersten Tatbestand etwas mehr oder minder Informationshaltiges hinzu (»der Kreis ist grün«); in der Philosophie wird hierfür bekanntlich die Bezeichnung synthetisches Urteil verwendet.

Diese Relation zwischen dem Ausgesagten und dem, worüber es ausgesagt wird, läßt sich, wenn man wieder zur Logik blickt, als Brücke zu einem Standpunkt benützen, von dem aus man den Wahrheitswert von Sätzen betrachten kann – und diese Betrachtung wiederum hängt eng mit dem Begriff der Synonymität zusammen: *wenn* »Junggeselle« synonym ist mit »erwachsener unverheirateter Mann«, dann kann der Satz »der Junggeselle ist verheiratet« nicht wahr sein (– es sei denn, die oben im Kap. VII in ihrer Wirkung dargestellte Sinnkonstanz sorge für eine entsprechende Verschiebung). *Ob* allerdings Synonymität vorliegt oder nicht, ist wiederum eine empirisch zu bestimmende Tatsache.* Der Wahrheitswert von synthetischen Sätzen (»Willy ist Junggeselle« oder »der Junggeselle hat's leicht«) dagegen hängt von außersprachlichen Bedingungen ab.

Kehren wir von dem Ausblick in die Philosophie zur Sprachpsychologie zurück, so stehen wir vor der Aufgabe, dieses »Spezifizieren« oder »Hinzufügen«, welches in der Prädikation erfolgt, in einer Weise modellhaft deutlich zu machen, welche das tatsächliche (redundante oder informative) Geschehen psychologisch erhellt. Wir wenden uns dazu STEINBERG (1970) zu. (Zum Folgenden siehe auch ENGELKAMP 1974.)

Um dieses »Spezifizieren« oder »Hinzufügen« analysieren zu können, muß STEINBERG zuerst Subjekt und Prädikat semantisch kompatibel machen. Er tut dies, indem er die semantischen Merkmale (Features), welche Subjekt und Prä-

* QUINE hat (1953) mit Recht darauf hingewiesen, daß wegen dieser nötigen Einbeziehung des Synonymitätsbegriffs die scharfe Scheidung zwischen rein logisch entscheidbaren analytischen und empirisch entscheidbaren synthetischen Sätzen unmöglich wird. GRICE und STRAWSON sind anderer Ansicht (1956).

dikat kennzeichnen, heranzieht. In seiner den Begriffen Analytizität und Synthetizität gewidmeten Untersuchung beschränkt er sich auf jene Form von Prädikation, welche *zwei Nomina* durch eine *isa*-Relation (s. o. Kap. VI) miteinander verbindet, welche (bis auf die berüchtigte »petite différence« der differentia specifica) durch gleiche Feature-Reihen gekennzeichnet sind: »Der Mann ist ein Ehemann.« (Nur wegen dieser Beschränkung kann er den ihn und uns jetzt interessierenden Vorgang des »Spezifizierens« oder »Hinzufügens«, der in der Prädikation abläuft, durch Rückgriff auf die semantischen Features modellhaft darzustellen versuchen.)

Dazu nimmt er allerdings eine wichtige Präzisierung bzw. Differenzierung des üblicherweise ja nur dichotom verwendeten Feature-Begriffs vor: bevor die ein Wort kennzeichnenden Features nach ihrem Ausprägungsgrad (+ —) spezifiziert werden, muß bestimmt werden, ob die betreffende semantische Dimension überhaupt relevant ist oder nicht. Das heißt: die Dimensionen können bei STEINBERG nicht nur die Werte plus und minus annehmen, sondern auch die Werte

V (+ oder —, aber nicht beides) oder

X (weder + noch —) oder

O (entweder V oder X, aber nicht beides).

Dadurch kann er die Bestimmtheit bzw. die Relevanz der betreffenden Dimension ebenfalls als Feature-Wert faßbar machen. Das Wort »Mann« wäre demnach etwa so zu kennzeichnen:

animate (a)	+
human (h)	+
(male) sex (s)	+
marriage-Status (m)	V
Verlobtheits-Status (e)	O

Das Wort »Ehemann« hat demgegenüber die Features:

animate (a)	+
human (h)	+
sex (s)	+
marriage-Status (m)	+
Verlobtheit (e)	X

STEINBERG stellt nun die These auf, daß die in der Prädikation sich ergebende *Bedeutung der Subjekt-Prädikat-Einheit* jedenfalls bei synthetischen Sätzen als spezifizierende Interaktion der Feature-Sequenzen von Subjekt und Verb aufzufassen ist. Der Satz:

der Mann ist ein Ehemann
wird demnach gekennzeichnet als

+ + a	wird zu +
+ + h	wird zu +
+ + s	wird zu +
+ m V	wird zu +
e OX	wird zu x

Die Spezifikation verläuft also folgendermaßen: tritt zu einem weniger bestimmten Feature (z. B. V oder X oder O) ein bestimmt*eres*, so determiniert letzteres die betreffende Feature-Dimension. Ist bei m noch die Alternative offen (V) zwischen »verheiratet«(+) oder »ledig«(–) und bei Verlobungsstatus zwischen relevant und Verlobungsstatus irrelevant, so werden diese Unbestimmtheiten durch die prädikative Einheitsbildung (der Mann *ist ein* Ehemann) nun entschieden: m erhält sein beherrschendes Plus, e sein beherrschendes X.

Das ist zunächst recht eindrucksvoll, läßt aber eine Reihe von Fragen offen. Wieso wird, um bei STEINBERGs Beispielsatz zu bleiben, für »Mann« die Dimension (Ehestatus) als relevant, aber in der Ausprägung unbestimmt, die Dimension (Verlobtheitsstatus) jedoch als in der Relevanz unbestimmt angegeben? Wodurch geschieht die Determination der Relevanz? Eine mögliche Antwort wird uns weiter unten ENGELKAMP geben.

Einen Schritt weiter: STEINBERG hat sich auf *eine* bestimmte Form der Prädikation beschränkt: zwei Nomen werden durch eine *isa*-Relation verbunden. Wie steht es, wenn wir andere, häufiger vorkommende Prädikationen betrachten, z. B. eine Prädikation, die über ein durch ein attributives Adjektiv gekennzeichnetes Subjekt mittels eines prädikativen Adjektivs etwas aussagt: »das freundliche Mädchen ist groß«? Kann es hier auch zu jenen dynamischen Veränderungen kommen, welche HEIDERs Balance- bzw. OSGOOD-TANNENBAUMs Kongruitäts-Prinzip erwarten lassen?

Voraussetzung für das Feststellen solcher Veränderungen, die sich dann ja am Satzsubjekt zeigen müßten, wäre natürlich, daß beide wirksamen Faktoren (also die beiden Adjektive)

und das Substantiv, auf das sie wirken, in demselben semantischen System beschrieben werden können – nur dann wird ja die Bildung der funktionalen Einheit erkennbar, als welche wir die Prädikation ansehen. Das einzige empirisch begründete und empirisch exakt greifbare semantische System, das derzeit dafür in Frage kommt, ist der von OSGOODs Semantischem Differential ausgespannte konnotative Raum mit den drei Dimensionen Evaluation, Potenz und Aktivität bzw. Erregung. Sehen wir zu, wie mit Hilfe dieses Instrumentariums das dynamische Geschehen in Sätzen wie »das freundliche Mädchen ist groß« oder »der sympathische XYZ ist unterwürfig« erfaßt werden kann.
OSGOOD ging zunächst davon aus, daß die Adjektiv-Substantiv-Kombination einer Substantiv-prädikativen Adjektiv-Kombination äquivalent sei: »der ehrliche Tom« würde durch die Prädikation »ist unehrlich« vollständig wieder neutralisiert. Dahinter steht etwa die gleiche, als Ausgangshypothese durchaus angemessene Erwartung wie bei der oben diskutierten Reihung verschiedener Adjektive: die Verbindung erfolgt auch bei der Prädikation in Form einer bloßen Addition. In der schon im vorausgegangenen Kapitel erwähnten Untersuchung konnte OSGOOD (1971b) jedoch zeigen, daß unter nicht-konnotativem Aspekt attributives und prädikatives Adjektiv keineswegs äquivalent sind: beschreibt ein Sprecher einen Vorgang, in welchem eine ihm und dem Hörer schon vorher bekannte rote Tasse vorkommt, so tritt »rot« immer nur attributiv, nicht aber prädikativ auf: »der Mann hat die rote Tasse in der Hand«, aber nicht etwa »die Tasse, die der Mann in der Hand hat, ist rot«. Lediglich in dem Fall, in welchem die Tasse zum ersten Mal auftritt, können Sätze vorkommen wie »die Tasse auf dem Tisch ist rot«.
Wir hatten *diese* Determination der Auftretensart des Adjektivs (attributiv oder prädikativ) als Auswirkung der unterschiedlichen Bewußtseinslage des Sprechers (bzw. der vom Sprecher antizipierten Bewußtseinslage des Hörers) aufgefaßt, d. h. als Auswirkung einer kognitiven Präsupposition. Wenn aber die verschiedenen kognitiven Präsuppositionen die Auftretensart der Adjektive bestimmen – sollte diese Verschiedenheit ganz ohne Einfluß darauf sein, wie im Hörer

wiederum die Adjektive das Substantiv beeinflussen, dem sie zugeordnet sind?

ENGELKAMP und MERDIAN haben (1973) dieses Problem empirisch untersucht. Sie haben dabei drei verschiedene Hypothesen in Betracht gezogen:

a) die schon erwähnte, wonach attributiver und prädikativer Gebrauch von Adjektiven die Auswirkung des Kongruitäts- oder Balanceprinzips nicht differentiell beeinflussen;

b) eine an OSGOODs spätere (1971) Befunde angelehnte, wonach der attributive Gebrauch nur der Referenz dient, der prädikative das eigentlich »Neue« und damit Gewichtige liefert;

c) eine an CARR und KINGSBURYs (1938) in der Persönlichkeitspsychologie viel zitierte Untersuchung anschließende, in welcher der attributiv verwendeten Eigenschaft (»der hilfsbereite Otto«) ein größerer zeitlicher Erstreckungsgrad zugeschrieben wird als der durch das Prädikat ausgesagten (»Otto ist hilfsbereit« oder gar »Otto hilft«). Nach dieser dritten Hypothese wäre es zu erwarten, daß ein attributiv verwendetes Adjektiv das Subjekt stärker beeinflußt als ein prädikativ verwendetes.

Im Experiment legten ENGELKAMP und MERDIAN ihren Vpn Sätze wie

der sympathische BIV ist ekelhaft

vor mit der Aufgabe, das durch den Decknamen BIV anonym gemachte Subjekt des Satzes auf dem Semantischen Differential einzustufen. Durch Verwendung einer Reihe von verschiedenen Kontrollgruppen konnten (hier nicht interessierende) Reihenfolge-Effekte u. ä. ausgeschlossen werden. Ihre Befunde formulieren die Autoren so:

> »... daß die resultierende Subjektbedeutung nicht nach dem Kongruitätsprinzip gewonnen wird. Die entgegengerichteten und extrem ausgeprägten Bedeutungen der attributiv und prädikativ gebrauchten Adjektive neutralisieren sich im Satz nicht zu Nullwerten ..., sondern bewirken, daß die Einstufung des Satzsubjektes das gleiche Vorzeichen zeigt wie das prädikative Adjektiv und nur geringer polarisiert ist als dieses«. (1973, S. 176)

Dem Prädikat kommt also in Sätzen dieser Art die »konzeptändernde Funktion« zu, wie ENGELKAMP und MERDIAN (S. 181) es ausdrücken – wir wollen vorsichtiger nicht von einer Änderung des Konzepts sprechen, sondern von einer Änderung des Bewußtseins, als welches das Konzept dem Sprecher/Hörer jetzt erscheint.

Die ENGELKAMP-MERDIANsche Untersuchung hat uns gezeigt, daß die Integration der konnotativen Bedeutungen, welche durch die Adjektive auf das Subjekt sozusagen projiziert werden, von der Rolle mit abhängt, welche diese Adjektive unter einem ganz anderen Aspekt, nämlich dem durch die Prädikation implizierten, haben. Wir erkennen wieder einmal die vielfache Determiniertheit des im Satz und erst recht des im Sprecher/Hörer ablaufenden Geschehens. Die eben genannte Untersuchung zeigt uns darüber hinaus noch einen dritten, wiederum ganz anderen Faktor, der in die Interaktion der Adjektive mit dem Substantiv mit eingreift: es zeigt sich in der Untersuchung, daß die Wirkung eines »negativen« (also auf der E-Dimension negativ eingestuften) Prädikats numerisch stärker ist als die eines positiven. Dazu kommt noch ein Reihenfolgeeffekt: anfänglich positive Informationen werden in ihrer Auswirkung durch nachfolgende negative stärker verändert als umgekehrt.

Zur Erklärung dieses Befundes müssen wir – was ENGELKAMP und MERDIAN nicht getan haben – die von BOUCHER und OSGOOD (1969) sogenannte Pollyanna-Hypothese heranziehen. Diese Hypothese besagt,

> »there is a universal human tendency to use evaluatively positive words (E+) more frequently, diversely and facilely than evaluatively negative (E–) words ... humans tend to look on (and talk about) the bright side of life«. (1969, S. 1)

Diese Hypothese, welche die Verfasser durch sehr verschiedenartige Befunde aus einer ganzen Reihe von Sprachen als linguistisches (oder kognitives?) Universale stützen konnten, läßt den von ENGELKAMP und MERDIAN und in ähnlicher Weise von einer Reihe anderer Forscher eingebrachten Befund plausibel erscheinen: da positiv wertende Informationen häufiger und deshalb wahrscheinlicher sind, hat eine negative Information, *wenn* sie auftritt (und gar wenn sie *nach* einer positiven auftritt), besonders großen Einfluß auf

die konnotative Bedeutung, welche das Subjekt des Satzes erhält.
Wir sprechen von der Prädikation als der Bildung einer funktionalen Einheit im Satz und haben uns dabei bisher auf »ist ein«- und »hat ein«-Relationen beschränkt. Indikator der Einheitenbildung war die Veränderung der konnotativen Bedeutung.
Der nächste Schritt stellt in doppelter Hinsicht eine Erweiterung dar:
(1) Wir müssen versuchen, aus der vor allem für den Logiker interessanten, sprachpsychologisch aber etwas sterilen Atmosphäre der »ist ein«- und »hat ein«-Aussagen in eine differenziertere, farbigere Landschaft zu kommen: eben dorthin, wo nicht die relativ magere Anweisung eines Hilfsverbs, sondern die spezifische Qualität eines Vollverbs bestimmt, welcher Art die Einheit ist, zu welcher die Elemente der Äußerung im Akt der Prädikation zusammengefaßt werden sollen.
(2) Wir wollen versuchen, Art und Wirksamkeit der Prädikation nicht nur am Indikator der konnotativen Bedeutung aufzuzeigen, sondern auch an anderen Aspekten der Verarbeitung der betreffenden Äußerung.
Ein in der Psychologie seit langem beliebter Indikator der Einheitbildung, der Zusammengehörigkeit ist die »Assoziiertheit im Gedächtnis«.*
Man verfährt dabei etwa nach folgendem logischen »Rezept«: wenn das Stimuluswort X sehr häufig als Response das Wort Y, aber nie oder nur selten das Wort Z hervorruft, so bilden XY eher eine Einheit als XZ. Das gleiche Rezept kann auch auf ein anderes experimentelles Paradigma, das des Sich-Erinnerns, zugeschnitten werden: wenn das Wort X sehr häufig dann erinnert wird, wenn auch das Wort Y erinnert wird, aber nicht oder nur selten dann, wenn das Wort Z erinnert wird, so sind XY eher als eine Einheit anzusehen als XZ.

* Ein Wort zur Vermeidung möglicher Mißverständnisse: die Verwendung empirisch erhobener Assoziationen (z. B. zwischen einem als Stimulus und einem als Response fungierenden Wort) ist *kein Rückfall* in eine assoziationistische S-R-Psychologie, solange das Auftreten solcher Zusammenhänge nicht durch das »Vorhandensein von Assoziationen« erklärt wird.

Der bekannteste Versuch, die im Gedächtnis gespeicherte Struktur eines Satzes auf diese Weise erkennbar zu machen, stammt von JOHNSON (1965) (zum Folgenden vgl. HÖRMANN 1967, WEISBERG 1971, ENGELKAMP 1973). JOHNSONs These ist: wer sich einen Satz merkt, gliedert ihn in Chunks verschiedener Größe und »hierarchischer Höhe«. Jeder Chunk* wird im Gedächtnis als Knotenpunkt codiert, jedes zu einem Chunk gehörende Wort ist mit diesem Knotenpunkt, nicht aber direkt mit seinen Nachbarwörtern, assoziiert. Die Reihen- bzw. Rangfolge der Einheiten ist ebenfalls im Gedächtnis gespeichert. Zum Beispiel:

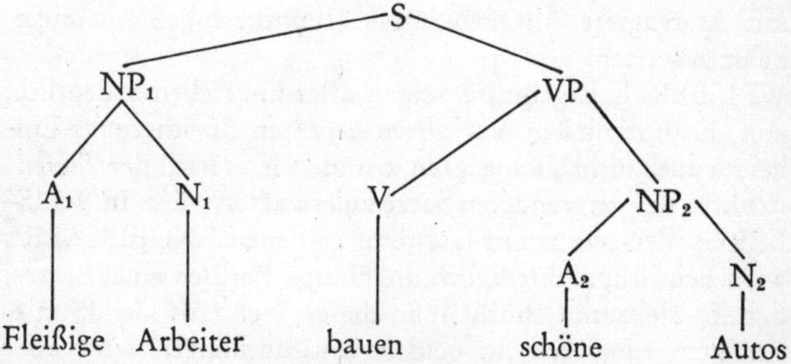

Das Verb »bauen« ist hier Teil der Einheit VP, die auch NP_2 in sich faßt. Die Gedächtniscodierung erfolgt, wie man sieht, nach der Oberflächenstruktur im Sinne der Generativen Grammatik. (Man kann natürlich auch Modelle entwerfen, welche der im Sinne von JOHNSONs Codier-Hypothese aufgefaßten Speicherung die Tiefenstruktur des zu behaltenden Satzes zugrunde legen; (vgl. dazu WEISBERG 1971.)

JOHNSON hatte zunächst insofern Erfolg mit seinem Ansatz, als er damit einigermaßen genau voraussagen konnte, mit welcher Wahrscheinlichkeit ein Proband, der ein bestimmtes Wort (z. B. »Arbeiter«) erinnert, bestimmte andere Wörter (z. B. »fleißige« oder »bauen«) erinnern wird. Er wird, um in diesem Beispiel zu bleiben, sehr viel wahrschein-

* Zum Begriff des Chunks vgl. MILLER (1956). Chunks sind veränderbare Gedächtniseinheiten. Unser Kurzzeitgedächtnis kann etwa 7 Chunks speichern.

licher »fleißige« erinnern als »bauen«, da »bauen« nur über den höchstgelegenen Knoten S mit N1 (Arbeiter) verbunden ist, während »fleißige« schon über NP1 mit »Arbeiter« zusammenhängt. Die Übergangs-Fehler-Wahrscheinlichkeiten (Transitional Error Probabilities, TEP) spiegeln die innere Struktur des Satzes.

Aber sie spiegeln sie nur ganz grob. So konnte WEISBERG (1971) zeigen, daß die Assoziationen in einem Satz-Behaltensexperiment nicht die Symmetrie aufweisen, die nach diesem Modell zu erwarten wäre: wird V als Reizwort gegeben, so antwortet der Proband sehr viel häufiger mit N2 als mit A^2; auf N1 als Reizwort wird doppelt so häufig mit V als mit A1 reagiert – JOHNSONs Hypothese ließe es umgekehrt erwarten.

WEISBERGs Ergebnisse zeigen allerdings ebenso deutlich, daß die mit diesem Verfahren erfaßten Speicherungs-Einheiten auch nicht so abgegrenzt sind, wie es nach der *Tiefenstruktur* der verwendeten Sätze zu erwarten wäre. In WEISBERGs Versuchen und erst recht in denen ENGELKAMPs wird deutlich, daß lediglich die Haupt-Phrasen eines Satzes, d. h. Subjekt und Prädikat in dieser Weise als Gedächtniseinheiten fungieren; in beiden Untersuchungen wird aber auch deutlich, daß die in der Speicherung von Sätzen wirksame Einheitenbildung vorwiegend nach *semantischen*, nicht so sehr nach syntaktischen Gesichtspunkten erfolgt, wie JOHNSON annahm.

Es ist jetzt also an der Zeit, in diese Diskussion die Überlegungen einzuführen, die wir über die Bildung *semantisch* determinierter Einheiten schon angestellt haben – damit sind wir wieder beim Vorgang der Prädikation, allerdings jetzt der nicht mehr auf Hilfsverben beschränkten. Der Leser möge beachten, daß die jetzt wieder in Frage stehende »Prädikation« etwas anderes ist als das, was in der z. B. von JOHNSON verwendeten Grammatik als »Prädikat« bezeichnet wird! *Prädikation* ist für uns ein Akt, in welchem eine Urteils-Beziehung im Bewußtsein hergestellt wird.

Wie kann man sich die Bildung solcher *semantisch* determinierter Einheiten vorstellen? Wir bringen im folgenden den Ansatz ENGELKAMPs (1973), der auf bestimmten Entwicklungen in der nach-CHOMSKYschen Linguistik, vor allem auf FILLMORE, LANGENDOEN und CHAFE aufbaut (s. o. Kap. VIII). Diesen Entwicklungen ist gemeinsam die Auffassung, daß

> »every sentence is built around a predicative element« (CHAFE 1970, S. 96).

Dieses prädikative Kernstück des Satzes vereinigt in sich ein Zustands- oder Ereignis-Moment mit einem Sach-Moment. Zustände und Ereignisse werden durch das Verbum repräsentiert, Sachen (d. h. physische Gegenstände, aber auch reifizierte Abstraktionen) durch Nomina. *Das Verbum ist zentral*; es regiert als Prädikat die als *seine* Argumente zu bezeichnenden Nomina; wir haben oben in FILLMOREs Kasus-Theorie ein dieser Skizze entsprechendes System ausführlicher dargestellt (s. S. 222 f.).
ENGELKAMP geht nun davon aus, daß der Sprachbenutzer, der das Prädikat eines Satzes auffaßt, damit zugleich *in allgemeiner Form* die Argumente bereitstellt, welche dem Prädikat in diesem speziellen Falle zukommen. Wer »schneiden« hört, stellt Patient, Agent und Instrument bereit, d. h. er stellt in allgemeiner Form die Rollen bereit, welche die in der Umgebung dieses Verbs agierenden Nomina spielen müssen. Oder anders ausgedrückt: die Kriterien, denen diese Nomina nach Ausweis ihrer semantischen Features genügen müssen.
ENGELKAMP sagt, das Verbum *impliziert* seine Argumente. *Wie* tut es das? Dazu greift er auf STEINBERGs Ansatz zurück (s. o. S. 441), in welchem auch zunächst die *Relevanz* einer Merkmalsdimension und später die konkrete *Ausprägung* auf dieser Dimension bestimmt wird. Die konkret dann eingesetzten Argumente (in unserem Beispiel z. B. »Brot«) spezifizieren die im Verbum (schneiden) allgemein implizierte Information (daß das zu Schneidende fest, aber nicht etwa zu hart oder flüssig sein muß etc.).*

* Die Integration der vom Verbum bereitgestellten implizierenden Feature-Sequenz mit der vom Argument-Nomen selbst beigesteuerten stellt ENGELKAMP sich, ganz STEINBERG folgend, als eine Art logische Addition der Features beider Sequenzen vor. Er kommt dadurch in all die Schwierigkeiten, in welche man bei jedem Operieren mit einem auf jeweils zwei mögliche Ausprägungsformen (+ oder —) pro Dimension beschränkten Lexikon gerät; darüber ist oben ausführlich gespro-

In der Prädikation werden also vom Verb Argumente impliziert; die konkret dafür eingesetzten Wörter modifizieren ihrerseits das Verb (wenn ich höre, daß es Brot ist, was geschnitten wird, erfahre ich auch etwas über die Art des Schneidens). Verbum und Argumente bilden eine Einheit – auch im Gedächtnis:

Wenn auf diese Weise das Prädikat seine Argumente impliziert, sollte in einem Gedächtnisexperiment dann, wenn das Prädikat erinnert wird, die Erinnerungswahrscheinlichkeit für ein Substantiv, das Argument des Verbums ist, größer sein als für ein ebenfalls im Satz vorkommendes Substantiv, das nicht Argument des betreffenden Verbums ist. Wenn in einem Satz neben »schneiden« die Substantive »Messer« und »Wolke« vorkommen, so sollte der Vp, *wenn* sie »schneiden« erinnert, eher auch »Messer« als »Wolke« einfallen.

Das gilt aber nicht umgekehrt. Das Prädikat impliziert seine Argumente, die Argumente implizieren aber nicht das Prädikat.* (Hier wird die dominierende Rolle des Verbums in der gleichen Weise angesprochen wie in dem oben erwähnten – nach ENGELKAMPs Untersuchung durchgeführten – Experiment von HÖRMANN und LAZARUS.)

Weiter folgt aus diesem Ansatz, daß ein Satz um so schwieriger zu speichern sein sollte, je mehr Gedächtniseinheiten der hier umrissenen Art er enthält. »Der Mann mit dem Hund hat das Auto gefahren« sollte demnach schwieriger sein als »der Mann hat das Brot mit dem Messer geschnitten«, da letztgenannter Satz nur eine Prädikat-Argumenten-Einheit enthält, ersterer aber zwei.

Auf Grund dieser *semantischen* Einheitsbildungen kann ENGELKAMP nun Voraussagen über Behaltenszusammenhänge machen, welche in sehr viel genauerer Weise durch das Experiment bestätigt werden, als dies bei JOHNSONs auf syntaktischer Basis gemachten Voraussagen der Fall ist.

chen worden. Auch hier gilt: man kann *die* Prädikation nicht auf *eine* Funktion bzw. *einen* Mechanismus zurückführen.

* Damit setzt sich ENGELKAMP einerseits gegen eine Öffnung seiner Konzeption gegen den Assoziationsbegriff ab: Assoziationen sollten »eigentlich« immer symmetrisch sein. Andererseits trägt er dem sowohl bei FILLMORE als auch vor allem bei CHAFE sehr betonten *vektoriellen* Charakter des hier ablaufenden prädikativen Geschehens Rechnung.

Sätze werden nach seinen Resultaten offenbar in der Weise verstanden und gespeichert, daß grundlegende semantische Relationen (Richtungen und Einheiten) nach den semantischen, morphologischen und syntaktischen Anweisungen, die in der Äußerung enthalten sind, gebildet und aufbewahrt werden.
Das Organisieren des aufzufassenden Materials in prädikative Einheiten erscheint also als ein Grundzug des Vorgangs »Verstehen«. Die entscheidende Wichtigkeit der Bildung derartiger Strukturen zeigt sich beispielsweise auch, wenn man satzübergreifendes Lesen analysiert. KINTSCH und KEENAN haben (1973) gefunden, daß die für das Lesen eines Textes erforderliche Zeit bei gleichbleibender Wort- oder Silbenzahl steigt, wenn die Anzahl der im Text enthaltenen *Propositionen* zunimmt.*
Befunde wie die von ENGELKAMP oder KINTSCH mitgeteilten bringen das psychologische Geschehen, welches sich bei der Verarbeitung eines Satzes abspielt, in die Nähe bekannter gedächtnispsychologischer Auffassungen. So ist seit langem bekannt, daß die Kapazität des Prozesses, durch welchen wir Bestände in unser Langzeitgedächtnis aufnehmen, in der Weise begrenzt ist, daß nur eine beschränkte Anzahl von Einheiten gleichzeitig im vorgeschalteten Kurzzeitgedächtnis gespeichert werden kann. MILLERs berühmte »chunk«-Untersuchung (1956) hat gezeigt, daß die Vergrößerung dieser Einheiten die einzige Möglichkeit ist, die sozusagen von Natur aus festgelegte, nach Einheiten*zahl* bemessene Behaltensleistung dieses Kurzzeitspeichers zu verbessern. Aus MANDLERs Untersuchungen (1967 und später) weiß man, daß die Behaltensleistung für unverbundenes sprachliches Material auffällig verbessert werden kann, wenn dem Probanden *vor* dem Versuch Stichworte gegeben werden, unter denen er dieses Material kategorisieren kann: die Kategorienbezeichnungen wirken dann sozusagen als Organisationskerne, um die herum eine Struktur aufgebaut wer-

* KINTSCH versteht unter Proposition das, was wir Prädikation oder Prädikat oder eine Verb-Argument-Struktur genannt haben: »Propositions are n-tuples of word concepts, one of which serves as a predicator, and the remaining ones as arguments, each fulfilling a unique semantic role« (KINTSCH et al. 1975, S. 196).

den kann – und Strukturiertheit ermöglicht Behalten. (Dazu auch BOCK 1975.)

Prädikation als Bildung einer gedächtnis- und anders wirksamen Einheit – das war der eine uns hier interessierende Aspekt. Der andere ist das, was wir die innere Gerichtetheit der so gebildeten Einheit nennen, die innere Dynamik, welche durch die zugrunde liegende semantische Relation impliziert wird. Zu dieser Gerichtetheit gehört natürlich das, was FILLMORE Kasus genannt hat. Diesem Aspekt wenden wir uns jetzt zu.

Dabei muß man sich daran erinnern, daß FILLMOREs Kasus nicht der Befund einer psychologischen Untersuchung sind; wir wissen also nicht, ob wirklich »Patient« oder »Instrument« auch die psychologisch wirksamen Kasus sind. Wir haben allerdings allen Grund zu der Annahme, daß »Agent« auch psychologisch relevant ist: man denke an die oben dargelegten entwicklungspsychologischen Befunde. SHAFTO hat (1973) nachweisen können, daß »Agent« und »Experiencer« psychologisch sozusagen eher »real« sind als etwa »Instrument« oder »Objekt«. Hier muß aber weiter differenziert werden.

SUCI und HAMACHER haben (1972) mittels einer anderen Technik (die Vpn hatten Fragen über soeben gehörte Sätze möglichst rasch zu bejahen oder zu verneinen; die Latenzzeit der Antwort gibt Aufschluß über die Hierarchie der Verarbeitung der einzelnen Satz-Teile) die Hypothese untersucht, daß die – früher schon festgestellte - Priorität des grammatischen Subjekts nicht auf seiner (syntaktischen) Rolle in der Oberflächenstruktur beruht, sondern davon abhängt, ob es in der (semantischen) Tiefenstruktur eine Aktions-Rolle im Sinne FILLMOREs oder CHAFEs einnimmt. Es zeigt sich, daß

> »the processing of a noun-adjective relation is a function of the action role of the noun ... rather than of the position or grammatical category in the sentence. Relations with agent nouns are processed more rapidly than the relations with patient nouns«. (1972, S. 37)

Aber nicht nur auf die Geschwindigkeit der Verarbeitung wirkt sich die Art der Verb-Argument-Struktur aus. SHAFTO fand in der schon erwähnten Untersuchung, daß Sätze mit identischen Prädikat-Argument-Strukturen leichter miteinander verwechselt werden als Sätze, die identische Subjekte und Objekte enthalten oder Sätze mit gleichen Substantiven: was der Hörer auffaßt und speichert, ist eine *hinter* (oder »unter«) der Oberfläche des Wortlauts liegende semantische Struktur.

Propositionen (oder Prädikationen oder Verb-Argument-Strukturen) als Organisationskerne für Verstehen und Behalten von Sätzen – wir haben gesehen, wie diese Einheiten eine innere Gerichtetheit im Sinne jener Agent-Patient- und anderer Relationen enthalten, wie sie von der FILLMOREschen Kasusgrammatik, aber auch von Autoren beschrieben werden, welche die Entwicklungspsychologie der Sprachverwendung untersuchen.

Diese *innere Gerichtetheit der Prädikation* kann noch ganz anders als in der bisher besprochenen Weise mit den Konzepten zusammenwirken, die den betreffenden Verben als Argument dienen:

Beginnen wir mit einer scheinbar skurrilen Frage. Wenn wir den Satz hören

John bends paperclips

– wieviele biegt er eigentlich? Allgemeiner: gibt uns in Sätzen dieser Art das Verbum sozusagen implizit Information über den Anteil der als Objekt erwähnten Kategorie, der »gemeint« ist? Wenn wir hören

John buys vegetables und
John likes vegetables

so ist im ersten Satz gemeint, daß John *einige* Gemüse (-arten, -stücke) kauft, während im zweiten Satz gemeint ist, daß er die *meisten*, wenn nicht alle Gemüsearten gerne ißt.

GILSON, ABELSON und vor allem KANOUSE haben sich mit diesem Befund beschäftigt, der insofern ja keineswegs selbstverständlich ist, als ein (isoliert keine erkennbare Quantifizierung enthaltendes) Verb das Objekt quantifiziert, auf das es sich in der Prädikation bezieht. KANOUSE gelang es (1972) zu zeigen, daß es Verb-Klassen gibt, die in ihrem Quantifizierungseffekt sich systematisch unterscheiden: die von ihm sogenannten »manifesten« Verben (suchen, sammeln, machen, finden, zerstören, angreifen, beschädigen ...) haben insofern einen »geringeren« Quantifizierungseffekt als die sogenannten »subjektiven« Verben (lieben, vertrauen, verstehen, bewundern, verachten, fürchten, ignorieren...), als sie einen geringeren Anteil der Objektklasse treffen: wenn jemand davon spricht »Schuhe zu ruinieren«, so sind damit *weniger* Schuhe gemeint als wenn er »Schuhe liebt«.

Wir sehen hier, daß die Zusammenfassung in der Untereinheit Prädikation auch ganz andere Auswirkungen haben kann, als wir es bisher (als wir von der Angleichung der konnotativen Bedeutungen und der Bildung chunk-artiger Organisationskerne sprachen) gesehen haben. Dadurch wird uns eine wichtige Einsicht wieder ins Bewußtsein gerufen, auf welche wir schon mehrfach gestoßen sind: die linguistischen oder psychologischen »Mechanismen«, die wir (z. B. als Prädikation oder als Aneinanderreihung von Modifikatoren oder dergleichen) beschreiben, haben *nicht stets ein und dieselbe Funktion.* Sie alle haben zwar Funktionen – die wir kennenlernen müssen, um das Funktionieren der Sprache begreifen zu können –, aber ein und derselbe »Mechanismus« hat je nach den von der Situation geforderten und gegebenen Umständen verschiedene Funktionen: mal die eine, mal eine ganz andere. Jeder Ansatz, der etwa nach dem Muster verführe, »das Prädikat sagt das Neue«, ist von vornherein unwahrscheinlich.

Kehren wir in unserer Analyse des im Satz ablaufenden Geschehens nun dem Vorgang der Prädikation den Rücken, so müssen wir noch eine andere Art der Organisation, der Einheitbildung betrachten, die im Satz wie vermutlich auch im Text eine wichtige Rolle spielt: die Pronominalisierung.

LESGOLD (1972) hat seinen Vpn Sätze folgender Art in einem Behaltensexperiment vorgelegt:

1) the aunt ate the pie and she was senile;
2) the aunt ate the pie and Alice was senile.

In der Behaltensprüfung wurde der Vp ein Hilfswort zur Erinnerung vorgegeben: entweder das erste oder das zweite Nomen, das Verb oder das Adjektiv. Die Ergebnisse lassen erkennen, daß Sätze mit Pronomina besser erinnert werden als Sätze, die zwei unverbundene Propositionen enthalten.

> »Pronouns can be conceived of as sentential cues that indicate the sharing of lexical items by more than one underlying proposition.« (1972, S. 320)

Pronomina als Signal für den Hörer, den Input als zusammengehörende, integrierte Einheit zu speichern: wenn diese Konzeption fruchtbar ist, müßte auch ein Satz, in welchem zwei Propositionen durch ein Relativpronomen aufeinander bezogen sind, leichter zu speichern sein als ein Satz, der dieselben Propositionen nebeneinander enthält:

the dog chased the cat which was yellow

müßte besser behalten werden als:

the cat was yellow and the dog chased the cat.

LESGOLDs Befunde liefern die Bestätigung dafür. Die *Art* der Beziehung zwischen den beiden Aussagen (koordinative Konjunktion durch »und« oder Unterordnung durch Relativpronomen oder auch Einheitsbildung durch persönliches Fürwort) ist für die Art und Effektivität des Behaltens relevant. Die Pronomina fungieren offenbar sozusagen als deiktische Momente in der Auffassung (und/oder im Retrieval-Prozeß), als Richtungs- und Platz-Anweiser für unsere verstehende Aufmerksamkeit – so wie auch in den vorher besprochenen Beispielen der Prädikation die mit dem Verb gegebenen Argument-Vektoren als Richtungsanweiser wirken. Die Deixis, welcher BÜHLER im Zeigfeld der Sprache eine so große Rolle zuerkennt, spielt diese auch im Symbolfeld: hier wie dort wird unser Bewußtsein durch die Wegweiser gelenkt, die durch die Wörter und durch die sich im Satz etablierenden neuen funktionalen Einheiten gebildet werden.

Aber diese Wegweiser sind nur wichtig, solange sie noch eine Funktion zu erfüllen haben; ist diese Funktion erfüllt, so werden sie prompt vergessen – wenn wir in Athen angekommen sind, erinnern wir uns nicht mehr daran, ob wir in Korinth einem Wegweiser gefolgt sind und wie dieser ausgesehen hat. Diese Analogie ist für jede psychologische Theorie der Sprachverwendung von größter Wichtigkeit. Sie besagt nämlich, daß die genaue syntaktische Form eines Satzes weniger gut behalten wird als sein »Inhalt«, also genau das Gegenteil von dem, was zu erwarten wäre, wenn die »semantische Interpretation« jener nachgeschaltete Prozeß eines primär syntaktischen Vorganges wäre, als welchen ihn die orthodoxe Generative Grammatik darstellt. Einen glänzenden Beweis für die Präponderanz »des Semantischen« im Gedächtnis hat SACHS (1967) geliefert:

Sie bot ihren Vpn kleine, aus mehreren Sätzen bestehende Texte dar. Am Ende jedes Texts wurde der Vp ein zusätzlicher Satz mit der Frage vorgelegt, ob dieser im Text vorgekommen sei oder nicht. Dieser Testsatz war mit einem Textsatz entweder identisch oder er stellte eine syntaktische Abwandlung oder eine semantische Veränderung des Textsatzes dar. Lautete der Textsatz z. B.

he sent a letter about it to Galileo, the great Italian scientist,

so lautete die syntaktische Abwandlung

a letter about it was sent to Galileo, the great Italian scientist,

während die semantische Abwandlung so aussah:

Galileo, the great Italian scientist, sent him a letter about it.

Wurde der Testsatz unmittelbar nach dem fraglichen Textsatz dargeboten, so erkannten die Vpn beide Arten von Veränderungen. Waren Text- und Testsatz jedoch durch andere Textteile von zusammen ca. 80 Silben Länge getrennt, so wurden die syntaktischen Abwandlungen bereits nicht mehr als solche erkannt, während die semantischen auch nach 160 Silben dazwischenliegenden Texts noch ohne Schwierigkeiten erkannt wurden.

SACHS' Untersuchung zeigt, daß man nicht global vom »Behalten von Sätzen« sprechen kann und (so setzen wir hinzu) vermutlich auch nicht vom »Verstehen von Sätzen«. Was im Normalfall behalten wird, ist das, was wir vage als »Inhalt« oder »Sinn« des Satzes oder genauer der Äußerung bezeichnen – aber *daß* wir diesen Inhalt auffassen und behalten können, ist *mit* eine Leistung jener syntaktischen »Wegweiser«, die wir vergessen, wenn sie ihre Schuldigkeit getan haben. (Ganz ähnliche Befunde publizierten auch FILLENBAUM [1966] und FOPPA und WETTLER [1967].)

Wir haben bei der Besprechung ENGELKAMPs und SHAFTOs (s. o. S. 449 f.) gesagt, aus der gehörten Äußerung werde eine semantische Struktur extrahiert, und diese werde im Gedächtnis gespeichert. Wir können nach SACHS jetzt weiterzeigend die Frage stellen: wenn eine semantische Struktur *ohne* die auf diese Struktur hinweisenden, syntaktischen Wegweiser gespeichert wird – wie haben wir uns dann eigentlich jenen Vorgang vorzustellen, durch welchen

»das Gespeicherte« wieder ins Bewußtsein gerufen und gar verbal reproduziert wird? Dabei muß offenbar eine Art *Re-Konstruktion* stattfinden: der Schatten BARTLETTs erscheint auf der Bühne.

Er wird auch von FLORES D'ARCAIS (1974) beschworen, der nach sorgfältiger Durchsicht der Literatur und auf Grund eigener Experimente zu einem Schluß kommt, der etwa so zu umreißen ist:

Schon nach kurzem Behaltensintervall wird ein Satz nicht in seiner ursprünglichen Form erinnert, aber auch nicht in einer Form, die als irgendeine grammatische Transformation der ursprünglichen Form aufgefaßt werden könnte. Was erinnert wird, ist die im Original enthaltene hauptsächliche semantische Information: wer wem was getan hat und unter welchen Bedingungen. Betrachten wir die Fehler und die Ersatz-Produktionen, so erkennen wir, daß diese semantische Information nicht über spezifische Lexikon-Eintragungen erfolgt, sondern in ziemlich abstrakter Form. Der in der Behaltensprüfung »erinnerte« Satz ist eine Neu-Produktion auf der Basis der gespeicherten semantischen Information – genau jener Re-Konstruktionsvorgang, den BARTLETT für die Erinnerung postuliert hatte.

Wir werden auf diese d'ARCAISsche Position im nächsten Kapitel nochmals zurückkommen; vorläufig wenden wir uns wieder den so wichtigen und doch so vergänglichen Wegweisern zu, die bei der Verarbeitung einer Äußerung unser Bewußtsein und damit unser Verstehen leiten. Machen wir von diesen Wegweisern immer den gleichen Gebrauch? Wir haben seit langem den Verdacht, daß dies nicht der Fall ist; oben haben wir davon gesprochen, daß die Prädikation »je nach den von der Situation geforderten Umständen« mal eine, mal eine andere Funktion erfüllen wird. Dieses Nichtvölligfestgelegtsein unseres Meinens und Verstehens wird auf eine ganz andere, aber nicht minder eindrucksvolle Weise in der als nächstes zu besprechenden Untersuchung deutlich.

Bei ENGELKAMP (s. o. S. 449) hatten wir gehört, daß in der Prädikation das Verb mit seinen Argumenten sich zu einer funktionalen Einheit zusammenschließt; Substantive, welche Argumente des Verbums sind, gehören eher »dazu« als Substantive, die nicht in dieser Einheit integriert sind.

Wer mit dem Verbum »schneiden« umzugehen gelernt hat, weiß, daß er dazu ein Instrument und ein so und so beschaffenes Objekt benötigt – wer das nicht weiß, kann dieses Sprachspiel nicht spielen. Wir haben die Gedächtnis-Wirksamkeit dieser Einheitenbildung kennengelernt. Unser nächster Schritt führt uns zunächst vor allem die Wahrnehmungs-Wirksamkeit derartiger Einheitsbildungen vor.
ROSENBERG und JARVELLA (1970) haben den Einfluß des Grades der *semantischen Integriertheit* von Sätzen auf die Wahrnehmung dieser Sätze untersucht. Semantisch hoch integriert sind solche Sätze, deren Subjekt, Prädikat und Objekt aus dem gleichen (linguistisch und nicht-linguistisch zu konzipierenden) Kontext stammen, während bei semantisch schlecht integrierten Sätzen die drei Elemente verschiedenen Kontexten entstammen: »der Arzt kurierte den Patienten« wäre demnach ein semantisch hoch integrierter, »der Arzt reparierte das Schwert« ein wenig integrierter Satz.
Das Experiment bestand darin, daß die Vpn Sätze unmittelbar mit- bzw. nachzusprechen hatten, die sie vom Tonband hörten. Eine Gruppe der Vpn hörte die Sätze unter normalen, eine zweite unter erschwerten Wahrnehmungsbedingungen (Zusatz von Lärm, der das Verstehen der Wörter – wie in Vorversuchen ermittelt – um etwa 50 % reduzierte).
Die Ergebnisse: (1) Unter normalen Wahrnehmungsbedingungen gibt es keine Unterschiede zwischen den beiden Integriertheits-Klassen. Unter Lärm dagegen werden die wenig integrierten Sätze jeweils gegen ihr Ende hin schlechter wahrgenommen als die gut integrierten – die Stütze des Kontexts fehlt.
Weit wichtiger für unsere hier anzustellenden Überlegungen ist aber ein weiterer Befund: (2) Prüft man die Vpn nach dem Versuch überraschend darauf, was sie von den wahrgenommenen Sätzen später noch *behalten* haben, so zeigt sich, daß unter normalen Wahrnehmungsbedingungen die beiden Integrations-Klassen auch gleich gut behalten werden; bei unter Lärm wahrgenommenen schlecht integrierten Sätzen fällt die Behaltensleistung jedoch stark ab, während sie bei den hoch integrierten Sätzen sowohl absolut als auch relativ gegenüber der Ruhebedingung noch ansteigt.
Vergegenwärtigt man sich, daß die Vpn ja in keinem Fall

die Aufgabe gehabt hatten, sich die Sätze einzuprägen – es ging allem Anschein nach *nur* um Nachsprechen –, so muß man vermuten, daß die Erschwerung der Wahrnehmungsbedingungen durch den Lärm die Vpn veranlaßt hat, mit dem gehörten Material ›anders umzugehen‹, d. h. es anders zu bearbeiten und zu verarbeiten als unter normalen Wahrnehmungsbedingungen.

Damit kommt ein völlig neuer Faktor in die Analyse der Sprachverwendung hinein: haben wir bisher zunächst ›sprachinhärente‹ Bestände berücksichtigt und dann auch die Weltkenntnis und die Intentionen des Sprachbenutzers, so müssen wir jetzt die Tatsache ins Auge fassen, daß die *Verarbeitung dieser Bestände* im Akt des Meinens und im Akt des Verstehens vermutlich auf verschiedenen Ebenen und damit in verschiedener Weise ablaufen kann. Je nachdem, welches ›Programm‹ seines Verarbeitungsapparates der Sprecher/Hörer einschaltet, resultiert ein verschiedenes (z. B. verschieden gut speicherbares) Ergebnis. Die eigene Aktivität des Sprecher/Hörers im Vorgang des Meinens und Verstehens, deren Wichtigkeit wir schon mehrfach betont haben, insbesondere im Zusammenhang mit unserem Begriff der Sinnkonstanz, tritt wieder in den Vordergrund. Ihr wenden wir uns nun abschließend zu.

Kapitel XV
Ebenen und Vektoren des Verstehens

Im vorangegangenen Kapitel wurde die Ausgangsfrage »was geschieht im Satz?« allmählich umakzentuiert in die Frage »was tut der Hörer mit dem Satz?«. Diese Frage ist nicht gerade neu: unter gedächtnispsychologischem Aspekt gibt es seit Jahren darauf eine Standard-Antwort, die lautet: der Hörer codiert den Satz.

Wir setzen jetzt an diesem Punkt an, weil der Vorgang des Codierens dem Akt des Verstehens ›nahekommt‹, wie wir vorläufig und vage sagen wollen.

Die hypothetischen Vorgänge des Encodierens, eventuell Umcodierens und schließlich Decodierens werden als Erklärung für die Veränderungen herangezogen, die sich z. B. in einem Behaltensexperiment zwischen dem der Versuchsperson eingangs dargebotenen und dem von ihr schließlich reproduzierten Material aufzeigen lassen. Wie schon der Begriff des Code andeutet, denkt man dabei gewissermaßen an regelhafte Übersetzungen aus einer »Sprache« in eine andere – etwa aus dem auditiven »Jargon« früher Phasen der Wahrnehmung in den Jargon von Begriffsschemata, als welche das Gehörte während eines längeren Behaltensintervalls gespeichert ist. Welche Arten von Codes zeitlich wie hintereinandergeschaltet sind – das war, den Vorstellungen der Allgemeinen Psychologie entsprechend, ein biologisches oder anthropologisches »Universale« des Menschen, d. h. es gab keinen Zweifel darüber, daß die Abfolge verschiedener Codierschritte festgelegt und weder von der Art des Input noch von der Intention des betreffenden Menschen abhängig war.* So war man z. B. allgemein der Ansicht, daß gehörtes und gelesenes sprachliches Material während der ersten Sekunden in auditiver Form codiert war und z. B. dementsprechend gestört werden konnte.** Die Gedächtnispsycho-

* Das gilt in jedem Fall für die ersten im Auffassungsvorgang ablaufenden Codierschritte; faßt man allerdings auch etwa die im Langzeitgedächtnis sich vollziehende Schemabildung noch als »Codierung« auf, so kann von einer (völligen) Festgelegtheit nicht mehr gesprochen werden.

** Vgl. dazu mein Übersichtsreferat 1964.

logie hat dieser Ansicht durch Modelle Rechnung getragen, in welchen z. B. Very Short Term Memory (VSTM), Short Term Memory (STM) und Long Term Memory (LTM) als jeweils mit charakteristischen Eigenschaften versehene Behälter hintereinandergeschaltet und durch ganz bestimmte Umsetzungsprozesse (Umcodier-Vorgänge) miteinander verbunden sind – weder die Abfolge noch die Zeitcharakteristika des Verweilens wurden als variabel konzipiert.
Diese Ansicht hatte von Anfang an einige Schönheitsfehler, die man aber gerne ignorierte, weil man froh war, überhaupt eine Gedächtnistheorie zu haben.* Diese Standardtheorie des Verarbeitens (Produzierens, Auffassens, Behaltens, Reproduzierens) verbalen Materials ist von mehreren Seiten her in Frage gestellt oder jedenfalls verbessert worden; hier seien drei genannt:

a) bestimmtes verbales Material (nämlich Wörter, die »Konkretes« bezeichnen) wird offenbar in grundsätzlich anderer Form gespeichert als anderes Material (nämlich Wörter, die »Abstraktes« bezeichnen);

b) der Vorgang des Reproduzierens und vermutlich schon der des Auffassens und Verstehens besteht jedenfalls teilweise nicht so sehr aus analytischen oder interpretativen, als vielmehr aus konstruktiven Prozessen;

c) der Ausbau des Konzepts der (Wahrnehmungs-)»Strategie« (s. o. S. 383 ff.) betont, daß der Sprecher/Hörer in gewisser Weise frei ist, die Art seines Vorgehens beim Meinen und Verstehen zu wählen.

Wenn wir unsere weiteren Überlegungen mit der Diskussion von (a) beginnen, so können wir dazu am besten an die Untersuchung von SACHS (1967, s. o. S. 455) anschließen. Diese Untersuchung hatte gezeigt, daß die volle wörtliche Form eines gehörten Satzes nur für ganz kurze Zeit noch zur Verfügung steht, daß dann aber die weitere Speicherung in Form einer »semantischen Struktur« geschieht, von welcher ausgehend die Erinnerungen u. ä. in einem konstruktiven Prozeß aufgebaut werden müssen. Über die Form, welche diese im Gedächtnis gespeicherte »semantische Struktur« hat, geben die Untersuchungen PAIVIOs und seiner Mitarbeiter

* So war z. B. die Tatsache, daß Gesichter ausgezeichnet behalten werden, mit GLANZERs Verbal-Loop-Hypothese nicht vereinbar.

einige Auskünfte. PAIVIO hat ein vor allem in der behavioristischen Psychologie jahrzehntelang verpöntes Thema wiederaufgenommen, die Rolle von *Vorstellungen* bei der Verarbeitung von Wörtern und Sätzen (vgl. seine zusammenfassende Darstellung 1970). Sein Ansatz ist folgendermaßen zu kennzeichnen:

»Non-verbal images ... are regarded as symbolic processes which are linked developmentally to associative experiences involving concrete objects and events ... The mediational function and arousal of imagery are theoretically coordinated to an abstract-concrete dimension of stimulus meaning, which is defined in terms of directness of sensory reference ... It can be understood as extending from abstract nouns to concrete nouns to pictures and objects.« (1969, S. 243)

Hört jemand den Satz »der dicke Junge schlug ein Mädchen«, so ruft dieser Satz eine bildliche Vorstellung dieses Vorgangs hervor, in welcher die Bedeutung des ganzen Satzes einheitlich zusammengefaßt ist (die Art dieses Hervorrufens wird von PAIVIO in einer Weise konzipiert, die sich weitgehend auf assoziationstheoretische Annahmen stützt und dadurch eine starke Ähnlichkeit mit OSGOODs Vermittlungs-Modell erhält; das braucht in diesem Zusammenhang aber nicht weiter verfolgt zu werden). Ein solcher »konkreter« Satz wird also in einen Vorstellungs-Code transformiert, in welchem die Information nicht mehr als Sequenz von einzelnen Wörtern, sondern sozusagen als *ein* Stück (PAIVIO sagt »spatially, in parallel«, BEGG und PAIVIO 1969, S. 821) aufbewahrt ist.

Dagegen wird die in einem »abstrakten« Satz enthaltene Information, die nicht in Vorstellungen umcodiert werden kann, in einer der ursprünglichen verbalen Sequenz weit ähnlicheren Form, also »wörtlicher«, gespeichert. Aus dieser Konzeption ergeben sich bestimmte Voraussagen, die BEGG und PAIVIO (1969) so formulieren:

»the most effectively coded, stored and retrieved aspects of a concrete sentence will be those related to the sentence as a whole unit, such as its meaning or general theme. In abstract sentences, on the other hand, the specific words will be relatively better retained«. (1969, S. 821)

In einem hier anschließenden Experiment konnten BEGG

und PAIVIO (1969) eine außerordentlich interessante Präzisierung der SACHSschen Befunde erreichen: während SACHS (s. o. S. 456) für alle Sätze ein »längeres Überleben« der semantischen Information gegenüber dem Wortlaut postuliert hatte, fanden BEGG und PAIVIO,

> »changes in meaning were more often recognized than changes in wording in concrete sentences, but that the reverse was true in abstract sentences«. (1969, S. 825)

Weil abstrakte Sätze in Form von Wort-Begriffs-Schemata codiert werden, wird bei ihnen also eine Veränderung des Wortlauts in der Behaltensprüfung leichter erkannt als bei konkreten Sätzen, die als bildhafte Vorstellung gespeichert werden.

Dieser PAIVIOsche Ansatz ist als *Dual-Coding-Hypothesis* für die weitere Entwicklung der sprachpsychologischen Forschung wichtig geworden. Halten wir einige seiner generellen Implikationen fest:

1) nicht alles sprachliche Material wird vom Hörer in derselben Weise verarbeitet. Das ist ein entscheidendes Argument gegen die Konzeption eines einheitlichen Lexikons, in welchem die »Bedeutungen der Wörter nach semantischen Features geordnet« gespeichert sind. Wenn »der dicke Junge schlägt ein Mädchen« in *ein* einheitliches *Bild* »umcodiert« und dieses gespeichert wird, dann ist daran zunächst kein Ansatzpunkt mehr zu finden für das Wirksamwerden jener z. B. das Wort »Junge« kennzeichnenden Features (animate+, human+, male+, adult–...), von denen in der langen Reihe der Autoren von KATZ bis ENGELKAMP die Rede ist. Will man aber trotzdem diesen Feature-Ansatz beibehalten – und für manche Probleme bietet er, wie wir gesehen haben, derzeit die beste Lösung –, so wird man notwendig zwei verschiedene Bearbeitungsphasen eines sprachlichen Input annehmen müssen: eine, in welcher die Features aktiviert und damit für die auf ihnen aufbauende Art der Bedeutungserfassung zugänglich gemacht werden, und eine andere, in welcher die Vorstellung sich bildet, von der bei PAIVIO die Rede ist. Der Verstehensvorgang enthält offenbar qualitativ verschiedene Teile oder Phasen, womit übrigens nicht impliziert ist, daß diese notwendig sukzessiv ablaufen müßten – sie könnten auch parallel sich vollziehen.

2) eine zweite aus der Dual-Codier-Hypothese sich ergebende allgemeine Folgerung ist diese: wenn dem sprachverarbeitenden Menschen zwei Codier-Arten »zur Verfügung« stehen, so fragt man natürlich sofort, wie weit dieses »Zur-Verfügung-Stehen« eine gewisse Wahlfreiheit impliziert: wird »der dicke Junge schlägt ein Mädchen« immer und mit sprachimmanenter Notwendigkeit (»weil diese Wörter eben Vorstellungen hervorrufen«) als Vorstellung codiert – oder kann es unter bestimmten Bedingungen, die im Sprachbenutzer bzw. in seinen Intentionen liegen können, auch sein, daß dieser Satz in der anderen, eher abstrakt-wörtlichen Weise codiert und gespeichert wird?

3) Noch genereller und weiter in die allgemeine Semiotik hineinreichend ist diese Überlegung: wenn Wörter, die einen »konkreten« Inhalt bezeichnen, vielfach als Vorstellungen codiert werden (jedenfalls unter dem Aspekt ihres Verarbeitet-Werdens), »abstrakte« Inhalte bezeichnende Wörter aber nicht – kann man dann noch davon sprechen, daß beide Wortarten in derselben Weise »Symbole« sind? Unsere schon in Kap. XIII geäußerten Bedenken gegen diese BÜHLERsche Unterscheidung erhalten weiteres Gewicht.

Kehren wir nach diesen eher abstrakten Fragen wieder zu PAIVIOs konkreten Experimenten zurück.

Zentral für seine theoretische Position ist der *Vorgang des Codierens:* konkrete Sätze werden rascher verstanden, besser behalten, es werden leichter semantische Veränderungen an ihnen erkannt, weil sie *als Vorstellungen codiert* werden. Wir wenden uns jetzt Überlegungen zu, welche diese Kausalfolge insofern verändern, als nicht mehr der Prozeß des Codierens-für-das-Behalten, sondern der des *Verstehens* als zentrale Variable fungiert. Diese Überlegungen werden vor allem von BRANSFORD vertreten. Von BRANSFORD und seinen Mitarbeitern stammen die Untersuchungen, welche die Auffassung vom Prozeß des Verstehens in neuester Zeit wohl am meisten vorangetrieben haben.

Auch zur Darstellung des BRANSFORDschen Ansatzes kann man an SACHS' Befund anknüpfen und an die daraus erwachsende Frage, welche Form die »semantische Struktur« hat, die als Speicherinhalt eine so wichtige Rolle z. B. bei der Erinnerung spielt. Für BRANSFORD ist zur

Klärung dieses Problems die in Anlehnung an die Generative Linugistik sich anbietende »interpretative« Vorgehensweise zwar vielleicht nötig, sicher aber nicht ausreichend für eine Kennzeichnung dessen, was man erinnert.

> »An alternative to the interpretive approach to sentence memory is one in which sentences are not viewed as linguistic objects to be remembered. Instead they are viewed as information which subjects can use to construct semantic descriptions of situations.« (1972, S. 194)

In der Tatsache, daß BRANSFORD nicht mehr von der »semantischen Struktur von Sätzen«, sondern von *semantischen Beschreibungen von Situationen* spricht, liegt natürlich eine Distanzierung vom Führungsanspruch der Linguistik beschlossen. Jetzt wird nicht mehr »der Input verarbeitet« (worin impliziert war, daß das Verarbeitungsprodukt ausschließlich oder doch überwiegend von der materialen Qualität des Inputs bestimmt ist), sondern jetzt wird »auf Grund des Input« (oder sollten wir noch weiter gehen und formulieren »aus *Anlaß* des Input«?) etwas *konstruiert*.
BRANSFORD ermöglicht dadurch eine außerordentlich wichtige Erweiterung, deren bisherige Unmöglichkeit den linguistisch orientierten Sprachpsychologen immer große Schwierigkeiten bereitet hat: die Einbeziehung nichtlinguistischer Informationen in die Verarbeitung des linguistischen Input. Weil es sich beim Verstehen nicht bloß um ein analysierendes oder interpretierendes *Bearbeiten des Input*, sondern um ein *Konstruieren auf der Basis des Input* handelt, können diese konstruierten Situations-Beschreibungen mehr Informationen enthalten als im linguistischen Input allein vorhanden gewesen waren: der Sprachbenutzer tut – sowohl beim Auffassen als auch bei einer scheinbar so einfachen Aufgabe wie der, eine vorher gehörte Äußerung zu erinnern – von sich aus etwas dazu, er macht etwas daraus. Nach BRANSFORD dient der einlaufende Satz als eine Art *Anweisung zur Konstruktion der semantischen Beschreibungen*, auf denen dann die Erinnerung aufbaut – ein Gedanke, der uns von BÜHLERs Deixis-Konzeption bis zu den besprochenen Anweisungen zur Einheitsbildung schon mehrfach nahegelegt worden ist. BRANSFORD verdeutlicht seine Konzeption an folgenden Sätzen:

a) Three turtles rested beside a floating log, and a fish swam beneath them;
b) Three turtles rested on a floating log, and a fish swam beneath them.

Beide Sätze haben gleiche Tiefenstrukturen, die sich linguistisch nur in der Spezifikation der »lexikalischen« Einheiten *on* bzw. *beside* unterscheiden, aber die semantischen Situationen, welche durch die beiden Sätze nahegelegt werden, unterscheiden sich stark. Durch Satz (b) wird nahegelegt (wenn auch nicht erwähnt), daß der Fisch auch unter dem Holzstück ist. Dieses Nahelegen erfolgt nicht durch ein besonderes linguistisches oder verbales Element, sondern durch unsere Kenntnis der in der Welt herrschenden räumlichen Beziehungen, und diese Kenntnis wird in allgemeiner Weise durch den Satz aktiviert.

BRANSFORD stützt diese Überlegungen durch folgendes Experiment: wenn man zunächst einen der beiden oben genannten Sätze (a) oder (b) vorgibt und anschließend einen Satz

c) three turtles rested (beside/on) a floating log and a fish swam beneath it,

so sollte die Versuchsperson, wenn sie nur die linguistische Information gespeichert hätte, die Veränderung sowohl gegenüber (a) als auch gegenüber (b) bemerken. Die »konstruktive« Theorie dagegen führt zu anderen Voraussagen. Da hier die Versuchsperson ihr Urteil nicht auf Grund der gespeicherten linguistischen Information fällt, sondern auf Grund der beim Input des ersten Satzes (a oder b) errichteten semantischen Beschreibung, sollten Versuchspersonen, welche Satz (a) gehört haben, Satz (c) als nicht-äquivalent erkennen, während Versuchspersonen, die Satz (b) gehört haben, den Satz (c) von diesem vermutlich nicht unterscheiden würden; die dem Satz (c) entsprechende semantische Beschreibung ist ja mit der von Satz (b) identisch.

Die Befunde des Experiments bestätigen BRANSFORDs Hypothese, so daß er jetzt einen wichtigen Schritt weitergehen kann. Er kann die Tragfähigkeit seiner konstruktivistischen Theorie des Satz-Auffassens auch für die Ebenen unter und über der des Satzes prüfen: zeigt auch das Verstehen von Wörtern bzw. das von Texten den Einfluß jener beim Input sich ergebenden Konstruktionen aus dem Kontext bzw. aus der durch den Gesamt-Input aktivierten, hier relevanten Weltkenntnis des Hörers?

Die erste Frage – hat der Kontext einen Einfluß darauf, wie ein *Wort* semantisch gespeichert wird – ist natürlich für jede Theorie des Lexikons von größter Bedeutung: die gängigen linguistischen Theorien gehen ja alle von invarianten semantischen Eigenschaften des Wortes aus (ob sie diese nun Markers oder Features oder implizite associative Responses oder auch Vorstellungen nennen). Diese Invarianz paßt zwar zur entsprechenden Dimensionalität eines dazu konzipierten Lexikons, wird aber der semantischen Flexibilität nicht gerecht, die sich beispielsweise an der verschiedenen Auffassung des Wortes »Klavier« zeigt, wenn man die Sätze hört:

der Mann { hob / zerschlug / stimmte / fotografierte } das Klavier

Der erste Satz spricht durch sein Verb das Klavier als etwas Schweres, der zweite als etwas Hölzernes, der dritte als etwas Tönendes, der vierte als eine bestimmte Form an, d. h. jeder Satz aktiviert ein andere Feature von den vielen, die »Klavier« kennzeichnen. Das heißt: das gehörte Wort »Klavier« spricht nicht *als Ganzes* ein begriffliches Pendant im Lexikon des Hörers an, sondern je nach dem Kontext, in welchem das Wort auftritt, wird ein anderes der dieses Wort kennzeichnenden Features aktiviert.

BARCLAY, BRANSFORD et. al. (1974) zeigen, daß ganz dementsprechend ein Proband, der den ersten Satz gehört hat, viel eher durch die Hilfsbemerkung »etwas Schweres« zur Erinnerung des Wortes »Klavier« veranlaßt werden kann als durch »etwas Hölzernes« – umgekehrt bei einem Probanden, der den zweiten Satz gehört hat.

Die Verfasser interpretieren diese Befunde, indem sie sich nicht mit der zwar zutreffenden, aber vagen Aussage »Wort plus Kontext bilden im Gedächtnis eine Gestalt« begnügen, sondern vorschlagen,

> »the way in which a noun was psychologically instantiated, was governed by the relevance of each of its semantic properties to the event described by the sentence as a whole: for example, given the event ›lifting‹, the heaviness of a piano is relevant, while the sound it can make is not. We suggest that the con-

textually determined relevance of each of a word's semantic properties is somehow indicated in the encoded representation of that word«. (1974, S. 479)

Dieses Anzeigen kann als eine Art Aktivation oder ein »Anklingen« oder etwas Ähnliches gedacht werden. Die Frage drängt sich auf, ob dieser von BARCLAY, BRANSFORD et. al. beschriebene Vorgang des selektiven Ansprechens einzelner semantischer Kennzeichen eines Wortes durch die semantische Dynamik des Kontexts nicht große Ähnlichkeit mit jenem Vorgang hat, den ENGELKAMP in Anlehnung an STEINBERG vorschlägt (s. o. Kap. XIV); ENGELKAMP sagt: das Verbum impliziert in allgemeiner Form seine Argumente und belegt dies durch den Befund, daß solche Nomina, die ein Argument des Verbums sind, besser behalten werden als solche, die dies nicht sind. BARCLAYs und BRANSFORDs These könnte man auch so formulieren: was vom Nomen ins Bewußtsein tritt und erinnert wird, sind jene Eigenschaften und Aspekte, die es in seiner Rolle als Argument des Verbums kennzeichnen. Bei ENGELKAMP war das betreffende Nomen entweder als ganzes ein Argument des Verbs oder gar nicht – bei BARCLAY, BRANSFORD et. al. erkennen wir, daß es die »argumentativen *Aspekte*« oder Eigenschaften des Nomens sind, durch welche es mit dem Verbum in Beziehung gebracht und auch bei einem entsprechenden Erinnerungsvorgang wieder angesprochen werden kann. Das Ineinandergreifen von Prädikat und Argument, aber auch das von allgemein *An*gesprochenem und spezifisch *Aus*gesprochenem zeigt sich immer deutlicher als Grundzug des in der sprachlichen Mitteilung ablaufenden Geschehens. *Das Ausgesprochene spricht etwas an, was sich mit ihm* für das Behalten zu etwas Einheitlichem *integriert* – aber diese Integration vollzieht sich nicht automatisch, sondern sie stellt eine zielgerichtete Konstruktion eines im Duktus einer bestimmten Aufgabe stehenden Hörers dar – darauf wird unten noch einzugehen sein.

Zunächst aber zu BRANSFORDs drittem Anlauf. Hatte er bisher wahrscheinlich machen können, daß beim Verstehen und Speichern eines einzelnen *Satzes* und eines einzelnen *Wortes* eine semantische Beschreibung hergestellt wird, zu der auch nicht-linguistische Wissensbestände herangezogen werden, so nimmt er für die jetzt zu besprechende Analyse von *Texten* an, daß auch verschiedene, aber semantisch zusammenhängende Sätze zu einer gemeinsamen semantischen Beschreibung konvergieren können und daß diese ganzheitliche Beschreibung es ist, die bei einem Text im Gedächtnis gespeichert wird. Auch diese Annahme kann empirisch belegt werden (BRANSFORD und FRANKS 1971). Was in einem Akt sprachlicher Kommunikation aufgenommen wird und wie es aufgenommen wird, hängt von den Relationen innerhalb jener semantischen Beschreibung ab, in welche es eingefügt wird. BRANSFORD gibt (1972, S. 206) dieses Beispiel:

> Nimm an, jemand teilt mit: »Rechts ist eine Einfahrt, links ein Baum, und ein Baby sitzt dazwischen.« Dann folgt eine zweite Mitteilung: »Ein Hund saß gleich rechts vom Baby und leckte dessen Gesicht.« Diese zweite Mitteilung »allows a considerable amount of information about the relation of the dog to other objects, namely that the dog is to the left of the driveway and to the right of the tree. These latter two propositions did not have to be provided linguistically, yet this information appears to spontaneously be ›filled in‹«.

Der Punkt, den wir hier erreicht haben, ist so wichtig, daß wir einen Augenblick Pause machen und uns umsehen müssen. Hier wird in einer anderen Weise, als wir bisher kennengelernt hatten, über den einzelnen Satz hinaus- und in Richtung auf eine Text-Theorie vorgegangen. Bisher hatten wir (z. B. Kap. VIII, XIII) erfahren, daß vorangegangene Äußerungen für das Verständnis jetzt einlaufender wichtig sind, weil in ihnen vielfach die Präsuppositionen geschaffen oder bewußtgemacht wurden, von denen der jetzt vorliegende Satz ausgeht. Der Text-Effekt, wenn wir überhaupt von einem solchen sprechen wollen, war gewissermaßen von der Vergangenheit auf die Gegenwart gerichtet gewesen. Jetzt lernen wir einen Text-Effekt kennen, der sich sozusagen aus der Gegenwart in die Zukunft erstreckt. Durch das Zusammentreten verschiedener Einzelinformationen erhält das Ganze »emergent properties«, die mehr Information enthalten als in der Summe der Teile gegeben ist – ein Grundprinzip der Gestaltpsychologie wird hier präzisiert. Wie schwierig freilich dieses *Entstehen von Information* durch

Zusammenfügung von einzelnen Einheiten informationstheoretisch zu fassen ist, wird schon daran erkennbar, daß BRANSFORD in dem eben erwähnten Zitat die Ausdrücke »allows information« und »information appears to be filled in« verwendet. Hier wird wieder einmal deutlich, daß Information nicht etwas ist, was wir draußen in der Welt vorfinden, ergreifen und in uns hineinnehmen (und dann vielleicht sogar an andere weitergeben), sondern *Information ist etwas, das wir aktiv schaffen*, wo immer es die Umstände »erlauben« und wo immer wir sie zwischen die Fakten der Welt hineinprojizieren können – letzten Endes sind *wir* es, die die Welt sinnvoll und informationshaltig machen. BRANSFORD sagt denn auch:

»In a broader sense the constructive approach argues against the tacit assumption that sentences ›carry meaning‹. People carry meanings, and linguistic inputs merely act as cues which people can use to recreate and modify their previous knowledge of the world.« (1972, S. 207)

Das ist eine Ansicht, die der von uns in diesem Buch vertretenen natürlich sehr kongenial ist – wir würden lediglich wünschen, Bedeutung nicht als etwas mit sich Tragbares, sondern Bedeuten als einen Akt anzusehen.

Nach BRANSFORD integriert der Hörer Informationen aus dem linguistischen Input mit solchen aus seiner Weltkenntnis zu einer einheitlichen, konstruktiven Charakter tragenden »semantischen Beschreibung« der Situation. Liest man BRANSFORDs Beispiele, so wird man schon bald überlegen, ob diese semantischen Situationsbeschreibungen denn nicht mit den Vorstellungen identisch sind, welche der Hörer konkreter Sätze, wie wir aus PAIVIOs Untersuchungen wissen, sich bildet. Für BRANSFORD wird also die Frage wichtig, ob sich die von ihm gefundenen Integrations- und Konstruktionsphänomene auch bei Mitteilungen *abstrakten* Inhalts finden. Eine dazu von FRANKS und BRANSFORD (1972) durchgeführte Untersuchung zeigt, daß auch bei abstrakten Texten die Versuchspersonen die Teilbedeutungen* integrieren und »wholistic representa-

* BRANSFORD spricht trotz seines eben zitierten Glaubensbekenntnisses weiterhin von »partial meanings« der einzelnen Sätze oder Satz- oder Textteile ...

tions of the complete ideas« im Gedächtnis speichern.

Damit ist natürlich nichts Entscheidendes gegen die Dual-Codier-Hypothese PAIVIOs gesagt, aber es muß doch zugegeben werden, daß diese Vereinheitlichungstendenzen, welche bei PAIVIO nur ein Charakteristikum des imagery code und damit des konkreten Materials sind, sich *auch* bei abstraktem Material finden. Dann erhebt sich freilich sofort diese Frage: wenn es nicht die bessere Speicherbarkeit eines *einheitlichen* image ist, welche für die höhere Behaltensleistung verantwortlich ist – aus welchen Gründen werden dann bei PAIVIO (und bei vielen anderen Autoren) die »konkreten« Sätze besser behalten als die »abstrakten«?

BRANSFORD verfolgt diese Problematik unter einem für uns sehr interessanten Aspekt weiter (JOHNSON, BRANSFORD et al. 1972). War PAIVIO davon ausgegangen, daß die Versuchspersonen die konkreten und abstrakten Sätze gleich gut verstehen, aber in verschiedenen Codes speichern, und daß durch diese verschiedene Speicherung die erwähnten Befunde im Erinnerungsexperiment zustandekommen, so können JOHNSON, BRANSFORD et al. es wahrscheinlich machen, daß die abstrakten Sätze von Anfang an schlechter verstanden worden waren und *deshalb* auch zu anderen Befunden in der Behaltensprüfung führen als die konkreten. Was PAIVIO als Gedächtnisphänomen behandelt, sieht BRANSFORD als ein Verstehensphänomen: gehört der Vorgang der Integration, so fragen wir jetzt, als solcher schon zum Prozeß des Verstehens – oder wird bereits »verstandenes« Material zum Zwecke der Speicherung zu Einheiten (images, chunks . . .) integriert?
Diese Frage läßt sich klären durch Versuche, in denen dem Hörer neben dem aufzufassenden verbalen Input zusätzliche Kenntnisse verfügbar gemacht werden, welche sich auf das Verstehen dieses Materials auswirken. BRANSFORD und JOHNSON (1972) haben diese zusätzlichen Kenntnisse in Form einer bildlichen Darstellung der Situation dargeboten, auf welche sich der verbale Input bezog. Für die Versuchspersonen, welche das Bild vor oder während der Darbietung des Textes sehen, ist dieser Text in viel höherem Maße verständlich oder sinnvoll und auch besser zu behalten als für Versuchspersonen, welche das Bild nach dem Text oder überhaupt nicht zu Gesicht bekommen. Das Bild liefert einen se-

mantischen Kontext (weit mehr als nur eine »Überschrift« oder ein »Thema«), der sich entscheidend auf die Auffassung und des Verstehens des gehörten Textes auswirkt.

Das weist uns zurück zu dem, was wir oben (Kap. VII) in anderem Zusammenhang schon gesagt haben: ein Netz von Annahmen, von Möglichkeiten, muß immer schon bereit stehen, damit das einzelne sprachliche Ereignis sinnvoll ist. Die einzelne sprachliche Äußerung ist dann sinnvoll, wenn es dem Hörer gelingt, sie als eine Realisation jener Strukturen aufzufassen, welche die Intelligibilität von Verhalten und Welt ausmachen.

Daß ein Organisationszentrum schon vorhanden sein muß, wenn etwas Neues aufgenommen und verstanden werden soll, ist in ganz verschiedenen Zusammenhängen in der Psychologie immer wieder betont worden: BARTLETT (1932) sprach von einem Schema, PIAGET ebenfalls, ARNHEIM hat ähnliche Überlegungen angestellt, AUSUBEL (1962) eine kognitive Lerntheorie darauf aufgebaut; MANDLER (1967) die Rolle solcher Organisationskerne für das Behalten besonders klar gezeigt.

Kehren wir zu der von BRANSFORD und JOHNSON angesprochenen Integration von bildlicher und sprachlicher Information zu einer (als Basis für weitere sprachliche Handlungen, z. B. Erinnern, dienenden) »semantischen Beschreibung« zurück, so kann diese Integration durch Rückblick auf einige von uns unter anderen Aspekten schon besprochenen Befunde weiter geklärt werden. Die wohl allgemeinste hierher gehörende Aussage ist das FODORsche Postulat eines metamodalen Zentralcode (s. o. Kap. X), welcher

> »the routine ability of higher organism to interpret information in any one input mode in terms of information from any other« (1972, S. 83)

möglich macht. Aber dieser Ansatz ist noch so sehr zwischen zwei selbst so fragwürdigen Begriffen wie »interpretieren« und »code« befangen, daß er nicht weiter führt, insbesondere den informations*generierenden* Aspekt der Integration nicht verdeutlichen kann.

Ein zweites Mal wurde uns das Zusammenwirken bildlicher und sprachlicher Information in der Untersuchung von HÖRMANN und TERBUYKEN (s. o. Kap. XIII) vorge-

führt: die Bedeutung, die ein einzelnes Wort für einen Hörer hat, hängt davon ab, wie dieser Hörer die Situation auffaßt, in welcher es geäußert wird. Die Rolle der semantischen Situation als Verstehenshilfe wird unterstrichen.
Die Richtung, in welcher sich der Zusammenschluß von Informationen aus verschiedenen Quellen auswirkt, kann natürlich auch eine andere sein als die in der HÖRMANN-TERBUYKEN-Untersuchung sich zeigende. LOFTUS und PALMER haben (1974) ihren Vpn einen Film über den Zusammenstoß zweier Autos gezeigt und anschließend gefragt

> »About how fast were the cars going when they
> smashed
> bumped
> hit
> collided
> contacted?«

Die Antworten der Vpn zeigen, daß das in der Frage verwendete Verbum einen signifikanten Einfluß auf die geschätzte Geschwindigkeit hat: wer ›smashed‹ hört, schätzt rund 10 mph mehr als wer ›contacted‹ hört.
Damit aber noch nicht genug: fragt man die Vpn eine Woche später, ob bei der Filmaufnahme zerbrochenes Glas zu sehen gewesen sei, so sagen jene Vpn, die ›smashed‹ gehört hatten, mit weit höherer Wahrscheinlichkeit Ja als Vpn, die z. B. ›hit‹ gehört hatten. (Tatsächlich ist im Film kein Glas zu sehen.) Die Verfasser interpretieren ihre Befunde so:

> »We would like to propose that two kinds of information go into one's memory for some complex occurrence. The first is information gleaned during the perception of the original event; the second is external information supplied after the fact. (Wir fügen hinzu: und diese ›Information‹ wird durch die Wortwahl für die Frage geliefert!) Over time, information from these two sources may be integrated in such a way that we are unable to tell from which source some specific detail is recalled. All we have is one ›memory‹.« (1974, S. 588)

Damit wird eine Tradition der Gedächtnispsychologie für die Sprachpsychologie fruchtbar gemacht, die – erinnert sei an BARTLETT, CARMICHAEL, KATONA – den Aufbau eines Schemas bei der Verarbeitung und Speicherung von Gedächtnismaterial betont hat. Aber LOFTUS sieht doch wohl zu sehr noch die zwei getrennten »Informationen«, wobei übrigens auch noch zu klären wäre, inwieweit ›smashed‹ eine *andere* Information enthält als ›hit‹ – nähern wir uns hier den Überlegungen wieder, die MILLER bei seiner Analyse der Bewegungsverben angestellt hat (vgl. Kapitel VI)?

Haben wir bisher recht global davon gesprochen, daß im Verstehensprozeß eine Integration der verbalen Information mit einer schon vorhandenen oder gleichzeitig dargebotenen »Hintergrundsinformation« erfolgt, so seien im Folgenden einige Ansätze zu einer Differenzierung dieser zunächst sehr globalen Auffassung dargestellt.

Wenn sprachliche und nichtsprachliche Information zusammen eine semantische Beschreibung bilden, so erhebt sich natürlich die Frage, welches Gewicht dabei jedem »Teil« zukommt, und ob man Faktoren erkennen kann, welche den Einfluß steuern, den jeder Teil auf das Ganze ausübt.

Eine Gruppe solcher Faktoren ist die Allgemeinheit bzw. Spezifität der in Bild und verbaler Äußerung enthaltenen Information und das »Gefälle« zwischen den beiden Informationsquellen. Das sei am Beispiel der Negation von Sätzen dargestellt.

HÖRMANN (1971) und ENGELKAMP, MERDIAN und HÖRMANN (1972) fanden, daß verschiedene Arten der Verneinung verschieden leicht zu behalten sind. So wird z. B. eine Prädikatverneinung

(PN) Der Polizist hat den LKW nicht angehalten

besser behalten als eine auf das Subjekt des Satzes zielende Verneinung

(SN) Nicht der Polizist hat den LKW angehalten

oder eine auf das Objekt zielende

(ON) Der Polizist hat nicht den LKW angehalten.

Als Erklärung für diesen Befund nahmen sie an, daß die Prädikatverneinung allgemeiner sei als die anderen Formen und durch die Verneinung der Aktion selbst sozusagen eine abschließende Information liefere, während die Subjektnegation (SN) die Situation insofern offen lasse, als sie die zusätzliche Frage impliziere »wer hat denn dann den LKW angehalten?«, die Objektnegation (ON) die Frage »wen hat der Polizist denn dann angehalten?«.

Die drei verschiedenen Negationsformen setzen also sozusagen verschiedene Präsuppositionen im Hörer voraus (vgl. dazu WASON und JOHNSON-LAIRD 1972). SN- und ON-Sätze sind zwar unter syntaktischem, nicht aber unter kommunikationspsychologischem Aspekt vollständige, in sich abgeschlossene Einheiten, während die PN-Äußerung viel eher allein stehen kann. SN- und ON-Sätze sind, wegen der ihnen zugrunde liegenden Präsuppositionen, sozusagen »unbefriedigende Antworten«.

Wenn dies der für das differentielle Behalten der verschiedenen Negationsformen verantwortliche Faktor ist, so muß sich die im Experiment festgestellte Behaltensverschiedenheit ändern lassen, wenn man die »Ungeschlossenheit« der SN- und ON-Situationen durch entsprechende bildliche Information »auffüllt«. Wenn dem SN-Satz

Nicht der Polizist hat den LKW angehalten

z. B. das Bild eines winkenden Trampers beigefügt wird, so sollte die Behaltensunterlegenheit der SN-Sätze (gegenüber PN-Sätzen) nicht mehr auftreten.

Ein entsprechendes Experiment (ENGELKAMP und HÖRMANN 1974) bestätigt diese Überlegungen weitgehend: wenn dem kommunikationspsychologisch »unvollständigen« Satz eine zu seiner Präsupposition passende bildliche Information hinzugefügt wird, so wird er nicht schlechter behalten als ein PN-Satz.

Allgemeiner läßt sich sagen: je spezifischer die Präsupposition einer Äußerung ist, und je weniger die Äußerung zu dieser Präsupposition »paßt«, desto wichtiger wird für den Hörer, zur Konstruktion der »semantischen Beschreibung« Informationen anderer Art heranzuziehen. Anders ausgedrückt: es wird präzisierende Information herangezogen, um die unpräzise, »offene« Situation für unser Denken besser durchdringbar, d. h. verständlicher zu machen. Es gibt ein Gefälle zu jener konkretisierenden Realisation des Allgemeinen hin, als welche wir den Verstehensvorgang schon in Kap. VII gekennzeichnet haben.

Dieser Vorgang stellt – wenn wir ihn unter diesem Aspekt sehen – eine Art Gleichgewicht zwischen der vagen Allgemeinheit des ›in etwa‹ immer vorhandenen Sinnhorizontes und der Spezifität des in der Äußerung Gemeinten her. Die sprachliche Äußerung vermittelt, wie wir schon mehrfach angedeutet haben (u. a. im Zusammenhang der russischen Sprachpsychologie, Kap. X) zwischen dem Allgemeinen und dem realen Einzelnen, sie stellt das Einzelne in den Geltungsbereich eines Allgemeinen.

Einen Blick in die ›Austarierungsvorgänge‹ zwischen Allgemeinheit und Spezifität ermöglichen uns die nachstehenden Versuche:

Einen Zusammenhang zwischen der ›Spezifität‹ bzw. ›Allgemeinheit‹ des Verbs einerseits, des als Objekt fungierenden Nomens andererseits hat ENGELKAMP (1975) festgestellt: Kombinationen aus spezifischem Verb plus allgemeinem Objekt (ein Kind adoptieren) werden besser behalten als solche aus spezifischem Verb plus spezifischem Objekt (ein Mädchen adoptieren). Und umgekehrt: Kombinationen aus generellem Verb und spezifischem Objekt werden besser behalten als solche aus generellem Verb und generellem Objekt.

Diese interessante Interaktion zwischen Verb-Spezifität und Objekt-Spezifität bei der Determination der Behaltensleistung deutet – wenn wir damit keine zu weit gehende Spekulation vornehmen – darauf hin, daß es ein Optimum im Spezifitätsgrad der Äußerung gibt, ein Optimum jedenfalls unter dem Aspekt der Behaltensleichtigkeit.

Eine derartige Konzeption wird auch nahegelegt durch folgenden Befund aus einem ›Bild‹-Experiment:

Bei BRANSFORD und bei ENGELKAMP und HÖRMANN war dieses Gefälle immer so gerichtet, daß sich eine Präzisierung oder Vervollständigung der *Sätze* ergab – jedenfalls war der Effekt an den Sätzen abzulesen. BOCK und HÖRMANN (1974) konnten zeigen, daß unter Umständen der Effekt der Integration auch am Bild erkennbar wird: bietet man eindeutige Sätze zusammen mit Bildern dar, welche den im Satz beschriebenen Tatbestand in nicht-eindeutiger Weise darstellen*, dann wird das Bild keinen veränderten Einfluß auf das Verstehen oder Behalten des Satzes ausüben – wohl aber übt das zwischen sprachlicher Äußerung

* Beispiel: der Satz »der Junge hat die Scheibe eingeworfen« wird von einem Bild begleitet, auf welchem neben einer eingeworfenen Scheibe zwei Jungen zu sehen sind.

und Bild vorhandene Gefälle einen Einfluß auf das Behalten des *Bildes* aus: die Tatsache der Mehrdeutigkeit des Bildes in bezug auf den es begleitenden Satz bewirkt, daß diese Bilder besonder gut erinnert werden. Die Autoren sind der Ansicht

> »daß sprachliche und bildliche Informationen in einem Akt verarbeitet werden, der beides aufeinander bezieht. So wird es von der semantischen Analyse des Satzes abhängen, ob und an welcher Stelle bildliche Informationen einbezogen werden, sofern dieser bildliche Kontext dazu angetan ist, solche zusätzlichen Informationen zu liefern. Es wird umgekehrt von der semantischen Struktur des bildlichen Kontexts abhängen (die vielfach freilich durch eine sprachliche Äußerung in Gang gebracht und gesteuert werden wird), ob für die Verarbeitung zusätzlich sprachliche Informationen herangezogen werden«. (1974, S. 356/7)

Wenn wir die Verhältnisse in dieser Weise sehen, so müssen wir freilich konsequenterweise noch einen Schritt weiter gehen: wir benötigen eine »Instanz«, welche darüber entscheidet, ob im gegebenen Fall zusätzlich Informationen einbezogen oder auch überhaupt erst nach ihr gesucht werden soll. Eine Instanz, die auch die Entscheidung fällen kann »jetzt ist die semantische Beschreibung der Sachlage ›klar‹ oder ›verständlich‹ genug, so daß weder im Kontext der Wahrnehmung noch im Kontext meines Wissens nach weiteren Präzisierungs-Informationen gesucht zu werden braucht«. Diese Instanz haben wir in Kap. VII ausführlich vorgestellt: die von uns so genannte Sinnkonstanz. »Sinnvoll-Sein«, »Verständlich-Sein« sind in uns in allgemeiner Form vorgegebene dynamische Schwerpunkte, auf welche zu die in den erwähnten Versuchen ablaufende Integration konvergiert.
Vorgänge wie die »Konstruktion einer semantischen Beschreibung der Situation«, wie wir sie eben kennengelernt haben, werden auch erkennbar, wenn wir uns dem Geschehen zuwenden, das im Leser eines Textes oder im Hörer einer Erzählung oder eines Gesprächs abläuft. Auch hier wird der eher konstruktive als analytische Charakter des Verstehens (und des sich allmählich herausbildenden Verstandenhabens) deutlich, wie uns eine Reihe neuerer Untersuchungen zeigt.
Der Ausgangspunkt dieser Untersuchungen wird von FREDERIKSEN (1975) so skizziert:

Fordert man Probanden auf, einen gehörten oder gelesenen Text wiederzugeben, so enthält das dann (Re-)Produzierte

- Informationen, die eine Paraphrase des Originals darstellen;
- reduzierte und dadurch übergeneralisierte Informationen;
- Informationen, welche Schlüsse aus dem Text und aus dem vorher schon vorhandenen Wissen des Probanden darstellen (wie wir es oben in BRANSFORDs Untersuchungen kennengelernt haben) und
- Elaborationen, die aus dem Text nicht ableitbar sind.

Eine der ersten Fragen, die sich angesichts dieser Befunde ergeben, ist diese: entstehen die Abweichungen aus den Erinnerungslücken des Probanden bzw. aus den Versuchen, *während der Erinnerns* diese Lücken auszufüllen – oder spiegeln diese Abweichungen die Prozesse wider, welche *während der Aufnahme* des Texts ablaufen?

FREDERIKSEN, der diese Frage untersucht, geht dabei davon aus, daß ein in normalem Tempo vorgelegter Text viel zu komplex ist, als daß alle in ihm enthaltenen Informationen verarbeitet und gespeichert werden könnten. Es müssen also Vorkehrungen getroffen werden, den Input selektiv zu verarbeiten.

Wird beispielsweise der Textausschnitt

> »Circle Island is located in the middle of the Atlantic Ocean north of Ronald Island. It has good soil but few rivers and hence a shortage of water«

reproduziert als

> »Circle Island is a small island in the Atlantic Ocean that has only a few rivers and hence a shortage of fresh water«,

so stellt die Weglassung von »in the middle of« ... »north of Ronald Island« eine Übergeneralisierung dar: die Vp bringt nicht alle angegebenen Spezifikationen. Daß andererseits ein Mangel an *frischem* Wasser besteht, ist eine von der Vp hinzugefügte Schlußfolgerung.

Beide Vorgänge, Übergeneralisierung und zusätzliche Schlußfolgerung, könnten bei der Aufnahme, d. h. der Verarbeitung des einzuspeichernden Materials, oder während des Reproduziervorgangs abgelaufen sein. FREDERIKSEN will zwischen diesen beiden Möglichkeiten entscheiden, indem er überlegt, wie sich derartige Fehler bei mehrmaliger

Wiederholung verhalten müßten. Entstehen diese Fehler schon während des Aufnahmevorgangs, so würden sie – ganz der vorher erläuterten Überlegung BRANSFORDs und FRANKs entsprechend – ein integraler Bestandteil der vom Probanden gespeicherten »semantischen Beschreibung der Situation«. Dann sollte die Anzahl derartiger Fehler aber auch nicht abnehmen, wenn der Proband den Text nach einer zweiten, dritten, vierten Darbietung wieder reproduziert.

Wenn andererseits diese Fehler nur in der Reproduktion auftreten, um Lücken auszufüllen, welche infolge der begrenzten Verarbeitungskapazität nach der ersten Darbietung in der von Probanden aufgefaßten Textstruktur noch vorhanden sind, dann wollte ihre Anzahl nach der zweiten, dritten etc. Darbietung abnehmen, da diese Lücken dann ja zunehmend kleiner würden.

Die empirischen Befunde der Untersuchung FREDERIKSENs weisen ganz klar darauf hin, daß die in Übergeneralisation und zusätzlichen Schlußfolgerungen sich äußernden Fehler auf Strukturen beruhen, welche *während des Auffassungsvorgangs* gebildet werden.

Auch von den Ergebnissen dieser Untersuchung des Text-Verstehens wird also die oben dargelegte Interpretation gestützt:

> »As the subject builds up a semantic structure for a text, the derived information becomes an integral part of the subject's understanding of the text.« (1975, S. 168)

Dieses im Text selbst nicht enthaltene, sondern im Verstehensvorgang aus dem Text (und aus der Weltkenntnis des Probanden) *abgeleitete* Material

> »is maintained as a part of the subject's knowledge structure, even when the subject is given opportunities to eliminate such derived information by comparing his semantic interpretation to the textual input«. (1975, S. 168)

Machen wir uns die weit über die Grenzen der Sprachpsychologie hinausreichende Bedeutung dieser Befunde klar:

1. Verstehen ist nicht das Codieren (oder umcodieren) des sprachlichen Input, sondern ein Vorgang, in welchem und für welchen aus Anlaß des sprachlichen Input aus ins Bewußtsein tretenden schon vorhandenen Wissensbeständen

und aus der einlaufenden »sprachlichen Information« eine einheitliche, aber differenzierte semantische Beschreibung dessen aufgebaut wird, was sich uns als verstandener Text darstellt (und was *mehr* ist als das, was im Sinne des »linguistischen Inputs« Text genannt wird).

2. Was einmal »verstanden« worden ist, braucht durch weiteren Vergleich mit der »Realität« nicht mehr korrigiert zu werden; Verstandenhaben zeigt sich wieder einmal als ein in sich befriedigender Zustand, dessen Erreichen ganz dazu angetan ist, jede weitere Verarbeitung des Inputs (oder die Verarbeitung jeden weiteren Inputs) auszuschalten. Wenn man etwas sozusagen Schwarz auf Weiß »besitzt«, kann man es getrost nach Hause tragen – getrost, weil die Sache mit »Verstandenhaben« erledigt ist.

Verstehen von Texten als Konstruktion einer semantischen Beschreibung der im vorgelegten Text linguistisch dargestellten Situation – wir haben in den vorangegangenen Untersuchungen von BRANSFORD, FRANKS, FREDERIKSEN, ENGELKAMP, HÖRMANN vor allem den subjektiven Anteil dieses Konstruierens einer semantischen Einheit betont. Wir setzen nochmals unter einem anderen Blickwinkel an und fragen: was wissen wir über Aufbau und Auswirkung der sich organisierenden Struktur?

Diese Struktur wird natürlich in erster Linie vom Inhalt des zu verstehenden (und evtl. zu behaltenden und/oder zu reproduzierenden) Texts bestimmt – aber was heißt eigentlich hier »Inhalt«? Mit dieser Frage sind wir wieder bei einem Problem, dem wir schon oft begegnet sind: was wird in einer Äußerung, einem Text eigentlich »gesagt«; wir erinnern an ZIFF und an GARFINKEL. Ins Methodische gewendet tritt dieses Problem in allen Experimenten auf, welche das Verstehen eines Textes über das Behalten bzw. Reproduzieren dieses Textes prüfen wollen:

> »There is, of course, more to memory for text than just the memory for its meaning, with important concerns ranging from memory for surface features of a text to the pragmatic aspects of the communication act.« (KINTSCH et. al. 1975, S. 196)

Es wird also nicht zuletzt von der Entwicklung einer differenzierten sprachpsychologischen Beschreibung der Struktur eines Textes abhängen, ob es möglich ist, die im Verstehensvorgang sich vollziehende Konstruktion einer »semantischen Beschreibung« dieses Textes im Hörer adäquat zu erfassen. (Freilich: was im Einzelfall als »differenziert« und als »adäquat« zu bezeichnen sein wird, muß der Prüfung an der Empirie unterzogen werden.)

KINTSCH und seine Mitarbeiter bemühen sich (1974, 1975) um die Erstellung eines solchen Beschreibungssystems für die Struktur eines Texts. Er geht von *Propositionen* als Grundeinheiten der Bedeutung aus; Propositionen sind Kombinationen von Wortkonzepten, von denen eines als Prädikator, die anderen als Argumente dienen (vgl. dazu Kap. XIV). Der Prädikator spezifiziert eine Beziehung zwischen den Argumenten. Die Wortkonzepte wiederum werden definiert durch die Propositionen, in denen sie verwendet werden. Zusammenhängende, geordnete Listen von Propositionen repräsentieren die Bedeutung eines Textes und werden *Textbasen* genannt. Die *Art* dieser Zusammenhänge, den *Grad* dieser Geordnetheit innerhalb einer Textbasis festzustellen, ist natürlich das Kernstück einer empirischen Textpsychologie. Diese Geordnetheit versucht KINTSCH auf folgende Weise in den Griff zu bekommen: eine Proposition ist dann einer anderen untergeordnet, wenn sie ein Argument enthält, das auch in der ersten erscheint.

KINTSCH nähert sich diesem zentralen Thema, indem er zunächst Probleme untersucht, die sich sozusagen im Vorfeld ergeben. Eines davon betrifft die Frage, wie die Anzahl der *verschiedenen* Argumente, die in einem aus einer bestimmten Anzahl von Propositionen bestehenden Text auftreten, das Behalten dieses Textes beeinflußt. Das erste Ergebnis:

> »It is easier for readers* to process and retain in memory a proposition that is built up from old, already familiar elements, than to process propositions which introduce new concepts into the text.« (1975, S. 206)

Propositionen, die neue Wortkonzepte enthalten, benötigen einen zusätzlichen Verarbeitungsschritt: nicht nur die Proposition selbst muß aus dem Text erschlossen (konstruiert) und im Gedächtnis als Teil der sich entwickelnden Textbasis gespeichert werden, sondern das neu auftretende Konzept of-

* Übrigens auch für Hörer.

fenbar durch einen besonderen Encodiervorgang für das Gedächtnis greifbar gemacht werden. Alte, schon vorher aufgetretene Konzepte brauchen dagegen nicht wieder encodiert zu werden; hier genügt anscheinend der »Verweis« auf die bereits encodierte Gedächtnisspur.

Tritt man hier für einen Augenblick aus den Überlegungen KINTSCHs heraus, so sieht man die Reichweite der damit angeschnittenen Probleme:

- wie steht dieser »Zustand des Bereits-encodiert-Seins« eines Konzepts zu dem seiner Bewußtheit?;
- mit welcher Zerfallszeit verschwindet dieser Zustand, wenn das betreffende Konzept im Text nicht mehr »angesprochen« wird – und wie wirkt sich dieses Ansprechen auf sein Präsentsein aus?;
- gibt es eine Kapazitätsgrenze der Anzahl der Argumente, die in einem Text gleichzeitig als encodiert bereitstehen können?;
- wird durch das Encodieren eines Konzepts auch ein ihm ähnliches »vorgewärmt«, so daß seine später erfolgende Encodierung vielleicht weniger Zeit in Anspruch nimmt?

Zurück zu KINTSCHs Befunden.

Während wir bisher vor allem die Argumente betrachtet haben, wenden wir uns jetzt den Propositionen selbst zu. Nach seinen Ergebnissen wird die Zeit für das Lesen eines Textes von der Anzahl der Propositionen in diesem Text bestimmt; die Propositionen fungieren als Organisationskerne der Art, wie wir sie im vorangegangenen Kapitel kennengelernt haben. Aber das ist nicht die einzige Struktur, die in den Resultaten erkennbar wird: übergeordnete Propositionen werden besser behalten als untergeordnete – und zwar unabhängig von der Position, an welcher sie im Text vorkommen (übergeordnete Propositionen werden natürlich häufiger am Anfang als am Ende eines Texts auftreten). Die Daten weisen nach KINTSCHs Ansicht auch darauf hin, daß diese Überlegenheit der Propositionen höherer Ebene nicht nur ein Encodierphänomen zu sein scheint (daß es sich *auch* um ein Encodier- oder Auffassungsphänomen handelt, war nach BRANSFORD und FREDERIKSEN zu erwarten), sondern daß übergeordnete Propositionen tatsächlich langsamer vergessen werden.

Blicken wir auf die berichteten Untersuchungen zurück, so erkennen wir natürlich weitgehende Verschiedenheiten: KINTSCH operiert nur mit mehr oder minder wörtlichen Reproduktionen, FREDERIKSEN berücksichtigt Generalisationen, Elaborationen und überhaupt den Aspekt der Rekonstruktion. Zusammengesehen wird aber doch der Vorgang des Verstehens deutlicher: das aktive Herausgreifen von Propositionen, die als Organisationskerne fungieren, das Ansprechen von Wortkonzepten als Argumente dieser Propositionen, das Aktivsein dieser Konzepte in einer sich durch die Verarbeitung des Texts bildenden hierarchischen Struktur verschiedener Ebenen.

Die Aussage, man könne etwas »auf verschiedenen Ebenen verstehen«, ist gewiß nicht neu. Wir werden ihr offenbar eine andere hinzufügen müssen nämlich daß der Vorgang des Verstehens die Ausbildung verschiedener Ebenen involviert: Verstehen als Herstellung einer dynamischen Hierarchie von Beziehungen in dem, was mir bewußt ist.

Der Begriff der *Ebenen des Verstehens* ist also mehrdeutig. Bisher haben wir Einheitbildung und Hierarchisierung von Ebenen als Effekte betrachtet, welche durch das vom Leser oder Hörer zu verarbeitende Material determiniert werden. So haben wir in einem vorangegangenen Abschnitt erfahren, daß im Akt des Verstehens Informationen aus dem verbalen Input mit solchen anderer Herkunft integriert werden zu einer semantischen Beschreibung, die eine Ganzheit mit »emergent properties« darstellt. Aber das ist nicht *der* Vorgang, der als einziger »vorgesehen« und möglich ist. Ändert sich die Aufgabe, also der intentionale Duktus, in welchem der Hörer steht, so können beispielsweise sehr viel stärker analytisch orientierte Prozesse ablaufen. Gilt es etwa in Verifikationsversuchen die Übereinstimmung zwischen einer verbalen Aussage und einem Bild zu beurteilen, so werden die dabei sich abspielenden Vorgänge am besten durch ein von CARPENTER und JUST (1975) vorgelegtes Modell erfaßt:

Dieses Modell postuliert, daß beide Repräsentationen (die der verbalen Äußerung und die des Bildes) in Konstituenten zerlegt, diese Konstituenten paarweise abgerufen und verglichen werden.* Dabei bestimmt die propositionale Struktur die Reihenfolge der Konstituenten. Jedesmal wenn eine Nichtübereinstimmung der korrespondierenden Konstituenten von Satz und Bild festgestellt wird, fängt der Vergleichsprozeß (sozusagen mit einem anderen Vorzeichen) von vorne an.

In solchen Verifikationsversuchen, aber auch beim Umgang mit den sog. »implizit negativen« Wörtern (wie vergessen, außer, verschieden, anders ...), mit kontrafaktischen Aussagen, mit Quantifikatoren, wird offenbar sehr viel analytischer, einzelheitlicher vorgegangen als etwa bei den durch BRANSFORD geschilderten Versuchen. In diesen von CARPENTER und JUST behandelten »find-and-compare«-Operationen erfolgt eine Reihe elementarer Vergleiche und die dafür erforderliche Zeit ist (das ist CARPENTERs und JUSTs hauptsächlicher Befund) genau proportional der Anzahl der durchzuführenden Vergleiche.

Treten wir einen Schritt zurück und sehen wir uns um, so erkennen wir Befunde, die eher durch einen CARPENTER-JUSTschen Ansatz (um diesen als Typus herauszuheben) zu erklären sind, und andere, auf welche eher die Vorgehensweise paßt, die wir bei BRANSFORD, ENGELKAMP, HÖRMANN, FREDERIKSEN, KINTSCH kennengelernt haben. Der Vorgang des Verstehens wird nur dann deutlich, wenn wir akzeptieren, daß nicht die eine *oder* die andere Darstellung adäquat ist. Mit dem Begriff *Vorgang des Verstehens* bezeichnen wir eine Mehrzahl von Verfahrensmöglichkeiten, die sich vertreten, vermutlich aber auch zu mehreren im selben Akt ablaufen können. Wenn die Aufgabe und vermutlich auch noch andere Faktoren es erfordern, kann ein Input in eine Serie von Propositionen oder Konstituenten oder vielleicht auch Features zerlegt und in *dieser* Form für eine daran anschließende Bearbeitung zur Verfügung gestellt werden. Er kann aber *auch* (oder unter anderen Bedingungen: *statt dessen)* mit bereits vorhandener oder

* In gewisser Weise gehört auch dieses Modell in die große Klasse der Kongruenzmodelle, die wir bei HEIDER und OSGOOD kennengelernt haben. Während dort aber das Interesse den *Folgen* galt, welche sich aus Übereinstimmung bzw. Nichtübereinstimmung ergeben, steht hier der Vergleichsakt selbst im Mittelpunkt.

gleichzeitig einlaufender Information zu ganzheitlichen semantischen Beschreibungen integriert werden, wobei sich Schematisierungs- und Assimilierungsvorgänge abspielen.

Die alte Frage: was wird gespeichert,

> ein einheitliches Ganzes mit »emerging properties« oder eine Matrix mehr oder minder abstrakter Einzelinformationen?

ist schon als Frage nicht mehr haltbar, denn sie ist noch zu sehr der Vorstellung verhaftet, wonach der Hörer »einen Satz versteht und das, was er verstanden hat, behält«. Statt dessen müssen Verstehen, Behalten und Gebrauchmachen von-dem-Behaltenen als Aspekte eines zusammengehörenden Prozesses konzipiert werden, in dessen Ablauf verschiedene, voneinander oft nicht unabhängige Phasen unterschieden werden können. Manche dieser Phasen können als eine zyklische Iteration ein und desselben Vorganges (z. B. CARPENTERs und JUSTs find-and-compare-Vorgang) aufgefaßt werden, andere bestehen, qualitativ verschieden davon, z. B. in der Integration von Informationen aus verschiedenen Quellen (BRANSFORD). Welche Phasen im Einzelfall in welcher Reihenfolge ablaufen, das wird offenbar nicht allein durch die »Struktur unseres apperzeptiven Apparates« bzw. durch die unseres Gedächtnisses bestimmt, sondern das steht der Einwirkung zusätzlicher Faktoren offen. (Vgl. dazu z. B. die Untersuchung von BROCKWAY et al., 1974.)

Damit gewinnt das Konzept der *Strategie* für die Erklärung des Gesamtvorganges sein Gewicht: der Hörer hat sich zwischen verschiedenen ihm zur Verfügung stehenden Verfahrensweisen beim Umgang mit dem sprachlichen Input zu entscheiden. Diesem mit dem Konzept der Strategie verbundenen Freiheitsgrad des Vorgehens wenden wir uns jetzt zu – immer geführt von der Frage, was tut der Hörer mit dem, was er hört?

Darüber erfahren wir mehr, wenn wir der Versuchsperson Aufgaben stellen, die auf bestimmten (verschiedenen) Ebenen ausgeführt werden müssen.

BOBROW und BOWER (1969) boten Sätze visuell dar und gaben der Versuchsperson dabei entweder die Aufgabe, die orthographische Richtigkeit eines der Wörter zu prüfen oder dieses Wort in seiner Bedeutung zu »disambiguieren«*. An-

* In dem Satz »ich brauche neue Gläser« ist »Gläser« mehrdeutig: man

schließend prüften sie, wie das Objekt des Satzes behalten worden war, in welchem das zu bearbeitende Wort vorgekommen war. Ergebnis: zwingt die Aufgabe die Versuchsperson, sich mit der Bedeutung des Satzes zu befassen, so wird der Satz weit besser erinnert, als wenn die Aufgabe die Versuchsperson auf das Auffinden von Rechtschreibfehlern orientiert. In einem weiteren Versuch konnten die Autoren zeigen, daß die Aufgabe, eine Fortsetzung für einen Satz zu finden, zu weit besserem Behalten führt als dreimaliges Lesen des Satzes. Und weiter: die Versuchspersonen behalten zwei Nomina besser, wenn sie einen verbindenden Satz selbst machen, als wenn sie einen solchen Satz nur lesen.
Hier wird ganz deutlich: die Aufgabenorientierung, mit welcher die Versuchsperson an die »Bearbeitung« der ihr vorgelegten sprachlichen Mitteilung herangeht, ist verantwortlich dafür, wie gut sie diese Mitteilung behält – auch dann, wenn in dieser Aufgabe die Aufmerksamkeit nicht etwa auf das Behalten selbst gelenkt wird. Gleichzeitig wird aber auch der Verstehensbegriff in seiner Problematik wieder deutlich: in allen diesen Fällen haben die Versuchspersonen die ihnen vorgelegten Sätze zweifellos verstanden – aber haben sie sie in gleicher Weise verstanden? Wird ein Satz, den man auf einen orthographischen Fehler hin durchliest, in gleicher Weise verstanden wie einer, den man um zwei Nomina herum selbst bildet? Erinnern wir uns an DEESEs Definition von Verstehen: »the inward sign of the potential for reacting appropriately to what we see or hear« (1969, S. 516); so wird uns eine neue Facette dieses schillernden Begriffs deutlich: DEESEs Definition meint je nach der dem Hörer gestellten Aufgabe verschiedene Arten von Verstehen. Verstehen ist, jenseits der durch DEESEs Definition gezogenen formalen Grenze, kein einheitlicher Vorgang oder Zustand mehr, sondern allenfalls eine Klasse von verschiedenen Potentialen und eventuell verschiedenen Bewußtheiten. Kann man diese verschiedenen Grade oder Ebenen oder Typen des Verstehens bzw. des Verstandenhabens weiter klären?
MISTLER-LACHMAN (1972) macht sich dazu die vielfach bestätigte Tatsache zunutze, daß mehrdeutige Sätze schwie-

kann den Satz aussprechen, wenn man in ein Haushaltswarengeschäft oder wenn man zum Optiker geht.

riger und deshalb langsamer zu verarbeiten sind als eindeutige.

Sie gibt ihren Versuchspersonen drei Aufgaben und mißt die für deren Ausführung erforderliche Zeit: a) feststellen, ob ein Satz »meaningful« ist oder nicht, b) feststellen, ob ein bestimmter Satz aus einem vorangehenden Satz sich ergibt, c) einen Satz selbst konstruieren, der aus einem vorgegebenen vorangehenden sich ergeben soll. Dabei kann der vorgegebene Satz selbst entweder eindeutig oder mehrdeutig sein. Die Mehrdeutigkeit selbst konnte wiederum lexikalischer Art sein oder sich auf die Oberflächenstruktur oder auf die Tiefenstruktur beziehen (Beispiele: lexikalisch: »Gläser« in der vorangegangenen Fußnote; Oberflächenstruktur: »small boys and girls are easily frightened«; Tiefenstruktur: »I was feeding her dog biscuits«).

Die Resultate zeigen zunächst, daß die verschiedenen Aufgaben verschiedene »Arten« des Verstehens ansprechen: die bloße Beurteilung, ob ein Satz bedeutungshaltig ist oder nicht, kann getroffen werden, ohne daß die etwa vorhandene Ambiguität überhaupt einen (verzögernden) Einfluß hat. Die Versuchsperson sucht offenbar nur, ob in dem vorgelegten Satz irgendeine Anomalie enthalten ist, und sagt sofort »unsinnig«, wenn sie eine solche entdeckt.

Aber es ist nicht die Aufgabenstellung allein, welche die Art und damit die Geschwindigkeit des Suchvorgangs bestimmt: die Art des Such- bzw. Verarbeitungsvorganges wird durch Aufgabe *und* Material bestimmt. Hätte die Verfasserin z. B. semantisch anomale Sätze der Art dargeboten, wie O'CONNELL, KOWAL und HÖRMANN (1969) sie verwendet haben, so hätte sich zweifellos eine Verlängerung der Bearbeitungszeit ergeben; zu dem gleichen Resultat wäre es vermutlich auch gekommen, wenn unter den Anomalien einige Metaphern gewesen wären.

In den anderen Aufgaben MISTLER-LACHMANs (Beurteilung des Zusammenhangs zweier Sätze und Produktion von weiterführenden Sätzen) wird von der Versuchsperson ein »tieferes« Verständnis verlangt

> »involving consideration of the joint consequences of multiple propositions; the subject must then generate additional propositions for himself, unless they are given« (1972, S. 621)

– hier wird ganz deutlich der von BRANSFORD beschriebene Konstruktionsprozeß angesprochen; er ist ein Kennzeichen »tieferen« oder »weitergehenden« Verstehens.

Wir haben dieses Stichwort »weitergehendes Verstehen« erreicht in einer Diskussion des im Konzept der Strategie enthaltenen Aspekts der Wahlfreiheit: man *kann* weitergehen oder auch nicht. Dasselbe Stichwort wendet unseren Blick aber auch noch einmal zurück zu der Problematik der Verarbeitungs- und Gedächtnismodelle: kann »weitergehend« auch in dem Sinne verstanden werden, daß die Verarbeitung durch *mehr* Speicher vorangetrieben wird? *Tiefe der Verarbeitung* kann sozusagen als (unscharfe) Alternative zu einer Mehr-Speicher-Konzeption aufgefaßt werden. Das Verdienst, diese Gegenüberstellung vorgenommen zu haben, gebührt CRAIK und LOCKHART, die (1972) dem Begriff der Verarbeitungsebenen als ein »framework for Memory Research« vorgeschlagen haben.

Die zentrale These ihres Ansatzes ist

> »that trace persistence is a function of depth of analysis, with deeper levels of analysis associated with more elaborate, longer lasting, and stronger traces. Since the organism is normally concerned only with the extraction of meaning from the stimuli, it is advantageous to store the products of these deep analyses, but there is usually no need to store the products of preliminary analyses«. (1972, S. 675)

Was dabei als »Tiefe der Verarbeitung« bezeichnet wird, ist, wie sich aus vielen der hier erwähnten Untersuchungen ergibt, nicht eine immer feinere Aufdifferenzierung des ursprünglichen Input, sondern eher eine Anreicherung, welche durch konstruktive Vorgänge den verbalen Input mit Informationen aus anderen Quellen und aus dem bereits vorliegenden Gedächtnisbestand integriert.

Wenn die Behaltensleistung von der Verarbeitungstiefe abhängt – von welchen Faktoren hängt die Verarbeitungstiefe ab? CRAIK und LOCKHART erwähnen: 1) die Art der Aufgabe, durch welche die Aufmerksamkeit des Hörers ausgerichtet wird, 2) die mehr oder minder große Kompatibilität des Inputs mit den bereits vorhandenen »analysierenden Strukturen« (S. 676)*, 3) die für die Durchführung der ganzen Handlung zur Verfügung stehende Zeit.

Nach CRAIK und LOCKHART stellt die Aufnahme, Ver-

* Natürlich sollten CRAIK und LOCKHART hier nicht nur von analysierenden, sondern auch von synthetisierenden Strukturen sprechen!

arbeitung und Speicherung sprachlicher Mitteilungen (und vermutlich auch nichtsprachlicher Eindrücke) ein »Kontinuum der Analyse« dar (S. 676) – wobei »Analyse« ein Lapsus der Terminologie ist, denn nach CRAIKs und LOCKHARTs eigener Ansicht ist dieses Kontinuum weithin eher durch synthetische als analytische Vorgänge gekennzeichnet. Dieses Kontinuum, so geben die Autoren zu, kann für Zwecke der wissenschaftlichen Beschreibung in Stadien oder Abschnitte gegliedert werden (z. B. sensorische Analyse, Pattern recognition, Stimulus elaboration), womit man dann wieder in der Nähe eines Multi-Speicher-Modells angekommen wäre (das die drei eben genannten Stadien beispielsweise in die drei Speicher VSTM, STM und LTM verlegen würden). CRAIKs und LOCKHARTs Untersuchung diskutiert die Vorzüge und Nachteile des einen wie des anderen »Sprachspiels« in scharfsinniger Weise anhand zahlreicher empirischer Befunde. Wenn sie dabei schließlich dem Begriff der »Tiefe der Verarbeitung« den Vorzug geben und diese Tiefe als ein Kontinuum ansehen, in welchem besondere Ebenen oder Schichten eigentlich nur zum Zwecke der wissenschaftlichen Beschreibung voneinander unterschieden werden können, so droht dabei allerdings ein Aspekt verlorenzugehen, welchen wir als wichtig kennengelernt haben: wenn »Tiefe der Verarbeitung« eine kontinuierliche Dimension darstellt, so wird damit impliziert, daß die Verarbeitung zu einer bestimmten Tiefe nur vordringen kann, nachdem sie alle »darüber« liegenden Schichten durchquert hat. Das heißt: es geht verloren die konzeptuelle Möglichkeit, »oberflächlichere« oder »seichtere« Schichten sozusagen zu überspringen und gleich zu »tieferen« vorzustoßen, wenn dies der Strategie des Sprachbenutzers entspricht. Das CRAIK-LOCKHARTsche Modell sieht »Tiefe der Verarbeitung« zu dimensionalistisch und immer noch zu wenig als den *Akt des Tiefegewinnens* oder Ver-Tiefens, den der Sprachbenutzer ausführt und in welchem er mehr oder weniger rasch, mehr oder weniger graduell voranschreiten kann. MISTLER-LACHMAN (1974) sieht eine solche Möglichkeit, CRAIK und LOCKHARTs Modell spezifierend, ausdrücklich vor, wenn sie ihre Befunde durch die Annahme erklärt,

»that the system *immediately enters* a processing level appropriate to the task demand. Deeper tasks are handled at deeper levels, and deeper levels are characterised by better memory«. (1974, S. 105)

Diese von MISTLER-LACHMAN postulierte Möglichkeit wurde von GREEN (1975) experimentell verifiziert. Er ließ Probanden Sätze hören entweder mit der Instruktion, sie nachher wörtlich zu wiederholen, oder mit der Instruktion, eine Fortsetzung des gehörten Satzes zu produzieren. Bevor die Probanden diese Aufgabe aber ausführen konnten, hatten sie zu entscheiden, ob ein nach dem Satz vorgelegtes Probewort im Satz vorgekommen war oder nicht, wobei dieses Probewort entweder mit einem Wort aus dem Satz identisch war oder ihm klanglich ähnlich war oder eine Beziehung zum ganzen Satz aufwies.

Die Ergebnisse zeigen, daß die verschiedene Instruktion wohl die semantische, nicht aber die phonologische Repräsentation des Satzes beeinflußt, die sich im Hörer bildet. Ist der Proband durch die Instruktion auf eine Fortsetzung des Satzes gerichtet, so hängt die Zeit für seine Reaktion auf das Probewort weit mehr von der semantischen Ähnlichkeit dieses Probewortes mit dem ganzen Satz ab als mit der Ähnlichkeit mit einem bestimmten Wort dieses Satzes. Ist der Proband andererseits auf wörtliches Memorieren eingerichtet, so spielt die Ähnlichkeit zwischen Probewort und einem bestimmten Wort des Satzes die entscheidende Rolle. Der Proband vergleicht offenbar die Bedeutung des Probeworts zuerst mit der tiefsten Ebene, bis zu welcher er die semantische Darstellung des Satzes ausgebaut hat, was in klarem Widerspruch zu früheren Annahmen (z. B. GARROD und TRABASSO 1973) steht, wonach der Proband zuerst nach der oberflächlichsten Repräsentation des Satzes sucht und erst dann, wenn er auf dieser Ebene nicht erfolgreich ist, zu tieferen fortschreitet. Dagegen bestätigt sich, was schon durch die BRANSFORDschen Untersuchungen nahegelegt worden war, nämlich daß für einen Satz eine einheitliche semantische Beschreibung konstituiert wird.

Wenn also, wie wir jetzt mit MISTLER-LACHMAN und mit GREEN annehmen können, das System direkt auf *der* Verarbeitungsebene angesprochen werden *kann*, welche durch die Aufgabe gefordert ist, dann wird dies um so eher ohne Umwege der Fall sein, je stärker der Hörer unter Zeitdruck ist. CARPENTER (1973) hat dementsprechend die Hypothese aufgestellt:

> »that such processes as comparison and inference making are initiated [unter Zeitdruck] as soon as the sentence is read, and this processing will occur without any prior simplification of grammatical structure«. (1973, S. 513)

Sie legt ihren Versuchspersonen kontrafaktische Sätze dieser Art vor

»If the doctor would have left, John would have died«

und läßt sie dann entscheiden, ob ein anschließender Satz wie

»The doctor left«

wahr oder falsch ist. Unter Zeitdruck wird der Ausgangssatz offenbar, so sind die Resultate zu interpretieren, gleich in komplexer Form, nämlich als Repräsentation der Prädikation (doctor left) plus einer Repräsentation der Negation dieser Prädikation gespeichert, also (neg. (doctor left)). Hat die Versuchsperson dagegen mehr Zeit zur Verfügung, so wird diese komplexe Repräsentation umgeformt, wenn möglich, in eine einfachere: aus (neg. (doctor left)) wird (doctor stayed).

Eine auf eine derartige Umformung gerichtete Strategie *kann* aber unter Umständen auch gleich als die bevorzugte Verarbeitungsart gewählt werden.

Hier haben wir also zwei »benachbarte Ebenen« vor uns und wir kennen wenigstens einen Faktor (Zeitdruck), der bei gegebener Aufgabe dafür verantwortlich ist, ob auf der einen oder auf der anderen Ebene operiert wird. Dies läßt die Überlegung aufkommen, daß die Verarbeitung von Sätzen ein Vorgang ist, der *kapazitätsbegrenzt* in dem Sinne ist, daß pro Zeiteinheit nur ein beschränkter »Betrag« dafür zur Verfügung steht und daß auf den verschiedenen Ebenen die Verarbeitung verschieden viel von diesem Betrag »kostet«. CARPENTER sagt, derartigen Überlegungen entsprechend,

> »the conclusions of these studies suggest a multistage model of sentence processing that distributes processing capacity to various stages depending upon the amount of time permitted by external conditions«. (1973, S. 520)

Sofort aber der nächste Schritt: die *Verteilung der Verarbeitungskapazität* auf die verschiedenen Phasen oder Ebenen kann nicht jederzeit frei und mit gleicher Effizienz erfolgen; sie muß sich einfügen in den Duktus der Kommunikation, der die optimalen Zeitpunkte für das Wirksamwerden der einzelnen Faktoren festlegt. Das sei an einer Untersuchung von BOCK (1975) aufgezeigt, die vom jetzt erreichten Standort den Bogen noch einmal zurückschlägt zu jenem Komplex, in dem wir Bedeutung als ein Ensemble elementarer Features aufgefaßt haben. Wir haben dort die Schwierigkeiten kennengelernt, in die man gerät, wenn man diese Elemente als für sich existente, addierbare Einheiten ansieht: es ist der *Vorgang* des In-Elemente-Zerlegens, welcher für die Tiefe unseres Verstehens und damit auch für die Güte unseres Behaltens verantwortlich ist.

BOCK ließ seine Probanden eine Liste mit 15 Vogel- und 15 Werkzeugnamen lernen unter einer Instruktion, welche (Vpn-Gruppe A) dazu aufforderte, alle Wörter abzuhaken, welche einen Vogel (ein Werkzeug) bezeichnen, oder (Vpn-Gruppe B) alle Wörter, die etwas Belebtes (etwas Unbelebtes) bezeichnen. In einem anschließenden Behaltensversuch zeigt sich (und zwar gleichgültig, ob er vorher angekündigt worden war oder nicht), daß unter der Instruktion B weniger behalten wird als unter der Instruktion A. Unter A werden im Auffassungsvorgang offenbar mehr Features aktiviert als unter B. Daß die Intention des Probanden *während des Auffassungsvorganges* den entscheidenden Faktor darstellt, erhellt daraus, daß eine nachträglich (d. h. zwischen Abhaken und Behaltensprüfung) an die Gruppe B gegebene Information, daß es sich bei den belebten Items um Vögel (bei den unbelebten um Werkzeuge) gehandelt habe, keine Verbesserung der Behaltensleistung hervorrufen kann: die semantische Tiefe, bis zu welcher im Auffassungsvorgang vorgedrungen worden ist, kann im Gedächtnis nicht mehr nachträglich vergrößert werden. Die ›Zugänglichkeit‹ der ja schon vor dem Versuch in unserem Gedächtnis gespeicherten Wörter wird also im *Akt* der Listenbearbeitung determiniert: bearbeitet der Proband die Wortliste mit einer Intention, durch welche jeweils zahlreiche semantische Features aktiviert werden, so prägen sich die Wörter besser ein als wenn durch die im

Auffassungsvorgang herrschende Intention jeweils nur wenige Features aktiviert werden.
BOCKs Untersuchung zeigt uns, wie auch schon vorher erwähnt, die Wichtigkeit der Intention des Sprachbenutzers. Der Sprachbenutzer setzt, gesteuert von dieser Intention, auf einer bestimmten Verarbeitungsebene an, er stellt sich darauf ein, auf einer bestimmten Ebene des Meinens und Verstehens zu funktionieren. Das wird auch deutlich aus der Untersuchung von S. JÖRG (1975), die in gewisser Hinsicht einen Schritt über die BOCKs hinaus darstellt. Ging es BOCK um den Einfluß der »Verarbeitungsebene« eines Satzes auf das Behalten dieses Satzes (so wie es durch CRAIK und LOCKHART nahegelegt worden ist), so interessiert sich JÖRG für den Einfluß der »Verarbeitungsebene« eines Satzes auf *nichtsprachliche* Gegebenheiten, die durch diesen Satz beschrieben werden oder sich in seiner »Nähe« abspielen.
In dem Versuch werden den Probanden aus 4 Einzelfiguren (Strichzeichnungen) bestehende Bildtafeln kurze Zeit dargeboten. Auf einer Tafel sind z. B. zu sehen

Tulpe	Pfauenauge
Markstück	Volkswagen

Die Kontrollgruppe hört vor dieser Bilddarbietung nur die Instruktion, daß eine Behaltensprüfung folgen werde. Die beiden Experimentalgruppen hören vor der Bilddarbietung zusätzlich einen Satz, der entweder in spezifischer oder in allgemeiner Form zwei der vier Einzelfiguren in Verbindung bringt. Gruppe A hört z. B.

Das Pfauenauge sitzt neben der Tulpe,

Gruppe B

Der Schmetterling sitzt neben der Blume.

Im anschließenden Wiedererkennensversuch werden für jede der 4 Einzelfiguren (also für die beiden im Satz benannten und für die nicht benannten) neben dem Original 5 in verschiedenem Grade abweichende Zeichnungen dargeboten mit der Aufforderung an den Probanden, anzugeben, ob er diese Version vorher gesehen hat oder nicht.
Die Ergebnisse der Untersuchung werden von JÖRG so zusammengefaßt:

1. Die vorangegangene sprachliche Beschreibung verringert – je nach den Allgemeinheitsgrad der verwendeten Begriffe in unterschiedlicher Weise – die Diskriminationsleistung zwischen ähnlichen Bildvorlagen. Sind im vorangegangenen Satz spezifische Begriffe verwendet worden, so werden die dem Original ähnlichsten Abweichungen gut von einander unterschieden, nicht jedoch die weniger ähnlichen untereinander differenziert. Wurden dagegen im Satz allgemeine Begriffe (»Blume«, »Schmetterling«) verwendet, so werden geringe Abweichungen vom Original kaum beachtet, wohl aber wird unter den stärker abweichenden Versionen differenziert.

Auch hier zeigt sich also, so können wir interpretierend hinzufügen, die Auswirkung eines kapazitativen Faktors: es steht dem Probanden sozusagen nur ein bestimmter Betrag an Differenzierungsmöglichkeiten zur Verfügung; wo dieser Betrag eingesetzt wird, hängt von der Art des Satzes ab, der dem Bild vorausgeht. Unsere schon mehrfach formulierte Behauptung, die sprachliche Äußerung des Sprechers steuere das Bewußtsein des Hörers, wird hier wieder bestätigt und zugleich konkretisiert: der Allgemeinheitsgrad der gewählten Nomina steckt die Grenzen für die Verteilung der verfügbaren Differenzierungsmöglichkeiten ab.

2. Das zweite hier zu nennende Ergebnis der JÖRGschen Untersuchung ist folgendes: Auch die nicht benannten Teile eines Bildes werden in der gleichen Weise verarbeitet wie die (allgemein oder spezifisch) benannten.

Das heißt: die sprachliche Fassung des zu verarbeitenden Satzes bestimmt nicht nur Speicherung und Wiedererkennen der in diesem Satz genannten Bildteile, sondern auch der überhaupt nicht benannten Bildteile, für die also weder eine spezifische noch eine allgemeine Benennung bereitgestellt wird. Die Verarbeitung einer sprachlichen Äußerung ist also offenbar eine Tätigkeit, die nicht auf diese Äußerung beschränkt bleibt. Die »Anweisungen«, die das Bewußtsein des Hörers aus (der Versuchsinstruktion und) dem Satz erhält, steuert *den Hörer* und nicht nur die Verarbeitung des benannten Bildteils durch den Hörer.

Wieder einmal erkennen wir die Integriertheit von sprachlichem und nichtsprachlichem Geschehen. Wenn die Untersuchungen von BRANSFORD und manchen anderen zeigten, daß am Zustandekommen der das Verstehen eines Satzes repräsentierenden »semantischen Beschreibung« nicht nur der Satz selbst, sondern auch perzeptive und andere Faktoren der Gesamtsituation beteiligt sind, so zeigen uns jetzt die JÖRGschen Befunde, daß diese »semantische Beschreibung« nicht nur die sprachliche Äußerung beschreibt, sondern auch die nichtsprachlichen Komponenten unseres augenblicklichen Bewußtseins determiniert.

Im Anschluß an POLANYI haben wir schon oben (Kap. III) von »linguistischer Transparenz« gesprochen, jenem eigentümlichen Akt des Hindurchblickens durch Phoneme, Silben, Wörter und Sätze auf das vom Sprecher Gemeinte. Eben weil Phoneme, Silben, Wörter, Sätze als solche nur »subsidiär bewußt« sind, können sie den Fokus unseres Bewußtseins lenken. Wie und wohin er gelenkt wird, das zeigt sich am Auffassungsvorgang, der sich im Hörer vollzieht und bei dem es sich, wie JÖRGs Ergebnisse nahelegen, immer um einen sprachübergreifenden Akt handelt.

Machen wir uns klar, daß dieses zu bewußtem Verstanden-Haben führende, kapazitätsbegrenzte System nicht als Modell *aller* und *jeder* Prozesse der Sprachverwendung dienen kann. VanLANCKERs Hinweise auf automatisierte Teile des Sprachgeschehens sind zu beachten, POSNER und WARREN (1972) nehmen an, daß neben diesem *bewußte* Vorgänge involvierenden System viele gelernte »mental operations« ablaufen können, wenn sie nur genügend automatisiert sind. Ja, sie gehen einen wissenschaftstheoretisch ebenso interessanten wie gefährlichen Schritt weiter:

> »For our purposes the use of this system becomes the central definition of a ›conscious process‹ and its non-use defines what is meant by ›automatic‹.« (1972, S. 34)

Nachdem *Verstehen* als ein durch vielerlei »Anweisungen« determinierter Vektor unseres Bewußtseins erschienen war, wird dieses Verständnis von Verstehen also schon wieder brüchig, denn das Bewußtsein scheint jetzt nicht nur als durch Verstehen determiniert, sondern als Determinante des Verstehens. Wir fühlen wie Bunter, wenn er zu Lord Peter Whimsey sagt:

»my lord, facts are like cows. If you look them in the face hard enough, they generally run away«.

Dorothy L. SAYERS
Clouds of Witness
14. Aufl. 1958, S. 74

Schluß

Sprache ist immer verwendete Sprache, verwendet von Menschen, um miteinander leben zu können. Diese Verwendung-von-Sprache-zu-einem Zweck konstituiert sich in den Akten des Meinens und Verstehens; in ihnen integriert sich die Essenz der Sprache mit dem Wesen des Menschen. Von diesem Charakter der Sprache als einer zielgerichteten Handlung kann man nicht abstrahieren, wenn man Sprache theoretisch so konzipieren will, daß auch unser täglicher Umgang mit ihr befriedigend faßbar wird: der Konzeption des Sprache-Kennens muß also als eine Konzeption des Sprache-Könnens vorausgehen.
Der Begriff der Kompetenz, so wie er durch CHOMSKY eingeführt und durch CHOMSKYs grandiose Leistung mit Prestige versehen worden ist, bezieht sich jedoch auf die Kenntnis eines idealen Sprecher/Hörers – ideal deshalb, weil er nicht nur frei von den Schwächen und Schwankungen der menschlichen Aufmerksamkeit und des menschlichen Gedächtnisses ist, sondern auch weil seine Äußerungen lediglich einem l'art pour l'art-Zweck dienen, nämlich wohlgeformt zu sein. Dieser Beschränktheit auf der einen Seite steht ein ungeheurer Anspruch auf der anderen Seite gegenüber (oder wenn man es freundlicher formulieren will: ein großes Versprechen): daß die von der Generativen Grammatik so erfaßte und nur unter dem Aspekt ihrer Wohlgeformtheit beschriebene Sprache im Grunde auch jene Sprache sei, derer wir uns alle im Alltag bedienen, wenn wir etwas meinen und etwas verstehen. Dieses Versprechen hat sich nicht einlösen lassen: eine nur nach rationalen Kriterien konstruierte Theorie der Sprache – und das will die Generative Transformationsgrammatik ja sein – erweist sich in dem Augenblick als ungenügend, in welchem sie dem Test unterzogen wird, dem Theorien ganz allgemein zu genügen haben: tatsächlich Beobachtbares voraussagen zu können.
Psychologisch akzeptabel oder sogar fruchtbar könnte der Begriff der Kompetenz nur dann werden, wenn man den »Besitzer« dieses Wissens nicht mehr auf der Basis jener in-

humanen Anthropologie zu beschreiben versuchen würde, von der CHOMSKY bei der Beschreibung seines idealen kompetenten Sprecher/Hörers ausgeht; dann wäre freilich auch das Verhältnis zwischen Kompetenz und Performanz neu und ganz anders zu fassen.

Die Unmöglichkeit, Kennen und Können zu trennen, erweist sich konkret bei der kritischen Analyse der Versuche, die »Bedeutung der Wörter« durch die Einführung des Kenntnis-Speichers *Lexikon* theoretisch zu erfassen. Unter linguistischem Aspekt ist eines der ersten Probleme des Lexikons das seiner Strukturiertheit. Indem man diese ›innere Struktur‹ nachzuzeichnen versucht, will man die Vielfalt der Bedeutungen reduzieren, die im Wortschatz einer Sprache und damit auch im Wortschatz eines seine Sprache beherrschenden Menschen enthalten sind.

Ein solcher Reduktionsversuch wird also unternommen, *muß* unternommen werden, obwohl zum gegenwärtigen Zeitpunkt der Forschung und der Theoriebildung weder klar ist, *was* dabei eigentlich genau unter Bedeutung zu verstehen ist (›Referenz‹ und ›Struktur‹ sind zunächst nur Schlagworte), noch eine präzise Vorstellung darüber vorhanden ist, *wie* der Einsatz eines so strukturierten Lexikons im Akt der Sprachverwendung erfolgt.

Wägt man verschiedene Positionen hier gegeneinander ab, etwa die von KATZ und FODOR gegen die von BIERWISCH, so erhebt sich die Frage, ob die Strukturen des Lexikons primär oder gar ausschließlich Strukturen der Sprache sind, oder ob die lexikalen Strukturen jene allgemeinen Strukturen widerspiegeln, welche der Mensch im sprachlichen *und* im nichtsprachlichen Erleben und Verhalten an die Welt anlegt, weil *er* so gebaut ist. Die Analogisierung von Lexikon und Gedächtnis erhält dadurch einen theoriebildenden Wert, welcher die scharfe Trennung von Sprachwissenschaft und Psychologie aufzuheben zwingt.

Die Art und Weise, in welcher die Strukturen des Lexikons unseren Wortschatz gliedern, äußert sich psychologisch im Grad der Zusammengehörigkeit der in diesem Speicher aufbewahrten ›Elemente‹. Je präziser man diese Zusammengehörigkeit, diese Gliederung nach und durch Ähnlichkeit zu erfassen und zu beschreiben sucht (MILLER, FILLEN-

BAUM & RAPOPORT, CLARK), desto deutlicher wird jedoch, daß ein so konzipiertes Lexikon nicht die Stabilität haben kann, welche bei der Verwendung dieses Begriffs in Linguistik und Psycholinguistik üblicherweise stillschweigend vorausgesetzt wird: was aus dem Speicher zu entnehmen ist, ist nicht immer und zu allen Zwecken das gleiche.

Bei der Klärung der Frage, *wie* das im Lexikon oder im Wortspeicher Aufbewahrte im Akt der Sprachbenutzung verwendet wird, tritt also eine Unterbestimmtheit zutage: konzipiert man die Bedeutung eines Wortes als Matrix semantischer Features, so hat man keine Erklärung dafür, daß diese Matrix in bestimmten Fällen sozusagen vollständig, in anderen aber nur zum Teil ›benutzt‹ wird. In psychologischen Untersuchungen, wie auch in CHAFEs linguistischer Analyse, vor allem des Idioms, wird deutlich, daß die einzelnen eine Äußerung konstituierenden ›Elemente‹ nicht mit einem fixen Wert in einen Kalkül eingehen, der aus den Bedeutungen der Elemente die der Äußerung entstehen läßt. Semantische Elemente (bzw. Matrizen solcher Elemente) können also nicht mehr als alleiniger Erklärungsfaktor fungieren, sondern verlangen nach einem zusätzlichen, übergeordneten Faktor, der den Umgang mit der Matrix, d. h. den *Umgang mit dem Lexikon* determiniert. Die ursprüngliche Konzeption des Lexikons kann nicht beibehalten werden, wonach im Lexikon eben das gespeichert ist, was sich (unter dem Einfluß der Syntax) zur Bedeutung des Satzes oder der Äußerung automatisch addieren oder integrieren läßt. Man ist gezwungen, das im Lexikon Aufbewahrte unbestimmter zu konzipieren, um so Spielraum für die nicht zu ignorierende Determination durch Kontext, Situation und Aufgabe zu schaffen.

Das impliziert, daß *die Vorgänge des Meinens und Verstehens* jedenfalls teilweise eine finalistische Erklärung verlangen: sie werden von einem Ziel her bestimmt, das ihnen in allgemeiner Form immer schon vorgegeben ist. Dieses Ziel, dem diese Akte dienen und das sie steuert, besteht darin, die Welt intelligibel zu machen. Die semantische Anomalie wird, wenn immer möglich, zur dennoch sinnvollen Metapher: Phänomen und Funktionsweise der Sinnkonstanz treten in das Zentrum unserer Aufmerksamkeit.

Eine Äußerung als sinnvoll auffassen, ist demnach nicht primär das Resultat einer Analyse dieser Äußerung, sondern geht einer solchen Analyse weg-weisend (und zwar immer einen Weg zu Sinnvollem weisend) voraus. Sinnvolles, Verständliches konstituiert sich nicht mühsam und allmählich, indem Zeichen nach einem Code übersetzt oder interpretiert werden, sondern es geht als Intendiertes diesem Vorgang immer schon voraus. Verstehen ist – allgemein gesehen – älter als *sprachliches* Meinen. Sprachliches Verstehen konkretisiert an und aus der vorliegenden Äußerung einen Zusammenhang mit etwas Allgemeinem, das schon vorher da ist. Dieser Vorgang geht einher mit dem von DEESE beschriebenen Gefühl, nötigenfalls adäquat reagieren zu können.

Wenn der Hörer so im Horizont des allgemein Sinnvollen eine konkretisierende Realisation vollzieht, dann braucht dies freilich nicht notwendig an der Stelle zu erfolgen, welche der Sprecher gemeint hat; das Verstehen, das dann vorliegt, ist unter Sprecher-Aspekt ein Miß-Verstehen; die Tatsache, daß ein und derselbe Vorgang, ein und dasselbe Resultat Verstehen *und* Miß-Verstehen sein kann, zeigt uns das Gewicht der autonomen, nichtsprachlichen Faktoren in diesem Geschehen.

Die Äußerung, die sich (nie allein, sondern immer vor dem Hintergrund einer kognitiven Situation) zwischen Sprecher und Hörer erstreckt, kann so als spezifizierende Anweisung des Sprechers an den Hörer aufgefaßt werden, als Anweisung, durch welche der Sprecher die Bewußtheit des Hörers verändern will.

Damit setzen wir uns von der Konzeption ab, nach welcher sprachliche Kommunikation immer Austausch oder Übertragung von Information sei; diese Konzeption wäre nur aufrechtzuerhalten, wenn man den Informationsbegriff seiner Präzision beraubte. Was zwischen Sprecher und Hörer geschieht, ist ein Akt der Steuerung nicht so sehr des Wissens (selbst wenn man darunter auch nicht bewußtes Wissen im Sinne von Kenntnis versteht), sondern in erster Linie des Bewußtseins: der Sprecher verändert das, was der Hörer bewußt hat und damit das, was er auf der Basis dieses Bewußtseins tun, erleben, denken ... kann.

Wenn man in dieser Weise *Sprache als Mittel zur Steuerung*

des Bewußtseins des Hörers auffaßt, eröffnet sich ein Ausweg aus der zwischen ›Referenz‹ und ›Struktur‹ sozusagen festgefahrenen Bedeutungs-Problematik, weil jetzt die WITTGENSTEINsche Konzeption, Bedeutung sei der Gebrauch der Sprache, für unsere Überlegungen fruchtbar gemacht werden kann. Sprache wird nicht mehr von ihren (aus dem Akt der Verwendung abstrahierten) Elementen, sondern von ihrer Funktion her zu klären und zu erklären versucht. Die Sprache bildet zusammen mit den Tätigkeiten, in die sie verwoben ist, ein Ganzes: das Sprachspiel, das Sprecher, Hörer und Situation umfaßt.

Verbindet man diese philosophische Basis mit den vorher erwähnten eher psychologischen Aspekten, so erscheint die sprachliche Äußerung als ein in sich organisiertes und mit der Dynamik der Situation verbundenes Mittel zur Steuerung: hier berührt sich unsere Auffassung mit der ›Instruktionssemantik‹ S. J. SCHMIDTs.

Wie und womit werden Anweisungen erteilt? Formulieren wir unsere Leitfrage jetzt so, so wird die Gefahr geringer, eine Antwort wieder dadurch scheinbar zu erleichtern, daß man sich auf die ›Sprache an sich‹ beschränkt – man kann von Steuerung nicht reden, ohne das im Blick zu haben, was da gesteuert wird und wohin gesteuert werden soll. Die Frage, wie und womit Anweisungen erteilt werden, kann man sozusagen auf verschiedenen Ebenen stellen: man kann Steuerung als etwas ansehen, was erst auf der Satz- oder Äußerungsebene durch Kombination solcher ›Elemente‹ zustandekommt, die selbst noch keinen derartigen Steuerungscharakter tragen (die also, wie JAMES sagen würde, selbst nicht »impulsiv« sind). Man kann den Charakter des Steuernden, Anweisenden, Bewußtsein Ausrichtenden aber auch schon viel tiefer, schon im Kern dessen ansetzen, was dann in der Ontogenese und auch in der Aktualgenese der Äußerung sich entwickelt und als sprachliche Äußerung dann in Erscheinung tritt. Die Sprechakte SEARLEs setzen auf einer molaren, die Kasus FILLMOREs auf einer eher molekularen Ebene an. Die russische Sprachpsychologie einerseits, CHAFEs linguistisches Modell andererseits beschreiben, freilich auf ganz verschiedene Weise, die Vorgänge, die sich zwischen Kern und Oberfläche, zwischen Innen und Draußen vollziehen. Die Genese der sprachlichen Äußerung muß unter jedem nur möglichen Aspekt betrachtet – und diese Aspekte müssen simultan bewußt werden.

Wenn man so vorgeht, so weist die hier vertretene Grundkonzeption (Sprache dient dazu, das Bewußtsein des Hörers zu steuern) direkt darauf hin, daß der Prozeß des Sprache-Verwendens im Sprecher und im Hörer eine Reihe von psychologisch unterscheidbaren Ebenen durchläuft. Der Impetus, der ihn durch diese Tiefenstaffelung trägt, ist, wie BRUNSWIK gezeigt hat, die *Intention;* sie schafft letzten Endes die Transparenz, welche uns im Akt des Verstehens durch das Gesprochene hindurch auf das Gemeinte blicken läßt.

Für eine derartige Ebenen-Betrachtung wird die *Grenzschicht zwischen Nicht-Verbalem und Verbalem* wichtig und interessant. Je mehr wir über die Regulation verbalen Verhaltens durch nichtverbale Faktoren erfahren, durch körperliche Nähe, durch Blickkontakt, durch Schweigen, desto genauer sehen wir wieder, daß sprachliche Kommunikation eine Fortsetzung menschlichen Handelns mit einem anderen, ganz besonderen Mittel darstellt. Freilich werden mit dieser Annäherung des sprachlichen Geschehens an das allgemeine menschliche Handeln und Bewußt-Haben Begriffe wieder fragwürdig, die man in der Linguistik und in der Psycholinguistik mit einer formalen Definition ›erledigen‹ zu können glaubte, solange Sprache eben ›an und für sich‹ betrachnet wurde: was sind eigentlich Informationen, Kommunikation, Code?

Das prinzipiell nicht völlig codierbare Umgehen mit dem Code, auf das GARFINKEL verwiesen hat, spielt sich auf eben jenem Feld ab, auf welchem Sprachliches aus dem Boden des Noch-nicht-Sprachlichen sprießt. Hier wird die Notwendigkeit jenes Zusammenspiels zwischen Festgelegtem und Nie-ganz-Festzulegendem wieder sichtbar, das wir auch schon zwischen Sinnvollsein und Verstehen gefunden haben. Für uns lehrreiche *Anfänge der Sprache* sind freilich nicht nur in diesem Übergangsfeld zwischen nichtverbaler und verbaler Kommunikation zu finden. Beobachtung und Experiment an Primaten und Kindern zeigen uns, daß kognitive Strukturen (z. B. Washoes »Öffnen« oder die von GREENFIELD beschriebenen Becherspiel-Strategien) schon in vorsprachlicher Zeit strukturierend Verhalten und Wissen durchziehen und dann mit einem zu lernenden Wort benannt werden. Das Kind lernt, wie PIAGET seit langem sagt, das Kennen allmählich aus dem Können zu differenzieren: wieder klingen WITTGENSTEINsche Gedanken an. Was sich da aus dem Umgang mit den Dingen und Ereignissen der Welt für das kleine Kind als Entität heraushebt, was sich da in der Interaktion zwischen Kind und Welt konstantisiert, sind freilich zunächst nicht Gegenstände im Sinne der Physik, sondern Rollen in der Handlung des kindlichen Lebens: Agent, Patient, Instrument, Ort ... – was in der Generativen Semantik als linguistische Grundkategorien angesehen wurde, wird hier primär als kognitiv-konzeptuelle Vektoren konzipiert.

Das *lern*psychologische Problem, das sich hieraus ergibt, muß konsequenterweise so formuliert werden: wie lernt das Kind, auf diese Rollen und Intentionen durch jene sprachlichen Mittel hinzuweisen, die in der Sprache seiner Umgebung dazu verwendet werden? MacNAMARAs pointierte Antwort: das Kind versteht zunächst, was der Sprecher meint, und erarbeitet sich dann die Beziehung zwischen dem Gemeinten und dem vom Sprecher (als Verstehenshilfe!) Geäußerten.

Damit wird von der Entwicklungspsychologie her die hier vertretene Auffassung von Meinen und Verstehen präzisiert: primär ist die Handlung zwischen zwei Menschen, eine Handlung, aus deren Duktus sprachliches Meinen und sprachliches Verstehen sich entwickeln. Wenn der erwachsene Sprecher das versprachlicht, was er meint, so ist dies für das kleine Kind zunächst nur das Signal, jetzt seine bewußte Aufmerksamkeit diesem Duktus zuzuwenden. Dann lernt es, der Äußerung spezifizierende Hinweise auf Art und Inhalt des vom Sprecher Gemeinten zu entnehmen und so allmählich auch das Nicht-Jetzt und das Nicht-Hier in gewissem Grad verfügbar zu machen.

Das Kind lernt dies, indem es zunächst sozusagen nach Patentrezepten verfährt, d. h. dem Duktus aus verbaler und nichtverbaler Handlung das Gerüst einer *Strategie* überstülpt, an welchem es sein aufmerkendes Bewußtsein ausrichtet. Diese Tatsache macht verständlich, warum die Ontogenese von Meinen und Verstehen keineswegs synchron verläuft: im Akt des Verstehens wendet das Kind viel früher differenzierte Kenntnisse an als in den eigenen Akten des Meinens; der Funktionalwert der Akte ist in der ›Lebenslage‹ des Kleinkindes noch verschieden, und sprachliche Kommunikation spielt in Meinen und Verstehen insgesamt eine noch so kleine Rolle, daß der funktionale Kern der sich herausbildenden kindlichen Konzepte in einer Atmosphäre des Spielerischen symbolisiert werden kann, in der es auf eine Scheidung von Können und Kennen noch nicht ankommt. Kenntnis des sprachlichen Codes kann erworben werden, weil Verstehen älter als Sprachebenutzen ist.

Betont man in dieser Weise die *Funktion* der Sprache (nämlich ihre Funktion als Hilfe bei der verhaltensmäßigen und kognitiven Bewältigung der Welt), so kommt man endlich von der Auffassung ab, Sprache bilde ab und diese Abbildung erst stelle den – einzigen – Zweck dar, zu welchem Sprache im zwischenmenschlichen Verkehr verwendet werde. Das Handlungsziel im Sprachgebrauch des Erwachsenen ist immer die Steuerung des Bewußtseins des Hörers, und das Erreichen dieses Ziels wird dadurch sichergestellt, daß das zu ihm führende Geschehen in vielfacher Weise überdeterminiert ist: Sprache verwenden ist immer das, was in der alten deutschen Psychologie eine Mehrfachhandlung genannt worden ist.

Das hat Konsequenzen für die Forschungsstrategie auf diesem Gebiet: weil die vielen verschiedenen Mittel zum Erreichen des Zwecks variabel eingesetzt werden (man kann eine Verneinung z. B. durch ganz verschiedene syntaktische, lexikalische, intonatorische, gestische Mittel dem Hörer signalisieren), kann man nicht hoffen, zwischen Mittel und Zweck dann ganz eindeutige und stets nachweisbare Beziehungen aufzeigen zu können, wenn man das Raster der Analyse zu klein macht. Da Sprachverwendung ein Mittel zu einem Zweck ist, darf die diesem Zweck entsprechende Korngröße nicht unterschritten werden.

Suchen wir auf einem solchen Niveau von ›mittlerem Allgemeinheitsgrad‹ nach derartigen Beziehungen zwischen den sprachlichen Mitteln zum Erreichen eines kommunikativen Zwecks und lassen wir uns bei dieser Suche von den Überlegungen leiten, die in der Generativen Semantik und in der Entwicklungspsychologie über den ›Kern‹ sprachlicher Strukturen angestellt worden sind, so finden wir, daß Äußerungen fast immer in einem Bezugssystem verankert sind, in welchem das Ich des Sprechers einen erkennbaren und wichtigen Schwerpunkt bildet. Da Sprache immer Anweisung ist, enthält sie immer ein Moment des Zeigens. Die *Origo dieses Zeigens* (BÜHLER) verschiebt sich mit der Situation und der Intention, in der es eingebettet ist. Diese Verschiebung (die nach den Dimensionen des OSGOODschen semantischen Raumes, aber auch nach denen des als Präsupposition ins Bewußtsein gehobenen Wissens gemessen werden kann), diese stets sich verändernde Lokalisation bestimmt Auswahl und Funktionalwert der in die Äußerung eingehenden Konstituenten.

Die Zentrierung um einen Kern, von dem aus gezeigt und angewiesen wird, ist natürlich nicht die einzige Organisation, die in der Äußerung wirksam und erkennbar wird. Das Streben nach Intelligibilität unserer Beziehungen zu unserer Umwelt, das wir als die Meinen und Verstehen zugrunde liegende Dynamik kennengelernt und im Phänomen der Sinnkonstanz ›am Werk‹ gesehen haben, realisiert und stützt sich durch Vektoren verschiedener Art.

Einer dieser Vektoren verbindet in besonders prägnanter Weise Sprecher, Äußerung und Welt: die *Prädikation.* Sie ist ein zentraler Organisationsfaktor der Äußerung; in ihr werden durch das zentrale Verbum rahmenhaft schon Prädilektionen für das impliziert, was als Argumente dieses Verbums erscheinen und fungieren kann. Hier tritt das, was in den Kasus bei FILLMORE in linguistischer Form, in den Strukturen kindlicher Äußerungen bei BROWN und BLOOM in psychologischer Form beschrieben worden ist, jetzt unter dem Aspekt des Satz-Organisators auf: hierarchische Strukturen werden wirksam, entlang denen beim Aussprechen und Hören z. B. der Nomina eines Satzes jene Konkretisierung des vorher rahmenhaft Vorgegebenen sich vollzieht, die wir von einem ganz anderen Gesichtspunkt aus schon als Bewegung zwischen allgemein Sinnvollem und konkret-einzelheitlich Verstandenem beschrieben haben.

Auf einer anderen Ebene ist die übergreifende Organisation

zu diskutieren, welche diese eher äußerungs-internen Organisationsvorgänge mit denen verbindet, welche aus der *Situation* entstehen, in der die Äußerung sich ereignet. Die Art, wie Sprache (in Produktion und Rezeption) verarbeitet wird, macht deutlich, daß Meinen und Verstehen nicht nur von einer der Äußerung selbst inhärenten Dynamik abhängen, sondern immer eine konstruktive Leistung eines im Duktus einer nicht bloß sprachlichen Handlungssituation stehenden Sprecher/Hörers darstellen. Auch unter diesem Aspekt wird die sprachliche Äußerung wieder erkennbar als Anweisung zur Konstruktion eines bewußten (oder jedenfalls bewußtseinsfähigen) kognitiven ›Bildes‹, aber sie ist nicht etwa selbst ein Bild und auch nicht notwendig mit einer bildhaften Vorstellung assoziiert. Auf Grund der Anweisung vollzieht der Hörer Operationen mit Tat- oder besser Gedächtnis-Beständen, die selbst nicht Bestandteil der Äußerung sind und auch nicht in dem Sinne von ihr ›symbolisiert‹ werden, daß Konstituenten der Äußerung etwas ›repräsentieren‹.

Die sprachliche Äußerung selbst vermittelt also dem Hörer nicht Information, die er vorher nicht gehabt hat, sondern der Hörer *schafft*, geleitet von der sprachlichen Äußerung, Information. Daß er dies tun kann und daß er im Akt des Verstehens diesen Anweisungen folgt, ist eine Auswirkung seines Strebens, die Welt und ihre Ereignisse immer und überall sinnvoll verstehbar zu *machen*. Die Ansprüche, die der Hörer dabei an die Explizitheit und Präzision seines Vorgehens stellt, hängen von der Aufgabe ab, vor welcher er sich sieht.

Je nach den Forderungen, die die Aufgabe an ihn stellt und die er selbst an die Explizitheit seiner Weltansicht stellt, wird er im projizierend-konstruierenden Akt des Verstehens verschiedene Ebenen der BRUNSWIKschen ›Tiefenstaffelung‹ durchqueren, immer angetrieben von der Intentionalität seines In-die-Welt-hinein-Lebens. Im Durchqueren dieser Ebenen werden die Laute und Wörter und Sätze der Sprache transparent; sie verschwinden und das Gemeinte erscheint im Bewußtsein.

Literaturverzeichnis

Abelson, R. P., et al., (Eds.), *Theories of cognitive consistency: a sourcebook*. Chicago 1968

Abraham, W., *Stil, Pragmatik und Abweichungsgrammatik*. In: A. von Stechow (Hrsg.), *Beiträge zur generativen Grammatik*, Braunschweig 1971, 1-13

–, Vorwort zu Fillmore, Ch. *Kasustheorie*. Frankfurt 1971

–, *Zur Linguistik der Metapher*. Mimeogr. Paper. Groningen 1973

Ach, N., *Zur psychologischen Grundlegung der sprachlichen Verständigung*. 12. Kgr. Dt. Ges. f. Ps. Hamburg 1931. Jena 1932, 122-133

Ajdukiewicz, K., *Sprache und Sinn*. *Erkenntnis* 1934, 4, 100-138

–, *Die wissenschaftliche Weltperspektive*. *Erkenntnis* 1935, 5, 22-30 und 165-168

Allesch von, G. J., *Über das Verhältnis der Ästhetik zur Psychologie*. *Zeitschrift für Psychologie*, 1909, 54, 401-536

–, *Über das Verhältnis des Allgemeinen zum realen Einzelnen*. *Archiv f. d. gesamte Psychol.* 1942, 111, 23-38

Alston, W. P., *Philosophy of Language*. Englewood Cliff, N. J. 1964

Altman, S. (Ed.), *Social Communication among primates*. Chicago 1967

Anglin, J. M., *The Growth of Word Meaning*. Cambridge, Mass., MIT-Press, 1970

Anisfeld, M., *False recognition of adjectiv-noun phrases*. *J. Exp. Psychol.* 1970, 86, 120-122

Antal, L., *Some remarks on a controversial issue*. *Lingua* 1971, 26, 171-180

Apel, K.-O., *Ch. W. Morris und das Programm einer pragmatisch integrierten Semiotik*. Einführung zu Ch. W. Morris, *Zeichen, Sprache und Verhalten* (orig. 1946). dt. Düsseldorf 1973

Apostel, L., *Illocutionary forces and the logic of change*. *Mind* 1972, 81, 208-224

Argyle, M., *The Syntaxes of bodily communication*. *International Journal of Psycholinguistics* 1973, 2, 71-90

–, Alkema, F. and Gilmour, R., *The Communication of friendly and hostile attitudes by verbal and non-verbal signals*. *Europ. J. Soc. Ps.* 1971, 385-402

Arnheim, R., *Perceptual Abstraction and Art*. *Psychol. Rev.*, 1947, 54, 66-82

Asch, S. E., *Forming impressions of personality. J. abn. soc. Psychol.* 1946, 41, 258-290
Austin, J. L., *A plea for excuses. Proceedings of the Aristotelian Society,* 1956/57, 57
–, *How to do things with words.* Oxford 1962
Ausubel, D. P., *A subsumption Theory of Meaningful verbal Learning and Retention. J. gen. Psychol.* 1962, 66, 213-224
Bach, E. and Harms, R. (Eds.), *Universals in Linguistic Theory.* New York 1968
Bacherach, V. R. Kellas, G. & McFarland, C. E., *Structural properties of transitive and intransitive verbs. J. verb. learn. verb. behav.* 1972, II, 486-490
Barclay, J. R., Bransford, J. D., Franks, J. J. McCarrell, N. S. and Nitsch, K., *Comprehension and Semantic Flexibility. J. verb. learn. verb. behav.* 1974, 13, 471-481
–, Reid, M., *Characteristics of Memory Representation of Sentence Sets Describing Linear Arrays. J. verb. learn. verb. behav.* 1974, 13, 133-137
Bar-Hillel, Y., *Logical Syntax and Semantics. Language* 1954, 30, 230-237
–, (Ed.), *Pragmatics of natural languages.* Dordrecht 1971
–, *On Habermas' hermeneutic philosophy of language. Synthese* 1973, 26, 1-12
Bartlett, F. C., *Remembering.* Cambridge 1932
Baumgärtner, K., *Linguistik als Theorie psychischer Strukturen. Sprache im technischen Zeitalter* 1956, 13-16, 1362-1370
–, *Die Struktur des Bedeutungsfeldes.* In: Moser, H. (Hrsg.), *Satz und Wort im heutigen Deutsch,* Düsseldorf 1966, 165-197
Begg, J., Paivio, A., *Concreteness and Imagery in Sentence Meaning. J. verb. learn. verb. behav.* 1969, 8, 821–827
Bendix, E. H., *Componential analysis of general vocabulary: The semantic structure of a set of verbs in English, Hindi and Japanese.* Part. II., *Int. J. Am. Ling.* 1966, 32, No. 2
Bergius, R. (Hrsg.), *Handbuch der Psychologie,* Bd. 1, Göttingen 1964
Berkowitz, L. (Ed.), *Advances in exp. social psychology.* Vol. 3, New York 1967
Bernstein, B., *Elaborated and restricted codes: their social origins and some consequences.* In: Gumperz, J. J., D. Hymes (Eds.), *The ethnography of communication. American Anthropologist,* 1964, 66, 6, 2, 55-69
Berry-Rogghe, G., *The scope of semantics. Ling.* 1971, 73, 5-16
Bever, T. G., *The Cognitive Basis for Linguistic Structures.* In: J. R. Hayes (Ed.): *Cognition and the Development of Language.* New York 1970 b, 279-352

–, *The nature of cerebral dominance in speech behavior of the child and adult.* In: Huxley, R. u. Ingram, E. (Eds.), *Language Acquisition: Models and methods.* London, New York 1971, 231-255
–, *The limits of intuition. Found. Lang.* 1972, 8, 411-412
–, Fodor, J. A. and Weksel, W., *Is Linguistics Empirical? Psychol. Rev.* 1965, 72, 493-500
Bierwisch, M., *Aufgaben und Form der Grammatik.* In: *Zeichen und System der Sprache.* Bd. III, Berlin 1966, 28–69
–, *Some semantic universals of German adjectivals. Found. Lang.* 1967, 3, 1-36
–, *On Certain Problems of Semantic Representations. Found. Lang.* 1969, 5, 153-184
–, *Einige semantische Universalien in deutschen Adjektiven* (englische Fassung in: *Foundations of Language* 1967). Dt. in Steger, H. (Hrsg.), *Vorschläge für eine strukturale Grammatik des Deutschen.* Darmstadt 1970, 269-318
–, *Semantics.* In: J. Lyons (Ed.), *New Horizons in Linguistics.* Harmondsworth, Middlesex 1970, 166-184
–, *On classifying semantic features.* In: Steinberg, D., Jakobovits, L. A., *Semantics.* Cambridge 1971, 410-435
Blom, J. P. and Gumperz, J. J., *Social Meaning in Linguistic Structure: code-switching in Norway.* In: J. J. Gumperz and D. Hymes (Eds.): *Directions in Sociolinguistics.* New York 1972, 407-434
Bloom, L., *One Word at a Time.* Den Haag 1973
Bloomfield, L., *Language.* New York 1933
Blumenthal, A. L., *Diskussionsbemerkungen zu R. J. Wales and J. C. Marshall: The organization of linguistic performance.* In: Lyons, J. and Wales, R. J. (Eds.), *Psycholinguistic Papers. Proceedings of the 1966 Edinburgh Conference.* Edinburgh 1966
–, *Prompted recall of sentences. J. verb. learn. verb. behav.* 1967, 6, 203-206
–, *Language and psychology: Historical aspects of psycholinguistics.* New York 1970
Bobrow, S. A., Bower, G. H., *Comprehension and recall of sentences. J. exp. Psychol.* 1969, 80, 455-461
Bock, M., *Kodierung als Merkmalsselektion.* In: L. Eckensberger (Hrsg.), *Ber. 29. Kgr. dt. Ges. Psychol.* 1974
–, *Organisation und Gedächtnis.* In: *Vorträge der Witzenhäuser Hochschulwoche 1975*
–, *Verstehen und Behalten.* Vortrag i. d. Ringvorlesung WS 1975/76 »Wissenschaft in Massenmedien«, Ruhr-Universität Bochum

–, *The Influence of Instructions on Feature Selection in Semantic Memory. J. verb. lern. verb. behav.* 1976, 15
–, Hörmann, H. *Der Einfluß von Bildern auf das Behalten von Sätzen. Psych. Forsch.* 1974, 36, 343-357
Bolinger, D. L., *The Uniqueness of the Word. Ling.* 1963, 12, 113-136
–, *The atomization of meaning. Lang.* 1965, 41, 555-573
–, *Aspects of Language.* New York 1968
Boomer, D. S. and Laver, J. D. M., *Slips of the tongue. The British Journal of Disorders of Communication* 1968, 3, 2-12
Boucher, J. and Osgood, Ch. E., *The Pollyanna Hypothesis. J. verb. learn. verb. behav.* 1969, 8, 1-8
Bower, G., *A multicomponent theory of the memory trace.* In: K. W. Spence and J. T. Spence (Eds.): *The Psychology of Learning and Motivation,* Bd. 1 New York 1967, 229–325
Bowerman, M., *Structural Relationships in Children's Utterances: Synactic or Semantic?* In: Moore, P. E. (Ed.): *Cognitive Development and the Acquisition of Language.* New York 1973, 197-213
Braine, M., *The acquisition of language in infant and child.* In: Reed, C., (Ed.), *The learning of language.* New York 1971, 7-95
Bransford, J. D., Barclay, J. R. & Franks, J. J., *Sentence memory: A constructive versus interpretive approach. Cognitive Psychology* 1972, 3, 193-209
–, Franks, J. J., *The abstraction of linguistic ideas. Cognitive Psychology* 1971, 2, 331-350
–, Johnson, M. K., *Contexual Prerequisites for Understanding: Some Investigations of Comprehension and Recall. J. verb. learn. verb. behav.* 1972, 11, 717-726
Brekle, H. E., *Semantische Analyse von Wertadjektiven als Determinanten persönlicher Substantive in W. Caxtons Prologen und Epilogen.* Diss. Tübingen 1963
–, *Generative Satzsemantik und transformationelle Syntax im System der englischen Nominalkomposition.* München 1970
–, *Semantik.* München 1972
Brentano, F., *Psychologie vom empirischen Standpunkt* (O. Kraus, Hrsg. 1924). Hamburg 1955
Brewer, W. F. and Harris, R. J., *Memory for Deictic Elements in Sentences. J. verb. learn. verb. behav.* 1974, 13, 321-327
–, Lichtenstein, E. H., *Memory for Marked Semantic Features versus Memory for Meaning. J. verb. learn. verb. behav.* 1974, 13, 172-180
Bridgman, P. W., *The way things are.* Cambridge, Mass. 1959
Brinkmann, H., *Die deutsche Sprache.* Düsseldorf 1962

Brockway, J., Chmielewski, D. and Cofer, Ch. N., *Remembering prose: productivity and accuracy constraints in recognition memory. J. verb. learn. verb. behav.* 1974, 13, 194-208
Bronowski, J., *Human and Animal Languages.* In: *To Honor Roman Jakobson.* Den Haag, Paris 1967, Vol. I, 374-394
–, Bellugi, U., *Language, Name and Concept. Science* 1970, 168, 669-673
Brown, R. W., *How shall a thing be called? Psychol. Rev.* 1958, 65, 14-21
–, *Words and Things.* Glencoe, III. 1958
–, *Psycholinguistics: Selected papers.* New York 1970
–, *The first sentences of child and chimpanzee.* In: Brown, R., *Psycholinguistics. Selected papers.* New York 1970 b, 208-231
–, *A first language.* Cambridge, Mass. 1973
–, Bellugi, U., *Three processes in the child's acquisition of syntax. Harvard Educ. Rev.* 1964, 34, 133-151
–, McNeill, D., *The »tip of the tongue« phenomenon. J. verb. learn. verb. behav.*, 1966, 5, 325-337
Bruner, J. S. et al., *Contemporary approaches to cognition.* Cambridge, Mass. 1957
–, *Going beyond the information given.* In: Bruner, J. S. et al., *Contemporary approaches to cognition.* Cambridge, Mass. 1957, 41-69
–, *The Ontogenesis of Symbols.* In: *To Honor Roman Jakobson,* Vol. I, Den Haag, Paris 1967, 427-446
–, *Competence in infants.* Paper read at the meeting of the Society for Research in Child Development, Minneapolis 1971
–, *Nature and Uses of Immaturity. Amer. Psychol.* 1972, 27, 1-22
–, *From communication to language: A psychological perspective. Cognition* 1974/75, 3, 255–287
Brunswik, E., *Wahrnehmung und Gegenstandswelt. Grundlegung einer Psychologie vom Gegenstand her.* Leipzig 1934
Bühler, K., *Die Krise der Psychologie.* Jena 1929, 2. Auflg.
–, *Das Ganze der Sprachtheorie, ihr Aufbau und ihre Teile.* Ber. 12. Kgr. Dt. Ges. Psychol. (Hamburg 1931), Jena 1932, 95-122
–, *Sprachtheorie.* Jena 1934
Campbell, P. N., *A rhetorical view of locutionary, illocutionary, and perlocutionary acts. Quart. J. of Speech* 1973, 59, 284-296
Carmichael, L., Hogan, H. P., Walter, A. A., *An experimental study of the effect of language on the reproduction of visually perceived form. J. exp. Psychol.* 1932, 15, 73-86
Carpenter, P. A., *Extracting Information from Counterfactual Clauses. J. verb. learn. verb. behav.* 1973, 12, 512-521

–, *On the Comprehension, Storage, and Retrieval of Comparative Sentences. J. verb. learn. verb. behav.* 1974, 13, 401-411
–, Just, A. M., *Sentence Comprehension: A Psycholinguistic Processing Model of Verification. Psychol. Rev.* 1975, 82, 45-73
Carr, H. A., Kingsbury, F. A., *The Concept of Traits. Psychol. Rev.* 1938, 45, 497-524
Carroll, J. B., *The Study of Language.* Cambridge, Mass. 1953
–, *Buchbesprechung: Osgood, Ch. E. et al., The measurement of meaning.* In: *Language* 1959, 35, 58-77
Cassirer, E., *Philosophie der symbolischen Formen. I: Die Sprache.* 1. Aufl. 1923, 4. Aufl. Darmstadt 1964
Cazden, C. B., *The situation: a neglected source of social class differences in language use. J. Soc. Issues* 1970, 26, 35-60
Cerf, W., *Critical review of How to Do Things with Words. Symposium on J. L. Austin,* ed. K. T. Fann (o. J.)
Chafe, W. L., *Meaning and the Structure of Language.* Chicago 1970
–, *Directionality and Paraphrase. Language* 1971 a, 47, 1-26
–, *Linguistics and human knowledge. Georgetown University Monograph Series on Languages and Linguistics* 1971 b, 25, 57–69
–, *Discourse structure and human knowledge.* In: Freedle, R. O. and Carroll, J. B. (Eds.), *Language Comprehension and the acquisition of knowledge.* New York 1972
Chomsky, N., *Syntactic Structures.* The Hague 1957
–, *Buchbesprechung: B. F. Skinner, Verbal Behavior 1957. Language* 1959, 35, 26-58
–, *Explanatory Models in Linguistics.* In: E. Nagel, P. Suppes, A. Tarski (Eds.). *Logic, Methodology and Philosophy of Science. Proceeding of the 1960 Internat. congress.* Stanford 1962
–, *Aspects of the theory of syntax.* Cambridge, Mass. 1965 (dtsch: *Aspekte der Syntax-Theorie.* Frankfurt 1969)
–, *Cartesian Linguistics.* New York 1966
–, *Die formale Natur der Sprache.* In: Lenneberg, E. H., *Biologische Grundlagen der Sprache.* Frankfurt 1967, 483-539
–, *Language and Mind.* New York 1968 (dtsch: *Sprache und Geist.* Frankfurt 1970)
–, *Deep Structure, Surface Structure, and Semantic Interpretation.* In: Steinberg, D., Jakobovits, L. A., *Semantics.* Cambridge 1971, 183-216
Clark, E. V., *How young children describe events in time.* In: Flores d'Arcais, G., Levelt, W. J. M. (Eds.), *Advances in Psycholinguistics,* Amsterdam 1970, S. 275-284

–, *Non-linguistic strategies and the acquisition of word meaning. Cognition* 1973, 2, 161-182
–, *What's in a word? On the child's acquisition of semantics in his first language.* In: T. E. Moore (Ed.), *Cognitive development and the acquisition of language.* New York 1973, 65-110
Clark, H. H., *Influence of language on solving three-term series problems. J. exp. Psychol.* 1969, 82, 205-215
–, *Linguistic processes in deductive reasoning. Psychol. Rev.* 1969, 76, 387-404
–, *Role of semantic in remembering comparative sentences. J. exp. Psychol.* 1969, 82, 545-553
–, *Word Associations and Linguistic Theory.* In: Lyons, J. (Ed.), *New Horizons in Linguistics.* Harmondsworth 1970, 271-286
–, *Semantics and comprehension.* In: T. A. Sebeok (Ed.), *Current trends in Linguistics,* Vol. 12. The Hague 1973, 1291-1428
–, Begun, J. S., *The use of syntax in understanding sentences. Brit. J. Psychol.* 1968, 59, 219-229
–, Chase, W. G., *On the process of comparing sentences against pictures. Cognitive Psychology,* 1972, 3, 472-517
–, Clark, E. V., *Semantic distinctions and memory for complex sentences. Quart. J. exp. Psychol.* 1968, 20, 129-138
–, Lucy, P., *Understanding What is Meant from what is Said: A Study in Conversationally Conveyed Requests. J. verb. learn. verb. behav.* 1975, 14, 56-72
–, Stanford, R. A., *Memory for semantic features in the verb. J. exp. Psychol.* 1969, 80, 326-334
Cohen, L. J., Margalit, A., *The Role of Inductive Reasoning in the Interpretation of Metaphor.* In: D. Davidson and G. Harman (Eds.), *Semantics of Natural Language.* Dordrecht 1972, 722-740
Cohen, T., *Illocutions and perlocutions. Found. Lang.* 1973, 9, 492-503
Colin, Ch., *»But There Is Nothing I Have Is Essential To Me« (or »The Human Race Is Not A Club«).* In: *To Honor Roman Jakobson,* Vol. I., Den Haag, Paris 1967, 462-474
Collins, A. M., Quillian, M. R., *Retrieval time from semantic memory. J. verb. learn. verb. behav.* 1969, 8, 241-248
–, –, *Does category size affect categorization time? J. verb. learn. verb. behav.* 1970, 9, 432-438
–, –, *Experiments on semantic memory and language comprehension.* In: Gregg, L. W. (Ed.), *Cognition in Learning and Memory.* New York 1972, 117-138
Condon, W. S., Ogston, W. D., *Sound film analysis of normal and*

pathological behavior patterns. J. nerv. ment. Disease 1966, 143, 338-347
Connolly, K. J., Bruner, J. (Eds.), *The Growth of Competence.* New York 1974
Conrad, Carol, *Context effects in sentence comprehension. A study of the subjective lexicon. Memory & Cognition* 1974, 2, 130-138
Cook, M., *Experiments on Orientation and Proxemics. Hum. Relat.* 1970, 23, 61-76
Cornish, E. R., *Pragmatic aspects of negation in sentence evaluation and completion tasks. Brit. Journ. of Psychology* 1971, 62, 505-511
Coseriu, E., *Lexikalische Solidaritäten. Poetica* 1967, 1, 293-303
–, *Bedeutung und Bezeichnung im Lichte der strukturellen Semantik.* In: P. Hartmann und H. Vernay (Hrsg.), *Sprachwissenschaft und Übersetzen.* München 1970, 104-121
–, *Einführung in die strukturelle Betrachtung des Wortschatzes.* Tübingen 1970
–, *Semantik und Grammatik.* In: *Sprache der Gegenwart,* Bd. 20, Neue Grammatiktheorien, Jahrbuch 1971, Düsseldorf 1973(a), 77-89
–, *Die Lage in der Linguistik. Innsbrucker Beiträge zur Sprachwissenschaft,* Vorträge 9. Innsbruck 1973, 5-15
Craik, F. I. M., Lockhart, R. S., *Levels of processing: a framework for memory research. J. verb. learn. verb. behav.* 1972, 11, 671-684
von Cranach, M., *Die nicht verbale Kommunikation im Kontext des kommunikativen Verhaltens.* In: *Jahrbuch der Max-Planck-Gesellschaft zur Förderung der Wissenschaften* 1971, 105–144
Danks, J. H., *Grammaticalness and Meaningfulness in the Comprehension of Sentences. J. verb. learn. verb. behav.* 1969, 8, 687-696
–, Schwenk, M. A., *Prenominal adjective order and communication context. J. verb. learn. verb. behav.* 1972, 11, 183-187
Davidson, D., Harman, G. (Eds.), *Semantics of Natural Language.* Dordrecht 1972
Deese, J., *On the structure of associative meaning. Psychol. Rev.* 1962, 69, 161-175
–, *Meaning and change of meaning. Amer. Psychologist* 1967, 22, 641-651
–, *Association and Memory.* In: Dixon, Th. R. and Horton, D. L. (Eds.), *Verbal Behavior and General Behavior Theory.* Englewood Cliffs, N. J. 1968, 97-108
–, *Behavior and Fact. Amer. Psychologist,* 1969, 24, 515–522

–, *Psycholinguistics*. Boston 1970

Degerman, R., Mather, R. S., *Spatial Representation of Noun Phrases. J. verb. learn. verb. behav.* 1972, 11, 66–72

Dittrich, O., *Grundzüge der Sprachpsychologie*, Bd. I. Halle 1903

Dixon, T. R., Horton, D. L. (Eds.), *Verbal Behavior and General Behavior Theory*. Englewood Cliffs 1968

Dolinsky, R., Michael, R. E., *Post-Interpretation in the Recall of Grammatical and Ungrammatical word Sequences. J. verb. learn. verb. behav.* 1969, 8, 26-29

Donaldson, M., Wales, R., *On the acquisition of some relational terms*. In: J. R. Hayes (Ed.), *Cognition and the Development of Language*. New York 1970, 235-268

Droste, F. G., *Presupposition, truth, and grammaticallity. Communication and Cognition* 1973, 6, 25-36

Duncan, St., *Nonverbal Communication. Psychol. Bull.* 1969, 72, 118-137

Duyker, H. C. J., *Language and psychology. Acta psychol.*, 1950, 7, 150-163

Eccles, J. C., *Facing Reality*. Heidelberg 1970

Eckensberger, L. (Hrsg.), *Bericht 28. Kgr. DGPs Saarbrücken 1972*, Bd 1, Göttingen 1974

Efron, D., *Gesture and Environment*. New York 1941

Ekman, P. & Friesen, W. V., *The repertoire of nonverbal behavior: categories, origins of usage, and coding. Semiotica* 1969, 1, 49-98

Elias, Ch. S., Perfetti, Ch. A., *Encoding task and recognition memory: The importance of semantic encoding. J. exp. Psychol.* 1973, 99, 151-156

Eliot, J. (Ed.), *Human Development and Cognitive Processes*, New York, London 1971

Elkind, D., Flavell, J. H. (Eds.), *Studies in Cognitive Development. Essays in Honor of J. Piaget*. New York 1969

Engelkamp, J., *Eine psychologische Interpretation von Oberflächen- und Tiefenstruktur*. Arbeitspapier am Psychol. Institut der Ruhr-Universität Bochum 1973

–, *Semantische Struktur und die Verarbeitung von Sätzen*. Bern 1973

–, *Psycholinguistik*. München 1974

–, *The Interaction of Semantic Features of Transitive Verbs and Their Objects. Psychol. Res.* 1975, 37, 299-308

–, Hörmann, H., *The Effect of Non-Verbal Information on the Recall of Negation. Quart. J. exp. Psychol.* 1974, 26, 98–105

–, Merdian, F., *Die konnotative Bedeutung des Satzsubjekts als*

Funktion widersprüchlicher Adjektivbedeutungen. Arch. Psych. 1973, 125, 166-183

–, –, Hörmann, H., *Semantische Faktoren beim Behalten der Verneinung von Sätzen. Psych. Forsch.* 1972, 35, 93–116

Ertel, S., *Allgemeinqualität u. Relation. ArchPsych.* 1967, 119, 26–56

–, *Psychologische Grundlagenforschung auf dem Gebiet der Sprache.* Vortrag vor der Wiener Sprachgesellschaft 1969

–, *Psychophonetik.* Göttingen 1969

–, *Selbstbeurteilung, Semantik und Persönlichkeit. Psych. Forsch.* 1970, 33, 254-276

–, *Pränominale Adjektivfolgen und semantische Tiefenstruktur. Prenominal adjective series and semantic deep structure. Studia Psychologica* 1971, 13, 127-137

–, *Interferenz beim deduktiven Denken durch konzeptuelle Anisotropie polarer Adjektive.* In: Klix, F. (Hrsg.), *Informationsverarbeitung,* Berlin 1974 a, 282-296

–, *Satzsubjekt und Ich-Perspektive.* In: Eckensberger, L. (Ed.), *Bericht 28. Kgr. DGPs Saarbrücken 1972,* Bd. 1, Göttingen 1974 (b), 129-139

–, *Where do the subjects of sentences come from? Paper to be read at places in USA and Poland,* Göttingen 1975

–, *Gestaltpsychologische Denkmodelle für die Struktur der Sprache.* In: Ertel, S., Kemmler, L. und M. Stadler (Hrsg.), *Gestalttheorie in der modernen Psychologie, Festschrift W. Metzger.* Darmstadt 1975 (b), 94-107

–, Bloemer, W. D., *Affirmation and negation as constructive action. Psychol. Res.* 1975, 37, 335-342

–, Kemmler, L., Stadler, M. (Hrsg.), *Gestalttheorie in der modernen Psychologie, Festschrift W. Metzger.* Darmstadt 1975

–, Prodöhl, D. G., *Akzentuierung nichtperceptiver Größenschätzung. Psychol. Beiträge* 1969, 11, 3-22

–, Theophile, I., *Ein Versuch zur Messung richtungsspezifischer Aktivierung. Psychol. Forsch.* 1966, 29, 241–263

Ervin-Tripp, S., *Discourse Agreement: how children answer questions.* In: Hayes, J. R. (Ed.), *Cognition and the Development of Language.* New York 1970, 79-107

–, *On Sociolinguistic Rules: alternation and co-occurrence.* In: D. I. Slobin (Ed.), *The Ontogenesis of Grammar.* New York 1971, 189-212

–, *On Sociolinguistic Rules: alternation and co-occurrence. In:* Gumperz, J. J. and Hymes, D. (Eds.), *Directions in Sociolinguistic,* N. Y. 1972, 213-250

Feltkamp, H. W., *On idealizing native speakers. Neoph.* 1971, 55, 234-245

Fillenbaum, S., *Memory for gist: some relevant variables. Lang. Speech* 1966, 9, 217-227
–, *Words as feature complexes: False recognition of antonyms and synonyms. J. exp. Psychol.* 1969, 82, 400–402
–, *Processing and recall of compatible and incompatible question and answer pairs. Lang. speech* 1971, 14, 256–265
–, *Psycholinguistics. Annual Rev. of Psychol.* 1971 (a), 22, 251-301
–, Rapoport, A., *Structures in the Subjective Lexicon.* New York 1971
Fillmore, C. J., *The case for case.* In: E. Bach and R. Harms (Eds.), *Universals in Linguistic Theory.* New York 1968 (a), 1–88
–, *Lexical entries for verbs. Foundation of Language* 1968 b, 4, 373-393
–, *Types of lexicals information.* In: F. Kiefer (Ed.), *Studies in Syntax and Semantics.* Dordrecht 1969, 109-132
–, *A grammarian looks to sociolinguistics. Georgetown Univ. Monogr. Series on Languages and Linguistics,* 1972, a, 25, 273–287
–, *Subjects, Speakers and Roles.* In: Davidson and Harman, G., (Eds.), *Semantics of Natural Language.* Dordrecht 1972 b, 1-24
Flores d'Arcais, G. B., *Cognitive Principles in Language Processing.* Leiden 1973
–, *Some perceptual determinants of sentence construction. Psychological Institute University of Leiden,* Report E 036-1973
Fromkin, V. A., *The non-anomalous nature of anomalous utterances. Language* 1971, 47, 27-52
Fromm, H., Harms, W., Rubergs, U. (Hrsg.), *Verbum et signum.* 1. Bd. München 1975
Frye, M., *Force and Meaning. The Journal of Philosophy,* 1973, 70, 281-294
Gadamer, H. G., Vogler, P. (Hrsg.), *Neue Anthropologie* Bd. 2. *Biologische Anthropologie.* Stuttgart 1972
Gardner, R. A., Gardner, B. T., *Teaching sign language to a chimpanzee. Science* 1969, 165, 664-672
Garfinkel, H., *Remarks on Ethnomethodology.* In: Gumperz, J. J., Hymes, D., soc. (Eds.), *Directions in Sociolinguistics,* New York 1972
Garrett, M., Fodor, J. J., *Psychological theories and linguistic constructs.* In: T. R. Dixon and D. L. Horton (Eds.), *Verbal Behavior and General Behavior Theorie.* Englewood Cliffs 1968, 451-477

Garrod, S., Trabasso, T., *A dual-memory information processing interpretation of sentence comprehension. J. verb. learn. verb. behav.* 1973, 12, 155-167

Geckeler, H., *Strukturelle Semantik und Wortfeldtheorie.* München 1971

Gibson, J. J., *The perception of the visual world.* Boston 1950

–, *The senses considered as perceptual systems.* Boston 1966

Gilson, C., Abelson, R. P., *The subjective use of inductive evidence. J. Pers. Soc. Psychol.* 1965, 2, 301–310

Glanzer, M., *The Verbal Loop Hypothesis: Binary Numbers. J. verb. learn. verb. behav.* 1963, 2, 301-309

Glucksberg, S., Trabasso, T., Wald, J., *Linguistic Structures and Mental Operations. Cognitive Psychology* 1973, 5, 338–370

Goffman, E., *The presentation of self in everyday life.* New York 1959

–, *Encounters.* Indianapolis 1961

–, *Behavior in public places.* New York 1963

–, *The neglected situation.* In: J. J. Gumperz and D. Hymes (Eds.), *The ethnography of communication. Amer. Anthropologist* 1964, 66, No. 6, 133-136

Goldman-Eisler, F., *Sequential temporal patterns and cognitive processes in speech. Lang. and Speech* 1967, 10, 122–132

–, *Psycholinguistics: Experiments in spontaneous speech.* London 1968

–, *Pauses, Clauses, Sentences. Lang. and Speech* 1972 a, 15, 103-113

–, *Segmentation of input in simultaneous translation. J. Psycholinguistic Rs.* 1972 b, 1, 127-140

–, Cohen, M., *Is N, P, and PN Difficulty a valid criterion of transformational operations? J. verb. learn. verb. behav. 1970*, 9, 161-166

Green, D. W., *The effects of task on the representation of sentences. J. verb. learn. verb. behav.* 1975, 14, 275–283

Greenberg, J. H., *Concerning inferences from linguistic to nonlinguistic data.* In: H. Hoijer (Ed.), *Language in Culture.* Chicago 1960, 3-20

–, *Universals of Language.* Cambridge, Mass. 1966

Greenfield, P. M., *Playing peekaboo with a fourmonth-old: a study of the role of speech and nonspeech sounds in the formation of a visual schema. J. Psychol.* 1972, 82, 287–298

–, *Who is »Dada«?: Some aspects of the semantic and phonological development of a child's first words. Lang. and Speech* 1973, 16, 34-43

–, Nelson, K., Saltzman, E., *The development of rulebound*

strategies for manipulating seriated cups: a parallel between action and grammar. Cognitive Psychology 1972, 3, 291–310
–, Smith, J. H., Laufer, B., *Communication and the Beginning of Language: The Development of Semantic Structure in one-word speech and beyond.* New York 1974
Gregg, L. W. (Ed.), *Cognition in Learning and Memory.* New York 1972
Greimas, A. J., *Strukturale Semantik. Methodische Untersuchungen.* Braunschweig 1971
Grice, H. P., Strawson, P. F., *In Defense of a Dogma. Philos. Review* 1956, 65, 141-158
Grosse, E., *Zur Neuorientierung der Semantik bei Greimas: Grundgedanken, Probleme und Vorschläge. Zeitschrift für romanische Philologie* 1971, 87, 359-393
Gründer, K., *Sokrates im 19. Jahrhundert.* In: Fromm, H., Harms, W., Ruberg, U. (Hrsg.), *Verbum et signum,* 1. Bd. München 1975, 539-554
Gumperz, J. J., Hymes, D. (Eds.), *The ethnography of communication. American Anthropologist* 1964, 66, 6
–, –, (Eds.), *Directions in Sociolinguistics.* New York
Gutknecht, Chr., *Präsupposition als ein Kriterium für Grammatikalität von Sätzen, Linguistische Berichte* 1971, 15, 32–39
Habermas, J., *Vorbereitende Bemerkungen zu einer Theorie der kommunikativen Kompetenz.* In: Habermas, J., Luhmann, N., *Theorie der Gesellschaft oder Sozialtechnologie.* Frankfurt 1971, 101–141
–, Luhmann, N., *Theorie der Gesellschaft oder Sozialtechnologie.* Frankfurt 1971
Hall, E. T., *The silent language.* New York 1959
–, *The hidden dimension.* New York 1966
Halliday, M. A. K., *Syntax and the Consumer. Monograph Series on Languages and Linguistics.* Washington 1964, 17, 11-24
–, *Language Structure and Language Function.* In: J. Lyons (Ed.), *New Horizons in Linguistics.* Harmondsworth 1970, 140-165
Hamers, J. F., Bertrand, Ch., *Interplay of the semantic aspect of the stimuli in a language naming task. Université de Bruxelles Rapport d'Activités de l'Institut de Phonétique,* 1973, 7 (2), 43-56
Hampshire, St., *The Interpretation of Language.* In: Rorty, R. (Ed.), *The Linguistic Turn.* Chicago 1967, 261-268
Hare, R. M., *The Language of Morals.* Oxford 1952 (dtsch.: *Die Sprache der Moral.* Frankfurt 1972)

–, *Meaning and speech acts. Philos. Review* 1970, 79, 3-24
Harman, G. H., *Psychological Aspects of the Theory of Syntax. The J. of Philosophy* 1967, 64, 81
Hartmann, P., *Begriff und Vorkommen von Struktur in der Sprache. Festschrift für J. Trier.* Meisenheim 1964
–, *Syntax und Bedeutung.* Assen 1964
–, *Modellbildungen in der Sprachwissenschaft. Studium Generale,* 1965, 18, 364-379
–, *Zum Begriff des sprachlichen Zeichens. Z. f. Phonetik, Sprachwissenschaft und Kommunikationsforschung* 1968, 21, 205-222
–, *Beitrag zum 4. Karlsruher Kolloquium: Gibt es heute noch eine sinnvolle Verwendung des Begriffs ›schön‹?* Hektogr. Manuskr. 1974
–, Vernay, H. (Hrsg.), *Sprachwissenschaft und Übersetzen.* München 1970
Harvey, N., *The semantics of high-low continua. The British Journal of Psychology* 1973, 64 (1), 51-54
Haviland, S. E. Clark, H. H., *What's New? Acquiring New Information as a Process of Comprehension. J. verb. learn. verb. behav.* 1974, 13, 512-521
Hayes, C., *The Ape in Our House.* New York 1951
Hayes, J. R. (Ed.), *Cognition and the Development of Language.* New York 1970
Hebb, D. O., *The Organization of Behavior.* New York 1949
–, *The American Revolution. Amer. Psychologist* 1960, 15, 735-745
Heberer, G. (Hrsg.), *Die Evolution der Organismen,* Bd. 1, 3. Aufl., Stuttgart 1967
Heider, E. R., *Universals in color naming and memory. Journal of Experimental Psychology* 1972, 93, 10-20
–, Olivier, D. C., *The structure of the color space in naming and memory for two languages. Cognitive Psychologie* 1972, 3, 337-354
Heider, F., *Die Leistung des Wahrnehmungssystems. Z. f. Psychol.* 1930, 114, 371-394
–, *Social perception and phenomenal causality. Psychol. Rev.* 1944, 51, 358-374
–, *The Psychology of interpersonal relations.* New York 1958
–, *On perception and event structure and the psychological environment. Psychol. Issues* 1959, 1, 1-123
–, *On social cognition. Amer. Psychologist* 1967, 22, 25-31
Heinroth, O., *Beiträge zur Biologie, insbesondere Psychologie und Ethologie der Anatiden.* Verh. V. Intern. Ornith. Kongr. Berlin 1910

Held, R., *Plasticity in Sensori-Motor Systems. Scientific American* 1965, 213, 84-94

Hempel, C., *Philosophy of Natural Sciences.* Englewood Cliffs 1966

Henley, N. M., *A psychological study of the semantics of animal terms. J. verb. learn. verb. behav.* 1969, 8, 176-184

Herrmann, Th., *Über Benennungsflexibilität. Bericht 29. Kongr. Deutsche Ges. f. Psychologie* 1974, 168–173

–, Deutsch, W., *Psychologie der Objektbenennung.* Bern 1976

Hinde, R. A. (Ed.), *Non-Verbal Communication.* Cambridge 1972

Hockett, C. F., *A Course in Modern Linguistics.* New York 1958

Höpp, G., *Evolution der Sprache und Vernunft.* Berlin 1970

Hörmann, H., *Die Bedingungen für das Behalten, Vergessen, Erinnern.* In: Bergius, R. (Hrsg.), *Handbuch der Psychologie* Bd. 1, Göttingen 1964, 225-283

–, *Psychologie der Sprache,* Heidelberg 1967

–, *Semantic Factors in Negation. Psych. Forsch.* 1971, 35, 1-16

–, *Semantische Anomalie, Metapher und Witz. Folia ling.* 1972/73, 5, 310-330

–, *Psycholinguistik.* In: W. A. Koch (Hrsg.), *Perspektiven der Linguistik,* II. Stuttgart 1974, 138-156

–, Lazarus, G., Lazarus, H., *The role of the predicate in sentence perception.* Bochum 1975, Unpubl. paper

–, Terbuyken, G., *Situational factors in Meaning. Psychol. Forschung* 1974, 36, 297-310

Hoijer, H. (Ed.), *Language in Culture.* Chicago 1966, 3-20

Holborow, L., *Review: Searle, J. R. »Speech acts: An essay in the philosophy of language«. Mind* 1972, 81, 458-468

Hornby, P. A., *The Psychological Subject and Predicate. Cogn. Psychology* 1972, 3, 632-642

–, *Surface Structure and Presupposition. J. verb. learn. verb. behav.* 1974, 13, 530-538

Housten, Susan, *The Study of Language: Trends and Positions.* In: Eliot, J. (Ed.), *Human Development and Cognitive Processes.* New York, London 1971, 256-282

Husserl, E., *Logische Untersuchungen.* Halle 1913

Huttenlocher, J., Eisenberg, K., Straus, S., *Comprehension: relation between perceived actor and logical subject. J. verb. learn. verb. behav.* 1968, 7, 527–530

Huxley, J. S., *Evolution, the modern synthesis.* London 1948

Huxley, R., Ingram, E. (Eds.), *Language Acquisition: Models and Methods.* London 1971

Hymes, D. (Ed.), *Language in culture and society.* New York 1964

–, *Linguistic theory and the function of speech. Proceedings of international days of sociolinguistics.* Rom 1970
–, *Models of the Interaction of Language and Social Life.* In: Gumperz, J. J., Hymes, D. (Eds.), *Directions in Sociolinguistics.* New York 1972, 35-71
–, *Towards communicative competence.* Philadelphia 1972
Ingram, E., *Recent Trends in Psycholinguistics: a Critical Notice. Br. J. Psychol.* 1968, 59, 315-325
James, W., *Principles of Psychology,* Vol. I. New York 1890
–, *Psychology, the briefer course.* New York 1893
Jarvella, R. M., *Memory for the intentions of sentences. Memory & Cognition* 1974, 2, 185-188
–, Herman, St. J., *Clause structure of sentences and speech processing. Perception and Psychophysics* 1972, 11, 381-384
Jeffress, L. A. (Ed.), *Cerebral Mechanisms in Behavior.* Hixon Symposion, New York 1951
Jespersen, O., *Essentials of English Grammer.* London 1933/69
Jörg, S., *Der Einfluß beschreibender Sätze auf das Behalten von Bildern.* Seminarvortrag Ruhr-Universität Bochum 1975
Johnson, M. G., *A cognitive-feature model of compound free associations. Psychol. Rev.* 1970, 77, 282-293
Johnson, M. K., Bransford, J. D., Nyberg, St. E., Clearly, J. J., *Comprehension factors in interpreting memory for abstract and concrete sentences. J. verb. learn. verb. behav.* I 1972, 11, 451-54
Johnson, N. F., *Language models and functional units of language behavior.* In: Rosenberg, S. (Ed.), *Directions in Psycholinguistics.* New York 1965, 29-65
–, *The psychological reality of phrase structure rules. J. verb. learn. verb. behav.* 1965, 4, 469-475
–, *On the relationship between sentence structure and latency in generating the sentence. J. verb. learn. verb. behav.* 1966, 5, 375-380
Johnson-Laird, Ph., *The choice of the passive voice in a communicative task. Brit. J. Psychol.* 1968, 59, 7-15
–, *The three-term series problem.* Cognition 1972, 1 (1), 57-82
–, *Experimental Psycholinguistics. Annual Review of Psychology* 1974, 25, 135-160
Just, M. A., *Comprehending quantified sentences: The relation between sentence-picture and semantic memory verification. Cognitive Psychology* 1974, 6, 116-136
Kanouse, D. E., *Verbs as implicit quantifiers. J. verb. learn. verb. behav.* 1972, 11, 141-147
Kasher, A., *Sentences and utterances reconsidered. Found. Lang.* 1972, 8, 313-345

Katona, G., *Organizing and memorizing*. New York 1940
Katz, J. J., *Semantic theory and the meaning of ›good‹. J. Philosophy* 1964, 23, 739-766
–, *The Philosophy of Language*. New York 1966
–, *Recent issues in semantic theory. Found. Lang.* 1967, 3, 123–194
–, *Die Philosophie der Sprache (The Philosophy of Language)*, Frankfurt 1969
–, *Interpretive semantics meets the zombies: A discussion of the controversy about deep structure. Found. Lang.* 1973, 9, 549-596
–, *On defining »presupposition«. Linguistic Inquiry* 1973, 4, 256-260
–, Fodor, J., *The structure of a semantic theory. Lang.* 1963, 39, 170-210
–, –, *Die Struktur einer semantischen Theorie*. In: Steger, H. (Hrsg.), *Vorschläge für eine strukturale Grammatik des Deutschen*. Darmstadt 1970, 202-268
–, Postal, P. M., *An integrated theory of linguistic descriptions*. Cambridge, M.I.T. 1964
Kellogg, W. N., *Communication and language in the home-raised chimpanzee. Science* 1968, 162, 423-427
–, Kellogg, L. A., *The Ape and the child: a study of environmental influence upon early behavior*. New York 1933
Kendon, A., *Some functions of gaze-direction in social interaction. Acta Psychologica* 1967, 26, 22-63
Kessel, F. S., *Imagery: A dimension of mind rediscovered. British J. Psychol.* 1972, 63, 149-162
Kiefer, F. (Ed.), *Studies in Syntax and Semantics*. Dordrecht 1969
Kintsch, W., *Recognition Memory in Bilingual Subjects. J. verb. learn. verb. behav.* 1970, 9, 405-409
–, Keenan, J., *Reading Rate and Retention as a Function of the Number of Propositions in the Base Structure of Sentences. Cogn. Psychol.* 1973, 5, 257-274
–, Kintsch, E., *Interlingual Interference and Memory Processes. J. verb. learn. verb. behav.* 1969, 8, 16-19
–, Kozminsky, E., Streby, W. J., McKoon, G., Keenan, J. M., *Comprehension and recall of text as a function of content variable. J. verb. learn. verb. behav.* 1975, 14, 196-214
Klix, F., *Information und Verhalten*. Bern, Stuttgart 1971
–, (Hrsg.), *Informationsverarbeitung*. Berlin 1974
Koch, S. (Ed.), *Psychology. A Study of a Science*. New York 1959 f.

Koch, W. A. (Hrsg.), *Perspektiven der Linguistik II*. Stuttgart 1974

Köhler, W., *Intelligenzprüfungen am Anthropoiden*. 1. Aufl. Berlin 1917

Kolligs, M., *Optische Figuren im Entstehen und die Entwicklung ihrer Bedeutung. Arch. ges. Psychol.* 1942, 111, 39-116

Korzybski, A., *Science and Sanity*. Lakeville 1933

Kuczay, St. A., *On the acquisition of a semantic system. J. verb. learn. verb. behav.* 1975, 14, 340-358

Lachman, R., *Uncertainty effects on time to access the internal lexicon. J. exp. Psychol.* 1973, 99, 199-208

De Laguna, G. A., *Speech: its function and development.* (orig. publ. 1927). Bloomington 1963

Lakoff, G., *On generative semantics.* In: Steinberg, D. D. u. Jakobovits, L. A. (Eds.), *Semantics.* Cambridge 1971 a, 232-296

–, *Presuppositions and relative well-formedness.* In: D. Steinberg and L. Jakobovits (Eds.), *Semantics.* Cambridge 1971 b, 329–340

–, *Hedges: A study in meaning criteria and the logic of fuzzy concepts.* Paper from the 8th Regional Meeting. Chicago Linguistics Society. Univ. of Chicago Ling. Dept. 1972

Langendoen, D., *Essentials of English grammer.* New York 1970

Langer, S., *Philosophie auf neuem Wege.* Frankfurt 1965 (Original: *Philosophy in a new Key.* Cambridge 1942)

Lashley, K. S., *The problem of serial order in behavior.* In: Jeffress, L. A. (Ed.), *Cerebral Mechanisms in Behavior. Hixon Symposion.* New York 1951, 112-130

Laucken, U., *Naive Verhaltenstheorie.* Phil. Diss. Tübingen 1973

Lehiste, I., *The timing of utterances and linguistic boundaries. J. Acoustical Society of America* 1972, 51, 2018-2024

Leisi, E., *Der Wortinhalt. Seine Struktur im Deutschen und Englischen,* 2. Aufl. Heidelberg 1961 (1. Aufl. 1953)

–, *Englische und deutsche Wortinhalte. Wirkendes Wort 1962*, 12, 140-150

Lenneberg, E. H., *Biological foundations of language.* New York 1967 (dtsch.: *Biologische Grundlagen der Sprache.* Frankfurt 1971)

–, *On explaining language. Science* 1969, 164, 635–643

–, *The Natural History of Language.* In: Eliot, J. (Ed.), *Human Development and Cognitive Processes.* New York, London 1971, 296-323

Leontjev, A. A., *Inner Speech and the Process of grammatical generation of utterances. Soviet Psychology* 1969, 2, Nr. 3, 11-16

–, *The Psychological Structure of Meaning. Soviet Psychology* 1969, 2, Nr. 3, 37-38
–, *Sprache – Sprechen – Sprechtätigkeit.* Stuttgart 1971
–, *Soviet Psycholinguistics – New Trends. XX. Intern. Congr. Psychology,* Tokyo 1972
–, Luria, A. R., *Einleitung zu: Vygotski, L. S., Denken und Sprechen,* Dtsch. Übersetzung Berlin 1964 (Original Moskau 1934) 1-33
Leontjev, A. N., Luria, A. R., *Die psychologischen Anschauungen L. S. Wygotskis. Ztsch. f. Psychol.* 1958, 162, 165-205
Lesgold, A. M., *Pronominalization: A device for unifying sentences in memory. J. verb. learn. verb. behav.* 1972, 11, 316-323
Levelt, W. J. M., *Some psychological aspects of linguistic data. Linguistische Berichte* 1972, 17, 18-30
–, *Formal Grammars in Liguistics and Psycholinguistics,* Vols. I-III. The Hague 1974
–, *What became of LAD?* Lisse 1975
Liberman, A. M., Cooper, F. S., Harris, K. S., MacNeilage, P. F., *A Motor Theory of Speech Perception. Proceedings Speech Comm. Seminar* (1962), II., Stockholm 1963
–, Mattingly, I. G., Turvey, M. T., *Language codes and memory codes. Haskins Laboratories Status report on Speech Research* 1971, 27, 59-89
Lieberman, P., *Some effects of semantic and grammatical context on the production and perception of speech. Lang. Speech* 1963, 6, 172-187
–, *Linguistic and paralinguistic interchange. Haskins Laboratories Status Report on Speech Research* 1973, 33, 167-172
–, *On the evolution of language: A unified view. Haskins Laboratories Status Report on Speech Research* 1973, 33, 229-268
Lipps, Th., *Leitfaden der Psychologie,* 3. Aufl. Leipzig 1923
List, G., *Syntagmatische Sprachpsychologie.* Stuttgart 1974
Loftus, E. F., Palmer, J. C., *Reconstruction of Automobile Destruction: An Example of the Interaction Between Language and Memory. J. verb. learn. verb. behav.* 1974, 13, 585-589
De Long, A. J., *Kinesic Signals as utterance boundaries in preschool children. Semotica* 1974, 11, 43-73
Lorenz, K., *Der Kumpan in der Umwelt des Vogels. J. f. Ornithologie* 1935, 83, Heft 2/3
Lounsbury, F. G., *The structural analysis of Kinship semantics.* In: Lunt, H. G. (Ed.), *Proceedings 9th Intern. Congr. of Linguists.* London, Paris 1964, 1073-1093
Luhmann, N., *Sinn als Grundbegriff der Soziologie.* In: Haber-

mas, J., und Luhmann, N., *Theorie der Gesellschaft oder Sozialtechnologie.* Frankfurt 1971, 25-100
Lunt, H. G. (Ed.), *Proceedings 9th Intern. Congr. of Linguists.* London, Paris 1964
Luria, A. R., *Human Brain and Psychological Processes.* New York 1966
–, *Traumatic Aphasia.* Den Haag 1968 (russ. Orig. 1947)
–, Tzvetkova, L. S., *Neuropsychological analysis of the predicative structure of utterances. Soviet Psychology* 1969, 3, 26-33
Lyons, J., *Introduction to Theoretical Linguistics.* Cambridge 1968
–, *New Horizons in linguistics.* Harmondsworth 1970
–, Wales, R. J. (Eds.), *Psycholinguistic Papers.* Edinburgh 1966
Maas, U., Wunderlich, D. (Hrsg.), *Pragmatik und sprachliches Handeln.* Frankfurt 1972
MacKay, D. G., *The structure of words and syllables: Evidence from errors in speech.* Cognitive Psychology 1972, 3, 210-227
MacKay, D. M., *Formal analysis of communication processes.* In: Hinde, R. A. (Ed.), *Non-verbal communication.* Cambridge 1972, 3-25
MacLay, H., Overview. In: D. D. Steinberg and L. A. Jakobovits (Eds.), *Semantics.* Cambridge 1971, 157-182
MacNamara, J., *Parsimony and Lexicon. Language* 1971, 47, 359-374
–, *Cognitive basis of language learning in infants. Psychol. Rev.* 1972, 79, 1-13
Mandler, G., *Organization and Memory.* In: Spence, K. W., Spence, J. T. (Eds.), *The psychology of learning and motivation: Advances in research and theory.* Vol. 1, New York 1967, 327-372
Marshall, J. C., *A Note on Semantic Theory.* In: Flores d'Arcais, G. B. and Levelt, W. J. M. (Eds.), *Advances in Psycholinguistics.* Amsterdam 1970, 189-196
Martin, J. E., *Semantic determinants of preferred adjective order. J. verb. learn. verb. behav.* 1969, 8, 697-704
–, *Adjective Order and Juncture. J. verb. learn. verb. behav.* 1970, 9, 379-383
Martin, J. G., *Hesitations in the speaker's production and listener's reproduction of utterances. J. verb. learn. verb. behav.* 1967, 6, 903-909
–, *Rhythmic (Hierarchical) versus Serial Structure in Speech and other Behavior. Psychol. Rev.* 1972, 487–509
Martinet, A., *Grundzüge der allgemeinen Sprachwissenschaft.* Stuttgart 1963

Mathesius, V., *On the Potentiality of the Phenomena of Language.* In: J. Vacheck (Ed.), *A Prague School Reader in Linguistics.* Bloomington 1964, 1-32

May, J. E., Clayton, K. N., *Imaginal Processes During the Attempt to Recall Names. J. verb. learn. verb. behav.* 1973, 12, 683-688

McCawley, J. D., *Concerning the base component of a transformational grammar. Foundation of Language* 1968, 4, 243-269

–, *The role of semantics in a grammar.* In: E. Bach and R. Harms (Eds.), *Universals in Linguistic Theory.* New York 1968, 125-169

–, *Where do noun phrases come from?* In: Steinberg, D. D., Jakobovits, L. A. (Eds.), *Semantics.* Cambridge 1971, 217-231

McNeill, D., *The acquisition of language: The study of developmental psycholinguistics.* New York 1970

–, Linding, K., *The perceptual reality of phonemes, syllables, words, and sentences. J. verb. learn. verb. behav.* 1973, 12, 419-430

Mead, G. H., *Mind, Self, and Society.* Chicago 1934 (dtsch.: *Geist, Identität und Gesellschaft,* Frankfurt 1968)

Mehler, J., *Some effects of grammatical transformations on the recall of English sentences. J. verb. learn. verb. behav.* 1963, 2, 346-351

Mehrabian, A., *Significance of Posture and Position in the Communication of Attitude and Status Relationships. Psychol. Bull.* 1969, 71, 359-372

Melton, A. W., and Martin, E. (Eds.), *Coding Processes in Human Memory.* New York 1972

Menahem, R., *L'espace sémantique temporal à différents âges de la vie et sa déstructuration lors d'une crise suicidaire. L'Année psychologique,* 1972, 72, 353-377

Menyuk, P., Bernholz, N., *Prosodic features and children's language productions. Quart. Progress Report* Nr. 93, 1969, 216–219

Meyer, D. E., Schvaneveldt, R. W., Ruddy, M. G., *Functions of graphemic and phonemic codes in visual word recognition. Memory and Cognition* 1974, 2, 309-321

Michotte, A., *Perception of Causality.* New York 1963

Miller, G. A., *Language and Communication.* New York 1951

–, *The magical number seven plus or minus two. Psychol. Rev.* 1956, 63, 81-97

–, *Some preliminaries to psycholinguistics. Amer. Psychol. 1965,* 20, 15-20

–, *Linguistic aspects of cognition: predication and meaning.* Mimeogr. paper 1968
–, *A psychological method to investigate verbal concepts. J. Math. Psychol.* 1969, 6, 169-191
–, *Empirical methods in the study of semantics.* In: Steinberg, D. D. and Jakobovits, L. A. (Eds.), *Semantics.* Cambridge 1971, 569-585
–, *English verbs of motion: a case study in semantic and lexical memory.* In: Melton, A. W., Martin, E. (Eds.), *Coding Processes in Human Memory.* New York 1972, 335-372
–, Galanter, E., Pribram, K. H., *Plans and the Structure of Behavior.* New York 1960
Mistler-Lachmann, J. L., *Levels of Comprehension in Processing of Normal and Ambiguous Sentences. J. verb. learn. verb. behav.* 1972, 11, 614-623
–, *Depth of Comprehension and Sentence Memory. J. verb. learn. verb. behav.* 1974, 13, 98-106
Moeser, S. D., Bregman, A. S., *The Role of Reference in the Acquisition of a Miniature Artificial Language. J. verb. learn. verb. behav.* 1972, 11, 759-769
Moore, G. E., *Ethics.* London 1912
–, *Principia ethica.* London 1922
Moore, T. E. (Ed.), *Cognitive Development and the Acquisition of Language.* New York 1973
Moran, L. J., Mefferd, R. B. Jr., Kimble, J. P. Jr., *Idiodynamic sets in word association. Psychological Monographs* 1964, 78, No. 579
Morris, Ch., *Signs, language, and behavior.* Englewood Cliffs 1946
Morton, J., *Interaction of information in word recognition. Psychol. Rev.* 1969, 76, 165-178
–, (Ed.), *Biological and social factors in psycholinguistics.* Urbana 1970. London 1971
Moscovici, S., *Communication processes and the properties of language.* In: L. Berkowitz (Ed.), *Advances in experimental social psychology,* Vol. 3. New York 1967, 225-270
Moser, H. (Hrsg.), *Satz und Wort im heutigen Deutsch.* Düsseldorf 1966
Mounin, G., *Les problèmes théoriques de la traduction.* Paris 1963
Müller-Eckhard, E., *Äußerungslänge und Eindrucksbildung.* Phil. Diss. Bochum 1974
Nagel, E. Suppes, P., Tarski, A. (Eds.), *Logic, Methodology, and Philosophy of Science. Proceedings of the 1960 Internat. Congress.* Stanford 1962

Neisser, U., *Cognitive Psychology.* New York 1967
Nelson, K., *Concept, Word, and Sentence: Interrelations in Acquisition and Development. Psychol. Review* 1974, 81, 267-285
Newmeyer, F. J., *On the alleged boundary between syntax and semantics. Found. Lang.* 1970, 6, 178-286
Noble, C. E., *An Analysis of Meaning. Psychol. Rev.* 1952, 59, 421-430
O'Connell, D. C., *Nonsense Strings, Words, and Sentences: Some Cross-linguistic Comparisons. Psychol. Forsch.* 1969, 33, 37-49
–, Hörmann, H., *Semantic determinants of pauses. Psychol. Forsch.* 1969, 33, 50-67
–, Kowal, S., *Cross-linguistic pause and rate phenomena in adults and adolescents. J. Psycholinguistic Research* 1972, 1, 155-164
Ogden, C. K., Richards, I. A., *The Meaning of Meaning.* London 1923 (dtsch.: *Die Bedeutung der Bedeutung.* Frankfurt 1974)
Oldfield, R. C., *Diskussion zu: J. P. Thorne, On Hearing Sentences.* In: Lyons, J., Wales, R. J. (Eds.), *Psycholinguistic Papers,* Edinburgh 1966, 17-23
–, *Things, words and the brain. Quart. J. exp. Psychol.* 1966, 18, 340-353
Oller, J. W., *On the relation between syntax, semantics, and pragmatics. Linguistics* 1972, 83, 43-55
Olson, D. R., *Language and Thought: Aspects of a cognitive theory of semantics. Psychol. Rev.* 1970, 77, 257-273
–, Filby, N., *On the comprehension of active and passive sentences. Cogn. Psychol.* 1972, 3, 361-381
Osgood, Ch. E., *On understanding and creating sentences. Amer. Psychol.* 1963, 18, 735-751
–, *Psycholinguistics.* In: Koch, S. (Ed.), *Psychology, A Study of a Science.* Vol. VI, 1963, 244-316
–, *Toward a Wedding of Insufficiencies.* In: T. R. Dixon and D. L. Horton (Eds.), *Verbal Behavior and General Behavior Theory.* Englewood 1968, 495-519
–, *Exploration in semantic space: A personal diary. J. Soc. Issues* 1971, 27, 5-64
–, *Where do sentences come from?* In: D. D. Steinberg and L. A. Jakobovits (Eds.), *Semantics.* Cambridge 1971 b, 497-529
–, Sebeok, Th. A. (Eds.), *Psycholinguistics. J. abn. soc. Psychol.* 1954, 49, Suppl.
–, Suci, G. J., Tannenbaum, P. H., *The Measurement of Meaning.* Urbana 1957
–, Tannenbaum, P. H., *The principle of congruity in the prediction of attitude change. Psychol. Rev.* 1955, 62, 42-55

Paivio, A., *Mental imagery in associative learning and memory. Psychol. Review* 1969, 76, 241-263
–, *On the functional significance of imagery. Psychol. Bull.* 1970, 73, 385-392
–, *Imagery and Verbal Processes.* New York 1971
–, Begg, I., *Imagery and comprehension latencies as a function of sentence concreteness and structure. Perception and Psychophysics* 1971, 10, 408-412
–, Csapo, K., *Picture Superiority in Free Recall: Imagery or Dual Coding? Cogn. Psychol.* 1973, 5, 176-206
–, Ernest, C. H., *Imagery ability and visual perception of verbal and nonverbal stimuli. Perception and Psychophysics* 1971, 10, 429-432
Patzig, G., *Sprache und Logik.* Göttingen 1970
Paul, H., *Prinzipien der Sprachgeschichte.* Halle 1909
Peirce, C. S., *Collected papers.* Cambridge 1932
Perfetti, Ch. A., *A Study of denotative similarity with restricted word association. J. verb. learn. verb. behav.* 1967, 6, 788-795
–, *Psychosemantics. Psychol. Bull.* 1972, 78, 241-259
–, Lindsey, R., *Polysemy and memory. J. Psycholinguistic Research* 1974, 3, 75–89
Piaget, J., *Le Langage et la pensée chez l'enfant.* Neuchâtel et Paris 1923
–, *La formation du symbole chez l'enfant.* Neuchâtel et Paris 1946
–, *La construction du réél chez l'enfant.* Neuchâtel, (Schweiz) 1950
–, *Le language et la pensée du point de vue génétique.* In: Revesz, G. (Ed.), *Thinking and speaking, a symposium.* Amsterdam 1954
Pick, A., *Aphasie. Handbuch d. norm. und path. Physiol.* 1931, Bd. 15, 1416-1524
Ploog, D., *Kommunikation in Affengesellschaften und deren Bedeutung für die Verständigungsweisen des Menschen.* In: Gadamer, H.-G. u. Vogler, P. (Hrsg.), *Neue Anthropologie,* Bd. 2, *Biologische Anthropologie.* Stuttgart 1972, 98-178
Polanyi, M., *Tacit Knowing: its bearing on some problems of philosophy. Reviews of Modern Physics,* XXXIV, (Oct. 1962), 601-616
–, *Personal Knowledge: Towards a post-critical philosophy.* New York 1964
–, *The tacit dimension.* New York 1966
–, *Logic and Psychology. Amer. Psychologist* 1968, 23, 27-43
–, *Life's irreducible structure. Science* 1968, 160, 1308-1312

Polzella, D., Rohrmann, N., *Psychological aspects of transitive verbs. J. verb. learn. verb. behav.* 1970, 9, 537-540
Popper, K. R., *Objektive Erkenntnis.* Hamburg 1973 (Original: *Objective Knowledge*, Oxford 1972)
Porzig, W., *Wesenhafte Bedeutungsbeziehungen. Beiträge zur Geschichte der deutschen Sprache und Literatur* 1934, 58, 70-97
Posner, M. I., Warren, R. E., *Traces, Concepts, and Conscious Constructions.* In: Melton, A. W. and Martin, E. (Eds.), *Coding Processes in Human Memory.* New York 1972, 25-44
Powell, A., Peters, R. G., *Semantic clues in comprehension of novel sentences. Psychol. Reports* 1973, 32, 1307-1310
Premack, D., *Preparations for discussing behaviorism with chimpanzee.* In: F. Smith and G. A. Miller (Eds.), *The Genesis of Language.* Cambridge 1966, 295-335
–, *A functional analysis of language. J. Exp. Anal. Behav.* 1970, 14, 107-125
Prucha, J., *Recent Soviet Studies in Psycholinguistics. Found. Lang.* 1972, 8, 41-61
–, *Soviet Psycholinguistics.* Den Haag 1972
Puhvel, J. (Ed.), *Substance and Structure in Language.* Los Angeles 1969
Putnam, H., *Meaning and Reference. J. of Philosophy* 1973, 70, 699-711
Quillian, M. R., *Word concepts: A theory and simulation of some basic semantic capabilities. Behav. Sci.*, 1967, 12, 410-430
–, *The Teachable Language Comprehender: A Simulation Programm and Theory of Language. Communications of the ACM*, 1969, 12, 459-476
Quine, W. V., *From a logical point of view.* Cambridge 1953
–, *Word and Object.* Cambridge 1960
–, *The Inscrutability of Reference.* In: Steinberg, D., Jakobovits, L. A. (Eds.), *Semantics.* Cambridge 1971, 142–156
Raskin, V., Review: Seuren, Pieter A. M. *»Operators and nucleus: A contribution to the theory of grammar«*, Cambridge 1969. *Linguistics* 1972, 83, 89-96
Ratner, St. C., Rice, E. F., *The effect of the listener on the speaking interaction. Psychological Record* 1963, 13, 265-268
Reed, C. (Ed.), *The learning of language.* New York 1971
Révész, G. (Ed.), *Thinking and speaking, a symposium.* Amsterdam 1954
Rickheit, G., *Zur Entwicklung der Syntax im Grundschulalter.* Düsseldorf 1975

Rips, L. J., Shoben, E. J., Smith, E. E., *Semantic Distance and the Verification of Semantic Relations. J. verb. learn. verb. behav.* 1973, 12, 1-20
Robins, R. H., *The current relevance of the Sapir-Whorf hypothesis. Communication and Cognition* 1973, 6, 37-44
Rommetveit, R., *Words, Meanings and Messages.* London 1968
–, *On Message Structure.* London 1974
–, Turner, E. A., *A Study of ›chunking‹ in the transmission of messages. Lingua* 1967, 18, 337-351
Romney, A. K., D'Andrade, R. G., *Cognitive aspects of English kin terms. Amer. Anthropologist* 1964, 66, No. 3, Part 2
Rorty, R. (Ed.), *The Linguistic Turn.* Chicago 1967
Rosch-Heider, E., *On the internal structure of perceptual and semantic categories.* In: T. E. Moore (Ed.), *Cognitive Development and the acquisition of language.* New York, London 1973, 111-144
Rosenberg, S. (Ed.), *Directions in Psycholinguistics.* New York 1965
–, Jarvella, R. S., *Semantic Integration and Sentence Perception. J. verb. learn. verb. behav.* 1970, 9, 548-553
–, –, Cross, M., *Semantic integration, age, and the recall of sentences. Child Development* 1971, 42, 1959, 1966
Rule, C., *A Theory of Human Behavior Based on Studies of Non-Human Primates. Perspectives in Biology and Medicine,* Vol. 10, 1967, 153-176
Rumelhart, D. E., Lindsay, P. H., Norman, D. A., *A process model of long term memory.* In: E. Tulving and W. Donaldson (Eds.), *Organization of Memory.* New York 1972, 197-246
Russell, B., *Autobiographie.* Frankfurt 1973
Ryle, G., *The Concept of Mind.* London 1949
Sachs, J., *Recognition memory for syntactic and semantic aspects of connected discourse. Perc. and Psychophysics* 1967, 2, 437-442
–, *The Status of developmental Studies of Language.* In: Eliot, J. (Ed.): *Human Development and Cognitive Processes.* New York, London 1971, 381-394
–, *Memory in reading and listening to discourse. Memory and Cognition,* 1974, 2, 95-100
Sapir, E., *Selected Writings.* Berkeley 1949
de Saussure, F., *Cours de linguistique générale.* Paris 1966 (dtsch.: *Grundfragen der allg. Sprachwiss.* Berlin 1931)
v. Savigny, E., *Die Philosophie der normalen Sprache.* Frankfurt 1969
Savin, H. B., Bever, T. G., *The nonperceptual reality of the phoneme. J. verb. learn. verb. behav.* 1970, 9, 295–302

Sayers, D. L., *Clouds of Witness.* 14. Aufl. London 1958

Scandura, J. M., *Role of rules in behavior: toward an operational definition of what (rule) is learned. Psychol. Rev.* 1970, 77, 516-533

Schaeffer, B., Wallace, R., *The comparison of word meanings. J. exp. Psychol.* 1970, 86, 144-152

Schaerlaekens, A. M., *The Two-Word Sentence in Child Development.* Den Haag 1973

Schaff, A., *Specific Features of the verbal Sign.* In: *To Honor Roman Jakobson,* Bd. III, Den Haag, Paris 1967, 1745-1756

–, *Einführung in die Semantik.* Reinbek 1973 (poln. Orig. 1960)

Schank, R. C., *Conceptual Dependency: a Theory of Natural Language Understanding. Cognitive Psychol.* 1972, 3, 552-631

Schiller, Fr., *Über die ästhetische Erziehung des Menschen,* 1795 (zitiert nach der Ausgabe Bertelsmann, Gütersloh, 1910 f.)

Schlesinger, I. M., *A note on the relationship between psychological and linguistic theories. Found. Lang.* 1967, 3, 397-402

–, *On linguistic competence.* In: Bar-Hillel, Y. (Ed.), *Pragmatics of natural languages.* Dordrecht 1971 a, 150-172

–, *Learning of Grammar: from pivot to realization rule.* In: R. Huxley, E. Ingram (Eds.), *Language Acquisition: Models and Methods.* London 1971 b, 79-93

–, *Production of Utterance and Language Acquisition.* In: D. Slobin (Ed.), *The Ontogenesis of Grammar,* New York 1971 c, 63-101

–, *Perceptual Strategies and judgements of acceptability.* Mimeogr. Paper, o. J.

Schmidt, R., *On the spread of semantic excitation. Psychol. Res.* 1976, in press.

Schmidt, S. J., *Texttheorie.* München 1973

Schnelle, H., *Theorie und Empirie in der Sprachwissenschaft.* In: Richter, H., Pilch, H. (Hrsg.), *Theorie und Empirie in der Sprachforschung* (Festschrift Eberhard Zwirner zum 70. Geburtstag) Basel 1970, 51-65

–, *Zur Entwicklung der theoretischen Linguistik. Studium Generale* 1970, 23, 1-29

Schönbach, P., *Soziolinguistik.* In: W. A. Koch (Hrsg.), *Perspektiven der Linguistik,* II. Stuttgart 1974, 156–177

Searle, J. R., *Meaning and speech acts. Philos. Review* 1962, 71, 423-432

–, *Austin on locutionary and illocutionary acts. Philos. Review* 1968, 67, 405-424

–, *Speech Acts.* London 1969 (dtsch.: *Sprechakte.* Frankfurt 1971)

Sebeok, Th. A., *Animal Communication.* In: *Science,* 1965, 147, 1006-1014
–, *Discussion of communication processes.* In: S. Altman (Ed.), *Social Communication among primates.* Chicago 1967
–, (Ed.), *Current trends in Linguistics,* Vol. 12. The Hague 1973
Seuren, P. A. M., *Autonomous versus Semantic Syntax. Found. Lang.* 1972, 8, 237-265
Seymour, Ph. H. K., *Pictorial coding of verbal descriptions. Quart. J. Experimental Psychol.* 1974, 26, 39-51
Shafto, M., *The Space for Case. J. verb. learn. verb. behav.* 1973, 12, 551-562
Shanon, B., *Interpretation of Ungrammatical Sentences. J. verb. learn. verb. behav.* 1973, 12, 389-400
Sinclair-de Zwart, H., *Developmental psycholinguistics.* In: D. Elkind and J. H. Flavell (Eds.), *Studies in Cognitive Development, Essays in Honor of J. Piaget.* New York 1969, 315-336
–, *Sensorimotor Action Patterns as a Condition for the Acquisition of Syntax.* In: R. Huxley and E. Ingram (Eds.), *Language Acquisition: Models and Methods.* London 1971, 121-129
–, *Language acquisition and cognitive development.* In: T. E. Moore (Ed.), *Cognitive development and the acquisition of language.* New York 1973, 9-25
Singer, H., *Semantik.* In: Koch, W. A. (Hrsg.), *Perspektiven der Linguistik* I. Stuttgart 1973, 80–104
Skinner, B. F., *Verbal Behavior.* London 1957
Slobin, D. J., *Grammatical transformations and sentence comprehension in childhood and adulthood. J. verb. learn. verb. behav.* 1966, 5, 219-227
–, *Universals of grammatical development in children.* In: Flores d'Arcais, G. and Levelt, W. J. M. (Eds.), *Advances in Psycholinguistics.* Amsterdam, 1970.
–, (Ed.), *The Ontogenesis of Grammar.* New York 1971
Smith, F., Miller, G. A. (Eds.), *The Genesis of Language.* Cambridge 1966
Smith, E. E., Shoben, E. J., Rips, L. J., *Structure and Process in Semantic Memory: a feature model for semantic decisions. Psychol. Rev.* 1974, 81, 214-241
Sokolov, A. N., *Speech-motor afferentiation and the problem of brain mechanism of thought. Voprosy psikhologii,* 1967, 13 (3), 41-54
–, *Internal speech and thought. Internat. J. of Psychol./Journal International de Psychologie* 1971, 6, 79-92
Solars, A. K., *Latency of Instrumental Responses as a Function*

of Compatibility with the Meaning of Eliciting Verbal Signs. J. exp. Psychol. 1960, 59, 239-245
Sommer, R., *Further studies of small group ecology. Sociometry* 1965, 28, 337-348
Spence, K. W., Spence, J. T. (Eds.), *The Psychology of Learning and Motivation.* New York 1967
Sperry, R. W., *A modified concept of consciousness. Psychol. Rev.* 1969, 76, 532-536
Stalnaker, R. C., *Pragmatics. Synthese* 1970, 22 (1/2), 272-289
von Stechow, A. (Hrsg.), *Beiträge zur generativen Grammatik.* Braunschweig 1971
Steger, H. (Hrsg.), *Vorschläge für eine strukturale Grammatik des Deutschen.* Darmstadt 1970
Steinberg, D. D., Overview. In: Steinberg, D. D., Jakobovits, L. A. (Eds.), *Semantics.* Cambridge 1971, 485-496
–, Jakobovits, L. A., *Semantics.* Cambridge 1971
Steinthal, H., *Grammatik, Logik und Psychologie, ihre Prinzipien und ihr Verhältnis zueinander.* Berlin 1855
–, *Einleitung in die Psychologie und Sprachwissenschaft.* Berlin 1871
Stemmer, N., *Non-linguistic factors in language. Communication & Cognition* 1973, 6, 45–52
Stern, C., Stern, W., *Die Kindersprache.* Leipzig 1907
Stern, W., *Psychologie der frühen Kindheit.* Leipzig 1914
Stich, St. P., *What every speaker knows. The Philosophical Rev.* 1971, 80, 476-496
Stokoe, W. C. Jr., *Motor Signs as the first form of language. Semiotica,* 1974, 12, 117-130
Stolz, W. S., Tannenbaum, P. H., *Effects of feedback on oral encoding behavior. Language and Speech* 1963, 6, 218-228
Strawson, P. F., *Truth. Analysis,* 1949, 9, 81-97
–, *Intention and Convention in speech acts. Philosophical Review* 1964, 73, 439-460
Suci, G. J., Hamacher, J. H., *Psychological dimensions of case in sentence processing: Action role and animateness. Internat. J. of Psycholinguistics* 1972, 1, 34-47
Szalay, L. B., Bryson, J. A., *Measurement of Psychocultural Distance: a comparison of American Blacks and Whites. J. Pers. Social Psychology* 1973, 26, 166-177
–, D'Andrade, R. G., *Scaling versus content analysis: interpreting word association data from Americans and Koreans. Southw. J. of Anthropology* 1972, 28, 50-68
–, Maday, B. C., *Verbal Associations in the Analysis of Subjective Culture. Current Anthropology* 1973, 14, 33-42

–, Windle, Ch., Lysne, D. A., *Attitude measurement by free verbal associations. J. Soc. Psychol.* 1970, 82, 43-55

Taylor, I., *Content and structure in sentence production. J. verb. learn. verb. behav.* 1969, 8, 170-175

Terbuyken, G., *Sprechform, Situationsstruktur und Verstehensprozeß. Zur kommunikativen Funktion formaler Merkmale gesprochener Sprache.* Bochum 1975

Tesnière, L., *Eléments de syntax structurale.* Paris 1959

Thorne, J. P., *On hearing sentences.* In: Lyons, J., Wales, R. J. (Eds.), *Psycholinguistic Papers. The Proceedings of the 1966 Edinburgh Conference.* Edinburgh 1966

Thumb, A., Marbe, K., *Experimentelle Untersuchungen über die psychologischen Grundlagen der sprachlichen Analogiebildung.* Leipzig 1901

Thurber, J., *75 Fabeln für Zeitgenossen.* Reinbek 1967

Titchener, E. B., *Lehrbuch der Psychologie,* 2. Teil. Leipzig 1912

Toulmin, St., *Brain and language: A commentary, Synthese* 1971, 23, 369-395

Trier, J., *Der deutsche Wortschatz im Sinnbezirk des Verstandes.* Heidelberg 1931

Tulving, E., Donaldson, W. (Eds.), *Organization of Memory.* New York 1972

Uexküll, J. von, *Theoretische Biologie.* Berlin 1928, neu aufgelegt Frankfurt 1973

Uhlenbeck, E. M., *An Appraisal of Transformational Theory. Lingua* 1963, 12, 1-18

–, *Language in Action.* In: *To Honor Roman Jakobson,* Vol. III., The Hague: Paris 1967

–, *Some Further Remarks on Transformational Grammar. Lingua* 1967, 17, 263-316

–, *Recent developments in transformational generative grammar.* Zuerst 1971 in *Slovo a Slovesnost* 32; abgedruckt in Uhlenbeck, *Critical comments on transformational generative grammar 1962-1972.* Haag, o. J., 84-134

–, *Critical Comments on Transformational-Generative Grammar,* 1962-1972. The Hague, o. J.

–, *On the notion of completely novel sentences. Cahiers Ferdinand de Saussure* 1971, 26, 179-186 und in *Critical Comments on transformational-generative grammar 1962-1972*

Ulatowska, H. K., *Psycholinguistic approach to the study of ambiguity. Papers in Linguistics* 1971, 4 (2), 339-378

Ullman, S., *Semantics: An introduction to the science of meaning.* New York 1962

Ungeheuer, G., *Die kybernetische Grundlage der Sprachtheorie*

von Karl Bühler. In: *To Honor Roman Jakobson*, Vol. III, Den Haag, Paris 1967
–, *Aspekte sprachlicher Kommunikation. Linguistics* 1973, 105, 91-105
Vachek, J. (Ed.), *A Prague School Reader in Linguistics.* Bloomington 1964
Van Lancker, D., *Heterogeneity in Language and Speech: Neurolinguistic Studies. Working Papers in Phonetics* 29, Los Angeles 1975
Vendler, Z., *The grammar of goodness. Philos. Review* 1963, 72, 446-465
–, *The tranformation grammar of English adjectives. Transformations and discourse analysis papers,* 1963
–, *Linguistics in philosophy.* Ithaca, N. Y. 1967
Vygotsky, L. S., *Denken und Sprechen.* Dtsch. Übers. Berlin 1964 (Original Moskau 1934)
Wakefield, J. A., Doughtie, E. B., Yomb, B. H. L., *The Identification of Structural Components of an Unknown Language. J. Psycholing.* Res. 1974, 3, 261–270
Wales, R. J., Marshall, J. C., *The organization of linguistic performance.* In: J. Lyons u. R. J. Wales (Eds.), *Psycholinguistic Papers. The Proceedings of the 1966 Edinburgh Conference.* Edinburgh 1966, 29-80
Wallace, A. F. C., Atkins, J., *The meaning of kinship terms. American Anthropologist* 1960, 62, 58-79
Wason, P. C., *The Contexts of Plausible Denial. J. verb. learn. verb. behav.* 1965, 4, 7-11
–, Johnson-Laird, P. N., *Psychology of Reasoning.* London 1972
Wasow, Ph., *The innateness hypothesis and grammatical relations. Synthese* 1973, 26, 38-56
Watson, O. M., Graves, T. D., *Quantitative research in proxemic behavior. American Anthropologist* 1966, 68, 971-985
Watzlawick, P., Beavin, J. H., Jackson, D. D., *Pragmatics of human communication.* New York 1967
Weinreich, U., *On the semantic structure of language.* In: Greenberg, J. H. (Ed.), *Universals of Language.* Cambridge 1963, 114-171
–, *Problems in the Analysis of Idioms.* In: J. Puhvel (Ed.), *Substance and Structure in Language.* Los Angeles 1969
–, *Explorations in Semantic Theory.* In: Steinberg, D. D., Jakobovits, L. A. (Eds.), *Semantics.* Cambridge 1971, 308-328
Weisberg, R. W., *On Sentence storage: The influence of syntactic versus semantic factors on intrasentence word associations. J. verb. learn. verb. behav.* 1971, 10, 631-644

Weksel, W., *Review of Bellugi and Brown (Eds.). The Acquisition of Language,* 1964. *Language* 1965, 41, 692-709
Wenzl, A., *Empirische und theoretische Beiträge zur Erinnerungsarbeit bei erschwerter Wortfindung. Archiv f. d. ges. Psychol.* 1937, 97, 294-318
Werner, H., *Einführung in die Entwicklungspsychologie,* 3. Aufl. München 1953
Wettler, M., *Syntaktische Faktoren im Verbalen Lernen. Studien zur Sprachpsychologie 1.* Bern 1970
–, *Über die Struktur des semantischen Langzeitgedächtnisses. Istituto per gli Studi Semantici e Cognitivi Castagnola,* Switzerland. 1974
Wexler, K. N., *Semantic structure: Psychological evidence for hierarchical features. Paper read at Research Workshop on Cognitive Organization and Psychological Processes.* California 1970
Whorf, B. L., *Sprache, Denken, Wirklichkeit.* Reinbek 1963
Wickens, D. D., *Encoding Categories of Words: an empirical approach to meaning. Psychol. Rev.* 1970, 77, 1-15
Wickler, W., *Vergleichende Verhaltensforschung und Phylogenetik.* In: G. Heberer (Hrsg.), *Die Evolution der Organismen,* Bd. 1, 3. Aufl. Stuttgart 1967, 420-508
Wiener, M. Devoe, S., Rubionow, St., Geller, J., *Nonverbal behavior and nonverbal communication. Psychol. Rev.* 1972, 79, 185-214
Witte, W., *Aktualgenese der Erinnerung. Z. exp. ang. Psychol.* 1959, 6, 508-518
–, *Mnemische Determination und Dynamik des reproduktiven Tatonnements. Psychol. Beiträge* 1959, 4, 179-205
Wittgenstein, L., *Philosophische Untersuchungen.* Frankfurt 1960
Wunderlich, D., *Pragmatik, Sprechsituation, Deixis.* Papier Nr. 9, Stuttgart 1968
–, *Die Rolle der Pragmatik in der Linguistik. Der Deutschunterricht* 1970, 22, H. 4, 5-41
–, *Pragmatik, Sprechsituation, Deixis. Ztsch. f. Literaturwissenschaft und Linguistik* 1970/71, H. 1/2, 153-190
–, *Sprechakte.* In: Maas, U., Wunderlich, D., *Pragmatik und sprachliches Handeln.* Frankfurt 1972
Wundt, W., *Die Sprache. Völkerpsychologie* Bd. I/II. Leipzig 1900
Zhinkin, N. J., *Internal codes of the language and external codes of speech.* In: *To Honor Roman Jakobson,* Bd. III. The Hague, Paris 1967, 2355-2375
Ziff, P., *What is said.* In: D. Davidson, H. Harman (Eds.), *Semantics of Natural Language.* Dordrecht 1972, 709-721

Autorenregister

suhrkamp taschenbücher wissenschaft
Sprachphilosophie, Linguistik, Soziolinguistik, Semiotik

Barthes: S/Z. stw 687
– Sade – Fourier – Loyola. stw 585
Bühler: *siehe Eschbach*
Chomsky: Reflexionen über die Sprache. stw 185
– Regeln und Repräsentationen. stw 351
– Sprache und Geist. stw 19
Chvatík: Mensch und Struktur. stw 681
Coulmas: Über Schrift. stw 378
– Die Wirtschaft mit der Sprache. stw 977
Derrida: Grammatologie. stw 417
– Die Schrift und die Differenz. stw 177
Ehlich (Hg.): Sprache im Faschismus. stw 760
Eschbach (Hg.): Bühler-Studien. Bd. 1. stw 481
– Bühler- Studien. Bd. 2. stw 482
Flader/Grodzicki/Schröter (Hg.): Psychoanalyse als Gespräch. stw 377
Giesecke: Sinnenwandel, Sprachwandel, Kulturwandel. stw 997
Goody/Watt/Gough: Entstehung und Folgen der Schriftkultur. stw 600
Grewendorf (Hg.): Rechtskultur als Sprachkultur. stw 1030
– Sprechakttheorie und Semantik. stw 276
Grewendorf/Hamm/Sternefeld: Sprachliches Wissen. stw 695
Grewendorf/Meggle (Hg.): Sprache und Ethik. stw 91
Hörmann: Meinen und Verstehen. stw 230
Holenstein: Von der Hintergehbarkeit der Sprache. stw 316
Hymes: Soziolinguistik. stw 299
Jakobson: Hölderlin – Klee – Brecht. stw 162
– Poetik. stw 262
– Semiotik. stw 1007
Jakobson/Gadamer/Holenstein: Das Erbe Hegels II. stw 440
Jakobson/Pomorska: Poesie und Grammatik. Dialoge. stw 386
– *siehe auch Schnelle*
Lenneberg: Biologische Grundlagen der Sprache. stw 217
Leroi-Gourhan: Hand und Wort. stw 700
Maas: Sprachpolitik und politische Sprachwissenschaft. stw 799
Martens (Hg.): Kindliche Kommunikation. stw 272
Morris: Pragmatische Semiotik und Handlungstheorie. stw 179
– Symbolik und Realität. stw 342
Peirce: Naturordnung und Zeichenprozeß. stw 912
– Phänomen und Logik der Zeichen. stw 425
Schnelle (Hg.): Sprache und Gehirn. stw 343
Searle: Ausdruck und Bedeutung. stw 349
– Geist, Hirn und Wissenschaft. stw 591

203/1/8.92

203/2/8.92

suhrkamp taschenbücher wissenschaft
Psychoanalyse, Psychologie, Sozialpsychologie

Altman: Praxis der Traumdeutung. stw 994
Bareuther. u. a. (Hg.): Forschen und Heilen. stw 698
Bateson: Geist und Natur. stw 691
– Ökologie des Geistes. stw 571
Bateson u. a.: Schizophrenie und Familie. stw 485
Bauriedl: Beziehungsanalyse. stw 474
Bernfeld/Cassirer Bernfeld: Bausteine der Freud-Biographik. stw 727
Bertram (Hg.): Gesellschaftlicher Zwang und moralische Autonomie. stw 450
Bion: Lernen durch Erfahrung. stw 1021
Bruder: Psychologie ohne Bewußtsein. stw 415
Bude: Bilanz der Nachfolge. stw 1020
Bungard/Lenk (Hg.): Technikbewertung. Philosophische und psychologische Perspektiven. stw 684
Castel: Die psychiatrische Ordnung. stw 451
Chasseguet-Smirgel: Das Ichideal. stw 682
Cremerius: Zur Theorie und Praxis der Psychosomatischen Medizin. stw 255
Cremerius (Hg.): Die Rezeption derPsychoanalyse in derSoziologie, Psychologie und Theologie im deutschsprachigen Raum bis 1940. stw 296
Dahmer: Libido und Gesellschaft. stw 345
Damon: Die soziale Welt des Kindes. stw 884
Deleuze/Guattari: Anti-Ödipus. stw 224
Devereux: Angst und Methode in den Verhaltenswissenschaften. stw 461
– Normal und anormal. stw 395
– Träume in der griechischen Tragödie. stw 536
Dolto: Psychoanalyse und Kinderheilkunde. stw 778
Drews/Brecht: Psychoanalytische Ich-Psychologie. stw 381
Eckstaedt: Nationalsozialismus in der »zweiten Generation«. stw 1026
Eckstaedt/Klüwer (Hg.): Zeit allein heilt keine Wunden. stw 308
Edelstein/Habermas (Hg.): Soziale Interaktion und soziales Verstehen. stw 446
Edelstein/Keller (Hg.): Perspektivität und Interpretation. stw 364
Edelstein/Nunner-Winkler (Hg.): Zur Bestimmung der Moral. stw 628
Edelstein/Nunner-Winkler/Noam (Hg.): Moral und Person. stw 1047
Erdély: Wie sag ich's meiner Mutter. stw 747
Erdheim: Die gesellschaftliche Produktion von Unbewußtheit. stw 465

210/1/8.92

suhrkamp taschenbücher wissenschaft
Psychoanalyse, Psychologie, Sozialpsychologie

- – Psychoanalyse und Unbewußtheit in der Kultur. stw 654
- Erikson: Dimensionen einer neuen Identität. stw 100
- – Gandhis Wahrheit. stw 265
- – Identität und Lebenszyklus. stw 16
- – Der junge Mann Luther. stw 117
- – Der vollständige Lebenszyklus. stw 737
- Flader/Grodzicki/Schröter (Hg.): Psychoanalyse als Gespräch. stw 377
- Fromm: Die Gesellschaft als Gegenstand der Psychoanalyse. stw 1054
- Furth: Intelligenz und Erkennen. Die Grundlagen der genetischen Erkenntnistheorie Piagets. stw 160
- Geulen (Hg.): Perspektivenübernahme und soziales Handeln. stw 348
- Geuter: Die Professionalisierung der deutschen Psychologie im Nationalsozialismus. stw 701
- Goldstein/Freud/Solnit: Diesseits des Kindeswohls. stw 383
- – Jenseits des Kindeswohls. stw 906
- Goldstein/Freud/Solnit/Goldstein: Das Wohl des Kindes. stw 741
- Grunberger: Vom Narzißmus zum Objekt. stw 392
- Hausen/Nowotny (Hg.): Wie männlich ist die Wissenschaft? stw 590
- Helfer/Kempe (Hg.): Das geschlagene Kind. stw 247
- Jacobson: Depression. stw 456
- – Das Selbst und die Welt der Objekte. stw 242
- Jäger (Hg.): Kriminologie im Strafprozeß. stw 309
- Kernberg: Borderline-Störungen und pathologischer Narzißmus. stw 429
- Khan: Entfremdung bei Perversionen. stw 775
- Kohut: Die Heilung des Selbst. stw 373
- – Introspektion, Empathie und Psychoanalyse. stw 207
- – Narzißmus. stw 157
- – Wie heilt die Psychoanalyse? stw 786
- – Die Zukunft der Psychoanalyse. stw 125
- Laplanche/Pontalis: Das Vokabular der Psychoanalyse. stw 7
- Lenk: Zwischen Sozialpsychologie und Sozialphilosophie. stw 708
- de Mause (Hg.): Hört ihr die Kinder weinen. stw 339
- McDougall: Plädoyer für eine gewisse Anormalität. stw 844
- Menninger: Selbstzerstörung. stw 249
- Mentzos: Interpersonale und institutionalisierte Abwehr. stw 709
- Oser: Moralisches Urteil in Gruppen. stw 335
- Oser/Fatke/Höffe (Hg.): Transformation und Entwicklung. Grundlagen der Moralerziehung. stw 498

210/2/8.92

210/3/8.92

1997
16,40